2025

교정직 7·9급 시험대비

박상민 Justice

교정학

[단원별 핵심 1000제 교정학편]

메가 공무원

박영사

차 례

CONTENTS

박상민

JUSTICE 교정학

단원별 핵심천제

[교정학편]

PART

01

교정학의 이해

CHAPTER

01 교정에 대한 기본 이해

01

교정의 의의에 관한 설명으로 옳은 것을 모두 고른 것은?

㉠ 교정이란 범죄인을 교화개선하여 건전한 사회의 일원으로 복귀시킨다는 의미를 지닌다.
㉡ 교정은 심리학적 용어인 Correction에서 유래한다.
㉢ 우리나라의 경우 소년범은 소년법과 「보호소년 등의 처우에 관한 법률」이 적용된다.
㉣ 현재 미국에서는 교정학의 연구대상을 축소하는 추세에 있다.

① ㉠, ㉡ ② ㉠, ㉢, ㉣ ③ ㉠, ㉡, ㉢ ④ ㉠, ㉡, ㉢, ㉣

해설 [○] ㉠·㉡·㉢
[×] ㉣ 오늘날 미국에서는 교정학의 연구대상을 확대하는 추세에 있다. 즉 비행소년, 성인범죄인, 미결수용자, 기결수형자, 보호관찰대상자, 갱생보호대상자를 포함하는 것은 물론, 그들을 관리하는 조직·기관·구성원까지도 포함하고 있는 추세에 있다.

정답 | ③

02

교정의 개념과 관련하여 옳지 않은 것만으로 묶인 것은?

㉠ 최협의의 교정은 형집행법상 수용자를 그 대상으로 한다.
㉡ 협의의 교정은 형집행법상 수형자를 그 대상으로 한다.
㉢ 노역장유치명령을 받은 자는 최협의의 교정처우대상자에 해당한다.
㉣ 미결수용자는 최협의의 교정처우대상자에 해당한다.

① ㉠, ㉡ ② ㉠, ㉢, ㉣ ③ ㉠, ㉡, ㉣ ④ ㉠, ㉡, ㉢, ㉣

해설 [×] ㉠ 최협의의 교정은 형집행법상 수형자를 그 대상으로 한다.
㉡ 협의의 교정은 형집행법상 수용자를 그 대상으로 한다.
㉣ 미결수용자는 협의·광의의 교정처우대상자에 해당한다.
[○] ㉢ 노역장유치명령을 받은 자는 형집행법상 수형자에 해당하므로 최협의의 교정처우대상자에 해당한다.

정답 | ③

03

교정의 개념에 관한 설명으로 옳지 않은 것은?

① 최협의의 교정이란 시설 내 처우 중 자유형의 집행과정에서 이루어지는 처우만을 의미한다.
② 협의의 교정이란 최협의의 교정에 미결수용을 추가한 것을 말하며, 시설 내 처우를 총칭하는 개념이다.
③ 광의의 교정이란 협의의 교정에 자유박탈적 보안처분을 포함하는 개념이다.
④ 최광의의 교정이란 광의의 교정에 수사 및 재판절차를 포함하는 개념이다.

해설 ④ 최광의의 교정이란 광의의 교정에 사회 내 처우를 추가한 것으로, 시설적 처우와 비시설적 처우를 모두 포함하는 개념이다. 교정은 형확정 이후의 절차이므로 형확정 이전단계인 수사와 재판절차는 포함되지 않는다.

➤ 교정의 개념

구분	교정처우의 대상
최협의의 교정	자유형집행자＋노역장유치자
협의의 교정	최협의의 교정처우대상＋미결수용자＋사형확정자＋그 밖에 법률과 적법한 절차에 따라 교정시설에 수용된 사람(일시수용자·감치자 등)
광의의 교정	협의의 교정처우대상＋자유박탈적 보안처분대상자
최광의의 교정	광의의 교정처우대상＋사회 내 처우 대상자

정답 | ④

04 ★

교정이념으로서의 정의모형에 대한 설명으로 옳지 않은 것은? 교정7급 18

① 교화개선모형을 통한 수형자의 성공적인 사회복귀는 실패하였다고 주장한다.
② 처벌은 범죄로 인한 사회적 해악이나 범죄의 경중에 상응해야 한다고 주장한다.
③ 교화개선보다 사법정의의 실현이 바람직하고 성취 가능한 형사사법의 목표라고 주장한다.
④ 범죄자는 정상인과 다른 병자이므로 적절한 처우를 통하여 치료해 주어야 한다고 주장한다.

해설 범죄자는 정상인과 다른 병자이므로 적절한 처우를 통하여 치료해 주어야 한다고 주장하는 모형은 치료모형이다. 기존의 치료모형이나 개선모형이 재범방지에 그다지 효과적인 결과를 얻지 못하였고, 극단적인 의료모델이나 개선모형에 따른 인권침해의 문제점을 유발하였다는 점을 비판하였으며, 형사사법기관의 재량권 남용은 시민에 대한 국가권력의 남용이라고 보아 처우의 중점을 정의 내지 공정성 확보에 두고, 범죄자의 법적 권리보호를 보장하는 방법으로 처우하여야 한다는 주장이다.

정답 | ④

05

다음 중 협의의 교정의 개념에 해당하지 않는 것은 무엇인가?

① 자유형집행자

② 미결수용자

③ 자유박탈적 보안처분대상자

④ 노역장유치자

해설 ①·②·④ 협의의 교정이란 최협의의 교정(자유형집행자+노역장유치자)에 미결수용자에 대한 처우를 추가한 것을 말한다. 자유박탈적 보안처분을 받은 자는 광의의 교정(협의의 교정+자유박탈적 보안처분대상자)에 해당한다.

정답 | ③

06

행형과 교정에 관한 설명으로 가장 적절하지 않은 것은?

① 행형은 형식적·법률적 측면이 강조되는 개념인 반면, 교정은 실질적·이념적 측면이 강조되는 개념이다.

② 행형은 형사정책적인 합목적성을 추구하는 반면, 교정은 수형자의 사회복귀를 목적으로 하는 정책적 의욕이 담겨져 있다.

③ 행형은 교화개선을 다른 목적보다 우선시하는 반면, 교정은 응보·일반예방·고통부과를 우선시한다.

④ 행형과 교정을 엄격히 구별하지 않고 있는 것이 오늘날의 추세이다.

해설 ③ 교정은 수형자의 교화개선을 다른 목적보다 중요시하나, 행형은 수형자의 교화개선이라는 목적 외에 응보·일반예방·고통부과 등 다른 목적도 평균적으로 내포하고 있다.

정답 | ③

07

교정학에 대한 설명으로 옳지 않은 것은? 교정7급 14

① 교정학은 교화개선 및 교정행정과 관련된 일련의 문제들을 이론적·과학적으로 연구하는 학문이다.
② 교정학은 감옥학에서 시작되어 행형학, 교정교육학, 교정보호론의 명칭으로 발전해왔다.
③ 교정은 수형자에 대해 이루어지므로 교정학의 연구대상은 형벌부과 대상인 범죄인에 국한된다.
④ 교정학은 자유형의 집행과정 등을 중심으로 교정전반에 관한 이념과 학리를 계통적으로 연구하는 학문일 뿐만 아니라 사회학, 심리학, 정신의학 등 관련 학문의 종합적 응용이 요청되는 분야이다.

해설 ③ 교정은 수형자와 같은 형벌부과 대상 범죄인만을 연구대상으로 하는 것이 아니라, 미결수용자와 형벌이 아닌 보호관찰, 사회봉사명령 및 수강명령을 받게 되는 사회 내 처우 대상자까지 그 연구대상으로 한다.

정답 | ③

08

교정학을 다음과 같이 정의할 때 교정학의 연구대상에 포함되지 않는 것은?

교정학이란 형사제재 및 미결구금의 집행방법에 관한 학문분야를 말한다.

① 효과적인 사회봉사명령의 실시에 관한 사항
② 구치소 수용자의 관리에 관한 사항
③ 양형기준의 수립에 관한 사항
④ 가석방의 기준에 관한 사항

해설 ③ 양형이란 「형법」상 일정한 범죄에 대하여 그에 해당하는 형벌의 종류와 범위를 규정함에 있어서 그 범위 내에서 법관이 피고인에 대하여 선고할 형을 구체적으로 정하는 것이므로, 형의 집행과정을 연구하는 교정학의 학문개념에 포함될 수 없다.
① 형사제재는 형벌 및 보안처분을 모두 포함하는 개념이므로 구금형을 포함한 벌금형, 사회봉사명령, 수강명령, 치료감호처분 등이 모두 포함된다.
② 구치소의 수용자는 미결수용자뿐만 아니라 수형자를 모두 포함하는 개념이므로, 미결수용자의 처우와 관리방법도 교정학에 포함될 수 있다.
④ 가석방·임시퇴원 등의 기준을 정하는 것은 형사제재의 공평성을 확립하기 위한 수단이라고 할 수 있다.

정답 | ③

09

수형자의 '재사회화' 목적에 대한 설명으로 옳지 않은 것은? 교정7급 12

① 범죄원인을 개인적 차원보다는 사회적 원인에서 찾고자 할 때 유용하다.

② 자유박탈에 의한 자유의 교육이라는 모순을 안고 있다.

③ 국가형벌권을 자의적으로 확장할 위험성을 안고 있다.

④ 범죄자가 사회규범에 적응하도록 강제로 교육하는 것은 인간의 존엄에 반한다는 비판이 있다.

해설 ① 수형자의 재사회화는 범죄자를 교정교화하여 사회에 복귀시키는 것을 그 목적으로 한다. 따라서 범죄원인을 사회적 원인이 아닌 개인적 차원에서 찾는다.

정답 | ①

10

교정목적의 이론에 대한 설명으로 옳은 것은? 교정7급 11

① 목적형주의는 교육주의 입장에서 수형자에게 사회방위를 위한 형벌과 병행하여 직업교육, 기술교육, 개선교육 등을 실시하는 것이다.

② 응보형주의는 어떠한 목적을 실현하기 위하여 개인에게 형벌을 과하는 것이 아니라, 야기된 범죄에 대하여 보복적인 의미로 형벌을 과하는 것이다.

③ 교육형주의는 범죄인에게 형벌을 과하는 대신 각종 교육을 통해 교화·개선함으로써 선량한 국민으로 재사회화시키는 것을 목적으로 한다.

④ 현대교정주의는 피해자에게 가해진 해악의 정도와 그 피해가 가해진 방법·형태에 상응하는 보복의 원칙에 따라 자유를 박탈하는 것이다.

해설 ① 교육형주의에 관한 설명이다.
③ 목적형주의에 관한 설명이다.
④ 현대교정주의는 교육형주의에 근간을 두고 있는데, 해당 지문은 응보형주의에 관한 설명이므로 틀린 표현이다.

정답 | ②

11

다음은 형벌의 제지효과에 관한 설명이다. 괄호 안에 들어갈 말을 순서대로 옳게 나열한 것은?

㉠ 처벌의 확실성이 확보될수록 법률위반의 정도는 (　　)
㉡ 처벌의 신속성이 확보될수록 법률위반의 정도는 (　　)
㉢ 처벌의 엄중성이 확보될수록 법률위반의 정도는 (　　)

① 높아진다, 높아진다, 높아진다
② 높아진다, 높아진다, 낮아진다
③ 낮아진다, 높아진다, 높아진다
④ 낮아진다, 낮아진다, 낮아진다

해설 ④ 형벌의 제지이론에 따르면, 처벌의 확실성·신속성·엄중성이 확보될수록 범죄가 더 많이 제지될 것이라고 본다. 즉, 법률위반의 정도가 낮아진다.

정답 | ④

12

무능력화(Incapacitation)에 관한 설명으로 옳은 것은?

① 소수의 중범죄자들이 사회 대부분의 범죄를 행한다는 것을 전제로 한다.
② 실증주의범죄학의 입장에서 제기되었다.
③ 중범죄자라 할지라도 사회 내 처우를 통해 재범방지를 도모할 필요가 있다고 본다.
④ 무능력화전략을 최초 주장한 자는 리스트(Liszt)이다.

해설 ② 무능력화전략이론은 현대 고전주의범죄학의 입장에서 제기되었다.
③ 무능력화전략은 소수의 중범죄자들을 추방·구금 또는 사형에 처함으로써 이들 범죄자가 사회에 존재하면서 행할 가능성 있는 범죄를 원천적으로 봉쇄하자는 이론이다.
④ 무능력화전략을 최초 주장한 자는 윌슨(Wilson)이다.

정답 | ①

13

교정의 이념에 대한 설명으로 옳지 않은 것은?

① 교화개선(rehabilitation)은 범죄자에 초점을 맞춘 것으로 재소자들에게 기술과 지식을 습득하게 하여 사회복귀를 도모하는 것이다.

② 선택적 무력화(selective incapacitation)는 범죄자의 특성에 기초하여 행해지고, 범죄자의 개선을 의도하지 않는 점에 특색이 있으며, 비슷한 정도의 범죄를 저지른 사람들에게 비슷한 정도의 장기형이 선고되어야 한다는 입장이다.

③ 응보주의(retribution)는 탈리오(Talio) 법칙과 같이 피해자에게 가해진 해악에 상응하는 처벌을 하는 것이다.

④ 억제(deterrence)는 처벌의 확실성, 엄중성, 신속성의 3가지 차원에서 결정되므로 재소자에 대한 엄정한 처벌이 강조된다.

⑤ 정의모델(just deserts)은 사법기관이나 교정기관의 재량권 남용에 대하여 비판하고 부정기형의 폐지를 주장한다.

해설 ② 비슷한 정도의 범죄를 저지른 사람들에게 비슷한 정도의 장기형이 선고되어야 한다는 것은 집합적 무력화의 입장이다.

정답 | ②

14

선별적 무능력화(Selective Incapacitation)에 관한 설명으로 옳지 않은 것은?

① 1970년대 후반 고전주의적 교정이념의 부활을 이론적 배경으로 한다.

② 실증주의와 교육형주의에 기반을 둔 교정주의를 비판하면서 등장하였다.

③ 그린우드(P. Greenwood)가 대표적 주장자이다.

④ 모든 범죄인에 대해 행위를 기준으로 형벌을 부과하는 것을 범죄대책방안으로 본다.

해설 ④ 선별적 무능력화전략은 소수의 중범죄자에 대해서만 형벌을 부과하는 것을 범죄대책방안으로 본다.

정답 | ④

15

무능력화(Incapacitation)에 관한 설명으로 옳지 않은 것을 모두 고른 것은?

> ㉠ 사회적·경제적·심리적 범죄원인에 대한 대책의 형사정책적 효과를 신뢰한다.
> ㉡ 미래지향적이라기보다는 과거회귀적인 경향을 지닌다.
> ㉢ 범죄의 특성보다는 범죄자의 특성을 고려한다.
> ㉣ 범죄자의 교화개선에 목적을 둔다.

① ㉠, ㉡
② ㉠, ㉡, ㉣
③ ㉡, ㉢, ㉣
④ ㉡, ㉣

해설 [×] ㉠ 무능력화이론에 따르면, 사회적·경제적·심리적 범죄원인들은 사실상 변화가 어려운 사회조건에 해당하여 형사정책적 효과를 거둘 수 없으므로, 처벌과 무능력화가 그 대안이라고 본다.
㉡ 무능력화는 과거회귀적이 아니라 미래지향적이다.
㉣ 무능력화는 범죄자의 교화개선에 목적을 두는 것이 아니라, 범죄자로부터 사회를 방위하는 데에 목적을 둔다.
[○] ㉢

정답 | ②

16

선별적 무능력화에 대한 설명으로 가장 옳은 것은?

① 1990년대 독일을 중심으로 전개되었다.
② 경미범죄자들을 연구의 주요대상으로 삼고 있다.
③ 과밀수용을 조장할 수 있다는 비판이 있다.
④ 과학적 범죄예측법에 의한 범죄자의 선별이 가능하다는 가설을 전제로 한다.

해설 ① 1970년대 미국을 중심으로 전개되었다.
② 중·누범자들을 연구의 주요대상으로 삼고 있다.
③ 교정시설에 소수의 누범자나 직업범죄자만을 선별수용할 수 있으므로 과밀수용을 해소할 수 있다는 장점이 있다.

정답 | ④

17 ★

무능력화에 관한 설명으로 가장 옳지 않은 것은?

① 무능력화전략으로는 집합적 무능력화(Collective Incapacitation)와 선별적 무능력화(Selective Incapacitation)의 두 가지 형태가 있다.

② 집합적 무능력화는 유죄가 확정된 모든 강력범죄자에 대하여 장기형의 선고를 권장하는 전략인 반면, 선별적 무능력화는 과학적 방법에 의해 재범위험성이 높은 강력범죄자를 선별하여 구금하는 전략이다.

③ 집합적 무능력화는 장기형을 강제하는 법률의 제정 등 정기형제도하에서만 그 효과를 기대할 수 있다.

④ 선별적 무능력화는 위험성이 높은 범죄자일수록 장기간 수용되는 부정기형제도와 이론적 노선을 같이 한다.

해설 ③ 집합적 무능력화는 정기형제도뿐만 아니라 부정기형제도하에서도 가석방의 요건강화를 통해 가석방을 지연시키는 등의 방법으로 효과를 거둘 수 있다. 즉, 집합적 무능력화는 부정기형제도하에서도 그 효과를 기대할 수 있다.

➤ 집합적 무능력화와 선별적 무능력화 요약비교

구분		집합적 무능력화	선별적 무능력화
공통점		범죄자로부터 사회를 방위함에 목적을 두고 있음	
차이점	대상	유죄가 확정된 모든 강력범죄자	소수의 중·누범죄자
	무능력화 방법	• 정기형 – 장기형을 강제하는 법률 제정 – 선시제도의 경우 선행에 대한 가산점 축소 • 부정기형 가석방 지침이나 요건 강화로 가석방 지연	• 소수의 중·누범죄자 : 장기구금 • 경미범죄자 : 사회 내 처우

정답 | ③

18

선별적 무능력화에 관한 설명으로 틀린 것을 모두 고른 것은?

㉠ 범죄의 예방을 목적으로 한다는 점에서는 집합적 무능력화와 다를 바 없다.
㉡ 실증주의와 교육형이론에 근거를 둔 교정주의가 이론적 기초를 이루고 있다.
㉢ 모든 범죄인에 대한 형벌체계를 정당화하려 한다.
㉣ 위험성이 없음에도 위험성이 있는 것으로 예측되어 장기간 구금됨으로써 선별적으로 무능력화되는 것을 잘못된 긍정(허위긍정 : false positive)이라 한다.

① ㉠, ㉡　　② ㉠, ㉣　　③ ㉡, ㉢　　④ ㉡, ㉣

해설 [×] ㉡ 선별적 무능력화는 실증주의와 교육형이론에 근거를 둔 교정주의를 비판하면서 등장하였다.
㉢ 선별적 무능력화는 모든 범죄인에 대한 형벌체계를 정당화하려는 것이 아니라, 일부 중·누범자에 대한 형벌부과만을 정당화하려 한다.
[○] ㉠·㉣

정답 | ③

19

선별적 무능(력)화(selective incapacitation)에 대한 설명으로 옳지 않은 것은? 교정7급 13

① 집합적 무능(력)화(collective incapacitation)에 비하여 교정예산의 절감에 도움이 되지 않는다.
② 범죄자 대체효과를 야기할 가능성이 있어 범죄예방에 도움이 되지 않는다는 비판이 있다.
③ 잘못된 부정(false negative)과 잘못된 긍정(false positive)의 문제를 야기할 수 있다.
④ 과학적 방법에 의하여 재범의 위험성이 높은 것으로 판단되는 개인을 구금하는 방법이다.

해설 ① 선별적 무능(력)화는 소수의 상습적 중·누범자만을 선별하여 구금하는 방법을 취하므로, 강력범죄자 모두를 구금하는 집합적 무능(력)화에 비해 교정예산의 절감에 도움이 된다.

➤ 선별적 무능력화의 장단점

장점	• 상습적 중·누범자의 격리를 통한 범죄감소 • 교정시설의 과밀화 해소 • 경미범죄자의 사회 내 처우 활성화 • 집합적 무능력화에 비해 교정예산 절감
단점	• 상습적 중·누범자의 판단기준을 현재나 과거에 두지 않고 과거의 범죄전력에 둠 • 중·누범자를 구금해도 그 자리를 다른 범죄자가 대신하므로 범죄감소효과를 기대하기 어려움 • 사형을 제외하고는 중·누범자라 할지라도 영원히 사회에서 격리하기는 어려움

정답 | ①

20

범죄문제에 대한 효과적인 대처와 형사사법제도의 효율적 운영을 위해 사용되어 온 선별적 무능력화 전략(Selection Incapacitation)과 관련된 내용 중 옳지 않은 것은? 행정고시 01

① 경력범죄자(career criminals)에 대한 선별적 처우방식이다.
② 처벌의 기준이 현재형의 범죄행위보다는 과거의 범죄경력이나 개인의 속성에 따른 재범가능성에 근거한다.
③ 과학적인 범죄예측을 통하여 사회계층이나 인종, 경제수준에 따른 처벌의 편차를 줄이는 데 기여한다.
④ 외국의 경우 점차 집합적 무능력화(Collective Incapacitation) 전략으로 전환되고 있다.
⑤ 허위긍정(false positive)의 문제가 심각하다.

해설 ③ 선별적 무능력화이론의 문제는 장기간 무능력화시킬 대상자의 선별에 있는데, 현재의 과학수준으로는 이에 관한 정확한 예측이 가능하지 않아 잘못된 긍정, 잘못된 부정의 문제가 발생한다.

정답 | ③

21

교정이념 중 무력화(incapacitation)에 대한 설명으로 옳지 않은 것은? 교정7급 23

① 일반적으로 구금을 의미하고, 국외추방이나 사형집행도 포함한다.

② 집단적 무력화(collective incapacitation)란 재범의 위험성이 높다고 판단되는 상습범죄자의 구금을 통해 추가적인 범죄가 발생할 가능성을 제거하는 것을 의미한다.

③ 선택적 무력화(selective incapacitation)는 과학적인 방법으로 범죄를 예측하며, 교정자원을 효율적으로 활용할 수 있다.

④ 무력화 대상자 선택에 있어 잘못된 긍정(false po– sitive)과 잘못된 부정(false negative)의 문제를 야기할 수 있다.

해설 ②는 집단적 무력화가 아닌 선택적 무력화에 대한 설명이다.

➤ 무능력화

<table>
<tr><th colspan="2">구분</th><th>집합적 무력화</th><th>선별적 무력화</th></tr>
<tr><td rowspan="2">차이점</td><td>대상</td><td>유죄확정된 모든 강력범죄자</td><td>소수 중·누범자</td></tr>
<tr><td>내용</td><td>• 가석방 지침이나 요건을 강화하여 가석방 지연
• 정기형하에서 장기형을 강제하는 법률 제정
• 선시제도에서 선행에 대한 가산점을 삭감하여 석방시기 지연</td><td>• 과학적 방법에 의해 재범위험성이 높을 것으로 판단되는 개인을 구금
• 위험성이 높은 범죄자일수록 장기간 구금
• 부정기형과 유사
• 지역사회교정 발전에 기여
• 잘못된 긍정의 오류나 부정의 오류 야기</td></tr>
<tr><td colspan="2">공통점</td><td colspan="2">범죄예방이 그 목적</td></tr>
</table>

정답 | ②

22 ★

다음의 괄호 안에 들어갈 내용으로 옳은 것은? 교정7급 10

> 집합적 무력화(collective incapacitation)란 (A)를 정해진 기간 동안 구금함으로써 범죄를 예방할 수 있다고 보는 것이다. 반면에 선별적 무력화(selective incapacitation)란 (B)를 장기간 구금함으로써 부분의 중요범죄를 예방할 수 있다고 주장한다. 그런데 선별적 무력화는 (C)으로 개인의 자유와 인권을 침해할 우려가 있으며, (D)으로 인하여 안전한 사람을 지속적으로 수용할 우려가 있다.

> ㄱ. 모든 범죄자 ㄴ. 소수의 위험한 범죄자
> ㄷ. 잘못된 긍정(false positive) ㄹ. 잘못된 부정(false negative)

	A	B	C	D
①	ㄱ	ㄴ	ㄷ	ㄹ
②	ㄱ	ㄴ	ㄹ	ㄷ
③	ㄴ	ㄱ	ㄷ	ㄹ
④	ㄱ	ㄴ	ㄷ	ㄷ

해설 집합적 무력화전략은 모든 강력범죄자들을 장기간 구금시키자는 논리로 A에 해당하고, 선별적 무력화전략은 소수의 중·누범죄자들을 장기간 구금시키자는 논리로 B에 해당한다. 이러한 선별적 무력화전략에서 중요시되는 것은, 과학적 범죄예측을 통해 소수의 위험한 범죄자를 선별할 수 있다고는 하나, 그 범죄예측의 한계로 인해 잘못된 긍정과 잘못된 부정의 오류가 발생할 수 있다는 점이다. 개인의 자유와 인권을 침해할 우려는 잘못된 긍정과 관련이 있는데, 이는 범죄성이 없는 자가 범죄를 저지를 것이라고 예측하여 장기간 구금시키는 오류로, 안전한 사람을 지속적으로 수용할 우려를 야기한다.

정답 | ④

23

교정학의 개념과 가장 거리가 먼 것은?

① 국가형벌권이 수용자들에게 어떤 영향을 주며, 그 집행과 교화는 어떤 것인지를 이론적으로 연구하는 학문이다.
② 교정시설을 연구대상으로 삼는 학문이다.
③ 사회 내 처우를 중심으로 교정 전반에 관한 이념과 학리를 계통적으로 연구하는 학문이다.
④ 사회학·심리학·교육학 등 관련학문의 종합적인 응용이 요청되는 학문이다.

해설 ③ 교정학은 자유형의 집행과정을 중심으로 하는 학문이다.

정답 | ③

24

교정학에 대한 설명으로 옳지 않은 것은?

① 교정학은 교화개선 및 교정행정과 관련된 일련의 문제들을 이론적·과학적으로 연구하는 학문이다.

② 교정학은 감옥학에서 시작되어 행형학, 교정교육학, 교정보호론의 명칭으로 발전해왔다.

③ 교정은 수형자에 대해 이루어지므로 교정학의 연구대상은 형벌부과대상인 범죄인에 국한된다.

④ 교정학은 자유형의 집행과정 등을 중심으로 교정전반에 관한 이념과 학리를 계통적으로 연구하는 학문일 뿐만 아니라 사회학, 심리학, 정신의학 등 관련 학문의 종합적 응용이 요청되는 분야이다.

해설 ③ 교정학은 범죄인이나 우범자들로부터 범죄를 진압하여 국가와 사회를 보호하고, 이에 기초하여 행사하는 국가형벌권이 수용자에게 어떠한 영향과 고통을 주며, 그 집행과 교화는 어떠한 것인지를 이론적으로 연구하는 학문이다. 즉, 교정학의 연구대상은 범죄인뿐만 아니라 우범자도 포함되므로 범죄인에 국한된다는 표현은 옳지 않다.

정답 | ③

25

교정학과 다른 학문과의 관계에 대한 설명으로 가장 적절하지 않은 것은?

① 교정학은 범죄인의 교화개선을 통하여 그들의 사회복귀과정을 연구하는 것이라는 점에서 범죄의 현상과 원인을 분석하는 형사정책학과 구별된다.

② 대부분의 학자들은 범죄학이 범죄방지대책을 포괄하는 광범위한 의미로 사용되고 있다는 점에서 교정학과 유사한 개념으로 보고 있다.

③ 대부분의 학자들은 형사학을 범죄원인학, 행형학, 형사정책학을 포괄하는 광범위한 개념으로 파악하고, 교정학과 유사한 개념으로 보고 있다.

④ 행형법학은 존재과학이라는 점에서 교정학과 유사한 개념이다.

해설 ④ 행형법학은 행형법규를 연구하고 당위를 대상으로 하는 규범과학인 반면, 교정학은 행형제도의 사회적 원인과 결과를 연구하고 존재법칙을 대상으로 하는 존재과학이라는 점에서 구별된다.

정답 | ④

26 ★

교정학의 발전과정을 바르게 연결한 것은?

① 감옥학 – 행형학 – 교정처우론 – 교정보호론
② 감옥학 – 교정처우론 – 행형학 – 교정보호론
③ 감옥학 – 행형학 – 교정보호론 – 교정처우론
④ 감옥학 – 교정보호론 – 행형학 – 교정처우론

해설 ① 교정학은 감옥학 → 행형학 → 교정처우론(교정교육학) → 교정보호론(신응보형주의) 순으로 발전되었다.

정답 | ①

27

다음 중 삼진법(Three Strikes Out Law)에 대한 설명으로 가장 적절하지 않은 것은?

① 범죄자에 대한 선별적 무능력화방안을 제도적으로 구체화한 것이다.
② 1990년대에 미국에서 등장한 입법화 경향으로 야구경기의 삼진아웃 경기규칙을 형사사법절차에 원용한 것이다.
③ 범죄인이 3회의 범죄를 행할 때까지는 적정한 형벌부과로 사회복귀의 기회를 주지만, 4회의 범죄를 저지르면 사회로부터 영구히 격리시키는 것을 그 내용으로 하고 있다.
④ 1993년 미국 플로리다주에서 최초로 입법화된 이후 미국의 다른 주로 전파되었다.

해설 ③ 삼진법은 범죄인이 2회의 범죄를 행할 때까지는 사회복귀의 기회를 주지만, 3회의 범죄를 저지르면 사회로부터 영구히 격리시키는 것을 그 내용으로 하고 있다.

정답 | ③

28 ★

회복적 사법(restorative justice)에 대한 설명으로 옳지 않은 것은? 교정9급 20

① 경쟁적, 개인주의적 가치를 권장한다.

② 형사절차상 피해자의 능동적 참여와 감정적 치유를 추구한다.

③ 가족집단회합(family group conference)은 피해자와 가해자 및 양 당사자의 가족까지 만나 피해회복에 대해 논의하는 회복적 사법프로그램 중 하나이다.

④ 사건의 처리과정이나 결과에 대한 보다 많은 정보를 피해자에게 제공해줄 수 있다.

해설 ① 회복적 사법은 중재자의 도움으로써 범죄의 피해자와 가해자, 그 밖의 관련자 및 지역공동체가 함께 범죄로 인한 문제를 치유하고 해결하는 데에 적극적으로 참여하는 절차를 의미한다.

정답 | ①

29

교정의 특성에 관한 설명으로 옳지 않은 것은?

① 교정의 관행이나 개념은 국가나 사회에 따라 다양하며, 교정처우 또한 통일적이지 못한 것이 오늘날의 현실이다.

② 사이크스(G. Sykes)는 교도관이 물리적 강제력으로 수용자를 순응하게 하는 것은 환상에 지나지 않으며, 양자는 상호의존적이라고 보았다.

③ 교정을 뜻하는 'Corrections'라는 단어는 사회학에서 유래된 용어이다.

④ 미네소타 다면적 인성기법이나 I－Level 제도 등은 심리학적 관점에서 파악되는 수형자 분류기법이다.

해설 ③ 'Corrections'라는 단어는 심리학에서 유래된 용어이다.

정답 | ③

30

사회학적 관점에서의 교정에 관한 설명으로 옳지 않은 것은?

① 고프만(E. Goffman)은 교도소를 하나의 전체제도로 파악하고, 소사회로서 교도소를 연구하는 것은 매우 가치있는 일로 보았다.

② 사이크스(G. Sykes)는 교도관과 수용자는 상호대립적이므로 교도소는 교정당국의 권력에 수용자가 복종함으로써 통제되고 있다고 보았다.

③ 박탈모형의 입장에서 볼 때 교도소부문화는 교정당국의 각종 통제에 적응하기 위해 형성된 것으로 파악한다.

④ 유입모형의 입장에서 볼 때 교도소부문화는 대부분 외부세계에서 유입된 것으로 파악한다.

해설 ② 사이크스는 교도관과 수용자를 상호의존적으로 파악하므로, 교도소는 권력과 복종의 관계가 아닌 수용자의 암묵적인 동조와 순응에 의해 통제되고 있다고 보았다.

정답 | ②

31

"교도소란 원래 범죄인을 처벌하기 위해서가 아니라 그들의 행위증진을 돕기 위해 탄생하였다"고 주장한 학자는?

① 로스만(Rothman)

② 마틴슨(Martinson)

③ 베일리(Bailey)

④ 그린우드(Greenwood)

해설 ① 역사학자인 로스만(D. Rothman)은 그의 저서 「수용소의 발견(The Discovery of Asylum)」을 통해 "교도소란 원래 범죄인을 처벌하기 위해서가 아니라 그들의 행위증진을 돕기 위해 탄생하였다"고 주장하였다.

정답 | ①

32 ★

다음은 교정의 특성에 관한 설명이다. 틀린 것을 모두 고른 것은?

> ㉠ 사실적 관점에서의 교정은 단순성을 그 특징으로 한다.
> ㉡ 사이크스(G. Sykes)는 대부분의 수용자는 공개적으로 권위에 도전하는 경향을 보이며, 교도소의 유지에 필요한 임무를 의도적으로 회피한다고 보았다.
> ㉢ 심리학적 관점에서 수형자분류의 기법으로 사용되는 대표적인 것으로는 MMPI와 I－Level이 있다.
> ㉣ 조직구성체적 관점에서 볼 때 정책수립의 경직성이 문제점으로 지적되고 있다.

① ㉠, ㉡　　② ㉠, ㉣
③ ㉡, ㉢　　④ ㉢, ㉣

해설 [×] ㉠ 사실적 관점에서의 교정은 복잡성을 그 특징으로 한다.
㉡ 사이크스에 따르면 수용자는 공개적으로 권위에 도전하지 않고, 교도소 유지에 필요한 일상적 임무를 수행하며, 그 반대급부로 교도관은 수용자들이 구금의 고통을 견디기 위해 개발하는 상호작용을 방해하지 않으려 한다고 보았다.
[○] ㉢·㉣

정답 | ①

33 ★

다면적 인성검사(MMPI)에 관한 설명으로 옳지 않은 것은?

① 심리진단을 목적으로 미국의 해서웨이와 매킨리(S. Hathaway & J. Mckinley)에 의해 개발되었다.
② MMPI의 척도 중 가장 먼저 개발된 것은 건강염려증 척도였다.
③ 현재 MMPI는 세계적으로 가장 널리 쓰이는 객관적 인성검사기법으로 알려져 있다.
④ 워렌(M.Q. Warren)은 MMPI를 더욱 발전시켜 대인적 성숙도 검사방법을 개발하였다.

해설 ④ 워렌(M.Q. Warren)이 개발한 대인적 성숙도 검사법은 청소년범죄인의 대인적 성숙도를 측정할 목적으로 1965년 개발한 수형자 분류기법으로, MMPI와 직접적 관련성이 없다.

정답 | ④

34

현재 법무부 교정본부 및 소속기관에 대한 설명으로 틀린 것은?

① 법무부 교정본부가 교정행정과 보호행정 전반을 관장하고 있다.

② 교정본부에는 교정행정을 총괄하는 교정본부장과 이를 보좌하는 교정정책단장과 보안정책 단장 및 7개 과가 있다.

③ 교정본부 아래에 중간 감독기관으로 4개의 지방교정청을 두고 있다.

④ 대부분의 교도소에는 시설 내에 별도의 미결수용실을 설치하여 미결수용자에 관한 업무도 수행하고 있다.

해설 ① 법무부 교정본부는 교정행정에 관한 업무만을 관장하고 있다. 보호행정은 법무부 범죄예방정책국에서 관장하고 있다.

정답 | ①

35

행형상 법무부장관의 자문에 응하기 위하여 중앙과 지방의 교정조직에 특수조직인 위원회를 설치 운영하고 있다. 다음 중 지방조직이 아닌 것은?

① 가석방심사위원회

② 분류처우위원회

③ 지방급식관리위원회

④ 귀휴심사위원회

⑤ 징벌위원회

해설 ①은 법무부차관을 위원장으로 하는 중앙조직이다.

정답 | ①

36 ★

교정조직에 대한 설명으로 옳은 것은? 교정9급 11

① 교정시설에는 징벌대상자의 징벌을 결정하기 위하여 징벌위원회를 둔다.
② 교정본부에는 귀휴의 적격 여부를 심사하기 위하여 귀휴심사위원회를 둔다.
③ 지방교정청에는 수형자의 분류처우에 관한 중요사항을 심의·의결하기 위하여 분류처우위원회를 둔다.
④ 교도관의 직무에 관하여 필요한 사항은 법무부장관이 정한다.

해설 ① 형의 집행 및 수용자의 처우에 관한 법률(이하 '법') 제111조 제1항
② 교정본부 → 교정시설[형의 집행 및 수용자의 처우에 관한 법률 시행규칙(이하 '시행규칙') 제131조 제1항]
③ 지방교정청 → 교정시설(법 제62조 제1항)
④ 법무부장관 → 법률(법 제10조)

정답 | ①

37

다음 중 외부위원으로만 구성된 위원회는?

① 분류처우위원회
② 징벌위원회
③ 귀휴심사위원회
④ 교정자문위원회

해설 ①은 내부위원으로만 구성한다.
②·③은 내부위원과 외부위원으로 구성한다.

정답 | ④

38

우리나라 교정조직에 관한 설명으로 옳지 않은 것을 모두 고른 것은?

> ㉠ 교정본부장의 관장업무를 보좌하는 기구로 교정정책단장과 보안정책단장이 있다.
> ㉡ 중앙급식관리위원회의 위원장은 법무부차관이며, 위원장을 포함한 7인 이상 9인 이하의 위원으로 구성된다.
> ㉢ 분류처우위원회에서 가석방 적격심사신청 대상자를 선정한다.
> ㉣ 교도관회의는 형집행법상 위원회로 소장이 의장이다.

① ㉠, ㉡ ② ㉠, ㉢ ③ ㉡, ㉣ ④ ㉢, ㉣

해설 [×] ㉡ 중앙급식관리위원회의 위원장은 교정본부장이다(수용자 급식관리위원회 운영지침 제3조).
㉣ 교도관회의는 교도관직무규칙에 규정되어 있다.
[○] ㉠·㉢

정답 | ③

39

형의 집행 및 수용자의 처우에 관한 법령상 각종 위원회의 구성에 대한 설명으로 옳지 않은 것은?

교정7급 19

① 귀휴심사위원회의 위원장은 소장의 바로 다음 순위자가 되고, 위원은 소장이 소속 기관의 과장(지소의 경우에는 7급 이상의 교도관) 및 교정에 관한 학식과 경험이 풍부한 외부인사 중에서 임명 또는 위촉한다.
② 분류처우위원회의 위원장은 소장이 되고, 위원은 위원장이 소속 기관의 부소장 및 과장(지소의 경우에는 7급 이상의 교도관) 중에서 임명한다.
③ 징벌위원회의 위원장은 소장의 바로 다음 순위자가 되고, 위원은 소장이 소속 기관의 과장(지소의 경우에는 7급 이상의 교도관) 및 교정에 관한 학식과 경험이 풍부한 외부인사 중에서 임명 또는 위촉한다.
④ 가석방심사위원회의 위원장은 법무부차관이 되고, 위원은 판사, 검사, 변호사, 법무부 소속 공무원, 교정에 관한 학식과 경험이 풍부한 사람 중에서 법무부장관이 임명 또는 위촉한다.

해설 귀휴심사위원회의 위원장은 소장이 되며, 위원은 소장이 소속기관의 부소장·과장(지소의 경우에는 7급 이상의 교도관) 및 교정에 관한 학식과 경험이 풍부한 외부인사 중에서 임명 또는 위촉한다. 이 경우 외부위원은 2명 이상으로 한다(시행규칙 제131조 제3항).

정답 | ①

40

교정기관 소속 각종 위원회에 대한 설명으로 옳은 것은? 9급경채 13

① 분류처우위원회는 위원장을 포함한 6명 이상 8명 이하의 위원으로 구성하고, 위원장은 소장이 된다.
② 징벌위원회는 위원장을 포함한 5명 이상 7명 이하의 위원으로 구성하고, 위원장은 소장의 다음 순위자가 된다.
③ 분류처우위원회의 회의는 재적위원 과반수의 출석으로 개의하고, 출석위원 과반수의 찬성으로 의결한다.
④ 징벌위원회의 회의는 재적위원 3분의 2 이상의 출석으로 개의하고, 출석위원 과반수의 찬성으로 의결한다.

해설 ② 법 제111조 제2항

① 분류처우위원회는 위원장을 포함한 5명 이상 7명 이하의 위원으로 구성되고, 위원장은 소장이 되며, 위원은 위원장이 소속 기관의 부소장 및 과장 중에서 임명한다(법 제62조 제2항).
③ 분류처우위원회의 회의는 재적위원 3분의 2 이상의 출석으로 개의하고, 출석위원 과반수의 찬성으로 의결한다(시행규칙 제99조 제3항).
④ 징벌위원회는 재적위원 과반수의 출석으로 개의하고, 출석위원 과반수의 찬성으로 의결한다. 이 경우 외부위원 1명 이상이 출석한 경우에만 개의할 수 있다(시행규칙 제228조 제4항).

정답 | ②

41

「형의 집행 및 수용자의 처우에 관한 법률」상 각종 위원회에 대한 설명으로 가장 옳은 것은? 6급승진 23

① 법무부장관은 가석방심사위원회의 가석방 허가신청이 적정하다고 인정하면 이를 허가하여야 한다.
② 교정자문위원회의 위원은 교정에 관한 학식과 경험이 풍부한 외부인사 중에서 교정본부장의 추천을 받아 법무부장관이 위촉한다.
③ 분류처우위원회는 위원장을 포함한 5명 이상 10명 이하의 위원으로 구성하고, 위원장은 소장이 된다.
④ 징벌위원회는 징벌대상자가 위원회에 출석하여 충분한 진술을 할 수 있는 기회를 부여하여야 하며, 징벌대상자는 서면 또는 말로써 자기에게 유리한 사실을 진술하거나 증거를 제출할 수 있다.

해설 ④ 형집행법 제111조 제6항

① 법무부장관은 가석방심사위원회의 가석방 허가신청이 적정하다고 인정하면 허가할 수 있다(동법 제122조 제2항).
② 교정자문위원회는 10명 이상 15명 이하의 위원으로 성별을 고려하여 구성하고, 위원장은 위원 중에서 호선하며, 위원은 교정에 관한 학식과 경험이 풍부한 외부인사 중에서 지방교정청장의 추천을 받아 법무부장관이 위촉한다(동법 제129조 제2항).
③ 분류처우위원회는 위원장을 포함한 5명 이상 7명 이하의 위원으로 구성하고, 위원장은 소장이 되며, 위원은 위원장이 소속 기관의 부소장 및 과장(지소의 경우에는 7급 이상의 교도관) 중에서 임명한다(동법 제62조 제2항).

정답 | ④

CHAPTER

02 교정처우모델

01 ★

교정처우모델에 관한 설명으로 옳은 것은?

① 구금모델은 시설 내의 물리적 질서보다 수형자 자신에 의한 행동변용의 방법을 추구한다.

② 의료모델(치료모델)은 범죄행위를 포함한 이상행동의 원인을 그 사람의 심리적 내부에서 구하고, 그 원인이 되는 조건의 변용을 시도하려고 한다.

③ 정의모델은 수형자의 주체성과 자율성을 인정하고, 처우의 주체적 지위를 확보하게 한다.

④ 재통합모델은 수형자의 교화개선을 위한 교정당국의 노력이 오히려 수형자의 인권만을 침해하는 부작용을 가져왔다고 비판하고, 사법정의의 실현만이라도 이루어야 한다고 주장한다.

해설 ① 구금모델은 시설 내의 물리적 질서를 중시한다. 수형자의 행동변용의 방법을 추구하는 교정처우모델은 재통합모델이다.

③ 재통합모델에 대한 설명이다.

④ 정의모델에 대한 설명이다.

구분 \ 학자	두피(Duffee)	홀(Hall)	바톨라스(Bartollas)
처벌을 위한 교정	구금모델	구금 행동변용모델	–
교화개선을 위한 교정	갱생모델	수용자중심 행동변용모델	의료모델
	개선모델	복종에 의한 행동변용모델	적응모델
	재통합모델	신뢰에 의한 변용모델	재통합모델
사법정의를 위한 교정	정의모델		

정답 | ②

02

교정의 이념으로서 재통합(reintegration)을 채택할 때 가장 가능성이 높을 것으로 예상되는 교도행정의 변화는? 5급승진 20

① 가석방 및 부정기형 폐지
② 교도소에서의 엄격한 질서유지 강조
③ 보호감호제도 신설
④ 교도소에서 재소자를 위한 대인관계 개선프로그램 신설
⑤ 중간처우소 신설

해설 ⑤ 범죄자의 사회재통합을 위해서는 지역사회와의 접촉과 유대관계가 중요한 전제이므로 지역사회에 기초한 교정을 강조한다. 재통합적 지역사회교정의 대표적인 프로그램으로 중간처우소 등이 있다.

정답 | ⑤

03

교정처우모델 중 의료모델(치료모델)에 관한 설명으로 옳지 않은 것은?

① 범죄자를 인성적 결함이 있는 환자로 본다.
② 범죄인의 처우방법으로 심리적 조건의 변용에 주력한다.
③ 범죄는 치료될 수 있다는 믿음을 기초로 하고 있으므로 개인과 사회에 대한 관심이 높다.
④ 인간의 주체성을 무시하며, 인권침해적 요소가 다분하다는 비판이 있다.

해설 ③ 의료모델은 수형자 스스로가 정신적으로 성숙되도록 원조하는 데에 중점을 두므로 수형자 개인에 대한 관심은 높은 반면, 사회에 대한 관심은 낮은 편이다.

정답 | ③

04 ★

다음에서 설명하는 교화개선모형은? 교정9급 22

> • 1920년대 말과 1930년대 초에 미국 교정국 등의 주도하에 발전한 모델로 범죄원인은 개인에게 있으므로 진단하고 치료할 수 있다고 본다.
> • 처벌은 범죄자문제를 해결하는 데 전혀 도움이 되지 않고, 오히려 범죄자의 부정적 관념을 강화시킬 수 있으므로 범죄자를 치료할 수 있는 치료프로그램을 개발하고 적용하는 것이 필요하다.

① 적응모형(adjustment model) ② 의료모형(medical model)
③ 재통합모형(reintegration model) ④ 무력화모형(incapacitation model)

해설

의료(치료·갱생)모델
• 의료모델은 범죄자를 반사회적 태도 또는 정신적·심리적 이상이 있는 사람으로 보아 환자라는 관점에서 접근하는 모델이다.
• 수형자를 일종의 환자로 보므로 교정기관에게 광범위한 재량권을 인정하고, 완치될 때까지 치료해야 하므로 부정기형제도의 이론적 기초가 되었다.
• 생물학적 측면인 선례적 원인을 중시하고, 처벌은 바람직하지 않은 것으로 여긴다.
• 결정론적 입장에서 범죄자를 일종의 환자로 취급하므로 치료적 처우를 중시한다.
• 환자라는 관점에서 수용자처우프로그램을 강제로 실시한다.

정답 | ②

05

교정의 이념에 대한 설명으로 옳지 않은 것은? 교정7급 15

① 사회적 결정론자들은 사회경제적 조건을 범죄의 원인으로 보기 때문에 시장성 있는 기술 교육과 취업기회의 제공 등으로 범죄자를 복귀시키는 경제모델(economic model)을 지지한다.
② 재통합모델(reintegration model)은 범죄자의 사회재통합을 위해서 지역사회와의 의미 있는 접촉과 유대관계를 중시하므로 지역사회교정을 강조한다.
③ 의료모델(medical model)은 범죄자가 자신의 의지에 따라 의사를 결정하고 선택할 능력이 없으며 교정을 통해서도 치료할 수 없기 때문에 선택적 무력화(selective incapacitation)를 주장한다.
④ 정의모델(justice model)은 형사사법기관의 재량권 남용은 시민에 대한 국가권력의 남용이라고 보아 공정성으로서 정의를 중시한다.

해설 ③ 의료모델에 따르면, 범죄자는 이성과 의사능력이 결여되어 자신의 의지에 따라 의사를 결정·선택할 능력이 부족하다고 보기 때문에 처벌로는 범죄자의 문제를 해결할 수 없고, 교정을 통해 치료되어야 한다고 본다. 선택적 무력화를 주장한 것은 정의모델이다.

정답 | ③

06

교정처우모델 중 개선모델(적응모델)에 대한 설명이 아닌 것은?

① 범죄행위를 행위규범에 대한 불복종의 결과로 파악한다.

② 교정시설은 경비가 엄중할 것과 사회로부터 격리되어 설치될 것을 요구한다.

③ 행형에 대한 외부로부터의 법적 간섭을 배제하려 하므로 수형자의 법적 지위가 제대로 보장되기 어렵다.

④ 시설 내 처우보다는 사회적 처우에 관심이 높다.

해설 ④ 개선모델에서는 재범방지에 중점을 두고 행형에 대한 외부간섭을 배제하므로, 처우기법 면에서는 사회적 처우보다 시설 내 처우에 관심이 높다.

정답 | ④

07

교정처우모델 중 재통합모델에 관한 설명으로 가장 옳은 것은?

① 수형자의 행동변화만이 범죄방지의 해법이라고 본다.

② 시설 내 처우의 역할을 강조한다.

③ 수형자의 처우프로그램 작성에 교도관과 수형자의 협력이 필요하다고 본다.

④ 사회에 대한 관심보다 개인에 대한 관심이 높다.

해설 ① 범죄방지를 위해서는 수형자의 행동변화뿐만 아니라 사회의 변화도 필요하다고 본다.
② 재통합모델에서는 사회 내 처우의 확대를 강조한다.
④ 재통합모델은 교정처우모델 중 사회에 대한 관심도가 가장 높다.

정답 | ③

08

교정처우모델에 관한 다음 설명 중 재통합모델과 가장 관계있는 것은?

① 수형자가 자신을 잘 이해하고 정신적으로 성숙되도록 원조하는 데 중점을 두고, 수형자에 대한 직접적 요구는 최소한에 그친다.
② 교육형주의를 기초로 범죄자의 교화개선을 통한 범죄방지에 주된 목적을 둔다.
③ 국가의 재량을 줄일 것과 수형자의 자력개선의지를 고양할 것을 주장한다.
④ 범죄행위를 방지하기 위해서는 처우에 있어 단지 범죄자의 행동변용만을 시도할 것이 아니라 사회의 변용도 함께 시도될 것을 주장한다.

해설 ①은 의료모델, ②는 개선모델, ③은 정의모델의 주장내용이다.

정답 | ④

09

교정의 이념에 대한 설명으로 옳지 않은 것은? 교정7급 21

① 집합적 무력화(collective incapacitation)는 과학적 방법을 활용하여 재범의 위험성이 높은 것으로 판단되는 개인을 구금하기 위해서 활용되고 있다.
② 범죄자를 건설적이고 법을 준수하는 방향으로 전환시키기 위해 범죄자를 구금하는 것을 교정의 교화개선(rehabilitation)적 목적이라고 할 수 있다.
③ 무력화(incapacitation)는 범죄자가 구금기간 동안 범행할 수 없도록 범행의 능력을 무력화시키는 것을 의미한다.
④ 형벌의 억제(deterrence)효과는 처벌의 확실성, 엄중성 그리고 신속성의 세 가지 차원에 의해 결정된다.

해설 ① 집합적 무능력화(무력화)는 모든 강력범죄자들을 장기간 구금하여 범죄능력을 무력화하는 것을 말하고, 과학적 방법을 활용하여 재범의 위험성이 높은 것으로 판단되는 개인을 구금하여 범죄능력을 무력화하는 것은 선별적 무능력화(무력화)이다.

정답 | ①

10

교정처우의 모델 중 재통합모델(또는 재사회화 모델)에 대한 설명으로 옳지 않은 것은? 교정7급 14

① 수형자의 주체성과 자율성을 중시하여 수형자를 처우의 객체가 아니라 처우의 주체로 보기 때문에 처우행형과 수형자의 법적 지위 확립은 조화를 이루기 어렵다고 본다.

② 범죄자의 사회재통합을 위해서는 지역사회와의 접촉과 유대 관계가 중요한 전제이므로 지역사회에 기초한 교정을 강조한다.

③ 수형자의 처우프로그램은 교도관과 수형자의 공동토의에 의해 결정되므로 처우프로그램에 수형자를 강제로 참여시키는 것은 허용되지 않는다고 본다.

④ 범죄문제의 근본적 해결을 위해서는 수형자 스스로의 행동변화는 물론 범죄를 유발했던 지역사회도 변화되어야 한다는 입장이다.

해설 ① 재통합모델은 수형자의 주체성과 자율성을 중시하므로 수형자의 동의와 참여하에 처우프로그램을 시행하고, 수형자를 처우의 객체가 아니라 주체로 보므로 처우행형과 수형자의 법적 지위 확립은 조화를 이루게 된다.

정답 | ①

11

교정처우모델 중 정의모델(사법모델)의 내용이라고 볼 수 없는 것은?

① 선시제의 채택

② 부정기형에서 정기형으로의 복귀

③ 가석방위원회의 폐지

④ 수형자의 자치활동 제한

해설 ④ 정의모델에서는 수형자의 자치를 확대할 것을 주장한다. 정의모델의 주요내용은 ①·②·③ 외에도 법관의 재량권 제한, 옴부즈만제도의 채택, 수형자의 법적 구제 확대, 교정시설 처우의 공개 등이 있다.

정답 | ④

12

교정처우에 대한 설명으로 옳은 것은? 교정7급 19

① 선시제도(god time system)는 대규모 시설에서의 획일적인 수용처우로 인한 문제점을 해소하기 위해 가족적인 분위기에서 소집단으로 처우하는 제도이다.

② 개방형(사회적) 처우는 폐쇄형(시설 내) 처우의 폐해를 최소화하기 위한 것으로, 개방시설에 대한 논의가 1950년 네덜란드 헤이그에서 개최된 제12회 '국제형법 및 형무회의'에서 있었다.

③ 사회형(사회 내) 처우의 유형으로는 민영교도소, 보호관찰제도, 중간처우소 등을 들 수 있다.

④ 수형자자치제는 부정기형제도보다 정기형제도 하에서 더욱 효과적으로 운영될 수 있는 반면, 소수의 힘 있는 수형자에게 권한이 집중될 수 있어서 수형자에 의한 수형자의 억압과 통제라는 폐해를 유발할 수 있다.

해설 ① 소규모 수형자자치제인 카티지제에 대한 설명이다.
③ 민영교도소는 시설 내 처우이다.
④ 수형자자치제는 가석방을 전제로 하기에 정기형제도보다 부정기형제도하에서 더욱 효과적으로 운영될 수 있다.

정답 | ②

13

정의모델(Justice Model)에 대한 비판적 견해로 보기 어려운 것은?

① 형사사법기관의 특성상 실현되기 어려운 과제이므로 구호에 그치기 쉽다.

② 응보적 원칙을 토대로 하므로 비인도적이다.

③ 검찰의 기소권을 위축시킬 우려가 있다.

④ 교정시설을 형집행만을 위한 장소로 전락시킬 수 있다.

해설 ③ 정의모델에서는 형벌의 엄격성을 강조하므로 검찰의 기소권을 확대시킬 우려가 있다는 비판이 있다.

정답 | ③

14 ★

교정처우모델 중 정의모델의 주장내용을 모두 고른 것은?

㉠ 국가재량의 확대	㉡ 수형자자치의 축소
㉢ 법관의 재량권 반대	㉣ 부정기형에서 정기형으로 복귀
㉤ 가석방위원회의 폐지	㉥ 교정시설 처우의 공개
㉦ 교정제도보다는 수형자의 개선을 강조	

① ㉠, ㉡, ㉣
② ㉠, ㉢, ㉦
③ ㉡, ㉤, ㉥
④ ㉣, ㉤, ㉥

해설 [O] ㉣·㉤·㉥
[×] 정의모델에서는 ㉠ 국가재량의 축소, ㉡ 수형자자치의 확대, ㉢ 법관의 재량권 제한, ㉦ 수형자의 개선보다는 교정제도의 개선을 강조한다.

정답 | ④

15

교정이념으로서 정의(Just Deserts) 모형이 채택될 때 예상되는 교정현상으로서 가장 거리가 먼 것은?

① 지역사회교정의 확대
② 부정기형의 지양
③ 가석방의 지양
④ 응보측면의 강조

해설 ① 지역사회교정의 확대는 지역사회와 유대를 가진 프로그램의 개발 및 사회 내 처우의 확대를 강조하는 재통합모형과 밀접한 관계가 있다. 즉, 정의모형은 형벌의 목적을 응보에 있다고 보는 응보형주의의 강화모형으로, 지역사회교정의 확대와는 거리가 멀다.
②·③·④ 모두 정의모형의 주장내용에 해당한다.

정답 | ①

16

교화개선모형에 대한 설명으로 옳지 않은 것은? 교정7급 21

① 범죄자의 형기는 범죄행위에 대한 것이 아니라 범죄자를 교화개선시키는 데 요구되는 시간이 되어야 한다.
② 적응모형(adjustment model)의 처우기법은 주로 지역사회에 기초한 사회복귀프로그램이다.
③ 교화개선모형에 입각한 대부분의 처우프로그램은 효과가 없다고 비판받는다.
④ 범죄자의 사회재통합을 위해서는 지역사회와의 의미 있는 접촉과 유대관계가 전제되어야 한다.

해설 ② 지역사회에 기초한 사회복귀프로그램을 처우기법으로 하는 것은 적응모형이 아닌 재통합모델이다. 재통합모델은 범죄자의 사회재통합을 위해서 지역사회와의 의미 있는 접촉과 유대관계를 중시하므로, 지역사회교정을 강조한다. 적응모형(adjustment model)은 범죄자란 결함이 있는 환자로서 치료의 대상인 동시에 그 스스로 의사결정을 하고 책임을 질 수 있다고 보는 모델로, 처우기법으로서 심리상담, 종교상담, 직업훈련 등을 실시할 것을 강조한다.

정답 | ②

17

교정처우의 모델 중 재통합모델(또는 재사회화모델)에 대한 설명으로 옳지 않은 것은? 교정7급 14

① 수형자의 주체성과 자율성을 중시하여 수형자를 처우의 객체가 아니라 처우의 주체로 보기 때문에 처우행형과 수형자의 법적 지위 확립은 조화를 이루기 어렵다고 본다.
② 범죄자의 사회재통합을 위해서는 지역사회와의 접촉과 유대관계가 중요한 전제이므로 지역사회에 기초한 교정을 강조한다.
③ 수형자의 처우프로그램은 교도관과 수형자의 공동토의에 의해 결정되므로 처우프로그램에 수형자를 강제로 참여시키는 것은 허용되지 않는다고 본다.
④ 범죄문제의 근본적 해결을 위해서는 수형자 스스로의 행동변화는 물론 범죄를 유발했던 지역사회도 변화되어야 한다는 입장이다.

해설 ① 수용자를 처우의 객체에서 주체의 지위로 끌어올려 자발적 참여와 동의를 전제로 하였기 때문에 주체성과 책임이 전제된 처우가 가능해졌고, 처우의 객체가 아닌 주체로 보았기 때문에 인권보장을 위한 법적 지위확립도 가능해졌다.

정답 | ①

18

다음은 교정처우모델의 상호비교에 관한 설명이다. 옳지 않은 것만으로 묶인 것은?

㉠ 재통합모델은 사법정의 실현을 교정의 목적으로 보는 반면, 정의모델은 사회재적응을 교정의 목적으로 본다.
㉡ 구금모델은 물리적 질서를 처우전략으로 보는 반면, 정의모델은 교정제도 개선을 처우전략으로 본다.
㉢ 개선모델은 교정시설을 유사 거주단위로 보는 반면, 재통합모델은 교정시설을 범죄인을 처벌하는 장소로 본다.
㉣ 의료모델은 질서유지를 교도관의 역할로 보는 반면, 재통합모델은 범죄인의 행동변용을 교도관의 역할로 본다.

① ㉠, ㉡　　② ㉠, ㉢
③ ㉡, ㉢　　④ ㉢, ㉣

해설 [×] ㉠ 재통합모델은 사회재적응을 교정의 목적으로 보는 반면, 정의모델은 사법정의 실현을 교정의 목적으로 본다.
㉢ 개선모델은 교정시설을 범죄인의 처벌장소로 보는 반면, 재통합모델은 교정시설을 유사 거주단위로 본다.
[○] ㉡·㉣

➤ 교정처우모델 요약비교

구분 \ 유형	구금모델	의료모델 (치료모델)	개선모델 (적응모델)	정의모델 (사법모델)	재통합모델
교정목적	범죄인 격리를 통한 사회보호	범죄인 치료를 통한 사회재적응	범죄인의 처벌로 사회를 보호	사법정의 실현	범죄인의 사회재적응
처우전략	물리적 질서	동일화	복종	교정제도 개선	내재화
교도소 역할	규율 유지장소	병원의 일종	범죄인 처벌장소	형벌집행 및 자치를 위한 훈련장	유사 거주단위
교도관 역할	질서유지	질서유지	사회문화규범 강제	공정한 형벌집행	범죄인의 행동 변용
처우 프로그램	육체노동 실시	심리적·내적 조건의 변용시도	노동과 기술훈련으로 행위교정	자치프로그램	직업훈련과 교육을 통한 사회재적응

정답 | ②

19

수용자 처우모델에 대한 설명으로 옳은 것만을 모두 고르면? 교정9급 24

ㄱ. 정의모델(Justice Model)은 범죄자의 법적 지위와 권리보장이라는 관점에서 처우의 문제에 접근하는 것으로, 형집행의 공정성과 법관의 재량권 제한을 강조한다.
ㄴ. 의료모델(Medical Model)은 치료를 통한 사회복귀를 목적으로 하는 것으로, 가석방제도를 중요시한다.
ㄷ. 적응모델(Adjustment Model)은 정의모델에 대한 비판·보완을 위해 등장한 것으로, 교정처우기법으로 현실요법과 교류분석을 중요시한다.
ㄹ. 재통합모델(Reintegration Model)은 사회도 범죄유발의 책임이 있으므로 지역사회에 기초한 교정을 강조한다.

① ㄴ, ㄷ ② ㄷ, ㄹ
③ ㄱ, ㄴ, ㄷ ④ ㄱ, ㄴ, ㄹ

해설 옳은 것은 ㄱ, ㄴ, ㄹ이다.
ㄷ. 적응모델은 1960년대 등장한 의료모델에 대한 비판·보완을 위해 등장한 것으로, 19세기 후반의 진보주의와 교육형주의 사상에 기초한다. 적응모델에 따르면, 범죄자는 결함이 있는 환자로서 치료의 대상이며, 스스로 의사결정을 하고 책임 또한 질 수 있다고 본다.
참고로, 교정처우기법으로는 현실요법과 교류분석을 중요시한다.

정답 | ④

20

의료모델의 재량권 남용 및 차별적 처우에 대한 반성으로 적법절차를 강조하는 사법모델(justice model)이 등장하였다. 사법모델의 등장과 배경을 같이하는 범죄이론은?

① 갈등이론
② 과학적 범죄이론
③ 표류이론
④ 낙인이론

해설 ④ 낙인이론은 1960년대 중반부터 전통적 주류범죄학이론에 바탕을 둔 교정주의정책의 문제점을 비판하면서 등장한 반교정주의적 이론이다. 따라서 사법모델(정의모델)은 의료모델의 재량권 남용 및 차별적 처우에 대한 반성으로부터 등장하였다는 점에서 낙인이론의 등장과 그 배경을 같이하고 있다.

정답 | ④

21

20세기 말 미국 등에서 확산된 형사정책의 보수화현상과 관계가 먼 것은?

① 부정기형제도의 강화

② 3진법 시행

③ 정기형의 엄격성을 위한 자유형 확대

④ 마약과의 전쟁

해설 ①은 정의모델에 관한 내용이다. 정의모델에서는 부정기형에서 정기형으로의 복귀를 주장한다.

정답 | ①

22

범죄인의 재사회화를 주된 목적으로 하는 범죄인처우의 유형은?

① 사법적 처우

② 위하적 처우

③ 교정처우

④ 보호적 처우

해설 ④ 범죄인처우의 유형으로는 통상 사법적 처우, 교정처우, 보호적 처우가 있는데, 사법적 처우는 교정처우가 시작되기 이전의 단계로서 범죄인의 범죄행위, 인격 등을 고려한 처우의 종류와 정도를 의미하고, 교정처우는 교정단계에서 이루어지는 교정시설 내에서의 범죄인처우를 의미하며, 보호적 처우는 사법적 처우와 연계하거나 교정처우 이후의 단계에서 범죄인의 재사회화를 주된 목적으로 하는 범죄인처우를 의미한다.

정답 | ④

23

범죄인처우의 기본원리로 보기 어려운 것은?

① 인도주의

② 처우의 집단화

③ 법률주의

④ 과학주의

해설 ①·③·④ 범죄자처우의 기본원리는 인도주의, 공평주의, 법률주의, 과학주의, 개별주의, 사회접근주의 등이다.

정답 | ②

24

범죄인처우의 기본원리에 관한 설명으로 맞는 것을 모두 고른 것은?

> ㉠ 감옥개량운동, 사형제도의 폐지 주장 등은 인도주의의 표현이다.
> ㉡ 교정성적에 따라 수형자처우에 차별을 두는 것은 공평주의에 반한다.
> ㉢ 형집행법에서는 차별금지에 관한 명문규정을 두고 있다.
> ㉣ 법률주의는 범죄인의 기본권을 제한하는 것은 반드시 헌법과 법률에 근거를 두어야 한다는 것 외에도 명확성, 보충성, 비례성 등 헌법상의 제 원칙을 준수할 것을 요한다.

① ㉠, ㉡

② ㉠, ㉡, ㉢

③ ㉠, ㉢, ㉣

④ ㉠, ㉡, ㉢, ㉣

해설 [O] ㉠·㉢·㉣

[×] ㉡ 공평주의란 사회적 신분이나 지위에 따라 범죄인의 처우에 차별을 두어서는 아니 됨을 의미하나, 합리적인 차별까지 금지하는 것은 아니므로 교정성적에 따라 수형자처우에 차등을 두는 것은 공평주의에 반한다고 볼 수 없다.

정답 | ③

25

살레이유(R. Saleilles)가 분류한 개별화의 종류를 바르게 묶어 놓은 것은?

㉠ 범죄의 개별화	㉡ 법률의 개별화	㉢ 재판의 개별화
㉣ 행정의 개별화	㉤ 권리의 개별화	

① ㉠, ㉡, ㉢
② ㉠, ㉡, ㉤
③ ㉡, ㉢, ㉣
④ ㉡, ㉣, ㉤
⑤ ㉢, ㉣, ㉤

해설 ③ 살레이유는 개별화의 종류로 법률의 개별화, 재판의 개별화 및 행정의 개별화를 주장하였다.

법률의 개별화	형법규정상 형벌구성요건을 세분화하는 것
재판의 개별화	법원이 범죄자 개인의 사정을 고려하여 사법처우의 종류와 정도를 결정하는 것
행정(행형)의 개별화	행형단계에서 범죄인의 개인적 특성과 환경을 고려하여 그에 상응한 처우를 행하는 것

정답 | ③

26

행형에서 재사회화를 실현하기 위한 구체적인 실천원리로 적합하지 않은 것은? 교정7급 08

① 행형에서의 생활조건은 시설 밖의 일상생활과 가능한 한 유사하게 이루어지도록 해야 하고, 특히 수형자의 자존심을 침해할 수 있는 것은 최대한 축소하여야 한다.
② 재사회화를 지향하는 과정에서 처우의 목적과 보안의 목표가 충돌할 때에는 처우의 목적을 우선하는 것이 바람직하다.
③ 행형은 구금에 따른 지위변화, 박탈감 그리고 교도소에 고유한 하위문화의 형성 등 구금에 따른 부작용들을 상쇄하도록 이루어져야 한다.
④ 자율적인 재사회화를 기대하기 어려운 수형자에 대하여는 엄정구금 등의 재사회화프로그램을 실시하여야 한다.

해설 ④ 엄정구금은 재사회화와 상충되는 의미이므로, 자율적인 재사회화를 기대하기 어려운 수형자에 대하여는 지속적인 상담과 치료 그리고 관련된 재사회화프로그램을 실시하여야 한다.

정답 | ④

27

범죄인처우모델에 대한 설명 중 거리가 먼 것은? 9급특채 12

① 의료모델이나 치료모델에서는 처벌이 범죄자의 문제를 해결하는 데 도움이 되지 않는다고 주장한다.
② 공정모델은 자유의사론적 시각에서 정당한 처벌을 통하여 사법정의의 확보와 그에 따른 인권보호의 차원에 초점을 맞추고 있다.
③ 의료모델이나 치료모델은 부정기형보다 정기형을 선호한다.
④ 지역사회교정과 관련된 것은 재통합모델이다.

해설 ③ 의료모델(치료모델)에서는 수형자를 개선 또는 치료되어야 할 범인성을 가진 환자로 보므로, 치료되지 않은 범죄인은 정해진 형기에 관계없이 석방될 수 없다는 부정기형의 이론적 기초를 이루고 있다. 따라서 정기형보다 부정기형을 선호한다.

정답 | ③

28

범죄자 처우의 모델에 대한 설명으로 옳지 않은 것은? 교정9급 18

① 재통합모델－범죄자와 지역사회의 유대 및 지역사회에 기초한 처우를 중요시한다.
② 사법(정의·공정)모델－갱생에 대한 회의론과 의료모델로의 회귀경향이 맞물려 등장하였다.
③ 의료(치료·갱생)모델－수용자에 대한 강제적 처우로 인권침해라는 비판을 받았다.
④ 개선모델－가혹한 형벌을 지양하고 개선과 교화를 강조한다.

해설 ② 정의모델은 개선모델과 의료모델의 인권침해적 요소(재량권 남용, 차별적 처우 등)에 대한 반성과 더불어, 행형의 특별예방효과와 개방적 교정처우제도의 효과에 대한 의심에서 비롯되었다.

정답 | ②

29

범죄인처우모델 중 정의(공정)모델의 주장내용으로 옳은 것을 모두 고른 것은? 9급경채 13

㉠ 법관의 재량권 확대	㉡ 삼진법 도입
㉢ 부정기형제도의 확대	㉣ 수형자 법적 구제의 확대
㉤ 수형자자치의 축소	㉥ 교정시설 처우의 공개

① ㉠, ㉡, ㉤
② ㉠, ㉤, ㉥
③ ㉡, ㉣, ㉥
④ ㉡, ㉢, ㉥

해설 ③ 정의모델의 주장내용에 해당하는 것은 ㉡·㉣·㉥이다. 틀린 지문을 바르게 수정하면 다음과 같다.

㉠ 법관의 재량권 제한
㉢ 부정기형제도의 지양
㉤ 수형자자치의 확대

정답 | ③

CHAPTER

03 교정의 연혁

01 ★

다음 교정(행형)제도의 각 단계를 역사적 발전순서대로 나열한 것은? 교정7급 10

㉠ 교육적 개선단계	㉡ 위하단계	㉢ 복수단계
㉣ 사회적 권리보장단계	㉤ 과학적 처우단계	

① ㉢ → ㉡ → ㉠ → ㉣ → ㉤
② ㉢ → ㉡ → ㉤ → ㉠ → ㉣
③ ㉢ → ㉡ → ㉠ → ㉤ → ㉣
④ ㉡ → ㉢ → ㉠ → ㉣ → ㉤

해설 ③ 세계의 교정역사는 복수적 시대 → 위하적 시대(형벌의 국가화) → 교육적 개선시대(형벌의 법률화) → 과학적 처우시대(형벌의 개별화) → 사회적 협력시대(행형의 국제화시대)의 순서로 발전되었다.

정답 | ③

02

다음 중 세계교정의 역사적 발전단계로 옳은 것은?

① 위하적 시대 – 복수적 시대 – 교육적 개선시대 – 사회적 협력시대 – 과학적 처우시대
② 복수적 시대 – 위하적 시대 – 교육적 개선시대 – 과학적 처우시대 – 사회적 협력시대
③ 위하적 시대 – 복수적 시대 – 과학적 처우시대 – 사회적 협력시대 – 교육적 개선시대
④ 복수적 시대 – 위하적 시대 – 과학적 처우시대 – 교육적 개선시대 – 사회적 협력시대

해설 ② 세계의 교정역사는 복수적 시대(원시시대~고대국가 형성기) → 위하적 시대(고대국가~18세기 중) → 교육적 개선시대(18세기 말~19세기 중) → 과학적 처우시대(19세기 말~20세기 초) → 사회적 협력시대(2차 세계대전 이후)로 발전되었다.

정답 | ②

03

과학적 처우시대에 관한 설명으로 옳지 않는 것은?

① 19세기 말부터 20세기 초에 걸쳐 형성된 형벌관으로 자본주의의 모순에 따른 여러 가지 사회문제가 발생됨에 따라 이에 대한 대안으로 등장하였다.

② 롬브로조·페리·리스트 등 초기 실증주의학파에 의해 주도되었다.

③ 범죄의 원인과 범죄인의 특성을 실증적으로 연구하였으며, 형벌제도를 형사정책적으로 전개시켜 사회방위의 방법으로 범죄인의 범죄성을 개선하는 작용을 강조하였다.

④ 형벌은 사형과 신체형에서 자유형 위주로 전환되었으며, 자유형의 집행도 응보의 목적에서 교화개선의 목적으로 전환되었다.

해설 ④ 박애형시대(형벌의 법률화시대)에 관한 설명이다.

정답 | ④

04

교정역사의 변천과정에 관한 설명으로 틀린 것을 모두 고른 것은?

㉠ 복수적 시대에는 피해자 측이 범죄자에 대하여 무한한 복수를 행하는 것이 허용되었다. ㉡ 위하적 시대에는 범죄자에 대한 개인적 복수가 금지되었고, 국가가 형벌을 관장하였다. ㉢ 카롤리나 형법전은 교육적 개선시대의 대표적 법전이다. ㉣ 펜실베니아제, 오번제 등은 과학적 처우시대의 구금형태이다. ㉤ 과학적 처우시대에는 특별예방주의에 따른 범죄인의 재사회화에 관심을 두었다.

① ㉠, ㉡ ② ㉠, ㉢, ㉣

③ ㉢, ㉣ ④ ㉡, ㉢, ㉤

해설 [×] ㉢ 카롤리나 형법전은 위하적 시대의 대표적 법전이다.
㉣ 펜실베니아제, 오번제 등은 교육적 개선시대의 구금형태에 해당한다.
[○] ㉠·㉡·㉤

정답 | ③

05

사회적 권리보장시대에 관한 설명으로 가장 적절하지 않은 것은?

① 제2차 세계대전 이후에 전개된 형벌관이다.

② 범죄인에 대한 개선·치료프로그램이 선량한 수형자를 만들 뿐이라는 지적과 함께 사회 내 처우의 필요성이 강조되었다.

③ 미국의 경우 1971년에 발생한 아티카(Attica)교도소의 폭동사건은 수형자의 권리구제를 더욱 어렵게 하는 계기가 되었다.

④ 외부통근, 중간처우의 집 등은 이 시대에 새롭게 등장한 교정처우프로그램이다.

해설 ③ 1971년 9월에 발생한 뉴욕주의 아티카교도소 폭동사건은 수형자의 권리구제를 위한 자유로운 소송제도를 인정하는 계기가 되었다.

정답 | ③

06

다음은 「UN 피구금자처우 최저기준규칙」 중 규율 및 징벌에 관한 내용이다. 옳은 것은 모두 몇 개인가? 9급경채 13

㉠ 규율 및 질서는 엄정히 유지되어야 하나 필요한 한도를 넘어서는 아니 된다. ㉡ 동일한 위반에 대해서는 이중으로 징벌받지 아니한다. ㉢ 금치나 감식의 징벌은 의사의 진찰을 통해 대상자가 이러한 징벌을 견딜 수 있다는 것을 증명한 후에만 부과될 수 있다. ㉣ 피구금자도 필요한 경우 시설의 업무를 부여받거나 규율의 권한을 행사할 수 있다. ㉤ 징벌대상이 되는 피구금자는 자신에 대해 항변할 기회를 가지기 전에는 징벌을 받아서는 아니 된다. ㉥ 체벌이나 암실수용 등의 징벌은 극소수의 피구금자에 대해 제한적으로만 사용할 수 있다.

① 3개 ② 4개 ③ 5개 ④ 6개

해설 [O] ㉠ UN 피구금자처우 최저기준규칙 제27조
㉡ 동 규칙 제30조 제1항
㉢ 동 규칙 제32조 제1항
㉣ 동 규칙 제28조 제2항
㉤ 동 규칙 제30조 제2항
[×] ㉥ 체벌, 암실수용(어두운 거실에 수용) 및 잔인하거나 비안간적이거나 굴욕적인 모든 징벌은 규율위반에 대한 징벌로서 완전히 금지되어야 한다(동 규칙 제31조).

정답 | ③

07

「UN 범죄방지 및 범죄자처우회의」에 대해서 잘못 기술하고 있는 것은?

① 「국제형법 및 형무회의」를 인수하여 5년에 한번씩 개최한다.

② 「UN 피구금자처우 최저기준규칙」은 제1회 대회에서 채택되어 각국에 시행이 의무화되어 있다.

③ 형사정책에 관한 현존하는 최대규모의 국제협력기구이다.

④ 매년 국제형사정책론(International Review of Criminal Policy)을 발간하고 있다.

⑤ 1955년 제네바에서 제1차 회의를 개최한 이래 1995년 이집트 카이로에서 제9차 회의를 개최하였다.

해설 ② 제1차 회의에서 채택된 「UN 피구금자처우 최저기준규칙」은 각국에 시행을 권고할 뿐 구속력은 없으나, 국민의 인권을 존중하는 자유민주주의 국가에서는 대체로 이를 존중하고 있다.

정답 | ②

08

「UN 피구금자처우 최저기준규칙」의 내용으로 옳지 않은 것을 모두 고른 것은?

㉠ 아이가 시설 내에서 태어난 경우에는 이 사실을 출생증명서에 기재해서는 아니 되며, 사회의 보육시설에 위탁하여 양육하도록 하여야 한다.
㉡ 모범적인 수형자인 경우에는 시설의 업무 중 일부를 부여할 수 있다.
㉢ 금치 또는 감식의 징벌은 의사가 그 피구금자를 진찰하고 서면 또는 구두로써 그가 그러한 징벌을 견딜 수 있음을 소장에게 보고한 후에 부과할 수 있다.
㉣ 시설 내에 종교를 가진 피구금자가 있는 경우에는 동일 종교를 가진 피구금자의 수와 상관없이 그 종교의 자격 있는 대표자가 임명되거나 승인되어야 한다.

① ㉠, ㉡　② ㉠, ㉡, ㉣　③ ㉠, ㉢, ㉣　④ ㉠, ㉡, ㉢, ㉣

해설 [×] ㉠ 유아가 모친과 함께 시설 내에 있도록 허용되는 경우 자격 있는 직원이 근무하는 유아실을 설치하여 모친이 보살필 수 없는 경우 유아를 보호하여야 한다(UN 피구금자처우 최저기준규칙 제23조 제2항). 즉, 아이가 시설 내에서 태어났을 경우에 일정한 사유에 해당하면 시설 내에서 양육할 수 있다.

㉡ 어떠한 피구금자라도 시설의 업무를 부여받거나 규율권한이 부여되어서는 안 된다(동 규칙 제28조 제1항). 그러나 특정한 사교, 교육 또는 스포츠 활동이나 책임을 직원의 감독하에 처우목적을 위하여 그룹으로 분류된 피구금자에게 맡기는 자치제도의 적절한 활용을 배제하지 아니한다(동조 제2항). 따라서 모범수용자라는 이유로 시설의 업무 중 일부를 부여할 수 있다는 표현은 옳지 않다.

㉢ 금치 또는 감식의 징벌은 의사가 그 피구금자를 진찰하고 서면으로 그가 그러한 징벌에 견딜 수 있음을 증명한 경우가 아니면 부과해서는 안 된다(동 규칙 제32조 제1항).

㉣ 시설 내에 동일 종교를 가진 충분한 수의 피구금자가 있는 경우 그 종교의 자격 있는 대표자가 임명되거나 승인되어야 한다(동 규칙 제41조 제1항).

[○] 없음

정답 | ④

09

「UN 피구금자처우 최저기준규칙」의 내용으로 옳지 않은 것은?

① 모든 수형자는 작업의 의무를 진다.

② 수형자의 작업에 대한 공정한 보수제도가 있어야 한다.

③ 시설의 공장 및 농장은 되도록 당국에 의하여 직접 운영되는 방식을 피하고, 개인 계약자에 의하여 운영되도록 하여야 한다.

④ 문맹자 및 소년수형자의 교육은 의무적이어야 한다.

해설 ③ 시설의 공장 및 농장은 되도록 당국에 의하여 직접 운영되어야 하고, 개인 계약자에 의하여 운영되어서는 안 된다(UN 피구금자처우 최저기준규칙 제73조 제1항).

① 동 규칙 제71조 제2항

② 동 규칙 제76조 제1항

④ 동 규칙 제77조 제1항

정답 | ③

10

UN의 「피구금자 처우에 관한 최저기준규칙」이 정한 교도작업에 관한 내용이 아닌 것은?

교정7급 07

① 모든 수형자는 교도작업의 의무를 지며, 이 작업은 성질상 고통을 주는 것이어서는 안 된다.

② 직업병을 포함하여 산업재해로부터 수형자들을 보호하기 위한 규정은 법률에 의하여 자유노동자에게 인정되는 조건보다 불리한 것이어서는 안 된다.

③ 수형자의 하루 및 주당 최대 작업시간은 자유노동자의 고용에 관한 지역적 기준과 관습을 참작하여 법률 또는 행정규칙으로 정하여야 한다.

④ 수형자의 작업에 대한 수입은 원칙적으로 국고수입으로 하여야 한다.

해설 ④ 수형자의 작업에 대한 수입을 국고수입으로 해야 한다는 규정은 없다. 수형자의 작업에 대한 공정한 보수제도가 있어야 한다고 규정하면서 작업임금제를 권고하고 있고, 모든 수형자는 작업의 의무를 지되 의무관이 판정한 신체적·정신적 적성에 맞는 것이어야 한다고 규정하고 있다.

정답 | ④

11

「UN 피구금자처우 최저기준규칙」에 대한 설명으로 옳지 않은 것은? 교정7급 12

① 미결수용자는 기결수용자와 분리하여 구금하여야 하지만, 교도소장이 수용자의 교정을 위하여 특별히 필요하다고 인정하는 경우에는 분리하지 아니하고 구금할 수 있다.

② 피구금자에게는 신체를 청결히 유지할 의무를 부과하여야 하며, 이를 위하여 건강 및 청결 유지에 필요한 만큼의 물과 세면용품을 지급하여야 한다.

③ 모든 피구금자는 자격 있는 치과의사의 치료를 받을 수 있어야 한다.

④ 여자 피구금자는 여자직원에 의하여서만 보호되고 감독되어야 하지만, 남자의사는 여자시설에서 의료행위를 할 수 있다.

해설 ① 미결수용자와 기결수용자는 반드시 분리·구금되어야 한다고 규정하고 있다. 이외에도 성인과 소년, 여성과 남성, 민사상 피구금자와 형사상 피구금자에 대한 분리수용을 규정하고 있다.

정답 | ①

12

피구금자의 처우에 대하여 UN의 피구금자처우 최저기준규칙에 규정된 내용으로 옳지 않은 것은?

교정9급 08

① 피구금자에게는 신체를 청결히 유지할 것을 요구하여야 한다.

② 규율과 질서는 엄정히 유지되어야 하나, 안전한 구금과 질서 있는 소내 생활을 유지하기 위하여 필요한 한도를 넘어서는 안 된다.

③ 구금형의 목적과 정당성은 궁극적으로 사회를 범죄로부터 보호하는 데 있다.

④ 정신병자로 판명된 수형자는 원칙적으로 교도소에 구금하되 의무관의 특별한 감독을 받아야 한다.

해설 ④ 정신병자로 판명된 수형자는 교도소에 구금해 두어서는 안 되고, 가능한 한 신속히 정신건강의학과 의료시설로 이송하기 위한 조치가 필요하다.

정답 | ④

13

다음은 「UN 피구금자처우 최저기준규칙」에서 규정하고 있는 의료관련 권고내용이다. 틀린 것은?

6급승진 04

① 모든 시설에는 수술장비가 갖추어져 있어야 한다.
② 모든 시설에는 정신의학지식을 가진 1명 이상의 의사의 진료를 받을 수 있을 수 있도록 해야 한다.
③ 여자교도소에는 산전 및 산후 간호 및 처치를 위해 필요한 설비가 갖추어져야 한다.
④ 모든 수용자들은 치과의사의 진료를 받을 수 있어야 한다.

해설 [×] ① 수술장비를 갖추어야 한다는 규정은 존재하지 않는다.
[○] ② UN 피구금자처우 최저기준규칙 제22조 제1항
③ 동 규칙 제23조 제1항
④ 동 규칙 제22조 제3항

정답 | ①

CHAPTER

04 우리나라의 교정사

01

삼국시대의 형벌제도에 관한 설명으로 옳지 않은 것은?

① 삼국시대의 감옥으로는 뇌옥(牢獄), 영어(囹圄), 형옥(刑獄) 등이 있었다.

② 고구려에는 절도죄의 경우 12배의 배상을 하도록 하는 1책 12법이 시행되었다.

③ 백제에서는 사형에 처할 경우 경옥(京獄)에서 복심(覆審)을 하였으며, 집행을 할 경우 왕의 재가를 얻도록 하였다.

④ 신라에서는 범죄자가 급증할 경우 가옥(假獄)이라는 임시감옥을 운영하였다.

해설 ④ 가옥(假獄)은 고려시대 광종이 노비법 개정과정에서 급증하는 수용자를 관리하기 위하여 임시로 설치한 감옥이다.

정답 | ④

02

고려시대의 교정제도에 관한 설명으로 틀린 것은?

① 초기에는 당률에 근거하여 관습법 위주로 운영되었다.

② 형부 아래에 형옥을 담당하는 상서도관(尙書都官)을 두었다.

③ 형벌은 태, 장, 도, 유, 사의 5종이 근간을 이루었다.

④ 응보주의에 입각한 화형이나 사지절단형 같은 잔혹한 형벌이 거의 사라졌다.

해설 ② 고려시대 형부에 소속되어 형옥을 담당하던 기구는 전옥서(典獄署)이다.

정답 | ②

03

고려시대의 형벌로 범죄자의 얼굴에 칼로 흉터를 남기는 것은?

① 경면형
② 부처
③ 삽루형
④ 휼형

해설 ① 경면형은 얼굴에 묵침으로 글자를 새겨 넣는 형벌이다.
② 부처는 조선시대의 형벌로 관원이나 유생에게 과하는 유형의 일종이다.
④ 휼형은 범죄인에게 관용을 베푸는 제도이다.

정답 | ③

04

주로 국사범을 구금하는 고려시대의 구금시설로 개경에만 설치되었던 것은?

① 전옥서(典獄署)
② 가옥(假獄)
③ 시옥(市獄)
④ 뇌옥(牢獄)

해설 ② 가옥(假獄)은 고려시대의 임시감옥이다.
③ 시옥(市獄)은 각 지방에 설치되었던 고려시대의 감옥이다.
④ 뇌옥(牢獄)은 삼국시대의 구금시설이다.

정답 | ①

05 ★

조선시대 유형(流刑)에 대한 설명으로 옳은 것은? 교정7급 18

① 유배지에 직계존속을 동반할 수도 있었다.
② 중도부처는 유형 중 행동의 제한이 가장 많았다.
③ 유배죄인에 대한 계호와 처우의 책임은 형조에 있었다.
④ 유형은 기간이 정해져 있어 현재의 유기금고형에 해당한다.

해설 ① 유형에는 본향안치, 절도안치, 위리안치 등이 있고, 이 중에서 위리안치(가시나무)는 다른 유형과 달리 가족 동반도 금지되었다.
② 중도부처는 관원에 대한 유형이다. 가까운 중간지점을 지정하여 그곳에서 머물러 살게 하는 형벌로, 안치보다는 가벼운 유배형으로서 행동이 비교적 자유로왔다.
③ 유배죄인에 대한 계호와 처우의 책임은 형도가 아닌 그 유배지의 수령에게 있었다.
④ 유형은 유배지에서 죽을 때까지 지내야 하는 형벌로, 기간의 정함이 없어 오늘날의 형벌 중 무기금고에 해당한다.

정답 | ①

06

다음 중 조선시대의 5형이 아닌 것은?

① 태형
② 사형
③ 도형
④ 윤형

해설 ①·②·③ 조선시대의 5형이란 태형, 장형, 도형, 유형 및 사형을 말한다.
④ 윤형(閏刑)은 신분을 박탈하는 형벌로서 관리의 신분에 과하는 것과 도사(道士)나 승려의 신분에 과하는 것을 말한다.

정답 | ④

07

조선시대 형벌관장기관 중 감옥과 범죄수사를 담당하였던 기구는?

① 상복사(詳覆司)

② 고율사(考律司)

③ 장금사(掌禁司)

④ 장예사(掌隷司)

해설 ① 상복사는 중죄에 대한 복심을 담당했던 기구이다.
② 고율사는 법령의 조사 및 심의를 담당했던 기구이다.
④ 장예사는 노예의 호적과 소송 및 포로에 관한 업무를 담당했던 기구이다.

정답 | ③

08

조선시대 형벌제도에 관한 설명으로 옳지 않은 것은?

① 지방 사법기관으로는 관찰사와 수령이 있었다.

② 중앙에서 훈도(訓導)·검율(檢律)이라는 율사를 각 지방으로 파견하여 관찰사의 사법업무를 보좌하게 하였다.

③ 관찰사는 도형 이하의 사건만을, 군·현의 수령은 장형 이하의 사건만을 처리하도록 하였다.

④ 사헌부는 관리의 기강과 시비를 논하는 감찰기관이었으나, 기강감찰 외에 백성의 억울한 일을 풀어주는 직무도 행하였다.

해설 ③ 조선시대 관찰사는 유형 이하의 사건만을 처리하도록 하였다.

정답 | ③

09 ★

조선시대 장형(杖刑)에 관한 설명 중 틀린 것만 묶은 것은?

> ㉠ 태형보다 중한 형벌로 10등급으로 구분되었다.
> ㉡ 큰 가시나무 회초리로 죄인의 볼기를 60대에서 100대까지 때렸다.
> ㉢ 통상 도형과 함께 부과되었으며, 유형을 부과할 경우에는 장형을 부과하지 않았다.
> ㉣ 조선시대 형벌 중 남형의 폐해가 가장 많았다.

① ㉠, ㉡
② ㉠, ㉢
③ ㉡, ㉢
④ ㉢, ㉣

해설 [×] ㉠ 10등급 → 5등급
㉢ 유형을 부과할 경우에도 통상 장형이 부과되었다.
[○] ㉡·㉣

정답 | ②

10

조선시대의 형벌제도에 대한 설명으로 옳지 않은 것은? 교정9급 15

① 유형은 중죄인을 먼 지방으로 귀향 보내 죽을 때까지 고향으로 돌아오지 못하게 하는 형벌이다.
② 충군은 왕족이나 현직고관인 사람에 한하여 일정한 장소에 격리시켜 유지하게 하는 형벌이다.
③ 도형은 오늘날의 유기 징역형에 해당하는 것으로 범죄인을 관아에 구금하여 소금을 굽거나 쇠를 달구는 등의 노역에 종사하게 하는 형벌이다.
④ 자자형은 부가형으로 신체의 어느 부위에 먹물로 글씨를 새겨 넣는 형벌이다.

해설 ② 충군(充軍)이란 수군이나 변방의 군역(軍役)에 복무시키는 것으로 주로 군인이나 군 관련 범죄에 대하여 적용하는 일종의 대체형벌이었다. 왕족이나 현직고관을 대상으로 일정한 장소에 격리시키는 형벌은 안치이다.

정답 | ②

11

조선시대 형벌제도에 대한 설명으로 옳지 않은 것은? 교정9급 08

① 형조(刑曹)에서 감옥과 범죄수사 업무를 담당했던 부서는 전옥서(典獄署)이다.

② 사형수를 수용하는 시설로 남간(南間)을 두었다.

③ 도형(徒刑)은 일정 기간 동안 관아에서 노역에 종사하게 하는 것으로 장형(杖刑)이 병과되었다.

④ 유형(流刑)의 일종인 안치(安置)는 주로 왕족이나 현직고관에 대해서 인정되었다.

해설 ① 형조(刑曹)에서 감옥과 범죄수사 업무를 담당했던 부서는 장금사이다.

정답 | ①

12

다음은 조선시대 유형(流刑)에 관한 설명이다. 옳지 않은 것만으로 묶인 것은?

> ㉠ 오늘날의 유기금고형에 해당하는 자유형의 일종이다.
> ㉡ 장형이 병과되었다.
> ㉢ 유형에 대한 계호와 처우의 책임은 의금부에서 담당하였다.
> ㉣ 식량 등 생필품은 자기노동에 의한 자급자족의 형태를 취하였다.
> ㉤ 가족을 동반하려면 일정한 속죄금을 납부하도록 하였다.

① ㉠, ㉡, ㉢
② ㉠, ㉡, ㉣
③ ㉡, ㉢, ㉣, ㉤
④ ㉠, ㉢, ㉣, ㉤

해설 [×] ㉠ 유형은 오늘날의 무기금고형에 해당하는 자유형의 일종이다.
㉢ 유형에 대한 계호와 처우의 책임은 그 지방수령에게 있었다.
㉣ 식량 등 생필품은 관에서 공급하였다.
㉤ 허가가 있으면 가족을 동반할 수 있었는데, 속죄금 납부는 그 허가요건이 아니었다.
[○] ㉡

정답 | ④

13

조선시대 유형의 일종인 천사(遷徙)에 관한 설명으로 틀린 것을 모두 고른 것은?

㉠ 일반 상민을 대상으로 죄인을 1000리 밖으로 강제이주시키는 형벌이다. ㉡ 이주시킨 후에는 천민으로 신분을 강등하였다. ㉢ 천사 중에서 전가사변은 그 중 가장 가혹한 형벌이었다. ㉣ 관원이나 유생도 일정한 범죄를 저지르면 천사가 부과되었다.

① ㉠, ㉡
② ㉡, ㉢
③ ㉡, ㉣
④ ㉢, ㉣

해설 [×] ㉡ 이주시킨 후에는 일반 양민과 동등한 생활을 유지할 수 있도록 하였다.
㉣ 천사는 일반 상민만을 대상으로 하였다. 관원이나 유생을 대상으로 하는 유형은 부처(付處)이다.
[○] ㉠·㉢

정답 | ③

14

조선시대 유형의 종류에 관한 설명이다. 바르지 않은 것은? 9급특채 10

① 천사는 죄인을 1000리 밖으로 강제 이주시켜 일반 양민과 동등한 생활을 유지하게 하는 형벌이다.
② 본향안치는 죄인을 그의 고향에 안치하는 형벌로서 은전적 차원에서 시행하였다.
③ 위리안치는 가옥주위에 가시나무 울타리를 치고 외출을 통제하는 형벌이다.
④ 절도안치는 관원에 대하여 과하는 유형의 일종으로 일정지역을 지정하여 거주하게 하는 형벌이다.

해설 ④ 절도안치는 외딴 섬에 죄인을 격리하여 안치하는 유형의 일종이다. 관원(또는 유생)에 대하여 과하는 유형은 부처(付處)이다.

정답 | ④

15 ★

조선시대 형벌제도에 관한 설명으로 옳지 않은 것은?

① 태형은 가장 가벼운 형벌로 10대에서 50대까지 있었다.
② 장형은 태형보다 무거운 형벌로 태형이 폐지된 후에도 한동안 유지되다가 1920년에 가서야 폐지되었다.
③ 도형은 오늘날의 자유형에 해당하며, 반드시 장형이 병과되었다.
④ 절도안치는 외딴 섬에 격리하는 것으로 유형 중 가장 중한 형벌이었다.

해설 ② 장형은 1895년에 폐지되었으나, 태형은 장형이 폐지된 이후에도 존속하다가 1920년에 폐지되었다.

정답 | ②

16

조선시대 형벌제도 중 부가형에 해당하는 것은 모두 몇 개인가?

㉠ 자자형(刺字刑)	㉡ 노비몰입(沒入)	㉢ 월형(刖刑)
㉣ 윤형(閏刑)	㉤ 고족(刳足)	㉥ 몰수형

① 2개　② 3개　③ 4개　④ 5개

해설 조선시대 형벌제도 중 부가형에 해당하는 것은 ㉠·㉡·㉣·㉥이다.

➤ 조선시대 형벌 중 부가형의 종류

자자형(刺字刑)	신체의 특정부위에 먹물로 글씨를 새겨 넣는 형벌
노비몰입(沒入)	범죄인이나 그 가족을 노비에 편입시키는 형벌
몰수형	범죄인이나 그 가족의 재산을 몰수하는 형벌
배상형	범죄인의 재산을 강제로 징발하여 피해자 측에 지급하는 형벌
윤형(閏刑)	승려 등이 죄를 지은 경우에 그 신분을 박탈하는 것으로, 오늘날 자격상실과 유사한 형벌

정답 | ③

17

조선시대 형벌제도에 대한 설명으로 옳지 않은 것은?

① 형조(刑曹)에서 감옥과 범죄수사업무를 담당했던 부서는 전옥서(典獄署)이다.

② 유형은 중죄를 범한 자에게 부과되는 형벌로 오늘날의 무기금고형과 유사하다.

③ 도형(徒刑)은 일정기간 관아에서 노역에 종사하는 것으로 오늘날의 징역형과 유사하다.

④ 신분을 박탈하는 형벌로 오늘날 자격상실과 유사한 윤형이 있었다.

해설 ① 조선시대 형조에서 감옥과 범죄수사업무를 담당했던 부서는 장금사(掌禁司)이다.

➤ 조선시대 형조 중 4사

상복사(詳覆司)	사형죄에 해당하는 중죄자의 복심을 담당
고율사(考律司)	법령의 조사 및 심의를 담당
장금사(掌禁司)	감옥과 범죄수사를 담당
장예사(掌隷司)	노예의 호적과 소송 및 포로에 관한 업무를 담당

정답 | ①

18 ★

조선시대 휼형제도 중 오늘날의 불구속재판과 유사한 것은?

① 사면(赦免)

② 감강종경(減降從輕)

③ 보방(保放)

④ 부처(付處)

해설 ③ 보방(保放)은 죄인의 건강이 나쁘거나 친상을 당한 경우에 불구금상태로 재판을 받게 하거나, 일시석방 후 다시 구금하는 제도로, 오늘날의 불구속재판과 유사한 제도이다.

①은 형벌을 면해 주는 제도이고, ②는 형벌을 한 단계씩 강등해 주는 제도이며, ④는 관원이나 유생에게 부과하였던 유형의 일종이다.

정답 | ③

19

조선시대 휼형(恤刑)과 형벌제도에 대한 설명으로 옳지 않은 것은? 교정7급 13

① 휼형이란 범죄인에 대한 수사와 재판, 형집행을 엄중·공정하게 진행하되, 죄인을 진실로 불쌍히 여겨 성심껏 보살피며 용서하는 방향으로 고려해 주는 일체의 행위라고 정의할 수 있다.

② 휼형의 사례로는 사형은 유형으로, 유형은 장형으로, 도형은 태형으로 처리하는 감형(減刑)이 있었다.

③ 구금 중인 죄인의 건강이 좋지 않거나 구금 중에 친상을 당한 때에 죄인을 옥에서 석방하여 불구속상태로 재판을 받게 하거나 상을 치르고 난 후 다시 구금하는 보방(保放)제도가 있었다.

④ 조선시대 유형은 중죄자를 지방으로 귀양보내 죽을 때까지 고향으로 돌아오지 못하게 하는 형벌로 기간이 정해지지 않았다는 점에서 오늘날 무기금고형에 속한다.

해설 ② 조선시대에는 오늘날의 감형과 유사한 감강종경(減降從輕)이 있었는데, 사형에 해당하는 죄는 유형으로, 유형은 도형으로, 도형은 장형으로 죄를 한 단계씩 강등해 주었다.

정답 | ②

20

다음은 조선시대의 형벌도구를 설명한 것이다. 연결이 바르지 못한 것은?

① 곤(昆) – 군무에 관한 사건이나 관아 또는 궐문에 난입한 자에게 사용하던 형구

② 요(鐐) – 죄질이 가벼운 사람의 발이나 목에 채우는 쇠사슬

③ 유(杻) – 사형에 처할 죄를 범한 자의 손에 채우는 수갑

④ 가(枷) – 죄인의 목에 씌우는 나무칼

해설 ② 요(鐐)는 쇠뭉치가 달린 쇠사슬로, 이를 발목에 채우고 강제노역을 시킬 때 사용하던 형구이다. 죄질이 가벼운 사람의 발이나 목에 채우는 쇠사슬은 철삭(鐵索)이다.

정답 | ②

21

조선시대 행형제도에 대한 설명으로 옳은 것만을 모두 고르면? 교정9급 24

> ㄱ. 인신을 직접 구속할 수 있는 권한이 부여된 기관인 직수아문(直囚衙門)에 옥(獄)이 부설되어 있었다.
> ㄴ. 휼형제도[恤刑制度, 또는 휼수제도(恤囚制度)]는 조선시대에 들어와서 더욱 폭넓게 사용되었으며, 대표적으로 감강종경(減降從輕)과 보방제도(保放制度)가 있었다.
> ㄷ. 도형(徒刑)에는 태형(笞刑)이 병과되었으며, 도형을 대신하는 것으로 충군(充軍)이 있었다.
> ㄹ. 1895년 「징역처단례」를 통하여 장형(杖刑)과 유형(流刑)을 전면적으로 폐지하였다.

① ㄱ, ㄴ
② ㄷ, ㄹ
③ ㄱ, ㄴ, ㄷ
④ ㄱ, ㄴ, ㄹ

해설 옳은 것은 ㄱ, ㄴ이다.

ㄱ. 형조, 한성부, 사헌부, 병조, 승정원, 수령 등의 직수아문에는 감옥시설이 부설되어 있어 구금기능을 담당하였다.
ㄴ. 조선시대 휼형의 종류로는 보방(保放), 감강종경(減降從輕), 사면(赦免)제도 및 각종 인권보호조치가 있었다.
ㄷ. 도형(徒刑)에는 장형이 병과되었으며, 도형을 대신하는 것으로 충군(充軍)이 있었다.
ㄹ. 1895년 「징역처단례」에서 장형을 폐지하였고, 유형은 정치범에 한하여 적용하였다.

정답 | ①

22

우리나라 교정(행형)의 역사에 대한 설명으로 옳지 않은 것은? 교정7급 18

① 조선시대 장형(杖刑)은 갑오개혁 이후에 폐지되었다.
② 미군정기에는 선시제도가 실시되고 간수교습규정이 마련되었다.
③ 1961년 법개정으로 형무소의 명칭이 교도소로 변경되었다.
④ 1894년에 마련된 징역표는 수형자의 단계적 처우에 관한 내용을 담고 있었다.

해설 ② 미군정기에 선시제도인 우량수형자석방령이 실시되었다. 간수교습규정은 일제시대인 1917년에 간수를 채용하고 교육하기 위하여 둔 규정을 말한다.

① 장형은 갑오개혁 때 행형제도를 개혁하면서 폐지되었다.
③ 교정시설의 명칭은 일제시대인 1923년부터 '형무소'를 사용하다가, 1961년 법개정으로 '교도소'로 변경되었다.
④ 1894년에 마련된 징역표에는 징역수형자에 대한 누진처우를 시행하였다.

정답 | ②

23

우리나라 교정사에 대한 설명 중 틀린 것은? 9급특채 12

① 근대적 자유형제도를 확립한 시기는 미군정시기이다.

② 조선시대의 형벌은 태·장·도·유·사의 다섯형이 있었다.

③ 감옥이 형무소로 명칭을 바꾼 때는 1923년이다.

④ 조선전기에는 신체에 먹물로 글씨를 새겨 넣는 자자형이 부가형으로 집행되기도 하였다.

해설 ① 종래 전통적인 5형(태·장·도·유·사) 중심의 형벌체계가 자유형 중심의 근대적 행형체계로 전환된 것은 1894년 갑오개혁 이후이다.

정답 | ①

24

우리나라 형벌의 역사에 대한 설명으로 옳지 않은 것은? 교정7급 12

① 고려시대에는 속전제도가 있어 일정한 범위에서 속전을 내고 형벌을 대신할 수 있었다.

② 고구려에는 훔친 물건에 대하여 12배의 배상을 부과하는 일책십이법이 존재하였다.

③ 조선시대 도형(徒刑)의 기간은 1년에서 5년까지 3종으로 구분하였는데, 장형(杖刑)이 병과되었다.

④ 1894년 갑오개혁을 계기로 종래의 전통적인 5형(태형, 장형, 도형, 유형, 사형) 중심의 형벌체계가 자유형 중심으로 전환되었다.

해설 ③ 도형은 단기 1년에서 장기 3년까지 5종으로 구분하였고, 반드시 장형이 병과되었다.

정답 | ③

25 ★

우리나라 구금시설의 명칭을 시기 순으로 바르게 나열한 것은? 9급경채 13

① 영어 – 전옥서 – 감옥서 – 형무소 – 교도소
② 뇌옥 – 감옥서 – 전옥서 – 형무소 – 교도소
③ 형옥 – 형무소 – 전옥서 – 감옥서 – 교도소
④ 수옥 – 전옥서 – 형무소 – 감옥서 – 교도소

해설 ① 영어·뇌옥·형옥·주옥은 삼국시대의 구금시설, 전옥서는 고려시대의 구금시설, 감옥서는 갑오개혁 이후의 구금시설, 형무소는 일제강점기의 구금시설, 교도소는 1961년 행형법 제1차 개정 이후의 구금시설 명칭이다.

정답 | ①

26

갑오경장 때 이루어진 행형관련 주요내용으로 옳지 않은 것은?

① 종래 전통적인 5형 중심의 형벌체계를 자유형 중심의 행형체계로 전환시키는 계기가 되었다.
② 종전 직수아문에 부설되었던 감옥을 모두 폐지하고, 감옥사무를 내무아문으로 일원화하였다.
③ 징역형수형자는 감옥서에서 노역에 종사하게 하였다.
④ 재판소는 3심제를 채택하였다.

해설 ④ 재판소는 2심제를 채택하였다.

정답 | ④

27

교정제도의 역사적 발전단계를 시대순으로 바르게 나열한 것은? 교정7급 19

㉠ 일반예방에 입각한 심리강제와 가혹하고 준엄한 형벌부과를 강조하였다. ㉡ 실증적인 범죄분석과 범죄자에 대한 개별적 처우를 실시하였다. ㉢ 인간다운 삶의 권리, 법률구조, 종교의 자유 등 헌법상 보장된 기본적 인권을 수형자들에게도 폭넓게 인정하였다. ㉣ 공리주의의 영향을 받았으며, 국가형벌권의 행사에 있어서도 박애주의사상이 도입되었다.

① ㉠ → ㉡ → ㉣ → ㉢
② ㉠ → ㉢ → ㉣ → ㉡
③ ㉠ → ㉣ → ㉡ → ㉢
④ ㉡ → ㉠ → ㉢ → ㉣

해설 ㉠ 위하적 단계 → ㉣ 교육적 개선단계 → ㉡ 과학적 처우단계 → ㉢ 사회적 권리보장단계

정답 | ③

28

우리나라 가석방제도의 역사적 발전에 관한 설명으로 옳지 않은 것은? 교정7급 07

① 고려·조선시대의 휼형(恤刑)제도는 가석방과 유사한 측면을 가지고 있었다.
② 1905년 형법대전에 규정된 보방(保放)규칙은 죄수를 일시석방할 수 있도록 하였다.
③ 1908년 법률은 종신형 수형자에 대해서는 가방(假放)을 불허하였다.
④ 미군정하에서 실시된 우량수형자석방령은 선시제(Good Time System)의 성격을 가진 것이다.

해설 ③ 1908년 법률, 즉 형법대전은 종신형 수형자에 대해서는 조건 없는 가방(假放)을 허가하였다.

정답 | ③

박상민
JUSTICE 교정학
단원별 핵심천제
[교정학편]

PART

02

교정시설과 수용제도론

CHAPTER

01 교정시설

01 ★

필립 빌레인(Philip Vilain)에 의해 건축된 것으로 근대 교도소의 효시로 평가받고 있는 교도소는?

① 브라이드 웰 노역장

② 암스테르담 노역장

③ 산 미켈레 감화원

④ 간트 교도소

해설 ④ 간트 교도소는 1773년 벨기에의 필립 빌레인(Philip Vilain)에 의해 건축된 팔각형의 교도소로, 암스테르담 노역장의 전통을 계승하고 조직적인 행형을 시행하여 근대교도소의 효시로 평가받고 있다.

브라이드 웰 노역장	1555년 영국에 설치된 교정시설로, 가장 오래된 교정시설
암스테르담 노역장	1595년 네덜란드에 설치된 교정시설로, 교정처우 근대화의 기초
산 미켈레 소년감화원	1703년 교황 클레멘스 11세가 로마에 설치한 교정시설로, 소년구금시설의 시초
간트 교도소	1773년 필립 빌레인(Philip Vilain)에 의해 건축된 교도소로, 근대교도소의 시초

정답 | ④

02

암스테르담 노역장에 관한 설명으로 옳지 않은 것은?

① 근대적 자유형이 시작된 곳으로 알려져 있다.
② 강제노역은 금지되었으며, 노역에 대해서는 별도의 노임을 지급하지 않았다.
③ 자비와 인애의 교육을 강조하였다.
④ 교정처우의 근대화 및 교육행형의 토대를 형성한 곳으로 평가되고 있다.

해설 ② 강제노역이 실시되었으며, 일정한 노임이 지급되었다.

암스테르담 노역장(Amsterdam Penitentiary)

- 1595년 부랑자·불량소년 등의 수용을 위해 네덜란드 암스테르담에 설치
- 수용자에 대해서도 시민의 법적 지위가 그대로 유지되는 등 근대적 자유형이 시작된 곳
- 노동을 통한 교화의 목적을 분명히 하였고, 강제노역이 실시되었으며, 일정한 노임을 지급
- 1597년에는 여자노역장이 분리설치되었으며, 자비와 인애의 교육을 강조
- 이 시설의 질서와 노동에 의한 교육은 극히 우수한 성과를 거두었고, 그 명성은 유럽 각지에 전파
- 교정처우의 근대화 및 교육행형의 기초가 되었다는 평가

정답 | ②

03

다음의 내용 중 틀리게 기술한 것은? 9급특채 10

① 벨기에의 간트(Gand) 교도소는 분류수용이 보다 과학적으로 시행되고, 개선된 의료시설을 구비하였으며, 독거제를 인정하는 등 가장 모범적인 근대교도소의 효시로 평가받고 있다.
② 네덜란드의 암스텔담 노역장은 가장 오래된 최초의 교정시설로 평가받고 있다.
③ 파빌리온식은 푸신에 의해 고안된 병렬식 구조로서 계호인원이 많이 소요되지만, 사동 간 공간이 확보되어 채광과 통풍 등 보건위생에 유리하고, 수용자의 유형별 처우 및 경비기능에 유리하다.
④ 오번형은 주간에는 혼거작업하고, 야간에는 독거수용하기에 적합한 건축구조이다.

해설 ② 1555년에 설립된 영국의 브라이드 웰 노역장(Bridewell House of Correction)이 가장 오래된 최초의 교정시설로 알려져 있다.

정답 | ②

04

다음 중 교정시설 설치·운영의 민간위탁에 관한 설명으로 옳지 않은 것은?

① 법무부장관은 교정시설의 설치 및 운영에 관한 업무의 일부를 법인 또는 개인에게 위탁할 수 있다.

② 위탁을 받을 수 있는 법인 또는 개인의 자격요건, 교정시설의 시설기준, 수용대상자의 선정기준, 수용자 처우의 기준, 위탁절차 국가의 감독, 그 밖에 필요한 사항은 따로 법률로 정한다.

③ 법무부장관은 교정업무를 포괄적으로 위탁하여 한 개 또는 여러 개의 교도소 등을 설치·운영하도록 하는 경우에는 법인·단체 또는 그 기관에게 위탁할 수 있으나 개인에게 위탁할 수는 없다.

④ 법무부장관은 교정업무 수탁자를 선정하는 경우에는 수탁자의 인력·조직·시설·재정능력·공신력 등을 종합적으로 검토한 후 적절한 자를 선정하여야 한다.

해설 ③ 법무부장관은 필요하다고 인정하면 이 법에서 정하는 바에 따라 교정업무를 공공단체 외의 법인·단체 또는 그 기관이나 개인에게 위탁할 수 있다. 다만, 교정업무를 포괄적으로 위탁하여 한 개 또는 여러 개의 교도소 등을 설치·운영하도록 하는 경우에는 법인에만 위탁할 수 있다(민영교도소 등의 설치·운영에 관한 법률 제3조 제1항).

① 형집행법 제7조 제1항

② 동법 제7조 제2항

④ 민영교도소 등의 설치·운영에 관한 법률 제3조 제2항

정답 | ③

05

「형의 집행 및 수용자의 처우에 관한 법률」상 교정시설에 대한 설명으로 가장 옳지 않은 것은?

6급승진 24

① 법무부장관은 교정시설의 운영, 교도관의 복무, 수용자의 처우 및 인권실태 등을 파악하기 위하여 매년 1회 이상 교정시설을 순회점검하거나 소속 공무원으로 하여금 순회점검하게 하여야 한다.

② 판사와 검사는 직무상 필요하면 교정시설을 시찰할 수 있다.

③ 신설하는 교정시설은 수용인원이 500명 이내의 규모가 되도록 하여야 하나, 교정시설의 기능·위치나 그 밖의 사정을 고려하여 그 규모를 늘릴 수 있다.

④ 법무부장관은 교정시설의 설치 및 운영에 관한 업무의 전부 또는 일부를 법인 또는 개인에게 위탁할 수 있다.

해설 ④ 법무부장관은 교정시설의 설치 및 운영에 관한 업무의 일부를 법인 또는 개인에게 위탁할 수 있다(형집행법 제7조 제1항).

① 동법 제8조

② 동법 제9조 제1항

③ 동법 제6조 제1항

정답 | ④

06

형집행법령상 교정시설에 대한 설명으로 가장 옳지 않은 것은? 6급승진 22

① 법무부장관은 교정시설의 설치 및 운영에 관한 업무의 일부를 법인에게 위탁할 수는 있으나 개인에게는 위탁할 수 없다.

② 법무부장관은 수용자에 대한 처우 및 교정시설의 유지·관리를 위한 적정한 인력을 확보하여야 한다.

③ 판사 또는 검사가 교정시설을 시찰할 경우에는 미리 그 신분을 나타내는 증표를 교정시설의 장에게 제시해야 한다.

④ 판사와 검사 외의 사람은 교정시설을 참관하려면 학술연구 등 정당한 이유를 명시하여 교정시설의 장의 허가를 받아야 한다.

해설 ① 법무부장관은 교정시설의 설치 및 운영에 관한 업무의 일부를 법인 또는 개인에게 위탁할 수 있다(형집행법 제7조 제1항).

② 동법 제6조 제3항

③ 동법 시행령 제2조 제1항

④ 동법 제9조 제2항

정답 | ①

07

교정시설의 건축구조에 관한 설명으로 옳지 않은 것을 모두 고른 것은?

㉠ 파놉티콘형은 한 사람의 감시자가 중앙의 감시대에서 전체 사방과 거실 내부를 볼 수 있도록 설계되어 보안기능에 유리하다는 장점이 있다. ㉡ 간트 교도소는 오번형의 형태를 취하고 있었다. ㉢ 푸신(Pussin)에 의해 고안된 교정시설 건축형태는 파빌리온형이다. ㉣ 주로 청소년이나 여성수용자를 위한 교정시설로 사용되고 있는 것은 정원형이다.

① ㉠, ㉡
② ㉠, ㉢
③ ㉡, ㉣
④ ㉢, ㉣

해설 [×] ㉡ 간트 교도소는 분방형의 형태를 취하고 있었다.
㉣ 주로 청소년이나 여성수용자를 위한 교정시설로 사용되고 있는 것은 캠퍼스형이다.
[○] ㉠·㉢

건축형태	특징
분방형	• 장방형의 사동을 방사익형으로 배열 • 1821년 동부 펜실베니아 감옥과 1870년 개축된 간트(Gand) 교도소가 대표적
파놉티콘형	• 영국의 공리주의 철학자 벤담(Bantham)이 고안 • 원형 독거방의 형태로 한 사람의 감시자가 중앙의 감시대에서 전체 사방과 거실 내부를 볼 수 있도록 설계되어 있어 보안기능에 유리
파빌리온형	• 푸신(Pussin)에 의해 고안된 병렬식 구조 • 많은 인력이 소요되는 단점이 있으나, 채광 및 통풍이 좋고 사동 간 차단이 용이하여 수형자의 개별처우 및 경비기능 면에서 우수
오번형	• 야간에는 독거, 주간에는 엄정침묵하에서 작업을 하는 완화독거제를 위한 구조로, 엘람 린즈(Elam Lynds)에 의해 처음으로 실시 • 싱싱(Sing Sing) 교도소가 대표적

정답 | ③

08

「형의 집행 및 수용자의 처우에 관한 법률」상 참관에 관한 설명으로 옳지 않은 것은?

① 판사와 검사 외의 사람은 교정시설을 참관하려면 학술연구 등 정당한 이유를 명시하여 교정시설의 장의 허가를 받아야 한다.

② 소장은 판사와 검사 외의 사람이 교정시설의 참관을 신청하는 경우에는 그 성명·직업·주소·나이·성별 및 참관목적을 확인한 후 허가 여부를 결정하여야 한다.

③ 소장은 외국인에게 참관을 허가할 경우에는 미리 관할 지방교정청장의 승인을 받아야 한다.

④ 미결수용자가 수용된 교정시설은 참관할 수 없다.

해설 ④ 미결수용자가 수용된 거실은 참관할 수 없다(형의 집행 및 수용자의 처우에 관한 법률 제80조), 즉, 미결수용자가 수용된 교정시설의 "거실"에 한하여 참관이 금지된다.

① 동법 제9조 제2항

② 동법 시행령 제3조 제1항

③ 동법 시행령 제3조 제2항

정답 | ④

09

「형의 집행 및 수용자의 처우에 관한 법률」상 교정시설의 설치 및 운영에 대한 설명으로 가장 옳지 않은 것은? 7급승진 22

① 판사와 검사 외의 사람은 교정시설을 참관하려면 학술연구 등 정당한 이유를 명시하여 법무부장관의 허가를 받아야 한다.

② 신설하는 교정시설은 수용인원이 500명 이내의 규모가 되도록 하여야 한다. 다만, 교정시설의 기능·위치나 그 밖의 사정을 고려하여 그 규모를 늘릴 수 있다.

③ 법무부장관은 교정시설의 운영, 교도관의 복무, 수용자의 처우 및 인권실태 등을 파악하기 위하여 매년 1회 이상 교정시설을 순회점검하거나 소속 공무원으로 하여금 순회점검하게 하여야 한다.

④ 법무부장관은 교정시설의 설치 및 운영에 관한 업무의 일부를 법인 또는 개인에게 위탁할 수 있다.

해설 ① 판사와 검사 외의 사람은 교정시설을 참관하려면 학술연구 등 정당한 이유를 명시하여 교정시설의 장(소장)의 허가를 받아야 한다(형집행법 제9조 제2항).

② 동법 제6조 제1항

③ 동법 제8조

④ 동법 제7조 제1항

정답 | ①

CHAPTER 02 우리나라의 교정시설

01

형의 집행 및 수용자의 처우에 관한 법률은 교정시설을 경비등급화하고 있다. 그 구분에 해당하지 않는 것은?

① 개방시설
② 완화경비시설
③ 보통경비시설
④ 중경비시설

해설 ①·②·④ 형집행법은 교정시설을 다음과 같이 구분하고 있다(법 제57조 제2항).

➤ 교정시설의 경비등급별 구분

개방시설	도주방지를 위한 통상적인 설비의 전부 또는 일부를 갖추지 아니하고 수형자의 자율적 활동이 가능하도록 통상적인 관리·감시의 전부 또는 일부를 하지 아니하는 교정시설
완화경비시설	도주방지를 위한 통상적인 설비 및 수형자에 대한 관리·감시를 일반경비시설보다 완화한 교정시설
일반경비시설	도주방지를 위한 통상적인 설비를 갖추고 수형자에 대하여 통상적인 관리·감시를 하는 교정시설
중(重)경비시설	도주방지 및 수형자 상호 간의 접촉을 차단하는 설비를 강화하고 수형자에 대한 관리·감시를 엄중히 하는 교정시설

정답 | ③

02

교정시설의 경비등급에 대한 설명으로 괄호 안에 들어갈 적절한 용어를 순서대로 바르게 나열한 것은?

교정9급 12

> 도주방지를 위한 통상적인 설비의 전부 또는 일부를 갖추지 아니하고, 수형자의 자율적 활동이 가능하도록 통상적인 관리·감시의 전부 또는 일부를 하지 아니하는 교정시설을 (㉠)이라고 하며, 도주방지를 위한 통상적인 설비를 갖추고, 수형자에 대하여 통상적인 관리·감시를 하는 교정시설을 (㉡)이라고 한다.

① 완화경비시설, 중경비시설
② 개방시설, 일반경비시설
③ 완화경비시설, 일반경비시설
④ 개방시설, 중경비시설

해설 ② ㉠은 개방시설에 관한 설명이고(법 제57조 제2항 제1호), ㉡은 일반경비시설에 관한 설명이다(동조 동항 제3호).

정답 | ②

03

교정시설에 대한 설명으로 옳지 않은 것은? 교정9급 11

① 법무부장관은 교정시설의 설치 및 운영에 관한 업무의 일부를 법인 또는 개인에게 위탁할 수 있다.
② 법무부장관은 교정시설의 운영, 교도관 및 경비교도의 복무, 수용자의 처우 및 인권실태 등을 파악하기 위하여 매년 1회 이상 교정시설을 순회점검하거나 소속 공무원으로 하여금 순회점검하게 하여야 한다.
③ 검사는 직무상 필요하면 교정시설을 시찰할 수 있다.
④ 판사는 교정시설을 시찰하고자 하는 때에는 정당한 이유를 명시하여 교정시설의 장의 허가를 받아야 한다.

해설 ④ 판사와 검사는 직무상 필요하면 교정시설을 시찰할 수 있다(법 제9조 제1항). 즉, 판사(또는 검사)는 직무상 필요성이 인정되면 교정시설의 장의 허가 없이 교정시설을 시찰할 수 있다.
① 법 제7조 제1항
② 법 제8조
③ 법 제9조 제1항

정답 | ④

04

「형의 집행 및 수용자의 처우에 관한 법령」상 교정시설에 대한 설명으로 옳지 않은 것은?

교정7급 15

① 판사와 검사는 직무상 필요하면 교정시설을 시찰할 수 있다.

② 교정시설의 거실은 수용자가 건강하게 생활할 수 있도록 적정한 수준의 공간과 채광·통풍·난방을 위한 시설이 갖추어져야 한다.

③ 교정시설의 장은 외국인에게 교정시설의 참관을 허가할 경우에는 미리 법무부장관의 승인을 받아야 한다.

④ 신설하는 교정시설은 수용인원이 500명 이내의 규모가 되도록 하여야 하나, 교정시설의 기능·위치나 그 밖의 사정을 고려하여 그 규모를 증대할 수 있다.

해설 ③ 소장은 외국인에게 참관을 허가할 경우에는 미리 관할 지방교정청장의 승인을 받아야 한다[형의 집행 및 수용자의 처우에 관한 법률 시행령(이하 '시행령') 제3조 제2항].

① 법 제9조 제1항

② 법 제6조 제2항

④ 법 제6조 제1항

정답 | ③

05

분리주의와 분계주의에 관한 설명 중 가장 옳지 않은 것은?

① 분리주의란 남자수용실과 여자수용실을 완전히 독립된 시설에 구분하여 수용하는 것을 말한다.

② 분계주의란 동일 시설에 남·녀수용자를 수용하되, 차단시설로 경계를 두는 것을 말한다.

③ 우리나라 대부분의 교도소는 분리주의를 취하고 있다.

④ 분리주의가 이상적이나, 재정적 부담이 따른다는 것이 단점이다.

해설 ③ 청주여자교도소는 분리주의를 취하고 있으나, 나머지 우리나라 대부분의 교도소는 분계주의를 취하고 있다.

정답 | ③

CHAPTER 03 수용자 구금제도

01

구금제도의 변천과정이 바르게 연결된 것은?

① 혼거제 – 펜실베니아제 – 오번제 – 엘마이라제
② 오번제 – 펜실베니아제 – 엘마이라제 – 혼거제
③ 혼거제 – 오번제 – 펜실베니아제 – 엘마이라제
④ 엘마이라제 – 혼거제 – 펜실베니아제 – 오번제

해설 ① 종래 구금제도는 남녀노소를 구별하지 않는 혼거제의 형태로서 범죄적 악풍감염 및 위생상 문제점이 상존하고 있었다. 이후 존 하워드의 감옥개량운동을 계기로 19세기 초에 이른바 주·야 엄정독거를 내용으로 하는 펜실베니아제가 등장하였고, 펜실베니아제의 폐단을 완화하기 위하여 주간혼거·야간독거를 내용으로 하는 오번제가 등장하였으며, 19세기 후반에 이르러 부정기형과 누진제를 결합한 엘마이라제가 등장하였다.

정답 | ①

02

구금제도의 유형과 그 개척자가 바르게 연결되지 않은 것은?

① 펜실베니아제 – 드와이트(Dwight)
② 오번제 – 엘람 린즈(E. Lynds)
③ 엘마이라제 – 브록웨이(Z. Brockway)
④ 수형자자치제 – 오스본(T.M. Osborne)

해설 ① 펜실베니아제의 창안을 주도한 사람은 윌리엄 펜(William Penn)이다. 드와이트(Dwight)는 와인즈(Wines)·샌본(Sanborn)·브록웨이(Z. Brockway) 등과 더불어 엘마이라제 도입의 이론적 토대를 제공한 사람이다.

정답 | ①

03 ★

구금제도에 관하여 바르게 설명하고 있는 것을 모두 고른 것은?

㉠ 펜실베니아제도는 퀘이커교도들의 감옥개량운동의 일환으로 펜실베니아주에서 시행된 제도이다. ㉡ 펜실베니아제도는 모든 수용자의 독거를 전제로 한다. ㉢ 엘람 린즈는 재범방지에 있어서 교도작업의 역할을 중시하였다. ㉣ 오번제는 펜실베니아제의 엄정독거에 따른 폐해를 방지하는 데는 유리하나, 수용자의 노동력 착취 수단을 제공한다는 비난이 있다.

① ㉠　　② ㉠, ㉡
③ ㉠, ㉡, ㉢　　④ ㉠, ㉡, ㉢, ㉣

해설 [O] ㉠·㉡·㉢ 1823년 오번감옥의 2대 소장이 된 엘람 린즈(Elam Lynds)는 혼거구금과 엄정독거구금의 단점을 제거하고 장점만을 취하여 절충적인 구금제도인 오번제를 창안하였다. 즉, 주간에는 수용자를 공장에 취업시키되, 혼거구금의 폐해인 범죄적 악풍감염의 제거를 위하여 수용자 상호 간의 교담을 엄격히 금지하고, 야간에는 독방에 구금하였다. 교도작업의 역할을 중시한 오번제는 노동력의 부족을 느끼고 있던 미국에서 지지를 받았다.

[×] 없음

정답 | ④

04

독거제의 장점이 아닌 것은?

① 형벌의 통일성을 기할 수 있다.　　② 회오반성의 기회를 준다.
③ 악풍감염을 방지한다.　　④ 개별처우를 할 수 있다.

해설 ②·③·④는 독거제의 장점에 해당하나, ①은 혼거제의 장점에 해당한다.

➤ 독거제의 장단점

장점	단점
• 회오와 반성의 기회 제공 등 교화에 유리 • 범죄적 악풍감염의 폐해 방지 • 통모에 의한 교정사고 및 증거인멸 방지 • 수형자의 명예보호 및 개별처우에 적합 • 감염병 예방 및 확산방지에 효과적 • 계호 및 규율 유지에 효과적	• 사회적 존재로서의 인간본성에 반함 • 재정부담의 과다 • 개별처우에 따르는 관리인력의 낭비 • 자살·정신장애 등 정신적·생리적 장애의 유발 • 집단적 교육 및 작업의 곤란으로 행형실무상 불편 초래 • 공동생활의 적응을 저해하여 사회복귀에 부적합

정답 | ①

05

독거제에 대한 설명 중 옳지 않은 것은? 5급승진 09

① 독거제는 수용자의 반성·회오를 강조하는 것으로 수용자의 심리적 안정에 도움이 된다.
② 주야엄정독거제는 윌리엄 펜이 주장한 것으로, 펜실베니아제라고도 하며 월넛교도소가 최초로 도입하였다.
③ 독거제는 수용자의 정신적 개선에 중점을 둔 제도이지만, 혼거제는 사회적응력 함양에 중점을 둔 제도이다.
④ 독거제는 수용자의 개별적 처우 및 감시감독에 편리하다.
⑤ 독거제는 집단교화작업 부여에 불리하여 수용자의 재사회회에 적합하지 않다.

해설 ① 독거제는 자신의 비행에 대한 회오와 반성의 기회를 주는 장점이 있는 반면, 고립으로 인한 자해·자살·정신장애 등 정신적·생리적 장애를 유발할 수 있다는 단점이 있다.

정답 | ①

06

펜실베니아제에 대한 설명으로 보기 어려운 것은?

① 고립감 심화로 교화적 작용에 불리하다.
② 관리인력의 낭비가 초래된다.
③ 사회복귀에 불리하다.
④ 감시감독의 비용이 증가된다.

해설 ① 펜실베니아제는 주·야간 엄정독거를 통해 자신의 비행에 대한 반성과 회오의 시간을 가지게 되므로, 교화적 작용에 유리하다.

정답 | ①

07

펜실베니아제에 관한 설명으로 옳은 것은 모두 몇 개인가?

㉠ 중세 교회의 참회사상이 사상적 기초가 되었다. ㉡ 퀘이커교도들의 감옥개량운동과 관련이 있다. ㉢ 필라델피아 월넛교도소(Walnut Street Jail)에서 처음으로 시도되었다. ㉣ 운동, 목욕, 접견, 작업 등 모든 처우를 거실 내에서 행하도록 하였다.

① 1개　② 2개
③ 3개　④ 4개

해설 [O] ㉠·㉡·㉢·㉣
[×] 없음

정답 | ④

08

펜실베니아제 구금방식의 장점으로 옳지 않은 것은? 교정9급 13

① 자신의 범죄에 대한 회오와 반성의 기회를 주어 교화에 효과적이다.
② 교정교육, 운동, 의료활동, 교도작업 등의 운영에 가장 편리하다.
③ 수형자의 사생활 침해를 방지하는 데 효과적이다.
④ 다른 수형자로부터 악습전파 및 죄증인멸 행위를 방지할 수 있다.

해설 ② 펜실베니아제는 절대침묵이 강요되고, 운동, 목욕 등 기본적 처우는 물론 접견, 작업 등 모든 처우를 자신의 거실 내에서 행하도록 하여 다른 수형자와의 접촉이 일체 허용되지 않으므로 질병방지에 있어서는 유리할지 모르나, 집단적 교정교육, 운동, 교도작업 등의 운영에 불리하다.

정답 | ②

09

다음 설명은 어떤 구금제도에 대한 설명인가?

㉠ 절충제	㉡ 교담금지제	㉢ 야간독거제
㉣ 반독거제	㉤ 완화독거제	

① 펜실베니아제
② 오번제
③ 엘마이라제
④ 카티지제

해설 ② 오번제는 (ⅰ) 작업 시 침묵을 강요하였다는 점에서 침묵제 또는 교담금지제, (ⅱ) 엄정독거제보다 완화된 구금형태라는 점에서 완화독거제, (ⅲ) 엄정독거제와 혼거제의 중간적 성격을 가진다는 점에서 절충제, (ⅳ) 야간에만 독거하게 한다는 점에서 야간독거제, (ⅴ) 주간에는 혼거시키고 야간에는 독거시킨다는 점에서 반독거제라고도 한다.

정답 | ②

10

오번제에 관한 설명으로 옳지 않은 것을 모두 고른 것은?

㉠ 엄정독거제와 혼거제의 중간적 특징을 지닌다는 점에서 절충제라고도 한다.
㉡ 수형자는 사회로부터 격리되어야 하고, 훈육을 통해 개선될 수 있다는 믿음에 기초하고 있다.
㉢ 엄정독거제에 비해 비인간적이라는 비판이 있다.
㉣ 공동으로 하는 교육이나 작업 시 공동협의가 가능하여 작업능률을 향상시킬 수 있다.

① ㉠, ㉡
② ㉠, ㉢
③ ㉡, ㉢
④ ㉢, ㉣

해설 [×] ㉢ 엄정독거제에 비해 인간적이라는 장점을 지닌다.
㉣ 오번제는 주간에 공동생활을 허용하나, 수용자 상호 간의 교담을 엄격히 금지하였으므로 공동협의가 가능하다는 표현은 옳지 않다.
[○] ㉠·㉡

정답 | ④

11

오번제의 단점이 아닌 것은?

① 상호의사소통이 안되므로 작업능률이 오르지 않는다.
② 집단생활하에서 사회적 훈련이 가능하다.
③ 인간 본래의 사회생활교육이 불가능하다.
④ 독거제에 비하여 비위생적이며, 방역이 곤란하다.

해설 ② 오번제는 주간에 공동작업을 실시하나, 수형자 상호 간의 의사소통을 금지하므로 사회적 훈련에 적합하지 않다고 보아야 한다. 따라서 사회적 훈련이 가능하다는 표현은 옳지 않다.

정답 | ②

12

오번제(Auburn System) 구금방식에 대한 설명을 모두 고른 것은? 교정9급 12

㉠ 엄정독거제의 결함을 보완할 수 있다.
㉡ 수형자를 개별 특성에 따라 소수의 카티지로 분류수용한다.
㉢ 주간에는 혼거작업, 야간에는 독거수용을 원칙으로 한다.
㉣ 침묵제 또는 교담금지제라고도 부른다.
㉤ 퀘이커교도에 의한 미국 감옥개량운동의 결실이다.
㉥ 단기간의 강도 높은 구금 후 사회 내 처우를 한다.

① ㉠, ㉡, ㉥　　② ㉡, ㉣, ㉤
③ ㉠, ㉢, ㉣　　④ ㉡, ㉢, ㉥

해설 [O] ㉠·㉢·㉣
[×] ㉡ 카티지제(Cottage System)에 관한 설명이다.
㉤ 펜실베니아제에 관한 설명이다.
㉥ 충격구금(Shock Incarceration)에 관한 설명이다.

정답 | ③

13

펜실베니아제와 오번제에 대한 설명으로 옳지 않은 것은?

① 전자의 시초는 월넛교도소이고, 후자의 시초는 오번교도소이다.
② 전자는 주·야간 독거, 후자는 야간에만 독거하는 제도이다.
③ 후자에 대한 폐단을 극복하고자 전자가 창안되었다.
④ 전자는 명상을 통한 종교적 회개를 통해 정직한 인간을 만드는 데 중점을 둔 반면, 후자는 공동노동과 엄격한 훈육을 통해 복종적 시민을 만드는 데 중점을 두었다.

해설 ③ 오번제는 주·야간 엄정독거를 내용으로 하는 펜실베니아제의 폐단을 극복하고자 창안된 구금제도이다.

정답 | ③

14 ★

아래에서 그 연결이 옳지 못한 것은?

① 카테지제 – 소집단 처우제도
② 엘마이라제 – 부정기형
③ 오번제 – 개별처우 용이
④ 펜실베니아제 – 고독 속의 참회

해설 ③ 오번제는 주간혼거·야간독거의 절충적 형태를 띠고 있지만, 주간혼거를 통한 작업부과에 중점을 두고 있으므로 개별처우에 용이하다고 보기 어렵다.

정답 | ③

15

구금방법에 대한 설명으로 옳지 않은 것은? 교정9급 18

① 펜실베니아시스템(Pennsylvania System)은 독거생활을 통한 반성과 참회를 강조한다.
② 오번시스템(Auburn System)은 도덕적 개선보다 노동습관의 형성을 더 중요시한다.
③ 펜실베니아시스템은 윌리엄 펜(William Penn)의 참회사상에 기초하여 창안되었으며 침묵제 또는 교담금지제로 불린다.
④ 오번시스템은 엘람 린즈(Elam Lynds)가 창안하였으며 반독거제 또는 완화독거제로 불린다.

해설 펜실베니아제는 절대침묵과 정숙을 유지하고, 주·야 구분 없는 엄정한 독거수용을 통한 회오반성을 목적으로 하는 구금방식으로서 엄정독거제, 분방제 및 필라델피아제로도 불린다. 오번제는 엄정독거제의 결점을 보완하고, 혼거제의 폐해인 수형자 상호 간의 악풍감염을 제거하기 위한 구금형태로서 절충제(엄정독거제와 혼거제를 절충), 완화독거제(반독거제, 엄정독거제보다 완화된 형태), 교담금지제(침묵제, 주간작업 시 엄중침묵 강요)라고도 한다.

정답 | ③

16 ★

엘마이라제에 관한 설명 중 옳지 않은 것으로 묶인 것은?

> ㉠ 마코노키(Machonochie)의 점수제, 스탠리와 그레이엄(Stanly & Graham)의 고사제, 부정기형제도를 결합한 형태의 구금제도이다.
> ㉡ 수형자의 자력적 개선에 중점을 둔 제도라는 점에서 감화제라고도 한다.
> ㉢ 브록웨이(Brockway)는 수형자의 노동에 중점을 두어 생산성의 향상을 통한 구금의 경제성을 추구하였다.
> ㉣ 엘마이라 감화원에서는 1급 수형자에게 다른 수형자를 감독하고 징벌하는 권한을 부여하였다.
> ㉤ 엘마이라제에 대해서는 진지한 개선노력과 상위등급을 받기 위한 속임수를 분명히 구별할 수 있다는 것이 장점으로 평가되고 있다.

① ㉠, ㉡　　② ㉠, ㉣　　③ ㉡, ㉢　　④ ㉢, ㉤

해설 [×] ㉢ 브록웨이는 수형자의 체육에 중점을 두어 군사훈련이나 체조 등을 실시하였고, 교화수단으로 학과교육이나 토론회 등을 개최하였다.
㉤ 엘마이라제에 대해서는 진지한 개선노력과 상위등급을 받기 위한 속임수를 구별하기 어렵다는 것이 단점으로 지적되고 있다.
[○] ㉠·㉡·㉣

정답 | ④

17

〈보기 1〉의 수용자 구금제도와 〈보기 2〉의 설명이 바르게 연결된 것은? 교정9급 14

<보기 1>

㉠ 펜실베니아제(Pennsylvania System)
㉡ 오번제(Auburn System)
㉢ 엘마이라제(Elmira System)
㉣ 카티지제(Cottage System)

ⓐ 대규모 수형자자치제의 단점을 보완하기 위해 수형자를 소집단으로 처우하는 제도
ⓑ 수형자의 자력적 개선에 중점을 두며, 사회복귀 프로그램의 동기부여 등 누진적 처우방법을 시도하는 제도
ⓒ 수형자의 개별처우의 적정을 기할 수 있고, 범죄적 악성오염을 예방하기 위한 제도
ⓓ 주간에는 작업에 종사하게 하고, 야간에는 독방에 수용하여 교화개선을 시도하는 제도

	㉠	㉡	㉢	㉣
①	ⓒ	ⓑ	ⓓ	ⓐ
②	ⓒ	ⓓ	ⓑ	ⓐ
③	ⓓ	ⓐ	ⓒ	ⓑ
④	ⓓ	ⓒ	ⓐ	ⓑ

정답 | ②

18

다음 중 혼거제의 장점으로 볼 수 없는 것은?

① 형집행의 통일에 유리
② 위생적이고 방역상 유리
③ 수용관리비용의 절감
④ 사회복귀에 유리

해설 ①·③·④는 혼거제의 장점에 해당하나, ②는 독거제의 장점에 해당한다.

➤ 혼거제의 장단점

장점	단점
• 사회성 배양에 적합 • 형벌집행 및 처우의 통일성에 유리 • 수용관리비용의 절감 • 작업 및 직업훈련 등의 효율성 제고 • 출소 후 원만한 사회복귀에 유리 • 정신적 장애나 자살 등의 방지 • 수형자 상호감시를 통한 계호사각지대의 최소화	• 범죄적 악풍감염의 우려가 높음 • 모의에 의한 교정사고의 우려가 높음 • 개별처우의 곤란 • 친분관계 형성으로 출소 후 재범가능성이 큼 • 수형자에 대한 감시와 통제의 곤란 • 질병감염의 우려, 비위생 및 방역상의 곤란 • 동성애 등 성적 문란행위의 방지 곤란

정답 | ②

19

수형자자치제(Inmate Self-government System)에 대한 설명으로 옳지 않은 것은? 교정9급 24

① 수형자자치제는 부정기형제도하에서 효과적인 것으로, 수형자에 대한 과학적 분류심사를 전제로 한다.
② 수형자자치제는 수형자의 처우에 있어서 자기통제원리에 입각한 자기조절 훈련과정을 결합한 것으로, 수형자의 사회적응력을 키울 수 있다.
③ 오스본(T. Osborne)은 1914년 싱싱교도소(Sing Sing Prison)에서 행형시설 최초로 수형자자치제를 실시하였다.
④ 수형자자치제는 교도관의 권위를 저하시킬 수 있고, 소수의 힘 있는 수형자에 의해 대다수의 일반수형자가 억압·통제되는 폐단을 가져올 수 있다.

해설 ③ 최초의 수형자치제는 1914년 미국의 오스본이 오번(Auburn)교도소에 소년공화국제도를 도입함으로써 시작되었다.

정답 | ③

20

중간교도소 또는 외부통근 등은 다음 중 어떤 구금모형에 가까운가?

① 관리모형 ② 재통합모형
③ 의료모형 ④ 교화개선모형

해설 ② 구금모형으로는 시설의 질서를 강조하는 관리모형, 교화개선을 추구하는 교화개선모형, 지역사회교정에 중점을 두는 재통합모형이 있는데, 중간교도소나 외부통근 등은 재통합모형에 해당한다.

정답 | ②

21 ★

현행 법령상 독거수용의 종류에 관한 설명으로 옳지 않은 것은?

① 독거수용을 처우상 독거와 계호상 독거로 구분하고 있다.

② 일반적으로 독거수용의 원칙이라 할 때에는 처우상 독거를 의미한다.

③ 계호상 독거는 징벌적 성격을 지니는 수용방식이다.

④ 처우상 독거자는 수시시찰의 대상이라는 점에서 계호상 독거와 구별되지 않는다.

해설 ④ 계호상 독거자만이 수시시찰의 대상이고, 처우상 독거자는 수시시찰의 대상이 아니다(시행령 제6조 제1항).
① 시행령 제5조

➤ **처우상 독거와 계호상 독거 요약비교**

구분	처우상 독거	계호상 독거
개념	주간에는 공동생활을 하게 하고, 휴업일과 야간에만 독거수용하는 것	주·야간 항상 독거수용하고, 다른 수용자와의 접촉을 금지하는 것
성격	수용의 원칙에 따른 독거	징벌적 의미의 독거
처우	혼거수용자의 처우와 다르지 않음	• 수시시찰의 대상 • 계속수용이 해롭다고 인정되면 즉시 중단

정답 | ④

22

「형의 집행 및 수용자의 처우에 관한 법률 시행령」상 수용자의 독거수용에 대한 설명으로 옳지 않은 것은? 교정9급 24

① 처우상 독거수용이란 주간에는 교육·작업 등의 처우를 위하여 일과(日課)에 따른 공동생활을 하게 하고, 휴일과 야간에만 독거수용하는 것을 말한다.

② 계호상 독거수용이란 사람의 생명·신체의 보호 또는 교정시설의 안전과 질서유지를 위하여 항상 독거수용하고 다른 수용자와의 접촉을 금지하는 것을 말한다. 다만, 수사·재판·실외운동·목욕·접견·진료 등을 위하여 필요한 경우에는 그러하지 아니하다.

③ 교도관은 계호상 독거수용자를 수시로 시찰하여 건강상 또는 교화상 이상이 없는지 살펴야 하며, 시찰 결과 계호상 독거수용자가 건강상 이상이 있는 것으로 보이는 경우에는 교정시설에 근무하는 의사(공중보건의사를 포함한다)에게 즉시 알려야 하고, 교화상 문제가 있다고 인정하는 경우에는 소장에게 지체 없이 보고하여야 한다.

④ 소장은 계호상 독거수용자를 계속하여 독거수용하는 것이 건강상 또는 교화상 해롭다고 인정하는 경우에는 이를 즉시 중단하여야 한다.

해설 ① 주간에는 교육·작업 등의 처우를 위하여 일과에 따른 공동생활을 하게 하고 휴업일과 야간에만 독거수용하는 것을 말한다(형집행법 시행령 제5조)

② 동법 시행령 제5조 제2호

③ 동법 시행령 제6조 제1항·제2항

④ 동법 시행령 제6조 제4항

정답 | ①

23

현행 법령상 수용방식에 관한 설명으로 옳지 않은 것은?

① 교정시설을 새로 설치하는 경우에는 독거실과 혼거실의 비율이 적정한 수준이 되도록 해야 한다.

② 계호상 독거자는 항상 독거하고 원칙적으로 다른 수용자와 접촉이 금지된다.

③ 혼거수용 인원은 3명 이상으로 한다.

④ 노역장유치자와 징역형수형자는 어떠한 경우에도 혼거수용이 금지된다.

해설 ④ 노역장유치자와 징역형·금고형·구류형수형자는 혼거수용이 금지되나, 징역형·금고형·구류형의 집행을 마친 다음 계속해서 노역장유치명령을 집행하거나 그 밖에 부득이한 사정이 있는 경우에는 혼거수용이 가능하다(시행령 제9조).

① 시행령 제4조

② 시행령 제5조 제2호

③ 시행령 제8조

정답 | ④

24

현행 법령상 구금방식에 관한 설명 중 틀린 것은 모두 몇 개인가?

> ㉠ 처우상 독거수용이란 주간에는 일과에 따른 공동생활을 하게 하고, 휴업일과 야간에는 독거수용하는 것을 말한다.
> ㉡ 계호상 독거수용은 주·야간 독거수용하는 것을 원칙으로 한다.
> ㉢ 교도관은 계호상 독거수용자를 수시로 시찰하여 건강상 또는 교화상 이상이 없는지 살펴야 한다.
> ㉣ 수사나 재판을 위해 필요한 경우에는 계호상 독거하에서 제한되는 처우 중 일정부분이 허용될 수 있다.
> ㉤ 혼거수용인원은 5명 이상으로 한다.

① 1개 ② 2개 ③ 3개 ④ 4개

해설 [×] ㉤ 5명 이상 → 3명 이상(시행령 제8조)
[○] ㉠·㉡·㉢·㉣

정답 | ①

25

다음 중 틀린 것을 골라 묶은 것은?

> ㉠ 소장은 수용, 작업, 교화, 그 밖의 처우를 위하여 필요하다고 인정하면 법무부장관의 승인을 받아 수용자를 다른 교정시설로 이송할 수 있다.
> ㉡ 지방교정청장의 이송승인은 관할 내 이송으로 한정된다.
> ㉢ 소장은 노역장 유치명령을 받은 수형자와 구류형을 선고받아 형이 확정된 수형자를 혼거수용해서는 아니 된다.
> ㉣ 교정시설을 새로 설치하는 경우에는 독거실과 혼거실의 비율을 5 : 5로 하여야 한다.
> ㉤ 소장은 어떠한 경우라도 남성교도관이 야간에 수용자거실에 있는 여성수용자를 시찰하게 하여서는 아니 된다.

① ㉡, ㉤ ② ㉢, ㉣ ③ ㉠, ㉢ ④ ㉣, ㉤

해설 [×] ㉣ 교정시설을 새로 설치하는 경우에는 수용자의 거실수용을 위하여 독거실과 혼거실의 비율이 적정한 수준이 되도록 한다(시행령 제4조).
㉤ 소장은 특히 필요하다고 인정하는 경우가 아니면 남성교도관이 야간에 수용자거실에 있는 여성수용자를 시찰하게 하여서는 아니 된다(시행령 제7조). 따라서 소장이 특히 필요하다고 인정하는 경우에는, 야간이라도 남성교도관이 수용자거실에 있는 여성수용자를 시찰하게 할 수 있다.
[○] ㉠ 법 제20조 제1항
㉡ 시행령 제22조 제2항
㉢ 시행령 제9조

정답 | ④

CHAPTER 04 교도관의 세계

01

교정직교도관이 지체 없이 상관에게 보고하여야 할 사안으로 옳지 않은 것은? 교정9급 10

① 수용자가 형집행법 제117조에 따른 청원을 하는 경우
② 수용자가 교도관직무규칙 제32조에 의하여 상관 등과의 면담을 요청하는 경우
③ 수용자가 공공기관의 정보공개에 관한 법률에 의한 정보공개청구를 하는 경우
④ 수용자가 국가인권위원회법 제31조에 의한 진정을 하는 경우

해설 ①·③·④ 교정직교도관은 수용자가 「형의 집행 및 수용자의 처우에 관한 법률」 제117조에 따른 청원, 「국가인권위원회법」 제31조에 따른 진정 및 「공공기관의 정보공개에 관한 법률」에 따른 정보공개청구 등을 하는 경우에는 지체 없이 상관에게 보고하여야 한다(교도관직무규칙 제32조 제1항).
② 수용자가 상관 등과의 면담을 요청한 경우에는 그 사유를 파악하여 상관에게 보고하여야 한다(동 규칙 제32조 제2항).

정답 | ②

02

「교도관직무규칙」에 관한 규정으로 옳지 않은 것은? 9급경채 15

① 소장은 교도관으로 하여금 매월 1회 이상 소화기 등 소방기구를 점검하게 하고, 그 사용법의 교육과 소방훈련을 하게 하여야 한다.
② 소장은 당직간부의 지휘아래 교정직 교도관으로 하여금 전체 수용자를 대상으로 하는 인원 점검을 매일 2회 이상 충분한 사이를 두고 하게 하여야 한다.
③ 정문근무자는 일과종료 후부터 그 다음 날 일과시작까지 당직간부 허가 없이 정문을 여닫을 수 없다.
④ 당직간부는 교대근무의 각 부별로 2명 이상으로 편성하며, 이 경우 정당직간부 1명과 부당직간부 1명 이상으로 한다.

해설 ③ 정문근무자는 수용자의 취침시간부터 기상시간까지 당직간부의 허가 없이 정문을 여닫을 수 없다(교도관직무규칙 제42조 제4항).
① 동 규칙 제16조
② 동 규칙 제35조 제1항
④ 동 규칙 제49조 제1항

정답 | ③

03

「교도관직무규칙」상의 내용으로 옳은 것은? 교정7급 21

① 소장은 교도관으로 하여금 매주 1회 이상 소화기 등 소방기구를 점검하게 하고 그 사용법의 교육과 소방훈련을 하게 하여야 한다.

② 당직간부란 보안과장이 지명하는 교정직교도관으로서 보안과의 보안업무 전반에 걸쳐 보안과장을 보좌하고, 휴일 또는 야간에 소장을 대리하는 사람을 말한다.

③ 교정직교도관이 수용자를 교정시설 밖으로 호송하는 경우에는 미리 호송계획서를 작성하여 상관에게 보고하여야 한다.

④ 정문근무자는 수용자의 취침시간부터 기상시간까지는 보안과장의 허가 없이 정문을 여닫을 수 없다.

해설 ③ 교도관직무규칙 제40조 제1항

① 소장은 교도관으로 하여금 매월 1회 이상 소화기 등 소방기구를 점검하게 하고 그 사용법의 교육과 소방훈련을 하게 하여야 한다(동 규칙 제16조).

② "당직간부"란 교정시설의 장(이하 "소장"이라 한다)이 지명하는 교정직교도관으로서 보안과의 보안업무 전반에 걸쳐 보안과장을 보좌하고, 휴일 또는 야간(당일 오후 6시부터 다음 날 오전 9시까지를 말한다)에 소장을 대리하는 사람을 말한다(동 규칙 제2조 제8호).

④ 정문근무자는 수용자의 취침시간부터 기상시간까지는 당직간부의 허가 없이 정문을 여닫을 수 없다(동 규칙 제42조 제4항).

정답 | ③

04

「교도관직무규칙」상 교정직교도관의 직무에 대한 설명으로 옳지 않은 것은? 교정7급 20

① 수용자를 부를 때에는 수용자 번호와 성명을 함께 부르는 것이 원칙이다.

② 수용자의 도주, 폭행, 소요, 자살 등 구금목적을 해치는 행위에 관한 방지조치는 다른 모든 직무에 우선한다.

③ 교정직교도관이 수용자의 접견에 참여하는 경우에는 수용자와 그 상대방의 행동·대화내용을 자세히 관찰하여야 한다.

④ 수용자가 작성한 문서로서 해당 수용자의 날인이 필요한 것은 오른손 엄지손가락으로 손도장을 찍게 하는 것이 원칙이다.

해설 ① 수용자를 부를 때에는 수용자 번호를 사용한다. 다만, 수용자의 심리적 안정이나 교화를 위하여 필요한 경우에는 수용자 번호와 성명을 함께 부르거나 성명만을 부를 수 있다(교도관직무규칙 제12조).

② 동 규칙 제6조

③ 동 규칙 제41조 제1항

④ 동 규칙 제14조 제1항

정답 | ①

05

「교도관직무규칙」상 교도관의 직무에 대한 설명 중 옳지 않은 것은?

① 수용자의 도주, 폭행, 소요, 자살 등 구금목적을 해치는 행위에 관한 방지 조치는 다른 모든 직무에 우선한다.

② 수용자를 부를 때에는 수용자 번호를 사용한다. 다만, 수용자의 심리적 안정이나 교화를 위하여 필요한 경우에는 수용자 번호와 성명을 함께 부르거나 성명만을 부를 수 있다.

③ 교도관은 직무를 신속·정확·공정하게 처리하고, 그 결과를 지체 없이 상관에게 문서로 보고하여야 한다. 다만, 상관으로부터 특별히 명령받은 직무로서 그 직무처리에 많은 시일이 걸리는 경우에는 그 중간 처리상황을 구두로 보고할 수 있다.

④ 보안근무자의 주간근무시간은 원칙적으로 1일 주간 8시간으로 한다.

해설 [○] ① 교도관직무규칙 제6조
② 동 규칙 제12조
④ 동 규칙 제18조 제1항 제1호

[×] ③ 교도관은 직무를 신속·정확·공정하게 처리하고, 그 결과를 지체 없이 상관에게 문서 또는 구두로 보고하여야 한다. 다만, 상관으로부터 특별히 명령받은 직무로서 그 직무처리에 많은 시일이 걸리는 경우에는 그 중간 처리상황을 보고하여야 한다(동 규칙 제7조).

정답 | ③

06

현행 「교도관직무규칙」상 교도관 근무의 일반원칙에 관한 설명으로 옳지 않은 것은?

① 보안근무는 수용자의 계호를 주된 직무로 하고 사무근무는 수용자의 계호 외의 사무처리를 주된 직무로 한다.

② 수용자의 도주, 폭행, 소요, 자살 등 구금목적을 해치는 행위에 관한 방지조치는 다른 모든 직무에 우선한다.

③ 교도관은 상관의 허가 없이 또는 정당한 사유 없이 근무장소를 이탈하거나 근무장소 외의 장소에 출입하지 못한다.

④ 수용자를 부를 때에는 반드시 수용자 번호를 사용하여야 하며 성명만을 불러서는 아니 된다.

해설 ④ 수용자를 부를 때에는 수용자 번호를 사용한다. 다만, 수용자의 심리적 안정이나 교화를 위하여 필요한 경우에는 수용자 번호와 성명을 함께 부르거나 성명만을 부를 수 있다(교도관직무규칙 제12조).
① 동 규칙 제5조 제2항
② 동 규칙 제6조
③ 동 규칙 제8조

정답 | ④

07

현행 「교도관직무규칙」상 교도관회의에 관한 설명으로 옳지 않은 것은?

① 소장의 자문에 응하여 교정행정에 관한 중요한 시작의 집행방법 등을 심하게 하기 위하여 소장 소속의 교도관회의를 둘 수 있다.

② 교도관회의는 소장, 부소장 및 각 과의 과장과 소장이 지명하는 8급 이상의 교도관(지소의 경우에는 7급 이상의 교도관)으로 구성된다.

③ 소장은 교도관회의의 의장이 되며, 매주 1회 이상 회의를 소집하여야 한다.

④ 교도관회의 심의사항에는 교도작업 및 교도작업특별회계의 운영에 관한 주요사항도 포함된다.

해설 ① 소장의 자문에 응하여 교정행정에 관한 중요한 시책의 실행방법 등을 심의하게 하기 위하여 소장 소속의 교도관회의를 둔다(교도관직무규칙 제2조).

② 동 규칙 제22조 제1항

③ 동조 제2항

④ 동 규칙 제23조 제1항 제2호

교도관 직무규칙 제23조(심의)

① 교도관회의는 다음 사항을 심의한다.

1. 교정행정 중요 시책의 집행방법

1의2. 교도작업 및 교도작업특별회계의 운영에 관한 주요사항

2. 각 과의 주요 업무 처리

3. 여러 과에 관련된 업무 처리

4. 주요 행사의 시행

5. 그 밖에 소장이 회의에 부치는 사항

정답 | ①

08

다음 중 「교도관직무규칙」상 교정직교도관이 지체 없이 상관에게 보고하여야 하는 경우를 모두 묶은 것은?

㉠ 수용자가 「형의 집행 및 수용자의 처우에 관한 법률」 제116조에 따른 소장면담을 신청하는 경우 ㉡ 수용자가 「형의 집행 및 수용자의 처우에 관한 법률」 제117조에 따른 청원을 하는 경우 ㉢ 수용자가 「국가인권위원회법」 제31조에 따른 진정을 하는 경우 ㉣ 수용자가 「공공기관의 정보공개에 관한 법률」에 따른 정보공개청구를 하는 경우 ㉤ 수용자가 「헌법재판소법」 제68조에 따른 헌법소원을 청구하는 경우

① ㉠, ㉡
② ㉠, ㉡, ㉣
③ ㉡, ㉢, ㉣
④ ㉠, ㉡, ㉢, ㉣, ㉤

해설 ③ 교정직교도관은 수용자가 청원, 국가인권위원회에 진정, 정보공개청구를 하는 경우에 한하여 지체 없이 상관에게 보고하여야 한다(교도관직무규칙 제32조 제1항).

교도관직무규칙 제32조(수용자의 청원 등 처리)

① 교정직교도관은 수용자가 「형의 집행 및 수용자의 처우에 관한 법률」(이하 "법"이라 한다) 제117조에 따른 청원, 「국가인권위원회법」 제31조에 따른 진정 및 「공공기관의 정보공개에 관한 법률」에 따른 정보공개청구 등을 하는 경우에는 지체 없이 상관에게 보고하여야 한다.

정답 | ③

09

「교도관직무규칙」상 교도관회의에 대한 설명으로 옳은 것은 모두 몇 개인가? 5급승진 22

㉠ 교정시설에는 소장의 자문에 응하여 교정행정에 관한 중요한 시책의 집행방법 등을 심의하게 하기 위하여 소장 소속의 교도관회의를 둘 수 있다.
㉡ 소장은 회의의 의장이 되며, 매월 1회 이상 회의를 소집하여야 한다.
㉢ 회의는 소장을 포함한 5명 이상 9명 이하의 과장과 교정에 관한 학식과 경험이 풍부한 외부위원을 위촉하여 구성한다. 이 경우 외부위원은 2명으로 한다.
㉣ 교도작업 및 교도작업특별회계의 운영에 관한 주요사항은 외부위원 1명 이상이 출석한 경우에만 심의할 수 있다.
㉤ 소장은 회의의 사무를 원활히 처리하기 위하여 총무과(지소의 경우에는 총무계) 소속의 교도관 중에서 서기 1명을 임명하여야 한다.

① 0개 ② 1개
③ 2개 ④ 3개

해설 옳은 것은 ㉤이다.

㉠ 소장의 자문에 응하여 교정행정에 관한 중요한 시책의 집행방법 등을 심의하게 하기 위하여 소장 소속의 교도관회의를 둔다(교도관직무규칙 제21조).
㉡ 소장은 회의의 의장이 되며, 매주 1회 이상 회의를 소집하여야 한다(동 규칙 제22조 제2항).
㉢ 회의는 소장, 부소장 및 각 과의 과장과 소장이 지명하는 6급 이상의 교도관(지소의 경우에는 7급 이상의 교도관)으로 구성된다(동 규칙 제22조 제1항). 분류처우위원회와 교도관회의는 순수 내부위원으로 구성된다.
㉣ 회의는 ⓐ 교정행정 중요 시책의 집행방법, ⓑ 교도작업 및 교도작업특별회계의 운영에 관한 주요사항, ⓒ 각 과의 주요 업무 처리, ⓓ 여러 과에 관련된 업무 처리, ⓔ 주요 행사의 시행, ⓕ 그 밖에 소장이 회의에 부치는 사항을 심의한다(동 규칙 제23조 제1항).
㉤ 동 규칙 제24조 제1항

정답 | ②

10

형집행법령 및 「교도관직무규칙」상 위생 등에 대한 설명으로 가장 옳은 것은? 6급승진 22

① 교정시설에는 「의료법」 제3조에 따른 의료기관 중 의원이 갖추어야 하는 시설 수준 이상의 의료시설을 갖추어야 한다. 의료시설의 세부종류 및 설치기준은 보건복지부장관이 정한다.

② 소장은 수용자가 건강유지에 필요한 운동 및 목욕을 정기적으로 할 수 있도록 하여야 한다. 운동시간·목욕횟수 등에 관하여 필요한 사항은 법무부령으로 정한다.

③ 소장은 거실·작업장·목욕탕, 그 밖에 수용자가 공동으로 사용하는 시설과 취사장, 주식·부식 저장고, 그 밖에 음식물 공급과 관련된 시설을 수시로 청소·소독하여야 하며, 저수조 등 급수시설은 6개월에 1회 이상 청소·소독하여야 한다.

④ 의무관은 수용자에게 지급하는 주식, 부식 등 음식물 검사에 참여하여 식중독 등을 예방하여야 한다. 의무관은 매주 1회 이상 의료수용동의 청결상태, 온도, 환기, 그 밖의 사항을 확인하여야 한다. 의무관은 교정시설의 모든 설비와 수용자가 사용하는 물품 또는 급식 등에 관하여 매월 1회 이상 전반적으로 그 위생에 관계된 사항을 확인하여야 하고, 그 결과 특히 중요한 사항은 소장에게 보고하여야 한다.

해설 ③ 형집행법 시행령 제47조 제1항·제2항

① 동법 시행규칙 제23조 제1항
참고로, 의료시설의 세부종류 및 설치기준은 법무부장관이 정한다(동법 시행규칙 제23조 제3항).

② 동법 제33조 제1항
참고로, 운동시간·목욕횟수 등에 관하여 필요한 사항은 대통령령으로 정한다(동법 제33조 제2항).

④ 교도관직무규칙 제83조 제2항
참고로, 의무관은 매일 1회 이상 의료수용동의 청결, 온도, 환기, 그 밖의 사항을 확인하여야 한다(동 규칙 제84조 제1항). 의무관은 교정시설의 모든 설비와 수용자가 사용하는 물품 또는 급식 등에 관하여 매주 1회 이상 전반적으로 그 위생에 관계된 사항을 확인하여야 하고, 그 결과 특히 중요한 사항은 소장에게 보고하여야 한다(동 규칙 제84조 제2항).

정답 | ③

11

「교도관직무규칙」상 당직간부에 대한 설명으로 가장 옳지 않은 것은? 6급승진 22

① 소장은 당직간부의 지휘 아래 교정직교도관으로 하여금 전체 수용자를 대상으로 하는 인원점검을 매일 2회 이상 충분한 사이를 두고 하게 하여야 하며, 이에 따라 인원점검을 한 당직간부는 그 결과를 소장에게 보고하여야 한다.

② 당직간부는 수용자의 작업 등 일과활동이 끝나면 교정직교도관으로 하여금 수용자가 일과활동을 한 작업장 등에서 인원 및 도구를 점검하게 하고 그 결과를 보안과장에게 보고한 후 수용자를 거실로 들어가게 하여야 한다. 수용자가 거실로 들어가면 다시 인원점검을 하고 그 결과를 소장에게 보고한 후 일과종료를 명한다.

③ 당직간부는 매월 1회 이상 교도관의 비상소집망을 확인하여 정확하게 유지하도록 하여야 한다.

④ 당직간부는 수용자가 수용된 거실을 여닫거나 여러 명의 수용자를 이동시키는 등 계호를 강화할 필요가 있다고 판단되는 경우에는 휴식 중인 교정직교도관 등을 특정 근무지에 임시로 증가시켜 배치하여야 한다.

해설 ③ 당직간부는 매주 1회 이상 교도관의 비상소집망을 확인하여 정확하게 유지하도록 하여야 한다(교도관직무규칙 제55조).

① 동 규칙 제35조 제1항·제2항

② 동 규칙 제53조 제2항

④ 동 규칙 제52조

정답 | ③

12

「교도관직무규칙」상 당직간부에 대한 설명으로 옳지 않은 것은 모두 몇 개인가? 7급승진 23

> ㉠ 당직간부는 교대근무의 각 부별로 2명 이상 편성한다. 이 경우 정당직간부는 1명, 부당직간부는 1명 이상으로 한다. 당직간부는 교정관 또는 교감으로 임명한다. 다만, 교정시설의 사정에 따라 결원의 범위에서 교위 중 적임자를 선정해 당직간부에 임명할 수 있다. 정당직간부 및 부당직간부의 업무분담에 관하여는 보안과장이 정한다.
>
> ㉡ 당직간부는 수용자가 수용된 거실을 여닫거나 여러 명의 수용자를 이동시키는 등 계호를 강화할 필요가 있다고 판단되는 경우에는 휴식 중인 교정직교도관 등을 특정 근무지에 임시로 증가시켜 배치할 수 있다.
>
> ㉢ 당직간부는 수용자의 작업 등 일과활동이 끝나면 교정직교도관으로 하여금 수용자가 일과활동을 한 작업장 등에서 인원 및 도구를 점검하게 하고 그 결과를 보안과장에게 보고한 후 수용자를 거실로 들어가게 하여야 한다. 수용자가 거실로 들어가면 다시 인원점검을 하고 그 결과를 보안과장에게 보고한 후 일과종료를 명한다.

① 0개　　② 1개

③ 2개　　④ 3개

해설 모두 옳지 않은 설명이다.

㉠ 당직간부는 교대근무의 각 부별로 2명 이상 편성한다. 이 경우 정(正)당직간부는 1명, 부(副)당직간부는 1명 이상으로 한다(교도관직무규칙 제49조 제1항). 당직간부는 교정관 또는 교감으로 임명한다. 다만, 교정시설의 사정에 따라 결원의 범위에서 교위 중 적임자를 선정해 당직간부에 임명할 수 있다(동조 제2항). 정당직간부 및 부당직간부의 업무분담에 관하여는 소장이 정한다(동조 제3항).

㉡ 당직간부는 수용자가 수용된 거실을 여닫거나 여러 명의 수용자를 이동시키는 등 계호를 강화할 필요가 있다고 판단되는 경우에는 휴식 중인 교정직교도관 등을 특정 근무지에 임시로 증가시켜 배치하여야 한다(동 규칙 제52조).

㉢ 당직간부는 수용자의 작업 등 일과활동이 끝나면 교정직교도관으로 하여금 수용자가 일과활동을 한 작업장 등에서 인원 및 도구를 점검하게 하고 그 결과를 보안과장에게 보고한 후 수용자를 거실로 들어가게 하여야 한다. 수용자가 거실로 들어가면 다시 인원점검을 하고 그 결과를 소장에게 보고한 후 일과종료를 명한다(동 규칙 제53조 제2항).

정답 | ④

13

시먼(M. Seeman)은 다섯 가지 측면에서 교도관의 근무상 소외감을 파악하였는데 그 중 교도관의 근무태도에 가장 큰 영향을 미치는 것으로 본 것은?

① 무력감(powerlessness)
② 무규범성(normlessness)
③ 무의미성(meaninglessness)
④ 자기소원(self－estrangement)

해설 ③ 시먼(M. Seeman)은 교도관의 근무상 소외감을 무력감(powerlessess)·무규범성(normlessness)·무의미성(maeninglessness)·격리 (isolation)·자기소원(self－estrangement) 등 다섯 가지 측면에서 파악하였는데, 그중 교도관의 근무태도에 가장 큰 영향을 미치는 것은 무의미성(meaninglessness)이라고 보았다.

정답 | ③

14 ★

범죄생활지향적 부문화와 가장 관계 깊은 수형자 역할유형은?

① 정의한
② 고지식자
③ 정치인
④ 무법자

해설 ① 범죄생활지향적 부문화(thief－oriented subcluture)는 범죄생활이 일상화된 자들의 부문화로, 이 부문화에 속하는 수형자는 교도소의 공식적 지위에는 관심이 없고 반교도소적인 태도를 취한다. 이 유형의 수형자들은 슈렉(Schrag)의 수형자 역할유형 중 '정의한'에 해당한다.

참고로, 서덜랜드(Sutherland)와 크레시(Cressey)는 수형자사회의 부문화를 범죄생활지향적 부문화, 수형생활지향적 부문화, 합법생활지향적 부문화로 구분하였는데, 그 특징을 정리하면 다음과 같다.

수형자사회 부문화 유형	특징
합법생활지향적 부문화	• 교정시설에 입소할 때에도 범죄생활지향적 부문화에 속하지 않았고, 수용생활 중에도 범죄생활지향적 부문화나 수형생활지향적 부문화를 받아들이지 않음 • 가급적 교정시설의 규율을 따르고, 교정시설 당국과도 긍정적인 관계를 유지하는 편이며, 재입소율도 가장 낮음(수형자 중 가장 높은 비율을 차지하고 있는 유형)
범죄생활지향적 부문화	• 범죄생활이 일상화된 자들의 부문화로서 일반사회의 규범을 무시하고, 외부에서 터득한 범죄주의 부문화를 고집하며, 출소 후에도 계속 범죄를 행할 것을 지향 • 수형자의 역할유형 중 '정의한'에 해당되는 자들로서 교정시설 내의 공식적 지위에는 관심이 없고, 수형자강령이 아닌 범죄자강령에 집착하며, 반교도소적인 태도를 취함
수형생활지향적 부문화	• 교도소사회에서의 모든 생활양식을 수용하고, 그것에 적응하려는 자들이 지향하는 부문화로서 수용생활 편의에 중점을 둠 • 교정시설 내에서의 재화와 지위 획득에 관심이 있는 반면, 출소 후 생활은 부차적인 것으로 간주하며, 재입소율도 가장 높음

정답 | ①

15

다음 중 재입소율이 가장 높은 자는?

① 수형생활지향적 수형자
② 범죄생활지향적 수형자
③ 합법생활지향적 수형자
④ 문화생활지향적 수형자
⑤ 모험지향적 수형자

해설 ① 수형생활지향적 수형자란 교도소사회에서의 모든 생활양식을 수용하고, 그것에 적응하려고 하며, 자신의 수용생활을 보다 쉽고 편하게 하려는 데 중점을 두는 수형자로, 이 유형에 해당하는 수형자들에게서 재입소율이 가장 높게 나타나고 있다.

정답 | ①

CHAPTER 05 수형자사회

01

사이크스(G. Sykes)가 제시한 이른바 '교도관의 권위타락(corruption of authority)'의 근거로 볼 수 없는 것은?

① 친분(friendship) ② 상호성(reciprocity)
③ 태만(default) ④ 일탈(deviance)

해설 ①·②·③ 사이크스(G. Sykes)는 교도관의 무력감을 교도관의 권위가 타락(corruption of authority)한 결과로 파악하고, 그 형태로 친분에 의한 권위의 타락(corruption through friendship), 상호성에 의한 권위의 타락(corruption through reciprocity), 태만에 의한 권위의 타락(corruption through default) 등 세 가지를 제시하였다.

정답 | ④

02

클레머(Clemmer)가 수형자집단의 유형으로 분류한 것이 아닌 것은?

① 도당 ② 집단원 ③ 비집단원 ④ 정의한

해설 ④ 정의한은 클레머가 수형자집단의 지도자 유형으로 분류한 것 중 하나이다. 클레머는 수형자집단을 도당·집단원·비집단원으로 분류하였다.

➤ 클레머의 수형자집단의 유형

유형	특징
도당	• 3~4명의 친밀한 수형자로 구성 • 제1차적 집단이라고도 하며, 수형기간이 길어질수록 그 비율이 감소
집단원	• 집단구성원 간의 친밀도와 집단에의 소속감이 긴밀하지 않음 • 반차적 집단 또는 제2차적 집단이라고도 함
비집단원	• 고령자·저능아·정신박약자 등 수형자 일반에게 배척되는 자 또는 범죄자집단보다는 외부의 가족이나 친구들과의 교제나 연락에 더 관심을 기울이는 자 • 수형기간이 길어질수록 그 비율이 증가

정답 | ④

03 ★

교도소화(prisonization)에 대한 설명으로 옳지 않은 것은? 교정7급 21

① 교도소화란 교정당국과 교도관에 대해 적대적인 태도를 학습하는 것을 말한다.
② 클레머(Clemmer)는 수형기간이 증가함에 따라 수형자의 교도소화가 강화된다고 보았다.
③ 수형지향적 하위문화에 속하는 수형자는 교도소 내의 지위획득에 관심이 없다.
④ 휠러(Wheeler)는 형기의 중간단계에서 수형자가 교도관에 대해 가장 적대적으로 된다고 보았다.

해설 ③ 수형주의 부문화에 속하는 수형자는 교도소 내에서의 지위획득에 깊은 관심을 보이는 반면, 출소 후 생활문제는 2차적으로 돌린다.

수형자사회의 부문화 형태(서덜랜드와 크레세이)

- 합법주의 부문화(합법생활지향적 수형자)
  - 하루 속히 형기를 마치고 사회에 나가서 정상적인 사회생활을 하고자 하는 수형자이다.
  - 고지식자에 해당하는 합법생활지향적 수형자들로서 수형자 중에 가장 많으며, 재범률은 낮다.
- 범죄주의 부문화(범죄생활지향적 수형자)
  - 자신이 터득한 반사회적인 부문화를 고수하여 출소 후에도 계속해서 범죄행위를 추구하는 범죄생활지향적 수형자이다. 그들 나름대로의 권력조직이나 인간관계는 계속 존중하지만, 교도소 내에서는 어떠한 지위를 얻고자 노력하는 일 없이 그냥 반교정적이거나 조용한 수형생활을 보낸다.
  - 정의한에 해당하는 사람들로서 재범률이 높다.
- 수형주의 부문화(수형생활지향적 수형자)
  - 교도소에서의 생활양식을 자신의 생활양식으로 받아들여 깊이 적응해 나가면서 교도소 내에서의 지위획득에 깊은 관심을 보이는 반면, 출소 후 생활문제는 2차적으로 돌리는 사람들이다.
  - 수형생활지향적 수형자들로, 교도소화가 극도로 잘된 사람들로서 가장 공리주의적이고, 교묘하며, 재입소율이 가장 높다.

정답 | ③

04 ★

재소자의 교도소화와 하위문화에 대한 설명으로 옳지 않은 것은? 교정9급 19

① 클레머(D. Clemmer)는 수용기간이 장기화될수록 재소자의 교도소화가 강화된다고 한다.

② 휠러(S. Wheler)는 재소자의 교도관에 대한 친화성 정도가 입소 초기와 말기에는 높고, 중기에는 낮다고 하면서 교도소화의 정도가 U자형 곡선 모양을 보인다고 한다.

③ 서덜랜드(E. Sutherland)와 크레시(D. Cresey)는 재소자가 지향하는 가치를 기준으로 범죄지향적 부문화, 수형지향적 부문화, 합법지향적 부문화로 구분하고, 수형지향적 재소자는 자신의 수용생활을 보다 쉽고 편하게 보내는 데 관심을 둘 뿐만 아니라, 이를 이용하여 출소 후의 생활을 원활히 하는 데 많은 관심을 둔다고 한다.

④ 슈랙(C. Schrag)은 재소자의 역할유형을 고지식자(square Johns), 정의한(right guys), 정치인(politcians), 무법자(outlaws)로 구분하고, 고지식자는 친사회적 수형자로서 교정시설의 규율에 동조하며 법을 준수하는 생활을 긍정적으로 지향하는 유형이라고 한다.

해설 ③ 수형지향적 부문화는 교도소사회에서의 모든 생활방식을 수용하고 적응하려고 하며, 자신의 수용생활을 보다 쉽고 편하게 보내기 위해 교도소 내에서의 지위획득에만 몰두하고, 출소 후의 생활에 대해서는 관심을 두지 않는다.

수형자사회 부문화의 형태(Sutherland & Cressey)

- 합법지향적 부문화
  - 가족이나 친지 등 외부사회로부터의 강한 유대관계에서 형성되는 형태로, 수형자의 역할유형 중 '고지식자'에 해당되는 자들이 지향하는 부문화이다.
  - 아무 사고 없이 속히 형기를 마치고 사회로 나아가 정상적인 사회생활을 하고자 하는 부류로서 재입소율이 가장 낮으며, 전체 수형자 중 가장 높은 비율을 점하고 있다.
  - 교정시설 입소 시에도 범죄지향적 부문화에 속하지 않았고, 수용생활 중에도 범죄지향적 부문화나 수형지향적 부문화를 받아들이지 않는다.
- 범죄지향적 부문화
  - 외부에서 터득한 범죄주의 부문화를 그대로 고집하고, 앞으로 사회에 나가서도 계속 범죄행위를 행할 것을 지향하며, 수형자의 역할유형 중 '정의한'에 해당한다.
  - 교도소 내에서 공식적으로 인정되는 어떠한 지위를 얻고자 하지 않고, 그냥 반교도소적이거나 합법지향적 수형자들과 같이 조용한 수형생활을 보낸다.
- 수형지향적 부문화
  - 교도소사회에서의 생활방식들을 자신의 생활방식으로 인용하고 적응해 나가며, 수형자의 역할유형 중 '정치인'에 해당한다.
  - 교도소 내에서의 지위획득에 깊은 관심을 가질 뿐, 사회에 나가서의 생활문제를 부차적인 문제로 돌리는 이른바 "교도소화"가 극도로 잘된 사람들로, 재입소율이 가장 높다.

정답 | ③

05

교도소화(prisonization)에 대한 설명으로 옳지 않은 것은?

① 클레머(Clemmer)는 수형자의 수용기간이 장기화될수록 교도소화의 정도가 강화된다고 보았다.
② 친사회적인 수형자보다는 반사회적·가사회적·비사회적인 수형자가 교도소화의 가능성이 더 높다.
③ 수형생활지향적 수형자보다는 범죄생활지향적 수형자가 더 쉽게 교도소화된다.
④ 합법생활지향적 수형자보다는 범죄생활지향적 수형자가 더 많이 교도소화된다.

해설 ③ 연구에 따르면, 합법생활지향적 수형자보다는 범죄생활지향적 수형자가, 범죄생활지향적 수형자보다는 수형생활지향적 수형자가 더 빨리, 더 쉽게, 더 많이 교도소화가 되는 것으로 알려져 있다.

정답 | ③

06

이른바 '교도소화 U자형 곡선'에 관한 설명으로 옳지 않은 것은?

① 휠러(Wheeler)가 고안하였다.
② 형기를 초기·중기·말기의 세 단계로 구분하여 친교도관적 태도를 분석하였다.
③ 초기단계에서 친교도관적 태도가 가장 높고, 말기단계로 갈수록 낮아졌다.
④ 가라베디안(Garabedian)의 연구에 따르면 고지식자와 정의한은 U형 곡선에 충실한 것으로 나타났다.

해설 교도소화의 U자형 곡선이란 휠러(Wheeler)가 클레머의 가설을 검증하기 위하여 수형기간을 초기·중기·말기 세 단계로 구분하고, 친교도관적 태도를 분석한 것을 말한다.
③ 휠러의 연구에 따르면 수형기간 초기단계에서 친교도관적 태도가 가장 높았고, 중기단계에서 가장 낮았으며, 말기단계에서는 오히려 친교도관적 태도를 견지하고 수형자강령을 거부하는 것으로 나타났다.

정답 | ③

07

교도소화(prisonization)에 대한 설명으로 옳은 것만을 모두 고르면? 교정7급 18

> ㄱ. 교정시설에서 문화, 관습, 규범 등을 학습하는 과정을 의미한다.
> ㄴ. 박탈모형은 수형자의 문화를 사회로부터 수형자와 함께 들어온 것으로 파악한다.
> ㄷ. 유입모형은 교도소화의 원인을 수용으로 인한 고통 및 각종 권익의 상실로 본다.
> ㄹ. 자유주의자들은 박탈모형을, 보수주의자들은 유입모형을 지지하는 경향이 있다.

① ㄱ, ㄴ　　② ㄱ, ㄷ
③ ㄱ, ㄹ　　④ ㄷ, ㄹ

해설 [O] ㄱ. 교도소화(prisonization)란 수형자가 교도소에 입소한 후 교도소사회의 문화, 관습, 규범 및 가치에 동화되는 과정을 말한다.
ㄹ. 자유주의자들은 범죄자를 격리·구금하는 시설 내 처우를 피하고, 사회 내 처우를 실시할 것을 주장한다. 그러나 보수주의자들은 교정에 회의적인 견해를 가지고, 범죄자들을 시설에 격리·구금하여 강력한 처벌을 해야 한다고 본다.
[×] ㄴ. 설문은 유입모형에 대한 내용이다. 박탈모형은 교도소의 수용에 따른 고통, 권익의 박탈에 대한 수형자들의 저항으로 교도소화가 진행된다고 보는 모형이다.
ㄷ. 설문은 박탈모형에 대한 내용이다. 유입모형은 수형자의 교도소화는 교정시설 내에서 형성된 것이 아니라, 사회의 특정한 문화가 수형자의 입소와 함께 유입(들여온)된 것이라고 보는 모형이다.

정답 | ③

08 ★

다음 중 교도소사회를 연구한 학자와 그들의 주장내용으로 틀린 것은? 9급특채 12

① 클레머(Clemmer) : 교도소화란 교정시설의 일반적 문화·관습·규범 그리고 민속 등을 다소간 취하는 것을 의미한다.
② 사이크스(Sykes) : 구금으로 인한 5가지 고통으로 자유의 박탈, 이성관계의 박탈, 안전성의 박탈, 재화와 용역의 박탈을 들었다.
③ 롬바르도(Lombardo) : 교도관은 응집적인 집단을 형성하지 않는다.
④ 휠러(Wheeler) : 수형자의 행위유형은 수형자가 사회로부터 함께 들여온 것이다.

해설 ④는 어윈(Irwin)과 크레시(Cressey)가 주장한 내용이다. 휠러(Wheeler)는 수형자표본을 형기의 초기·중기·말기 세 단계로 구분하고, 친교도관적 태도를 분석한 결과 초기단계에서 가장 높고, 중기단계에서 가장 낮으며, 말기단계에서는 친교도관적 태도가 다시 높아진다는 교도소화의 U형곡선 이론을 주장하였다.

정답 | ④

09

다음은 교도소화의 특성을 설명하는 데 자주 이용되는 총체적 기관(Total institution)이라는 개념에 대한 설명이다. 옳지 않은 것은?

① 사회학자 어빙 고프만(Eving Goffman)이 미국의 교도소에서 오랜 기간 참여관찰을 한 후 고안한 개념이다.
② 폐쇄적이고 자유가 박탈된 사회인 교도소에서 수용자의 자아상이 변화하는 모습을 잘 설명하고 있다.
③ 개인의 개별성이 약화되고 사물화되는 것의 문제점에 관심을 가진다.
④ 소수의 관리자와 다수의 통제받는 사람을 상정하고 있다.

해설 ① 사회학자 고프만(Eving Goffman)은 정신요양원에서 2년 동안 참여관찰법을 이용하여 정신질환에 대한 연구를 처음 시작하였고, 통제하는 사람과 통제받는 사람 간의 구체적인 상호작용을 통해 인간의 자아개념의 구성과 사회통제의 관계에 대한 이론적 입장을 제시하였다. 총체적 기관(Total Institution)이란 고프만이 창안한 개념으로, 사회통제가 가장 극단적으로 행해지는 곳(예 : 교도소, 정신병원, 군대, 수도원 등)을 의미하는데, 이곳에서는 구성원들을 일정 기간 동안 바깥세계로부터 격리시킨 채 공식적으로 규격화되고 통제된 생활을 하게 함으로써 인간의 개체성을 말살시키려 한다고 보았다.

정답 | ①

10

사이크스(Sykes)가 제시한 이른바 '구금의 고통'에 해당하지 않는 것은?

① 자율성의 박탈
② 자유의 박탈
③ 재화와 용역의 박탈
④ 가족관계의 박탈
⑤ 안정성의 박탈

해설 ①·②·③·⑤ 사이크스(Sykes)가 제시한 구금의 고통은 (ⅰ) 자유의 박탈, (ⅱ) 자율성의 박탈, (ⅲ) 이성관계의 박탈, (ⅳ) 안전성의 박탈, (ⅴ) 재화와 용역의 박탈 등 5가지이다.

정답 | ④

11

교도소화(prisonization)의 설명모형에 해당되지 않는 것은?

① 박탈모형 ② 유입모형
③ 통합모형 ④ 개선모형

해설 교도소화의 설명모형으로는 ①·②·③이 있으며 그 특징은 다음과 같다.

설명모형	특징
박탈모형	수형자가 수용으로 인한 고통으로부터 벗어나기 위해서, 또는 지위강등에 따른 신분에 적응하기 위해서 스스로 형성한 것이라고 보는 유형
유입모형	수형자가 입소 시 사회로부터 함께 들여온 것으로, 대부분의 수형자부문화가 수용시설에만 있는 독특한 것은 아니라고 보는 유형
통합모형	박탈모형과 유입모형 중 어느 하나로는 설명하기 어렵다고 비판하고, 양자의 상호작용에 의해 형성된 것이라고 하며, 결론적으로 양자의 통합이 바람직스럽다고 보는 유형

정답 | ④

CHAPTER 06 과밀수용

01

과밀수용의 원인으로 보기 어려운 것은?

① 신종범죄의 출현
② 형사정책의 강경화
③ 수사기법의 발달
④ 벌금형제도의 확대

해설 ④ 벌금형제도가 확대되면 자유형의 선고가 상대적으로 감소하게 되므로 수용인원은 감소한다.

정답 | ④

02

다음은 브럼스타인(A. Blumstein)이 주장한 교도소 과밀화 해소방안전략 중 어느 것에 해당하는가?

교정9급 19

- 교정 이전단계에서 범죄자를 보호관찰, 가택구금, 벌금형, 배상처분, 사회봉사명령 등 비구금적 제재로 전환시킴으로써 교정시설에 수용되는 인구 자체를 줄이자는 전략이다.
- 이 전략은 강력범죄자에게는 적용이 적절하지 않기 때문에 일부 경미범죄자나 초범자들에게만 적용 가능하다는 한계가 있다.

① 후문정책(back-door policy)
② 정문정책(front-door policy)
③ 선별적 무능력화(selective incapacitation)
④ 무익한 전략(null strategy)

해설 ② 정문정책에 대한 설명으로, 교정 이전 단계에서 범죄자를 보호관찰, 가택구금, 벌금형, 배상처분, 사회봉사명령 등 비구금적 제재로 전환시킴으로써 교정시설에 수용되는 인구 자체를 줄이자는 주장이다. 그러나 이러한 방식은 중요한 강력범죄자에게는 적용할 수 없고, 오히려 형사사법망을 확대시키는 결과를 초래하여 더 많은 사람을 교정의 대상으로 삼게 되는 문제점을 야기할 가능성도 배제할 수 없다.

정답 | ②

03 ★

블럼스타인(Blumstein)이 주장한 과밀수용 해소방안에 대한 설명으로 옳지 않은 것은? 교정9급 22

① 교정시설의 증설 : 재정부담이 크고 증설 후 단기간에 과밀수용이 재연될 수 있다는 점에서 주의가 요망된다.

② 구금인구 감소전략 : 형벌의 제지효과는 형벌의 확실성보다 엄중성에 더 크게 좌우된다는 논리에 근거하고 있다.

③ 사법절차와 과정의 개선 : 검찰의 기소나 법원의 양형결정 시 교정시설의 수용능력과 현황을 고려하여 과밀수용을 조정해야 한다는 전략이다.

④ 선별적 무력화 : 재범위험이 높은 수형자를 예측하여 제한된 공간에 선별적으로 구금함으로써 교정시설의 공간을 보다 효율적으로 운영하려는 방안이다.

해설 ② 형벌의 제지효과로서의 엄중성은 고전학파의 시각에서 주장되는 것으로, 격리·구금을 강조하기 때문에 과밀수용의 해소방안이 될 수 없다.

수용인구 감소전략(정문정책전략·후문정책전략)

- 정문(Front-door)정책전략
  - 정문정책전략은 교정(수용처분) 이전 단계에서 비구금적 제재로 전환하는 것으로, 보호관찰·가택구금·벌금형·배상처분·사회봉사명령·선도조건부 기소유예 등이 있고, 일부 경미한 범죄자나 초범자들에게 가능하다.
  - 중누범자나 강력범에게는 적용하기 어렵고, 형사사법망을 확대시키는 결과를 초래할 수 있다.
- 후문(Back-door)정책전략
  - 후문정책전략은 일단 교정시설에 수용된 범죄자를 보호관찰부 가석방·선시제도·사면·감형 등을 활용하여 형기종료 이전에 출소시키는 정책이다.
  - 가석방정책이나 선시제도 확대실시는 과밀수용에 대한 신속하고 용이한 임시방편으로 이용되고 있는 반면, '회전식 교도소문 증후군'이라는 비판을 받고 있다.

정답 | ②

04

선시제(Good Time System)는 어떤 유형의 과밀수용 해소방안인가?

① 재판단계에서의 전환(Diversion)프로그램을 통한 해결방식
② 중간처벌(Intermediate Sanctions)의 확대사용을 통한 해결방식
③ 정문을 통한 해결방식(Front-Door Solution)
④ 후문을 통한 해결방식(Back-Door Solution)

해설 ④ 전시제도는 교정시설에 수용 중인 자를 대상으로 하므로 브럼스타인(Blumstein)의 후문정책에 해당한다.

➤ **과밀수용 해소방안 요약정리**

무익한 전략		수용인원이 증가하더라도 별도 대책 없이 자체적으로 증가인원을 소화하자는 방안
선별적 무능력화		중범자나 누범자만을 선별적으로 구금하여 교정시설 공간을 효율적으로 운영하자는 제안
수용인구 감소전략	정문정책	범죄인의 구금보다는 비구금적 제재로 전환하여 수용인원을 처음부터 줄이자는 방안
	후문정책	기존의 수형자를 형기만료 이전에 출소시켜 수용인원을 줄여 나가자는 방안
형사사법절차 개선전략		형사사법절차에서 범죄인을 수용할 경우, 교정시설의 수용능력을 고려하여 결정하자는 방안
교정시설 확충전략		교정시설을 증설하여 수용능력을 확대하자는 방안

정답 | ④

05

보호관찰이나 사회봉사명령과 같은 제도는 과밀수용 해소방안 중 어디에 해당되는가?

① 무익한 전략(null strategy)
② 선별적 무능력화(selective incapacitation)
③ 정문(Front-Door)정책
④ 후문(Back-Door)정책

해설 ③ 정문정책이란 범죄인을 구금하기보다는 비구금적 제재로 전환시켜 교정시설 수용인원을 선천적으로 감소하려는 과밀수용 해소방안으로, 보호관찰·가택구금·벌금형·배상처분·사회봉사명령 등이 이에 해당한다.

정답 | ③

06

과밀수용 해소방안으로 Blumstein이 제안한 전략 중 교정의 주체성·능동성과 가장 밀접한 관계가 있는 것은?

① 무익한 전략
② 정문전략
③ 후문전략
④ 수용현황을 고려한 법원의 선고

해설 ④ 수용현황을 고려한 법원의 선고전략은 법원이 사전에 교정시설의 수용능력 내지 과밀 여부를 파악한 후 피고인의 형량을 선고해야 한다는 것으로, 교정의 주체성·주관성·능동성의 필요성을 강조하는 전략이다.

정답 | ④

07

과밀수용 해소를 위한 다음 방안 중 가장 단순하고 간단한 전략으로 평가받고 있는 것은?

① 정문전략
② 후문전략
③ 교정시설 확충전략
④ 무익한 전략

해설 ③ 교정시설 확충전략은 과밀수용을 해소할 수 있는 가장 단순하고 간단한 전략으로 볼 수 있으나, 시설확충에 따르는 부지선정의 어려움과 막대한 경비가 소요된다는 단점이 있다.

정답 | ③

08

과밀수용에 대한 설명 중 타당하지 않은 것은? 9급특채 10

① 과밀수용을 해소하기 위한 후문정책은 가석방, 선시제도 등과 같은 제도를 들 수 있으며, 이 정책의 단점은 형사사법망을 확대시킨다는 것이다.

② 과밀수용은 직원의 업무를 가중시키고, 수용자에게는 프로그램 참여기회를 축소시키는 부작용을 발생할 수 있다.

③ 과밀수용 해소를 위해 다이버전, 비범죄화, 선별적 무능력화가 이용되기도 한다.

④ 미국의 경우 3진아웃제와 같은 범죄에 대한 강력한 대응책이 과밀수용을 초래하였다고 볼 수 있다.

해설 ① 형사사법망을 확대시키는 결과를 초래할 수 있다는 비판이 있는 것은 정문정책(Front－Door)이다.

정답 | ①

09

과밀수용 해소방안에 대한 설명으로 옳지 않은 것은? 5급승진 17

① 정문(Front－Door)전략은 구금 이전의 단계에서 범죄자를 보호관찰, 가택구금, 사회봉사 명령 등의 비구금적 제재로 전환시킴으로써 수용인원을 줄이자는 것으로 강력범죄자들에게는 적용이 적절치 않다.

② 후문(Back－Door)전략은 일단 수용된 수용자를 대상으로 보호관찰부 가석방, 선도조건부 기소유예, 선시제도 등을 적용하여 새로운 입소자를 위한 공간을 확보하자는 것으로 형사사법망의 확대를 초래한다.

③ 사법절차와 과정의 개선은 형의 선고시에 수용능력을 고려하고 검찰의 기소나 법원의 양형결정 시에 수용능력과 현황에 관한 자료를 참고하는 전략이며, 형사사법협의체의 구성과 형사사법체제 간의 협조를 강조한다.

④ 소극적 전략(Null Strategy)은 수용인구가 증가하더라도 교정시설에서는 그만큼의 인구를 수용할 수밖에 없다는 전략으로 단기적으로 교정시설의 증설을 회피할 수 있으나 장기적으로는 과잉수용으로 인해 직원들의 재소자에 대한 통제력이 약화될 수 있다.

⑤ 선별적 무능력화(Selective Incapacitation)는 교정시설의 공간을 확보하는 데 비용이 과다하고 이용할 수 있는 공간이 제한되어 있기 때문에 재범의 위험성이 높은 수형자를 예측하여 선별적으로 구금함으로써 교정시설 공간을 효율적으로 운영하자는 것이다.

해설 ② 후문정책전략은 일단 수용된 범죄자를 대상으로 보호관찰부 가석방, 선시제도 등을 이용하여 새로운 입소자들을 위한 공간을 확보하기 위해 그들의 형기종료 이전에 미리 출소시키는 전략이다. 선도조건부 기소유예는 비구금적 제재로 정문정책전략과 관계가 있다. 또한 형사사법망의 확대를 초래하는 것은 후문정책전략이 아니라 정문정책전략이다.

정답 | ②

10

교정시설의 과밀수용문제를 해결하기 위하여 제시된 다양한 정책대안 중 선시제(Good Time System)는 어떤 유형에 속하는가? 행정고시 01

① 재판단계에서의 전환프로그램을 통한 해결방식
② 중간처벌의 확대사용을 통한 해결방식
③ 정문을 통한 해결방식
④ 후문을 통한 해결방식
⑤ 수용규모의 확장

해설 ④ 선시제도는 시설에 수용된 수용자를 신속하게 배출하는 제도이므로 후문정책에 해당한다.

정답 | ④

박상민

JUSTICE 교정학

단원별 핵심천제

[교정학편]

PART

03

수용자의 지위와 처우

CHAPTER 01 수용자 인권의식의 발달

01

수형자의 법적 지위에 관한 설명으로 옳지 않은 것은?

① 근대 이전의 수형자는 형집행의 객체적 의미로만 인식되었다.
② 우리나라에서는 근년에 이르기까지 수형자의 법적 지위를 특별권력관계적 차원에서 이해하였다.
③ 특별권력관계이론에 따르면 수형자는 헌법상 보장된 기본권의 주체가 될 수 있다.
④ 수형자의 법적 지위에 관한 특별권력관계이론의 부인은 프로이덴탈(B. Freudenthal)로부터 시작되었다.

해설 ③ 특별권력관계이론에 따르면 교정당국과 수형자 간의 관계는 특별한 권력이 작용되는 행정내부적인 관계이므로, 수형자에 대해서는 일반시민에게 적용되는 헌법상 기본권이 인정되지 않는다.

정답 | ③

02

수형자의 법적 지위와 관련하여 프로이덴탈(B. Freudenthal)이 주장한 내용과 거리가 먼 것은?

① 수형자에 대한 권리제한은 형식적 의미의 법률에 의해서만 가능하다.
② 행형에 관한 법률관계는 가능한 한 정밀하게 규정하여야 한다.
③ 수형자의 법적 지위의 담보를 위해서는 권리구제제도가 마련되어야 한다.
④ 법률과 판결은 행형에 있어서도 마그나카르타이다.

해설 ① 프로이덴탈은 수형자의 권리제한은 형식적 의미의 법률뿐만 아니라, 그것에 기초한 법규명령에 의해서도 가능하다고 하였다.

수형자의 법적 지위에 관한 프로이덴탈(B. Freudenthal)의 주장
- 수형자의 권리제한은 형식적 의미의 법률 또는 그것에 기초한 법규명령에 의해서만 가능하다.
- 형식적 법률화뿐만 아니라, 실질적으로도 행형을 법률관계로서 가능한 한 정밀하게 규율해야 한다.
- 형식적·실질적 법률화를 담보하기 위한 권리구제제도를 마련해야 한다.

정답 | ①

03

수형자의 권리운동에 관한 설명으로 옳지 않은 것은?

① hand－on정책이란 법원의 간섭정책을 말하고, hand－off정책이란 법원의 무간섭정책을 말한다.
② 교정이 전문적 특성을 요하는 특수한 분야라는 생각은 hand－off정책의 사상적 기초이다.
③ hand－off정책은 삼권분립의 정신과 부합된다.
④ 법원은 hand－on정책에서 hand－off정책으로 전환하는 추세에 있다.

해설 ④ 법원은 hand－off정책에서 hand－on정책으로 전환하는 추세에 있다.

정답 | ④

04

다음은 수형자의 법적 지위에 관한 논의들이다. 잘못된 것은? 9급특채 11

① 수형자는 행형시설이라는 국가영조물을 이용하는 자로서 형벌집행의 목적범위 내에서 교정당국이 제정하는 규율을 매개로 포괄적인 지배·복종관계에 있다고 하는 논리가 특별권력 관계이론이다.
② 독일의 프로이덴탈은 수형자의 권리의무는 행정규칙(령)으로 규제할 수 없으며, 반드시 법률 또는 법규명령에 의하여야 한다는 행형법치주의를 주장하였다.
③ 1972년 서독의 연방정부재판소는 국가의 수형자에 대한 관계를 일반권력관계로 파악하고, 법률유보배제의 원칙을 적용하였다.
④ 실질적 법치주의에 따르면 행형법정주의란 단지 행형에 관한 사항을 법률로 정하는 데 그치지 않고, 행형절차의 적정도 포함된다고 설명하고 있다.

해설 ③ 1972년 3월 14일 서독의 연방헌법재판소는 결정을 통해 특별권력관계이론을 부인하였다. 즉 이른바 특별권력관계에 있어서도 법률유보가 적용되고, 기본권 행사의 제한은 법률의 근거에 의해서만 가능하며, 특별권력관계 내부에서의 처분도 권력복종자의 권리를 침해하는 것이라면 권리보장원리가 준수되어야 한다는 것이다. ③번 지문에서 언급하고 있는 법률유보배제의 원칙은 특별권력관계이론의 내용이다.

정답 | ③

05

수형자에게 절대적으로 인정되는 기본권으로 보기 어려운 것은?

① 사상의 자유 ② 종교선택의 자유

③ 학문의 자유 ④ 신앙의 자유

해설 ③ 학문의 자유 중 연구와 창작의 자유는 절대적 기본권으로서 수형자인 경우라도 제한할 수 없지만, 알 자유, 읽을 자유, 쓸 자유 등은 교정시설의 안전과 질서유지 내지 영조물의 존립목적을 위해 법률로써 제한이 가능하다. 수형자에게 인정되는 절대적 기본권은 ①·②·④ 외에도 인간의 존엄과 평등권, 양심의 자유 등이 있다.

절대적 기본권		인간의 존엄과 평등권, 사상과 양심의 자유, 신앙의 자유, 연구·창작의 자유
상대적 기본권	영조물의 존립목적을 위해 제한되는 기본권	사생활의 비밀과 자유, 통신의 자유, 알 자유, 읽을 자유, 쓸 자유
	구금의 본질상 제한되는 기본권	신체의 자유, 집회결사의 자유, 거주의 자유, 직업선택의 자유

정답 | ③

06

다음은 수용자의 처우와 관련된 판례이다. 잘못된 것은?

① 수형자의 다른 종교집회 참석을 효율적 수용관리와 계호상의 어려움 등을 이유로 제한하는 것은 기본권의 본질을 침해하는 것이다.

② 미결수용자의 변호인 접견 시 교도관이 참여할 수 있도록 한 것은 신체구속을 당한 미결수용자에게 보장된 변호인의 조력을 받을 권리를 침해하는 것이어서 헌법에 위반된다.

③ 신문을 삭제한 후 수용자에게 구독하게 한 행위는 수용질서를 위한 청구인의 알 권리에 대한 최소한의 제한이라고 볼 수 있으므로 청구인의 알 권리를 과도하게 침해하는 것은 아니다.

④ 수용자가 교도관의 감시·감독을 피하여 규율위반행위를 하는 것만으로는 단순히 금지규정에 위반되는 행위를 한 것에 지나지 아니할 뿐 위계에 의한 공무집행방해죄가 성립한다고 할 수 없다.

해설 ① 청구인은 천주교를 신봉하는 자로서 피청구인은 청구인의 천주교집회에는 참석을 모두 허용하였으나, 청구인이 평소 신봉하지 않던 불교집회에 참석하겠다고 신청을 하여 이를 거부하였는바 이는 수형자가 그가 신봉하는 종파의 교의에 의한 특별교회를 청할 때에는 당해 소장은 그 종파에 위촉하여 교회할 수 있다고 규정하고 있는 행형법 제31조 제2항 및 관련 규정에 따른 것이다. 뿐만 아니라 수형자가 원한다고 하여 종교집회 참석을 무제한 허용한다면 효율적인 수형관리와 계호상의 어려움이 발생하고 진정으로 그 종파를 신봉하는 다른 수형자가 종교집회에 참석하지 못하게 되는 결과를 초래하므로 피청구인의 위와 같은 조치는 청구인의 기본권을 본질적으로 침해하는 것이 아니다(헌재 2005.3.31, 2004헌마911).

② 헌재 1992.1.28, 91헌마111

③ 헌재 1998.10.29, 98헌마4

④ 대판 2005.8.25, 2005도1731

정답 | ①

07

수용자의 기본권에 대한 설명으로 옳은 것은? (다툼이 있는 경우 헌법재판소 판례에 의함)

교정7급 14

① 변호사와 접견하는 경우에도 수용자의 접견은 원칙적으로 접촉차단시설이 설치된 장소에서 하도록 규정하고 있는 형의 집행 및 수용자의 처우에 관한 법률 시행령 관련 조항은 수용자의 재판청구권을 침해한다.

② 수형자의 선거권을 전면적·획일적으로 제한하는 공직선거법 관련 조항은 범행의 불법성이 커 교정시설에 구금되어 있는 자들의 선거권을 일률적으로 제한해야 할 필요성에 근거한 것으로 수형자의 선거권을 침해하는 것은 아니다.

③ 교도소에 수용된 때에는 국민건강급여를 정지하도록 한 국민건강보험법상의 규정은 수용자의 건강권, 인간의 존엄성, 행복추구권, 인간다운 생활을 할 권리를 침해하는 것으로 위헌이다.

④ 교화상 또는 구금목적에 특히 부적당하다고 인정되는 기사, 조직범죄 등 수용자 관련 범죄 기사에 대한 신문기사를 삭제한 후 수용자에게 구독케 한 행위는 알 권리의 과잉침해에 해당한다.

해설 ① 헌재 2013.8.29, 2011헌마122

② 심판대상조항 중 수형자에 관한 부분의 위헌성은 지나치게 전면적·획일적으로 수형자의 선거권을 제한한다는 데 있다. 그런데 그 위헌성을 제거하고 수형자에게 헌법합치적으로 선거권을 부여하는 것은 입법자의 형성재량에 속한다. 입법자는 범죄의 중대성과 선고형의 관계, 선거의 주기 등을 종합적으로 고려하여 선거권제한의 기준이 되는 선고형을 정하고, 일정한 형기 이상의 실형을 선고받아 그 형의 집행 중에 있는 수형자의 경우에만 선거권을 제한하는 방식으로 입법하는 것이 바람직할 것이다. 그러므로 심판대상조항 중 수형자에 관한 부분에 대하여 헌법불합치 결정을 선고한다(헌재 2014.1.28, 2012헌마409).

③ 교도소에 수용된 때에는 국민건강보험급여를 정지하도록 한 국민건강보험법 제49조 제4호는 수용자에게 불이익을 주기 위한 것이 아니라, 국가의 보호, 감독을 받는 수용자의 질병치료를 국가가 부담하는 것을 전제로 수용자에 대한 의료보장제도를 합리적으로 운영하기 위한 것이므로 입법목적의 정당성을 갖고 있다. 가사 국가의 예산상의 이유로 수용자들이 적절한 의료보장을 받지 못하는 것이 현실이라고 하더라도 이는 수용자에 대한 국가의 보건의무불이행에 기인하는 것이지 위 조항에 기인하는 것으로 볼 수 없다. 위 조항은 수용자의 의료보장수급권을 직접 제약하는 규정이 아니며, 입법재량을 벗어나 수용자의 건강권을 침해하거나 국가의 보건의무를 저버린 것으로 볼 수 없으므로 수용자의 건강권, 인간의 존엄성, 행복추구권, 인간다운 생활을 할 권리를 침해하는 것이라 할 수 없다(헌재 2005.2.24, 2003헌마31).

④ 교화상 또는 구금목적에 특히 부적당하다고 인정되는 기사, 조직범죄 등 수용자 관련 범죄기사에 대한 신문기사 삭제행위는 구치소 내 질서유지와 보안을 위한 것으로 신문기사 중 탈주에 관한 사항이나 집단단식, 선동 등 구치소 내 단체생활의 질서를 교란하는 내용이 미결수용자에게 전달될 때 과거의 예와 같이 동조단식이나 선동 등 수용의 내부질서와 규율을 해하는 상황이 전개될 수 있고, 이는 수용자가 과밀하게 수용되어 있는 현 구치소의 실정과 과소한 교도인력을 볼 때 구치소내의 질서유지와 보안을 어렵게 할 우려가 있다. 이 사건 신문기사의 삭제내용은 그러한 범위 내에 그치고 있을 뿐 신문기사 중 주요기사 대부분이 삭제된 바 없음이 인정되므로 이는 수용질서를 위한 청구인의 알 권리에 대한 최소한의 제한이라고 볼 수 있으며, 이로써 침해되는 청구인에 대한 수용질서와 관련되는 위 기사들에 대한 정보획득의 방해와 그러한 기사 삭제를 통해 얻을 수 있는 구치소의 질서유지와 보안에 대한 공익을 비교할 때 청구인의 알 권리를 과도하게 침해한 것은 아니다(헌재 1998.10.29, 98헌마4).

정답 | ①

08

수형자의 법적 지위에 관한 설명으로 옳지 않은 것을 모두 고른 것은?

> ㉠ 형집행법은 "수용자는 합리적인 이유 없이 성별, 종교, 장애, 나이, 사회적 신분, 출신지역, 출신국가, 출신민족, 용모 등 신체조건, 병력, 혼인 여부, 정치적 의견 및 성적 지향 등을 이유로 차별받지 아니한다"고 규정하여 수용자의 차별을 금지하고 있다.
> ㉡ 「UN 피구금자처우 최저기준규칙」은 "피구금자의 인종, 피부색, 성별, 언어, 종교, 정치적 또는 그 밖의 견해, 국적, 사회적 신분, 재산, 출생 또는 그 밖의 지위에 의하여 차별이 있어서는 아니된다"고 규정하여 피구금자의 차별을 금지하고 있다.
> ㉢ 수용자는 교정시설의 안전과 질서유지를 위하여 법무부장관이 정하는 규율을 준수하여야 할 의무가 있는데 이를 위반하면 징벌의 대상이 된다.
> ㉣ 수용자는 자신에게 부과된 작업과 그 밖의 노역을 수행하여야 할 의무가 있다.

① ㉠, ㉡ ② ㉠, ㉢
③ ㉡, ㉢ ④ ㉢, ㉣

해설 [×] ㉢ 수용자의 의무인 것은 분명하나, 형집행법은 수용자의 의무로만 이를 규정하고 있을 뿐 위반에 대한 제재규정을 두고 있지 않으므로(법 제105조), 징벌의 대상이 된다는 표현은 옳지 않다.
㉣ 수형자는 자신에게 부과된 작업과 그 밖의 노역을 수행하여야 할 의무가 있다(법 제66조).
[○] ㉠ 법 제5조
㉡ UN 피구금자처우 최저기준규칙 제6조 제1항

정답 | ④

09 ★

「형의 집행 및 수용자의 처우에 관한 법률」이 명시하고 있는 차별금지사유가 아닌 것은?

9급경채 15

① 장애 ② 혼인 여부
③ 언어 ④ 용모

해설 ①·②·④ 수용자는 합리적인 이유 없이 성별, 종교, 장애, 나이, 사회적 친분, 출신지역, 출신국가, 출신민족, 용모 등 신체조건, 병력, 혼인 여부, 정치적 의견 및 성적 지향 등을 이유로 차별받지 아니한다(법 제5조). 따라서 ③은 차별금지사유에 해당하지 않는다.

정답 | ③

10

교정행정 관련 판례와 일치하는 것은? 9급경채 15

① 마약류사범에게 마약류반응검사를 위하여 소변을 받아 제출하도록 하는 것은 강제처분이므로 영장주의의 원칙이 적용된다.

② 하의 속옷을 내린 채 상체를 숙이고 양손으로 둔부를 벌려 항문으로 보이는 방법으로 실시한 정밀신체검사는 마약류사범인 청구인의 기본권을 침해하였다고 할 수 있다.

③ 구치소장이 접견녹음파일을 지방검찰청 검사에게 제공한 행위는 청구인의 기본권을 침해한다.

④ 조직범죄 등 수용자 관련 범죄기사에 대한 신문기사 삭제행위는 수용자의 알권리를 과도하게 침해하는 것이다.

해설 ② 헌재 2006.6.29, 2004헌마826

① 헌법 제12조 제3항의 영장주의는 법관이 발부한 영장에 의하지 아니하고는 수사에 필요한 강제처분을 하지 못한다는 원칙으로 소변을 받아 제출하도록 한 것은 교도소의 안전과 질서유지를 위한 것으로 수사에 필요한 처분이 아닐 뿐만 아니라, 검사대상자들의 협력이 필수적이어서 강제처분이라고 할 수도 없어 영장주의의 원칙이 적용되지 않는다(헌재 2006.7.27, 2005헌마277).

③ 이 사건 제공행위에 의하여 제공된 접견녹음파일로 특정개인을 식별할 수 있고, 그 대화내용 등은 인격주체성을 특징짓는 사항으로 그 개인의 동일성을 식별할 수 있게 하는 정보이므로, 정보주체인 청구인의 동의 없이 접견녹음파일을 관계기관에 제공하는 것은 청구인의 개인정보자기결정권을 제한하는 것이다. 그런데 이 사건 제공행위는 형사사법의 실체적 진실을 발견하고 이를 통해 형사사법의 적정한 수행을 도모하기 위한 것으로 그 목적이 정당하고, 수단 역시 적합하다. 또한, 접견기록물의 제공은 제한적으로 이루어지고, 제공된 접견내용은 수사와 공소제기 등에 필요한 범위 내에서만 사용하도록 제도적 장치가 마련되어 있으며, 사적 대화내용을 분리하여 제공하는 것은 그 구분이 실질적으로 불가능하고, 범죄와 관련 있는 대화내용을 쉽게 파악하기 어려워 전체제공이 불가피한 점 등을 고려할 때 침해의 최소성 요건도 갖추고 있다. 나아가 접견내용이 기록된다는 사실이 미리 고지되어 그에 대한 보호가치가 그리 크다고 볼 수 없는 점 등을 고려할 때, 법익의 불균형을 인정하기도 어려우므로, 과잉금지원칙에 위반하여 청구인의 개인정보자기결정권을 침해하였다고 볼 수 없다(헌재 2012.12.27, 2010헌마153).

④ 교화상 또는 구금목적에 특히 부적당하다고 인정되는 기사, 조직범죄 등 수용자 관련 범죄기사에 대한 신문기사 삭제행위는 구치소 내 질서유지와 보안을 위한 것으로 신문기사 중 탈주에 관한 사항이나 집단단식, 선동 등 구치소 내 단체생활의 질서를 교란하는 내용이 미결수용자에게 전달될 때 과거의 예와 같이 동조단식이나 선동 등 수용의 내부질서의 규율을 해하는 상황이 전개될 수 있고, 이는 수용자가 과밀하게 수용되어 있는 현 구치소의 실정과 과소한 교도인력을 볼 때 구치소내의 질서유지와 보안을 어렵게 할 우려가 있다. 이 사건 신문기사의 삭제내용은 그러한 범위 내에 그치고 있을 뿐 신문기사 중 주요기사 대부분이 삭제된 바 없음이 인정되므로 이는 수용질서를 위한 청구인의 알 권리에 대한 최소한의 제한이라고 볼 수 있으며, 이로써 침해되는 청구인에 대한 수용질서와 관련되는 위 기사들에 대한 정보획득의 방해와 그러한 기사 삭제를 통해 얻을 수 있는 구치소의 질서유지와 보안에 대한 공익을 비교할 때 청구인의 알 권리를 과도하게 침해한 것은 아니다(헌재 1998.10.29, 98헌마4).

정답 | ②

11

수용자의 의무에 관한 설명으로 옳지 않은 것은?

① 수용자는 교도관의 직무상 지시에 복종할 의무가 있다.
② 일시석방자는 24시간 이내에 지정된 장소로 출석할 의무가 있다.
③ 수용자는 위생을 위하여 두발 또는 수염을 짧게 깎아야 한다.
④ 수형자는 자신에게 부과된 작업과 그 밖의 노역을 수행하여야 할 의무가 있다.

해설 ③ 수용자는 위생을 위하여 두발 또는 수염을 단정하게 유지하여야 한다(법 제32조 제2항).
① 법 제105조 제3항
② 법 제102조 제4항
④ 법 제66조

정답 | ③

12

수용자의 권리구제에 대한 설명으로 옳지 않은 것은? 교정7급 20

① 소장은 특별한 사정이 있으면 소속 교도관으로 하여금 그 면담을 대리하게 할 수 있으며, 이 경우 면담을 대리한 사람은 그 결과를 소장에게 지체 없이 보고하여야 한다.
② 사법적 권리구제수단으로는 행정소송, 민·형사소송, 청원, 헌법소원이 있다.
③ 구금·보호시설의 직원은 국가인권위원회 위원 등이 시설에 수용되어 있는 진정인과 면담하는 장소에 참석할 수 없으며, 대화내용을 듣거나 녹취하지 못한다. 다만, 보이는 거리에서 시설수용자를 감시할 수 있다.
④ 청원권자는 수형자, 미결수용자, 내·외국인을 불문하고 「형의 집행 및 수용자의 처우에 관한 법률」상 수용자이다.

해설 ② 사법적 권리구제수단으로는 행정소송, 민·형사소송, 헌법소원이 있으며, 비사법적 권리구제수단으로는 청원, 소장면담, 행정심판, 국가인권위원회 진정, 민원조사관제, 중재, 감사원 심사청구 등이 있다.
① 법 제116조 제3항
③ 시설에 수용되어 있는 진정인(진정을 하려는 사람을 포함한다)과 위원 또는 위원회 소속 직원의 면담에는 구금·보호시설의 직원이 참여하거나 그 내용을 듣거나 녹취하지 못한다. 다만, 보이는 거리에서 시설수용자를 감시할 수 있다(국가인권위원회법 제31조 제6항).
④ 법 제117조 제1항

정답 | ②

13

「형의 집행 및 수용자의 처우에 관한 법률」상 수용자의 권리구제에 대한 내용으로 옳지 않은 것은?

교정7급 21

① 소장은 청원서의 내용을 확인한 후, 이를 지체 없이 법무부장관·순회점검공무원 또는 관할 지방교정청장에게 보내거나 순회점검공무원에게 전달하여야 한다.

② 수용자는 그 처우에 관하여 불복하는 경우 법무부장관·순회점검공무원 또는 관할 지방교정청장에게 청원할 수 있다.

③ 청원에 관한 결정은 문서로 하여야 한다.

④ 순회점검공무원에 대한 청원은 말로도 할 수 있다.

해설 ① 소장은 청원서를 개봉하여서는 아니 되며, 이를 지체 없이 법무부장관·순회점검공무원 또는 관할 지방교정청장에게 보내거나 순회점검공무원에게 전달하여야 한다(법 제117조 제3항).

정답 | ①

14

「형의 집행 및 수용자의 처우에 관한 법률」상 권리구제에 대한 설명으로 옳은 것은? 교정7급 23

① 소장은 수용자의 신청에 따라 면담한 결과, 처리가 필요한 사항이 있으면 그 결과를 수용자에게 알려야 한다.

② 수용자가 순회점검공무원에게 말로 청원하여 순회점검공무원이 그 청원을 청취하는 경우에는 해당 교정시설의 교도관이 참여한다.

③ 수용자는 그 처우에 관하여 불복하는 경우 법무부장관·순회점검공무원 또는 소장에게 청원할 수 있다.

④ 수용자는 「공공기관의 정보공개에 관한 법률」에 따라 법무부장관, 순회점검공무원 또는 관할 지방교정청장에게 정보의 공개를 청구할 수 있다.

해설 ① 형집행법 제116조 제4항

② 순회점검공무원이 청원을 청취하는 경우에는 해당 교정시설의 교도관이 참여하여서는 아니 된다(동법 제117조 제4항).

③ 수용자는 그 처우에 관하여 불복하는 경우 법무부장관·순회점검공무원 또는 관할 지방교정청장에게 청원할 수 있다(동조 제1항).

④ 수용자는 「공공기관의 정보공개에 관한 법률」에 따라 법무부장관, 지방교정청장 또는 소장에게 정보의 공개를 청구할 수 있다(동법 제117조의2 제1항).

정답 | ①

15

「형의 집행 및 수용자의 처우에 관한 법률」상 수용자 권리구제에 대한 설명으로 옳지 않은 것은?

교정9급 20

① 소장은 수용자가 정당한 사유 없이 면담사유를 밝히지 아니하는 때에는 면담을 거부할 수 있다.
② 수용자는 그 처우에 관하여 불복하는 경우 법무부장관, 순회점검공무원 또는 관할 지방법원장에게만 청원할 수 있다.
③ 수용자는 그 처우에 관하여 불복하여 순회점검공무원에게 청원하는 경우 청원서가 아닌 말로도 할 수 있다.
④ 수용자는 청원, 진정, 소장과의 면담, 그 밖의 권리구제를 위한 행위를 하였다는 이유로 불이익한 처우를 받지 아니한다.

해설 ② 수용자는 그 처우에 관하여 불복하는 경우 법무부장관·순회점검공무원 또는 관할 지방교정청장에게 청원할 수 있다(법 제117조 제1항).
① 법 제116조 제2항 제1호
③ 법 제117조 제2항
④ 법 제118조

정답 | ②

16 ★

수용자의 권리구제에 대한 설명으로 옳지 않은 것은?

① 수용자가 교정시설의 처우에 불복하는 경우 교정시설의 소장에게 청원할 수 있다.
② 순회점검공무원이 수용자의 청원을 청취하는 경우에는 해당 교정시설의 교도관 등이 참여하여서는 아니된다.
③ 수용자는 「공공기관의 정보공개에 관한 법률」에 따라 소장에게 정보의 공개를 청구할 수 있다.
④ 수용자는 권리구제를 위한 행위를 하였다는 이유로 불이익한 처우를 받지 아니한다.

해설 ① 수용자는 그 처우에 관하여 불복하는 경우 법무부장관·순회점검공무원 또는 관할 지방교정청장에게 청원할 수 있다(법 제117조 제1항). 즉, 수용자는 법무부장관, 순회점검공무원 및 관할 지방교정청장에게만 청원할 수 있다.
② 법 제117조 제4항
③ 법 제117조의2 제1항
④ 법 제118조

정답 | ①

17

「형의 집행 및 수용자의 처우에 관한 법률」상 수용자의 권리구제에 대한 설명으로 옳지 않은 것은?

교정9급 15

① 처우에 불복하여 청원하려는 수용자는 청원서를 작성하여 봉한 후 소장에게 제출하여야 하나, 순회점검공무원에 대한 청원은 말로도 할 수 있다.
② 소장은 청원에 관한 결정서를 접수하면 청원인에게 지체 없이 전달하여야 한다.
③ 청원에 관한 결정은 문서 또는 말로 할 수 있다.
④ 수용자가 정당한 사유 없이 면담사유를 밝히지 아니하고 면담을 신청한 경우 소장은 그 면담에 응하지 아니할 수 있다.

해설 ③ 청원에 관한 결정은 문서로 하여야 한다(법 제117조 제5항).
① 법 제117조 제2항
② 동조 제6항
④ 법 제116조 제2항

정답 | ③

18

수용자의 권리구제에 대한 설명으로 옳지 않은 것은? 교정7급 12

① 비사법적 구제의 일환으로 수용자는 소장에게 면담을 신청할 수 있지만, 소장은 수용자가 정당한 사유 없이 면담 사유를 밝히지 아니하는 때에는 면담에 응하지 않을 수 있다.
② 수용자는 자기 또는 타인의 처우에 대한 불복이 있는 경우 법무부장관·순회점검공무원 또는 관할 지방교정청장에게 청원할 수 있다.
③ 수용자는 소장의 위법, 부당한 처분으로 인하여 자신의 권리나 이익이 침해되었다고 판단한 때에는 지방교정청장에게 행정심판을 청구할 수 있다.
④ 사법적 권리구제로서 헌법소원을 제기하기 위해서 법률에 정해진 기본권 구제절차를 거쳐야 하지만, 「형의 집행 및 수용자의 처우에 관한 법률」상의 청원을 거쳐야 할 필요는 없다.

해설 ② 수용자는 그 처우에 관하여 불복하는 경우 법무부장관·순회점검공무원 또는 관할 지방교정청장에게 청원할 수 있다(법 제117조 제1항). 여기서 '그 처우'란 본인의 처우를 의미한다. 따라서 타인의 처우에 대해서는 청원할 수 없다.
① 법 제116조 제2항
③ 행정청의 처분 또는 부작위에 대하여는 다른 법률에 특별한 규정이 있는 경우 외에는 행정심판법에 따라 행정심판을 청구할 수 있으므로(행정심판법 제3조 제1항), 수용자는 소장의 위법 또는 부당한 처분으로 인하여 자신의 권리 또는 이익이 침해되었다고 판단한 때에는, 직근 상급관청인 관할 지방교정청에 행정심판를 청구할 수 있다.
④ 행형법상의 청원은 다른 법률에 의한 구제절차에 해당하는지에 대하여 그 처리기관이나 절차 및 효력 면에서 권리구제절차로 불충분하고 우회적인 제도로 헌법소원 전 반드시 거쳐야 하는 사전권리구제절차로 보기 어렵다(헌재 1999.5.7, 97헌마137).

정답 | ②

19

수용자의 권리보호에 대한 설명으로 옳지 않은 것은? 교정7급 13

① 헌법 제10조에서 규정하고 있는 모든 국민의 인간으로서의 존엄과 가치, 행복추구권은 이의 근거가 된다.

② 수용자는 청원, 진정, 소장과의 면담, 그 밖의 권리구제를 위한 행위를 하였다는 이유로 불이익한 처우를 받지 아니한다.

③ 사법적 권리구제 수단으로 공권력의 부당한 행사 내지 불행사로 인하여 기본권을 침해받은 수용자는 법원의 재판을 제외하고는 헌법소원을 제기할 수 있다.

④ 비사법적 권리구제 수단으로 서면으로 청원을 하는 경우 수용자는 청원서를 작성하여 봉한 후 소장 또는 순회점검공무원에게 제출하여야 한다.

해설 ④ 청원하려는 수용자는 청원서를 작성하여 봉한 후 소장에게 제출하여야 한다. 다만, 순회점검공무원에 대한 청원은 말로도 할 수 있다(법 제117조 제2항). 소장은 청원서를 개봉하여서는 아니 되며, 이를 지체 없이 법무부장관·순회점검공무원 또는 관할 지방교정청장에게 보내거나 순회점검공무원에게 전달하여야 한다(동조 제3항). 즉, 수용자가 청원서를 제출하는 것은 소장에 한한다.

② 법 제118조

정답 | ④

20

수용자의 정보공개청구에 관한 설명으로 옳지 않은 것을 모두 고른 것은?

> ㉠ 형집행법 제12차 개정(2010.5.4)으로 신설된 제도이다.
> ㉡ 공개의 대상은 자신의 수용 관련 정보에 한정된다.
> ㉢ 수용자는 법무부장관, 지방교정청장 또는 소장에게 정보의 공개를 청구할 수 있다.
> ㉣ ㉢의 경우 예상비용의 산정방법, 납부방법 및 기간 등에 관하여 필요한 사항은 법무부령으로 정한다.

① ㉠, ㉡ ② ㉠, ㉢

③ ㉡, ㉢ ④ ㉡, ㉣

해설 [×] ㉡ 공개의 대상이 되는 정보의 범위에 대해서는 제한이 없으므로 자신의 수용 관련 정보뿐만 아니라 「공공기관의 정보공개에 관한 법률」상 공개의 대상이면 모두 공개청구의 대상이 될 수 있다.

㉣ 법무부령 → 대통령령(법 제117조의2 제4항)

[○] ㉠·㉢ 법 제117조의2 제1항

정답 | ④

21 ★

수용자의 정보공개청구에 대한 설명으로 틀린 것은?

① 수용자는 법무부장관, 교정본부장 또는 소장에게 정보의 공개를 청구할 수 있다.

② 현재의 수용기간 동안 정보공개청구를 한 후 정당한 사유 없이 그 청구를 취하하거나 비용을 납부하지 아니한 사실이 2회 이상 있는 수용자가 정보공개청구를 한 경우에 그 수용자에게 정보의 공개 및 우송 등에 들 것으로 예상되는 비용을 미리 납부하게 할 수 있다.

③ 정보의 공개 및 우송 등에 들 것으로 예상되는 비용을 미리 납부하여야 하는 수용자가 비용을 납부하지 아니한 경우 그 비용을 납부할 때까지 정보공개 여부의 결정을 유예할 수 있다.

④ 예상비용의 산정방법, 납부방법, 납부기간, 그 밖에 비용납부에 관하여 필요한 사항은 대통령령으로 정한다.

해설 ① 수용자는 「공공기관의 정보공개에 관한 법률」에 따라 법무부장관, 지방교정청장 또는 소장에게 정보의 공개를 청구할 수 있다(법 제117조의2 제1항).

② 동조 제2항

③ 동조 제3항

④ 동조 제4항

정답 | ①

22

다음은 현행 법령상 수용자의 정보공개청구에 대한 규정이다. 틀린 것은? 9급경채 13

① 수용자는 「공공기관의 정보공개에 관한 법률」에 따라 법무부장관, 지방교정청장 또는 소장에게 정보의 공개를 청구할 수 있다.

② 예상비용의 산정방법, 납부방법, 납부기간, 그 밖에 비용납부에 관하여 필요한 사항은 대통령령으로 정한다.

③ 비용납부의 통지를 받은 수용자는 그 통지를 받은 날부터 3일 이내에 현금 또는 수입인지로 법무부장관, 지방교정청장 또는 소장에게 납부하여야 한다.

④ 비용을 납부하지 않은 사실이 2회 이상 있는 수용자가 정보공개청구를 한 경우에 법무부장관, 지방교정청장 또는 소장은 그 수용자에게 정보의 공개 및 우송 등에 들 것으로 예상되는 비용을 미리 납부하게 할 수 있다.

해설 ③ 비용납부의 통지를 받은 수용자는 그 통지를 받은 날부터 7일 이내에 현금 또는 수입인지로 법무부장관, 지방교정청장 또는 소장에게 납부하여야 한다(시행령 제139조의2 제3항).

① 법 제117조의2 제1항

② 동조 제4항

④ 동조 제2항

정답 | ③

23

수용자의 정보공개청구에 대한 지방교정청장 甲의 처분으로 적법한 것은? 교정7급 14

① 정보공개를 위한 비용납부의 통지를 받은 수용자 A가 그 비용을 납부하기 전에 지방교정청장 甲은 정보공개의 결정을 하고 해당 정보를 A에게 공개하였다.

② 과거의 수용기간 동안 정당한 사유 없이 정보공개를 위한 비용을 납부하지 아니한 사실이 1회 있는 수용자 B가 정보공개청구를 하자, 청구를 한 날부터 7일째 甲은 B에게 정보의 공개 및 우송 등에 들 것으로 예상되는 비용을 미리 납부할 것을 통지하였다.

③ 정보공개를 위한 비용납부의 통지를 받은 수용자 C가 그 통지를 받은 후 3일 만에 비용을 납부했지만, 甲은 비공개 결정을 하고 C가 예납한 비용 중 공개여부의 결정에 드는 비용을 제외한 금액을 반환하였다.

④ 현재의 수용기간 동안 甲에게 정보공개청구를 한 후 정당한 사유로 그 청구를 취하한 사실이 있는 수용자 D가 다시 정보공개청구를 하자, 甲은 D에게 정보의 공개 및 우송 등에 들 것으로 예상되는 비용을 미리 납부할 것을 통지하였다.

해설 ② 1회 → 2회 이상(법 제117조의2 제2항)

③ 법무부장관, 지방교정청장 또는 소장은 비공개 결정을 한 경우에는 납부된 비용의 전부를 반환하고, 부분공개 결정을 한 경우에는 공개 결정한 부분에 대하여 드는 비용을 제외한 금액을 반환하여야 한다(시행령 제139조의2 제6항).

④ 정당한 사유로 → 정당한 사유 없이(법 제117조의2 제2항)

① 시행령 제139조의2 제7항

정답 | ①

24

다음 중 사법적 권리구제수단이 아닌 것은? 9급경채 15

① 행정소송 ② 헌법소원

③ 형사소송 ④ 국가인권위원회 진정

해설 ④는 비사법적 권리구제수단에 해당한다.

정답 | ④

25

수용자의 사법적 권리구제제도에 관한 설명으로 옳지 않은 것은?

① 경제성 면에서 비사법적 구제방법보다 불리하다.
② 적시에 실효성 있는 구제가 어렵다.
③ 자력으로 구제절차를 수행하기 곤란하다.
④ 공정한 결정을 기대하기 어렵다.

해설 ④는 비사법적 권리구제제도의 단점에 해당한다.

➤ 사법적 권리구제방법의 장단점

장점	• 법률전문가의 조력을 구할 수 있어 효과적인 구제절차를 수행할 수 있다. • 기속력 있는 결정을 얻어낼 수 있다는 점에서 종국적이고 실효성 있는 구제수단이다.
단점	• 비사법적 구제방법에 비해 많은 비용과 시간이 소요된다. • 적시에 실효성 있는 구제를 받기 어렵다. • 승소하더라도 그 해결에 상당한 시간을 요하는 경우가 많고, 손해배상 등 금전적 보상에 그치기 쉽다. • 법률전문가의 조력 없이 수용자의 자력으로 구제절차를 수행하는 데 한계가 있다. • 비사법적 구제제도보다 수용자와 교도관 사이에 감정의 골을 깊게 할 수 있다. • 교정당국으로서는 경제적 비용과 수용자와의 갈등 외에도 지도력에 상처를 입기 쉽다.

정답 | ④

26

다음 중 비사법적 권리구제제도가 아닌 것은?

① 청원
② 국가인권위원회 진정
③ 행정소송
④ 행정심판

해설 ③은 사법적 권리구제제도에 해당한다.

➤ 수용자의 권리구제

비사법적 권리구제제도	순회점검, 소장면담, 청원, 행정심판, 국가인권위원회 진정, 감사원 심사청구 및 직무감찰
사법적 권리구제제도	민사소송, 형사소송, 행정소송 및 헌법소원

정답 | ③

27

수용자의 비사법적 권리구제에 대한 설명으로 옳지 않은 것은?

① 적시에 신속한 구제가 곤란하다.
② 절차 및 비용 면에서 경제적이다.
③ 공정한 결정을 기대하기 어렵다.
④ 법률전문가의 조력을 받기 어렵다.

해설 ① 소장면담, 청원 등 비사법적 권리구제수단은 행정권 내부의 구제수단이므로 적시에 신속한 구제가 가능하다는 장점이 있다.

➤ 비사법적 권리구제방법의 장단점

장점	• 절차가 단순·간편하여 불복제기에 용이하다. • 구제를 위한 별도의 비용이 소요되지 않아 경제적이다. • 적시에 신속한 구제가 가능하여 해당 수용자의 불만심화를 차단할 수 있다. • 양자 간의 합의를 도출할 수 있어 법원에 의한 강제적 해결에 비해 후유증이 덜하다.
단점	• 구제기관이 내부기관이라면 공정한 결정을 기대하기 어렵다. • 전문가의 법률적 조력을 받기 어려워 효과적인 구제절차 수행에 한계가 있다. • 결정에 대한 법적 기속력이 없어 해당 기관에서 그 결정을 수용하지 않을 경우, 사법구제절차를 다시 진행해야 하는 번거로움이 있다.

정답 | ①

28

수용자의 비사법적 권리구제수단에 관한 설명으로 틀린 것은 모두 몇 개인가?

㉠ 행정심판, 청원, 감사원의 직무감찰, 국가인권위원회 진정 등이 여기에 포함된다.
㉡ 절차가 단순·간편하여 불복제기에 용이하다.
㉢ 구제비용이 별도로 소요되지 않아 경제적이다.
㉣ 종국적이고 실효성 있는 구제수단이다.
㉤ 적시에 실효성이 있는 구제를 받기 어렵다.
㉥ 교정당국의 지도력에 상처를 입기 쉽다.

① 1개　② 2개　③ 3개　④ 4개

해설 [×] ㉣·㉤·㉥ 사법적 권리구제수단에 관한 설명이다.
[○] ㉠·㉡·㉢

정답 | ③

29

형의 집행 및 수용자의 처우에 관한 법률상 수용자의 청원에 대한 설명으로 옳지 않은 것은?

사법시험 10

① 수용자가 그 처우에 관하여 불복하는 경우 법무부장관, 순회점검공무원 또는 관할 지방교정청장에게 청원할 수 있다.

② 청원하려는 수용자는 청원서를 작성하여 봉한 후 소장에게 제출하여야 하나, 순회점검공무원에 대한 청원은 말로도 할 수 있다.

③ 순회점검공무원이 수용자의 청원을 청취하는 경우에는 해당 교정시설의 교도관 등이 참여하여서는 아니된다.

④ 소장은 청원서를 개봉하여서는 아니 되며, 이를 지체 없이 법무부장관, 순회점검공무원 또는 관할 지방교정청장에게 보내거나 순회점검공무원에게 전달하여야 한다.

⑤ 수용자가 부당하게 청원을 반복하고, 수형자의 교화 또는 건전한 사회복귀를 해칠 우려가 있는 경우 소장은 청원을 위한 집필을 금지할 수 있다.

해설 ⑤ 수용자는 문서 또는 도화를 작성하거나 문예·학술, 그 밖의 사항에 관하여 집필할 수 있다. 다만, 소장이 시설의 안전 또는 질서를 해칠 명백한 위험이 있다고 인정하는 경우는 예외로 한다(법 제49조 제1항). 즉, 시설의 안전 또는 질서를 해칠 명백한 위험이 있다고 인정하는 경우가 아니라면, 소장은 청원을 위한 집필을 금지할 수 없다.

① 법 제117조 제1항
② 동조 제2항
③ 동조 제4항
④ 동조 제3항

정답 | ⑤

30

현행 법령상 청원에 관한 설명 중 틀린 것을 모두 고른 것은? 9급특채 10

> ㉠ 수용자는 그 처우에 관하여 불복하는 경우 법무부장관 또는 감사관에게 청원할 수 있다
> ㉡ 수용자가 청원서를 작성하면 교도관은 이를 봉한 후 소장에게 제출하여야 한다.
> ㉢ 소장은 수용자가 순회점검공무원에게 청원한 경우 인적사항과 청원요지를 청원부에 기록한다.
> ㉣ 청원에 관한 결정은 문서로 하여야 한다.

① ㉠　　② ㉠, ㉡
③ ㉠, ㉡, ㉢　　④ ㉠, ㉡, ㉢, ㉣

해설 [×] ㉠ 수용자가 청원을 신청할 수 있는 대상은 법무부장관, 지방교정청장 및 순회점검공무원이다(법 제117조 제1항).
㉡ 청원하려는 수용자는 청원서를 작성하여 봉한 후 소장에게 제출하여야 한다(동조 제2항). 즉, 청원서를 봉하고 제출하는 행위의 주체는 교도관이 아니라 수용자이다.
㉢ 소장은 수용자가 순회점검공무원에게 청원하는 경우에는 그 인적사항을 청원부에 기록하여야 한다(시행령 제139조 제1항). 즉, 청원부에 기록하는 것은 인적사항에 한정된다.
[○] ㉣ 법 제117조 제5항

정답 | ③

31 ★

「형의 집행 및 수용자의 처우에 관한 법령」상 청원에 대한 설명으로 옳지 않은 것은? 교정9급 19

① 수용자는 그 처우에 관하여 불복하는 경우 법무부장관·순회점검공무원 또는 관할 지방교정청장에게 청원할 수 있다.
② 청원하려는 수용자는 청원서를 작성하여 봉한 후 소장에게 제출하여야 한다. 다만, 순회점검공무원에 대한 청원은 말로도 할 수 있다.
③ 소장은 청원서를 개봉하여서는 아니 되며, 이를 지체 없이 법무부장관·순회점검공무원 또는 관할 지방교정청장에게 보내거나 순회점검공무원에게 전달하여야 한다.
④ 소장은 수용자가 관할 지방교정청장에게 청원하는 경우에는 그 인적사항을 청원부에 기록하여야 한다.

해설 ④ 소장은 수용자가 순회점검공무원에게 청원하는 경우에는 그 인적사항을 청원부에 기록하여야 한다(시행령 제139조 제1항).

정답 | ④

32 ★

소장면담에 대한 설명으로 옳지 않은 것은?

① 소장이 스스로 행한 위법·부당한 처분을 신속히 시정할 수 있다는 장점이 있다.
② 소장은 수용자의 면담신청이 있을 경우 반드시 이에 응하여야 한다.
③ 면담신청자가 있는 때에는 그 인적사항을 면담부에 기록하고, 특별한 사정이 없으면 신청한 순서에 따라 면담하여야 한다.
④ 소장이 수용자를 면담한 경우에는 그 요지를 면담부에 기록하여야 한다.

해설 ② 소장은 수용자의 면담신청이 있을 경우 일정한 사유에 해당하면 면담에 응하지 않을 수 있다(법 제116조 제2항 참조).
③ 시행령 제138조 제1항
④ 동조 제2항

정답 | ②

33

소장은 일정한 사유가 있을 경우 면담에 응하지 않아도 되는데 그 사유에 해당하지 않는 것은?

① 정당한 사유 없이 면담사유를 밝히지 아니하는 때
② 면담목적이 법령에 명백히 위배되는 사항을 요구하는 것인 때
③ 동일한 사유로 면담한 사실이 있는 때
④ 시설의 안전 또는 질서를 해칠 우려가 현저한 때

해설 ①·②·③ 소장은 수용자의 면담신청이 있으면 다음 각 호의 어느 하나에 해당하는 사유가 있는 경우를 제외하고는 면담을 하여야 한다(법 제116조 제2항).
1. 정당한 사유 없이 면담사유를 밝히지 아니하는 때
2. 면담목적이 법령에 명백히 위배되는 사항을 요구하는 것인 때
3. 동일한 사유로 면담한 사실이 있음에도 불구하고 정당한 사유 없이 반복하여 면담을 신청하는 때
4. 교도관의 직무집행을 방해할 목적이라고 인정되는 상당한 이유가 있는 때

정답 | ④

34

순회점검에 관한 설명으로 옳지 않은 것은?

① 순회점검의 주체는 법무부장관 또는 그 소속 공무원이다.
② 내부적 감독방법이다.
③ 2년에 1회 이상 실시하여야 한다.
④ 상급관청에 의한 지휘감독권 행사의 일종이다.

해설 ③ 법무부장관 또는 법무부장관으로부터 순회점검의 명을 받은 소속 공무원은 매년 1회 이상 교정시설을 순회점검하여야 한다(법 제8조 참조).

정답 | ③

35

수용자에 대한 징벌 및 권리구제에 대한 설명으로 옳은 것은? 교정9급 12

① 소장은 동일한 사유로 면담한 사실이 있음에도 불구하고 정당한 사유 없이 반복하여 면담을 신청하는 경우 수용자의 면담에 응하지 아니할 수 있다.
② 수용자가 청원서를 제출한 경우 소장은 지체 없이 청원내용을 확인하여야 한다.
③ 2회 이상 정보공개 청구비용을 납부하지 않은 수용자는 향후 정보공개를 청구할 수 없다.
④ 징벌위원회는 징벌대상자에게 일정한 사유가 있는 경우 3개월 이하의 기간 내에서 징벌의 집행유예를 의결할 수 있다.

해설 ② 소장은 청원서를 개봉하여서는 아니 되며, 이를 지체 없이 법무부장관·순회점검공무원 또는 관할 지방교정청장에게 보내거나 순회점검공무원에게 전달하여야 한다(법 제117조 제3항).
③ 현재의 수용기간 동안 법무부장관, 지방교정청장 또는 소장에게 정보공개청구를 한 후 정당한 사유 없이 그 청구를 취하하거나 「공공기관의 정보공개에 관한 법률」 제17조에 따른 비용을 납부하지 아니한 사실이 2회 이상 있는 수용자가 제1항에 따른 정보공개청구를 한 경우에 법무부장관, 지방교정청장 또는 소장은 그 수용자에게 정보의 공개 및 우송 등에 들 것으로 예상되는 비용을 미리 납부하게 할 수 있다(법 제117조의2 제2항).
④ 징벌위원회는 징벌을 의결하는 때에 행위의 동기 및 정황, 교정성적, 뉘우치는 정도 등 그 사정을 고려할 만한 사유가 있는 수용자에 대하여 2개월 이상 6개월 이하의 기간 내에서 징벌의 집행을 유예할 것을 의결할 수 있다(법 제114조 제1항).
① 법 제116조 제2항 제3호

정답 | ①

36

소장면담제도에 관한 설명으로 옳지 않은 것은 모두 몇 개인가?

> ㉠ 소장은 일정한 사유가 있는 경우 소장면담에 응하지 아니할 수 있다.
> ㉡ 소장은 특별한 사정이 있으면 소속 교도관으로 하여금 그 면담을 대리하게 할 수 있다.
> ㉢ 소장면담을 대리한 사람은 그 결과를 소장에게 지체 없이 보고하여야 한다.
> ㉣ 소장은 면담거부사유에 해당하여 수용자의 면담을 받아들이지 아니하는 경우에는 그 사유를 해당 수용자에게 알려주어야 한다.
> ㉤ 소장이 면담거부사유에 해당하지 아니함에도 면담을 거부한 경우에는 형법상의 직무유기죄가 성립한다.

① 없음 ② 1개 ③ 2개 ④ 3개

해설 [×] ㉤ 교도관은 「교도관직무규칙」 규정에 따라 면담요청사유를 파악하여 상관에 보고하여야 할 직무상 의무를 부담할 뿐만 아니라, 기본적으로 교도관으로서 수형자에 대하여 형벌을 집행하고, 그들을 교정교화하는 임무를 띠고 있는 자들이므로 청구인이 교도소장을 면담하려는 사유가 무엇인지를 구체적으로 파악하여 교도소장면담까지 하지 않더라도 그들 자신이나 그 윗선에서 단계적으로 해결할 수 있는 사항인지 혹은 달리 해결을 도모하여야 할 사항인지의 여부를 먼저 확인하는 것이 마땅하고, 또한 전화통화요구와 같이 교도소장을 면담하여도 허락받지 못할 것이 확실시되는 사항에 대하여는 무용한 시도임을 알려 이를 포기토록 하는 것 또한 그들의 직무의 하나라고 할 것이지, 청구인이 교도소장면담을 요청한다고 하여 기계적으로 그 절차를 밟아주어야 하고, 그렇게 하지 아니하는 경우 막바로 형법상의 직무유기죄가 성립한다고 할 것은 도저히 아니다(헌재 2001.5.31, 2001헌마85).

[○] ㉠ 법 제116조 제2항
㉡·㉢ 동조 제3항
㉣ 시행령 제138조 제3항

정답 | ②

37

수용자의 인권보호를 위한 국가인권위원회의 업무에 관한 설명으로 옳지 않은 것은?

① 국가인권위원회는 필요하다고 인정하면 그 의결로써 구금·보호시설을 방문하여 조사할 수 있다.
② 구금·보호시설의 직원은 방문조사를 하는 위원이 시설수용자를 면담하는 장소에 참석할 수 없다.
③ 위원회는 관계기관 등에 정책과 관행의 개선 또는 시정을 권고하거나 의견을 표명할 수 있다.
④ 소속 공무원은 시설수용자가 위원회에 제출할 목적으로 작성한 진정서 또는 서면을 열람할 수 없다.

해설 ② 구금·보호시설의 직원은 위원 등이 시설수용자를 면담하는 장소에 참석할 수 있다. 다만 대화내용을 녹음하거나 녹취하지 못한다(국가인권위원회법 제24조 제5항).
① 동법 제24조 제1항
③ 동법 제25조 제1항
④ 동법 제31조 제7항

정답 | ②

38

국가인권위원회법상 진정에 관한 설명으로 옳지 않은 것은?

① 수용자가 국가인권위원회에 진정하려고 하면 소속 공무원은 그 사람에게 즉시 진정서 작성에 필요한 시간과 장소 및 편의를 제공하여야 한다.

② 수용자가 국가인권위원회 위원 또는 소속 직원 앞에서 진정하기를 원하는 경우 소속 공무원은 즉시 그 뜻을 국가인권위원회에 통지하여야 한다.

③ 수용자가 국가인권위원회 위원 또는 소속 직원과 면담하는 동안에는 교정시설의 직원이 참여할 수 없으며, 어떤 방법으로도 감시하여서는 아니 된다.

④ 국가인권위원회 위원 또는 소속 직원이 수용자와 면담하는 장소에 입회하는 구금·보호시설의 직원은 국가인권위원회 위원 또는 소속 직원의 승낙 없이는 면담에 참여할 수 없다.

해설 ③ 시설에 수용되어 있는 진정인(진정을 하려는 사람을 포함한다)과 (국가인권위원회)위원 또는 위원회 소속 직원의 면담에는 구금·보호시설의 직원이 참여하거나 그 내용을 듣거나 녹취하지 못한다. 다만, 보이는 거리에서 시설수용자를 감시할 수 있다(국가인권위원회법 제31조 제6항).

① 동조 제1항

② 동조 제2항

④ 동법 시행령 제4조 제3항

정답 | ③

39

다음 중 「국가인권위원회법」상 진정에 대한 조사 후의 국가인권위원회의 조치에 관한 설명으로 옳지 않은 것은?

① 위원회는 진정을 조사한 결과 진정의 내용이 범죄행위에 해당하고 이에 대하여 형사처벌이 필요하다고 인정하면 검찰총장에게 그 내용을 고발할 수 있다.

② 위원회가 진정을 조사한 결과, 인권침해 및 차별행위가 있다고 인정하면 피신인 또는 인권침해에 책임이 있는 사람을 징계할 것을 소속기관 등의 장에게 권고할 수 있다.

③ 고발을 받은 검찰총장은 고발을 받은 날부터 3개월 이내에 수사를 마치고 그 결과를 위원회에 통지하여야 한다. 다만, 3개월 이내에 수사를 마치지 못할 때에는 그 사유를 밝혀야 한다.

④ 위원회로부터 권고를 받은 소속기관 등의 장은 위원회의 권고에 따라야 하며 그 처리결과를 위원회에 통지하여야 한다.

해설 ④ 위원회로부터 권고를 받은 소속기관 등의 장은 권고를 존중하여야 하며 그 결과를 위원회에 통지하여야 한다(국가인권위원회법 제32조 제1항 제1호). 즉 '권고'에 불과하므로 반드시 그에 따를 의무는 없다.

① 동법 제45조 제1항

② 동조 제2항

③ 동조 제3항

정답 | ④

40

국가인권위원회에 관한 설명 중 옳지 않은 것을 모두 고른 것은?

> ㉠ 위원회는 인권의 보호와 향상을 위하여 필요하다고 인정하면 관계기관에 정책과 관행의 개선 또는 시정을 권고하거나 의견을 표명할 수 있다.
> ㉡ ㉠의 권고를 받은 관계기관의 장은 그 권고사항을 이행하여야 한다.
> ㉢ 위원회는 권고를 받은 기관의 장이 설명한 내용을 공표하여서는 아니 된다.
> ㉣ 법인·단체는 물론 사인에 의하여 차별행위를 당한 경우에도 위원회에 그 내용을 진정할 수 있다.

① ㉠, ㉡　② ㉠, ㉢　③ ㉡, ㉢　④ ㉢, ㉣

해설 [×] ㉡ 권고를 받은 관계기관 등의 장은 그 권고사항을 존중하고 이행하기 위하여 노력하여야 한다(국가인권위원회법 제25조 제2항).
㉢ 위원회는 필요하다고 인정하면 위원회의 권고와 의견표명, 권고를 받은 관계기관 등의 장이 통지한 내용 및 이행실태의 확인·점검결과를 공표할 수 있다(동조 제5항).
[○] ㉠ 동법 제25조 제1항
㉣ 동법 제30조 제1항

정답 | ③

41

청원에 관한 다음 사례 중 현행 법령에 위배되는 것을 모두 묶은 것은?

㉠ 수용자 A는 같은 거실에 수용되어 있는 수용자 B의 처우가 부당하다는 이유로 관할 지방교정청장에게 청원하였다. ㉡ 외국인 수용자 C가 지급되는 음식에 불만을 갖고 그 시정을 요구하는 내용의 청원서를 제출하였으나 소장은 내국인이 아니라는 이유로 이를 접수하지 않았다. ㉢ 일주일 전 가석방으로 석방된 D가 수용 중 부당한 처우를 받았다는 이유로 교정시설에 청원서를 제출하자 해당 기관의 소장이 현재 수용자가 아니라는 이유로 이를 접수하지 않았다. ㉣ 수용자 E가 순회점검공무원에게 청원을 하겠다고 말하자 순회점검공무원은 청원내용을 서면으로 제출할 것을 요구하였다.

① ㉠, ㉡
② ㉠, ㉡, ㉢
③ ㉠, ㉡, ㉣
④ ㉠, ㉡, ㉢, ㉣

해설 [×] ㉠ 수용자는 그 처우에 관하여 불복하는 경우에만 청원할 수 있는데(법 제117조 제1항 참조), 여기서 '그 처우'란 본인의 처우를 의미한다. 따라서 수용자는 자신이 아닌 타인의 처우에 관하여 청원할 수 없다.

㉡ 현행 법령은 청원의 주체를 수용자로 규정하고 있고, 외국인을 제외한다는 규정을 두고 있지 않으므로 외국인 수용자라 하더라도 청원할 수 있다.

㉣ 청원하려는 수용자는 청원서를 작성하여 봉한 후 소장에게 제출하여야 한다. 다만, 순회점검공무원에 대한 청원은 말로도 할 수 있다(법 제117조 제2항). 따라서 순회점검공무원이 청원내용을 서면으로 제출할 것을 요구한 것은 위법하다.

[○] ㉢ 청원의 주체는 수용자에 한하므로 현재 수용자의 신분이 아닌 D는 청원할 수 없다. 따라서 해당 사례는 위법하지 않다.

정답 | ③

42

일반적으로 참관의 허가는 누가 하는가?

① 법무부장관
② 판사
③ 검사
④ 소장

해설 ④ 판사와 검사 외의 사람은 교정시설을 참관하려면 학술연구 등 정당한 이유를 명시하여 교정시설의 장(소장)의 허가를 받아야 한다(법 제9조 제2항).

정답 | ④

43

교정시설의 시찰에 관한 설명 중 옳지 않은 것으로 묶인 것은?

> ㉠ 판사와 검사는 소장의 허가 없이 시찰이 인정되나, 그 밖의 사람은 소장의 허가를 받아 시찰할 수 있다.
> ㉡ 공소유지나 재판 등 관련 업무의 적정성을 확보하기 위해 인정되는 제도이다.
> ㉢ 판사 또는 검사가 교정시설을 시찰할 경우에는 미리 그 신분을 나타내는 증표를 소장에게 제시하여야 한다.
> ㉣ 소장은 교도관에게 시찰을 요구받은 장소를 안내하게 하고, 그 시간을 시찰부에 기록하여야 한다.

① ㉠, ㉣　　② ㉠, ㉡
③ ㉢　　④ ㉢, ㉣

해설 [×] ㉠ 시찰은 판사와 검사에게만 인정되는 제도이므로(법 제9조 제1항 참조), 판사와 검사가 아닌 사람은 소장의 허가 유무와 관계없이 시찰할 수 없다.
㉣ 시찰부 기록은 삭제되었다.
[○] ㉡·㉢ 시행령 제2조 제1항

정답 | ①

44

시찰 및 참관에 대한 설명 중 틀린 것은? 교정7급 11

① 시찰이란 판사와 검사가 직무상 필요한 경우 교정시설을 방문하여 수용자의 수용실태를 살펴보는 것을 말한다.
② 시찰은 특정 업무수행의 참고를 위해 인정되는 제도라는 점에서 감독권의 작용인 순회점검과 구별된다.
③ 참관이란 판사와 검사 외의 자가 학술연구 기타 정당한 이유로 소장의 허가를 받아 교정시설의 내부를 돌아보는 것을 말한다.
④ 외국인의 참관은 원칙적으로 금지된다.

해설 ④ 소장은 외국인에게 참관을 허가할 경우에는 미리 관할 지방교정청장의 승인을 받아야 한다(시행령 제3조 제2항). 따라서 외국인이라 할지라도 관할 지방교정청장의 승인을 받으면 참관할 수 있다.

정답 | ④

45

「형의 집행 및 수용자의 처우에 관한 법령」상 교정시설의 시찰 및 참관에 대한 설명으로 옳지 않은 것은? 교정9급 18

① 교정시설의 장은 판사와 검사 외의 사람이 교정시설의 참관을 신청하는 경우에는 그 성명·직업·주소·나이·성별 및 참관목적을 확인한 후 허가 여부를 결정하여야 한다.

② 판사와 검사 외의 사람은 교정시설을 참관하려면 학술연구 등 정당한 이유를 명시하여 관할 지방교정청장의 허가를 받아야 한다.

③ 판사 또는 검사가 교정시설을 시찰할 경우에는 미리 그 신분을 나타내는 증표를 교정시설의 장에게 제시하여야 한다.

④ 교정시설의 장은 판사와 검사를 교도관에게 시찰을 요구받은 장소로 안내하여야 한다.

해설 ② 판사와 검사 외의 사람은 교정시설을 참관하려면 학술연구 등 정당한 이유를 명시하여 소장의 허가를 받아야 한다(법 제9조 제2항).

① 시행령 제3조 제1항

정답 | ②

46 ★

순회점검, 시찰, 참관에 관한 다음 사례 중 현행 법령에 부합하지 않는 것은?

① 법무부장관이 1년에 2회 소속 공무원으로 하여금 교정시설을 순회점검하게 하였다.

② A검사가 교정시설의 참관을 요청하자 소장이 이를 허가하였다.

③ 교정시설 인근에 소재하는 B대학의 교수가 직무상 필요에 의해 시찰을 요청하였고, 소장이 이를 허가하였다.

④ 각국의 교정실태를 연구하는 외국인 교정전문가 일행이 연구를 목적으로 참관을 요청하였는데 소장이 관할 지방교정청장의 승인을 받지 못했다는 이유로 이를 거부하였다.

해설 ③ 시찰의 주체는 판사와 검사에 한정되므로(법 제9조 제1항 참조) 대학교수인 B는 시찰의 주체가 될 수 없다. 따라서 소장이 이를 허가한 것은 위법하다.

① 법무부장관은 매년 1회 이상 교정시설을 순회점검하거나 소속 공무원으로 하여금 순회점검하게 하여야 한다(법 제8조 참조). 따라서 1년에 2회 순회점검하게 한 것은 적법하다.

② 판사와 검사 외의 사람은 교정시설을 참관하려면 한술연구 등 정당한 이유를 명시하여 소장의 허가를 받아야 한다(법 제9조 제2항). 이때 판사와 검사 외의 사람이 참관의 주체로 규정되어 있어 판사와 검사는 참관할 수 없는 것으로 오해할 수 있는데, 판사와 검사는 시찰뿐만 아니라 참관의 주체도 될 수 있으므로 학습에 유의하기 바란다.

④ 소장은 외국인에게 참관을 허가할 경우에는 미리 관할 지방교정청장의 승인을 받아야 한다(시행령 제3조 제2항). 따라서 해당 사례는 적법하다.

정답 | ③

CHAPTER 02 수형자의 분류

01

수형자분류에 관한 설명으로 옳지 않은 것은?

① 수형자분류는 수형자를 일정한 기준에 따라 구분하는 것을 말한다.
② 분류처우란 수형자의 교화개선 및 사회복귀를 위하여 처우방침의 수립과 조정을 행하는 것을 말한다.
③ 관리측면에 중점을 두는 분류를 수용분류라 하고, 교육이나 작업 등에 중점을 두는 분류를 처우분류라 한다.
④ 누진제도를 횡적 분류라 한다면, 분류제도는 종적 분류라고 할 수 있다.

해설 ④ 누진제도는 교정성적에 따라 점차적으로 완화된 처우를 실시한다는 점에서 종적 분류라고 하고, 분류제도는 현재 시점을 기준으로 수형자의 처우계획을 수립한다는 점에서 횡적 분류라고 한다.

정답 | ④

02

다음 중 오늘날의 수형자분류의 중점은?

① 처우분류
② 수용분류
③ 관리분류
④ 행장분류

해설 ① 수형자분류의 목적으로는 일반적으로 악풍감염의 방지, 시설의 안전도모, 효율적인 수형자관리, 수형자의 교화개선 및 원활한 사회복귀 등이 거론되고 있으나, 오늘날 수형자분류의 가장 큰 목적은 처우분류, 즉 수형자의 개인적 특성을 고려한 개별처우를 위한 것이다. 법 제59조에서도 분류심사를 "소장은 수형자에 대한 개별처우계획을 합리적으로 수립하고 조정하기 위하여 수형자의 인성, 행동특성 및 자질 등을 과학적으로 조사·측정·평가하여야 하는 것"으로 정의하여 이를 분명히 하고 있다.

정답 | ①

03 ★

다음 중 분류제도에 대한 설명으로 옳지 않은 것은?

① 미국형 분류개념은 개인에 대한 진단과 치료에 중점을 두고 있다.
② 유럽형 분류개념은 집단별 분류에 중점을 두고 있다.
③ 오늘날 수형자 처우의 중점은 처우분류에서 수용분류의 형태로 바뀌고 있다.
④ 분류의 근본적 목적은 범죄자처우의 개별화를 위한 것이다.

해설 ③ 종전 분류는 성별·나이 등을 기준으로 분리하여 수용하는 것, 즉 수용분류에 중점을 두었다면, 오늘날은 수형자의 교화개선 및 사회복귀를 목적으로 개인의 특성에 맞는 개별처우를 위한 것, 즉 처우분류에 중점을 두고 있다.

구분	유럽형 분류	미국형 분류
특징	전통적 의미의 분류(수용분류)	현대적 의미의 분류(처우분류)
분류기준	• 외부적 특징(성별, 연령, 죄질, 범수 등) • 수직적·종적 분류	• 내부적 특징(지능, 적성검사 등) • 수평적·횡적 분류
목적	수형자의 보호와 교정관리(소극적)	개인의 진단과 치료, 개별처우(적극적)
방식	집단별 분류방식	개별적 분류방식
대표시설	암스테르담 노역장	포레스트 감옥

정답 | ③

04

수형자분류제도에 대한 설명 중 가장 적절치 않은 것은?

① 1907년 벨기에에서 처음으로 과학적 분류가 이루어진 바 있다.
② 미국의 뉴욕주에 있는 싱싱교도소에서는 별도의 분류센터를 두었다.
③ 1차적으로 범죄의 원인과 대책에 대한 과학적 인식이라는 차원에서 논의된다.
④ 수형자의 개별적 특성을 과학적으로 분류하고, 이를 기초로 처우를 차별화한다.
⑤ 교정교화의 과학화라는 관점에서 분류가 이루어져야 한다.

해설 ③은 범죄인분류에 관한 설명이다. 수형자분류는 수형자의 구체적 처우내용을 결정하고, 궁극적으로 수형자의 교화개선과 사회복귀를 목적으로 하는 반면, 범죄인분류는 범죄현상 및 범죄환경의 분석을 통한 범죄예방을 목적으로 한다.

정답 | ③

05 ★

수형자분류에 대한 설명으로 옳지 않은 것은? 교정9급 19

① 우리나라에서는 1894년 갑오개혁으로 「징역표」가 제정되면서 수형자 분류사상이 처음으로 도입되었다고 한다.

② 수형자에 대한 분류는 1597년 네덜란드의 암스테르담 노역장에서 남녀혼거의 폐해를 막기 위하여 남자로부터 여자를 격리수용한 것에서부터 시작되었다고 한다.

③ 대인적 성숙도검사(I-Level)는 수형자를 지적 능력에 따라 분류하기 위해 사용하는 도구로서, 전문가의 도움 없이 교도관들이 분류심사에 활용할 수 있어 비용이 적게 든다는 장점이 있다.

④ 미네소타 다면적 인성검사(MMPI)는 인성에 기초한 수형자 분류방법으로서, 비정상적인 행동을 객관적으로 측정하기 위한 수단으로 만들어졌다.

해설 ③ 대인적 성숙도검사는 전문가를 필요로 하고, 비용이 많이 든다는 단점이 있다.

I-Level(Interpersonal marutity Level)
워렌(Warren, 1969)은 청소년의 대인적 성숙도를 1단계~7단계로 구분하여 청소년범죄자에게 그들의 성숙수준에 맞는 처우프로그램을 적용하는 데 활용하였다. 훈련이 잘된 전문가를 필요로 하고, 비교적 많은 비용이 소요된다.

정답 | ③

06

성별 분류의 시초가 된 곳은?

① 1597년 암스테르담 교정원

② 1704년 로마 산미켈레 감화원

③ 1623년 벨기에의 간트(Gand) 교도소

④ 1790년 미국의 월넛(Walnut) 교도소

해설 ① 네덜란드 암스테르담 교정원에서 남녀 혼거수용의 폐단을 없애고자 1597년부터 여성수용자를 분리수용한 것이 성별에 따른 분류의 시초이다.

정답 | ①

07

수형자분류제도의 목적과 가장 거리가 먼 것은?

① 수형자의 악풍감염을 방지한다.

② 효과적인 집단처우를 한다.

③ 교정사고를 사전에 예방한다.

④ 효율적인 수형자 관리에 유리하다.

해설 수형자분류제도란 수형자의 개별적 특성에 따라 일정한 기준에 의해 분류하여 그 특성에 적합한 처우기준(개별처우 계획)을 수립하는 것을 의미하므로, ②는 옳은 표현이 아니다.

정답 | ②

CHAPTER 03 누진처우제도

01

다음 누진제도에 관한 설명 중 틀린 것은?

① 1840년 호주의 마코노키가 처음 시행하였다.
② 크로프턴은 마코노키의 점수제에 수정을 가해 아일랜드제를 제안하였다.
③ 잉글랜드제는 아일랜드제를 수정한 제도이다.
④ 엘마이라제는 미국에서 부정기형제도와 함께 운영한 제도이다.

해설 ③ 누진제도는 영국의 고사제에서 비롯된 제도로, 호주의 마코노키가 이 제도에 점수제를 결합하여 발전시켰고, 이 제도를 영국에서 다시 채택하여 잉글랜드제를 시행하였으며, 크로프턴이 이를 수정하여 아일랜드제를 도입하였다.

정답 | ③

02

부정기형과 점수제를 결합한 제도로 교정성적의 등급에 따라 처우를 완화시켜 가다가 최종적으로 가석방을 실시하는 처우제도는?

① 수형자자치제
② 엘마이라제
③ 카티지제
④ 아일랜드제
⑤ 잉글랜드제

해설 ② 엘마이라제는 1868년 브록웨이(Z.R. Brockway)에 의해 제창된 누진처우제도로, 마코노키의 점수제와 크로프턴의 아일랜드제에 부정기형제도를 결부시킨 제도이다. 엘마이라제는 19세기 행형집행의 결정체라는 평가를 받고 있다.

정답 | ②

03 ★

누진제도 중 고사제(考査制)에 관한 설명으로 옳지 않은 것은?

① 호주의 그레이엄(J. Graham)과 스탠리(L. Stanly)가 창안하였다.

② 일정한 기간의 행형성적이 진급의 기준이 된다.

③ 공정한 심사를 담보할 수 있다는 장점이 있다.

④ 진급과 가석방의 구체적 타당성을 기할 수 있다.

해설 ③ 고사제는 진급이 교도관의 자의에 좌우되기 쉽다는 점과 관계직원의 공정한 심사를 담보할 제도적 장치가 미흡하다는 점이 단점으로 지적되고 있다.

➤ 고사제의 장단점

장점	단점
• 진급과 가석방의 구체적 타당성을 기대할 수 있다. • 자력개선의 희망을 가지게 한다.	• 진급이 교도관의 자의에 좌우되기 쉽다. • 공정한 심사가 되지 않을 경우, 수형자의 불신을 초래하여 자력개선의욕을 저하시킬 수 있다.

정답 | ③

04 ★

누진계급 측정방법의 명칭과 설명이 옳게 짝지어진 것은? 교정7급 14

① 점수제(mark systerm) – 일정한 기간을 경과하였을 때 행형성적을 심사하여 진급을 결정하는 방법으로 기간제라고도 하며, 진급과 가석방 심사의 구체적 타당성을 기대할 수 있으나, 진급이 교도관의 자의에 의하여 좌우되기 쉽다.

② 고사제(probation systerm) – 최초 9개월의 독거구금 후 교도소에서 강제노동에 취업하는 수형자에게 고사급, 제3급, 제2급, 제1급, 특별급의 다섯 계급으로 나누어 상급에 지급함에 따라 우대를 더하는 방법으로 진급에는 지정된 책임점수를 소각하지 않으면 안 되는 방법이다.

③ 엘마이라제(Elmira reformatory system) – 누진계급을 제1급, 제2급, 제3급으로 구분하고 신입자를 제2급에 편입시켜 작업, 교육 및 행장에 따라 매월 각 3점 이하의 점수를 채점하여 54점을 취득하였을 때 제1급에 진급시키는 방법이다.

④ 잉글랜드제(England system) – 수형자가 매월 취득해야 하는 지정점수를 소각하는 방법으로서 책임점수제라고도 하며, 진급척도로서의 점수를 매일이 아닌 매월 계산한다.

해설 ①은 고사제에 관한 설명이고, ②는 점수제 중 잉글랜드제에 관한 설명이며, ④는 점수제 중 아일랜드제에 관한 설명이다.

정답 | ③

05

누진제도 중 점수제에 관한 설명으로 옳지 않은 것은?

① 노동의 중요성을 강조한다.

② 아일랜드제는 소득점수를 매일 계산한다는 점에서 소득점수를 매월 계산하는 잉글랜드제와 구별된다.

③ 엘마이라제도는 부정기형이 결합된 제도로 일명 감화제라고도 한다.

④ 잉글랜드제는 누진급을 고사급(考査級)·3급·2급·1급·특별급의 5등급으로 구분한다.

해설 ② 잉글랜드제는 소득점수를 매일 계산하는 반면, 아일랜드제는 소득점수를 매월 계산한다.

➤ 잉글랜드제와 아일랜드제 요약비교

구분	잉글랜드제	아일랜드제
소득점수	매일 계산	매월 계산
처우단계	독거 → 혼거 → 가석방	독거 → 혼거 → 중간교도소 → 가석방
최상급 점수자의 처우	가석방	중간교도소 이송
가석방자 경찰감시	불필요	필요

정답 | ②

06

누진계급의 측정방법으로 점수제에 해당하지 않는 것은? 교정9급 22

① 고사제(probation system)

② 잉글랜드제(England system)

③ 아일랜드제(Irish system)

④ 엘마이라제(Elmira system)

해설 ① 고사제(심사제)는 일정 기간이 경과한 후 그 기간 내의 교정성적을 고려한 담당교도관의 보고에 따라 교도위원회가 진급 여부를 심사·결정하는 방법을 말한다. 나머지는 책임점수를 소각하는 점수제이다.

고사제

- 1842년 영국의 식민장관 스탠리(L. Stanley)와 내무장관 그레이엄(J. Graham)이 창안하였다. 일정 기간이 경과한 후 교정성적을 고려하여 진급을 결정하는 방법으로, 기간제라고도 한다.
- 일정 기간이 경과한 후 담당교도관의 보고에 따라 교도위원회가 심사하여 진급을 결정하고, 입소자를 3분류하여 4단계의 처우를 하였다.
- 고사제의 단점
  - 교도관의 자의가 개입되기 쉽다.
  - 공평하지 못할 경우, 수형자들의 불신 및 자력갱생의욕을 저하시킬 수 있다.
  - 영국에서도 기계적으로 흐르기 쉬운 단점이 있는 고사제보다 점수제에 의하고 있다.

정답 | ①

07

수형자 분류 및 처우에 대한 설명으로 옳지 않은 것은? 교정7급 19

① 수형자 분류는 수형자에 대한 개별적 처우를 가능하게 함으로써 수형자의 교화개선과 원만한 사회복귀에 도움을 준다.

② 19C 이후 과학의 발달에 힘입어 수형자의 합리적인 처우를 위하여 과학적인 분류의 도입이 주장되었으며, 뉴욕주 싱싱(Sing Sing)교도소에서 운영한 분류센터인 클리어링하우스(Clearing house)가 그 대표적인 예이다.

③ 누진계급(점수)의 측정방법인 고사제(기간제)는 일정 기간이 경과하였을 때에 그 기간 내의 수형자 교정성적을 담당교도관이 보고하고, 이를 교도위원회가 심사하여 진급을 결정하는 방법이다.

④ 누진계급(점수)의 측정방법인 아일랜드제(Irish system)는 수형자를 최초 9개월의 독거구금 후 교도소에서 강제노동에 취업시키고, 수형자를 5계급으로 나누어 이들이 지정된 책임점수를 소각하면 상급으로 진급시키는 방법이다.

해설 ④ 잉글랜드제에 대한 설문이다. 잉글랜드제는 수형자를 최초 9개월간 독거구금한 후 공역교도소에서 혼거시켜 강제노역에 종사토록 하고, 이들을 고사급·제3급·제2급·제1급·특별급의 5계급으로 나누어 지정된 책임점수를 소각하면 진급시키고 처우상 우대하였다. 매일의 작업에 대한 노력과 성적에 따라 소득점수와 작업상여금이 정해졌고, 적어도 4계급을 경과하지 않으면 가석방이 허가되지 않았으며, 형기단축의 최고한도는 공역교도소 복역기간의 1/4을 초과할 수 없었다.

참고로, 아일랜드제는 마코노키의 점수제를 응용하여 1854년부터 1862년 사이 아일랜드의 교정국장을 지냈던 월터 크로프턴이 창안한 제도로, 점차 자유로운 상태에 근접하게 하고, 마지막 단계에 가까울수록 규제는 최소화하고 자유는 확대하였으며, 석방 이후 엄격한 감시를 받게 되고, 재범의 우려가 높으면 석방허가증을 철회하였다.

➤ **아일랜드제 처우내용(4단계 처우)**

엄정독거구금	최초 9개월 동안 엄정독거
혼거구금	• 혼거상태로 토목공사, 요새공사 등에 취업 • 5계급 처우(고사급 → 제3급 → 제2급 → 제1급 → 최상급)
중간감옥처우	최상급에 진급한 자는 중간감옥에 이송되어 사회적응훈련 받음
가석방	가석방 후 경찰감시 실시[가석방자에게 휴가증(ticket of leave) 발부(가석방증) 실시 → 보호관찰부 가석방의 시초가 됨]

정답 | ④

CHAPTER

04 현행법상 수형자처우

01

「형의 집행 및 수용자의 처우에 관한 법률」상 수형자의 처우에 대한 설명으로 옳지 않은 것은?

5급승진 15

① 소장은 분류처우위원회의 의결에 따라 수형자의 개별적 특성에 알맞은 교육·교화프로그램, 작업, 직업훈련 등의 처우에 관한 계획을 수립하여 시행한다.

② 수형자는 교화 또는 건전한 사회복귀를 위하여 교정시설 밖의 적당한 장소에서 봉사활동·견학, 그 밖에 사회적응에 필요한 처우를 받을 수 있다.

③ 수형자에 대한 처우는 교화 또는 건전한 사회복귀를 위하여 교정성적에 따라 상향조정될 수 있지만, 이 처우조정의 경우에는 그 성적이 우수하더라도 개방시설에 수용하여 사회생활에 필요한 처우를 하는 등의 조치를 취할 수 없다.

④ 소장은 수형자의 가족 또는 배우자의 직계존속이 사망한 수형자에 대하여는 5일 이내의 특별귀휴를 허가할 수 있다.

⑤ 수형자가 작업 등으로 인한 부상 또는 질병으로 신체에 장해가 발생한 때, 작업 또는 직업훈련 중에 사망하거나 그로 인하여 사망한 때, 위로금 또는 조위금을 지급받을 권리는 다른 사람 또는 법인에게 양도하거나 담보로 제공할 수 없으며, 다른 사람 또는 법인은 이를 압류할 수 없다.

해설 ③ 수형자에 대한 처우는 교화 또는 건전한 사회복귀를 위하여 교정성적에 따라 상향 조정될 수 있으며, 특히 그 성적이 우수한 수형자는 개방시설에 수용되어 사회생활에 필요한 적정한 처우를 받을 수 있다(법 제57조 제3항).

① 법 제56조 제1항

② 법 제57조 제5항

④ 법 제77조 제2항

⑤ 법 제76조 제1항

정답 | ③

02

「형의 집행 및 수용자의 처우에 관한 법률」상 수형자의 처우에 관한 설명으로 옳지 않은 것은?

① 수형자에 대하여는 교육·교화프로그램, 작업, 직업훈련 등을 통하여 교정교화를 도모하고 사회생활에 적응하는 능력을 함양하도록 처우하여야 한다.

② 소장은 분류처우위원회의 의결에 따라 수형자의 개별적 특성에 알맞은 교육·교화프로그램, 작업, 직업훈련 등의 처우에 관한 계획("개별처우계획")을 수립하여 시행한다.

③ 소장은 수형자가 스스로 개선하여 사회에 복귀하려는 의욕이 고취되도록 개별처우계획을 정기적으로 또는 수시로 점검하여야 한다.

④ 수형자는 개별처우계획에 따라 그에 적합한 교정시설에 수용되며 분류심사의 결과에 따라 그 특성에 알맞은 처우를 받는다.

해설 ④ 수형자는 분류심사의 결과에 따라 그에 적합한 교정시설에 수용되며 개별처우계획에 따라 그 특성에 알맞은 처우를 받는다(형집행법 제57조 제1항).

① 동법 제55조

② 동법 제56조 제1항

③ 동조 제2항

정답 | ④

03

형의 집행 및 수용자의 처우에 관한 법률의 성격으로 볼 수 없는 것은?

① 공법(公法)　　② 형사법(刑事法)

③ 사법법(司法法)　　④ 절차법(節次法)

해설 ③ 형집행법은 사법법이 아니라 행정법적 성격을 지닌다는 것이 통설적 견해이다. 다만, 록신(Roxin)이 주장한 세 기둥이론에 의할 때 교정행정은 형사사법체계의 제3기둥으로서 형사사법의 한 축을 형성하고 있으므로, 사법법적 색채가 강한 행정법의 성격을 가진다고 보아야 한다.

➤ 형집행법의 성격

공법	국가와 수용자 간의 공법관계를 규율하고, 동법으로 보호되는 법익은 공익의 유지·향상에 있다.
행정법	수형자를 교화개선하여 건전한 사회인으로 복귀시킨다는 합목적성에 그 목적을 두고 있다.
형사법	형벌의 집행과 범죄인으로부터 사회를 보호하는 공공의 안전과 질서유지라는 공익을 추구한다.
절차법	형벌권을 실현하는 구체적 절차를 규정하고 있다.
강행법	국가권력에 의하여 강제적으로 일방적인 법적 효과를 발생시킨다.

정답 | ③

04

「형의 집행 및 수용자의 처우에 관한 법률 시행규칙」상 수용자의 처우에 대한 설명으로 옳은 것은?

교정7급 19

① 소장은 수형자가 완화경비처우급 또는 일반경비처우급으로서 작업·교육 등의 성적이 우수하고 관련 기술이 있는 경우에는 교도관의 작업지도를 보조하게 할 수 있다.

② 소장은 형집행정지 중인 사람이 기간만료로 재수용된 경우에는 석방 당시와 동일한 처우등급을 부여한다.

③ 분류심사에 있어서 무기형과 20년을 초과하는 징역형·금고형의 정기재심사시기를 산정하는 경우에는 그 형기를 20년으로 본다.

④ 소장은 수형자의 경비처우급에 따라 부식, 음료, 그 밖에 건강유지에 필요한 물품에 차이를 두어 지급할 수 있다.

해설 ① 소장은 수형자가 개방처우급 또는 완화경비처우급으로서 작업·교육 등의 성적이 우수하고 관련 기술이 있는 경우에는 교도관의 작업지도를 보조하게 할 수 있다(시행규칙 제94조).

② 소장은 형집행정지 중에 있는 사람이 기간만료 또는 그 밖의 정지사유가 없어져 재수용된 경우에는 석방 당시와 동일한 처우등급을 부여할 수 있다(시행규칙 제60조 제2항).

④ 소장은 수형자의 경비처우급에 따라 물품에 차이를 두어 지급할 수 있다. 다만, 주·부식, 음료, 그 밖에 건강유지에 필요한 물품은 그러하지 아니하다(시행규칙 제84조 제1항).

정답 | ③

05

형의 집행 및 수용자의 처우에 관한 법령상 수용자의 처우에 대한 설명으로 옳은 것은? 교정7급 19

① 소장은 징역형·금고형이 확정된 사람으로서 집행할 형기가 형집행지휘서 접수일부터 3개월 미만인 사람, 노역장 유치명령을 받은 사람, 구류형이 확정된 사람에 대해서는 분류심사를 하지 아니한다.

② 소장은 공범·피해자 등의 체포영장·구속영장·공소장 또는 재판서에 마약사범으로 명시된 수용자는 마약류수용자로 지정한다.

③ 소장은 미결수용자 등 분류처우위원회의 의결대상자가 아닌 경우에도 관심대상수용자로 지정할 필요가 있다고 인정되는 수용자에 대하여는 교도관회의의 심의를 거쳐 관심대상수용자로 지정할 수 있다.

④ 소장은 신입자에 대하여 시설 내의 안전과 질서유지를 위하여 특히 필요하다고 인정하면 번호표를 붙이지 아니할 수 있다.

해설 ① 징역형·금고형이 확정된 사람으로서 집행할 형기가 형집행지휘서 접수일부터 3개월 미만인 사람, 구류형이 확정된 사람에 대해서는 분류심사를 하지 아니한다(시행규칙 제62조 제1항).

② 소장은 체포영장·구속영장·공소장 또는 재판서에 「마약류관리에 관한 법률」, 「마약류 불법거래 방지에 관한 특례법」, 그 밖에 마약류에 관한 형사법률이 적용된 수용자 또는 마약류에 관한 형사법률을 적용받아 집행유예가 선고되어 그 집행유예기간 중에 별건으로 수용된 수용자에 대하여는 마약류수용자로 지정하여야 한다(시행규칙 제204조, 제205조 제1항).

④ 소장은 신입자 및 다른 교정시설로부터 이송되어 온 사람에 대하여 수용자번호를 지정하고 수용 중 번호표를 상의의 왼쪽 가슴에 붙이게 하여야 한다. 다만, 수용자의 교화 또는 건전한 사회복귀를 위하여 특히 필요하다고 인정하면 번호표를 붙이지 아니할 수 있다(시행령 제17조 제2항).

정답 | ③

06

형의 집행 및 수용자의 처우에 관한 법령상 수용자의 처우에 대한 설명 중 옳지 않은 것은?

8급승진 18

① 보조복은 위생복·조끼 및 비옷으로 구분하여 3종으로 하며, 의복부속물은 러닝셔츠·팬티·겨울내의·장갑·양말로 구분하여 5종으로 한다.

② 수용자 의류의 품목은 평상복·특수복·보조복·의복부속물·모자 및 신발로 한다.

③ 수용자에게 지급하는 주식은 1명당 1일 390그램을 기준으로 한다.

④ 소장은 작업시간을 2시간 이상 연장하는 경우에는 수용자에게 주·부식 또는 대용식 1회분을 간식으로 지급할 수 있다.

해설 [O] ① 시행규칙 제4조 제2항 제3호, 제4호

② 동조 제1항

③ 시행규칙 제11조 제1항

[×] ④ 소장은 작업시간을 3시간 이상 연장하는 경우에는 수용자에게 주·부식 또는 대용식 1회분을 간식으로 지급할 수 있다(시행규칙 제15조 제2항).

정답 | ④

07

수형자 처우에 대한 설명 중 옳지 않은 것은? 8급승진 18

① 수형자에 대하여는 교육·교화프로그램, 작업, 직업훈련 등을 통하여 교정교화를 도모하고 사회생활에 적응하는 능력을 함양하도록 처우하여야 한다.

② 소장은 수형자를 기본수용급별·개별처우급별로 구분하여 수용하여야 한다. 다만, 처우상 특히 필요하거나 시설의 여건상 부득이한 경우에는 기본수용급·개별처우급이 다른 수형자를 함께 수용하여 처우할 수 있다.

③ 소장은 개방처우급·완화경비처우급·일반경비처우급 수형자로서 교정성적, 나이, 인성 등을 고려하여 다른 수형자의 모범이 된다고 인정되는 경우에는 봉사원으로 선정하여 담당교도관의 사무처리와 그 밖의 업무를 보조하게 할 수 있다.

④ 소장은 수형자의 경비처우급에 따라 물품에 차이를 두어 지급할 수 있으며, 의류를 지급하는 경우 수형자가 개방처우급인 경우에는 색상, 디자인 등을 다르게 할 수 있다.

해설 [O] ① 법 제55조

③ 시행규칙 제85조 제1항

④ 시행규칙 제84조 제1항·제2항

[×] ② 소장은 수형자를 기본수용급별·경비처우급별로 구분하여 수용하여야 한다. 다만 처우상 특히 필요하거나 시설의 여건상 부득이한 경우에는 기본수용급·경비처우급이 다른 수형자를 함께 수용하여 처우할 수 있다(시행규칙 제83조 제1항).

정답 | ②

08

현행법상 수형자의 개별처우에 관한 설명으로 옳은 것은?

① 소장은 미결수용자로서 자유형이 확정된 사람에 대하여는 검사의 집행지휘서가 도달되기 전이라도 긴급한 경우에는 수형자로 처우할 수 있다.

② 검사는 집행지휘를 한 날부터 7일 이내에 재판서나 그 밖에 적법한 서류를 소장에게 보내야 한다.

③ 소장은 이송되어 온 수형자의 개별처우계획을 3개월 이내에는 변경할 수 없다.

④ 소장은 형집행정지 중에 있는 사람이 기간만료로 재수용된 경우에는 석방 당시와 동일한 처우등급을 부여할 수 있다.

해설 ④ 시행규칙 제60조 제2항

① 소장은 미결수용자로서 자유형이 확정된 사람에 대하여는 검사의 집행지휘서가 도달된 때부터 수형자로 처우할 수 있다(시행령 제82조 제1항). 따라서 긴급한 경우라도 집행지휘서의 도달 전에는 수형자로 처우할 수 없다.

② 7일 → 10일(동조 제2항)

③ 소장은 해당 교정시설의 특성 등을 고려하여 필요한 경우에는 다른 교정시설로부터 이송되어 온 수형자의 개별처우계획을 변경할 수 있다(시행규칙 제60조 제1항). 따라서 기간과 관계없이 변경 가능하다.

정답 | ④

09 ★

수형자분류처우에 관한 설명으로 옳지 않은 것을 모두 고른 것은?

> ㉠ 노역장 유치명령을 받은 사람에 대해서는 분류심사를 제외할 수 있다.
> ㉡ 법무부장관은 분류심사를 전담하는 교정시설을 지정·운영하여야 한다.
> ㉢ 법무부장관은 분류심사를 전담하는 교정시설을 지정·운영하는 경우에는 지방교정청별로 1개소 이상이 되도록 하여야 한다.
> ㉣ 소장은 분류심사를 위하여 외부전문가에게 조사를 의뢰할 수 있다.

① ㉠, ㉡ ② ㉠, ㉢
③ ㉡, ㉢ ④ ㉢, ㉣

해설 [×] ㉠ 2017년 개정 시 삭제되었다(시행규칙 제62조 제1항 제3호 참조).
㉡ 지정·운영하여야 한다. → 지정·운영할 수 있다(법 제61조).
[○] ㉢ 시행령 제86조
㉣ 법 제59조 제4항

정답 | ①

10

분류심사에 관한 설명으로 옳은 것은?

① 분류검사란 분류심사를 위하여 수형자의 신상에 관한 개별사안을 조사하는 것을 말한다.
② 분류조사란 분류심사를 위하여 수형자를 대상으로 심리·지능·적성검사 등을 실시하는 것을 말한다.
③ 인성검사는 재심사 대상자에 대하여 실시한다.
④ 징역형·금고형이 확정된 사람으로서 집행할 형기가 형집행지휘서 접수일부터 3개월 미만인 사람은 분류심사를 하지 아니한다.

해설 ④ 시행규칙 제62조 제1항 제1호
① 분류조사에 대한 설명이다.
② 분류검사에 대한 설명이다.
③ 인성검사는 신입심사 대상자 및 그 밖에 처우상 필요한 수형자를 대상으로 한다(시행규칙 제71조 제2항).

정답 | ④

11

수형자분류심사에 대한 설명으로 옳지 않은 것은? 교정7급 12

① 교정시설의 장은 질병 등으로 분류심사가 곤란한 때에는 분류심사를 유예한다.

② 부정기형의 재심사 시기는 단기형을 기준으로 한다.

③ 교정시설의 장은 재심사를 할 때에는 그 사유가 발생한 달의 다음 달까지 완료하여야 한다.

④ 교정시설의 장은 형집행정지 중이거나 가석방기간 중에 있는 사람이 형사사건으로 재수용되어 형이 확정된 경우에는 석방 당시와 동일한 분류급을 부여한다.

해설 ④ 소장은 형집행정지 중이거나 가석방기간 중에 있는 사람이 형사사건으로 재수용되어 형이 확정된 경우에는 개별처우계획을 새로 수립하여야 한다(시행규칙 제60조 제5항).

① 시행규칙 제62조 제2항

② 시행규칙 제66조 제2항

③ 시행규칙 제68조 제1항

정답 | ④

12

「형의 집행 및 수용자의 처우에 관한 법률 시행규칙」상 수형자 분류심사에 대한 설명으로 옳은 것은? 5급승진 15

① 징역형·금고형이 확정된 사람으로서 집행할 형기가 형집행지휘서의 접수일부터 6개월 미만인 사람은 분류심사를 하지 아니한다.

② 소장은 분류심사 유예사유가 소멸된 날로부터 14일 이내에 분류심사를 하여야 한다.

③ 소장은 가석방기간 중에 있는 사람이 형사사건으로 재수용되어 형이 확정된 경우에는 기존분류심사에 따라서 개별처우계획을 수립하여야 한다.

④ 소장은 군사법원에서 징역형 또는 금고형이 확정되거나 그 형의 집행 중에 있는 사람이 이송되어 온 경우에는 이전 교도소의 분류심사에 따라서 개별처우계획을 수립하여야 한다.

⑤ 수형자의 정기재심사를 함에 있어 부정기형의 재심사 시기는 단기형을 기준으로 한다.

해설 ⑤ 시행규칙 제66조 제2항

① 6개월 → 3개월(시행규칙 제62조 제3항)

② 소장은 제2항 각 호에 해당하는 사유가 소멸한 경우에는 지체 없이 분류심사를 하여야 한다. 다만, 집행할 형기가 사유 소멸일부터 3개월 미만인 경우에는 분류심사를 하지 아니한다(동조 제3항).

③ 소장은 형집행정지 중이거나 가석방기간 중에 있는 사람이 형사사건으로 재수용되어 형이 확정된 경우에는 개별처우계획을 새로 수립하여야 한다(시행규칙 제60조 제5항).

④ 소장은 군사법원에서 징역형 또는 금고형이 확정되거나 그 형의 집행 중에 있는 사람이 이송되어 온 경우에는 개별처우계획을 새로 수립하여 시행한다. 이 경우 해당 군교도소로부터 접수된 그 수형자의 수형생활 또는 처우 등에 관한 내용을 고려할 수 있다(시행규칙 제61조 제2항).

정답 | ⑤

13

「형의 집행 및 수용자의 처우에 관한 법률」상 분류심사에 대한 설명으로 옳지 않은 것은?

교정7급 13

① 소장은 분류심사를 위하여 수형자를 대상으로 상담 등을 통한 신상에 관한 개별사안의 조사·심리·지능·적성검사 그 밖에 필요한 검사를 할 수 있다.
② 집행할 형기가 짧거나 그 밖의 특별한 사정이 있는 경우에는 분류심사를 하지 않을 수 있다.
③ 동법의 시행규칙상 재심사는 정기재심사, 부정기재심사, 특별재심사로 구분된다.
④ 분류심사 사항으로는 처우등급, 교육 및 교화프로그램 등의 처우방침, 거실 지정에 관한 사항, 이송에 관한 사항, 석방 후의 생활계획에 관한 사항이 포함된다.

해설 ③ 시행규칙상 재심사는 정기재심사와 부정기재심사 두 가지만 존재한다(시행규칙 제65조 참조).
① 법 제59조 제3항
② 법 제59조 제1항 단서
④ 시행규칙 제63조

정답 | ③

14

현행 법령상 분류심사와 관련된 내용으로 옳지 않은 것은? 교정7급 11 변형

① 분류심사 사항에는 분류급에 관한 사항과 작업, 직업훈련, 교육 및 교화프로그램 등의 처우방침에 관한 사항 그리고 수용 전 전과에 관한 사항 등이 포함된다.
② 수형자가 교정사고 예방에 뚜렷한 공로가 있을 때에는 부정기재심사를 할 수 있다.
③ 징역형·금고형이 확정된 사람으로서 집행할 형기가 형집행지휘서 접수일부터 3개월 미만인 사람, 구류형이 확정된 사람은 분류심사를 하지 아니하다.
④ 분류조사방법으로는 수용기록 확인 및 수형자 상담, 수형자 가족 등과의 면담, 그리고 관계 기관에 대한 사실조회 등이 있다.

해설 ① 분류급에 관한 사항이나 수용 전 전과에 관한 사항은 분류심사사항에 포함되지 않는다(시행규칙 제63조 참조).
② 시행규칙 제67조 제2호
③ 시행규칙 제62조 제1항
④ 시행규칙 제70조

정답 | ①

15 ★

「형의 집행 및 수용자의 처우에 관한 법령」상 수형자의 분류심사에 대한 설명으로 옳은 것은?

교정9급 19

① 법무부장관은 분류심사를 전담하는 교정시설을 지정·운영하는 경우에는 지방교정청별로 2개소 이상이 되도록 하여야 한다.

② 개별처우계획을 수립하기 위한 분류심사는 매월 초일부터 말일까지 형집행지휘서가 접수된 수형자를 대상으로 하며, 그 다음 달까지 완료하여야 한다. 다만, 특별한 사유가 있는 경우에는 그 기간을 연장할 수 있다.

③ 소장은 분류심사를 위하여 수형자와 그 가족을 대상으로 상담 등을 통해 수형자 신상에 관한 개별사안의 조사, 심리·지능·적성검사, 그 밖에 필요한 검사를 할 수 있다.

④ 징역형·금고형이 확정된 사람으로서 집행할 형기가 형집행지휘서 접수일부터 6개월 미만인 사람 또는 구류형이 확정된 사람에 대해서는 분류심사를 하지 아니한다.

해설 ② 개별처우계획을 수립하기 위한 분류심사는 매월 초일부터 말일까지 형집행지휘서가 접수된 수형자를 대상으로 하며, 그 다음 달까지 완료하여야 한다. 다만, 특별한 사유가 있는 경우에는 그 기간을 연장할 수 있다(시행규칙 제64조).

① 법무부장관은 분류심사를 전담하는 교정시설을 지정·운영하는 경우에는 지방교정청별로 1개소 이상이 되도록 하여야 한다(시행령 제86조).

③ 소장은 분류심사를 위하여 수형자를 대상으로 상담 등을 통한 신상에 관한 개별사안의 조사, 심리·지능·적성검사, 그 밖에 필요한 검사를 할 수 있다(법 제59조 제3항). 소장은 분류심사와 그 밖에 수용목적의 달성을 위하여 필요하면 수용자의 가족 등을 면담하거나 법원·경찰관서, 그 밖의 관계기관 또는 단체(관계기관 등)에 대하여 필요한 사실을 조회할 수 있다(법 제60조 제1항).

④ 징역형·금고형이 확정된 사람으로서 집행할 형기가 형집행지휘서 접수일부터 3개월 미만인 사람 또는 구류형이 확정된 사람에 대해서는 분류심사를 하지 아니한다(시행규칙 제62조 제1항).

정답 | ②

16

수형자의 분류심사에 대한 설명으로 옳지 않은 것은?

교정9급 10 변형

① 소장은 수형자의 집행할 형기가 분류심사 유예사유 소멸일부터 3개월 미만인 경우에는 분류심사를 하지 아니할 수 있다.

② 소장은 수형자의 개별처우계획을 합리적으로 수립하고 조정하기 위하여 분류심사를 하여야 한다.

③ 신입심사는 매월 초일부터 말일까지 형집행지휘서가 접수된 수형자를 대상으로 한다.

④ 수형자의 처우등급은 기본수용급, 경비처우급, 개별처우급으로 구분한다.

해설 ① 집행할 형기가 사유 소멸일부터 3개월 미만인 경우에는 분류심사를 하지 아니한다(시행규칙 제62조 제3항).

② 법 제59조 제1항

③ 시행규칙 제64조

④ 시행규칙 제72조

정답 | ①

17

분류심사에 대한 설명으로 옳지 않은 것은? 9급특채 11

① 신입심사는 매월 1일부터 말일까지 형집행지휘서가 접수된 수형자를 대상으로 하며, 그달까지 완료하여야 한다.

② 부정기형의 재심사 시기는 단기형을 기준으로 한다.

③ 2개 이상의 징역형 또는 금고형을 집행하는 수형자의 재심사 시기를 산정하는 경우에는 그 형기를 합산하고, 합산한 형기가 20년을 초과하는 경우와 무기형은 그 형기를 20년으로 본다.

④ 수용의 근거가 된 수형자가 집행유예의 실효 또는 현재 수용의 근거가 된 사건 외의 형사사건으로 금고 이상의 형이 확정된 때 재심사 사유가 된다.

해설 ① 신입심사는 매월 초일부터 말일까지 형집행지휘서가 접수된 수형자를 대상으로 하며, 그 다음 달까지 완료하여야 한다. 다만, 특별한 사유가 있는 경우에는 그 기간을 연장할 수 있다(시행규칙 제64조).

② 시행규칙 제66조 제2항

③ 동조 제3항

④ 시행규칙 제67조 제4호

정답 | ①

18

「형의 집행 및 수용자의 처우에 관한 법률」상 수형자의 분류심사에 대한 설명으로 옳지 않은 것은?

교정9급 15

① 수형자의 분류심사는 형이 확정된 경우에 개별처우계획을 수립하기 위하여 하는 심사와 일정한 형기가 지나거나 상벌 또는 그 밖의 사유가 발생한 경우에 개별처우계획을 조정하기 위하여 하는 심사로 구분한다.

② 분류처우위원회는 위원장을 포함한 5인 이상 7인 이하의 위원으로 구성하고, 위원장은 소장이 된다.

③ 법무부장관은 수형자를 과학적으로 분류하기 위하여 분류심사를 전담하는 교정시설을 지정·운영할 수 있다.

④ 법무부장관은 수형자에 대한 개별처우계획을 합리적으로 수립하고 조정하기 위하여 수형자의 인성, 행동특성 및 자질 등을 과학적으로 조사·측정·평가하여야 한다.

해설 ④ 소장은 수형자에 대한 개별처우계획을 합리적으로 수립하고 조정하기 위하여 수형자의 인성, 행동특성 및 자질 등을 과학적으로 조사·측정·평가하여야 한다(법 제59조 제1항).

① 동조 제2항

② 법 제62조 제2항

③ 법 제61조

정답 | ④

19

다음 중 분류심사 제외 대상자가 아닌 것은? 9급경채 15

① 규율위반 등으로 조사 중인 사람
② 구류형이 확정된 사람
③ 금고형이 확정된 사람으로서 집행할 형기가 형집행지휘서 접수일부터 3개월 미만인 사람
④ 징역형이 확정된 사람으로서 집행할 형기가 형집행지휘서 접수일부터 3개월 미만인 사람

해설 ① 분류심사 제외 대상자가 아니라, 분류심사 유예 대상자에 해당한다(시행규칙 제62조 제2항 참조).
②·③·④ 모두 분류심사 제외 대상자에 해당한다(동조 제1항).

정답 | ①

20

「형의 집행 및 수용자의 처우에 관한 법률 시행규칙」상 분류심사에 대한 설명으로 옳지 않은 것은?

교정9급 22

① 구류형이 확정된 사람에 대해서는 분류심사를 하지 아니한다.
② 무기징역형이 확정된 수형자의 정기재심사시기를 산정하는 경우에는 그 형기를 20년으로 본다.
③ 부정기형의 정기재심사시기는 장기형을 기준으로 한다.
④ 집행할 형기가 분류심사 유예사유 소멸일부터 3개월 미만인 경우 소장은 유예한 분류심사를 하지 아니한다.

해설 ③ 부정기형의 재심사시기는 단기형을 기준으로 한다(시행규칙 제66조 제2항).
① 시행규칙 제62조 제1항 제2호
② 시행규칙 제66조 제3항
④ 시행규칙 제62조 제3항

정답 | ③

21

「형의 집행 및 수용자의 처우에 관한 법률 시행규칙」상 개별처우계획의 수립 및 조정에 관한 설명으로 ( ) 안에 들어갈 말은?

- 소장은 「국제수형자이송법」에 따라 외국으로부터 이송되어 온 수형자에 대하여는 개별처우계획을 (㉠). 이 경우 해당 국가의 교정기관으로부터 접수된 그 수형자의 수형생활 또는 처우 등에 관한 내용을 고려할 수 있다.
- 소장은 군사법원에서 징역형 또는 금고형이 확정되거나 그 형의 집행 중에 있는 사람이 이송되어 온 경우에는 개별처우계획을 (㉡). 이 경우 해당 군교도소로부터 접수된 그 수형자의 수형생활 또는 처우 등에 관한 내용을 고려할 수 있다.

① ㉠ 변경한다	㉡ 변경한다
② ㉠ 변경한다	㉡ 새로 수립하여 시행한다
③ ㉠ 새로 수립하여 시행한다	㉡ 변경한다
④ ㉠ 새로 수립하여 시행한다	㉡ 새로 수립하여 시행한다

해설 ④ 소장은 「국제수형자이송법」에 따라 외국으로부터 이송되어 온 수형자에 대하여는 개별처우계획을 새로 수립하여 시행한다. 이 경우 해당 국가의 교정기관으로부터 접수된 그 수형자의 수험생활 또는 처우 등에 관한 내용을 고려할 수 있다(형집행법 시행규칙 제61조 제1항) 소장은 군사법원에서 징역형 또는 금고형이 확정되거나 그 형의 집행 중에 있는 사람이 이송되어 온 경우에는 개별처우계획을 새로 수립하여 시행한다. 이 경우 해당 군교도소로부터 접수된 그 수형자의 수형생활 또는 처우 등에 관한 내용을 고려할 수 있다(동법 시행규칙 제81조 제2항).

정답 | ④

22 ★

「형의 집행 및 수용자의 처우에 관한 법령」상 분류심사에 대한 설명으로 옳은 것만을 모두 고른 것은? 교정9급 18

> ㉠ 교정시설의 장은 분류심사를 위하여 수형자를 대상으로 상담 등을 통한 신상에 관한 개별사안의 조사, 심리·지능·적성검사, 그 밖에 필요한 검사를 할 수 있다.
> ㉡ 개별처우계획을 조정할 것인지를 결정하기 위한 분류심사는 정기재심사, 부정기재심사, 특별재심사로 구분된다.
> ㉢ 경비처우급의 조정을 위한 평정소득점수 기준은 수용 및 처우를 위하여 필요한 경우 법무부장관이 달리 정할 수 있다.
> ㉣ 교정시설의 장은 수형자가 부상이나 질병, 그 밖의 부득이한 사유로 작업 또는 교육을 받지 못한 경우에는 3점 이내의 범위에서 작업 또는 교육성적을 부여할 수 있다.
> ㉤ 조정된 처우등급에 따른 처우는 그 조정이 확정된 다음 날부터 한다. 이 경우 조정된 처우등급은 조정이 확정된 날부터 적용된 것으로 본다.

① ㉠, ㉡, ㉢　　② ㉠, ㉢, ㉣
③ ㉡, ㉢, ㉤　　④ ㉡, ㉣, ㉤

해설 [O] ㉠ 법 제59조 제3항

㉢ 경비처우급을 상향 또는 하향조정하기 위하여 고려할 수 있는 평정소득점수의 기준은 다음 각 호와 같다. 다만, 수용 및 처우를 위하여 특히 필요한 경우 법무부장관이 달리 정할 수 있다(시행규칙 제81조).

1. 상향조정 : 8점 이상(형기의 6분의 5에 도달한 때에 따른 재심사의 경우에는 7점 이상)
2. 하향조정 : 5점 이하

㉣ 법 제79조 제3항

[×] ㉡ 개별처우계획을 조정할 것인지를 결정하기 위한 분류심사(재심사)는 다음 각 호와 같이 구분한다(시행규칙 제65조).

1. 정기재심사 : 일정한 형기가 도달한 때 하는 재심사
2. 부정기재심사 : 상벌 또는 그 밖의 사유가 발생한 경우에 하는 재심사

㉤ 조정된 처우등급에 따른 처우는 그 조정이 확정된 다음 날부터 한다. 이 경우 조정된 처우등급은 그 달 초일부터 적용된 것으로 본다(시행규칙 제82조 제1항).

정답 | ②

23

「형의 집행 및 수용자의 처우에 관한 법률 시행규칙」상 분류심사에 관한 설명으로 옳은 것은?

교정7급 23

① 정기재심사는 일정한 형기가 도달한 때 하는 재심사를 말하고, 형기의 3분의 1에 도달한 때 실시하며, 부정기형의 정기재심사 시기는 장기형을 기준으로 한다.
② 분류조사 방법에는 수용기록 확인 및 수형자와의 상담, 수형자의 가족 등과의 면담, 외부전문가에 대한 의견조회 등이 포함된다.
③ 수형자가 질병으로 인해 분류심사가 곤란한 경우, 소장은 그 수형자에 대해서는 분류심사를 하지 아니한다.
④ 소장은 분류심사를 위하여 수형자의 인성, 지능, 적성 등의 특성을 진단하기 위한 검사를 할 수 있으며, 인성검사는 신입심사 대상자만을 그 대상으로 한다.

해설 ② 형집행법 시행규칙 제70조
① 정기재심사는 형기의 3분의 1에 도달한 때, 형기의 2분의 1에 도달한 때, 형기의 3분의 2에 도달한 때, 형기의 6분의 5에 도달한 때에 하고(동법 시행규칙 제66조 제1항 본문), 부정기형의 재심사시기는 단기형을 기준으로 한다(동법 시행규칙 제66조 제2항).
③ 소장은 수형자가 ㉠ 질병 등으로 분류심사가 곤란한 때, ㉡ 징벌대상행위의 혐의가 있어 조사 중이거나 징벌집행 중인 때, ㉢ 그 밖의 사유로 분류심사가 특히 곤란하다고 인정하는 때에 분류심사를 유예한다(동법 시행규칙 제62조 제2항).
④ 인성검사는 신입심사 대상자 및 그 밖에 처우상 필요한 수형자를 대상으로 한다(동법 시행규칙 제71조 제2항 본문).

정답 | ②

24

형집행법령상 분류심사에 대한 설명으로 가장 옳지 않은 것은?

6급승진 22

① 소장은 수형자에 대한 개별처우계획을 합리적으로 수립하고 조정하기 위하여 수형자의 인성, 행동특성 및 자질 등을 과학적으로 조사·측정·평가하여야 한다.
② 소장은 형집행정지 중에 있는 사람이 기간만료 또는 그 밖의 정지사유가 없어져 재수용된 경우에는 석방 당시와 동일한 처우등급을 부여할 수 있다.
③ 교정본부장은 수형자를 과학적으로 분류하기 위하여 분류심사를 전담하는 교정시설을 지정·운영할 수 있다.
④ 분류처우위원회는 위원장을 포함한 5명 이상 7명 이하의 위원으로 구성한다.

해설 ③ 법무부장관은 수형자를 과학적으로 분류하기 위하여 분류심사를 전담하는 교정시설을 지정·운영할 수 있다(형집행법 제61조).
① 동법 제59조 제1항 본문
② 동법 시행규칙 제60조 제2항
④ 동법 제62조 제2항

정답 | ③

25

「형의 집행 및 수용자의 처우에 관한 법률 시행규칙」상 분류심사 사항에 대한 내용으로 옳지 않은 것은 모두 몇 개인가? 7급승진 23

㉠ 보안상의 위험도 측정 및 거실지정 등에 관한 사항 ㉡ 작업, 직업훈련, 교육 및 교화프로그램 등의 처우방침에 관한 사항 ㉢ 가석방 및 귀휴심사에 관한 사항 ㉣ 석방 후의 생활계획에 관한 사항 ㉤ 처우등급에 관한 사항 ㉥ 보건 및 위생관리에 관한 사항

① 0개 ② 1개
③ 2개 ④ 3개

해설 모두 옳은 설명이다.

시행규칙 제63조(분류심사 사항)
1. 처우등급에 관한 사항
2. 작업, 직업훈련, 교육 및 교화프로그램 등의 처우방침에 관한 사항
3. 보안상의 위험도 측정 및 거실지정 등에 관한 사항
4. 보건 및 위생관리에 관한 사항
5. 이송에 관한 사항
6. 가석방 및 귀휴심사에 관한 사항
7. 석방 후의 생활계획에 관한 사항
8. 그 밖에 수형자의 처우 및 관리에 관한 사항

정답 | ①

26

재심사에 관한 설명으로 옳지 않은 것은?

① 상벌 사유가 발생한 경우에 하는 분류심사는 부정기재심사이다.

② 무기형과 20년을 초과하는 징역형·금고형의 재심사 시기를 산정하는 경우에는 그 형기를 20년으로 본다.

③ 2개 이상의 징역형 또는 금고형을 집행하는 수형자의 재심사 시기를 산정하는 경우에는 그 형기를 합산한다.

④ 재심사에 따라 경비처우급을 조정할 필요가 있는 경우라도 두 단계를 조정할 수는 없다.

해설 ④ 재심사에 따라 경비처우급을 조정할 필요가 있는 경우에는 한 단계의 범위에서 조정한다. 다만 수용 및 처우를 위하여 특히 필요한 경우에는 두 단계의 범위에서 조정할 수 있다(시행규칙 제68조 제2항).

① 시행규칙 제65조

② 시행규칙 제66조 제3항

③ 동조 제4항

정답 | ④

27

정기재심사 기간에 해당되지 않는 것은?

① 형기의 4분의 1에 도달한 때

② 형기의 3분의 1에 도달한 때

③ 형기의 2분의 1에 도달한 때

④ 형기의 3분의 2에 도달한 때

해설 ②·③·④ 정기재심사는 형기의 3분의 1, 2분의 1, 3분의 2, 6분의 5의 어느 하나에 해당하는 경우에 한다(시행규칙 제66조 제1항).

정답 | ①

28

다음 중 정기재심사를 하여야 하는 경우는 몇 개인가? 9급경채 15

㉠ 형기의 2분의 1에 도달한 때 ㉡ 형기의 3분의 2에 도달한 때 ㉢ 형기의 4분의 3에 도달한 때 ㉣ 형기의 5분의 4에 도달한 때

① 0개
② 1개
③ 2개
④ 3개

해설 ③ 정기재심사는 형기의 3분의 1에 도달한 때, 형기의 2분의 1에 도달한 때, 형기의 3분의 2에 도달한 때, 형기의 6분의 5에 도달한 때의 어느 하나에 해당하는 경우에 한다(시행규칙 제66조 제1항).

정답 | ③

29

형의 집행 및 수용자의 처우에 관한 법률 시행규칙에서 규정하고 있는 부정기재심사 사유에 해당하지 않는 것은?

① 수형자가 교정사고의 예방에 뚜렷한 공로가 있는 때
② 수형자를 징벌하기로 의결한 때
③ 수형자가 전국기능경기대회에 입상한 때
④ 수형자가 규율을 위반한 때

해설 ④ 수형자가 규율을 위반한 것만으로는 부족하고, 징벌위원회에서 그 수형자를 징벌하기로 의결한 때에 부정기재심사의 사유가 된다(시행규칙 제67조 제3호 참조).

정답 | ④

30

부정기재심사 사유에 해당하지 않는 것은? 9급특채 11

① 수형자를 징벌하기로 의결한 때
② 분류심사에 오류가 있음이 발견된 때
③ 수형자가 집행유예의 실효 또는 추가사건으로 금고 이상의 형이 확정된 때
④ 징벌대상행위에 대한 혐의가 있어 조사 중인 때

해설 ④ 징벌대상행위에 대한 혐의만으로는 부족하고, 그 대상행위로 인해 징벌하기로 의결한 때에 부정기재심사의 사유가 된다(시행규칙 제67조 제3호 참조).
① 시행규칙 제67조 제3호
② 동조 제1호
③ 동조 제4호

정답 | ④

31

다음 중 부정기재심사 사유에 해당하지 않는 것은? 9급경채 13 | 9급공채 13

① 교정사고 예방에 뚜렷한 공로가 있는 때
② 수형자를 징벌하기로 의결한 때
③ 수형자가 집행유예의 실효 또는 추가사건으로 벌금 이상의 형이 확정된 때
④ 수형자가 학사 이상의 학위를 취득한 때

해설 ③ 수형자가 집행유예의 실효 또는 추가사건으로 금고 이상의 형이 확정된 때이다(시행규칙 제67조 제4호).
①·②·④ 모두 부정기재심사 사유에 해당한다(동조 참조).

정답 | ③

32 ★

「형의 집행 및 수용자의 처우에 관한 법률 시행규칙」상 수형자에게 부정기재심사를 할 수 있는 경우만을 모두 고르면? 교정9급 22

ㄱ. 수형자가 지방기능경기대회에서 입상한 때
ㄴ. 수형자가 현재 수용의 근거가 된 사건 외의 추가적 형사사건으로 인하여 벌금형이 확정된 때
ㄷ. 수형자를 징벌하기로 의결한 때
ㄹ. 분류심사에 오류가 있음을 발견한 때
ㅁ. 수형자가 학사학위를 취득한 때

① ㄱ, ㄷ
② ㄴ, ㄹ
③ ㄱ, ㄴ, ㅁ
④ ㄷ, ㄹ, ㅁ

해설 [○] ㄷ·ㄹ·ㅁ
[×] ㄱ. 수형자가 「숙련기술장려법」 제20조 제2항에 따른 전국기능경기대회 입상, 기사 이상의 자격취득, 학사 이상의 학위를 취득한 때(시행규칙 제67조 제5호)
ㄴ. 수형자가 집행유예의 실효 또는 추가사건(현재 수용의 근거가 된 사건 외의 형사사건을 말한다)으로 금고 이상의 형이 확정된 때(시행규칙 제67조 제4호)

시행규칙 제67조(부정기재심사)
부정기재심사는 다음 각 호의 어느 하나에 해당하는 경우에 할 수 있다.
1. 분류심사에 오류가 있음이 발견된 때
2. 수형자가 교정**사고**(교정시설에서 발생하는 화재, 수용자의 자살·도주·폭행·소란, 그 밖에 사람의 생명·신체를 해하거나 교정시설의 안전과 질서를 위태롭게 하는 사고를 말한다)의 **예방**에 뚜렷한 공로가 있는 때
3. 수형자를 **징벌**하기로 **의결**한 때
4. 수형자가 집행유예의 실효 또는 추가사건(현재 수용의 근거가 된 사건 외의 형사사건을 말한다)으로 **금고 이상의 형이 확정**된 때
5. 수형자가 「숙련기술장려법」 제20조 제2항에 따른 **전국**기능경기대회 입상, **기사** 이상의 자격취득, **학사** 이상의 학위를 취득한 때
6. 삭제 <2014.11.17.>
7. 그 밖에 수형자의 수용 또는 처우의 조정이 필요한 때

정답 | ④

33

분류심사 유예사유에 해당하지 않는 것은?

① 집행할 형기가 1월 미만인 경우
② 질병 등으로 분류심사가 곤란한 때
③ 징벌대상행위의 혐의가 있어 조사 중인 때
④ 분류심사가 특히 곤란하다고 인정하는 때

해설 ① 분류심사 유예사유에 해당하지 않는다(시행규칙 제62조 제2항).

정답 | ①

34

분류처우위원회에 관한 설명으로 옳지 않은 것은?

① 법무부의 중앙분류처우위원회와 일선교정시설의 지방분류처우위원회가 있다.
② 위원장을 포함한 5인 이상 7인 이하의 위원으로 구성한다.
③ 심의·의결을 위하여 외부전문가로부터 의견을 들을 수 있다.
④ 외부인사는 위원이 될 수 없다.

해설 ① 분류처우위원회는 일선교정시설에만 설치되어 있다.
② 법 제62조 제2항
③ 동조 제3항
④ 법 제62조 제2항

정답 | ①

35

형집행법 시행규칙에서 규정하고 있는 분류처우위원회의 심의·의결사항이 아닌 것은?

① 처우등급 판단 등 분류심사에 관한 사항
② 소득점수 등의 평가 및 평정에 관한 사항
③ 수형자처우와 관련하여 소장이 심의를 요구한 사항
④ 귀휴허가에 관한 사항

해설 ④ 귀휴허가에 관한 사항은 귀휴심사위원회의 권한이다(시행규칙 제131조 제1항 참조).
①·②·③ 시행규칙 제97조

정답 | ④

36

분류처우위원회의 회의에 관한 설명으로 옳지 않은 것은?

① 회의는 매월 10일에 개최한다.
② 회의 개최일이 토요일, 공휴일, 그 밖에 법무부장관이 정한 휴무일일 때에는 그 다음 날에 개최한다.
③ 위원회의 회의는 재적위원 과반수의 출석으로 개의하고, 출석위원 과반수의 찬성으로 의결한다.
④ 위원회의 간사는 분류심사 업무를 담당하는 교도관 중에서 1명을 둔다.

해설 ③ 위원회의 회의는 재적위원 3분의 2 이상의 출석으로 개의하고, 출석위원 과반수의 찬성으로 의결한다(시행규칙 제99조 제3항).
①·② 시행규칙 제99조 제1항
④ 시행규칙 제100조 제1항

정답 | ③

37

분류심사에 관한 설명으로 옳지 않은 것은?

① 교정시설의 장은 수형자의 개별처우계획을 합리적으로 수립하고 조정하기 위하여 수형자의 인성, 행동특성 및 자질 등을 과학적으로 조사·측정·평가하여야 한다.

② 법무부장관은 수형자를 과학적으로 분류하기 위하여 분류심사를 전담하는 교정시설을 지정·운영할 수 있다.

③ 수형자의 처우등급은 기본수용급, 경비처우급, 중점관리급으로 구분한다.

④ 소장은 분류심사를 위하여 외부전문가로부터 필요한 의견을 듣거나 외부전문가에게 조사를 의뢰할 수 있다.

해설 ③ 수형자의 처우등급은 기본수용급, 경비처우급, 개별처우급으로 구분한다(시행규칙 제72조 참조).
① 법 제59조 제1항
② 법 제61조
④ 법 제59조 제4항

정답 | ③

38

분류검사에 관한 설명으로 틀린 것을 모두 고른 것은?

㉠ 분류검사란 분류심사를 위하여 수형자를 대상으로 심리·지능·적성 검사등을 실시하는 것을 말한다.
㉡ 인성검사는 재심사 대상자를 대상으로 한다.
㉢ 인성검사를 하지 않으면 경비처우급 분류지표를 결정할 수 없다.
㉣ 분류심사가 유예된 때에는 인성검사를 하지 않을 수 있다.

① ㉠, ㉡ ② ㉠, ㉢
③ ㉡, ㉢ ④ ㉢, ㉣

해설 [×] ㉡ 인성검사는 신입심사 대상자 및 그 밖에 처우상 필요한 수형자를 대상으로 한다(시행규칙 제71조 제2항).
㉢ 이해력의 현저한 부족 등으로 인하여 인성검사를 하지 아니한 경우에는 상담 내용과 관련 서류를 토대로 인성을 판정하여 경비처우급 분류지표를 결정할 수 있다(동조 제3항). 즉 인성검사 대신 상담 내용과 관련 서류를 토대로 인성을 판정하면, 경비처우급 분류지표를 결정할 수 있다.
[○] ㉠ 법 제59조 제3항
㉣ 시행규칙 제71조 제2항 제1호

정답 | ③

39

괄호 안에 들어갈 내용을 순서대로 바르게 나열한 것은?

> 지능 및 적성 검사는 원칙적으로 신입심사 대상자로서 집행할 형기가 형집행지휘서 접수일부터 (㉠)년 이상이고, 나이가 (㉡)세 이하인 경우에 한다.

	㉠	㉡		㉠	㉡
①	1	30	②	1	35
③	2	30	④	2	35

해설 ② 지능 및 적성 검사는 시행규칙 제71조 제2항 각 호(분류심사가 유예된 때, 그 밖에 인성검사가 곤란하거나 불필요하다고 인정되는 사유가 있는 때)의 어느 하나에 해당하지 아니하는 신입심사 대상자로서 집행할 형기가 형집행지휘서 접수일부터 1년 이상이고 나이가 35세 이하인 경우에 한다. 다만, 직업훈련 또는 그 밖의 처우를 위하여 특히 필요한 경우에는 예외로 할 수 있다(시행규칙 제71조 제4항).

정답 | ②

40

다음 「형의 집행 및 수용자의 처우에 관한 법률 시행규칙」상 기본수용급의 구분 중 잘못 설명된 것은? 9급경채 15

> ㉠ 형기가 20년 이상인 장기수형자
> ㉡ 24세 미만의 청년수형자
> ㉢ 여성수형자
> ㉣ 70세 이상의 노인수형자
> ㉤ 19세 이하의 소년수형자
> ㉥ 외국인 수형자
> ㉦ 신체질환 또는 장애가 있는 수형자
> ㉧ 정신질환 또는 장애가 있는 수형자
> ㉨ 금고형 수형자

① 2개 ② 3개 ③ 4개 ④ 5개

해설 [×] ㉠ 형기가 10년 이상인 장기수형자(시행규칙 제73조 제7호)
㉡ 23세 미만의 청년수형자(동조 제5호)
㉣ 65세 이상의 노인수형자(동조 제6호)
㉤ 19세 미만의 소년수형자(동조 제4호)
[○] ㉢·㉥·㉦·㉧·㉨ 동조 참조

정답 | ③

41 ★

다음 수형자의 처우등급과 설명이 바르게 연결된 것은? 교정7급 10 | 교정9급 15

A. 개별처우급	B. 경비처우급	C. 기본수용급	D. 중점처우급

㉠ 도주 등의 위험성에 따라 수용시설과 계호의 정도를 구별하고, 범죄성향의 진전과 개선정도, 교정성적에 따라 처우수준을 구별하는 기준
㉡ 성별, 국적, 나이, 형기 등에 따라 수용할 시설 및 구획 등을 구별하는 기준
㉢ 수형자의 개별적인 특성에 따라 중점처우의 내용을 구별하는 기준

① A－㉢　② B－㉡　③ C－㉠　④ D－㉢

해설 수형자의 처우등급은 다음 각 호와 같이 구분한다(시행규칙 제72조).

1. 기본수용급 : 성별·국적·나이·형기 등에 따라 수용할 시설 및 구획 등을 구별하는 기준
2. 경비처우급 : 도주 등의 위험성에 따라 수용시설과 계호의 정도를 구별하고, 범죄성향의 진전과 개선정도, 교정성적에 따라 처우수준을 구별하는 기준
3. 개별처우급 : 수형자의 개별적인 특성에 따라 중점처우의 내용을 구별하는 기준

정답 | ①

42

기본수용급의 유형에 해당하지 않는 것은?

① 외국인수형자
② 금고형수형자
③ 형기가 20년 이상인 장기수형자
④ 65세 이상의 노인수형자

해설 ③ 형기가 10년 이상인 장기수형자이다(시행규칙 제73조 참조). 기본수용급의 세부구분은 다음과 같다.

시행규칙 제73조(기본수용급)
기본수용급은 다음 각 호와 같이 구분한다.
1. 여성수형자
2. 외국인수형자
3. 금고형수형자
4. 19세 미만의 소년수형자
5. 23세 미만의 청년수형자
6. 65세 이상의 노인수형자
7. 형기가 10년 이상인 장기수형자
8. 정신질환 또는 장애가 있는 수형자
9. 신체질환 또는 장애가 있는 수형자

정답 | ③

43

「형의 집행 및 수용자의 처우에 관한 법률 시행규칙」상 기본수용급으로 옳은 것은? 교정7급 15

① 형기가 8년 이상인 장기수형자
② 24세 미만의 청년수형자
③ 정신질환 또는 장애가 있는 수형자
④ 조직폭력 또는 마약류 수형자

해설 ③ 시행규칙 제73조 제8호
① 형기가 10년 이상인 장기수형자(동조 제7호)
② 23세 미만의 청년수형자(동조 제5호)
④ 기본수용급이 아닌 엄중관리대상자에 해당한다(시행규칙 제194조).

정답 | ③

44

처우수준이 가장 낮은 것은?

① 완화경비처우급
② 개방처우급
③ 중경비처우급
④ 일반경비처우급

해설 ③ 경비처우급은 처우수준이 높은 순서대로 개방처우급, 완화경비처우급, 일반경비처우급, 중경비처우급으로 구분한다(시행규칙 제74조 제1항 참조).

정답 | ③

45

「형의 집행 및 수용자의 처우에 관한 법률 시행규칙」상 경비처우급에 따른 작업기준이 바르게 짝지어진 것은? 교정7급 13

① 개방처우급－구내작업 및 외부통근작업 가능
② 일반경비처우급－구내작업 및 필요시 개방지역작업 가능
③ 완화경비처우급－구내작업 및 필요시 외부통근작업 가능
④ 중경비처우급－필요시 개방지역작업 가능

해설 ②만이 옳은 표현이다(시행규칙 제74조 제2항 참조).

정답 | ②

46

수용자의 처우등급별 처우에 대한 설명으로 옳은 것은? 5급승진 15

① 소장은 일반경비처우급 수용자에게 월 5회의 접견과 자치생활을 허가할 수 있다.
② 수용자가 다른 교정시설의 수용자와 화상접견을 하였거나 혹은 가족 만남의 집을 이용한 경우에는 그 횟수만큼 접견의 허용횟수를 차감한다.
③ 일반경비처우급과 중경비처우급 수형자는 담당교도관의 사무처리를 보조하는 봉사원으로 선정될 수 없다.
④ 개방처우급 수형자는 의류와 식음료의 지급에 있어서 우대를 받을 수 있다.
⑤ 소장은 처우상 특히 필요한 경우에는 일반경비처우급 수형자에게도 교정시설 밖에서의 영화 관람을 허가할 수 있다.

해설 ① 소장은 개방처우급·완화경비처우급 수형자에게 자치생활을 허가할 수 있다(시행규칙 제86조 제1항).
② 가족만남의 집 이용은 접견 허용횟수에 포함되지 아니한다(시행규칙 제89조 제1항 참조).
③ 소장은 개방처우급·완화경비처우급·일반경비처우급 수형자로서 교정성적, 나이, 인성 등을 고려하여 다른 수형자의 모범이 된다고 인정되는 경우에는 봉사원으로 선정하여 담당교도관의 사무처리와 그 밖의 업무를 보조하게 할 수 있다(시행규칙 제85조 제1항).
④ 소장은 수형자의 경비처우급에 따라 물품에 차이를 두어 지급할 수 있다. 다만 주·부식, 음료, 그 밖에 건강유지에 필요한 물품은 그러하지 아니하다(시행규칙 제84조 제1항).
⑤ 시행규칙 제92조 제1항

정답 | ⑤

47

수용자의 소득점수의 산정 및 평가에 관한 설명으로 옳은 것은?

① 수형생활태도는 5점 이내에서, 작업 또는 교육 성적은 10점 이내에서 산정한다.

② 소장은 수형자의 소득점수를 매일 평가하여야 한다.

③ 소장은 수형자가 부상이나 질병, 그 밖의 부득이한 사유로 작업 또는 교육을 받지 못한 경우에는 3점 이내에서 작업 또는 교육 성적을 부여할 수 있다.

④ 부정기재심사의 소득점수 평정대상기간은 사유가 발생한 전 달까지로 한다.

해설 ① 수형생활 태도, 작업 또는 교육 성적 모두 5점 이내에서 산정한다(시행규칙 제77조).
② 소장은 수형자의 소득점수를 매월 평가하여야 한다(시행규칙 제78조 제1항 참조).
④ 부정기재심사의 소득점수 평정대상기간은 사유가 발생한 달까지로 한다(시행규칙 제80조 제1항).
③ 시행규칙 제79조 제3항

정답 | ③

48

다음은 소득점수 평가기준에 관한 설명이다. 괄호 안의 숫자를 순서대로 나열한 것은?

> 수형생활태도점수와 작업 또는 교육 성적점수의 채점에 있어서 수는 소속 작업장 또는 교육장 전체 인원의 (㉠) 퍼센트를 초과할 수 없고, 우는 (㉡) 퍼센트를 초과할 수 없다.

	㉠	㉡		㉠	㉡
①	10	20	②	10	30
③	20	30	④	20	40

해설 ② 시행규칙 제79조 제1항

정답 | ②

49

소득점수의 평가에 관한 설명으로 옳지 않은 것을 모두 고른 것은?

㉠ 수형생활태도는 품행·책임감 및 협동심의 정도에 따라 매우 양호, 양호 보통, 개선 요망, 불량으로 구분하여 채점한다. ㉡ 작업 또는 교육성적은 매우 우수, 우수, 보통, 노력 요망, 불량으로 구분하여 채점한다. ㉢ 소장은 재심사를 하는 경우에는 그 때마다 수형자의 소득점수를 평정하여 기본수용급을 조정할 것인지를 고려하여야 한다. ㉣ 소득점수를 평정하는 경우에는 평정대상기간 동안 매월 평가된 소득점수를 합산하여 평정대상기간의 개월 수를 곱하여 얻은 점수로 한다.

① ㉠, ㉡
② ㉠, ㉢
③ ㉡, ㉢
④ ㉢, ㉣

해설 [×] ㉢ 기본수용급 → 경비처우급(시행규칙 제80조 제1항)
㉣ 곱하여 → 나누어(동조 제2항)
[○] ㉠·㉡ 시행규칙 제78조 제2항

정답 | ④

50

「형의 집행 및 수용자의 처우에 관한 법률」상 소득점수 평가기준과 처우등급 조정에 대한 설명으로 옳지 않은 것은? 7급공채 15

① 소득점수는 수형생활 태도와 작업 또는 교육성적으로 구성되며, 수형생활 태도는 품행·책임감 및 협동심의 정도에 따라, 작업 또는 교육성적은 부과된 작업·교육의 실적 정도와 근면성 등에 따라 채점한다.
② 수형생활 태도 점수와 작업 또는 교육성적 점수를 채점하는 경우에 수는 소속작업장 또는 교육장 전체 인원의 10퍼센트를 초과할 수 없고, 우는 30퍼센트를 초과할 수 없으나, 작업장 또는 교육장 전체인원이 4명 이하인 경우에는 수·우를 각각 1명으로 채점할 수 있다.
③ 소득점수를 평정하는 경우에 평정 대상기간 동안 매월 평가된 소득점수를 합산하여 평정 대상기간의 개월 수로 나누어 얻은 점수인 평정소득점수가 5점 이하인 경우 경비처우급을 하향 조정할 수 있다.
④ 조정된 처우등급의 처우는 그 조정이 확정된 날부터 하며, 이 경우 조정된 처우등급은 그달 초일부터 적용된 것으로 본다.

해설 ④ 조정된 처우등급에 따른 처우는 그 조정이 확정된 다음 날부터 한다. 이 경우 조정된 처우등급은 그달 초일부터 적용된 것으로 본다(시행규칙 제82조 제1항).
① 시행규칙 제78조 제2항
② 시행규칙 제79조 제1항
③ 시행규칙 제81조

정답 | ④

51

「형의 집행 및 수용자의 처우에 관한 법률 시행규칙」상 소득점수 평가에 대한 설명으로 가장 옳지 않은 것은? 5급승진 22

① 작업 또는 교육성적은 법에 따라 부과된 작업·교육의 실적 정도와 근면성 등에 따라 매우우수(수, 5점), 우수(우, 4점), 보통(미, 3점), 노력요망(양, 2점), 불량(가, 1점)으로 구분하여 채점한다.
② 수형생활 태도는 품행·책임감 및 협동심의 정도에 따라 매우양호(수, 5점), 양호(우, 4점), 보통(미, 3점), 개선요망(양, 2점), 불량(가, 1점)으로 구분하여 채점한다.
③ 소장은 재심사를 하는 경우에는 그때마다 평가한 수형자의 소득점수를 평정하여 경비처우급을 조정할 것인지를 고려하여야 한다. 다만, 부정기재심사의 소득점수 평정대상기간은 사유가 발생한 다음 달까지로 한다.
④ 경비처우급을 하향 조정하기 위하여 고려할 수 있는 평정소득점수의 기준은 5점 이하이다. 다만, 수용 및 처우를 위하여 특히 필요한 경우 법무부장관이 달리 정할 수 있다.

해설 ③ 소장은 재심사(정기재심사·부정기재심사)를 하는 경우에는 그때마다 평가한 수형자의 소득점수를 평정하여 경비처우급을 조정할 것인지를 고려하여야 한다. 다만, 부정기재심사의 소득점수 평정대상기간은 사유가 발생한 달까지로 한다(형집행법 시행규칙 제80조 제1항).
① 동법 시행규칙 제78조 제2항 제2호
② 동조 동항 제1호
④ 경비처우급을 상향 또는 하향 조정하기 위하여 고려할 수 있는 평정소득점수의 기준은 ㉠ 상향 조정은 8점 이상(형기의 6분의 5에 도달한 때 하는 재심사의 경우에는 7점 이상), ㉡ 하향 조정은 5점 이하이다. 다만, 수용 및 처우를 위하여 특히 필요한 경우 법무부장관이 달리 정할 수 있다(동법 시행규칙 제81조).

정답 | ③

52

「형의 집행 및 수용자의 처우에 관한 법률 시행규칙」상 소득점수와 처우등급 조정에 대한 설명으로 가장 옳지 않은 것은? 7급승진 23

① 보안·작업 담당교도관 및 수용관리팀의 팀장은 서로 협의하여 소득점수 평가 및 통지서에 해당 수형자에 대한 매월 초일부터 말일까지의 소득점수를 채점한다.
② 경비처우급을 하향 조정하기 위하여 고려할 수 있는 평정소득점수의 기준은 5점 이하이다. 다만, 수용 및 처우를 위하여 특히 필요한 경우 법무부장관이 달리 정할 수 있다.
③ 소장은 수형자가 부상이나 질병, 그 밖의 부득이한 사유로 작업 또는 교육을 받지 못한 경우에는 5점 이내의 범위에서 작업 또는 교육 성적을 부여할 수 있다.
④ 조정된 처우등급에 따른 처우는 그 조정이 확정된 다음 날부터 한다. 이 경우 조정된 처우등급은 그달 초일부터 적용된 것으로 본다.

해설 ③ 소장은 수형자가 부상이나 질병, 그 밖의 부득이한 사유로 작업 또는 교육을 받지 못한 경우에는 3점 이내의 범위에서 작업 또는 교육 성적을 부여할 수 있다(형집행법 시행규칙 제79조 제3항).
① 동법 시행규칙 제78조 제4항
② 동법 시행규칙 제81조 제2호
④ 동법 시행규칙 제82조 제1항

정답 | ③

53 ★

수용자의 처우에 대한 설명으로 옳지 않은 것을 모두 고른 것은? 교정9급 12

> ㉠ 일반경비처우급 수형자에게는 월 5회 접견을 허용한다.
> ㉡ 수용자에게 지급하는 음식물의 총열량은 1명당 1일 2,500킬로칼로리를 기준으로 한다.
> ㉢ 소장은 전화통화를 신청한 수용자가 범죄의 증거를 인멸할 우려가 있는 때, 전화통화를 허가하지 않을 수 있다.
> ㉣ 외부통근은 개방처우급 수형자에 대해서만 허가한다.
> ㉤ 의류·침구류 및 신발류는 자비로 구매할 수 없다.
> ㉥ 직계비속이 해외유학을 위하여 출국하게 된 때에는 귀휴를 허가할 수 없다.
> ㉦ 소장은 교정시설의 안전과 질서를 해치지 아니하는 범위에서 종교단체 또는 종교인이 주제하는 종교행사를 실시한다.

① ㉠, ㉢, ㉤ ② ㉡, ㉣, ㉥ ③ ㉠, ㉡, ㉦ ④ ㉣, ㉤, ㉥

해설 [×] ㉣ 외부통근의 허가대상은 개방처우급·완화경비처우급 수형자이다(시행규칙 제120조 제1항 제3호 참조).
㉤ 수용자는 소장의 허가를 받아 자신의 비용으로 음식물·의류·침구, 그 밖에 수용생활에 필요한 물품을 구매할 수 있다(법 제24조 제1항).
㉥ 직계비속이 입대하거나 해외유학을 위하여 출국하게 된 때에는 귀휴를 허가할 수 있다(시행규칙 제129조 제3항 제3호 참조).

[○] ㉠ 시행규칙 제87조 제3호
㉡ 시행규칙 제14조 제2항
㉢ 시행규칙 제25조 제1항 제1호
㉦ 시행규칙 제31조 제1항

정답 | ④

54

처우등급에 관한 설명으로 옳지 않은 것은?

① 소장은 수형자를 기본수용급별·경비처우급별로 구분하여 수용하여야 한다.
② 소장은 개별처우의 효과를 증진하기 의위여 경비처우급·개별처우급이 같은 수형자 집단으로 수용하여 처우할 수 있다.
③ 소장은 수형자의 경비처우급을 조정한 경우에는 지체 없이 해당 수형자와 그 가족에게 그 사항을 알려야 한다.
④ 수형자의 처우등급이 조정된 경우 조정된 처우등급은 그달 초일부터 적용된 것으로 본다.

해설 ③ 소장은 수형자의 경비처우급을 조정한 경우에는 지체 없이 해당 수형자에게 그 사항을 알려야 한다(시행규칙 제82조 제2항). 즉, 해당 수형자에게만 알릴 의무가 있고, 그 가족에게는 알릴 의무가 없다.
① 시행규칙 제83조 제1항
② 동조 제2항
④ 시행규칙 제82조 제1항

정답 | ③

55

처우등급에 관한 설명으로 옳은 것은?

① 수형자가 완화경비처우급 이상인 경우에는 지급하는 의류의 색상이나 디자인 등을 다르게 할 수 있다.

② 경비처우급을 상향 조정하기 위하여 고려할 수 있는 평정소득점수의 기준은 원칙적으로 8점 이상, 하향 조정하기 위하여 고려할 수 있는 평정소득점수는 원칙적으로 5점 이하이다.

③ 소장은 수형자를 기본수용급별·경비처우급별로 구분하여 수용하여야 하며, 이 원칙에는 예외가 없다.

④ 조정된 처우등급에 따른 처우는 그 조정이 확정된 다음 달 초일부터 한다.

해설 ② 시행규칙 제81조

① 수형자가 개방처우급인 경우에는 지급하는 의류의 색상, 디자인 등을 다르게 할 수 있다(시행규칙 제84조 제2항).

③ 소장은 수형자를 기본수용급별·경비처우급별로 구분하여 수용하여야 한다. 다만 처우상 특히 필요하거나 시설의 여건상 부득이한 경우에는 기본수용급·경비처우급이 다른 수형자를 함께 수용하여 처우할 수 있다(시행규칙 제83조 제1항).

④ 조정된 처우등급에 따른 처우는 그 조정이 확정된 다음 날부터 한다(시행규칙 제82조 제1항).

정답 | ②

56

수형자의 경비처우급에 대한 설명으로 옳은 것은? 교정9급 13

① 교도소장은 중경비처우급 수형자라도 처우상 특히 필요하다고 인정하는 경우에는 접촉차단시설이 설치된 장소 외의 적당한 곳에서 접견을 실시할 수 있다.

② 교도소장은 봉사원을 선정할 때에는 개방처우급 또는 완화처우급 수형자 중에서 교정성적, 나이, 인성 등을 고려하여 교도관회의에 상정하고, 심의·의결을 거쳐야 한다.

③ 교도소장은 개방처우급 수형자에 한하여 사회견학, 사회봉사, 교정시설 외부 종교행사를 허용할 수 있으며, 처우상 특히 필요한 경우 완화경비처우급 수형자와 일반경비처우급 수형자에게도 이를 허가할 수 있다.

④ 교도소장은 수형자의 모든 물품, 의류에 대하여 경비처우급에 따라 차이를 두어 지급하지 아니한다.

해설 ① 시행규칙 제88조

② 소장은 개방처우급·완화경비처우급·일반경비처우급 수형자로서 교정성적, 나이, 인성 등을 고려하여 다른 수형자의 모범이 된다고 인정되는 경우에는 봉사원으로 선정하여 담당교도관의 사무처리와 그 밖의 업무를 보조하게 할 수 있다(시행규칙 제85조 제1항). 제1항부터 제3항까지에서 규정한 사항 외에 봉사원 선정, 기간연장 및 선정취소 등에 필요한 사항은 법무부장관이 정한다(동조 제4항).

③ 소장은 개방처우급·완화경비처우급 수형자에 대하여 교정시설 밖에서 이루어지는 활동(사회견학, 사회봉사, 자신이 신봉하는 종교행사 참석 및 연극, 영화, 그 밖의 문화공연 관람)을 허가할 수 있다. 다만, 처우상 특히 필요한 경우에는 일반경비처우급 수형자에게도 이를 허가할 수 있다(시행규칙 제92조 제1항).

④ 소장은 수형자의 경비처우급에 따라 물품에 차이를 두어 지급할 수 있다. 다만 주·부식, 음료, 그 밖에 건강유지에 필요한 물품은 그러하지 아니하다(시행규칙 제84조 제1항). 즉, 원칙적으로 경비처우급에 따라 차이를 둘 수 있다.

정답 | ①

57

수형자의 경비처우급에 따라 지급에 차이를 둘 수 없는 것을 바르게 묶어 놓은 것은?

① 주·부식, 음료, 건강유지에 필요한 물품
② 주·부식, 건강유지에 필요한 물품, 의류
③ 건강유지에 필요한 물품, 수용생활의 기초물품, 주·부식
④ 주·부식, 수용생활의 기초물품, 음료

해설 ① 소장은 수형자의 경비처우급에 따라 물품에 차이를 두어 지급할 수 있다. 다만 주·부식, 음료, 그 밖에 건강유지에 필요한 물품은 그러하지 아니하다(시행규칙 제84조 제1항).

정답 | ①

58

봉사원 선정에 관한 설명으로 옳지 않은 것은?

① 개방처우급, 완화경비처우급, 일반경비처우급의 수형자이어야 한다.
② 봉사원으로 선정되면 담당교도관의 사무처리와 그 밖의 업무를 보조할 수 있다.
③ 소장은 봉사원의 활동기간을 1년 이하로 정하되, 필요한 경우에는 1회에 한하여 그 기간을 연장할 수 있다.
④ 소장은 봉사원의 활동과 역할 수행이 부적당하다고 인정하는 경우에는 그 선정을 취소할 수 있다.

해설 ③ 소장은 봉사원의 활동기간을 1년 이하로 정하되, 필요한 경우에는 그 기간을 연장할 수 있다(시행규칙 제85조 제2항). 즉, 횟수의 제한 없이 연장할 수 있다.
①·② 동조 제1항
④ 동조 제3항

정답 | ③

59

경비처우급별 수형자의 처우에 관한 내용 중 옳지 않은 것은?

① 전화통화는 개방처우급인 경우 월 20회 이내, 완화경비처우급인 경우 월 10회 이내에서 허용된다.
② 소장은 개방처우급, 완화경비처우급의 수형자에 대하여 사회견학이나 사회봉사를 허가할 수 있다.
③ 일반경비처우급의 수형자는 교정시설 밖에서 이루어지는 문화공연을 관람할 수 없다.
④ 소장은 수형자가 교정시설 밖에서 종교행사 참석을 하는 경우 자비구매의류를 입게 할 수 있다.

해설 ③ 일반경비처우급의 수형자도 처우상 특히 필요한 경우에는 소장의 허가를 받아 교정시설 밖에서 이루어지는 문화공연을 관람할 수 있다(시행규칙 제92조 제1항 제4호 참조).
① 시행규칙 제90조 제1항
② 시행규칙 제92조 제1항
④ 동조 제2항

처우등급별 횟수 차등

- 접견
  - 개방처우급 : 1일 1회
  - 완화경비처우급 : 매월 6회
  - 일반경비처우급 : 매월 5회
  - 중경비처우급 : 매월 4회
- 전화통화 허용횟수
  - 개방처우급 : 매월 20회 이내
  - 완화경비처우급 : 매월 10회 이내
  - 일반경비처우급 : 월 5회 이내
  - 중경비처우급 : 처우상 특히 필요한 경우 월 2회 이내
- 물품지급 : 경비처우급에 따라 물품에 차이를 두고 지급할 수 있다. 다만, 식량·음료 등 건강유지에 필요한 물품은 그러하지 아니하다.

정답 | ③

60

「형의 집행 및 수용자의 처우에 관한 법률 시행규칙」상 ( ) 안에 들어갈 숫자를 모두 합한 것으로 옳은 것은? 6급승진 22

> 제90조(전화통화의 허용횟수)
> ① 수형자의 경비처우급별 전화통화의 허용횟수는 다음 각 호와 같다.
> 1. 개방처우급 : 월 ( )회 이내
> 2. 완화경비처우급 : 월 ( )회 이내
> 3. 일반경비처우급 : 월 ( )회 이내
> 4. 중경비처우급 : 처우상 특히 필요한 경우 월 ( )회 이내
>
> ② 소장은 제1항에도 불구하고 처우상 특히 필요한 경우에는 개방처우급·완화경비처우급·일반경비처우급 수형자의 전화통화 허용횟수를 늘릴 수 있다.
> ③ 제1항 각 호의 경우 전화통화는 1일 ( )회만 허용한다. 다만, 처우상 특히 필요한 경우에는 그러하지 아니하다.

① 37　　② 38
③ 39　　④ 40

해설 20+10+5+2+1=38

시행규칙 제90조(전화통화의 허용횟수)
① 수형자의 경비처우급별 전화통화의 허용횟수는 다음과 같다.
1. 개방처우급 : 월 20회 이내
2. 완화경비처우급 : 월 10회 이내
3. 일반경비처우급 : 월 5회 이내
4. 중경비처우급 : 처우상 특히 필요한 경우 월 2회 이내

② 소장은 처우상 특히 필요한 경우에는 개방처우급·완화경비처우급·일반경비처우급 수형자의 전화통화 허용횟수를 늘릴 수 있다.
③ 전화통화는 1일 1회만 허용한다. 다만, 처우상 특히 필요한 경우에는 그러하지 아니하다.

※ 미결수용자에게 전화통화를 허가할 경우 그 허용횟수는 월 2회 이내로 한다(동법 시행규칙 제25조 제1항 단서).
※ 소장은 사형확정자의 심리적 안정과 원만한 수용생활을 위하여 필요하다고 인정하는 경우에는 월 3회 이내의 범위에서 전화통화를 허가할 수 있다(동법 시행규칙 제156조).

정답 | ②

61

형의 집행 및 수용자의 처우에 관한 법령에 의할 때 옳은 것은? 교정7급 11

① 일반경비처우급 수형자의 접견횟수는 매월 3회이다.

② 완화경비처우급 수형자에게 가능한 전화통화 횟수는 원칙적으로 월 3회 이내이다.

③ 개방처우급 또는 완화경비처우급으로서 작업기술이 탁월하고 작업성적이 우수한 경우 교도작업에 지장을 주지 않는 범위에서 1일 3시간 이내로 개인작업을 할 수 있다.

④ 개방처우급, 완화경비처우급 또는 자치생활수형자에 대하여 월 3회 이내에서 경기 또는 오락회를 개최하게 할 수 있다.

해설 ② 시행규칙 제90조 제1항 제2호

① 일반경비처우급 수형자의 접견횟수는 매월 5회이다(시행규칙 제87조 제1항 제3호 참조).

③ 소장은 수형자가 개방처우급 또는 완화경비처우급으로서 작업기술이 탁월하고 작업성적이 우수한 경우에는 수형자 자신을 위한 개인작업을 하게 할 수 있다. 이 경우 개인작업시간은 교도작업에 지장을 주지 아니하는 범위에서 1일 2시간 이내로 한다(시행규칙 제95조 제1항).

④ 소장은 개방처우급·완화경비처우급 수형자 또는 자치생활수형자에 대하여 월 2회 이내에서 경기 또는 오락회를 개최하게 할 수 있다(시행규칙 제91조 제1항).

정답 | ②

62

일반경비처우급의 수형자가 누릴 수 있는 처우내용으로 볼 수 없는 것은?

① 교정시설 밖의 종교행사 참석

② 경기 또는 오락회 개최

③ 사회견학

④ 가족만남의 집 이용

해설 ② 경기 또는 오락회 개최는 개방처우급·완화경비처우급 또는 자치생활수형자에 대해서만 허용된다(시행규칙 제91조 제1항). 자치생활수형자는 개방처우급, 완화경비처우급 수형자에 대해서만 허용되므로, 결국 경기 또는 오락회 개최는 개방처우급·완화경비처우급 수형자에 한하여 허용된다고 보아야 한다.

①·③ 시행규칙 제92조 제1항

④ 시행규칙 제89조 제3항

정답 | ②

63

「형의 집행 및 수용자의 처우에 관한 법률 시행규칙」상 수형자의 처우에 대한 설명으로 옳은 것은?

교정9급 24

① 소장은 개방처우급 수형자에 대하여 월 3회 이내에서 경기 또는 오락회를 개최하게 할 수 있다. 다만, 소년수형자에 대하여는 그 횟수를 늘릴 수 있다.

② 완화경비처우급 수형자에 대한 중간처우 대상자의 선발절차는 법무부장관이 정한다.

③ 소장은 처우를 위하여 특히 필요한 경우에는 일반경비처우급 수형자에 대하여도 가족만남의 날 행사 참여를 허가할 수 있다.

④ 중(重)경비처우급 수형자에 대해서는 교화 및 처우상 특히 필요한 경우 전화통화를 월 2회 이내 허용할 수 있다.

해설 ② 형집행법 시행규칙 제93조 제3항

① 소장은 개방처우급·완화경비처우급 또는 자치생활 수형자에 대하여 월 2회 이내에서 경기 또는 오락회를 개최하게 할 수 있다. 다만, 소년수형자에 대하여는 그 횟수를 늘릴 수 있다(동법 시행규칙 제91조 제1항).

③ 소장은 교화를 위하여 특히 필요한 경우에는 일반경비처우급 수형자에 대하여도 가족만남의 날 행사 참여 또는 가족만남의 집 이용을 허가할 수 있다(동법 시행규칙 제89조 제3항).

④ 중(重)경비처우급 수형자에 대해서는 처우상 특히 필요한 경우 전화통화를 월 2회 이내 허용할 수 있다(동법 시행규칙 제90조 제1항 제4호).

정답 | ②

64 ★

수용관리에 대한 설명으로 옳지 않은 것만을 모두 고른 것은? 교정7급 14

㉠ 수형자의 전화통화 허용횟수는 완화경비처우급의 경우 월 5회 이내로 제한된다. ㉡ 교정시설의 장은 다른 사람의 건강에 위해를 끼칠 우려가 있는 감염병에 걸린 사람의 수용을 거절할 수 있다. ㉢ 19세 이상 수형자는 교도소에 수용한다. ㉣ 목욕횟수는 부득이한 사정이 없으면 매주 1회 이상이 되도록 한다. ㉤ 19세 미만의 수용자와 계호상 독거수용자에 대하여는 건강검진을 6개월에 1회 이상 하여야 한다. ㉥ 수형자의 신입수용 시 변호사 선임에 관하여 고지하여야 한다. ㉦ 면회자가 가져온 음식물은 보관할 수 있다. ㉧ 수형자의 접견 횟수는 매월 4회이다.

① ㉠, ㉥, ㉦
② ㉡, ㉣, ㉧
③ ㉠, ㉣, ㉦, ㉧
④ ㉢, ㉤, ㉥, ㉦

해설 [×] ㉠ 완화경비처우급 수형자의 전화통화 허용횟수는 월 3회 이내이다(시행규칙 제90조 제1항 참조).
㉥ 변호사 선임에 관한 것은 신입수용 시 고지할 사항에 해당하지 않는다(법 제17조 참조).
㉦ 음식물은 보관의 대상이 되지 않는다(시행령 제44조).

[○] ㉡ 법 제18조 제1항
㉢ 법 제11조 제1항
㉣ 시행령 제50조
㉤ 시행령 제51조 제1항
㉧ 시행령 제58조 제3항

정답 | ①

65

가족만남의 날 행사 참석 또는 가족만남의 집 이용에 관한 설명 중 옳지 않은 것을 모두 고른 것은?

> ㉠ 개방처우급, 완화경비처우급의 수형자가 원칙적인 허가 대상이다.
> ㉡ 가족이 없는 수형자는 가족만남의 집을 이용할 수 없다.
> ㉢ 소장은 중경비처우급의 수형자라도 교화상 특히 필요한 경우에는 가족만남의 날 행사 참석을 허가할 수 있다.
> ㉣ 가족만남의 집이란 교정시설에 수용동과 별도로 설치된 일반주택형태의 건축물을 말한다.

① ㉠, ㉡
② ㉠, ㉢
③ ㉡, ㉢
④ ㉢, ㉣

해설 [×] ㉡ 소장은 가족만남의 날 행사 또는 가족만남의 집 이용에 있어서 가족이 없는 수형자에 대하여는 결연을 맺었거나 그 밖에 가족에 준하는 사람으로 하여금 그 가족을 대신하게 할 수 있다(시행규칙 제89조 제2항).

㉢ 가족만남의 날 행사 참석은 원칙적으로 개방처우급·완화경비처우급 수형자를 대상으로 하지만(동조 제1항 참조), 교화를 위하여 특히 필요한 경우에는 일반경비처우급 수형자에 대하여도 허가할 수 있다(동조 제3항 참조). 따라서 중경비처우급 수형자는 허가의 대상이 될 수 없다.

[○] ㉠ 시행규칙 제89조 제1항

㉣ 동조 제4항

정답 | ③

66

수형자 자치생활에 관한 설명으로 옳지 않은 것은?

① 개방처우급, 완화경비처우급 수형자가 허가대상이다.
② 소장은 처우상 특히 필요한 경우에는 일반경비처우급 수형자에게도 자치생활을 허가할 수 있다.
③ 자치생활의 범위는 인원점검, 취미활동, 일정한 구역 안에서의 생활 등으로 한다.
④ 소장은 자치생활 수형자들이 월 1회 이상 토론회를 할 수 있도록 하여야 한다.

해설 ② 수형자 자치생활은 개방처우급·완화경비처우급 수형자에게만 허가할 수 있다(시행규칙 제86조 제1항 참조). 종전 시행규칙에서는 예외규정이 존재하였으나, 2010.5.31. 개정된 시행규칙에서는 이를 삭제하였다.

① 시행규칙 제86조 제1항
③ 동조 제2항
④ 동조 제3항

정답 | ②

67

형의 집행 및 수용자의 처우에 관한 법률상 자치생활에 대한 설명으로 옳지 않은 것은? 교정9급 12

① 소장은 완화경비처우급 수형자에게 자치생활을 허가할 수 있다.

② 수형자 자치생활의 범위는 인원점검, 취미활동, 일정한 구역 안에서의 생활 등으로 한다.

③ 소장은 자치생활 수형자들이 교육실, 강당 등 적당한 장소에서 최대 월 2회까지 토론회를 할 수 있도록 하여야 한다.

④ 소장은 자치생활 수형자가 법무부장관 또는 소장이 정하는 자치생활 중 지켜야 할 사항을 위반한 경우에는 자치생활 허가를 취소할 수 있다.

해설 ③ 소장은 자치생활 수형자들이 교육실, 강당 등 적당한 장소에서 월 1회 이상 토론회를 할 수 있도록 하여야 한다(시행규칙 제86조 제3항).
① 동조 제1항
② 동조 제2항
④ 동조 제4항

정답 | ③

68

「형의 집행 및 수용자의 처우에 관한 법률 시행규칙」상 자치생활에 대한 설명으로 가장 옳지 않은 것은?

① 소장은 개방처우급·완화경비처우급 수형자에게 자치생활을 허가할 수 있다.

② 수형자 자치생활의 범위는 인원점검, 취미활동, 일정한 구역 안에서의 생활 등으로 한다.

③ 소장은 자치생활 수형자들이 교육실, 강당 등 적당한 장소에서 월 1회 이상 토론회를 할 수 있도록 하여야 한다.

④ 소장은 자치생활 수형자가 법무부장관 또는 소장이 정하는 자치생활 중 지켜야 할 사항을 위반한 경우에는 자치생활 허가를 취소하여야 한다.

해설 ④ 소장은 자치생활 수형자가 법무부장관 또는 소장이 정하는 자치생활 중 지켜야 할 사항을 위반한 경우에는 자치생활 허가를 취소할 수 있다(형집행법 시행규칙 제86조 제4항).
① 동조 제1항
② 동조 제2항
③ 동조 제3항

정답 | ④

69

경비처우급별 접견허용 횟수의 연결이 틀린 것은?

① 개방처우급 : 수시

② 완화경비처우급 : 월 6회

③ 일반경비처우급 : 월 5회

④ 중경비처우급 : 월 4회

해설 ① 개방처우급 수형자의 접견허용 횟수는 1일 1회이다(시행규칙 제87조 제1항 제1호 참조).

정답 | ①

70

경비처우급에 따른 작업 및 직업훈련에 대한 설명으로 옳지 않은 것은 모두 몇 개인가?

> ㉠ 소장은 일반경비처우급 수형자라도 작업·교육 등의 성적이 우수하고 관련 기술이 있는 경우에는 교도관의 작업지도를 보조하게 할 수 있다.
> ㉡ 수형자의 개인작업은 1일 3시간 이내로 한다.
> ㉢ 수형자의 개인작업에 필요한 작업재료 등의 구입비용은 원칙적으로 예산으로 지원한다.
> ㉣ 소장은 일반경비처우급 수형자라도 처우상 특히 필요한 경우에는 외부직업훈련을 받게 할 수 있다.

① 1개　　② 2개

③ 3개　　④ 4개

해설 [×] ㉠ 작업지도의 보조는 개방처우급 또는 완화경비처우급 수형자에 대해서만 허용된다(시행규칙 제94조 참조).

㉡ 개인작업시간은 교도작업에 지장을 주지 아니하는 범위에서 1일 2시간 이내로 한다(시행규칙 제95조 제1항).

㉢ 개인작업에 필요한 작업재료 등의 구입비용은 수형자가 부담한다. 다만, 처우상 필요한 경우에는 예산의 범위에서 그 비용을 지원할 수 있다(동조 제3항). 즉, 작업재료 등의 구입비용은 수형자가 부담하는 것이 원칙이다.

㉣ 외부직업훈련은 개방처우급 또는 완화경비처우급 수형자에게만 인정된다(시행규칙 제96조 제1항 참조).

[○] 없음

정답 | ④

71

다음 중 현행 법령상 가장 거리가 먼 것은? 9급특채 12

① 소장은 다른 수형자의 모범이 되는 일반경비처우급 수형자를 봉사원으로 선정할 수 있다.
② 소장은 직업능력향상을 위하여 특히 필요한 경우 일반경비처우급 수형자에도 교정시설 외부에서 운영하는 직업훈련을 받게 할 수 있다.
③ 소장은 교화상 특히 필요한 경우 일반경비처우급 수형자에게도 가족만남의 집 이용을 허가할 수 있다.
④ 소장은 특히 필요한 경우 일반경비처우급 수형자에게도 사회견학을 허가할 수 있다.

해설 ② 소장은 수형자가 개방처우급 또는 완화경비처우급으로서 직업능력 향상을 위하여 특히 필요한 경우에는 교정시설 외부의 공공기관 또는 기업체 등에서 운영하는 직업훈련을 받게 할 수 있다(시행규칙 제96조 제1항). 따라서 소장은 일반경비처우급 수형자에게는 교정시설 외부에서 운영하는 직업훈련을 받게 할 수 없다.
① 시행규칙 제85조 제1항
③ 시행규칙 제89조 제3항
④ 시행규칙 제92조 제1항 제1호

정답 | ②

72

분류처우에 관한 다음 사례 중 현행 법령에 가장 부합되지 않는 것은?

① 소장이 다른 교정시설로부터 이송되어 온 수형자의 개별처우계획을 변경하지 않고 그대로 유지하였다.
② 소장이 형집행정지 중에 있는 사람이 기간만료로 재수용되었을 때 석방 당시와 동일한 처우 등급을 부여하였다.
③ 소장이 가석방의 취소로 재수용된 사람에게 석방 당시와 동일한 처우등급을 부여하였다.
④ 소장이 가석방기간 중 형사사건으로 재수용되어 형이 확정된 사람의 개별처우계획을 석방 당시와 동일하게 유지하였다.

해설 ④ 소장은 형집행정지 중이거나 가석방기간 중에 있는 사람이 형사사건으로 재수용되어 형이 확정된 경우에는 개별처우계획을 새로 수립하여야 한다(시행규칙 제60조 제4항).
① 소장은 해당교정시설의 특성 등을 고려하여 필요한 경우에는 다른 교정시설로부터 이송되어 온 수형자의 개별처우계획을 변경할 수 있다(동조 제1항). 즉, 변경 여부는 소장의 재량이므로 종전 개별처우계획을 그대로 유지하였다 하여 위법이라고 보기 어렵다.
② 소장은 형집행정지 중에 있는 사람이 기간만료 또는 그 밖의 정지사유가 없어져 재수용된 경우에는 석방 당시와 동일한 처우등급을 부여할 수 있다(동조 제2항).
③ 소장은 가석방의 취소로 재수용되어 남은 형기가 집행되는 경우에는 석방 당시보다 한 단계 낮은 처우등급을 부여한다. 다만, 가석방 취소사유에 특히 고려할 만한 사정이 있는 때에는 석방 당시와 동일한 처우등급을 부여할 수 있다(동조 제3항).

정답 | ④

73

수형자 乙은 징역 18년형이 확정되어 분류심사를 마치고 교도소로 이송되었다. 앞으로 乙이 현행 법령에 따라 정기재심사를 받을 시기를 나열한 것으로 잘못된 것은? 9급특채 10

① 6년 ② 9년
③ 12년 ④ 14년

해설 ①·②·③ 정기재심사는 형기의 3분의 1, 2분의 1, 3분의 2, 6분의 5의 어느 하나에 해당하는 경우에 하므로(시행규칙 제66조 제1항), 수형자 乙은 6년(1/3), 9년(1/2), 12년(2/3), 15년(5/6)에 도달할 때마다 정기재심사를 받게 된다.

정답 | ④

74

징역 10년(특수강도죄)과 징역 14년(살인죄)의 2개의 형을 집행하는 수형자 甲에 대한 두 번째 정기재심사 완료시점으로 옳은 것은? (형기기산일 2010.01.10.) 9급경채 13

① 2020년 2월까지 완료
② 2022년 1월까지 완료
③ 2022년 2월까지 완료
④ 2016년 1월까지 완료

해설 ① 정기재심사는 형기의 1/3, 1/2, 2/3, 5/6에 각각 도달한 때에 한다(시행규칙 제66조 제1항 참조). 2개 이상의 징역형 또는 금고형을 집행하는 수형자의 재심사시기를 산정하는 경우에는 그 형기를 합산한다. 다만, 합산한 형기가 20년을 초과하는 경우에는 그 형기를 20년으로 본다(동조 제4항). 소장은 재심사를 할 때에는 그 사유가 발생한 달의 다음 달까지 완료하여야 한다(시행규칙 제68조 제1항). 위 규정들을 종합하여 정리하면 다음과 같다. 원래 甲의 형기를 합산하면 징역 24년이나 시행규칙 제66조 제4항에 따라 甲의 형기는 징역 20년으로 보아야 하고, 징역 20년의 두 번째 정기재심사 완료시점인 1/2이 도달한 때는 2020년 1월 9일이며, 재심사는 사유가 발생한 달의 다음 달까지 완료하여야 하므로, 결과적으로 甲의 두 번째 정기재심사 완료시점은 2020년 2월이 된다.

정답 | ①

75

완화경비처우급 수형자 A는 2014년 7월 3일 가족만남의 집을 이용하였고, 같은 달 1일, 5일, 10일 접견을 하였다. A가 7월 말까지 추가로 사용할 수 있는 접견횟수는?

① 1회 ② 2회
③ 3회 ④ 4회

해설 ③ 완화경비처우급 수형자의 접견 허용횟수는 월 6회이고(시행규칙 제87조 제1항 참조), 가족만남의 집 이용은 접견 허용횟수에 포함되지 아니하므로(시행규칙 제89조 제1항 참조), A가 7월 말까지 추가로 사용할 수 있는 접견횟수는 3회이다.

정답 | ③

76

수형자의 처우에 관한 다음 사례 중 현행 법령에 가장 위배되는 것은?

① 소장이 일반경비처우급 수형자와 완화경비처우급 수형자의 의류 지급에 있어 색상과 수량에 차이를 두었다.
② 소장이 일반경비처우급 수형자에게 자치생활을 허가하였다.
③ 소장이 개방처우급 수형자에게 월 6회 전화통화를 허가하였다.
④ 소장이 일반경비처우급 수형자에게 사회견학을 허가하였다.

해설 ② 소장은 개방처우급·완화경비처우급 수형자에게 자치생활을 허가할 수 있다(시행규칙 제86조 제1항). 따라서 일반경비처우급 수형자에게 자치생활을 허가한 것은 현행 법령에 위배된다.
① 시행규칙 제84조 제1항
③ 원칙적으로 개방처우급 수형자의 전화통화 허용횟수는 월 5회 이내이나(시행규칙 제90조 제1항 참조), 소장은 처우상 특히 필요한 경우에는 개방처우급·완화경비처우급 수형자의 전화통화 허용횟수를 늘릴 수 있으므로(동조 제2항 참조), 해당 사례는 현행 법령에 위배된다고 볼 수 없다.
④ 시행규칙 제92조 제1항

정답 | ②

77

「형의 집행 및 수용자의 처우에 관한 법률 시행규칙」상 분류처우에 대한 설명으로 옳지 않은 것은 모두 몇 개인가? 7급승진 22

> ㉠ 징역형·금고형이 확정된 사람으로서 집행할 형기가 형집행지휘서 접수일부터 6개월 미만인 사람, 구류형이 확정된 사람, 노역장 유치명령을 받은 사람은 분류심사를 하지 아니한다.
> ㉡ 조정된 처우등급에 따른 처우는 그 조정이 확정된 날부터 한다. 이 경우 조정된 처우등급은 그달 초일부터 적용된 것으로 본다.
> ㉢ 수형자를 징벌하기로 의결한 때에는 부정기재심사를 할 수 있다.
> ㉣ 소장이 작업장 중 작업의 특성이나 난이도 등을 고려하여 필수 작업장으로 지정하는 경우 소득점수의 수는 10퍼센트 이내, 우는 20퍼센트 이내의 범위에서 각각 확대할 수 있다.

① 1개　② 2개
③ 3개　④ 4개

해설 옳지 않은 것은 ㉠, ㉡, ㉣이다.

㉠ ⓐ 징역형·금고형이 확정된 사람으로서 집행할 형기가 형집행지휘서 접수일부터 3개월 미만인 사람, ⓑ 구류형이 확정된 사람에 대해서는 분류심사를 하지 아니한다(형집행법 시행규칙 제62조 제1항).

㉡ 조정된 처우등급에 따른 처우는 그 조정이 확정된 다음 날부터 한다. 이 경우 조정된 처우등급은 그달 초일부터 적용된 것으로 본다(동법 시행규칙 제82조 제1항).

㉢ 동법 시행규칙 제67조 제3호

㉣ 소장이 작업장 중 작업의 특성이나 난이도 등을 고려하여 필수 작업장으로 지정하는 경우 소득점수의 수는 5퍼센트 이내, 우는 10퍼센트 이내의 범위에서 각각 확대할 수 있다(동법 시행규칙 제79조 제2항).

정답 | ③

CHAPTER

05 처우제도

01 ★

수형자자치제를 효과적으로 실시하기 위한 전제조건으로 볼 수 없는 것은?

① 계호주의의 결함 보충
② 과학적 분류
③ 교도소의 소규모화
④ 교도작업 내용의 세분화

해설 ④ 수형자자치제는 교정당국의 통제와 관여를 최소화한다는 점에서 교도작업의 내용도 자체작업이 가능한 범위에 있을 것이 요구되므로, 교도작업 내용의 세분화는 수형자자치제의 전제조건이라고 보기 어렵다.

수형자자치의 전제조건

- 자치제를 시행하더라도 자유형 집행의 본질을 벗어나서는 안 된다.
- 수형자에 대한 과학적 조사와 분류가 선행되어야 한다.
- 혼거제가 전제되어야 한다.
- 소규모 교도소에서 실시되어야 한다.
- 부정기형제도하에서 운영되어야 효과적이다.
- 교도관과 수형자 간의 인간적 유대관계가 형성되어야 한다.
- 근본적으로 사회 자체가 민주화되어야 한다.

정답 | ④

02

수형자자치제에 관한 설명으로 옳지 않은 것은?

① 수형자와 교도관의 인격적 관계 회복으로 교정효율을 높일 수 있다.
② 교도관의 권위를 증진시킨다.
③ 형벌의 위하력을 약화시킨다.
④ 시설 및 인력에 소요되는 비용을 절감할 수 있다.

해설 ② 수형자자치제는 수형자 스스로의 책임에 기초하여 교도소 내의 질서를 유지토록 하고 자치생활을 보장하므로, 교도관의 감독과 감시 역할이 축소되어 법의 집행자로서 교도관의 권위는 약화된다.

정답 | ②

03

수형자자치제에 관한 내용으로 옳지 않은 것으로만 묶인 것은? 교정7급 11

> ㉠ 미국 메사추세츠주의 노포크(Norfolk) 교도소에서 최초로 시작되었다.
> ㉡ 과학적 분류처우가 전제되어야 하며, 대규모 시설보다 소규모 시설에서 효과적이다.
> ㉢ 사회 내 처우의 일환으로 혼거제하에서 그 효용성이 높다.
> ㉣ 대규모 수형자처우제의 단점을 보완하기 위한 보완적 제도로 카티지제도(Cottage system)가 시행되었다.
> ㉤ 계호인원이 늘어 행형경비가 증가할 수 있다.
> ㉥ 수형자의 자치의식과 책임감을 기본으로 하며, 정기형하에서 실시하는 것이 효과적이다.

① ㉠, ㉡, ㉣, ㉤　② ㉠, ㉢, ㉤, ㉥
③ ㉡, ㉢, ㉣, ㉥　④ ㉡, ㉣, ㉤, ㉥

해설 [×] ㉠ 수형자자치제가 행형제도로 처음 실시된 곳은 뉴욕주의 오번교도소이다.
㉢ 수형자자치제는 시설 내 처우의 일종이다.
㉤ 수형자자치제는 교도관의 계호를 최소화하고 수형자의 자치활동을 최대한 보장하므로, 계호인원이 늘어 행형경비가 증가한다는 표현은 옳지 않다.
㉥ 정기형제도하에서는 자치심이 형성되지 않은 수형자라도 형기가 종료되면 사회에 복귀시켜야 하므로, 부정기형제도가 수형자자치제에 보다 효과적이다.
[○] ㉡·㉣

정답 | ②

04

수형자자치제에 관한 설명으로 옳지 않은 것을 모두 고른 것은?

> ㉠ 계호에 수반되는 인력 및 시설비용을 절감할 수 있다.
> ㉡ 소수의 힘 있는 수형자에 의해 대다수의 수형자가 억압·통제되는 폐단을 초래할 수 있다.
> ㉢ 우리나라는 개방처우급, 일반경비처우급 수형자를 대상으로 하고 있다.
> ㉣ 소장은 자치생활수형자에게 주 1회 이상 토론회를 할 수 있도록 하여야 한다.

① ㉠, ㉡　② ㉠, ㉢
③ ㉡, ㉢　④ ㉢, ㉣

해설 [×] ㉢ 소장은 개방처우급·완화경비처우급 수형자에게 자치생활을 허가할 수 있다(시행규칙 제86조 제1항).
㉣ 주 1회 → 월 1회(동조 제3항)
[○] ㉠·㉡

정답 | ④

05

수형자자치제도와 관계가 깊은 것은 모두 몇 개인가?

㉠ 계호주의 흠결의 보정	㉡ 오스본
㉢ 카티지제도	㉣ 과학적 수형자분류
㉤ 정기형제도	㉥ 자기통제의 원리

① 3개
② 4개
③ 5개
④ 6개

해설 [O] ㉠ 수형자자치제는 수형자의 저항유발을 최소화하고, 엄격한 계호에 따르는 마찰을 감소시킬 수 있다.
㉡ 수형자자치제가 행형제도로 처음 실시된 곳은 뉴욕주의 오번교도소로, 오번시장 출신인 오스본(T.M. Osborne)은 오번교도소장의 허락하에 톰 브라운(Tom Brown)이라는 가명으로 자원수형자가 되어 수형자자치단체인 상호복지연명을 조직한 후 이를 중심으로 수형자자치제 실시를 건의하였고, 뉴욕주 지사와 오번교도소장의 동의하에 1914년 오번교도소에서 이를 시행하게 되었다.
㉢ 카티지제는 수형자자치제의 한 형태라고 볼 수 있다.
㉣ 상습범·누범 등을 제외하고, 자치제에 적합한 자를 선정하기 위해서는 수형자에 대한 과학적 조사와 분류가 선행되어야 한다.
㉥ 수형자자치제는 수형자에게 독립심 및 자립심을 가지게 하여 미흡한 자기통제력을 회복시킨다.
[×] ㉤ 정기형제도하에서는 자치심이 형성되지 않은 수형자라도 형기가 종료되면 반드시 사회에 복귀시켜야 하므로, 부정기형제도하에서 운영되어야 보다 효과적이다.

정답 | ③

06

수형자자치제에 대한 설명 중 옳지 않은 것은? 행정고시 01

① 선량한 시민보다는 단순히 선량한 수형자를 만드는 데 그치기 쉽다는 우려도 있다.
② 수형자의 사회적응능력 함양을 궁극적인 목표로 한다.
③ 교정시설의 계호인력을 경감할 수 있다는 장점이 있는 반면에 교도관의 권위를 하락시킬 수 있다는 단점도 있다.
④ 소규모 교도소에서 시행하는 것이 효과적이다.
⑤ 부정기형을 도입하는 경우에는 충분한 기능을 할 수 없다.

해설 ⑤ 수형자자치제는 정기형제도보다는 부정기형제도하에서 운영되는 것이 효과가 크다.

정답 | ⑤

07

형의 집행 및 수용자의 처우에 관한 법률 시행규칙에서 규정하고 있는 수형자 자치생활의 범위에 포함되지 않는 것은?

① 인원점검　　② 취미활동

③ 일정한 구역 안에서의 생활　　④ 교도작업

해설 ①·②·③ 수형자 자치생활의 범위는 인원점검, 취미활동, 일정한 구역 안에서의 생활 등으로 한다(시행규칙 제86조 제2항).

정답 | ④

08

카티지제의 내용이 아닌 것은? 9급경채 13

① 과학적 분류제도가 전개　　② 부정기형

③ 대규모 교도소　　④ 제한적 자치

해설 ③ 카티지제란 동일 교도소 내에서 소규모의 카티지(통상 20~30인 규모)를 구성하여 운영(가장 모범적이라고 알려진 벨기에의 소년교정시설은 4개의 카티지로 구성되어 있다)하게 되므로, 보통 소규모 교도소에서 실시하는 것이 일반적이다.

➤ 카티지제의 장단점

장점	단점
• 수형자의 개별처우에 적합 • 독거제 및 혼거제의 단점을 보완 • 독립적 자치심 배양에 유리 • 규율의 확립과 교화에 유리	• 시설의 소규모화에 따르는 재정부담 증가 • 국민의 법감정 및 피해자의 감정과 부합되지 않음 • 과학적 분류제도와 전문요원 확보가 선행되지 않으면 제도적 장점을 살릴 수 없음

정답 | ③

09

카티지제에 관한 설명 중 틀린 것을 모두 고른 것은?

> ㉠ 수형자자치제도의 한 형태라고 볼 수 있다.
> ㉡ 1922년 영국의 보스탈감화원, 1927년 매사추세츠주 노포크교도소 등에서 시행되었다.
> ㉢ 정기형제도하에서 효과를 거둘 수 있다.
> ㉣ 일반적으로 대상 수형자들에게 자유로운 행동을 보장하며, 처우내용에 있어서도 대상 수형자들의 요구를 적극적으로 반영하는 형태로 운영되고 있다.

① ㉠, ㉡
② ㉠, ㉢
③ ㉡, ㉢
④ ㉢, ㉣

해설 [×] ㉢ 카티지제는 부정기형이 전제될 때 효과를 거둘 수 있는 제도이다.
㉣ 카티지제를 성공적으로 운영하고 있는 나라에서는 일반적으로 각 카티지별로 자치활동을 보장하되, 엄격하게 행동을 제한하고 있으며, 자유로운 처우는 마지막 단계에서만 가능하도록 하고 있다.
[○] ㉠·㉡

정답 | ④

10

다음은 선시제도에 대한 설명이다. 맞지 않는 것은? 5급승진 04

① 선시제도는 시설 내 처우에 해당한다.
② 수형자가 교도소에서 선행을 함으로써 스스로 노력과 행장에 따라 법률적 기준하에 석방의 시기가 단축되는 제도이다.
③ 개선·갱생을 촉진시켜 시설 내의 행장이 우수한 수형자는 조기에 석방되므로 수형자의 선행을 장려할 수 있다.
④ 교도소의 질서유지, 작업능률의 향상으로 수익증대 효과를 거둘 수 있다.
⑤ 자발적 참여를 기초로 하므로 관리 위주나 처벌의 부정적 형태로의 운영 가능성은 없다.

해설 ⑤ 선시제도는 수형자의 노력에 따라 석방시기가 단축되므로 정기형의 엄격성을 완화할 수 있다는 장점이 있다. 그러나 선시제도는 교화개선보다는 수형자를 관리하는 측면에 중점을 두었고, 처벌의 부정적 형태로 운영되어 왔다는 비판이 있다.

정답 | ⑤

11 ★

선시제도(Good Time System)에 관한 설명으로 옳지 않은 것은? 행정고시 03

① 수형자의 선행을 기초로 일정한 법적 기준에 따라 석방시기를 앞당기는 제도이다.
② 교도소의 규율을 유지하고, 교화개선을 촉진한다는 목적이 있다.
③ 행형이념의 변화에 따른 개방처우의 한 형태이다.
④ 수형자의 선행업적에 따라 요건이 충족되면 별도의 심사 없이 석방되므로 사회방위에 불리하다는 지적이 있다.
⑤ 우리나라에서도 시행된 적이 있다.

해설 ③ 선시제도는 시설 내 처우의 한 형태이다.
⑤ 1948년 '우량수형자 석방령'을 공포·시행하고, 선시제도를 도입하였다.

정답 | ③

12

다음 중 선시제도와 관련이 없는 것은?

① 상우제도로서의 성격
② 형기 자체가 경감
③ 선행보상제도
④ 형기 자기단축제도

해설 ② 선시제도는 수형자의 노력에 따라 석방시기가 단축되는 것이라는 점에서 형기 그 자체가 경감되는 감형과 구별된다.

정답 | ②

13

선시제도에 관한 설명으로 옳지 않은 것은?

① 수형자의 노력에 따라 석방시기가 단축된다는 점에서 형기 자기단축제도라고 한다.
② 일정한 요건이 충족되면 반드시 석방해야 한다는 점에서 가석방과 구별된다.
③ 형기계산이 복잡하며, 삼권분립의 원칙에 위배된다는 지적이 있다.
④ 사회방위에 불리하다는 치명적 단점 때문에 오늘날 이 제도를 채택하고 있는 나라는 많지 않다.

해설 ④ 선시제도는 재범가능성이 인정될지라도 일정한 요건이 충족되면 별도의 심사 없이 석방하는 제도이므로 사회방위에 불리하다는 비판이 있지만, 오늘날 많은 국가들이 과밀수용 해소를 위해 선시제도를 채택하고 있다.

정답 | ④

박상민

JUSTICE 교정학

단원별 핵심천제

[교정학편]

PART

04

시설 내 처우 I

CHAPTER

01 형의 집행 및 수용자의 처우에 관한 법률

01

형의 집행 및 수용자의 처우에 관한 법률상 수형자의 범위에 포함되지 않는 사람은?

① 사형의 선고를 받아 그 형이 확정되어 교정시설에 수용된 사람
② 금고형의 선고를 받아 그 형이 확정되어 교정시설에 수용된 사람
③ 구류형의 선고를 받아 그 형이 확정되어 교정시설에 수용된 사람
④ 과료를 완납하지 아니하여 노역장 유치명령을 받아 교정시설에 수용된 사람

해설 ① 사형확정자는 형집행법상 수용자에 포함되나, 수형자에는 포함되지 않는다(법 제2조 참조). 형집행법상 수용자의 범위를 정리하면 다음과 같다.

➤ 형집행법상 수용자

수형자	• 징역형, 금고형, 구류형의 선고를 받아 그 형이 확정되어 교정시설에 수용된 사람 • 벌금 또는 과료를 완납하지 아니하여 노역장 유치명령을 받아 교정시설에 수용된 사람
미결수용자	형사피의자 또는 형사피고인으로서 체포되거나 구속영장의 집행을 받 교정시설에 수용된 사람
사형확정자	사형의 선고를 받아 그 형이 확정되어 교정시설에 수용된 사람
기타	법률과 적법한 절차에 따라 교정시설에 수용된 사람(예 : 일시수용자, 감치명령을 받은 자)

정답 | ①

02

「형의 집행 및 수용자의 처우에 관한 법률」 제3조의 적용범위에 관한 설명으로 ( ) 안에 들어갈 말은?

이 법은 교정시설의 (㉠)와 교도관이 수용자들 (㉡)하고 있는 그 밖의 장소로서 교도관의 통제가 요구되는 공간에 대하여 적용한다.

	㉠	㉡		㉠	㉡
①	구내 및 구외	계호(戒護)	②	구내 및 구외	시찰(視察)
③	구내	계호(戒護)	④	구내	시찰(視察)

해설 ③ 이 법은 교정시설의 구내와 교도관이 수용자를 계호하고 있는 그 밖의 장소로서 교도관의 통제가 요구되는 공간에 대하여 적용한다(형집행법 제3조). 즉, 원칙적으로 교정시설의 구내에만 적용되나, 예외적으로 출정, 호송 등의 사유로 계호를 하고 있으며 교도관의 통제가 요구되는 그 밖의 장소에도 적용된다.

정답 | ③

03

형의 집행 및 수용자의 처우에 관한 법률의 성격에 관한 설명으로 틀린 것은? 9급특채 10

① 형법과 같은 실체법의 성격이다.
② 형사소송법과 연결되는 절차법의 성격이다.
③ 국가 또는 공공단체와 사인 간의 불대등관계를 규율하는 공법의 성격이다.
④ 형이 확정된 범죄인에 대한 강제적 형집행규정이라는 점에서 강행법의 성격이다.

해설 ① 형집행법은 형벌권을 실현하는 구체적 절차를 규정한 절차법의 성격을 가진다.

정답 | ①

04

「형의 집행 및 수용자의 처우에 관한 법률」의 내용으로 옳지 않은 것은? 국가9급 18

① 교정시설의 장은 법률이 정한 사유가 있는 수형자에게 5일 이내의 특별귀휴를 허가할 수 있다.

② 수형자가 소년교도소에 수용 중에 19세가 된 경우에도 교육·교화프로그램, 작업, 직업훈련 등을 실시하기 위하여 특히 필요하다고 인정되면 23세가 되기 전까지는 계속하여 수용할 수 있다.

③ 법무부장관은 교정시설의 운영, 교도관의 복무, 수용자의 처우 및 인권실태 등을 파악하기 위하여 매월 1회 이상 교정시설을 순회점검하거나 소속 공무원으로 하여금 순회점검하게 하여야 한다.

④ 법무부장관은 교정시설의 설치 및 운영에 관한 업무의 일부를 법인 또는 개인에게 위탁할 수 있다.

해설 ③ 법무부장관은 교정시설의 운영, 교도관의 복무, 수용자의 처우 및 인권실태 등을 파악하기 위하여 매년 1회 이상 교정시설을 순회점검하거나 소속 공무원으로 하여금 순회점검하게 하여야 한다(법 제8조).

① 소장은 가족 또는 배우자의 직계존속이 사망한 때, 직계비속의 혼례가 있는 때의 사유가 있는 수형자에 대하여는 5일 이내의 특별귀휴를 허가할 수 있다(법 제77조 제2항).

② 법 제12조 제3항

④ 법 제7조 제1항

정답 | ③

05

형의 집행 및 수용자의 처우에 관한 법률은 형의 집행에 관한 여러 가지 제도를 창설하는 기능을 수행한다고 할 때 이러한 기능은 다음 중 어디에 해당하는가?

① 규범적 기능 ② 보장적 기능

③ 강제적 기능 ④ 형제적 기능

해설 ④ 형집행법은 형의 집행에 관한 여러 가지 제도를 창설하고 정립하는 기능을 수행하는데, 이러한 기능을 형제적(刑制的) 기능이라고 한다.

정답 | ④

06

형의 집행 및 수용자의 처우에 관한 법률의 기능이 아닌 것은?

① 규범적 기능
② 강제적 기능
③ 보호적 기능
④ 형식적 기능

해설 ①·②·③ 형집행법은 일정한 법적 효과를 부여하는 규범적 기능, 일정한 준칙에 대한 복종을 강요하는 강제적 기능, 기본적 인권과 최저의 문화적 생활을 보장하는 보호적 기능, 행형에 관한 제도를 창설하는 형제적(刑制的) 기능을 가진다.

정답 | ④

07

다음 중 형의 집행 및 수용자의 처우에 관한 법률 제1조의 목적이 아닌 것은? 9급경채 15

① 수형자의 교정교화
② 수용자의 건전한 사회복귀
③ 수용자의 권리
④ 교정시설의 운영

해설 ② 이 법은 수형자의 교정교화와 건전한 사회복귀를 도모하고, 수용자의 처우와 권리 및 교정시설의 운영에 관하여 필요한 사항을 규정함을 목적으로 한다(법 제1조). 즉, 수용자가 아닌 수형자의 건전한 사회복귀이다.

정답 | ②

CHAPTER

02 교정시설 수용

01

수용시설에 수용하는 실질적 요건이 아닌 것은?

① 피수용자가 본인일 것
② 수용을 지휘하는 적법한 서류를 갖추었을 것
③ 수용지휘문서와 수용장소가 일치할 것
④ 피수용자가 법정감염병 환자에 해당하는지 여부

해설 ② 수용에 필요한 적법한 서류의 구비 여부는 수용의 형식적 요건에 해당한다. 수용의 실질적 요건이란 문서에 표시된 내용이 사실과 일치하고, 수용거절사유가 없어야 하며, 수용능력이 갖추어져야 함을 말한다.

실질적 수용요건의 예시
- 피수용자가 본인인지 여부
- 서류에 기재된 시설과 수용시설이 일치하는지 여부
- 피수용자가 법정감염병 환자에 해당하는지 여부
- 수용시설이 수용능력을 구비하고 있는지 여부

정답 | ②

02

현행법상 수용에 관한 설명으로 옳지 않은 것은?

① 취사에 필요하다는 이유로 구치소에 수형자를 수용할 수 있다.
② 수용지휘서에 기재된 시설과 수용시설의 일치 여부를 확인하는 것은 수용의 형식적 요건에 해당한다.
③ 피수용자의 본인 여부는 수용의 실질적 요건에 해당한다.
④ 수형자가 소년교도소에 수용 중에 19세가 된 경우에도 특히 필요하다고 인정되면 23세가 되기 전까지는 계속하여 수용할 수 있다.

해설 ② 수용의 실질적 요건에 해당한다.
① 법 제12조 제2항
④ 동조 제3항

정답 | ②

03

「형의 집행 및 수용자의 처우에 관한 법률」상 '수용'에 관한 설명 중 옳지 않은 것은? 사법시험 11

① 19세 이상의 수형자와 19세 미만의 수형자를 같은 교정시설에 수용하는 경우에는 서로 분리하여 수용한다.
② 수용자는 독거수용을 원칙으로 하나, 독거실 부족 등 시설여건이 충분하지 아니한 때에는 혼거수용할 수 있다.
③ 소장은 수용인원이 정원을 초과하여 정상적인 운영이 곤란한 때에는 수용을 거절하여야 한다.
④ 소장은 수용목적상 필요하면 수용 중인 사람에 대하여도 사진촬영이나 지문채취를 할 수 있다.
⑤ 소장은 다른 교정시설로부터 이송되어 온 사람이 있으면 그 사실을 수용자의 가족에게 지체 없이 통지하여야 하지만, 수용자가 통지를 원하지 않으면 그러하지 아니한다.

해설 ③ 현행법은 수용인원의 정원초과로 정상적인 운영이 곤란한 경우를 수용거절사유로 규정하고 있지 않다.
① 법 제13조 제2항
② 법 제14조 제1호
④ 법 제19조 제2항
⑤ 법 제21조

정답 | ③

04

「형의 집행 및 수용자의 처우에 관한 법률 및 동법 시행령」에서는 수용자의 수용 등 일정한 변동사항이 있는 경우에는 가족 등에게 알려야 한다. 이때 예외 없이 반드시 알려야 하는 경우로만 묶인 것은?

㉠ 신입자가 수용된 경우 또는 다른 교정시설로부터 이송된 경우
㉡ 수용자가 외부의료시설에서 진료받거나 치료감호시설로 이송된 경우
㉢ 징벌대상자에 대하여 접견·편지수수 또는 전화통화를 제한하는 경우
㉣ 수용자가 위독한 경우
㉤ 수용자가 사망한 경우

① ㉠, ㉡　② ㉡, ㉢
③ ㉢, ㉣　④ ㉣, ㉤

해설 ④ 수용된 경우, 수용자가 외부의료시설에서 진료받거나 치료감호시설로 이송된 경우, 징벌대상자에 대하여 접견·편지수수 또는 전화통화를 제한하는 경우에는 가족에게 지체 없이 알려야 하나, 수용자가 알리는 것을 원하지 아니하면 알리지 아니한다(형집행법 제2조, 동법 제37조 제4항, 동법 시행령 제133조 제2항). 그러나 수용자가 위독한 경우와 수용자가 사망한 경우에 대한 예외규정은 없으므로 반드시 알려야 한다(동법 제127조, 동법 시행령 제56조).

정답 | ④

05

소장이 감염병에 걸린 사람의 수용을 거절한 경우 통보 또는 보고할 기관이 아닌 것은?

① 수용지휘기관
② 소재지 관할 보건소장
③ 법원
④ 법무부장관

해설 ①·②·④ 소장은 감염병에 걸린 사람의 수용을 거절하였으면 그 사유를 지체 없이 수용지휘기관과 관할 보건소장에게 통보하고 법무부장관에게 보고하여야 한다(법 제18조 제2항).

정답 | ③

06 ★

수용절차에 관한 설명으로 옳지 않은 것은?

① 신입자에게 부상, 질병, 그 밖에 건강에 이상이 있을 때에는 호송인에게 그 사실에 대한 확인서를 발부하여야 한다.
② 소장은 신입자를 인수한 경우에는 교도관에게 신입자의 신체, 의류 및 휴대품을 지체 없이 검사하게 하여야 한다.
③ 신입자거실에 수용된 사람에게는 작업을 부과해서는 아니 된다.
④ 소장은 신입자 또는 이입자를 수용한 날부터 3일 이내에 수용기록부, 수용자명부 및 형기종료부를 작성·정비하고 필요한 사항을 기록하여야 한다.

해설 ① 호송인에게 확인서를 발부하는 것이 아니라, 호송인으로부터 그 사실에 대한 확인서를 받아야 한다(시행령 제13조 제1항 참조).
② 시행령 제4조
③ 시행령 제18조 제2항
④ 시행령 제19조

정답 | ①

07

현행 법령상 수용절차에 관한 기술 중 틀린 것은? 9급특채 12

① 소장은 신입자가 환자이거나 부득이한 사정이 없는 한 수용된 날부터 3일 동안 신입자거실에 수용하여야 한다.

② 소장은 신입자의 수용사실을 수용자 본인이 원하지 않는 경우를 제외하고는 그 가족에게 수용된 날부터 5일 이내에 통지하여야 한다.

③ 소장은 신입자를 수용한 날부터 3일 이내에 수용기록부를 작성하여야 한다.

④ 신입의 건강진단은 부득이한 사정이 있는 경우를 제외하고는 수용된 날부터 3일 이내에 해야 한다.

해설 ② 소장은 신입자 또는 다른 교정시설로부터 이송되어 온 사람이 있으면 그 사실을 수용자의 가족에게 지체 없이 알려야 한다. 다만, 수용자가 알리는 것을 원하지 아니하면 그러하지 아니하다(법 제21조).

① 시행령 제18조 제1항

③ 시행령 제19조

④ 시행령 제15조

정답 | ②

08

「형의 집행 및 수용자의 처우에 관한 법률 시행령」이 규정하고 있는 신입자 관련내용 중 틀린 것은? 9급경채 15

① 신입자 거실에 수용된 사람도 신청에 의해 작업을 할 수 있다.

② 신입자가 19세 미만인 경우에는 30일까지 신입자 거실에 수용할 수 있다.

③ 신입자의 건강진단은 원칙적으로 수용된 날부터 3일 이내에 하여야 한다.

④ 신입자 거실에 대한 수용기록부는 수용한 날부터 3일 이내에 작성하여야 한다.

해설 ① 소장은 신입자 거실에 수용된 사람에게는 작업을 부과해서는 아니 된다(시행령 제18조 제2항).

② 동조 제3항

③ 시행령 제15조

④ 시행령 제19조

정답 | ①

09

「형의 집행 및 수용자의 처우에 관한 법률 및 시행령」상 신입자의 인수 및 수용에 관한 다음 설명 중 옳지 않은 것은?

① 소장은 법원·검찰청·경찰관서 등으로부터 처음으로 교정시설에 수용되는 사람을 인수한 경우에는 호송인(護送人)에게 인수서를 써 주어야 한다. 이 경우 신입자에게 부상·질병, 그 밖에 건강에 이상이 있을 때에는 호송인에게 그 사실에 대한 확인서도 함께 작성하여 주어야 한다.
② 소장은 법원·검찰청·경찰관서 등으로부터 처음으로 교정시설에 수용되는 사람에 대하여는 집행지휘서, 재판서, 그 밖에 수용에 필요한 서류를 조사한 후 수용한다.
③ 소장은 신입자에 대하여는 지체 없이 건강진단을 하여야 하며, 신입자는 소장이 실시하는 건강진단을 받아야 한다.
④ 소장은 신입자의 본인 확인 및 수용자의 처우 등을 위하여 불가피한 경우 「개인정보 보호법」 제23조에 따른 정보, 같은 법 시행령 제18조 제2호에 따른 범죄경력자료에 해당하는 정보, 같은 영 제19조에 따른 주민등록번호, 여권번호, 운전면허의 면허번호 또는 외국인등록번호가 포함된 자료를 처리할 수 있다.

해설 ① 호송인으로부터 신입자를 인수하는 경우 신입자에게 부상·질병, 그 밖에 건강에 이상이 있을 때 그 사실에 대한 확인서를 작성 제공해주어야 하는 것은 호송인이다. 즉, 소장은 호송인으로부터 신입자에게 부상·질병, 그 밖에 건강에 이상이 있다는 확인서를 받아야 한다(형집행법 시행령 제13조 제1항).
② 동법 제16조 제1항
③ 동조 제2항·제3항
④ 동법 시행령 제20조 제2항

정답 | ①

10

형의 집행 및 수용자의 처우에 관한 법률 시행령」상 신입자 인수 후 조치에 관한 다음 설명 중 옳지 않은 것은?

① 소장은 신입자가 환자이거나 부득이한 사정이 있는 경우가 아니면 수용된 날부터 3일 동안 신입자거실에 수용하여야 한다.
② 소장은 신입자거실에 수용된 사람에게는 작업인력 부족 등 특별한 사유가 있는 경우를 제외하고는 작업을 부과해서는 아니 된다.
③ 소장은 19세 미만의 신입자 그 밖에 특히 필요하다고 인정하는 수용자에 대하여는 신입자거실의 수용기간을 30일까지 연장할 수 있다.
④ 소장은 신입자 또는 이입자를 수용한 날부터 3일 이내에 수용기록부, 수용자명부 및 형기종료부를 작성·정비하고 필요한 사항을 기록하여야 한다.

해설 ② 소장은 신입자거실에 수용된 사람에게는 작업을 부과해서는 아니 된다(형집행법 시행령 제18조 제2항). 지문과 같은 예외는 인정되지 아니한다.
① 동조 제1항
③ 동조 제3항
④ 동법 시행령 제19조

정답 | ②

11

「형의 집행 및 수용자의 처우에 관한 법률 시행령」상 신입자 처우에 대한 설명으로 가장 옳은 것은?

5급승진 23

① 신입자의 건강진단은 휴무일이 연속되는 등 부득이한 사정이 없는 한 수용된 날부터 5일 이내에 하여야 한다.

② 소장은 신입자에게 질병이나 그 밖의 부득이한 사정이 있는 경우가 아니면 지체 없이 목욕을 하게 하여야 한다.

③ 소장은 신입자가 환자이거나 부득이한 사정이 있는 경우가 아니면 수용된 날부터 7일 동안 신입자거실에 수용하여야 한다.

④ 소장은 신입자 또는 이입자를 수용한 날부터 7일 이내에 수용기록부, 수용자명부 및 형기종료부를 작성·정비하고 필요한 사항을 기록하여야 한다.

해설 ② 형집행법 시행령 제16조

① 신입자의 건강진단은 수용된 날부터 3일 이내에 하여야 한다. 다만, 휴무일이 연속되는 등 부득이한 사정이 있는 경우에는 예외로 한다(동법 시행령 제15조).

③ 소장은 신입자가 환자이거나 부득이한 사정이 있는 경우가 아니면 수용된 날부터 3일 동안 신입자거실에 수용하여야 한다(동법 시행령 제18조 제1항).

④ 소장은 신입자 또는 이입자를 수용한 날부터 3일 이내에 수용기록부, 수용자명부 및 형기종료부를 작성·정비하고 필요한 사항을 기록하여야 한다(동법 시행령 제19조).

정답 | ②

12

형의 집행 및 수용자의 처우에 관한 법률상 신입자 및 이입자에 대한 고지의무사항이 아닌 것은 모두 몇 개인가?

㉠ 형기의 기산일 및 종료일 ㉡ 가석방에 관한 사항 ㉢ 청원, 「국가인권위원회법」에 따른 진정, 그 밖의 권리구제에 관한 사항 ㉣ 징벌·규율, 그 밖의 수용자의 의무에 관한 사항 ㉤ 변호인 선임에 관한 사항 ㉥ 접견·편지, 그 밖의 수용자의 권리에 관한 사항 ㉦ 일과(日課) 그 밖의 수용생활에 필요한 기본적인 사항

① 1개 ② 2개 ③ 3개 ④ 4개

해설 [×] ㉡·㉤
[○] ㉠·㉢·㉣·㉥·㉦

신입자·이입자에게 알려주어야 할 사항

- 형기의 기산일 및 종료일
- 접견·편지, 그 밖의 수용자의 권리에 관한 사항
- 청원, 「국가인권위원회법」에 따른 진정, 그 밖의 권리구제에 관한 사항
- 징벌·규율, 그 밖의 수용자의 의무에 관한 사항
- 일과(日課) 그 밖의 수용생활에 필요한 기본적인 사항

정답 | ②

13

수용의 절차에 관한 설명으로 틀린 것은 모두 몇 개인가?

㉠ 소장은 법원·검찰청·경찰관서 등으로부터 신입자를 인수한 경우에는 호송인에게 인수서를 써주어야 한다.
㉡ 신입자 및 이입자에 대해서는 고지사항을 서면으로 알려주어야 한다.
㉢ 소장은 신입자를 인수한 경우에는 신입자의 신체·의류 및 휴대품을 지체 없이 검사하여야 한다.
㉣ 신입자거실에 수용된 사람에게는 원칙적으로 작업을 부과할 수 없으나, 본인이 원하는 경우에는 작업을 부과할 수 있다.

① 1개 ② 2개
③ 3개 ④ 4개

해설 [×] ㉡ 서면으로 → 말이나 서면으로(법 제17조)
㉢ 소장은 신입자를 인수한 경우에는 교도관에게 신입자의 신체·의류 및 휴대품을 지체 없이 검사하게 하여야 한다(시행령 제14조).
㉣ 소장은 신입자거실에 수용된 사람에게는 작업을 부과해서는 아니 된다(시행령 제18조 제2항). 동 조항에 대해서는 예외규정이 없으므로 본인이 원하는 경우라도 작업을 부과할 수 없다.
[○] ㉠ 시행령 제13조 제1항

정답 | ③

14 ★

「형의 집행 및 수용자의 처우에 관한 법률」상 간이입소절차를 실시하는 대상에 해당하지 않는 것은?

교정7급 18

① 긴급체포되어 교정시설에 유치된 피의자
② 체포영장에 의하여 체포되어 교정시설에 유치된 피의자
③ 판사의 피의자 심문 후 구속영장이 발부되어 교정시설에 유치된 피의자
④ 구인 또는 구속영장청구에 따라 피의자 심문을 위하여 교정시설에 유치된 피의자

해설 ③ 판사의 피의자 심문 후 구속영장이 발부되어 교정시설에 유치된 피의자는 간이입소절차 대상자가 될 수 없다.

정답 | ③

15

「형의 집행 및 수용자의 처우에 관한 법령」상 수용자의 수용에 대한 설명으로 옳지 않은 것은?

교정7급 15

① 수용자는 독거수용하나, 수형자의 교화 또는 건전한 사회복귀를 위하여 필요한 때에는 혼거수용할 수 있다.

② 취사 등의 작업을 위하여 필요하거나 그 밖에 특별한 사정이 있으면 구치소에 수형자를 수용할 수 있다.

③ 교정시설의 장은 신입자의 의사에 반하여 건강진단을 할 수 없다.

④ 수용자의 생명·신체의 보호, 증거인멸의 방지 및 교정시설의 안전과 질서유지를 위하여 필요하다고 인정하면 혼거실이나 교육실, 그 밖에 수용자들이 서로 접촉할 수 있는 장소에서 수용자의 자리를 지정할 수 있다.

해설 ③ 소장은 신입자에 대하여는 지체 없이 신체·의류 및 휴대품을 검사하고 건강진단을 하여야 하고(법 제16조 제2항), 신입자는 소장이 실시하는 검사 및 건강진단을 받아야 한다(동조 제3항). 즉, 소장은 신입자의 의사에 반하여 건강진단을 할 수 있다.

① 법 제14조

② 법 제12조 제2항

④ 시행령 제10조

정답 | ③

16

「형의 집행 및 수용자의 처우에 관한 법률」상 간이입소절차를 실시하는 대상에 해당하지 않는 신입자는?

6급승진 20

① 긴급체포 또는 현행범으로 체포되어 교정시설에 유치된 피의자

② 구인 또는 구속영장 청구에 따라 피의자 심문을 위하여 교정시설에 유치된 피의자

③ 체포영장에 의하여 체포되어 교정시설에 유치된 피의자

④ 판사의 피의자 심문 후 구속영장이 발부되어 교정시설에 유치된 피의자

해설 ①·②·③ 다음 각 호의 어느 하나에 해당하는 신입자의 경우에는 법무부장관이 정하는 바에 따라 간이입소절차를 실시한다(법 제16조의2).

1. 「형사소송법」 제200조의2(영장에 의한 체포), 제200조의3(긴급체포) 또는 제212조(현행범인의 체포)에 따라 체포되어 교정시설에 유치된 피의자
2. 「형사소송법」 제201조의2(구속영장 청구와 피의자 심문) 제10항 및 제71조의2(구인 후의 유치)에 따른 구속영장 청구에 따라 피의자 심문을 위하여 교정시설에 유치된 피의자

정답 | ④

17

수용자의 범죄횟수에 관한 내용으로 옳지 않은 것은?

① 수용자의 범죄횟수는 징역 또는 금고 이상의 형을 선고받아 확정된 횟수로 한다.

② 3년 이하의 징역 또는 금고를 선고 받아 그 형의 집행을 종료하거나 그 집행이 면제된 날부터 7년이 경과한 경우에는 범죄횟수에 포함하지 아니한다. 다만, 그 기간 중 자격정지 이상의 형을 선고 받아 확정된 경우는 제외한다.

③ 3년을 초과하는 징역 또는 금고를 선고 받아 그 형의 집행을 종료하거나 그 집행이 면제된 날부터 10년이 경과한 경우에는 범죄횟수에 포함하지 아니한다. 다만, 그 기간 중 자격정지 이상의 형을 선고 받아 확정된 경우는 제외한다.

④ 집행유예의 선고를 받은 사람이 유예기간 중 고의로 범한 죄로 금고 이상의 실형이 확정되지 아니하고, 그 기간이 지난 경우에는 집행이 유예된 형은 범죄횟수에 포함하지 아니한다.

해설 ② 7년 → 5년(시행규칙 제3조 제2항 제2호)

① 동조 제1항 본문

③ 동조 제2항 제1호, 동조 제1항 단서

정답 | ②

18

「형법」상 형의 집행에 대한 설명으로 옳지 않은 것은? 교정9급 24

① 징역은 교정시설에 수용하여 집행하며, 정해진 노역(勞役)에 복무하게 한다.

② 유기징역 또는 유기금고에 자격정지를 병과한 때에는 징역 또는 금고의 집행을 종료하거나 면제된 날로부터 정지기간을 기산한다.

③ 벌금과 과료는 판결확정일로부터 30일 내에 납입하여야 한다. 다만, 벌금을 선고할 때에는 동시에 그 금액을 완납할 때까지 노역장에 유치할 것을 명하여야 한다.

④ 벌금이나 과료의 선고를 받은 사람이 그 금액의 일부를 납입한 경우에는 벌금 또는 과료액과 노역장 유치기간의 일수(日數)에 비례하여 납입금액에 해당하는 일수를 노역장 유치일수에서 뺀다.

해설 ③ 벌금과 과료는 판결확정일로부터 30일 내에 납입하여야 한다. 단, 벌금을 선고할 때에는 동시에 그 금액을 완납할 때까지 노역장에 유치할 것을 명할 수 있다(형법 제69조 제1항).

① 동법 제67조

② 동법 제44조 제2항

④ 동법 제71조

정답 | ③

19

「형의 집행 및 수용자의 처우에 관한 법률 시행규칙」상 범죄횟수에 관한 설명으로 옳지 않은 것은?

① 수용자의 범죄횟수 산정은 분류심사와 수용처우의 기초자료로 활용된다.

② 수용자의 범죄횟수는 징역 또는 금고 이상의 형을 선고받아 확정된 횟수로 한다.

③ 집행유예의 선고를 받은 사람이 유예기간 중 고의로 범한 죄로 금고 이상의 실형이 확정되지 아니하고 그 기간이 지난 경우에는 집행유예된 형은 범죄횟수에 포함하지 아니한다.

④ 3년을 초과하는 징역 또는 금고의 경우 형의 집행을 종료하거나 그 집행이 면제된 날부터 10년이 지난 경우에는 범죄횟수에 포함하지 아니한다. 다만, 그 기간 중 금고 이상의 형을 선고받아 확정된 경우는 제외한다.

해설 ④ 형의 집행을 종료하거나 그 집행이 면제된 날부터 다음 각 호의 기간이 지난 경우에는 범죄횟수에 포함하지 아니한다. 다만, 그 기간 중 자격정지 이상의 형을 선고받아 확정된 경우는 제외한다(형집행법 시행규칙 제3조 제2항).

1. 3년을 초과하는 징역 또는 금고 : 10년
2. 3년 이하의 징역 또는 금고 : 5년

① 수용기록부 등 수용자의 범죄횟수를 기록하는 문서에는 필요한 경우 수용횟수를 함께 기록하여 해당 수용자의 처우에 참고할 수 있도록 한다(동조 제3항).

②·③ 동조 제1항

정답 | ④

20

형의 집행 및 수용자의 처우에 관한 법률 시행규칙」상 수용자의 범죄횟수에 대한 설명으로 가장 옳지 않은 것은? 6급승진 22

① 수용자의 범죄횟수는 징역 또는 금고 이상의 형을 선고받아 확정된 횟수로 하는 것이 원칙이다.

② 집행유예의 선고를 받은 사람이 유예기간 중 고의로 범한 죄로 금고 이상의 실형이 확정되지 아니하고 그 기간이 지난 경우에는 집행이 유예된 형은 범죄횟수에 포함하지 아니 한다.

③ 징역 4년을 선고받고 확정되어 그 집행을 종료한 날로부터 5년이 지난 경우에는 범죄횟수에 포함하지 아니한다.

④ 수용기록부 등 수용자의 범죄횟수를 기록하는 문서에는 필요한 경우 수용횟수(징역 또는 금고 이상의 형을 선고받고 그 집행을 위하여 교정시설에 수용된 횟수를 말한다)를 함께 기록하여 해당 수용자의 처우에 참고할 수 있도록 한다.

해설 ③ 형의 집행을 종료하거나 그 집행이 면제된 날부터 ㉠ 3년을 초과하는 징역 또는 금고는 10년, ㉡ 3년 이하의 징역 또는 금고는 5년의 기간이 지난 경우에는 범죄횟수에 포함하지 아니한다. 다만, 그 기간 중 자격정지 이상의 형을 선고받아 확정된 경우는 제외한다(형집행법 시행규칙 제3조 제2항).

①·② 동조 제1항

④ 동조 제3항

정답 | ③

21

수형자의 분류처우에 대한 설명으로 옳지 않은 것은? 교정7급 11

① 처우등급이란 수형자의 처우 및 관리와 관련하여 수형자를 수용할 시설, 수형자에 대한 계호의 정도, 처우의 수준 및 처우의 내용을 구분하는 기준이다.

② 소장은 조직폭력수용자가 다른 사람과 접견할 때에는 접촉차단시설이 있는 장소에서 하게 하여야 한다.

③ 소장은 종교행사 시설의 부족 등 여건이 충분하지 않을 때 수용자의 종교행사 참석을 제한할 수 있다.

④ 집행유예선고를 받은 사람이 유예기간 중 고의로 범한 죄로 금고 이상의 실형이 확정되지 아니하고, 그 기간이 지난 경우에도 집행이 유예된 형은 범죄횟수에 포함한다.

해설 ④ 수용자의 범죄횟수는 징역 또는 금고 이상의 형을 선고받아 확정된 횟수로 한다. 다만, 집행유예의 선고를 받은 사람이 유예기간 중 고의로 범한 죄로 금고 이상의 실형이 확정되지 아니하고 그 기간이 지난 경우에는 집행이 유예된 형은 범죄횟수에 포함하지 아니한다(시행규칙 제3조 제1항).

① 시행규칙 제2조 제5호

② 시행규칙 제202조

③ 시행규칙 제32조 제1호

정답 | ④

22

현행 법령상 신입자의 수용에 관한 설명으로 옳지 않은 것은?

① 소장은 법원·검찰청·경찰관서 등으로부터 처음으로 교정시설에 수용되는 사람에 대하여는 집행지휘서, 재판서, 그 밖에 수용에 필요한 서류를 조사한 후 수용한다.

② 소장은 신입자에 대하여는 지체 없이 건강진단을 하여야 한다.

③ 소장은 신입자를 인수한 경우에는 호송인에게 인수서를 써주어야 한다.

④ 소장은 신입자가 환자이거나 부득이한 사정이 있는 경우가 아니면 수용된 날부터 5일 동안 신입자거실에 수용하여야 한다.

해설 ④ 5일 → 3일(시행령 제18조 제1항)

① 법 제16조 제1항

② 동조 제2항

③ 시행령 제13조 제1항

정답 | ④

23

「형의 집행 및 수용자의 처우에 관한 법률 시행령」상 수용에 대한 설명으로 옳은 것은? 교정7급 15

① 혼거수용 인원은 2명 이상으로 한다. 다만, 요양이나 그 밖의 부득이한 사정이 있는 경우에는 예외로 한다.

② 처우상 독거수용이란 주간과 야간에는 일과에 따른 공동생활을 하게 하고, 휴업일에만 독거수용하는 것을 말한다.

③ 계호상 독거수용이란 사람의 생명·신체의 보호 또는 교정시설의 안전과 질서유지를 위하여 실외운동·목욕 시에도 예외 없이 독거수용하는 것을 말한다.

④ 수용자를 호송하는 경우 수형자는 미결수용자와, 여성수용자는 남성수용자와, 19세 미만의 수용자는 19세 이상의 수용자와 서로 접촉하지 못하게 하여야 한다.

해설 ④ 시행령 제24조

① 혼거수용 인원은 3명 이상으로 한다. 다만, 요양이나 그 밖의 부득이한 사정이 있는 경우에는 예외로 한다(시행령 제8조).

② 처우상 독거수용이란 주간에는 교육·작업 등의 처우를 위하여 일과(日課)에 따른 공동생활을 하게 하고 휴업일과 야간에만 독거수용하는 것을 말한다(시행령 제5조 제1호).

③ 계호상 독거수용이란 사람의 생명·신체의 보호 또는 교정시설의 안전과 질서유지를 위하여 항상 독거수용하고 다른 수용자와의 접촉을 금지하는 것을 말한다. 다만, 수사·재판·실외운동·목욕·접견·진료 등을 위하여 필요한 경우에는 그러하지 아니하다(시행령 제5조 제2호).

정답 | ④

24

「형의 집행 및 수용자의 처우에 관한 법률」이 교도소에 미결수용자를 수용할 수 있는 경우로 규정하고 있는 것이 아닌 것은?

① 관할 법원 소재지에 구치소가 없는 때

② 구치소의 수용인원이 정원을 훨씬 초과하여 정상적인 운영이 곤란한 때

③ 범죄의 증거인멸을 방지할 필요가 있는 때

④ 교도소의 수용인원이 정원에 훨씬 미달하여 수용 여력이 충분한 때

해설 ①·②·③ 교도소에 미결수용자를 수용할 수 있는 경우는 다음과 같다(법 제12조 제1항).

교도소에 미결수용자를 수용할 수 있는 경우
- 관할 법원 및 검찰청 소재지에 구치소가 없는 때
- 구치소의 수용인원이 정원을 훨씬 초과하여 정상적인 운영이 곤란한 때
- 범죄의 증거인멸을 방지하기 위하여 필요하거나 그 밖에 특별한 사정이 있는 때

정답 | ④

25

현행법상 구분수용에 관한 사항으로 옳지 않은 것은?

① 취사 등의 작업을 위하여 필요한 경우에는 구치소에 수형자를 수용할 수 있다.

② 특별한 사정이 있으면 구분수용 기준에 따라 다른 교정시설로 이송하여야 할 수형자를 6개월을 초과하지 아니하는 기간 동안 계속하여 수용할 수 있다.

③ 특별한 사정이 있으면 수형자와 미결수용자를 같은 교정시설의 같은 거실에 수용할 수 있다.

④ 교도소에는 19세 이상의 수형자를 수용한다.

해설 ③ 일정한 사유가 있으면 같은 교정시설에 수형자와 미결수용자를 수용할 수 있으나, 같은 거실에 수형자와 미결수용자를 수용할 수는 없다.

① 법 제12조 제2항

② 동조 제4항

④ 법 제11조 제1항

정답 | ③

26

현행 법령상 구분수용에 관한 설명으로 옳은 것은? 9급경채 15

① 사형확정자는 교도소에 수용한다.

② 취사 등의 용무에 종사하기 위하여 미결수용자를 교도소에 수용할 수 있다.

③ 교육이 필요한 경우 23세까지 소년교도소에 수용할 수 있다.

④ 교도소 및 구치소의 각 지소에는 교도소 또는 구치소에 준하여 수용자를 수용한다.

해설 ① 사형확정자는 교도소는 물론 구치소에도 수용할 수 있다(시행규칙 제150조 제1항 참조).

② 취사 등의 작업을 위하여 필요하거나 그 밖에 특별한 사정이 있으면 구치소에 수형자를 수용할 수 있다(법 제12조 제2항).

③ 수형자가 소년교도소에 수용 중에 19세가 된 경우에도 교육·교화프로그램, 작업, 직업훈련 등을 실시하기 위하여 특히 필요하다고 인정되면 23세가 되기 전까지는 계속하여 수용할 수 있다(동조 제3항).

④ 법 제11조 제2항

정답 | ④

27 ★

「형의 집행 및 수용자의 처우에 관한 법률」상 구분수용의 예외로 옳지 않은 것은? 교정7급 21

① 관할 법원 및 검찰청 소재지에 구치소가 없는 때에는 교도소에 미결수용자를 수용할 수 있다.

② 범죄의 증거인멸을 방지하기 위하여 필요하거나 그 밖에 특별한 사정이 있는 때에는 교도소에 미결수용자를 수용할 수 있다.

③ 취사 등의 작업을 위하여 필요하거나 그 밖에 특별한 사정이 있으면 구치소에 수형자를 수용할 수 있다.

④ 수형자가 소년교도소에 수용 중에 19세가 된 경우에도 교육·교화프로그램, 작업, 직업훈련 등을 실시하기 위하여 특히 필요하다고 인정되면 25세가 되기 전까지는 계속하여 수용할 수 있다.

해설 ④ 수형자가 소년교도소에 수용 중에 19세가 된 경우에도 교육·교화프로그램, 작업, 직업훈련 등을 실시하기 위하여 특히 필요하다고 인정되면 23세가 되기 전까지는 계속하여 수용할 수 있다(법 제12조 제3항).

정답 | ④

28

현행법상 수용자의 수용분류에 관한 설명 중 옳은 것은? 사법시험 14

① 수형자는 20세를 기준으로 교도소와 소년교도소로 구분하여 수용한다.

② 소년교도소에 수용 중인 수형자는 특히 필요하다고 인정되면 23세가 되기 전까지는 계속하여 소년교도소에 수용할 수 있다.

③ 수형자는 혼거수용하는 것이 원칙이나 교화 또는 건전한 사회복귀를 위하여 필요한 때에는 독거수용할 수 있다.

④ 교도소장은 특별한 사유가 없더라도 자유재량으로 교도소에 미결수용자를 수용할 수 있다.

⑤ 교정시설의 장은 시설의 안전과 질서유지를 위하여 관할 지방검찰청 검사장의 승인을 받아 수용자를 다른 교정시설로 이송할 수 있다.

해설 ② 법 제12조 제3항

① 수형자는 연령에 따라 19세 이상인 경우에는 일반교도소, 19세 미만인 경우에는 소년교도소에 수용한다(법 제11조 제1항 참조).

③ 수형자는 독거수용하는 것이 원칙이나, 일정한 사유에 해당하는 경우에는 예외적으로 혼거수용할 수 있다(법 제14조 참조).

④ 교도소장은 특별한 사유(관할 법원 및 검찰청 소재지에 구치소가 없는 때, 구치소의 수용인원이 정원을 훨씬 초과하여 정상적인 운영이 곤란한 때, 범죄의 증거인멸을 방지하기 위하여 필요하거나 그 밖에 특별한 사정이 있는 때)가 있어야만 교도소에 미결수용자를 수용할 수 있다(법 제12조 제1항).

⑤ 소장은 수용자의 수용·작업·교화·의료, 그 밖의 처우를 위하여 필요하거나 시설의 안전과 질서유지를 위하여 필요하다고 인정하면 법무부장관의 승인을 받아 수용자를 다른 교정시설로 이송할 수 있다(법 제20조 제1항).

정답 | ②

29

「형의 집행 및 수용자의 처우에 관한 법률 시행규칙」상 수용자의 번호표에 사용하지 않는 색상은?

교정7급 20

① 초록색
② 노란색
③ 파란색
④ 붉은색

해설 ② 관심대상수용자와 조직폭력수용자의 번호표 및 거실표의 색상은 노란색으로 한다(시행규칙 제195조 제1항).
③ 마약류수용자의 번호표 및 거실표의 색상은 파란색으로 한다(동조 제195조 제1항).
④ 사형확정자의 번호표 및 거실표의 색상은 붉은색으로 한다(시행규칙 제150조 제4항).

정답 | ①

30

「형의 집행 및 수용자의 처우에 관한 법률」에 의할 때 수용자를 교정시설에 수용하는 기준으로 옳지 않은 것은?

교정9급 11

① 소년교도소에는 19세 미만의 수형자를 수용하는 것이 원칙이지만, 수형자가 소년교도소에 수용 중에 19세가 된 경우에 본인의 신청으로 23세가 되기 전까지는 계속하여 수용할 수 있다.
② 미결수용자는 구치소에 수용하는 것이 원칙이지만, 범죄의 증거인멸을 방지하기 위하여 필요하거나 그 밖에 특별한 사정이 있는 때에는 교도소에 미결수용자를 수용할 수 있다.
③ 수형자는 교도소에 수용하는 것이 원칙이지만, 취사 등의 작업을 위하여 필요한 경우에는 수형자를 구치소에 수용할 수 있다.
④ 수용자는 독거수용하는 것이 원칙이지만, 수용자의 생명 또는 신체의 보호 정서적 안정을 필요한 때에는 수용자를 혼거수용할 수 있다.

해설 ① 수형자가 소년교도소에 수용 중에 19세가 된 경우에도 교육·교화프로그램, 작업, 직업훈련 등을 실시하기 위하여 특히 필요하다고 인정되면 23세가 되기 전까지는 계속하여 수용할 수 있다(법 제12조 제3항). 즉, 본인의 신청을 요하지 않는다.
② 동조 제1항
③ 동조 제2항
④ 법 제14조

정답 | ①

31

｢형의 집행 및 수용자의 처우에 관한 법률, 동법 시행령 및 시행규칙｣상 허용되지 않는 사례는?

교정7급 14

① 교도소장 A는 개방처우급 수형자인 B의 사회복귀와 기술습득을 촉진하기 위하여 필요하다고 여겨 B를 교도소 외부에 소재한 기업체인 C사로 통근하며 작업을 할 수 있도록 허가하였다.

② 개방처우급 수형자인 B가 교정성적이 우수하고 타 수형자의 모범이 되는 점을 감안하여 교도소장 A는 B가 교정시설에 수용동과 별도로 설치된 일반주택 형태의 건축물에서 1박2일간 가족과 숙식을 함께 할 수 있도록 허가하였다.

③ 교도소장 A는 수형자 B의 교화 또는 건전한 사회복귀에 필요하다고 여겨 인근 대학의 심리학 전공 교수 D를 초청하여 상담 및 심리치료를 하게 하였다.

④ 일반경비처우급 수형자인 E의 교정성적이 우수하자 교도소장 A는 E에게 자치생활을 허용하면서 월 1회 토론회를 할 수 있도록 허가하였다.

해설 ④ 소장은 개방처우급·완화경비처우급 수형자에게 자치생활을 허가할 수 있다(시행규칙 제86조 제1항). 즉, 일반경비처우급 수형자는 자치생활의 허가대상에 해당하지 않는다.

정답 | ④

32

다음 중 혼거수용할 수 있는 경우가 아닌 것은?

① 수용자의 정서적 안정을 위하여 필요한 때

② 교정시설의 안전과 질서유지를 위하여 필요한 때

③ 수형자의 건전한 사회복귀를 위하여 필요한 때

④ 시설여건이 충분하지 아니한 때

해설 ② 혼거수용사유에 해당하지 않는다.
①·③·④ 모두 혼거수용사유에 해당한다(법 제14조).

정답 | ②

33

「형의 집행 및 수용자의 처우에 관한 법률 및 시행령」상 혼거수용에 관한 설명으로 옳지 않은 것은?

① 형의 집행 및 수용자의 처우에 관한 법률은 독거수용을 원칙으로 하며 혼거수용은 예외로 규정하고 있다.

② 교도관은 시찰 결과, 계호상 독거수용자가 건강상 이상이 있는 것으로 보이는 경우에는 교정시설에 근무하는 의사에게 즉시 알려야 하고 교화상 문제가 있다고 인정하는 경우에는 소장에게 지체 없이 보고하여야 한다.

③ 혼거수용 인원은 3명 이상으로 한다. 다만, 요양이나 그 밖의 부득이한 사정이 있는 경우에는 예외로 한다.

④ 소장은 금고형 또는 구류형을 선고받아 형이 확정된 수형자와 징역형을 선고받아 형이 확정된 수험자를 혼거수용해서는 아니 된다.

해설 ④ 소장은 노역장 유치명령을 받은 수시와 징역형·금고형 또는 구류형을 선고받아 형이 확정된 수형자를 혼거수용해서는 아니 된다. 다만, 징역형·금고형 또는 구류형의 집행을 마친 다음에 계속해서 노역장 유치명령을 집행하거나 그 밖에 부득이한 사정이 있는 경우에는 그러하지 아니 하다(형의 집행 및 수용자의 처우에 관한 법률 시행령 제9조).

① 동법 제14조

② 동법 시행령 제6조 제2항

③ 동법 시행령 제8조

정답 | ④

34

형의 집행 및 수용자의 처우에 관한 법령상 수용에 대한 설명으로 옳지 않은 것은? 교정9급 19

① 수형자의 교화 또는 건전한 사회복귀를 위하여 필요한 때에는 혼거수용을 할 수 있다.

② 처우상 독거수용의 경우에는 주간에는 교육·작업 등의 처우를 하여 일과에 따른 공동생활을 하게 하고, 휴업일과 야간에만 독거수용을 한다.

③ 계호상 독거수용의 경우에는 사람의 생명·신체의 보호 또는 교정시설의 안전과 질서유지를 위하여 항상 독거수용하고 다른 수용자와의 접촉을 금지한다. 다만, 수사·재판·실외운동·목욕·접견·진료 등을 위하여 필요한 경우에는 그러하지 아니하다.

④ 교도관은 모든 독거수용자를 수시로 시찰하여 건강상 또는 교화상 이상이 없는지 살펴야 한다.

해설 ④ 교도관은 계호상 독거수용자를 수시로 시찰하여 건강상 또는 교화상 이상이 없는지 살펴야 한다(시행령 제6조 제1항).

① 법 제14조

②·③ 시행령 제5조

정답 | ④

35

수용자의 이송에 관한 설명으로 옳지 않은 것은?

① 법무부장관의 승인을 얻어야 한다.

② 수용자 이송 시 여자수용자와 남자수용자, 19세 미만의 수용자와 19세 이상의 수용자는 각각 호송차량의 좌석을 분리하여야 한다.

③ 법무부장관은 이송승인에 관한 권한을 대통령령으로 정하는 바에 따라 지방교정청장에게 위임할 수 있다.

④ 소장은 이송이 수용자의 건강에 유해하다고 인정한 때에는 지체 없이 법무부장관에게 이송중지를 신청해야 한다.

해설 ④ 소장은 수용자를 다른 교정시설에 이송하는 경우에 의무관으로부터 수용자가 건강상 감당하기 어렵다는 보고를 받으면 이송을 중지하고, 그 사실을 이송받을 소장에게 알려야 한다(시행령 제23조). 따라서 이송중지는 소장의 직권으로 가능하다.

① 법 제20조 제1항

② 시행령 제24조

③ 법 제20조 제2항

정답 | ④

36

지방교정청장이 이송을 승인할 수 있는 경우가 아닌 것은?

① 수용거실이 일시적으로 부족할 때

② 교정시설 간 수용인원의 뚜렷한 불균형 조정을 위하여 특히 필요하다고 인정되는 때

③ 교정시설의 안전과 질서유지를 위해 긴급한 이송이 필요하다고 인정되는 때

④ 수형자의 교화상 특히 필요하다고 인정되는 때

해설 ④ 지방교정청장의 이송승인 범위에 포함되지 않는다(시행령 제22조 제1항 참조). 지방교정청장이 수용자의 이송을 승인할 수 있는 경우는 다음과 같다.

지방교정청장의 이송승인 범위

- 수용시설의 공사 등으로 수용거실이 일시적으로 부족한 때
- 교정시설 간 수용인원의 뚜렷한 불균형을 조정하기 위하여 특히 필요하다고 인정되는 때
- 교정시설의 안전과 질서유지를 위하여 긴급하게 이송할 필요가 있다고 인정되는 때

정답 | ④

37 ★

수용자의 이송에 대한 설명으로 옳지 않은 것은?

① 법무부장관은 이송승인에 관한 권한을 대통령령으로 정하는 바에 따라 지방교정청장에게 위임할 수 있다.

② 소장은 수용자를 다른 교정시설에 이송하는 경우에 의무관으로부터 수용자가 건강상 감당하기 어렵다는 보고를 받으면 이송을 중지하고 그 사실을 이송 받을 소장에게 알려야 한다.

③ 수용자가 이송 중에 징벌대상행위를 하거나 다른 교정시설에서 징벌대상행위를 한 사실이 이송 후 발각된 경우에는 그 수용자를 인수한 소장이 징벌을 부과한다.

④ 교정시설의 안전과 질서유지를 위하여 긴급하게 이송할 필요가 있다고 인정되는 때에는 지방교정청장은 관할 외 이송을 승인할 수 있다.

해설 ④ 지방교정청장의 이송승인은 관할 내 이송으로 한정한다(시행령 제22조 제2항).
① 법 제20조 제2항
② 시행령 제23조
③ 시행령 제136조

정답 | ④

38

수용자의 이송에 관한 설명으로 맞는 것을 모두 고른 것은? 9급특채 10

㉠ 법무부장관은 이송승인에 관한 권한을 대통령령으로 정하는 바에 따라 지방교정청장에게 위임할 수 있다.
㉡ 지방교정청장은 교정시설의 안전과 질서유지를 위하여 긴급하게 이송할 필요가 있을 때에는 수용자의 이송을 승인할 수 있다.
㉢ 지방교정청장은 관할 내 이송에 대한 승인을 할 수 있다.
㉣ 지방교정청장은 특히 필요한 경우 관할 이외의 타 지역에 대한 이송을 승인할 수 있다.

① ㉠
② ㉠, ㉡
③ ㉠, ㉡, ㉢
④ ㉠, ㉡, ㉢, ㉣

해설 [O] ㉠ 법 제20조 제2항
㉡ 시행령 22조 제1항 3호
㉢ 동조 제2항
[×] ㉣ 지방교정청장의 이송승인은 관할 내 이송으로 한정한다(시행령 제22조 제2항).

정답 | ③

39

「형의 집행 및 수용자의 처우에 관한 법률 시행령」상 지방교정청장의 이송승인권에 따라 수용자의 이송을 승인할 수 있는 경우로 옳지 않은 것은? 교정7급 23

① 수용시설의 공사 등으로 수용거실이 일시적으로 부족한 때
② 교정시설 간 수용인원의 뚜렷한 불균형을 조정하기 위하여 특히 필요하다고 인정되는 때
③ 교정시설의 안전과 질서유지를 위하여 긴급하게 이송할 필요가 있다고 인정되는 때
④ 다른 지방교정청장의 요청에 의하여 수용인원을 다른 지방교정청과 조정할 필요가 있을 때

해설 ④ 다른 지방교정청장의 요청에 의하여 수용인원을 다른 지방교정청과 조정할 필요가 있을 때는 이송승인 대상이 아니다.

시행령 제22조(지방교정청장의 이송승인권)
① 지방교정청장은 다음 각 호의 어느 하나에 해당하는 경우에는 수용자의 이송을 승인할 수 있다.
1. 수용시설의 공사 등으로 수용거실이 일시적으로 부족한 때
2. 교정시설 간 수용인원의 뚜렷한 불균형을 조정하기 위하여 특히 필요하다고 인정되는 때
3. 교정시설의 안전과 질서유지를 위하여 긴급하게 이송할 필요가 있다고 인정되는 때

정답 | ④

40

다음 중 「수형자 등 호송 규정」상의 내용으로 옳지 않은 것은?

① 교정시설 간의 호송 및 교정시설과 그 외의 장소 간의 호송은 교도관이 행한다.
② 호송은 일출 전 또는 일몰 후에는 행할 수 없다. 다만, 열차·선박·항공기를 이용하는 때 또는 특별한 사유가 있는 때에는 예외로 한다.
③ 피호송자가 도주한 때에는 호송관은 즉시 그 지방 및 인근 경찰관서와 호송관서에 통지하여야 하며 호송관서는 관할 지방검찰청, 사건소관 검찰청, 호송을 명령한 관서, 발송관서 및 수송관서에 통지하여야 한다.
④ 피호송자가 질병에 걸렸을 때에는 적당한 치료를 하여야 하며 호송을 계속할 수 없다고 인정한 때에는 피호송자를 그 서류 및 금품과 함께 인근 교정시설 또는 경찰관서에 일시 유치할 수 있다.

해설 ① 교도소·구치소 및 그 지소("교정시설") 간의 호송은 교도관이 행하며, 그 밖의 호송은 경찰관 또는 「검찰청법」 제47조에 따라 사법경찰관리로서의 직무를 수행하는 검찰청 직원이 행한다(수령자 등 호송 규정 제2조).
② 동 규정 제7조
③ 동 규정 제10조 제1항
④ 동 규정 제11조 제1항

정답 | ①

41

「형의 집행 및 수용자의 처우에 관한 법률 시행령」상 수용자의 이송 및 호송에 관한 설명으로 옳지 않은 것은?

① 지방교정청장의 수용자 이송승인사유에는 교정시설의 안전과 질서유지를 위하여 긴급하게 이송할 필요가 있다고 인정되는 때도 포함된다.

② 지방교정청장의 이송사유에 해당하는 경우에는 서울 지방교정청장은 대구 지방교정청 관할교정시설로의 이송을 승인할 수 있다.

③ 소장은 수용자를 다른 교정시설에 이송하는 경우에 의무관으로부터 수용자가 건강상 감당하기 어렵다는 보고를 받으면 이송을 중지하고 그 사실을 이송받을 소장에게 알려야 한다.

④ 수용자를 이송이나 출정(出廷), 그 밖의 사유로 호송하는 경우에는 수형자는 미결수용자와, 여성수용자는 남성수용자와, 19세 미만의 수용자는 19세 이상의 수용자와 각각 호송차량의 좌석을 분리하는 등의 방법으로 서로 접촉하지 못하게 하여야 한다.

해설 ② 지방교정청장의 이승승인은 관한 내 이송으로 한정한다(형집행법 시행령 제22조 제2항). 따라서 자신의 관할을 벗어난 지역으로의 이송승인은 할 수 없다. 이때에는 법무부장관이 이송승인을 하여야 한다(동법 제20조 제1항).

① 동법 시행령 제22조 제1항 제3호
③ 동법 시행령 제23조
④ 동법 시행령 제24조

정답 | ②

42

「수형자 등 호송 규정」에 대한 설명으로 옳지 않은 것은? 교정9급 13

① 발송관서는 미리 수송관서에 대하여 피호송자의 성명·발송시일·호송사유 및 방법을 통지하여야 한다.

② 호송관의 여비나 피호송자의 호송비용은 원칙적으로 호송관서가 부담한다.

③ 피호송자가 열차·선박 또는 항공기에서 사망 시 호송관서는 최초 도착지 관할 검사의 지휘에 따라 필요한 조치를 취한다.

④ 교도소와 교도소 사이의 호송과 그 밖의 호송 모두 교도관만이 행한다.

해설 ④ 교도소·구치소 및 그 지소(교정시설) 간의 호송은 교도관이 행하며, 그 밖의 호송은 경찰관 또는 「검찰청법」 제47조에 따라 사법경찰관리로서의 직무를 수행하는 검찰청 직원이 행한다(수형자 등 호송 규정 제2조).

① 동 규정 제5조
② 동 규정 제13조 제1항
③ 동 규정 제12조 제2항

정답 | ④

43

수용자의 이송에 관한 설명으로 옳지 않은 것은 모두 몇 개인가? (다툼이 있으면 판례에 의함)

> ㉠ 이송의 주체는 법무부장관이다.
> ㉡ 법무부장관은 이송승인에 관한 권한을 법무부령이 정하는 바에 따라 지방교정청장에게 위임할 수 있다.
> ㉢ 지방교정청장은 자기 관할 외의 교정시설로 이송하는 것을 승인할 수 있다.
> ㉣ 법무부장관의 수형자 이송지휘처분은 공권력의 행사에 해당한다.

① 1개　　② 2개
③ 3개　　④ 4개

해설 [×] ㉠ 이송승인권자는 법무부장관이지만, 이송권자는 소장이다(법 제20조 제1항 참조).
㉡ 법무부령 → 대통령령(동조 제2항)
㉢ 지방교정청장의 이송승인은 관할 내 이송으로 한정한다(시행령 제22조 제2항).
㉣ 법무부장관의 수형자 이송지휘처분은 교도소장의 수형자 이송승인 신청에 대하여 법무부장관이 당해 교도소장에 대하여 한 이송승인의 의사표시에 불과하여 이것이 곧 기본권침해의 원인이 된 공권력의 행사에 해당한다고 볼 수 없다(헌재 1994.10.19, 94헌마197).
[○] 없음

정답 | ④

44

「수형자 등 호송 규정」상 호송에 대한 설명으로 옳지 않은 것은? 교정9급 21

① 피호송자가 도주한 때에 서류와 금품은 수송관서로 송부하여야 한다.
② 교도소·구치소 및 그 지소 간의 호송은 교도관이 행한다.
③ 송치 중의 보관금품을 호송관에게 탁송한 때에는 호송관서에 보관책임이 있고, 그러하지 아니한 때에는 발송관서에 보관책임이 있다.
④ 호송관의 여비나 피호송자의 호송비용은 호송관서가 부담하나, 피호송자를 교정시설이나 경찰관서에 숙식하게 한 때에는 그 비용은 교정시설이나 경찰관서가 부담한다.

해설 ① 피호송자가 도주한 때에는 서류와 금품은 발송관서에 반환하여야 한다(수형자 등 호송 규정 제10조 제2항).
② 동 규정 제2조
③ 동 규정 제6조 제4항
④ 동 규정 제13조 제1항

정답 | ①

45

형의 집행 및 수용자의 처우에 관한 법령상 수용자 이송에 대한 설명으로 옳은 것은? 교정9급 21

① 법무부장관은 이송승인에 관한 권한을 법무부령으로 정하는 바에 따라 지방교정청장에게 위임할 수 있다.

② 소장은 수용자를 다른 교정시설에 이송하는 경우에 의무관으로부터 수용자가 건강상 감당하기 어렵다는 보고를 받으면 이송을 중지하고 그 사실을 지방교정청장에게 알려야 한다.

③ 소장은 수용자의 정신질환 치료를 위하여 필요하다고 인정하면 법무부장관의 승인을 받아 치료감호시설로 이송할 수 있다.

④ 수용자가 이송 중에 징벌대상행위를 하거나 다른 교정시설에서 징벌대상행위를 한 사실이 이송된 후에 발각된 경우에는 그 수용자를 인수한 지방교정청장이 징벌을 부과한다.

해설 ③ 법 제37조 제2항

① 법무부장관은 이송승인에 관한 권한을 대통령령으로 정하는 바에 따라 지방교정청장에게 위임할 수 있다(법 제20조 제2항).

② 소장은 수용자를 다른 교정시설에 이송하는 경우에 의무관으로부터 수용자가 건강상 감당하기 어렵다는 보고를 받으면 이송을 중지하고 그 사실을 이송받을 소장에게 알려야 한다(시행령 제23조).

④ 수용자가 이송 중에 징벌대상행위를 하거나 다른 교정시설에서 징벌대상행위를 한 사실이 이송된 후에 발각된 경우에는 그 수용자를 인수한 소장이 징벌을 부과한다(시행령 제136조).

정답 | ③

46 ★

다음 소장의 조치 중 법령에 위반되는 것은 모두 몇 개인가?

㉠ 미결수용자가 입소하면서 자신이 수용된 사실을 가족에게 알리지 말아달라고 하였음에도 수용사실을 그의 처에게 통지하였다.
㉡ 18세인 신입수용자를 신입자 거실에 40일 동안 수용하였다
㉢ 수용자의 심리적 안정을 위한다는 이유로 수용자 거실을 작업장으로 사용하였다.
㉣ 집중폭우로 교정시설이 물에 잠기자 직권으로 수용자를 교정시설 인근 학교건물로 이송하였다.

① 1개 ② 2개
③ 3개 ④ 4개

해설 [×] ㉠ 소장은 신입자 또는 다른 교정시설로부터 이송되어 온 사람이 있으면 그 사실을 수용자의 가족에게 지체 없이 알려야 한다. 다만 수용자가 알리는 것을 원하지 아니하면 그러하지 아니하다(법 제21조).

㉡ 소장은 19세 미만의 신입자 그 밖에 특히 필요하다고 인정하는 수용자에 대하여는 신입자거실 수용기간을 30일까지 연장할 수 있다(시행령 제18조 제3항).

[○] ㉢ 시행령 제11조

㉣ 법 제102조 제2항

정답 | ②

47

「형의 집행 및 수용자의 처우에 관한 법률 시행령」상 수용자의 자리지정 등에 관한 설명으로 옳지 않은 것은?

① 소장은 수용자의 생명·신체의 보호, 증거인멸의 방지 및 교정시설의 안전과 질서유지를 위하여 필요하다고 인정하면 혼거실·교육실·강당·작업장, 그 밖에 수용자들이 서로 접촉할 수 있는 장소에서 수용자의 자리를 지정할 수 있다.

② 소장은 수용자거실을 작업장으로 사용해서는 아니 된다. 다만, 수용자의 심리적 안정, 교정교화 또는 사회적응능력 함양을 위하여 특히 필요하다고 인정하면 그러하지 아니하다.

③ 소장은 수용자거실 앞에 이름표를 붙이되 이름표 윗부분에는 수용자번호 및 입소일을 적고 그 아랫부분에는 수용자의 성명·출생연도·죄명·형명 및 형기(刑期)를 적되 윗부분의 내용이 보이지 않도록 하여야 한다.

④ 소장은 수용자가 법령에 따라 지켜야 할 사항과 수용자의 권리구제절차에 관한 사항을 수용자거실의 보기 쉬운 장소에 붙이는 등의 방법으로 비치하여야 한다.

해설 ③ 소장은 수용자거실 앞에 이름표를 붙이되, 이름표 윗부분에는 수용자의 성명·출생연도·죄명·형명 및 형기(刑期)를 적고 그 아랫부분에는 수용자번호 및 입소일을 적되 윗부분의 내용이 보이지 않도록 하여야 한다(형집행법 시행령 제12조 제2항).

① 동법 시행령 제10조

② 동법 시행령 제11조

④ 동법 시행령 제12조 제3항

정답 | ③

48

다음 중 「국제수형자이송법」상 용어의 정의에 관한 설명으로 옳지 않은 것은?

① "자유형"이라 함은 국내이송을 실시하는 때에는 징역 또는 금고에 상당하는 외국 법령상의 형을 말하고 국외이송을 실시하는 때에는 징역 또는 금고를 말한다.

② "국내이송"이라 함은 대한민국에서 자유형을 선고받아 그 형이 확정되어 형집행 중인 외국인을 외국으로 인도하여 그 자유형을 집행받도록 하는 것을 말한다.

③ "국제수형자이송"이라 함은 국내이송 및 국외이송을 말한다.

④ "외국인"이라 함은 대한민국과 국제수형자이송에 관한 조약·협정 등을 체결한 외국의 국민 및 조약에 의하여 그 외국의 국민으로 간주되는 자를 말한다.

해설 ② "국외이송"에 대한 설명이다. "국내이송"이라 함은 외국에서 자유형을 선고받아 그 형이 확정되어 형집행 중인 대한민국 국민을 외국으로부터 인도받아 그 자유형을 집행하는 것을 말한다(국제수형자이송법 제2조 제2호).

① 동법 제2조 제1호

③ 동법 제2조 제4호

④ 동법 제2조 제5호

정답 | ②

49

형집행법령상 수용자 이송에 대한 설명으로 가장 옳지 않은 것은? 7급승진 22

① 소장은 수용자의 수용·작업·교화·의료, 그 밖의 처우를 위하여 필요하거나 시설의 안전과 질서유지를 위하여 필요하다고 인정하면 법무부장관의 승인을 받아 수용자를 다른 교정시설로 이송할 수 있다.

② 지방교정청장은 교정시설의 안전과 질서유지를 위하여 긴급하게 이송할 필요가 있다고 인정되는 때에는 관할 외 다른 교정시설로의 수용자 이송을 승인할 수 있다.

③ 수용자를 이송이나 출정, 그 밖의 사유로 호송하는 경우에는 수형자는 미결수용자와, 여성수용자는 남성수용자와, 19세 미만의 수용자는 19세 이상의 수용자와 각각 호송차량의 좌석을 분리하는 등의 방법으로 서로 접촉하지 못하게 하여야 한다.

④ 소장은 수용자를 다른 교정시설에 이송하는 경우에 의무관으로부터 수용자가 건강상 감당하기 어렵다는 보고를 받으면 이송을 중지하고 그 사실을 이송받을 소장에게 알려야 한다.

해설 ② 지방교정청장은 교정시설의 안전과 질서유지를 위하여 긴급하게 이송할 필요가 있다고 인정되는 때에는 관할 내 다른 교정시설로의 수용자 이송을 승인할 수 있다(형집행법 시행령 제22조 제1항 제3호·제2항).

① 동법 제20조 제1항

③ 동법 시행령 제24조

④ 동법 시행령 제23조

정답 | ②

CHAPTER 03 수용자의 계호

01

계호에 관한 설명으로 옳지 않은 것은?

① 교정시설의 안전과 질서유지를 목적으로 하는 일체의 강제력을 말한다.
② 기능직 공무원에게도 계호권이 있다.
③ 수용자가 아닌 제3자에 대해서는 계호권을 행사할 수 없다.
④ 일정한 경우 자신이 소속한 교정시설이 아닌 다른 교정시설의 수용자에게도 계호권을 행사 할 수 있다.

해설 ③ 수용자가 아닌 제3자가 교정시설을 무단침입하거나 방화·시설파괴 등 테러를 시도하는 경우에는, 수용자가 아닌 제3자에 대해서도 계호권을 발동할 수 있다.

정답 | ③

02

다음 중 계호에 대한 설명으로 옳은 것은?

① 정당한 계호권 행사는 책임조각사유가 된다.
② 물적 계호보다는 인적 계호의 중요성이 커지고 있다.
③ 교도관이 신체적 유형력을 사용하는 경우도 있다.
④ 계호는 수용자에게 일률적으로 적용된다.

해설 ① 책임조각사유 → 위법성조각사유
② 현대과학의 발달로 계호의 수단은 사람의 신체에 의존하는 인적 계호에서 첨단과학기기를 이용한 물적 계호로 그 무게중심이 이동하고 있다.
④ 계호는 수용자의 개별적 특성을 고려하여 탄력적으로 적용된다.

정답 | ③

03 ★

계호행위에 대한 설명으로 옳지 않은 것은?

① 계호는 강제력이 수반되므로 수용자에 대해서만 행사된다.

② 계호를 위해 필요한 경우 교도관은 강제력을 행사하거나 보호장비를 사용할 수 있고, 특별히 위급한 상황에서는 무기의 사용도 가능하다.

③ 계호행위의 내용에는 시찰, 명령, 강제, 검사, 정돈, 구제, 배제 등이 있다.

④ 계호행위의 행사 시에는 비례성의 원칙이 적용된다.

해설 ① 계호권 행사는 수용자를 대상으로 하는 것이 원칙이나, 제3자가 교정시설을 무단침입하거나 방화·시설파괴 등 테러를 시도하는 경우와 수용자의 탈취를 시도하는 경우에는 제3자에게도 계호권을 발동할 수 있다.

➤ 계호행위의 종류

시찰	수용자의 동정 및 교정시설의 상태를 살피는 예방조치(가장 빈번하게 사용하는 계호행위)
명령	직무목적의 달성을 위하여 수용자에게 일정한 작위나 부작위를 강제하는 것
강제	수용자가 직무상 명령 불이행 시 이행한 것과 같은 상태를 실현하기 위하여 행하는 조치
검사	교정사고를 방지하기 위하여 사전에 보안상태를 조사하는 것
정돈	수용자의 규칙적인 생활을 유도하고, 시설 내 물품이나 장비의 이상 유무를 확인하는 행위
구제	위험이 발생한 경우에 수용자를 구하기 위한 사후조치
배제	위험발생의 개연성이 있는 경우에 이를 사전에 예방하는 조치

정답 | ①

04

다음 계호에 대한 설명 중 틀린 것은?

① 시찰은 수용자에게 객관적으로 나타나는 동정을 파악하는 계호행위이다.

② 수용자에게 일정한 작위나 부작위를 강제적으로 요구하는 것이다.

③ 검사는 교정사고를 미연에 방지하기 위하여 인적·물적으로 나타난 위해상태를 사전에 조사하는 것이다.

④ 배제는 수용자가 직무상 명령을 불이행 시 이행한 것과 같은 상태를 실현하기 위하여 행하는 조치를 말한다.

해설 ② 배제는 위험발생의 개연성이 있는 경우에 이를 사전에 예방하는 조치를 말한다. ④는 강제에 관한 설명이다.

정답 | ④

05

계호권행사에 대한 설명 중 맞는 것은 모두 몇 개인가? 9급특채 10

㉠ 정당하고 적법한 계호권행사는 정당한 공무집행으로서 법률상 보호를 받고 위법성이 조각된다. ㉡ 수용자에게 인권침해의 우려가 있는 보호장비사용과 강제력행사 및 무기사용은 적법절차에 따라 비례성의 원칙에 의해 행해져야만 그 정당성이 인정된다. ㉢ 불법·부당한 계호권행사로 인해 피해를 입은 사람은 손해배상 또는 국가배상을 청구할 수 있다. ㉣ 계호권은 수용자와 계호자 사이에 발생하는 것이 원칙이지만, 특별한 경우 제3자에게도 성립할 수 있다. ㉤ 계호권은 자기가 소속한 교정시설의 수용자에게 행사하는 것이 원칙이지만, 비상사태의 경우 타 교도소가 응원을 구한 때에는 원칙적으로 당해 소장의 지휘·감독하에 계호권을 행사할 수 있다. ㉥ 계호권의 행사는 교정목적을 실현하는 데 필요한 범위 내에서 이루어져야 하고, 여러 가지 대체수단이 있는 경우에는 가장 부담을 적게 주는 방안을 선택해야 한다는 원칙은 비례성의 원칙 중 상당성의 원칙에 대한 설명이다.

① 3개 ② 4개 ③ 5개 ④ 6개

해설 [O] ㉠·㉡·㉢·㉣·㉤

[×] ㉥ 계호권의 행사는 교정목적을 실현하는 데 필요한 범위 내에서 이루어져야 하고, 여러 가지 대체수단이 있는 경우에는 가장 부담을 적게 주는 방안을 선택해야 한다는 원칙은 비례성의 원칙 중 필요성의 원칙(최소침해의 원칙)이다.

정답 | ③

06

교정시설의 안전과 질서에 대한 설명으로 옳지 않은 것은? 교정9급 11

① 교도관은 수용자가 자살, 자해하려고 하는 때 가스총이나 가스분사기와 같은 보안장비로 강제력을 행사할 수 있다.

② 교도관은 소장의 명령 없이 강제력을 행사해서는 아니 되지만, 명령을 받을 시간적 여유가 없을 경우에는 강제력 행사 후 소장에게 즉시 보고하여야 한다.

③ 교도관은 수용자가 정당한 사유 없이 작업이나 교육을 거부하는 경우에는 수갑, 포승 등의 보호장비를 사용할 수 있다.

④ 수용자의 진정실 수용기간은 24시간 이내로 하되, 소장은 특히 계속하여 수용할 필요가 있으면 의무관의 의견을 고려하여 연장할 수 있다.

해설 ③ 보호장비 사용요건에 해당하지 않는다(법 제97조 제1항 참조).

① 법 제100조 제1항 제3호

② 시행령 제125조

④ 법 제96조 제3항

정답 | ③

07

형의 집행 및 수용자의 처우에 관한 법령상 수형자 계호에 대한 내용으로 옳지 않은 것은?

교정7급 21

① 소장은 교정성적 등을 고려하여 검사가 필요하지 않다고 인정되는 경우 교도관에게 작업장이나 실외에서 거실로 돌아오는 수용자의 신체·의류 및 휴대품을 검사하지 않게 할 수 있다.
② 금치처분 집행 중인 수용자가 법원 또는 검찰청 등에 출석하는 경우에 징벌집행은 중지된 것으로 본다.
③ 교도관은 교정시설 밖에서 수용자를 계호하는 경우 보호장비나 수용자의 팔목 등에 전자경보기를 부착하여 사용할 수 있다.
④ 보호침대는 다른 보호장비와 같이 사용할 수 없다.

해설 ② 법 제108조 제4호부터 제14호까지의 징벌(30일 이내의 공동행사 참가정지부터 금치까지의 각종 제한)집행 중인 수용자가 다른 교정시설로 이송되거나 법원 또는 검찰청 등에 출석하는 경우에는 징벌집행이 계속되는 것으로 본다(시행령 제134조)

④ 하나의 보호장비로 사용목적을 달성할 수 없는 경우에는 둘 이상의 보호장비를 사용할 수 있다. 다만, 다음 각 호의 어느 하나에 해당하는 경우에는 다른 보호장비와 같이 사용할 수 없다(시행규칙 제180조).

1. 보호의자를 사용하는 경우
2. 보호침대를 사용하는 경우

정답 | ②

08

현행 법령상 계호에 관한 설명으로 맞지 않는 것은?

① 교도관 외의 자라도 소장의 허가를 받으면 공무원복무규정에 의한 근무시간 외에도 교정시설을 출입할 수 있다.
② 교도관은 소장의 허가를 받아 수용자의 신체·의류·휴대품·거실 및 작업장을 검사할 수 있다.
③ 교정시설의 구내에는 시야를 가리거나 그 밖에 계호상 장애가 되는 물건을 두어서는 아니 된다.
④ 교도관은 시설의 안전과 질서유지를 위하여 필요하면 교정시설을 출입하는 수용자 외의 사람에 대하여 의류와 휴대품을 검사할 수 있다.

해설 ② 교도관은 시설의 안전과 질서유지를 위하여 필요하면 수용자의 신체·의류·휴대품·거실 및 작업장 등을 검사할 수 있다(법 제93조). 따라서 통상적인 검사를 하는 경우에는 소장의 허가를 요하지 않는다.

① 시행령 제115조
③ 시행령 제118조
④ 법 제93조 제3항

정답 | ②

09

「형의 집행 및 수용자의 처우에 관한 법률」상 안전과 질서에 대한 설명으로 옳지 않은 것은?

교정7급 15

① 교정시설의 장은 수용자의 신체적·정신적 질병으로 인하여 특별한 보호가 필요한 때에는 의무관의 의견을 고려하여 진정실에 수용할 수 있다.
② 전자영상장비로 거실에 있는 수용자를 계호하는 것은 자살 등의 우려가 큰 때에만 할 수 있다.
③ 교도관은 이송·출정, 그 밖에 교정시설 밖의 장소로 수용자를 호송할 때 수갑 및 포승을 사용할 수 있다.
④ 교도관은 교정시설 안에서 자기 또는 타인의 생명·신체를 보호하기 위하여 급박하다고 인정되는 상당한 이유가 있으면 수용자 외의 사람에 대하여도 무기를 사용할 수 있다.

해설 ① 소장은 수용자의 신체적·정신적 질병으로 인하여 특별한 보호가 필요한 때에는 의무관의 의견을 고려하여 보호실에 수용할 수 있다(법 제95조 제1항 제2호).
② 법 제94조 제1항
③ 법 제98조 제2항
④ 법 제101조 제2항

정답 | ①

10

재난 시 조치에 관한 설명으로 옳지 않은 것은?

① 소장은 응급용무의 보조를 위하여 교정성적이 우수한 수형자를 선정하여 필요한 훈련을 시킬 수 있다.
② 소장은 교정시설의 안에서 천재지변이나 그 밖의 사변에 대한 피난의 방법이 없는 경우에는 수용자를 다른 장소에 이송하거나 일시 석방할 수 있다.
③ 일시 석방된 자는 석방 후 24시간 이내에 교정시설 또는 경찰관서에 출석하여야 한다.
④ 정당한 사유 없이 ③과 같은 의무를 이행하지 않으면 1년 이하의 징역에 처한다.

해설 ② 수용자의 일시석방은 다른 장소로의 이송이 불가능한 때에 가능한 조치이다(법 제102조 제3항). 즉, 이송과 일시석방은 선택적으로 할 수 있는 조치가 아니다.
① 시행령 제127조 제1항
③ 법 제102조 제4항
④ 법 제134조 참조

정답 | ②

11

「형의 집행 및 수용자의 처우에 관한 법률」상 안전과 질서에 대한 설명으로 옳은 것만을 모두 고르면?

교정9급 16

> ㉠ 소장은 수용자가 자살 또는 자해의 우려가 있는 때에는 의무관의 의견을 고려하여 진정실에 수용할 수 있다.
> ㉡ 교도관은 자살·자해·도주·폭행·손괴, 그 밖에 수용자의 생명·신체를 해하거나 시설의 안전 또는 질서를 해하는 행위(이하 "자살 등"이라 한다)를 방지하기 위하여 필요한 범위에서 전자장비를 이용하여 수용자 또는 시설을 계호할 수 있다. 다만, 전자영상장비로 거실에 있는 수용자를 계호하는 것은 자살 등의 우려가 큰 때에만 할 수 있다.
> ㉢ 교도관은 수용자가 위력으로 교도관의 정당한 직무집행을 방해하는 때에는 수갑·포승을 사용할 수 있다.
> ㉣ 교도관은 수용자가 다른 사람에게 위해를 끼치거나 끼치려고 하는 때에는 무기를 사용할 수 있다.

① ㉠, ㉢　② ㉠, ㉣
③ ㉡, ㉢　④ ㉡, ㉣

해설 [O] ㉡·㉢
[×] ㉠ 소장은 수용자가 자살 또는 자해의 우려가 있거나, 신체적·정신적 질병으로 인하여 특별한 보호가 필요한 때에는 의무관의 의견을 고려하여 보호실(자살 및 자해 방지 등의 설비를 갖춘 거실)에 수용할 수 있다(법 제95조 제1항).
㉡ 법 제94조 제1항
㉢ 법 제98조 제2항 제1호
㉣ 교도관은 수용자가 다른 사람에게 위해를 끼치거나 끼치려고 하는 때에는 강제력을 행사할 수 있고(법 제100조 제1항 제4호), 수용자가 다른 사람에게 중대한 위해를 끼치거나 끼치려고 하여 그 사태가 위급한 때에는 무기를 사용할 수 있다(법 제101조 제1항 제1호).

정답 | ③

12

수용자의 동정 및 교정시설의 상태를 살피는 예방조치로서 가장 빈번하게 사용되는 계호행위는?

① 시찰　② 검사
③ 명령　④ 배제

해설 ②는 교정사고를 방지하기 위하여 사전에 보안상태를 조사하는 것을 말하고, ③은 직무목적의 달성을 위하여 수용자에게 일정한 작위나 부작위를 강제하는 것을 말하며, ④는 위험발생이 예견되는 경우에 이를 사전에 예방하는 것을 말한다.

정답 | ①

13

도주수용자 체포에 관한 설명으로 옳은 것은?

① 소장의 허가를 받아 교도관의 계호 없이 교정시설 밖으로 나간 후에 정당한 사유 없이 기한 내에 돌아오지 아니한 수용자는 도주수용자에 해당되지 않는다.

② 교도관의 불심검문권과 영업장출입권은 수용자의 도주 후 72시간 이내에 한해서만 인정된다.

③ 도주자를 수용하고 있던 교정시설의 소속 교도관이 아닌 교도관에게는 체포권은 인정되지만, 불심검문권과 영업장출입권은 인정되지 않는다.

④ 소장은 수용자가 도주한 경우에는 법무부장관에게, 체포한 경우에는 관할 지방교정청장에게 지체 없이 보고하여야 한다.

해설 ② 법 제103조 제1항

① 소장의 허가를 받아 교도관의 계호 없이 교정시설 밖으로 나간 후에 정당한 사유 없이 기한 내에 돌아오지 아니한 수용자도 도주수용자에 해당한다.

③ 도주자를 수용하고 있던 교정시설에 소속되지 않은 교도관에게도 불심검문권과 영업장출입권이 인정된다.

④ 소장은 수용자가 도주한 경우는 물론 도주수용자를 체포한 경우에도 법무부장관에게 보고하여야 한다(시행령 제128조 제2항 참조).

정답 | ②

14

「형의 집행 및 수용자의 처우에 관한 법률」상 수용을 위한 체포에 대한 설명으로 옳지 않은 것은?

교정9급 24

① 천재지변으로 일시석방된 수용자는 정당한 사유가 없는 한 출석요구를 받은 후 24시간 이내에 교정시설 또는 경찰관서에 출석하여야 한다.

② 교도관은 수용자가 도주한 경우 도주 후 72시간 이내에만 그를 체포할 수 있다.

③ 교도관은 도주한 수용자의 체포를 위하여 긴급히 필요하면 도주를 한 사람의 이동경로나 소재를 안다고 인정되는 사람을 정지시켜 질문할 수 있다.

④ 교도관은 도주한 수용자의 체포를 위하여 영업시간 내에 공연장·여관·음식점·역, 그 밖에 다수인이 출입하는 장소의 관리자 또는 관계인에게 그 장소의 출입이나 그 밖에 특히 필요한 사항에 관하여 협조를 요구할 수 있다.

해설 ① 석방 후 24시간 이내에 교정시설 또는 경찰관서에 출석하여야 한다(형집행법 제102조 제4항).

② 동법 제103조 제1항

③ 동조 제2항

④ 동조 제4항

정답 | ①

15

수용자 도주 시 조치에 관한 설명 중 틀린 것은? 9급특채 10

① 교도관은 수용자가 도주를 한 경우에는 도주 후 72시간 이내에 그를 체포할 수 있다.

② 교도관은 도주수용자 체포를 위하여 긴급히 필요하면 도주 등을 하였다고 의심할 만한 상당한 이유가 있는 사람 또는 도주 등을 한 사람의 이동경로나 소재를 안다고 인정되는 사람을 정지시켜 질문할 수 있다.

③ 교도관은 도주수용자 체포를 위하여 영업시간 내에 또는 영업시간 종료 후라도 흥행장·여관·음식점·역, 그 밖에 다수인이 출입하는 장소의 관리자 또는 관계인에게 그 장소의 출입이나 그 밖에 특히 필요한 사항에 관하여 협조를 요구할 수 있다.

④ 교도관은 필요한 장소에 출입하는 경우에는 그 신분을 표시하는 증표를 제시하여야 하며, 그 장소의 관리자 또는 관계인의 정당한 업무를 방해하여서는 아니 된다.

해설 ③ 영업시간 내에 또는 영업시간 종료 후라도 → 영업시간 내에(법 제103조 제4항), 즉 영업시간 종료 후에는 그 장소의 출입이나 그 밖에 특히 필요한 사항에 관하여 협조를 요구할 수 없다.

① 동조 제1항

② 동조 제2항

④ 동조 제5항

정답 | ③

16 ★

다음 중 옳지 않은 것은? (다툼이 있는 경우 판례에 의함) 8급승진 18

① 수용자가 아닌 자가 교도관의 검사 또는 감시를 피하여 금지물품을 교도소 내로 반입되도록 하였다고 하더라도 교도관에게 교도소 등의 출입자와 반출·입 물품을 단속, 검사하거나 수용자의 거실 또는 신체 등을 검사하여 금지물품 등을 회수하여야 할 권한과 의무가 있는 이상, 그러한 수용자 아닌 자의 행위를 위계에 의한 공무집행방해죄에 해당하는 것으로 볼 수 없다.

② 교도소장이 수용자가 없는 상태에서 실시한 거실 검사 행위는 교도소의 안전과 질서를 유지하고, 수형자의 교화·개선에 지장을 초래할 수 있는 물품을 차단하기 위한 것으로서, 과잉금지원칙에 위배하여 사생활의 비밀과 자유를 침해하였다고 할 수 없다.

③ 수용자를 교정시설에 수용할 때 전자영상 검사기를 이용하여 수용자의 항문 부위에 대해 신체검사를 하는 것은 교정시설의 안전과 질서를 유지하기 위한 것으로 그 목적이 정당하고, 항문 부위에 대한 금지물품의 은닉여부를 효과적으로 확인할 수 있는 적합한 검사방법으로 그 수단이 적절하다.

④ 법정 옆 피고인 대기실에서 재판 대기 중인 피고인이 공판을 앞두고 호송교도관에게 변호인 접견을 신청하였으나 교도관이 이를 허용하지 아니한 것은 피고인의 변호인의 조력을 받을 권리를 침해한 것이다.

해설 ④ 피고인의 변호인의 조력을 받을 권리를 침해한다고 할 수 없다(헌재 2009.10.29, 2007헌마992).

① 대법원 2003.11.13, 2001도7045

② 헌재 2011.10.25, 2009헌마691

③ 헌재 2011.5.26, 2010헌마775

정답 | ④

17

전자장비를 이용한 계호에 관한 설명으로 옳지 않은 것은?

① 형집행법 제10차 개정(2007.12.21.) 때에 관련 규정이 신설되었다.

② 전자장비를 이용한 계호의 대상은 수용자 또는 시설이다.

③ 거실에 있는 수용자를 전자영상장비로 계호하는 경우에는 계호직원, 계호시간 및 계호대상을 기록하여야 한다.

④ 전자영상장비의 계호대상이 여성인 경우에는 반드시 여성교도관이 계호하여야 한다.

해설 ④ 여성교도관만이 할 수 있는 것은 전자영상장비로 거실에 있는 여성수용자를 계호하는 경우이므로(법 제94조 제2항 참조), 전자영상장비로 거실 외에 있는 여성수용자를 계호하는 경우에는 반드시 여성교도관이 계호할 필요는 없다.

② 법 제94조 제1항

③ 동조 제2항

정답 | ④

18

형집행법 시행규칙에서 규정하고 있는 전자장비의 종류가 아닌 것은?

① 전자감지기

② 전자보호장비

③ 물품검색기

④ 증거수집장비

해설 시행규칙에서 규정하고 있는 전자장비의 종류로는 ①·③·④ 외에도 영상정보처리기기, 전자경보기 등이 있다(시행규칙 제160조 참조).

정답 | ②

19

전자장비를 이용한 계호에 관한 설명으로 옳지 않은 것은?

① 전자장비를 통합적으로 관리하는 중앙통제실은 참관이 금지된다.
② 교정시설 밖에서 수용자를 계호하는 경우에는 보호장비나 수용자의 팔목 등에 전자경보기를 부착하여 사용할 수 있다.
③ 교도관이 수용자의 신체·의류·휴대품을 검사하는 경우에는 특별한 사정이 없으면 고정식 물품검색기를 통과하게 한 후 휴대식 금속탐지기 또는 손으로 이를 확인한다.
④ 교도관이 교정시설을 출입하는 수용자 외의 사람의 의류와 휴대품을 검사하는 경우에는 고정식 물품검색기를 통과하게 하거나 휴대식 금속탐지기로 이를 확인한다.

해설 ① 소장은 중앙통제실에 대한 외부인의 출입을 제한하여야 한다. 다만, 시찰, 참관, 그 밖에 소장이 특별히 허가한 경우에는 그러하지 아니하다(시행규칙 제161조 제2항).
② 시행규칙 제165조
③ 시행규칙 제166조 제2항
④ 동조 제3항

정답 | ①

20

전자장비를 이용한 계호에 관한 설명으로 옳지 않은 것은 모두 몇 개인가?

> ㉠ 전자장비의 통합관리시스템, 중앙통제실의 운영, 관리 등에 관하여 필요한 사항은 대통령령으로 정한다.
> ㉡ 전자영상처리기기 카메라는 중앙통제실, 수용관리팀의 사무실, 그 밖에 교도관이 계호하기에 적정한 장소에 설치한다.
> ㉢ 거실에 영상정보처리기기 카메라를 설치하는 경우에는 용변을 보는 하반신의 모습이 촬영되지 않도록 카메라의 각도를 한정하고 화장실 차폐시설을 설치하여야 한다.
> ㉣ 중경비시설의 거실에 있는 수용자를 전자장비를 이용하여 계호하는 경우에는 거실수용자 영상계호부에 피계호자의 인적사항 및 주요 계호내용을 개별적으로 기록하여야 한다.
> ㉤ 교도관은 수용자가 사후에 증명이 필요하다고 인정되는 행위를 하거나 사후 증명이 필요한 상태에 있는 경우 수용자에 대하여 증거수집장비를 사용할 수 있다.

① 1개 ② 2개 ③ 3개 ④ 4개

해설 [×] ㉠ 대통령령 → 법무부장관(시행규칙 제161조 제3항)
㉡ 전자영상처리기기 카메라 → 영상정보처리기기 모니터(시행규칙 제162조 제2항)
㉢ 카메라의 각도를 한정하고 → 카메라의 각도를 한정하거나(동조 제3항)
㉣ 교도관이 전자영상장비로 거실에 있는 수용자를 계호하는 경우에는 거실수용자 영상계호부에 피계호자의 인적사항 및 주요 계호내용을 개별적으로 기록하여야 한다. 다만, 중경비시설의 거실에 있는 수용자를 전자장비를 이용하여 계호하는 경우에는 중앙통제실 등에 비치된 현황표에 피계호인원 등 전체 현황만을 기록할 수 있다(시행규칙 제163조 제1항).
[○] ㉤ 시행규칙 제167조

정답 | ④

21

계호의 종류별 연결이 바르지 못한 것은?

① 계호대상－인적 계호·물적 계호
② 계호장소－호송계호·출정계호
③ 사태의 긴급성－통상계호·비상계호
④ 대상의 특수성－일반계호·특별계호

해설 ① 계호대상에 따른 구별은 대인계호·대물계호이며, 인적 계호와 물적 계호는 계호수단에 따른 구별이다.

정답 | ①

22

「형의 집행 및 수용자의 처우에 관한 법률」 및 동법 시행규칙상 전자장비·전자영상장비 등에 대한 설명으로 옳지 않은 것은? (다툼이 있는 경우 판례에 의함) 5급승진 15

① 교도관이 「형의 집행 및 수용자의 처우에 관한 법률」 제93조 제1항에 따라 수용자의 신체·의류·휴대품을 검사하는 경우에는 특별한 사정이 없으면 고정식 물품검색기를 통과하게 하거나 휴대식 금속탐지기로 이를 확인한다.
② 전자영상장비로 거실에 있는 수용자를 계호하는 것은 자살 등의 우려가 큰 때에만 할 수 있다.
③ 항소심에서 대폭 증가된 형량을 선고받음으로써 그로 인한 상심의 결과, 자살 등을 시도할 가능성이 크다고 판단하고 수용자의 생명·신체의 안전을 보호하기 위하여 CCTV 계호행위를 한 것은 적합한 수단이 될 수 있다.
④ 거실에 있는 수용자를 전자영상장비로 계호하는 경우 계호직원·계호시간·계호대상을 기록하여야 하며, 수용자가 여성이면 여성교도관이 계호하여야 한다.
⑤ 소장은 전자장비의 효율적인 운영을 위하여 중앙통제실을 설치·운영하고, 중앙통제실에 대한 외부인의 출입을 제한하여야 한다.

해설 ① 교도관이 법 제93조 제1항에 따라 수용자의 신체·의류·휴대품을 검사하는 경우에는 특별한 사정이 없으면 고정식 물품검색기를 통과하게 한 후 휴대식 금속탐지기 또는 손으로 이를 확인한다(시행규칙 제166조 제2항).
② 법 제94조 제1항
③ 헌재 2011.9.30, 2010헌마413
④ 법 제94조 제2항
⑤ 시행규칙 제161조 제1항·제2항

정답 | ①

23

형의 집행 및 수용자의 처우에 관한 법률 시행규칙에서 규정하고 있는 엄중관리대상자가 아닌 자는?

① 관심대상수용자

② 조직폭력수용자

③ 마약류수용자

④ 특정강력범죄수용자

해설 ①·②·③ 교정시설의 안전과 질서유지를 위하여 다른 수용자와의 접촉을 차단하거나 계호를 엄중히 하여야 하는 수용자는 조직폭력수용자, 마약류수용자 및 관심대상수용자로 구분한다(시행규칙 제194조).

정답 | ④

24

형집행법령상 안전과 질서에 대한 설명으로 가장 옳은 것은? 5급승진 22

① 소장이 수용자의 처우를 위하여 허가하는 경우, 수용자는 무인비행장치나 전자·통신기기를 지닐 수도 있다.

② 거실에 영상정보처리기기 카메라를 설치하는 경우에는 용변을 보는 전신의 모습이 촬영되지 아니하도록 카메라의 각도를 한정하거나 화장실 차폐시설을 설치하여야 한다.

③ 교도관이 중경비시설의 거실에 있는 수용자를 전자장비를 이용하여 계호하는 경우에는 거실수용자 영상계호부에 피계호자의 인적사항 및 주요 계호내용을 개별적으로 기록하여야 한다.

④ 교도관은 교정시설 안에서 수용자를 계호하는 경우 보호장비나 수용자의 팔목 등에 전자경보기를 부착하여 사용할 수 있다.

해설 ① 소장이 수용자의 처우를 위하여 허가하는 경우에는 무인비행장치, 전자·통신기기, 그 밖에 도주나 다른 사람과의 연락에 이용될 우려가 있는 물품을 지닐 수 있다(형집행법 제92조 제2항).

② 거실에 영상정보처리기기 카메라를 설치하는 경우에는 용변을 보는 하반신의 모습이 촬영되지 아니하도록 카메라의 각도를 한정하거나 화장실 차폐시설을 설치하여야 한다(동법 시행규칙 제162조 제3항).

③ 교도관이 거실에 있는 수용자를 계호하는 경우에는 거실수용자 영상계호부에 피계호자의 인적사항 및 주요 계호내용을 개별적으로 기록하여야 한다. 다만, 중경비시설의 거실에 있는 수용자를 전자장비를 이용하여 계호하는 경우에는 중앙통제실 등에 비치된 현황표에 피계호인원 등 전체 현황만을 기록할 수 있다(동법 시행규칙 제163조 제1항).

④ 교도관은 외부의료시설 입원, 이송·출정, 그 밖의 사유로 교정시설 밖에서 수용자를 계호하는 경우 보호장비나 수용자의 팔목 등에 전자경보기를 부착하여 사용할 수 있다(동법 시행규칙 제165조).

정답 | ①

25

형집행법령상 전자영상장비 등에 대한 설명으로 가장 옳지 않은 것은? 7급승진 23

① 영상정보처리기기 카메라를 설치할 수 있는 장소에 접견실은 제외된다.

② 교도관은 자살·자해·도주·폭행·손괴, 그 밖에 수용자의 생명·신체를 해하거나 시설의 안전 또는 질서를 해하는 행위(이하 "자살 등"이라 한다)를 방지하기 위하여 필요한 범위에서 전자장비를 이용하여 수용자 또는 시설을 계호할 수 있다. 다만, 전자영상장비로 거실에 있는 수용자를 계호하는 것은 자살 등의 우려가 큰 때에만 할 수 있다.

③ 전자영상장비로 거실에 있는 수용자를 계호하는 경우 계호대상 수용자가 여성이면 여성교도관이 계호하여야 한다.

④ 거실에 영상정보처리기기 카메라를 설치하는 경우에는 용변을 보는 하반신의 모습이 촬영되지 아니하도록 카메라의 각도를 한정하거나 화장실 차폐시설을 설치하여야 한다.

해설 ① 영상정보처리기기 카메라는 교정시설의 주벽·감시대·울타리·운동장·거실·작업장·접견실·전화실·조사실·진료실·복도·중문, 그 밖에 전자장비를 이용하여 계호하여야 할 필요가 있는 장소에 설치한다(형집행법 시행규칙 제162조 제1항).

② 동법 제94조 제1항

③ 거실에 있는 수용자를 전자영상장비로 계호하는 경우에는 계호직원·계호시간 및 계호대상 등을 기록하여야 한다. 이 경우 수용자가 여성이면 여성교도관이 계호하여야 한다(동조 제2항).

④ 동법 시행규칙 제162조 제3항

정답 | ①

26

형집행법령상 전자장비에 대한 설명으로 옳지 않은 것은 모두 몇 개인가? 5급승진 23

> ㉠ 소장은 전자장비의 효율적인 운용을 위하여 각종 전자장비를 통합적으로 관리할 수 있는 시스템이 설치된 중앙통제실을 설치하여 운영한다.
> ㉡ 소장은 중앙통제실에 대한 외부인의 출입을 제한하여야 한다. 다만, 시찰, 참관, 그 밖에 소장이 특별히 허가한 경우에는 그러하지 아니하다.
> ㉢ 교도관은 자살·자해·도주·폭행·손괴, 그 밖에 수용자의 생명·신체를 해하거나 시설의 안전 또는 질서를 해하는 행위(이하 "자살 등"이라 한다)를 방지하기 위하여 필요한 범위에서 전자장비를 이용하여 수용자 또는 시설을 계호하여야 한다. 다만, 전자영상장비로 거실에 있는 수용자를 계호하는 것은 자살 등의 우려가 큰 때에만 할 수 있다.
> ㉣ 거실에 있는 수용자를 전자영상장비로 계호하는 경우에는 계호직원·계호시간 및 계호대상 등을 기록하여야 한다. 이 경우 수용자가 여성이면 여성교도관이 계호하여야 한다.

① 0개 ② 1개
③ 2개 ④ 3개

해설 옳지 않은 것은 ㉢이다.

㉠ 형집행법 시행규칙 제161조 제1항

㉡ 동조 제2항

㉢ 교도관은 자살·자해·도주·폭행·손괴, 그 밖에 수용자의 생명·신체를 해하거나 시설의 안전 또는 질서를 해하는 행위(이하 "자살 등"이라 한다)를 방지하기 위하여 필요한 범위에서 전자장비를 이용하여 수용자 또는 시설을 계호할 수 있다. 다만, 전자영상장비로 거실에 있는 수용자를 계호하는 것은 자살 등의 우려가 큰 때에만 할 수 있다(동법 제94조 제1항).

㉣ 동조 제2항

정답 | ②

27

「형의 집행 및 수용자의 처우에 관한 법률」상 안전과 질서에 대한 설명으로 옳은 것을 모두 고른 것은?

6급승진 23

> ㉠ 교도관은 시설의 안전과 질서유지를 위하여 필요하면 교정시설을 출입하는 수용자 외의 사람에 대하여 의류와 휴대품을 검사할 수 있다.
> ㉡ 교도관은 자살·자해·도주·폭행·손괴, 그 밖에 수용자의 생명·신체를 해하거나 시설의 안전 또는 질서를 해하는 행위(이하 "자살 등"이라 한다)를 방지하기 위하여 필요한 범위에서 전자장비를 이용하여 수용자 또는 시설을 계호할 수 있다. 다만, 전자영상장비로 거실에 있는 수용자를 계호하는 것은 자살 등의 우려가 큰 때에만 할 수 있다.
> ㉢ 수용자의 보호실 수용기간은 15일 이내로 하지만, 소장은 특히 계속하여 수용할 필요가 있으면 의무관의 의견을 고려하여 1회당 7일의 범위에서 기간을 연장할 수 있다.
> ㉣ 소장이 수용자의 처우를 위하여 허가하는 경우 수용자는 전자·통신기기를 지닐 수 있다.

① ㉠ ② ㉠, ㉡
③ ㉠, ㉡, ㉢ ④ ㉠, ㉡, ㉢

해설 모두 옳은 설명이다.
㉠ 형집행법 제93조 제3항 전단
㉡ 동법 제94조 제1항
㉢ 동법 제95조 제2항
㉣ 소장이 수용자의 처우를 위하여 허가하는 경우에는 무인비행장치, 전자·통신기기, 그 밖에 도주나 다른 사람과의 연락에 이용될 우려가 있는 물품을 지닐 수 있다(동법 제92조 제2항).

정답 | ④

28

형집행법령상 수용자 계호 등에 대한 설명으로 가장 옳지 않은 것은? 6급승진 23

① 귀휴·외부통근, 그 밖의 사유로 소장의 허가를 받아 교도관의 계호 없이 교정시설 밖으로 나간 후에 정당한 사유 없이 기한까지 돌아오지 아니하는 행위를 한 수용자는 1년 이하의 징역 또는 1천만원 이하의 벌금에 처한다.

② 중경비시설의 거실에 있는 수용자를 전자장비를 이용하여 계호하는 경우에는 중앙통제실 등에 비치된 현황표에 피계호인원 등 전체 현황만을 기록할 수 있다.

③ 소장은 다수의 관심대상수용자가 수용되어 있는 수용동 및 작업장에는 사명감이 투철한 교도관을 엄선하여 배치하여야 한다.

④ 전자장비의 종류·설치장소·사용방법 및 녹화기록물의 관리 등에 관하여 필요한 사항은 법무부령으로 정한다.

해설 ① 1년 이하의 징역에 처한다(형집행법 제134조 제2호).

② 교도관이 전자장비 사용요건에 따라 거실에 있는 수용자를 계호하는 경우에는 거실수용자 영상계호부에 피계호자의 인적사항 및 주요 계호내용을 개별적으로 기록하여야 한다. 다만, 중경비시설의 거실에 있는 수용자를 전자장비를 이용하여 계호하는 경우에는 중앙통제실 등에 비치된 현황표에 피계호인원 등 전체 현황만을 기록할 수 있다(동법 시행규칙 제163조 제1항).

③ 동법 시행규칙 제213조

④ 동법 제94조 제4항

정답 | ①

29 ★

계호에 대한 설명으로 틀린 것은?

① 거실 및 작업장 검사는 대물계호에 해당한다.
② 검찰청 및 법원의 소환에 응하는 것은 출정계호이다.
③ 신체검사·의류검사 등 법익의 침해가 크지 않은 것은 통상계호이다.
④ 비상계호란 상습규율위반자, 도주나 자살우려자 등 교정사고의 우려가 높은 수용자에 대한 계호를 말한다.

해설 ④ 특별계호에 관한 설명이다. 비상계호란 천재·지변·폭동·화재 등의 경우에 특별한 수단과 방법으로 행해지는 계호를 말한다.

➤ **계호의 종류**

계호대상	대인계호	강제력 행사, 보호장비 사용 등 수용자나 제3자의 신체에 직접적으로 행사되는 계호
	대물계호	거실 및 작업장 검사, 소지품 검사 등 시설이나 물건에 대해 행사되는 계호
계호수단	인적계호	계호권자의 육체적·정신적 기능을 통한 계호
	물적계호	건조물이나 부속설비, 보호장비·무기의 사용 등 시설이나 장비를 통한 계호
계호장소	호송계호	수용자를 교정시설 외부로 이동시키기 위한 계호
	출정계호	검찰이나 법원 등 형사사법기관의 소환에 응할 때의 계호
사태의 긴급성	통상계호	일상적인 계호
	비상계호	천재·지변·폭동·도주·화재 등의 경우에 특별한 수단과 방법으로 행해지는 계호
대상의 특수성	일반계호	일반수용자에 대한 통상의 계호
	특별계호	상습규율위반자, 도주나 자살우려자 등 교정사고의 우려가 높은 수용자에 대한 계호

정답 | ④

30

엄중관리대상자에 관한 설명으로 옳지 않은 것은?

① 교정시설의 안전과 질서유지를 위하여 일반수용자와 달리 관리할 필요가 있는 수용자를 그 대상으로 한다.
② 소장은 엄중관리대상자 전원에게 상담책임자를 지정하여야 한다.
③ ②의 상담책임자 1명당 상담대상자는 10명 이내로 하여야 한다.
④ 상담책임자는 해당 엄중대상자에 대하여 수시로 개별상담을 하여야 한다.

해설 ② 소장은 엄중관리대상자 중 지속적인 상담이 필요하다고 인정되는 사람에 대하여는 상담책임자를 지정한다(시행규칙 제196조 제1항).
③ 시행규칙 제196조 제2항
④ 동조 제3항

정답 | ②

31 ★

「형의 집행 및 수용자의 처우에 관한 법률 시행규칙」상 엄중관리대상자에 대한 설명으로 옳지 않은 것은? 교정7급 17

① 조직폭력수용자는 번호표와 거실표의 색상을 노란색으로 한다.

② 엄중관리대상자는 조직폭력수용자, 마약류수용자, 그리고 관심대상수용자로 구분한다.

③ 소장은 마약류수용자로 지정된 수용자들에게 정기적으로 수용자의 소변을 채취하여 마약반응검사를 하여야 한다.

④ 소장은 엄중관리대상자 중 지속적인 상담이 필요하다고 인정되는 사람에 대하여는 상담책임자를 지정한다.

해설 ③ 소장은 교정시설에 마약류를 반입하는 것을 방지하기 위하여 필요하면 강제에 의하지 아니하는 범위에서 수용자의 소변을 채취하여 마약반응검사를 할 수 있다(시행규칙 제206조 제2항).

① 시행규칙 제195조 제1항

② 시행규칙 제194조

④ 시행규칙 제196조 제1항

정답 | ③

32 ★

현행 법령상 엄중관리대상자에 관한 설명으로 옳은 것은? 9급경채 13

① 조직폭력수용자, 마약류수용자의 번호표 및 거실표의 색상은 노란색이다.

② 체포영장, 구속영장 공소장 또는 재판서에 조직폭력사범으로 명시된 수용자는 교도관회의 또는 분류처우위원회의 심의·의결에 따라 조직폭력수용자로 지정한다.

③ 소장은 관심대상수용자의 지정사유가 해소되었다고 인정되는 경우에는 교도관회의의 심의를 거쳐 그 지정을 해제한다.

④ 엄중관리대상자의 상담책임자 1명당 상담대상자는 10명 이내로 하고, 상담책임자는 수시로 개별상담을 하여야 한다.

해설 ① 조직폭력수용자의 번호표 및 거실표의 색상은 노란색이고, 마약류수용자의 번호표 및 거실표의 색상은 파란색이다(시행규칙 제195조 제1항 제2호·제3호).

② 체포영장, 구속영장, 공소장 또는 재판서에 조직폭력사범으로 명시된 수용자는 별도의 심의·의결절차 없이 조직폭력수용자로 지정한다(시행규칙 제198조 제1호, 제199조 제1항 참조).

③ 소장은 관심대상수용자의 수용생활태도 등이 양호하여 지정사유가 해소되었다고 인정하는 경우에는 분류처우위원회의 의결을 거쳐 그 지정을 해제한다. 다만, 미결수용자, 분류처우위원회의 의결 전이라도 관심대상수용자의 지정을 해제할 필요가 있다고 인정되는 수용자에 대하여는 교도관회의의 심의를 거쳐 그 지정을 해제할 수 있다(시행규칙 211조 제2항).

④ 시행규칙 196조 제2항·제3항

정답 | ④

33

엄중관리대상자인 관심대상수용자, 조직폭력수용자, 마약류수용자의 번호표 및 거실표의 색상을 순서대로 바르게 나열한 것?

① 노란색, 파란색, 빨간색
② 파란색, 빨간색, 노란색
③ 노란색, 노란색, 파란색
④ 파란색, 파란색, 노란색

해설 ③ 시행규칙 제195조 제1항

정답 | ③

34

「형의 집행 및 수용자의 처우에 관한 법률 시행규칙」상 엄중관리대상자에 대한 설명으로 옳은 것은?

교정9급 22

① 소장은 교정시설에 마약류를 반입하는 것을 방지하기 위하여 필요하면 강제로 수용자의 소변을 채취하여 마약반응검사를 할 수 있다.
② 소장은 엄중관리대상자 중 지속적인 상담이 필요하다고 인정되는 사람에 대하여는 상담책임자를 지정하는데, 상담대상자는 상담책임자 1명당 20명 이내로 하여야 한다.
③ 소장은 관심대상수용자로 지정할 필요가 있다고 인정되는 미결수용자에 대하여는 교도관회의의 심의를 거쳐 관심대상수용자로 지정할 수 있다.
④ 소장은 조직폭력수용자에게 거실 및 작업장 등의 수용자를 대표하는 직책을 부여할 수 있다.

해설 ③ 소장은 관심대상수용자 지정대상의 어느 하나에 해당하는 수용자에 대하여는 분류처우위원회의 의결을 거쳐 관심대상수용자로 지정한다. 다만, 미결수용자 등 분류처우위원회의 의결대상자가 아닌 경우에도 관심대상수용자로 지정할 필요가 있다고 인정되는 수용자에 대하여는 교도관회의의 심의를 거쳐 관심대상수용자로 지정할 수 있다(시행규칙 제211조 제1항).

① 소장은 교정시설에 마약류를 반입하는 것을 방지하기 위하여 필요하면 강제에 의하지 아니하는 범위에서 수용자의 소변을 채취하여 마약반응검사를 할 수 있다(시행규칙 제206조 제2항).

② 상담책임자는 감독교도관 또는 상담 관련 전문교육을 이수한 교도관을 우선하여 지정하여야 하며, 상담대상자는 상담책임자 1명당 10명 이내로 하여야 한다(시행규칙 제196조 제2항).

④ 소장은 조직폭력수용자에게 거실 및 작업장 등의 봉사원, 반장, 조장, 분임장, 그 밖에 수용자를 대표하는 직책을 부여해서는 아니 된다(시행규칙 제200조).

정답 | ③

35

수용관리 및 계호업무 등에 관한 지침」상 엄중관리대상자에 대한 설명으로 가장 옳지 않은 것은?

6급승진 24

① 조직폭력수용자가 행동대장급 이상인 경우에는 독거수용 하여야 한다. 다만, 수용거실 부족 등 특별한 사정이 있는 경우 혼거수용 할 수 있다.

② 마약류수용자는 순수초범과 누범으로 분리수용하고, 수용형편 등을 고려하여 부득이한 경우 외에는 가능한 한 단순투약과 밀수·제조·판매 등을 분리수용 하여야 한다. 다만, 수용거실 부족 등 부득이한 경우에는 비교적 죄질이 경미한 수용자와 같은 거실에 수용할 수 있다.

③ 관심대상수용자의 진료는 거실치료 및 순회진료를 원칙으로 하되 의료과 등에 동행하여 진료할 경우에는 계호에 특히 유의하여야 한다.

④ 보호장비를 착용 중인 관심대상수용자의 운동·치료·접견·상담 등은 보호장비를 해제한 상태에서 실시함을 원칙으로 한다.

해설 ④ 보호장비를 착용 중인 관심대상수용자의 운동·치료·접견·상담 등은 보호장비를 착용한 상태에서 실시함을 원칙으로 한다. 다만, 보호장비를 해제하여야 할 필요성이 있으면 사전에 보안과장의 허가를 받아 이를 해제할 수 있다(수용관리 및 계호업무 등에 관한 지침 제18조 제1항).

① 동 지침 제13조 제1항

② 동 지침 제14조

③ 동 지침 제17조

정답 | ④

36

수용자의 기본권에 대한 헌법재판소 결정으로 가장 옳은 것은? 5급승진 23

① 소장이 수용자의 동절기 취침시간을 21:00로 정하여 준수하게 한 것은 생체리듬에 따른 최적의 취침 및 수면시간이 수용자별로 다르다는 점에서 수용자의 일반적 행동자유권 및 신체의 자유를 침해한다.

② 거실 내 수형자를 대상으로 인원점검을 하는 동안 2~3분가량 수형자가 정렬한 상태에서 번호를 외치게 하는 점호행위는 수형자에게 하기 싫은 일을 강요함과 동시에 모욕감이나 수치심을 느끼게 한다는 점에서 수형자의 일반적 행동자유권과 인격권을 침해한다.

③ 수용거실의 지정은 소장이 죄명·형기·죄질·성격·범죄전력·나이·경력 및 수용생활 태도, 그 밖에 수용자의 개인적 특성을 고려하여 결정하는 것이므로 소장에게 수용거실 지정이나 변경의 구체적인 이유를 수용자에게 설명해야 할 법률상 의무가 인정된다.

④ 소장이 자살사고를 예방하기 위하여 수용거실 출입문에 있는 배식구를 배식시간 이외에는 잠그도록 한 행위는 교정시설 관리행위일 뿐이므로 수용자의 기본권을 침해할 가능성이 있다고 볼 수 없다.

해설 ④ 헌재 2020.12.15. 2020헌마1574

① 생체리듬에 따른 최적의 취침 및 수면시간은 수용자별로 다를 수 있으나, 교도소는 수용자가 공동생활을 영위하는 장소이므로 질서유지를 위하여 취침시간의 일괄처우가 불가피한바, 교도소장은 취침시간을 21:00로 정하되 기상시간을 06:20으로 정함으로써 동절기 일조시간의 특성을 수면시간에 반영하였고, 이에 따른 수면시간은 9시간 20분으로 성인의 적정 수면시간 이상을 보장하고 있다. 나아가 21:00 취침은 전국 교도소의 보편적 기준에도 부합하고, 특별한 사정이 있거나 수용자가 부상·질병으로 적절한 치료를 받아야 할 경우에는 관련규정에 따라 21:00 취침의 예외가 인정될 수 있으므로, 이 사건 취침시간은 청구인의 일반적 행동자유권 및 신체의 자유를 침해하지 아니한다(헌재 2016.6.30. 2015헌마36).

② 이 사건 점호행위는, 혼거실 수형자들을 정렬하여 앉게 한 뒤 차례로 번호를 외치도록 함으로써 신속하고 정확하게 거실 내 인원수를 확인함과 동시에 수형자의 건강상태 내지 심리상태, 수용생활 적응 여부 등을 살펴 각종의 교정사고를 예방하거나 사후에 신속하게 대처할 수 있도록 함으로써 교정시설의 안전과 질서를 유지하기 위한 것으로 그 목적이 정당하고, 그 목적을 달성하기 위한 적절한 수단이 된다. 결국 이 사건 점호행위는 필요한 최소한도를 벗어나 과잉금지원칙에 위배되어 청구인의 인격권 및 일반적 행동의 자유를 침해한다 할 수 없다(헌재 2012.7.26. 2011헌마332).

③ 수용거실의 지정은 교도소장이 죄명·형기·죄질·성격·범죄전력·나이·경력 및 수용생활 태도, 그 밖에 수용자의 개인적 특성을 고려하여 결정하는 것으로 소장의 재량적 판단사항이며, 수용자에게 수용거실의 변경을 신청할 권리 내지 특정 수용거실에 대한 신청권이 있다고 볼 수 없다(헌재 2013.8.29. 2012헌마886).

정답 | ④

37

수형자의 기본권에 대한 헌법재판소의 결정내용으로 옳지 않는 것은? 교정7급 12

① 정밀 신체검사는 수용자의 생명과 신체에 대한 위해를 방지하고 구치소 내의 안전과 질서를 유지하기 위하여 흉기 등 위험물이나 반입금지 물품의 소지와 은닉 여부를 조사하기 위한 것으로서 과잉금지의 원칙에 반하지 않는다.

② 계호 교도관이 검찰 조사실에서의 계구해제요청을 거절하고 청구인으로 하여금 수갑 및 포승을 계속 사용한 채 피의자조사를 받도록 한 것은 신체의 자유를 침해한 것이다.

③ 독거수용자들에 대해서는 교도소 내의 범죄를 방지하고, 안전을 도모하며 본래적 교도행정의 목적을 효과적으로 달성하기 위하여 행정적 제재를 가하고 교정의 필요상 TV 시청을 규제하는 것은 불가피하다.

④ 엄중격리 대상자의 수용거실에 CCTV를 설치하여 24시간 감시하는 것은 CCTV 설치행위에 대한 법적 근거가 없는 경우 허용되지 않는다.

해설 ④ 이 사건 CCTV 설치행위는 행형법 및 교도관직무규칙 등에 규정된 교도관의 계호활동 중 육안에 의한 시선계호를 CCTV 장비에 의한 시선계호로 대체한 것에 불과하므로 이 사건 CCTV 설치행위에 대한 특별한 법적 근거가 없더라도 일반적인 계호활동을 허용하는 법률규정에 의하여 허용된다고 보아야 한다. 한편 CCTV에 의하여 감시되는 엄중격리대상자에 대하여 지속적이고 부단한 감시가 필요하고, 자살·자해나 흉기 제작 등의 위험성 등을 고려하면, 제반사정을 종합하여 볼 때 기본권 제한의 최소성 요건이나 법익균형성의 요건도 충족하고 있다(헌재 2008.5.29, 2005헌마137).

① 헌재 2011.5.26, 2010헌마775

② 헌재 2005.5.26, 2001헌마728

③ 헌재 2005.5.26, 2004헌마571

정답 | ④

38

다음은 조직폭력수용자에 대한 규정이다. 틀린 것은? 9급경채 13

① 조직폭력수용자는 접촉차단시설이 있는 장소에서 접견하여야 한다.

② 조직폭력수용자 중 모범수용자는 봉사원이나 반장 등의 직책을 부여받을 수 있다.

③ 조직폭력수용자가 소내에서 집단화할 우려가 있을 때에는 이송을 신청하여야 한다.

④ 조직폭력수용자의 편지 및 접견의 내용 중 특이사항이 있을 시에는 검찰청이나 경찰서 등 관계기관에 통보할 수 있다.

해설 ② 소장은 조직폭력수용자에게 거실 및 작업장 등의 봉사원, 반장, 조장, 분임장, 그 밖에 수용자를 대표하는 직책을 부여해서는 아니 된다(시행규칙 제200조).

① 시행규칙 제202조

③ 시행규칙 제201조

④ 시행규칙 제203조

정답 | ②

39

수용자의 처우 및 권리에 관한 헌법재판소의 태도로 옳은 것을 모두 고른 것은? 사법시험 15

> ㉠ 교도소 내 엄중격리대상자에 대하여 1인 운동장을 사용하게 하는 조치는 그 목적의 정당성 및 수단의 적정성이 인정된다.
> ㉡ 수용자가 변호사와 접견하는 경우에도 일률적으로 접촉차단시설이 설치된 장소에서 하도록 하는 규정은 과잉금지원칙에 위배되지 않으며 재판청구권을 침해하는 것도 아니다.
> ㉢ 독거수용실에만 텔레비전 시청시설을 설치하지 않음으로써 독거수용 중인 수용자가 TV시청을 할 수 없도록 한 교도소장의 행위는 독거수용실 수용자를 혼거실 수용자와 차별대우한 것으로 평등권을 침해하는 것이다.

① ㉠ ② ㉢ ③ ㉠, ㉡
④ ㉠, ㉢ ⑤ ㉡, ㉢

해설 [O] ㉠ 헌재 2008.5.29, 2005헌마137·47·376, 2007헌마187·1274(병합) 전원재판부
[×] ㉡ 변호사와 접견하는 경우에도 수용자의 접견은 원칙적으로 접촉차단시설이 설치된 장소에서 하도록 규정하고 있는 형의 집행 및 수용자의 처우에 관한 법률 시행령(2008. 10. 29. 대통령령 제21095호로 개정된 것) 제58조 제4항은 과잉금지원칙에 위배하여 청구인의 재판청구권을 지나치게 제한하고 있으므로 헌법에 위반된다(헌재 2013.8.29, 2011헌마122).
㉢ 독거거실 수용자들에 대해서는 행정적 제재 및 교정의 필요상 TV시청을 규제할 필요성이 있으므로 독거수용 중인 청구인이 TV시청을 제한 받게 되었다고 하더라도 이러한 행위가 곧 합리적인 이유가 없는 자의적 차별이라고 할 수 없어 평등원칙에 위반된다고 볼 수 없다(헌재 2005.5.26, 2004헌마571).

정답 | ①

40

형의 집행 및 수용자의 처우에 관한 법률 시행규칙 제210조에서 명시하고 있는 관심대상수용자의 지정대상이 아닌 것으로만 묶인 것은? 교정7급 12 변형

> ㉠ 중형선고 등에 따른 심적 불안으로 수용생활에 적응하기 곤란하다고 인정되는 수용자
> ㉡ 사회적 물의를 일으킨 사람으로서 죄책감 등으로 인하여 상습적으로 자해를 하는 수용자
> ㉢ 다른 수용자를 괴롭히거나 세력을 모으는 등 수용질서를 문란하게 하는 조직폭력 수용자
> ㉣ 도주를 예비한 전력이 있는 사람으로서 도주의 우려가 있는 수용자
> ㉤ 다른 수용자를 협박하여 징벌을 받은 전력이 있는 수용자

① ㉠, ㉤ ② ㉡, ㉣ ③ ㉡, ㉤ ④ ㉢, ㉣

해설 ③ ㉡·㉤은 관심대상수용자의 지정대상에 해당하지 않는다(시행규칙 제210조).

정답 | ③

41

「형의 집행 및 수용자의 처우에 관한 법률 시행규칙」상 명시된 관심대상수용자 지정대상으로 가장 적절하지 않은 것은? 6급승진 23

① 다른 수용자에게 폭력을 행사하는 수용자
② 수용생활의 편의 등 자신의 요구를 관철할 목적으로 상습적으로 자해를 하는 수용자
③ 징벌집행이 종료된 날부터 1년 이내에 다시 징벌을 받는 등 규율위반의 상습성이 인정되는 수용자
④ 다른 수용자를 괴롭히거나 세력을 모으는 등 수용질서를 문란하게 하는 조직폭력수용자(조직폭력사범으로 행세하는 경우를 포함한다).

해설 ① 다른 수용자에게 상습적으로 폭력을 행사하는 수용자(형집행법 시행규칙 제210조 제1호)
② 수용생활의 편의 등 자신의 요구를 관철할 목적으로 상습적으로 자해를 하거나 각종 이물질을 삼키는 수용자(동조 제3호)
③ 동조 제11호
④ 동조 제4호

정답 | ①

42

「형의 집행 및 수용자의 처우에 관한 법률 시행규칙」상 명시된 관심대상수용자의 지정대상으로 가장 옳지 않은 것은? 7급승진 23

① 다른 수용자를 괴롭히거나 세력을 모으는 등 수용질서를 문란하게 하는 조직폭력수용자(조직폭력사범으로 행세하는 경우를 제외한다)
② 교도관을 폭행하거나 협박하여 징벌을 받은 전력(前歷)이 있는 사람으로서 같은 종류의 징벌대상행위를 할 우려가 큰 수용자
③ 수용생활의 편의 등 자신의 요구를 관철할 목적으로 상습적으로 자해를 하거나 각종 이물질을 삼키는 수용자
④ 상습적으로 교정시설의 설비·기구 등을 파손하거나 소란행위를 하여 공무집행을 방해하는 수용자

해설 ① 조직폭력사범으로 행세하는 경우를 포함한다(형집행법 시행규칙 제210조 제4호).
② 동조 제2호
③ 동조 제3호
④ 동조 제6호

정답 | ①

43

「형의 집행 및 수용자의 처우에 관한 법률 시행규칙」상 조직폭력수용자 지정대상으로 가장 적절하지 않은 것은?

6급승진 23

① 체포영장, 구속영장, 공소장 또는 재판서에 조직폭력사범으로 명시된 수용자

② 공소장 또는 재판서에 조직폭력사범으로 명시되어 있지는 아니하나 「폭력행위 등 처벌에 관한 법률」 제4조·제5조 또는「형법」 제114조가 적용된 수용자

③ 공범·피해자 등의 체포영장·구속영장·공소장 또는 재판서에 조직폭력사범으로 명시된 수용자

④ 조직폭력사범으로 형의 집행을 종료한 후 5년 이내에 교정시설에 다시 수용된 자로서 분류처우위원회에서 조직폭력수용자로 심의·의결된 수용자

해설 ④는 조직폭력수용자 지정대상이었으나, 형집행법 시행규칙 제198조 개정(2013.4.16.)으로 더 이상 지정대상이 아니다. 참고로, '조직폭력수용자로서 무죄 외의 사유로 출소한 후 5년 이내에 교정시설에 다시 수용된 사람'은 관심대상수용자의 지정대상이다(동법 시행규칙 제210조 제5호).

정답 | ④

44

형의 집행 및 수용자의 처우에 관한 법률 시행규칙상 조직폭력수용자의 처우에 관한 설명으로 옳지 않은 것은?

① 소장은 조직폭력수용자에게 거실 및 작업장 등의 봉사원, 반장, 조장, 분임장, 그 밖에 수용자를 대표하는 직책을 부여해서는 아니 된다.

② 소장은 조직폭력수용자가 작업장 등에서 다른 수형자와 음성적으로 세력을 형성하는 등 집단화될 우려가 있다고 인정하는 경우에는 법무부장관에게 해당 조직폭력수형자의 이송을 지체 없이 신청하여야 한다.

③ 소장은 조직폭력수용자가 다른 사람과 접견할 때에는 접촉차단시설이 있는 장소에서 하게 하여야 하며, 귀휴나 그 밖의 특별한 이익이 되는 처우를 실시하여서는 아니 된다.

④ 소장은 조직폭력수용자의 편지 및 접견의 내용 중 특이사항이 있는 경우에는 검찰청, 경찰서 등 관계기관에 통보할 수 있다.

해설 ③ 소장은 조직폭력수용자가 다른 사람과 접견할 때에는 외부 폭력조직과의 연계가능성이 높은 점 등을 고려하여 접촉차단시설이 있는 장소에서 하게 하여야 하며, 귀휴나 그 밖의 특별한 이익이 되는 처우를 결정하는 경우에는 해당 처우의 허용요건에 관한 규정을 엄격히 적용하여야 한다(시행규칙 제202조).

① 시행규칙 제200조

② 시행규칙 제201조

④ 시행규칙 제203조

정답 | ③

45

보호실에 관한 설명으로 옳지 않은 것은?

① 형집행법 제10차 개정(2007.12.21) 때에 관련 규정이 신설되었다.

② 보호실이란 일반수용거실로부터 격리되어 있고, 방음설비 등을 갖춘 거실을 말한다.

③ 소장은 수용자가 자살 또는 자해의 우려가 있는 때에 의무관의 의견을 고려하여 보호실에 수용할 수 있다.

④ 의무관은 보호실 수용자의 건강상태를 수시로 확인하여야 한다.

해설 ② 진정실에 관한 설명이다.
③ 법 제95조 제1항
④ 동조 제5항

정답 | ②

46 ★

형의 집행 및 수용자의 처우에 관한 법령상 조직폭력수용자에 대한 설명으로 옳지 않은 것은?

교정9급 20

① 소장은 공범·피해자 등의 체포영장, 구속영장, 공소장 또는 재판서에 조직폭력사범으로 명시된 수용자에 대하여는 조직폭력수용자로 지정한다.

② 소장은 조직폭력수용자에게 거실 및 작업장 등의 봉사원, 반장, 조장, 분임장, 그 밖에 수용자를 대표하는 직책을 부여해서는 아니 된다.

③ 소장은 조직폭력수용자로 지정된 사람이 공소장 변경 또는 재판확정에 따라 지정사유가 해소되었다고 인정되는 경우에는 교도관회의의 심의 또는 교정자문위원회의 의결을 거쳐 지정을 해제한다.

④ 소장은 조직폭력수형자가 작업장 등에서 다른 수형자와 음성적으로 세력을 형성하는 등 집단화할 우려가 있다고 인정하는 경우에는 법무부장관에게 해당 조직폭력수형자의 이송을 지체 없이 신청하여야 한다.

해설 ③ 소장은 조직폭력수용자로 지정된 사람에 대하여는 석방할 때까지 지정을 해제할 수 없다. 다만, 공소장 변경 또는 재판확정에 따라 지정사유가 해소되었다고 인정되는 경우에는 교도관회의의 심의 또는 분류처우위원회의 의결을 거쳐 지정을 해제한다(시행규칙 제199조 제2항).
① 시행규칙 제198조 제3호
② 시행규칙 제200조
④ 시행규칙 제201조

정답 | ③

47

형의 집행 및 수용자의 처우에 관한 법률 시행규칙상 마약류수용자의 처우에 관한 설명으로 옳은 것은?

① 소장은 교정시설에 마약류를 반입하는 것을 방지하기 위하여 특히 필요하다고 인정하는 경우에는 수용자의 소변을 강제로 채취하여 마약반응검사를 할 수 있다.

② 소장은 ①의 검사결과 양성반응이 나타난 수용자에 대하여는 의무관으로 하여금 혈청검사, 모발검사, 그 밖의 정밀검사를 실시하게 하고, 그 결과에 따라 적절한 조치를 하여야 한다.

③ 수용자 외의 사람이 마약류수용자에게 물품의 교부를 신청하는 것은 허가되지 않는 것이 원칙이다.

④ 담당교도관은 마약류수용자의 보관품 및 소지물의 변동사항을 수시로 점검하고, 특이사항이 있는 경우에는 소장에게 보고하여야 한다.

해설 ① 소장은 교정시설에 마약류를 반입하는 것을 방지하기 위하여 필요하면 강제에 의하지 아니하는 범위에서 수용자의 소변을 채취하여 마약반응검사를 할 수 있다(시행규칙 제206조 제2항).

② 소장은 검사결과 양성반응이 나타난 수용자에 대하여는 관계기관에 혈청검사, 모발검사, 그 밖의 정밀검사를 의뢰하고 그 결과에 따라 적절한 조치를 하여야 한다(동조 제3항).

④ 소장 → 감독교도관(시행규칙 제208조)

③ 시행규칙 제207조

정답 | ③

48 ★

형집행법 시행규칙상 관심대상수용자의 처우에 관한 설명으로 옳지 않은 것은?

① 다른 수용자를 괴롭히거나 세력을 모으는 등 수용질서를 문란하게 하는 조직폭력수용자도 관심대상수용자로 지정할 수 있다.

② 관심대상수용자의 지정은 교도관회의의 심의를 거치는 것이 원칙이다.

③ 소장이 관심대상수용자로 지정하거나 지정을 해제하는 경우에는 담당교도관 또는 감독교도관의 의견을 고려하여야 한다.

④ 중형선고 등에 따른 심적 불안으로 수용생활에 적응하기 곤란하다고 인정되는 수용자는 관심대상수용자로 지정될 수 있다.

해설 ② 관심대상수용자의 지정은 분류처우위원회의 의결을 거치는 것이 원칙이나, 미결수용자 등 분류처우위원회의 의결대상자가 아닌 경우에도 관심대상수용자로 지정할 필요가 있다고 인정되는 수용자에 대하여는 교도관회의의 심의를 거쳐 관심대상수용자로 지정할 수 있다(시행규칙 제211조 제1항 참조).

①·④ 시행규칙 제210조

③ 시행규칙 제211조 제3항

관심대상수용자의 지정대상은 다음과 같다(시행규칙 제210조).

관심대상수용자 지정대상

- 다른 수용자에게 상습적으로 폭력을 행사하는 수용자
- 교도관을 폭행하거나 협박하여 징벌을 받은 전력(前歷)이 있는 사람으로서 같은 종류의 징벌대상행위를 할 우려가 큰 수용자
- 수용생활의 편의 등 자신의 요구를 관철할 목적으로 상습적으로 자해를 하거나 각종 이물질을 삼키는 수용자
- 다른 수용자를 괴롭히거나 세력을 모으는 등 수용질서를 문란하게 하는 조직폭력수용자(조직폭력사범으로 행세하는 경우를 포함한다)
- 조직폭력수용자로서 무죄 외의 사유로 출소한 후 5년 이내에 교정시설에 다시 수용된 사람
- 상습적으로 교정시설의 설비·기구 등을 파손하거나 소란행위를 하여 공무집행을 방해하는 수용자
- 도주(음모, 예비 또는 미수에 그친 경우를 포함한다)한 전력이 있는 사람으로서 도주의 우려가 있는 수용자
- 중형선고 등에 따른 심적 불안으로 수용생활에 적응하기 곤란하다고 인정되는 수용자
- 자살을 기도한 전력이 있는 사람으로서 자살할 우려가 있는 수용자
- 사회적 물의를 일으킨 사람으로서 죄책감 등으로 인하여 자살 등 교정사고를 일으킬 우려가 큰 수용자
- 징벌집행이 종료된 날부터 1년 이내에 다시 징벌을 받는 등 규율위반의 상습성이 인정되는 수용자
- 상습적으로 법령에 위반하여 연락을 하거나 금지물품을 반입하는 등의 방법으로 부조리를 기도하는 수용자
- 그 밖에 교정시설의 안전과 질서유지를 위하여 엄중한 관리가 필요하다고 인정되는 수용자

정답 | ②

49

다음 설명에서 괄호 안에 들어갈 내용을 순서대로 바르게 나열한 것은?

> 수용자의 보호실 수용기간은 ( ) 이내로 한다. 다만 소장은 특히 계속하여 수용할 필요가 있으면 의무관의 의견을 고려하여 보호실 수용기간을 연장할 수 있다. 이 경우 보호실 수용기간의 연장은 ( ) 이내로 하되, 계속하여 ( )을 초과할 수 없다.

① 3일, 5일, 1개월
② 5일, 7일, 2개월
③ 7일, 10일, 3개월
④ 15일, 7일, 3개월

해설 ④ 법 제95조 제2항·제3항

정답 | ④

50

다음 중 ( )안에 들어가지 못할 단어로만 묶인 것은? 9급특채 11

> ( )가 수용된 거실은 참관할 수 없다. 자살 등의 우려가 큰 때에는 ( )로 거실에 있는 수용자를 계호할 수 있다. ( )를 사용하여도 그 목적을 달성할 수 없는 경우에는 일반수용거실로부터 격리되어 있고 방음설비 등을 갖춘 ( )에 수용할 수 있다.

① 미결수용자, 보호장비
② 전자장비, 보호실
③ 사형확정자, 진정실
④ 전자영상장비, 진정실

해설 위 지문에 해당되는 내용을 정리하면 다음과 같다. (미결수용자 또는 사형확정자)가 수용된 거실은 참관할 수 없다(법 제80조, 제89조 제2항). 자살 등의 우려가 큰 때에는 (전자영상장비)로 거실에 있는 수용자를 계호할 수 있다(법 제94조 제1항 단서). (보호장비)를 사용하여도 그 목적을 달성할 수 없는 경우에는 일반수용거실로부터 격리되어 있고 방음설비 등을 갖춘 (진정실)에 수용할 수 있다(법 제96조 제1항).

정답 | ②

51 ★

보호실 수용관련 다음 설명 중 틀린 것을 모두 고르면? 9급경채 15

㉠ 자살 또는 자해 우려가 있는 때 보호실에 수용할 수 있다. ㉡ 보호실 수용기간은 15일 이내로 하되 3일 이내로 연장할 수 있다. ㉢ 신체적·정신적 질병으로 인하여 특별한 보호가 필요한 때 보호실에 수용할 수 있다. ㉣ 교정시설의 설비 또는 기구를 손괴하거나 손괴하려고 하는 때 보호실에 수용할 수 있다. ㉤ 의무관은 보호실 수용자의 건강을 수시로 확인하여야 한다. ㉥ 소란행위를 계속하여 평온한 수용생활을 방해하는 때 보호실에 수용할 수 있다.

① ㉠, ㉡, ㉤
② ㉡, ㉣, ㉥
③ ㉢, ㉣, ㉤
④ ㉣, ㉤, ㉥

해설 [×] ㉡ 보호실 수용기간은 15일 이내로 하되 7일 이내로 연장할 수 있다(법 제95조 제2항).
㉣·㉥ 진정실 수용요건에 해당한다(법 제96조 제1항).
[○] ㉠·㉢ 법 제95조 제1항
㉤ 동조 제5항

정답 | ②

52

진정실에 관한 설명으로 옳지 않은 것은?

① 형집행법 제10차 개정(2007.12.21) 때에 관련 규정이 신설되었다.
② 강제력 행사나 보호장비의 사용으로 그 목적을 달성할 수 있는 경우에는 진정실에 수용할 수 없다.
③ 진정실 수용기간의 연장은 24시간 이내로 하되, 계속하여 3일을 초과할 수 없다.
④ 소장은 수용자를 진정실에 수용하거나 수용기간을 연장하는 경우에는 그 사유를 본인에게 알려 주어야 한다.

해설 ③ 진정실 수용기간의 연장은 12시간 이내로 하되, 계속하여 3일을 초과할 수 없다(법 제96조 제2항·제3항 참조).
② 법 제96조 제1항
④ 법 제96조 제4항, 제95조 제4항

정답 | ③

53 ★

수용시설의 안전과 질서유지를 위한 수용자의 보호실 및 진정실 수용에 대한 설명으로 옳은 것은?

교정9급 12

① 의무관은 수용자가 자살 또는 자해의 우려가 있는 때에는 소장의 동의를 받아 보호실에 수용할 수 있다.
② 수용자의 보호실 수용기간은 15일 이내로 하며, 기간연장 시 계속하여 2개월을 초과할 수 없다.
③ 소장은 수용자가 교정시설의 설비 또는 기구 등을 손괴하거나 손괴하려고 하는 때에는 보호 장비를 사용하여 그 목적을 달성할 수 있는 경우에도 진정실에 수용할 수 있다.
④ 진정실에 수용할 수 있는 기간은 24시간 이내로 하되, 기간연장 시 계속하여 3일을 초과할 수 없다.

해설 ① 소장은 수용자가 자살 또는 자해의 우려가 있는 때에는 의무관의 의견을 고려하여 보호실에 수용할 수 있다(법 제95조 제1항 제1호).
② 수용자의 보호실 수용기간은 15일 이내로 하고 기간연장은 7일 이내로 하되(동조 제2항 참조), 계속하여 3개월을 초과할 수 없다(동조 제3항 참조).
③ 소장은 수용자가 교정시설의 설비 또는 기구 등을 손괴하거나 손괴하려고 하는 때에 강제력을 행사하거나 보호장비를 사용하여도 그 목적을 달성할 수 없는 경우에만 진정실에 수용할 수 있다(법 제96조 제1항 제1호).
④ 법 제96조 제2항·제3항

구분		보호실	진정실
정의		자살 및 자해방지 등의 설비를 갖춘 거실	일반 수용거실로부터 격리되어 있고 방음설비 등을 갖춘 거실
수용요건		• 자살 또는 자해의 우려가 있는 때 • 신체적·정신적 질병으로 인하여 특별한 보호가 필요한 때	• 교정시설의 설비 또는 기구 등을 손괴하거나 손괴하려고 하는 때 • 교도관의 제지에도 불구하고 소란행위를 계속하여 다른 수용자의 평온한 수용생활을 방해하는 때
의무관 의견	최초	○	×
	연장	○	○
기간	최초	15일 이내	24시간 이내
	연장	1회당 7일 이내	1회당 12시간 이내
	최대연장	3개월	3일

정답 | ④

54

「형의 집행 및 수용자의 처우에 관한 법률」상 안전과 질서에 대한 설명으로 옳지 않은 것은?

교정7급 13

① 전자영상장비로 거실에 있는 수용자를 계호하는 것은 자살 등의 우려가 큰 때에만 할 수 있다.
② 수용자의 보호실 수용기간은 소장이 연장을 하지 않는 한 30일 이내로 한다.
③ 수용자의 진정실 수용기간은 소장이 연장을 하지 않는 한 24시간 이내로 한다.
④ 보호장비는 징벌의 수단으로 사용되어서는 아니된다.

해설 ② 수용자의 보호실 수용기간은 15일 이내로 한다. 다만, 소장은 특히 계속하여 수용할 필요가 있으면 의무관의 의견을 고려하여 1회당 7일의 범위에서 연장할 수 있다(법 제95조 제2항). 즉 소장이 연장을 하지 않는 한 보호실 수용기간은 15일 이내이다.
① 법 제94조 제1항
③ 법 제96조 제2항
④ 법 제99조 제2항

정답 | ②

55

「형의 집행 및 수용자의 처우에 관한 법률」상 수용자의 보호실 수용에 대한 설명으로 옳은 것은?

교정9급 21

① 소장은 수용자가 교도관의 제지에도 불구하고 소란행위를 계속하여 다른 수용자의 평온한 수용생활을 방해하는 때에 강제력을 행사하거나 보호장비를 사용하여도 그 목적을 달성할 수 없는 경우에만 보호실에 수용할 수 있다.
② 수용자의 보호실 수용기간은 15일 이내로 하되, 소장은 특히 계속하여 수용할 필요가 있으면 의무관의 의견을 고려하여 1회당 7일의 범위에서 기간을 연장할 수 있다.
③ 소장은 수용자를 보호실에 수용하거나 수용기간을 연장하는 경우에는 그 사유를 가족에게 알려 주어야 한다.
④ 수용자를 보호실에 수용할 수 있는 기간은 계속하여 2개월을 초과할 수 없다.

해설 ② 법 제95조 제2항
① 진정실 수용요건에 대한 설명이다(법 제96조 제1항).
③ 소장은 수용자를 보호실에 수용하거나 수용기간을 연장하는 경우에는 그 사유를 본인에게 알려 주어야 한다(법 제95조 제4항).
④ 수용자를 보호실에 수용할 수 있는 기간은 계속하여 3개월을 초과할 수 없다(법 제95조 제3항).

정답 | ②

56

「형의 집행 및 수용자의 처우에 관한 법률」상 수용자의 보호실 및 진정실 수용에 대한 설명으로 옳은 것은? 교정9급 16

① 소장은 수용자가 신체적·정신적 질병으로 인하여 특별한 보호가 필요한 때 진정실에 수용할 수 있다.
② 소장은 수용자를 보호실 또는 진정실에 수용할 경우에는 변호인의 의견을 고려하여야 한다.
③ 소장은 수용자를 보호실 또는 진정실에 수용하거나 수용기간을 연장하는 경우에는 그 사유를 본인과 가족에게 알려주어야 한다.
④ 수용자의 보호실 수용기간은 15일 이내, 진정실 수용기간은 24시간 이내로 하되, 소장은 특히 계속하여 수용할 필요가 있으면 의무관의 의견을 고려하여 연장할 수 있다.

해설 ④ 법 제95조 제2항, 제96조 제2항

① 소장은 수용자가 다음 각 호의 어느 하나에 해당하면 의무관의 의견을 고려하여 보호실(자살 및 자해방지 등의 설비를 갖춘 거실)에 수용할 수 있다(법 제95조 제1항).
② 소장은 보호실 수용요건에 해당하면 의무관의 의견을 고려하여 보호실에 수용할 수 있고(법 제95조 제1항), 진정실 수용요건에 해당하면 의무관의 의견고려 없이 진정실에 수용할 수 있다(법 제96조 제1항). 즉, 변호인의 의견고려 규정은 없다.
③ 소장은 수용자를 보호실 또는 진정실에 수용하거나 수용기간을 연장하는 경우에는 그 사유를 본인에게 알려 주어야 한다(법 제95조 제4항, 제96조 제4항). 즉, 가족통지 규정은 없다.

정답 | ④

57

형집행법상 수용자의 진정실 수용에 대한 설명 중 옳지 않은 것은? 8급승진 18

① 소장은 수용자가 교정시설의 설비 또는 기구 등을 손괴하거나 손괴하려고 하는 때 또는 교도관의 제지에도 불구하고 소란행위를 계속하여 다른 수용자의 평온한 수용생활을 방해하는 때의 어느 하나에 해당하는 경우로서, 강제력을 행사하거나 제98조의 보호장비를 사용하여도 그 목적을 달성할 수 없는 경우에만 진정실에 수용할 수 있다.
② 소장은 수용자를 진정실에 수용할 경우에는 의무관의 의견을 고려하여야 한다.
③ 수용자의 진정실 수용기간은 24시간 이내로 한다. 다만, 소장은 특히 계속하여 수용할 필요가 있으면 의무관의 의견을 고려하여 1회당 12시간의 범위에서 연장할 수 있으며, 계속하여 3일을 초과할 수 없다.
④ 의무관은 진정실 수용자의 건강상태를 수시로 확인하여야 하며, 소장은 진정실 수용사유가 소멸한 경우에는 진정실 수용을 즉시 중단하여야 한다.

해설 [O] ① 법 제96조 제1항
③ 동조 제2항·제3항
④ 동조 제4항
[X] ② 의무관의 의견은 소장이 수용자를 보호실에 수용할 경우에는 고려하여야 하나(법 제95조 제1항), 진정실에 수용할 경우에는 그러하지 아니하다(법 제96조 제1항).

정답 | ②

58

「형의 집행 및 수용자의 처우에 관한 법률」상 수용자의 진정실 수용에 대한 설명으로 옳은 것은?

교정9급 24

① 소장은 수용자가 교정시설의 설비 또는 기구 등을 손괴하거나 손괴하려고 하는 때로서 강제력을 행사하거나 보호장비를 사용하여도 그 목적을 달성할 수 없는 경우에는 진정실에 수용할 수 있다. 이 경우 의무관의 의견을 들어야 한다.

② 수용자의 진정실 수용기간은 24시간 이내로 한다. 다만, 소장은 특히 계속하여 수용할 필요가 있으면 의무관의 의견을 고려하여 1회당 12시간의 범위에서 기간을 연장할 수 있다.

③ 수용자를 진정실에 수용할 수 있는 기간은 계속하여 2일을 초과할 수 없다.

④ 소장은 수용자를 진정실에 수용하거나 수용기간을 연장하는 경우에는 그 사유를 가족에게 알려 주어야 한다.

해설 ② 형집행법 제96조 제2항

① 보호실과는 달리, 진정실 수용 시 의무관의 의견을 들을 필요는 없다(동조 제1항).

③ 수용자를 진정실에 수용할 수 있는 기간은 계속하여 3일을 초과할 수 없다(동조 제3항).

④ 소장은 수용자를 보호실에 수용하거나 수용기간을 연장하는 경우에는 그 사유를 본인에게 알려 주어야 한다(동법 제95조 제4항).

정답 | ②

59

「형의 집행 및 수용자의 처우에 관한 법률」상 보호실 수용에 대한 설명으로 가장 옳은 것은?

6급승진 22

① 소장은 수용자가 교정시설의 설비 등을 손괴하려고 하는 때에는 의무관의 의견을 고려하여 보호실에 수용할 수 있다.

② 수용자의 보호실 수용기간은 15일 이내로 한다. 다만, 소장은 특히 계속하여 수용할 필요가 있으면 의무관의 의견을 고려하여 1회당 7일의 범위에서 기간을 연장할 수 있으며, 보호실에 수용할 수 있는 기간은 계속하여 3개월을 초과할 수 없다.

③ 소장은 보호실 수용자의 건강상태를 수시로 확인하여야 한다.

④ 소장은 수용자의 보호실 수용기간을 연장하는 경우에는 그 사유를 수용자의 가족에게 알려 주어야 한다.

해설 ② 형집행법 제95조 제2항·제3항

① 소장은 수용자가 ㉠ 자살 또는 자해의 우려가 있는 때, ㉡ 신체적·정신적 질병으로 인하여 특별한 보호가 필요한 때에는 의무관의 의견을 고려하여 보호실(자살 및 자해 방지 등의 설비를 갖춘 거실)에 수용할 수 있다(동조 제1항).

③ 의무관은 보호실 수용자의 건강상태를 수시로 확인하여야 한다(동조 제5항).

④ 소장은 수용자를 보호실에 수용하거나 수용기간을 연장하는 경우에는 그 사유를 본인에게 알려 주어야 한다(동조 제4항).

정답 | ②

60

「형의 집행 및 수용자의 처우에 관한 법률」상 보호실 및 진정실에 대한 설명으로 옳은 것은 모두 몇 개인가? 7급승진 22

㉠ 수용자의 보호실 수용기간은 15일 이내로 한다. 다만, 소장은 특히 계속하여 수용할 필요가 있으면 의무관의 의견을 고려하여 1회당 5일의 범위에서 기간을 연정할 수 있다. ㉡ 수용자를 보호실에 수용할 수 있는 기간은 계속하여 2개월을 초과할 수 없다. ㉢ 수용자의 진정실 수용기간은 24시간 이내로 한다. 다만, 소장은 특히 계속하여 수용할 필요가 있으면 의무관의 의견을 고려하여 1회당 12시간의 범위에서 기간을 연장할 수 있다. ㉣ 수용자를 진정실에 수용할 수 있는 기간은 계속하여 3일을 초과할 수 없다.

① 1개 ② 2개
③ 3개 ④ 4개

해설 옳은 것은 ㉢, ㉣이다.

㉠ 수용자의 보호실 수용기간은 15일 이내로 한다. 다만, 소장은 특히 계속하여 수용할 필요가 있으면 의무관의 의견을 고려하여 1회당 7일의 범위에서 기간을 연장할 수 있다(형집행법 제95조 제2항).
㉡ 수용자를 보호실에 수용할 수 있는 기간은 계속하여 3개월을 초과할 수 없다(동조 제3항).
㉢ 동법 제96조 제2항
㉣ 동조 제3항

정답 | ②

61

형의 집행 및 수용자의 처우에 관한 법률」상 보호실에 수용할 수 있는 기간으로 가장 옳은 것은?

① 10일 이내, 1회당 5일 이내의 기간 연장, 최초 수용기간을 포함하여 계속하여 3년을 초과할 수 없다.
② 20일 이내, 1회당 10일 이내의 기간 연장, 최초 수용기간을 포함하여 계속하여 3개월을 초과할 수 없다.
③ 15일 이내, 1회당 7일 이내의 기간 연장, 최초 수용기간을 포함하여 계속하여 3개월을 초과할 수 없다.
④ 24시간 이내, 1회당 12시간 이내의 기간 연장, 최초 수용기간을 포함하여 계속하여 3일을 초과할 수 없다.

해설 수용자의 보호실 수용기간은 15일 이내로 한다. 다만, 소장은 특히 계속하여 수용할 필요가 있으면 의무관의 의견을 고려하여 1회당 7일의 범위에서 기간을 연장할 수 있다(형집행법 제95조 제2항). 수용자를 보호실에 수용할 수 있는 기간은 계속하여 3개월을 초과할 수 없다(동조 제3항).

정답 | ③

62

전자장비의 이용에 관해 다음과 같은 조치가 행해졌다고 볼 때 현행 법령에 부합되지 않는 것은 모두 몇 개인가?

> ㉠ 소장은 시설을 손괴할 우려가 크다는 이유로 교도관으로 하여금 전자영상장비로 거실에 있는 수용자를 계호하도록 하였다.
> ㉡ 본인의 신체를 자해할 우려가 크고, 여자교도관의 부족을 이유로 남자교도관이 전자영상장비로 거실에 있는 여자수용자를 계호하였다.
> ㉢ 소장이 검사가 시찰하는 경우는 물론 일반인이 참관하는 경우에도 중앙통제실의 출입을 허용하였다.
> ㉣ 외부의료시설에 입원 중인 수형자에게 보호장비와 전자경보기를 부착하였다.

① 1개 ② 2개
③ 3개 ④ 4개

해설 [×] ㉡ 신체를 자해할 우려가 큰 때에는 전자영상장비로 거실에 있는 여자수용자를 계호할 수 있으나(법 제94조 제1항), 이 경우 예외 없이 여성교도관이 계호하여야 한다(동조 제2항).
[○] ㉠ 법 제94조 제1항
㉢ 시행규칙 제161조 제2항
㉣ 시행규칙 제165조

정답 | ①

63

다음 지문에 해당하는 수용자를 현행 법령상 수용하기에 가장 적합한 거실은? 9급특채 10

> A는 하루에 보통 360ml 소주 2병을 마시는 사람이다. 어느 날 절도죄로 구속되어 00구치소 사동(3층)의 1층 거실에 수용되었다. A가 수용된 1층은 전체 거실이 15개의 방으로 되어 있고, 수용자 140명이 수용되어 있으며, A는 혼자 수용되었다. A는 구속된 지 4일째 저녁 11시경 갑자기 욕설과 고함을 지르고, 거실출입문을 차는 등 소란행위를 하므로 교도관은 A에 대하여 보호장비를 사용하고, 주의를 준 후 본인 거실에 수용하였는데 30분 후 더 심한 소란행위를 하였다.

① 징벌실 ② 보호실
③ 진정실 ④ 독거실

해설 ③ 위 사례는 진정실 수용요건에 해당한다. 소장은 수용자가 다음 각 호의 어느 하나에 해당하는 경우로서 강제력을 행사하거나 보호장비를 사용하여도 그 목적을 달성할 수 없는 경우에만 진정실에 수용할 수 있다(법 제96조 제1항).
1. 교정시설의 설비 또는 기구 등을 손괴하거나 손괴하려고 하는 때
2. 교도관의 제지에도 불구하고 소란행위를 계속하여 다른 수용자의 평온한 수용생활을 방해하는 때

정답 | ③

64

수형자 甲은 독거수용을 주장하였으나 혼거수용이 되자 자신의 신체를 자해하였고, 자신의 요구가 관철될 때까지 자해할 우려가 인정된다. 이와 관련하여 현행 법령상 옳지 않은 것은? 9급경채 13

① 甲의 행위는 징벌대상이 되는 행위로 10일 이상 15일 이하의 금치처분 또는 2개월의 작업장려금 삭감을 부과할 수 있다.

② 교도관은 甲의 계속된 자해 시도를 방지하기 위하여 필요한 범위에서 전자장비를 이용하여 甲을 계호할 수 있다.

③ 소장의 의무관의 의견을 고려하여 甲을 보호실에 수용할 수 있으며, 보호실 수용기간은 원칙적으로 15일 이내로 한다.

④ 소장은 보호장비를 사용하여도 甲의 자해를 방지하기 어려운 경우에는 진정실에 수용할 수 있으며, 진정실 수용기간은 원칙적으로 24시간 이내로 한다.

해설 ④ 진정실에 수용하려면 수용자가 (ⅰ) 교정시설의 설비 또는 기구 등을 손괴하거나 손괴하려고 하는 때 (ⅱ) 교도관의 제지에도 불구하고 소란행위를 계속하여 다른 수용자의 평온한 수용생활을 방해하는 때의 어느 하나에 해당하는 경우로서 강제력을 행사하거나 보호장비를 사용하여도 그 목적을 달성할 수 없어야 한다(법 제96조 제1항 참조). 따라서 신체를 자해할 우려가 있다는 사유만으로는 진정실에 수용할 수 없다.

① 시행규칙 제215조

② 법 제94조 제1항

③ 법 제95조 제2항

정답 | ④

65

수용자 A는 소란행위를 하며 자해를 시도하였다. A에 대한 소장의 다음 조치 중 가장 옳지 않은 것은?

① 의무관의 의견에 따라 즉시 보호실에 수용하였다.

② 소란행위를 중지시키기 위하여 보호장비를 사용하였다.

③ 의무관의 의견에 따라 즉시 진정실에 수용하였다.

④ 보호실 수용을 3개월 동안 계속 하였다.

해설 ③ 진정실 수용은 강제력을 행사하거나 보호장비를 사용하여도 그 목적을 달성할 수 없는 경우에만 할 수 있으므로(법 제96조 제1항 참조), 강제력의 행사나 보호장비의 사용 없이 즉시 진정실에 수용한 것은 법령에 위배된다.

① 법 제95조 제1항

② 법 제97조 제1항

④ 법 제95조 제3항

정답 | ③

66

수용자 甲은 취침시간 중 갑자기 고성을 지르며 소란행위를 하여 교도관이 조용히 할 것을 여러 차례 고지하였으나, 중단하지 않고 계속하여 3월 3일 18시 정각에 진정실에 수용되었다. 현행법상 甲을 계속하여 진정실에 수용할 수 있는 최대기한은?

① 3월 4일, 18시 ② 3월 5일 18시 ③ 3월 7일 18시 ④ 3월 18일 18시

해설 ③ 최초 진정실 수용기간은 24시간 이내이고, 기간연장은 계속하여 3일을 초과할 수 없으므로 계속적으로 진정실에 수용할 수 있는 최고기간은 4일이다(법 제96조 제2항 참조).

정답 | ③

67

다음은 보호장비의 사용에 관한 사례이다. 현행 법령 또는 판례의 입장과 부합되지 않는 것은 모두 몇 개인가?

ㄱ 재판을 위해 미결수용자를 법원으로 호송하면서 포승과 수갑을 사용하였다.
ㄴ 미결수용자 甲이 도주를 하거나 소요, 폭행 또는 자해를 할 위험이 있었다고 인정하기 어려움에도 여러 날 장시간에 걸쳐 피의자신문을 하는 동안 보호장비를 사용하였다.
ㄷ 수용자 乙이 자신의 내의를 찢어 자살을 기도하여 이를 제지하고, 보호의자를 10시간 사용하였다.
ㄹ 수용자 여러 명을 함께 호송하면서 수용자 간에 포승을 연결하여 사용하였다.
ㅁ 수용자 丙이 거실 내에 있는 텔레비전에 머리를 부딪혀 자해를 하여 이를 제지하고, 보호침대를 사용하면서 머리보호장비를 함께 사용하였다.
ㅂ 수용자 丁이 착용 중인 포승을 쉽게 풀어 버리므로 이를 방지하고자 포승에 고무를 코팅하여 사용하였다.

① 1개 ② 2개 ③ 3개 ④ 4개

해설 [×] ㄴ 청구인이 도주를 하거나 소요, 폭행 또는 자해를 할 위험이 있었다고 인정하기 어려움에도 불구하고 여러 날 장시간에 걸쳐 피의자신문을 하는 동안 계속 보호장비를 사용한 것은 막연한 도주나 자해의 위험 정도에 비해 과도한 대응으로서 신체의 자유를 제한함에 있어 준수되어야 할 피해의 최소성 요건을 충족하지 못하였고, 심리적 긴장과 위축으로 실질적으로 열등한 지위에서 신문에 응해야 하는 피의자의 방어권행사에도 지장을 주었다는 점에서 법익균형성을 갖추지 못하였다(헌재 2005.5.26, 2004헌마49).

ㄷ 보호의자는 그 사용을 일시 중지하거나 완화하는 경우를 포함하여 8시간을 초과하여 사용할 수 없으며, 사용중지 후 4시간이 경과하지 아니하면 다시 사용할 수 없다(시행규칙 제176조 제2항). 따라서 보호의자를 10시간 사용한 것은 위법하다.

ㅁ 보호의자 또는 보호침대를 사용하는 경우에는 다른 보호장비를 같이 사용할 수 없다(시행규칙 제180조 참조). 따라서 보호침대와 머리보호장비를 함께 사용한 것은 위법하다.

ㅂ 교도관은 보호장비 규격에 맞지 아니한 보호장비를 수용자에게 사용해서는 아니 된다(시행규칙 제170조 제2항). 따라서 포승에 고무를 코팅해서 사용한 것은 위법하다.

[O] ㄱ 법 제97조 제1항 제1호

ㄹ 시행규칙 제179조 제2항

정답 | ④

68

교정시설의 안전과 질서유지를 위한 교도관 또는 교도소장 甲의 행위 중 법령에 적합한 것은?

교정7급 12

① 교도관 甲은 도주 및 손괴의 우려가 있는 수용자 A의 거실을 전자영상장비로 계호하였다.
② 교도소장 甲은 자해의 우려가 있는 수용자 B를 14일간 보호실에 수용하였지만, 의무관의 의견을 고려하여 계속 수용할 필요가 있다고 판단하여 14일간 기간연장을 하였다.
③ 교도소장 甲은 교정시설의 물품검색기를 손괴하고, 교도관의 제지에도 불구하고 소란행위를 계속한 수용자 C에 대하여 즉시 48시간 동안 진정실에 수용하였다.
④ 교도관 甲은 자신의 머리를 자해하려는 수용자 D를 발견하고 강제력을 행사하겠다고 경고하였으나 듣지 않자 가스분사기를 발사하고 보호복을 사용한 후 소장에게 즉시 보고하였다.

해설 ④ 먼저 강제력 행사에 관해 검토하면, 자해는 강제력 행사의 요건에 해당하고(법 제100조 제1항 제3호), 강제력행사 시 보안장비를 사용할 수 있으며(법 제100조 제3항), 보안장비에는 가스총이 포함되고(동조 제4항), 강제력 행사 시 사전에 상대방에게 경고하여야 하는데(동조 제5항), 이 부분 모두 요건을 충족하고 있다. 또한 자해는 보호복 사용요건에 해당하고(법 제98조 제2항 제4호), 소장의 명령을 받을 시간적 여유가 없는 경우에는 사용 후 소장에게 즉시 보고하여야 하는데(시행령 제120조), 이 부분 역시 절차적 하자가 발견되지 않고 있다. 따라서 교도관 甲이 수용자 D에게 행한 조치는 법령에 적합하다.

① 자주 출제되고 있으며 수험생들이 혼동하기 쉬운 규정이다. 해당 규정을 살펴보면 "교도관은 자살·자해·도주·폭행·손괴, 그 밖에 수용자의 생명·신체를 해하거나 시설의 안전 또는 질서를 해치는 행위(이하 '자살 등'이라 한다)를 방지하기 위하여 필요한 범위에서 전자장비를 이용하여 수용자 또는 시설을 계호할 수 있다. 다만, 전자영상장비로 거실에 있는 수용자를 계호하는 것은 자살 등의 우려가 큰 때에만 할 수 있다(법 제94조 제1항)." 여기에서 '큰 때'가 핵심내용이며, 따라서 단순히 우려가 있는 경우에는 전자영상장비의 계호요건에 해당하지 않는다. 주어진 지문에서는 단순히 도주 및 손괴의 우려가 있는 경우로서 전자영상장비의 계호요건에 해당하지 않음에도 전자영상장비로 계호하였으므로, 법령에 위배된다.

② 먼저 수용자 B에 대한 보호실 수용요건에 관해 검토하면, 자해의 우려가 있는 때에는 보호실에 수용할 수 있으므로(법 제95조 제1항) 이 부분은 법령에 적합하다. 다음으로 보호실 수용기간에 관해 검토하면, "수용자의 보호실 수용기간은 15일 이내로 한다. 다만 소장은 특히 계속하여 수용할 필요가 있으면 의무관의 의견을 고려하여 연장할 수 있다(법 제95조 제2항)." 이 경우 보호실 수용기간의 연장은 7일 이내로 하되, 계속하여 3개월을 초과할 수 없다(동조 제2항·제3항). 즉, 보호실 수용기간의 연장은 7일 이내가 원칙인데 14일간 기간연장을 하였으므로 법령에 위배된다.

③ 먼저 수용자 C에 대한 진정실 수용요건에 관해 검토하면, 교정시설의 설비를 손괴하고 교도관의 제지에도 불구하고 소란행위를 계속한 진정실 수용요건에 해당하므로(법 제96조 제1항), 법령에 적합하다. 다음으로 진정실 수용기간에 관해 검토하면, "수용자의 진정실 수용기간은 24시간 이내로 한다. 다만 소장은 특히 계속하여 수용할 필요가 있으면 의무관의 의견을 고려하여 연장할 수 있다(법 제96조 제2항)." 즉, 진정실 수용기간은 원칙적으로 24시간 이내인데 기간연장의 조치 없이 48시간 동안 진정실에 수용하였으므로 법령에 위배된다.

정답 | ④

69

교도관 甲은 야간순찰근무를 하던 중 수형자 A의 도주시도를 발견하고, 이를 제지하는 과정에서 무기를 사용하였다. 이 경우 후속조치로 가장 옳은 것은? (형집행법 시행령에 따름)

① 甲은 당직간부에게 즉시 보고하고, 당직간부는 그 사실을 소장에게 즉시 보고하여야 한다.
② 甲은 소장에게 즉시 보고하고, 소장은 그 사실을 지방교정청장에게 즉시 보고하여야 한다.
③ 甲은 소장에게 즉시 보고하고, 소장은 그 사실을 법무부장관에게 즉시 보고하여야 한다.
④ 甲은 소장에게 즉시 보고하고, 소장은 그 사실을 지방교정청장에게 즉시 보고하고, 지방교정청장은 그 사실을 법무부장관에게 즉시 보고하여야 한다.

해설 ③ 교도관은 무기를 사용한 경우에는 소장에게 즉시 보고하고, 보고를 받은 소장은 그 사실을 법무부장관에게 즉시 보고하여야 한다(시행령 제126조).

정답 | ③

70

소장 또는 교도관이 다음과 같은 조치들을 행하였다고 가정할 때 현행 법령에 가장 부합되지 않는 것은?

① 소장이 천재지변이나 재해의 발생에 대비하여 개방처우급 수형자와 완화경비급 수형자 중 일부를 선정하여 필요한 훈련을 시켰다.
② 소장이 교정시설 인근 야산의 산사태가 우려된다는 이유로 수용자 일부를 일시 석방하였다.
③ 귀휴 중인 수용자가 아무런 연락 없이 정해진 기한 내에 교정시설로 복귀하지 않아 68시간이 지난 후 교도관이 영업시간 내에 여관의 관리자에게 출입자 명부의 확인을 요구하였다.
④ 소장이 조직폭력수용자라는 이유로 접견시 접촉차단시설이 있는 장소에서만 접견하도록 하였다.

해설 ② 소장은 교정시설의 안에서 천재지변이나 그 밖의 사변에 대한 피난의 방법이 없는 경우에는 수용자를 다른 장소로 이송할 수 있고(법 제102조 제2항), 이러한 이송이 불가능하면 수용자를 일시 석방할 수 있다(동조 제3항). 즉 일시 석방은 이송이 불가능하다는 전제조건이 충족되어야 가능한데, 위 사례는 이송이 불가능한 사유가 언급되어 있지 않으므로 법령에 위배된다고 볼 수 있다.
① 시행령 제127조 제1항
③ 법 제103조 제1항·제4항
④ 시행규칙 제202조

정답 | ②

CHAPTER

04 교정장비

01

형의 집행 및 수용자의 처우에 관한 법률 시행규칙에서 규정하고 있는 교정장비의 종류에 포함되지 않는 것은?

① 전자장비
② 추적장비
③ 보안장비
④ 무기

해설 시행규칙에서 규정하고 있는 교정장비의 종류로는 ①·③·④ 외에도 보호장비 등이 있다.

정답 | ②

02

보호장비에 관한 설명으로 옳지 않은 것은?

① 종전 행형법에서는 계구라고 불리었다.
② 보호복은 상체의 작용을 억제하기 위해 사용하는 의복형 보호장비를 말한다.
③ 수갑 및 포승의 사용요건이 가장 광범위하다.
④ 보호침대와 보호대는 자살·자해의 우려가 큰 때에만 사용할 수 있다.

해설 ④ 자살·자해의 우려가 큰 때에만 사용할 수 있는 보호장비는 보호침대와 보호복이다(법 제98조 제2항 제4호 참조).

정답 | ④

03 ★

다음 중 현행법상 보호장비인 것은?

① 보호대 ② 사슬 ③ 안면보호구 ④ 방성구

해설 ②·④는 폐지된 보호장비이고, ③은 형집행법 제10차 개정(2007.12.21.) 때에 머리보호장비로 그 명칭이 변경되었다. 현행법상 보호장비의 종류는 다음과 같다(법 제98조).

➤ **보호장비의 종류**

수갑	팔 또는 상체의 작용을 억제하기 위해 손목에 사용하는 보호장비(양손수갑, 일회용 수갑, 한손수갑)
머리보호장비	머리의 보호를 위한 헬멧형 보호장비
발목보호장비	다리의 작용을 억제하기 위해 양 발목에 사용하는 보호장비(양발목 보호장비, 한발목 보호장비)
보호대	상체 또는 하체의 작용을 억제하기 위한 폭이 좁은 띠 형태의 보호장비(금속보호대, 벨트보호대)
보호의자	앉은 자세를 유지시키는 의자형 보호장비
보호침대	누운 자세를 유지시키는 침대형 보호장비
보호복	상체의 작용을 억제하기 위해 사용되는 의복형 보호장비
포승	상체, 하체, 또는 상·하체 전체의 작용을 억제하기 위한 끈 형태의 보호장비(일반포승, 벨트형·조끼형 포승)

1. 수갑

〈양손수갑〉

〈일회용 수갑〉

〈한손수갑〉

2. 머리 보호장비

〈앞면〉

〈뒷면〉

3. 발목 보호장비

〈양발목 보호장비〉

〈한발목 보호장비〉

4. 보호대

〈금속보호대〉

〈벨트보호대〉

5. 보호의자

6. 보호침대

7. 보호복

〈앞면〉

〈뒷면〉

8. 포승

정답 | ①

04

「형의 집행 및 수용자의 처우에 관한 법률」에 규정된 보호장비가 아닌 것은 몇 개인가? 교정9급 11

㉠ 수갑	㉡ 머리보호장비	㉢ 발목보호장비
㉣ 보호대	㉤ 교도봉	㉥ 보호의자
㉦ 보호침대	㉧ 안면보호구	㉨ 포승
㉩ 손목보호장비	㉪ 보호복	㉫ 휴대식 금속탐지기

① 2개
② 3개
③ 4개
④ 5개

해설 형집행법에서 보호장비의 종류로 규정하고 있는 것은 ㉠·㉡·㉢·㉣·㉥·㉦·㉨·㉪이고, 아닌 것은 ㉤·㉧·㉩·㉫이다.

정답 | ③

05

보호장비의 일반적 사용요건으로 옳지 않은 것은?

① 교정시설 밖의 장소로 수용자를 호송하는 때
② 도주·자살·자해 또는 다른 사람에 대한 위해의 우려가 있는 때
③ 위력으로 교도관 등의 정당한 직무집행을 방해하는 때
④ 교정시설의 설비·기구 등을 손괴하는 때

해설 ② 도주·자살·자해 또는 다른 사람에 대한 위해의 우려가 큰 때이다(법 제97조 제1항 제2호).

보호장비의 일반적 사용요건

- 이송·출정, 그 밖에 교정시설 밖의 장소로 수용자를 호송하는 때
- 도주·자살·자해 또는 다른 사람에 대한 위해의 우려가 큰 때
- 위력으로 교도관의 정당한 직무집행을 방해하는 때
- 교정시설의 설비·기구 등을 손괴하거나 그 밖에 시설의 안전 또는 질서를 해칠 우려가 큰 때

정답 | ②

06

다음 중 현행법령상 보호장비 사용 시 고려사항이 아닌 것은? 9급경채 15

① 수용자의 나이
② 수용생활 태도
③ 수용자의 죄질
④ 건강상태

해설 ①·②·④ 보호장비를 사용하는 경우에는 수용자의 나이, 건강상태 및 수용생활태도 등을 고려하여야 한다(법 제97조 제2항). 즉, 수용자의 죄질은 보호장비 사용 시 고려사항에 해당하지 않는다.

정답 | ③

07

보호장비의 사용에 관한 설명으로 옳은 것은?

① 의무관이 수용자에게 보호장비를 계속 사용하는 것이 건강상 부적당하다고 판단하여 소장에게 보고한 경우 소장은 보호장비 사용을 중지할 수 있다.
② 보호장비를 사용하는 경우에는 수용자에게 그 사유를 알려주어야 한다.
③ 의무관은 보호장비 착용자의 건강상태를 매일 확인하여야 한다.
④ 보호장비 착용자는 항상 계호상 독거수용한다.

해설 ① 의무관은 수용자에게 보호장비를 계속 사용하는 것이 건강상 부적당하다고 인정하는 경우에는 소장에게 즉시 보고하여야 한다. 이 경우 소장은 특별한 사유가 없으면 보호장비 사용을 즉시 중지하여야 한다(시행령 121조 제1항).
③ 매일 → 수시로(법 제97조 제3항)
④ 보호장비를 착용 중인 수용자는 특별한 사정이 없으면 계호상 독거수용한다(시행령 제123조).
② 시행령 제122조

정답 | ②

08

현행 법령상 보호장비에 관한 설명으로 옳지 않은 것은?

① 형집행법에서 규정하고 있는 보호장비의 종류는 총 8종이다.

② 보호장비의 사용절차에 관하여 필요한 사항은 법무부령으로 정한다.

③ 보호침대는 다른 보호장비로는 자살·자해를 방지하기 어려운 특별한 사정이 있는 경우에만 사용하여야 한다.

④ 머리보호장비는 수용자가 임의로 해제하지 못하도록 다른 보호장비를 함께 사용할 수 있다.

해설 ② 보호장비의 사용절차 등에 관하여 필요한 사항은 대통령령으로 정한다(법 제98조 제3항).

① 동조 제1항 참조

③ 시행규칙 제177조 제1항

④ 시행규칙 제173조

정답 | ②

09

현행 규정상 보호장비에 대한 설명 중 옳지 않은 것은? 8급승진 18

① 소장은 보호장비를 착용 중인 수용자에 대하여 보호장비 사용 심사부 및 보호장비 착용자 관찰부 등의 기록과 관계직원의 의견 등을 토대로 보호장비의 계속사용 여부를 매일 심사하여야 한다.

② 보호장비를 착용중인 관심대상수용자의 목욕은 목욕실 내에서 보호장비를 해제한 후 실시하여야 한다.

③ 하나의 보호장비로 사용목적을 달성할 수 없는 경우에는 둘 이상의 보호장비를 사용할 수 있다. 다만, 보호의자를 사용하거나 보호침대를 사용하는 경우에는 다른 보호장비와 같이 사용할 수 없다.

④ 법무부장관은 교정시설의 보호장비 사용실태를 수시로 점검하여야 한다.

해설 ④ 지방교정청장은 소속 교정시설의 보호장비 사용실태를 정기적으로 점검하여야 한다(시행령 제124조 제2항).

① 시행규칙 제183조 제1항

② 수용관리 및 계호업무 등에 관한 지침

③ 시행규칙 제180조

정답 | ④

10

「형의 집행 및 수용자의 처우에 관한 법률」상 보호장비에 대한 설명으로 옳지 않은 것은?

교정7급 23

① 이송·출정, 그 밖에 교정시설 밖의 장소로 수용자를 호송할 때에는 수갑을 사용할 수 있으며, 진료를 받거나 입원 중인 수용자에 대하여 한손수갑을 사용할 수 있다.

② 머리부분을 자해할 우려가 큰 때에는 머리보호장비를 사용할 수 있으며, 머리보호장비를 포함한 다른 보호장비로는 자살·자해를 방지하기 어려운 특별한 사정이 있는 경우는 보호침대를 사용할 수 있다.

③ 하나의 보호장비로 사용목적을 달성할 수 없는 경우에는 둘 이상의 보호장비를 사용할 수 있으며, 주로 수갑과 보호의자를 함께 사용한다.

④ 보호침대는 그 사용을 일시중지하거나 완화하는 경우를 포함하여 8시간을 초과하여 사용할 수 없으며, 사용중지 후 4시간이 경과하지 아니하면 다시 사용할 수 없다.

해설 ③ 하나의 보호장비로 사용목적을 달성할 수 없는 경우에는 둘 이상의 보호장비를 사용할 수 있다. 다만, 다음 각 호의 어느 하나에 해당하는 경우에는 다른 보호장비와 같이 사용할 수 없다(형집행법 시행규칙 180조).

1. 보호의자를 사용하는 경우
2. 보호침대를 사용하는 경우

① 동법 제98조 제2항 제1호, 동법 시행규칙 제172조 제1항 제3호

② 동조 동항 제2호, 동법 시행규칙 제177조 제1항

④ 동법 시행규칙 제177조 제2항, 제176조 제2항 준용

정답 | ③

11 ★

보호장비의 사용절차 및 방법에 관한 설명으로 옳지 않은 것은?

① 수용시설 내에서 수용자의 동행계호를 위하여 양손수갑을 사용하는 경우에는 수용기록부의 내용으로 보호장비 사용심사부의 기록을 갈음할 수 있다.

② 소장은 보호장비 사용을 명령하거나 승인하는 경우에는 보호장비의 종류 및 사용방법을 구체적으로 지정하여야 한다.

③ 보호의자, 보호침대, 보호복 중 어느 하나를 사용하는 경우에는 다른 보호장비와 같이 사용할 수 없다.

④ 소장은 보호장비의 계속사용 여부를 매일 심사하여야 한다.

해설 ③ 보호의자나 보호침대를 사용하는 경우에는 다른 보호장비와 같이 사용할 수 없다(시행규칙 제180조). 따라서 보호복을 사용하는 경우에는 다른 보호장비를 같이 사용할 수 있다.

① 시행규칙 제181조 단서

② 시행규칙 제171조

④ 시행규칙 제183조 제1항

정답 | ③

12

형의 집행 및 수용자의 처우에 관한 법령상 교도관의 보호장비 및 무기의 사용에 대한 설명으로 옳지 않은 것은? 교정9급 16

① 보호장비를 사용하는 경우에는 수용자에게 그 사유를 알려주어야 한다.

② 수용자가 위력으로 교도관 등의 정당한 직무집행을 방해하는 때에는 보호장비를 사용할 수 있다.

③ 수갑, 포승, 발목보호장비는 이송·출정, 그 밖에 교정시설 밖의 장소로 수용자를 호송하는 때 사용할 수 있다.

④ 교정시설 안에서 자기 또는 타인의 생명·신체를 보호하기 위하여 급박하다고 인정되는 상당한 이유가 있으면 수용자 외의 사람에 대하여도 무기를 사용할 수 있다.

해설 ③ 수갑·포승은 법 제97조 제1항 제1호부터 제4호까지의 어느 하나에 해당하는 때에 사용할 수 있고, 발목보호장비는 법 제97조 제1항 제2호부터 제4호까지의 어느 하나에 해당하는 때에 사용할 수 있다.

① 시행령 제122조

② 법 제97조 제1항 제3호

④ 법 제101조 제2항

법 제97조(보호장비의 사용)

① 교도관은 수용자가 다음 각 호의 어느 하나에 해당하면 보호장비를 사용할 수 있다.

1. 이송·출정, 그 밖에 교정시설 밖의 장소로 수용자를 호송하는 때
2. 도주·자살·자해 또는 다른 사람에 대한 위해의 우려가 큰 때
3. 위력으로 교도관 등의 정당한 직무집행을 방해하는 때
4. 교정시설의 설비·기구 등을 손괴하거나 그 밖에 시설의 안전 또는 질서를 해칠 우려가 큰 때

법 제101조(무기의 사용)

① 교도관은 다음 각 호의 어느 하나에 해당하는 사유가 있으면 수용자에 대하여 무기를 사용할 수 있다.

1. 수용자가 다른 사람에게 중대한 위해를 끼치거나 끼치려고 하여 그 사태가 위급한 때
2. 수용자가 폭행 또는 협박에 사용할 위험물을 지니고 있어 교도관이 버릴 것을 명령하였음에도 이에 따르지 아니하는 때
3. 수용자가 폭동을 일으키거나 일으키려고 하여 신속하게 제지하지 아니하면 그 확산을 방지하기 어렵다고 인정되는 때
4. 도주하는 수용자에게 교도관이 정지할 것을 명령하였음에도 계속하여 도주하는 때
5. 수용자가 교도관의 무기를 탈취하거나 탈취하려고 하는 때
6. 그 밖에 사람의 생명·신체 및 설비에 대한 중대하고도 뚜렷한 위험을 방지하기 위하여 무기의 사용을 피할 수 없는 때

② 교도관은 교정시설의 안(교도관이 교정시설의 밖에서 수용자를 계호하고 있는 경우 그 장소를 포함한다)에서 자기 또는 타인의 생명·신체를 보호하거나 수용자의 탈취를 저지하거나 건물 또는 그 밖의 시설과 무기에 대한 위험을 방지하기 위하여 급박하다고 인정되는 상당한 이유가 있으면 수용자 외의 사람에 대하여도 무기를 사용할 수 있다.

③ 교도관은 소장 또는 그 직무를 대행하는 사람의 명령을 받아 무기를 사용한다. 다만, 그 명령을 받을 시간적 여유가 없으면 그러하지 아니하다.

④ 제1항 및 제2항에 따라 무기를 사용하려면 공포탄을 발사하거나 그 밖에 적당한 방법으로 사전에 상대방에 대하여 이를 경고하여야 한다.

⑤ 무기의 사용은 필요한 최소한도에 그쳐야 하며, 최후의 수단이어야 한다.

⑥ 사용할 수 있는 무기의 종류, 무기의 종류별 사용요건 및 사용절차 등에 관하여 필요한 사항은 법무부령으로 정한다.

법 제100조(강제력의 행사)

① 교도관은 수용자가 다음 각 호의 어느 하나에 해당하면 강제력을 행사할 수 있다.

1. 도주하거나 도주하려고 하는 때
2. 자살하려고 하는 때
3. 자해하거나 자해하려고 하는 때
4. 다른 사람에게 위해를 끼치거나 끼치려고 하는 때
5. 위력으로 교도관의 정당한 직무집행을 방해하는 때
6. 교정시설의 설비·기구 등을 손괴하거나 손괴하려고 하는 때
7. 그 밖에 시설의 안전 또는 질서를 크게 해치는 행위를 하거나 하려고 하는 때

② 교도관은 수용자 외의 사람이 다음 각 호의 어느 하나에 해당하면 강제력을 행사할 수 있다.

1. 수용자를 도주하게 하려고 하는 때
2. 교도관 또는 수용자에게 위해를 끼치거나 끼치려고 하는 때
3. 위력으로 교도관의 정당한 직무집행을 방해하는 때
4. 교정시설의 설비·기구 등을 손괴하거나 하려고 하는 때
5. 교정시설에 침입하거나 하려고 하는 때
6. 교정시설의 안(교도관이 교정시설의 밖에서 수용자를 계호하고 있는 경우 그 장소를 포함한다)에서 교도관의 퇴거요구를 받고도 이에 따르지 아니하는 때

정답 | ③

13

보호장비의 사용에 관한 설명으로 옳은 것은? (다툼이 있으면 판례에 의함)

① 의무관이 수용자에게 보호장비를 계속 사용하는 것이 건강상 부적당하다고 인정하여 소장에게 보고한 경우 소장은 보호장비 사용을 즉시 중지하여야 한다.

② 의료관계직원은 보호장비를 사용한 수용자의 건강상태를 수시로 확인하는 의무관의 직무를 대행할 수 없다.

③ 수사기관의 조사 중 구속피의자의 도주 등을 억제하는 데 필요하다고 인정될 상당한 이유가 있는 경우에는 필요한 한도 안에서 포승이나 수갑을 사용할 수 있다.

④ 법무부장관은 소속 교정시설의 보호장비 사용실태를 정기적으로 점검하여야 한다.

해설 ① 의무관은 수용자에게 보호장비를 계속 사용하는 것이 건강상 부적당하다고 인정하는 경우에는 소장에게 즉시 보고하여야 한다. 이 경우 소장은 특별한 사유가 없으면 보호장비 사용을 즉시 중지하여야 한다(시행령 제121조 제1항). 따라서 특별한 사유가 있으면 보호장비를 계속 사용할 수 있다.

② 소장은 의무관이 출장·휴가, 그 밖의 부득이한 사유로 보호장비를 사용한 수용자의 건강상태를 수시로 확인하는 직무를 수행할 수 없을 때에는 그 교정시설에 근무하는 의료관계직원에게 그 직무를 대행하게 할 수 있다(동조 제2항).

④ 지방교정청장은 소속 교정시설의 보호장비 사용실태를 정기적으로 점검하여야 한다(시행령 제124조 제2항).

③ 대판 1996.5.14, 96도561

정답 | ③

14 ★

사용 시 수시로 해당 수용자의 상태를 확인하고 매 시간마다 보호장비착용자 관찰부에 기록해야 하는 보호장비 또는 포승 사용방법으로 맞게 짝지어진 것은?

① 보호복, 보호의자, 하체승

② 보호침대, 보호복, 상체승

③ 보호대, 보호침대, 하체승

④ 보호의자, 보호복, 상체승

해설 ① 소장은 보호의자, 보호침대, 보호복을 사용하거나 포승을 하체승의 방법으로 사용하게 하는 경우에는 교도관으로 하여금 수시로 해당 수용자의 상태를 확인하고 매 시간마다 보호장비착용자 관찰부에 기록하게 하여야 한다(시행규칙 제185조).

정답 | ①

15 ★

보호장비의 사용에 관한 내용 중 틀린 것은? 9급특채 11

① 재판을 받기 위해 출정 중인 수용자를 도주하게 하려는 수용자 외의 사람에 대하여는 수갑과 포승을 사용하지 못한다.

② 소장은 의무관 또는 의료관계직원으로부터 보호장비 사용중지 의견을 보고 받았음에도 해당 수용자에 대하여 보호장비를 계속하여 사용할 필요가 있는 경우에는 의무관 또는 의료관계직원에게 건강유지에 필요한 조치를 취할 것을 명하고, 보호장비를 사용할 수 있다.

③ 하나의 보호장비로 목적을 달성할 수 없을 경우 둘 이상의 보호장비를 사용할 수 있다. 다만 보호의자와 보호침대는 그럴 수 없다.

④ 보호의자는 계속해서 8시간을 사용할 수 있다. 수용자의 치료, 목욕, 식사 등으로 보호의자를 일시 중지하는 시간은 포함되지 않는다.

해설 ④ 보호의자는 수용자의 목욕, 식사, 용변, 치료 등으로 그 사용을 일시 중지하거나 완화하는 경우를 포함하여 8시간을 초과하여 사용할 수 없으며, 사용중지 후 4시간이 경과하지 아니하면 다시 사용할 수 없다(시행규칙 제176조 제2항).

① 현행법상 보호장비의 사용대상은 수용자에 한한다(법 제97조 제1항 참조). 따라서 수용자 외의 사람에 대하여 수갑과 포승을 사용하지 못한다는 것은 옳은 표현이다.

② 시행규칙 제183조 제2항

③ 시행규칙 제180조

➤ 보호장비 사용방법 중 유의사항 요약정리

보호장비	사용방법 중 유의사항
수갑	진료를 받거나 입원 중인 수용자에게 사용하는 수갑은 한손수갑
머리보호장비	다른 보호장비와 함께 사용 가능
보호대	금속보호대는 수갑과 수갑보호기, 벨트보호대는 수갑을 연결하여 사용
보호의자·보호침대·보호복	• 8시간을 초과하여 사용금지 • 사용중지 후 4시간 경과하지 않으면 다시 사용금지
포승	간이승 → 상체승 → 하체승의 순서로 강도가 강함. 즉 간이승이 가장 약하고, 하체승이 가장 강함

정답 | ④

16

우리나라의 헌법재판소 판례의 입장으로 옳지 않은 것은? 교정7급 13

① 수사 및 재판단계의 미결수용자에게 재소자용 의류를 입게 하는 것은 무죄추정의 원칙에 반하고, 인격권과 행복추구권, 공정한 재판을 받을 권리를 침해하는 것이다.

② 구치소에서의 정밀신체검사는 다른 사람이 볼 수 없는 차단된 공간에서 동성의 교도관이 짧은 시간 내에 손가락이나 도구의 사용 없이 항문을 보이게 하는 방법으로 시행한 경우 과잉금지의 원칙에 반하지 않는다.

③ 마약의 복용 여부를 알아내기 위해 소변을 강제채취하는 일은 자신의 신체의 배출물에 대한 자기결정권이 다소 제한된다 하더라도 과잉금지의 원칙에 반한다고 할 수 없다.

④ 검찰조사실에서 계구(보호장비)해제요청을 거절하고 수갑 및 포승을 한 채 조사를 받도록 한 것은 위험의 방지를 위한 것으로써 신체의 자유를 과도하게 제한하였다고 할 수 없다.

해설 ④ 경찰조사 단계에서나 검찰조사 단계에서도 자해나 소란 등 특이한 행동을 보인 정황이 엿보이지 아니하고 혐의사실을 대부분 시인하였으며, 다만 시위를 주도하거나 돌을 던지는 등 과격한 행위를 한 사실은 없다고 진술하였다. 그렇다면 당시 청구인은 도주·폭행·소요 또는 자해 등의 우려가 없었다고 판단되고, 수사검사도 이러한 사정 및 당시 검사조사실의 정황을 종합적으로 고려하여 청구인에 대한 계구의 해제를 요청하였던 것으로 보인다. 그럼에도 불구하고 피청구인 소속 계호교도관이 이를 거절하고 청구인으로 하여금 수갑 및 포승을 계속 사용한 채 피의자조사를 받도록 하였는바 이로 말미암아 청구인은 신체의 자유를 과도하게 제한 당하였고 이와 같은 보호장비의 사용은 무죄추정의 원칙 및 방어권행사 보장원칙의 근본취지에도 반한다고 할 것이다(헌재 2005.5.26, 2001헌마728).

① 헌재 1999.5.27, 97헌마137

② 헌재 2006.6.29, 2004헌마826

③ 헌재 2006.7.27, 2005헌마277

정답 | ④

17

현행 법령상 보호장비 사용의 통제에 대한 설명으로 옳은 것은?

① 교도관은 보호장비 사용사유가 소멸하면 사용을 지체 없이 중단하여야 한다.

② 보호장비는 징벌의 수단으로 사용할 수 있다.

③ 지방교정청장은 수시로 보호장비의 사용실태를 확인·점검하여야 한다.

④ 소장은 보호장비의 계속사용 여부를 매주 심사하여야 한다.

해설 ② 보호장비는 징벌의 수단으로 사용되어서는 아니 된다(법 제99조 제2항).

③ 지방교정청장은 소속 교정시설의 보호장비 사용실태를 정기적으로 점검하여야 한다(시행령 제124조 제2항).

④ 매주 → 매일(시행규칙 제183조 제1항)

① 법 제99조 제1항

정답 | ①

18

「형의 집행 및 수용자의 처우에 관한 법률 시행규칙」에서 보호장비의 사용을 일시 해제 또는 완화할 수 있는 사유로 규정하고 있는 것이 아닌 것은?

① 목욕　　② 용변
③ 접견　　④ 치료

해설 ①·②·④ 교도관은 보호장비 착용 수용자의 목욕, 식사, 용변, 치료 등을 위하여 필요한 경우에는 보호장비 사용을 일시 중지하거나 완화할 수 있다(시행규칙 제184조 제2항).

정답 | ③

19

보호장비에 관한 설명으로 옳지 않은 것은 모두 몇 개인가?

㉠ 수갑의 종류로는 양손수갑, 벨트형 수갑, 일회용 수갑, 한손수갑이 있다.
㉡ 보호대의 종류로는 금속보호대와 벨트보호대가 있다.
㉢ 교도관은 어떠한 경우에도 소장의 명령 없이 수용자에게 보호장비를 사용할 수 없다.
㉣ 교도관은 부득이한 사정이 있는 경우에는 규격에 맞지 아니한 보호장비를 수용자에게 사용할 수 있다.
㉤ 이송·출정, 그 밖에 교정시설 밖의 장소로 수용자를 호송하는 경우 보호장비를 사용하는 때에는 호송계획서의 내용으로 보호장비 사용심사부의 기록을 갈음할 수 있다.

① 1개　　② 2개
③ 3개　　④ 4개

해설 [×] ㉠ 수갑의 종류로는 양손수갑, 일회용 수갑, 한손수갑이 있다(시행규칙 제169조 제1호).
㉢ 교도관은 소장의 명령 없이 수용자에게 보호장비를 사용하여서는 아니 된다. 다만, 소장의 명령을 받을 시간적 여유가 없는 경우에는 사용 후 소장에게 즉시 보고하여야 한다(시행령 제120조 제1항).
㉣ 교도관은 규격에 맞지 아니한 보호장비를 수용자에게 사용해서는 아니 된다(시행규칙 제170조 제2항). 즉, 이 규정은 예외가 없으므로 교도관은 부득이한 사정이 있는 경우라 하더라도 규격에 맞지 아니한 보호장비를 사용할 수 없다.
[○] ㉡ 시행규칙 제169조 제4호
㉤ 시행규칙 제181조

정답 | ③

20

다음 중 판례내용이 잘못된 것은? 9급특채 10

① 수형자에 대한 변호인의 접견신청 불허조치는 미결수용자와는 달리 변호인의 접견교통권을 받을 권리의 주체가 아니라, 소장의 허가사항이라는 것이 판례의 입장이다.

② 헌법재판소는 수형자의 서신(편지)수발의 자유에는 내재적 한계가 있고, 구금의 목적을 달성하기 위하여 수형자의 서신(편지)에 대한 검열은 불가피하다고 판시하였다.

③ 수용자가 교도관의 감시·감독을 피하여 규율위반행위를 한 것만으로는 단순히 금지규정에 위반되는 행위를 한 것에 지나지 아니할 뿐 위계에 의한 공무집행방해죄가 성립한다고 할 수 없다.

④ 수용자가 아닌 자가 교도관의 검사 또는 감시를 피하여 금지물품을 반입하거나 허가 없이 전화 등의 방법으로 다른 사람과 연락하도록 한 경우에는 특별한 사정이 없는 한 위계에 의한 공무집행방해죄가 성립한다는 것이 판례의 입장이다.

해설 ④ 수용자가 교도관의 감시·단속을 피하여 규율위반행위를 하는 것만으로는 단순히 금지규정에 위반되는 행위를 한 것에 지나지 아니할 뿐 위계에 의한 공무집행방해죄가 성립한다고 할 수 없고, 또 수용자가 아닌 자가 교도관의 검사 또는 감시를 피하여 금지물품을 반입하거나 허가 없이 전화 등의 방법으로 다른 사람과 연락하도록 하였더라도 교도관에게 교도소 등의 출입자와 반출·입 물품을 단속·검사할 권한과 의무가 있는 이상 수용자 아닌 자의 그러한 행위는 특별한 사정이 없는 한 위계에 의한 공무집행방해죄에 해당하는 것으로는 볼 수 없다 할 것이나, 구체적이고 현실적으로 감시·단속업무를 수행하는 교도관에 대하여 그가 충실히 직무를 수행한다고 하더라도 통상적인 업무처리과정하에서는 사실상 적발이 어려운 위계를 적극적으로 사용하여 그 업무집행을 하지 못하게 하였다면 이에 대하여 위계에 의한 공무집행방해죄가 성립한다(대판 2005.8.25, 2005도1731).

① 헌재 2004.12.16, 2002헌마 478

② 헌재 1998.8.27, 96헌마398

③ 대판 2005.8.25, 2005도1731

정답 | ④

21

수용자 甲은 입소하는 날 저녁 21:00경 자신이 구속된 것에 불만을 품고 갑자기 거실에 있는 식탁을 거실창문으로 집어 던지고 부서진 식탁다리를 손에 들고 거실에 설치되어 있는 텔레비전을 부수는 행위를 하고 있다. 현행법의 규정에 따라 甲에게 사용할 수 있는 보호장비로서 가장 적합하지 않은 것은? 9급특채 10

① 수갑과 포승 ② 발목보호장비

③ 보호의자 ④ 보호침대

해설 ①·②·③ 위 사례는 교정시설의 설비·기구 등을 손괴하거나 그 밖에 시설의 안전 또는 질서를 해칠 우려가 큰 때(법 제97조 제1항 제4호)에 해당한다. 이 경우 사용할 수 있는 보호장비는 수갑·포승, 발목보호장비·보호대·보호의자이다(법 제98조 제2항 제1호·제3호).

④ 보호침대는 보호복과 더불어 자살·자해의 우려가 큰 때에 사용할 수 있는 보호장비이다(동조 동항 제4호).

정답 | ④

22

다음은 보호장비사용, 강제력행사, 무기사용에 관한 사례이다. 이 중 가장 위법적 요소가 강한 것은?

① 교도관 甲은 수용자 A가 도주할 우려가 크다고 판단하여 보호복을 사용하였다.
② 교도관 乙은 수용자 B가 다른 사람에게 위해를 끼치거나 끼치려고 하여 강제력을 행사하였다.
③ 교도관 丙은 수용자 C를 교정시설 밖의 장소로 호송하면서 수갑과 포승을 동시에 사용하였다.
④ 교도관 丁은 수용자 D가 폭행 또는 협박에 사용할 위험물을 소지하여 버릴 것을 명령하였음에도 이에 따르지 아니하여 하였다.

해설 ① 보호복은 자살·자해의 우려가 큰 때에만 사용할 수 있다(법 제98조 제2항 제4호).
② 법 제100조 제1항 제4호
③ 법 제98조 제2항 제1호
④ 법 제101조 제1항 제2호

정답 | ①

23 ★

형의 집행 및 수용자의 처우에 관한 법률 시행규칙상 교정장비의 하나인 보안장비에 해당하는 것만을 모두 고르면? 교정9급 20

㉠ 포승	㉡ 교도봉
㉢ 전자경보기	㉣ 전자충격기

① ㉠, ㉢
② ㉠, ㉣
③ ㉡, ㉢
④ ㉡, ㉣

해설 ㉡·㉣ 교도봉과 전자충격기는 보안장비에 해당한다(시행규칙 제186조).
㉠ 포승은 보호장비에 해당한다(법 제98조 제1항, 시행규칙 제169조).
㉢ 전자경보기는 전자장비에 해당한다(시행규칙 제160조).

정답 | ④

24

「형의 집행 및 수용자의 처우에 관한 법률」상 교도관이 수용자에 대하여 무기를 사용할 수 있는 경우는? 교정9급 22

① 수용자가 위력으로 교도관의 정당한 직무집행을 방해하는 때
② 수용자가 자살하려고 하는 때
③ 수용자가 교정시설의 설비·기구 등을 손괴하거나 손괴하려고 하는 때
④ 도주하는 수용자에게 교도관이 정지할 것을 명령하였음에도 계속하여 도주하는 때

해설 ④는 무기 사용요건(법 제101조 제1항 참조)이고, 나머지는 보안장비(강제력) 사용요건이다(법 제100조 제1항 참조).

정답 | ④

25

수용자에 대한 강제력의 행사방법에 관한 설명으로 옳지 않은 것은?

① 원칙적으로 소장의 명령 없이 강제력을 행사할 수 없다.
② 강제력을 행사하는 경우에는 보안장비를 사용할 수 있다.
③ 강제력을 행사하려면 원칙적으로 사전에 상대방에게 이를 경고하여야 한다.
④ 교도관이 강제력을 행사한 경우 소장은 이를 법무부장관에게 지체 없이 보고하여야 한다.

해설 ④ 무기를 사용한 경우에는 소장이 법무부장관에게 그 사실을 보고하도록 하고 있으나(시행령 제126조), 강제력을 행사한 경우에는 법무부장관에 대한 보고의무가 없다.
① 시행령 제125조
② 법 제100조 제3항
③ 동조 제5항

정답 | ④

26

형집행법령상 수용을 위한 체포에 대한 설명 중 옳지 않은 것은? 8급승진 18

① 소장은 수용자가 도주 등을 하거나 도주자를 체포한 경우에는 법무부장관에게 지체 없이 보고하여야 한다.

② 교도관은 도주한 수용자 체포를 위하여 긴급히 필요하면 도주 등을 하였다고 의심할 만한 상당한 이유가 있는 사람 또는 도주 등을 한 사람의 이동경로나 소재를 안다고 인정되는 사람을 정지시켜 질문할 수 있다.

③ 교도관은 수용자가 도주한 경우에는 도주 후 72시간 이내에만 체포할 수 있다.

④ 소장은 도주한 수용자를 체포하거나 행정기관 또는 수사기관에 정보를 제공하여 체포하게 한 사람에게 예산의 범위에서 포상금을 지급할 수 있다.

해설 [O] ① 시행령 제128조 제2항
② 법 제103조 제2항
③ 동조 제1항
[×] ④ 법무부장관은 「형법」 제145조(도주, 집합명령위반), 제146조(특수도주) 또는 법 제133조(출석의무 위반 등) 각 호에 규정된 죄를 지은 수용자를 체포하거나 행정기관 또는 수사기관에 정보를 제공하여 체포하게 한 사람에게 예산의 범위에서 포상금을 지급할 수 있다(시행령 제128조의2 제1항).

정답 | ④

27 ★

수용자에 대한 강제력 행사요건이 아닌 것은?

① 도주하거나 도주하려고 하는 때

② 자해하거나 자해하려고 하는 때

③ 자살하려고 하는 때

④ 폭행 또는 협박에 사용할 위험물을 소지하여 교도관 등이 버릴 것을 명하였음에도 이에 따르지 아니하는 때

해설 ④는 무기 사용요건이다. 교도관의 수용자에 대한 강제력 행사요건은 다음과 같다(법 제100조 제1항).

수용자에 대한 강제력 행사요건
- 도주하거나 도주하려고 하는 때
- 자살하려고 하는 때
- 자해하거나 자해하려고 하는 때
- 다른 사람에게 위해를 끼치거나 끼치려고 하는 때
- 위력으로 교도관의 정당한 직무집행을 방해하는 때
- 교정시설의 설비·기구 등을 손괴하거나 손괴하려고 하는 때
- 그 밖에 시설의 안전 또는 질서를 크게 해치는 행위를 하거나 하려고 하는 때

정답 | ④

28

수용자와 수용자 이외의 사람에 대한 강제력행사 요건이 같은 것을 모두 고른 것은? 9급특채 12

> ㉠ 교정시설에 침입한 때
> ㉡ 교정시설의 설비를 손괴하려고 하는 때
> ㉢ 자살하려고 하는 때
> ㉣ 위력으로 교도관의 정당한 직무집행을 방해하는 때

① ㉠, ㉡　　② ㉠, ㉢　　③ ㉡, ㉣　　④ ㉡, ㉢

해설 • 요건이 같은 것 : ㉡·㉣
• 요건이 다른 것 : ㉠·㉢
교도관의 수용자 외의 사람에 대한 강제력 사용요건은 다음과 같다(법 제100조 제2항).

수용자 외에 대한 강제력 사용요건
1. 수용자를 도주하게 하려고 하는 때
2. 교도관 또는 수용자에게 위해를 끼치거나 끼치려고 하는 때
3. 위력으로 교도관의 정당한 직무집행을 방해하는 때
4. 교정시설의 설비·기구 등을 손괴하거나 하려고 하는 때
5. 교정시설에 침입하거나 하려고 하는 때
6. 교정시설의 안(교도관이 교정시설의 밖에서 수용자를 계호하고 있는 경우 그 장소를 포함한다)에서 교도관의 퇴거요구를 받고도 이에 따르지 아니하는 때

정답 | ③

29 ★

형집행법에 규정되어 있는 보안장비가 아닌 것은?

① 교도봉　　② 머리보호장비
③ 최루탄　　④ 가스총

해설 ①·③·④ 형집행법이 보안장비로 규정하고 있는 것은 교도봉·가스분사기·가스총·최루탄 등이다(법 제100조 제4항 참조).

정답 | ②

30

현행 법령상 강제력행사 및 무기사용에 관한 설명 중 틀린 것은? 9급특채 10

① 보안장비의 종류, 종류별 사용요건 및 사용절차 등에 관하여 필요한 사항은 법무부령으로 정한다.

② 교도관은 수용자가 다른 사람에게 중대한 위해를 끼치거나 끼치려고 하여 위급한 때에는 할 수 있다.

③ 교도관은 소장 또는 그 직무를 대행하는 사람의 명령을 받아 무기를 사용해야 하고, 다만 그 명령을 받을 시간적 여유가 없으면 그러하지 아니하며, 무기를 사용한 경우에는 소장에게 즉시 보고하고, 보고를 받은 소장은 그 사실을 법무부장관에게 즉시 보고하여야 한다.

④ 수용자 외의 자가 교정시설 안에서 교도관의 퇴거요구를 받고도 이에 응하지 아니한 때에는 보안장비를 사용하거나 무기를 사용할 수 있다.

해설 ④ 교정시설의 안에서 교도관의 퇴거요구를 받고도 이에 응하지 아니하는 때에 교도관은 수용자 외의 사람에 대하여 강제력을 행사할 수 있다(법 제100조 제2항 제6호). 따라서 이 경우 무기도 사용할 수 있다는 표현은 옳지 않다. ④는 무기 사용요건에 해당하지 않기 때문이다.

① 동조 제7항

② 법 제101조 제1항 1호

③ 동조 제3항, 시행령 제126조

정답 | ④

31

형의 집행 및 수용자의 처우에 관한 법령상 교도관의 강제력 행사에 대한 설명으로 옳지 않은 것은?

교정9급 17

① 교도관은 수용자가 위계 또는 위력으로 교도관의 정당한 직무집행을 방해하는 때에 강제력을 행사할 수 있다.

② 교도관은 수용자 이외의 사람이 교도관 또는 수용자에게 위해를 끼치거나 끼치려고 하는 때에 강제력을 행사할 수 있다.

③ 교도관이 수용자 등에게 강제력을 행사하려면 사전에 상대방에게 이를 경고하여야 한다. 다만, 상황이 급박하여 경고할 시간적인 여유가 없는 때에는 그러하지 아니하다.

④ 교도관은 수용자 등에게 소장의 명령 없이 강제력을 행사해서는 아니 된다. 다만, 그 명령을 받을 시간적 여유가 없는 경우에는 강제력을 행사한 후 소장에게 즉시 보고하여야 한다.

해설 ① 교도관은 수용자가 위력으로 교도관의 정당한 직무집행을 방해하는 때에 강제력을 행사할 수 있다(법 제100조 제1항 제5호).

② 동조 제2항 제2호

③ 동조 제5항

④ 시행령 제125조

정답 | ①

32

형의 집행 및 수용자의 처우에 관한 법률 시행규칙에서 규정하고 있는 보안장비가 아닌 것은?

① 전기교도봉　　② 전자충격기
③ 전자총　　④ 가스총

해설 ①·②·④ 시행규칙에서 규정하고 있는 보안장비의 종류로는 교도봉, 전기교도봉, 가스분사기, 가스총, 최루탄, 전자충격기, 그 밖에 법무부장관이 정하는 보안장비 등이 있다(시행규칙 제186조).

정답 | ③

33

무기사용에 관한 설명으로 옳지 않은 것은?

① 교도관이 무기를 사용하려면 반드시 소장의 명령을 받아야 한다.
② 무기를 사용하려면 공포탄을 발사하거나 그 밖의 적당한 방법으로 사전에 상대방에 대하여 이를 경고하여야 한다.
③ 총기를 사용하는 경우에는 구두경고, 공포탄 발사, 위협사격, 조준사격의 순서에 따라야 하나, 상황이 긴급하여 시간적 여유가 없을 때에는 순서에 따르지 않을 수 있다.
④ 무기의 사용은 최후의 수단이어야 한다.

해설 ① 교도관 등은 소장 또는 그 직무를 대행하는 사람의 명령을 받아 무기를 사용한다. 다만, 그 명령을 받을 시간적 여유가 없으면 그러하지 아니하다(법 제101조 제3항).
② 동조 제4항
③ 시행규칙 제192조
④ 법 제101조 제5항

정답 | ①

34

보안장비의 사용에 관한 설명으로 옳지 않은 것은?

① 교도봉은 얼굴이나 머리부분에 사용해서는 안 된다.

② 전기교도봉은 10분 이상 사용할 수 없다.

③ 가스분사기나 가스총은 1미터 이내의 거리에서는 상대방의 얼굴을 향하여 발사해서는 안 된다.

④ 발사용 최루탄은 50미터 이상의 원거리에서 사용하되, 30도 이상의 발사각을 유지하여야 한다.

해설 ② 전기교도봉은 타격 즉시 떼어야 한다(시행규칙 제188조 제1호).
①·③·④ 시행규칙 제188조 참조

정답 | ②

35 ★

현행법상 교도관의 수용자에 대한 무기사용사유를 모두 고른 것은?

교정7급 13 | 교정9급 14 | 9급경채 13

㉠ 수용자가 교도관의 무기를 탈취하려고 하는 때
㉡ 수용자가 다른 사람에게 위해를 끼치려고 하는 때
㉢ 도주하는 수용자에게 교도관이 정지할 것을 명령하였음에도 계속하여 도주하는 때
㉣ 수용자가 위력으로 교도관의 정당한 직무집행을 방해하는 때
㉤ 교정시설 안에서 수용자의 탈취를 저지하기 위하여 급박하다고 인정되는 상당한 이유가 있는 때

① ㉠, ㉢　　② ㉠, ㉣　　③ ㉢, ㉤　　④ ㉡, ㉢, ㉤

해설 ① 교도관이 수용자에 대하여 무기를 사용할 수 있는 사유에 해당하는 것은 ㉠·㉢이다(법 제101조 제1항 참조).

수용자에 대한 무기 사용요건

- 수용자가 다른 사람에게 중대한 위해를 끼치거나 끼치려고 하여 그 사태가 위급한 때
- 수용자가 폭행 또는 협박에 사용할 위험물을 소지하여 교도관이 버릴 것을 명령하였음에도 이에 따르지 아니하는 때
- 수용자가 폭동을 일으키거나 일으키려고 하여 신속하게 제지하지 아니하면 그 확산을 방지하기 어렵다고 인정되는 때
- 도주하는 수용자에게 교도관이 정지할 것을 명령하였음에도 계속하여 도주하는 때
- 수용자가 교도관의 무기를 탈취하거나 탈위하려고 하는 때
- 그 밖에 사람의 생명·신체 및 설비에 대한 중대하고도 뚜렷한 위험을 방지하기 위하여 무기의 사용을 피할 수 없는 때

정답 | ①

36

무기사용에 관한 설명으로 옳지 않은 것은?

① 수용자뿐만 아니라 수용자 외의 사람에 대해서도 무기사용이 가능하다.

② 무기는 계호의 목적만을 위해 사용할 수 있으며, 교도관의 호신을 위해서는 사용할 수 없다.

③ 교도관이 사용가능한 장비 중 가장 위중한 계호장비이다.

④ 사용요건이 가장 엄격하다.

해설 ② 교도관은 교정시설의 안에서 자기 또는 타인의 생명·신체를 보호하거나 수용자의 탈취를 저지하거나 건물 또는 그 밖의 시설과 무기에 대한 위험을 방지하기 위하여 급박하다고 인정되는 상당한 이유가 있으면 수용자 외의 사람에 대하여도 무기를 사용할 수 있다(법 제101조 제2항). 즉, 무기는 계호의 목적뿐만 아니라 교도관의 호신을 위해서도 사용할 수 있다.

① 법 제101조 제2항

수용자 외의 자에 대한 무기 사용요건

- 자기 또는 타인의 생명·신체 보호
- 수용자의 탈취 저지
- 건물 또는 그 밖의 시설과 무기에 대한 위험의 방지

정답 | ②

37

형집행법령상 보호장비에 대한 설명으로 옳은 것은 모두 몇 개인가? 5급승진 22

> ㉠ 소장은 보호장비를 착용 중인 수용자에 대하여 보호장비 사용 심사부 및 보호장비 착용자 관찰부 등의 기록과 관계직원의 의견 등을 토대로 보호장비의 계속사용 여부를 매일 심사하여야 한다.
> ㉡ 의무관은 「형집행법」 제97조 제3항에 따라 보호장비 착용 수용자의 건강상태를 확인한 결과 특이사항을 발견한 경우에는 보호장비 사용 심사부에 기록하여야 한다.
> ㉢ 교도관은 「형집행법」 제97조 제1항에 따라 보호장비를 사용하는 경우에는 보호장비 사용 심사부에 기록하여야 한다. 다만, 이송·출정, 그 밖에 교정시설 밖의 장소로 수용자를 호송하는 때에는 보호장비를 사용하거나 도주·자살·자해 또는 다른 사람에 대한 위해의 우려가 큰 때에 양손수갑을 사용하는 경우에는 호송계획서나 수용기록부의 내용 등으로 그 기록을 갈음할 수 있다.
> ㉣ 소장은 「형집행법 시행령」 제121조에 따라 의무관 또는 의료관계직원으로부터 보호장비의 사용 중지 의견을 보고받은 경우에는 해당 수용자에 대하여 보호장비를 계속하여 사용할 필요가 있는 경우라 할지라도 즉시 사용을 중단하여야 한다.
> ㉤ 보호의자는 수용자의 목욕, 식사, 용변, 치료 등을 위하여 필요한 경우 그 사용을 일시 중지하거나 완화하는 경우를 제외하고 8시간을 초과하여 사용할 수 없으며, 사용중지 후 4시간이 경과하지 아니하면 다시 사용할 수 없다.
> ㉥ 하나의 보호장비로 사용목적을 달성할 수 없는 경우에는 둘 이상의 보호장비를 사용할 수 있다. 둘 이상의 보호장비를 사용하는 경우에도 보호의자, 보호침대를 사용하는 경우에는 다른 보호장비와 같이 사용할 수 없다.

① 2개 ② 3개 ③ 4개 ④ 5개

해설 옳은 것은 ㉠, ㉡, ㉢, ㉥이다.

㉠ 형집행법 시행규칙 제183조 제1항

㉡ 동법 시행규칙 제182조

㉢ 교도관은 법 제97조(보호장비의 사용) 제1항에 따라 보호장비를 사용하는 경우에는 보호장비 사용 심사부에 기록해야 한다. 다만, 법 제97조 제1항 제1호(1. 이송·출정, 그 밖에 교정시설 밖의 장소로 수용자를 호송하는 때)에 따라 보호장비를 사용하거나 법 제97조 제1항 제2호부터 제4호까지의 규정(2. 도주·자살·자해 또는 다른 사람에 대한 위해의 우려가 큰 때, 3. 위력으로 교도관의 정당한 직무집행을 방해하는 때, 4. 교정시설의 설비·기구 등을 손괴하거나 그 밖에 시설의 안전 또는 질서를 해칠 우려가 큰 때)에 따라 양손수갑을 사용하는 경우에는 호송계획서나 수용기록부의 내용 등으로 그 기록을 갈음할 수 있다(동법 시행규칙 제181조).

㉣ 소장은 의무관 또는 의료관계직원으로부터 보호장비의 사용중지 의견을 보고받았음에도 불구하고 해당 수용자에 대하여 보호장비를 계속하여 사용할 필요가 있는 경우에는 의무관 또는 의료관계직원에게 건강유지에 필요한 조치를 취할 것을 명하고 보호장비를 사용할 수 있다. 이 경우 소장은 보호장비 사용 심사부에 보호장비를 계속 사용할 필요가 있다고 판단하는 근거를 기록하여야 한다(동법 시행규칙 제183조 제2항).

㉤ 보호의자는 제184조 제2항(보호장비 착용 수용자의 목욕, 식사, 용변, 치료 등을 위하여 필요한 경우 보호장비 사용을 일시 중지, 완화)에 따라 그 사용을 일시 중지하거나 완화하는 경우를 포함하여 8시간을 초과하여 사용할 수 없으며, 사용중지 후 4시간이 경과하지 아니하면 다시 사용할 수 없다(동법 시행규칙 제176조 제2항).

㉥ 동법 시행규칙 제180조

정답 | ③

38

「형의 집행 및 수용자의 처우에 관한 법률 시행규칙」상 보안장비의 종류별 사용기준으로 가장 옳지 않은 것은? 6급승진 22

① 전기교도봉은 얼굴이나 머리부분에 사용해서는 아니 되며, 타격 즉시 떼어야 한다.
② 가스총은 1미터 이내의 거리에서는 상대방의 얼굴을 향하여 발사해서는 안 된다.
③ 투척용 최루탄은 근거리용으로 사용하고, 발사용 최루탄은 30미터 이상의 원거리에서 사용하되, 50도 이상의 발사각을 유지하여야 한다.
④ 전극침 발사장치가 있는 전자충격기를 사용할 경우 전극침을 상대방의 얼굴을 향해 발사해서는 안 된다.

해설 ③ 투척용 최루탄은 근거리용으로 사용하고, 발사용 최루탄은 50미터 이상의 원거리에서 사용하되, 30도 이상의 발사각을 유지하여야 한다(형집행법 시행규칙 제188조 제3호).
① 동조 제1호
② 동조 제2호
④ 동조 제4호

정답 | ③

39

「형의 집행 및 수용자의 처우에 관한 법률」상 보호장비 사용요건에 대한 내용으로 가장 옳지 않은 것은? 7급승진 22

① 이송·출정, 그 밖에 교정시설 밖의 장소로 수용자를 호송하는 때
② 도주·자살·자해 또는 다른 사람에 대한 위해의 우려가 큰 때
③ 위계로 교도관의 정당한 직무집행을 방해하는 때
④ 교정시설의 설비·기구 등을 손괴하거나 그 밖에 시설의 안전 또는 질서를 해칠 우려가 큰 때

해설 위력으로 교도관의 정당한 직무집행을 방해하는 때(형집행법 제97조 제1항 제3호)

정답 | ③

40

형집행법령상 보호장비에 대한 설명으로 가장 옳지 않은 것은? 5급승진 23

① 법률에서 정하는 보호장비의 종류에는 수갑, 머리보호장비, 발목보호장비, 보호대(帶), 보호의자, 보호침대, 보호복, 포승이 있다.

② 보호침대는 다른 보호장비로는 자살·자해를 방지하기 어려운 특별한 사정이 있는 경우에만 사용하여야 한다.

③ 보호복은 그 사용을 일시 중지하거나 완화하는 경우를 포함하여 8시간을 초과하여 사용할 수 없으며, 사용중지 후 4시간이 경과하지 아니하면 다시 사용할 수 없다.

④ 하나의 보호장비로 사용목적을 달성할 수 없는 경우에는 둘 이상의 보호장비를 사용할 수 있다. 다만, 보호침대를 사용하는 경우와 보호복을 사용하는 경우에는 다른 보호장비와 같이 사용할 수 없다.

해설 ④ 하나의 보호장비로 사용목적을 달성할 수 없는 경우에는 둘 이상의 보호장비를 사용할 수 있다. 다만, 보호의자를 사용하는 경우와 보호침대를 사용하는 경우에는 다른 보호장비와 같이 사용할 수 없다(형집행법 시행규칙 제180조).

① 동법 제98조 제1항

② 동법 시행규칙 제177조 제1항

③ 동법 시행규칙 제178조 제2항, 제176조 제2항

정답 | ④

41

「형의 집행 및 수용자의 처우에 관한 법률 시행규칙」상 보호장비에 대한 설명으로 옳은 것은 모두 몇 개인가? 6급승진 23

> ㉠ 소장은 보호장비를 착용 중인 수용자에 대하여 보호장비 사용 심사부 및 보호장비 착용자 관찰부 등의 기록과 관계직원의 의견 등을 토대로 보호장비의 계속사용 여부를 매일 심사하여야 한다.
> ㉡ 의무관은 보호장비 착용 수용자의 건강상태를 확인한 결과 특이사항을 발견한 경우에는 보호장비 사용 심사부에 기록하여야 한다.
> ㉢ 소장이 의무관 또는 의료관계직원으로부터 보호장비의 사용중지 의견을 보고 받은 경우에는 해당 수용자에 대하여 보호장비를 계속하여 사용할 필요가 있는 경우라 할지라도 즉시 사용을 중단하여야 한다.
> ㉣ 보호의자는 수용자의 목욕, 식사, 용변, 치료 등을 위하여 필요한 경우 그 사용을 일시 중지하거나 완화하는 경우를 제외하고 8시간을 초과하여 사용할 수 없으며, 사용중지 후 4시간이 경과하지 아니하면 다시 사용할 수 없다.
> ㉤ 하나의 보호장비로 사용목적을 달성할 수 없는 경우에는 둘 이상의 보호장비를 사용할 수 있다. 다만, 보호의자 또는 보호침대를 사용하는 경우에는 다른 보호장비와 같이 사용할 수 없다.

① 2개 ② 3개
③ 4개 ④ 5개

해설 옳은 것은 ㉠, ㉡, ㉤이다.

㉠ 형집행법 시행규칙 제183조 제1항

㉡ 동법 시행규칙 제182조

㉢ 소장은 의무관 또는 의료관계직원으로부터 보호장비의 사용중지 의견을 보고받았음에도 불구하고 해당 수용자에 대하여 보호장비를 계속하여 사용할 필요가 있는 경우에는 의무관 또는 의료관계직원에게 건강유지에 필요한 조치를 취할 것을 명하고 보호장비를 사용할 수 있다. 이 경우 소장은 보호장비 사용 심사부에 보호장비를 계속 사용할 필요가 있다고 판단하는 근거를 기록하여야 한다(동법 시행규칙 제182조 제2항).

㉣ 보호의자는 보호장비 착용 수용자의 목욕, 식사, 용변, 치료 등을 위하여 필요한 경우에는 그 사용을 일시 중지하거나 완화하는 경우를 포함하여 8시간을 초과하여 사용할 수 없으며, 사용중지 후 4시간이 경과하지 아니하면 다시 사용할 수 없다(동법 시행규칙 제176조 제2항).

㉤ 동법 시행규칙 제180조

정답 | ②

42

형집행법령상 보호장비에 대한 설명으로 옳지 않은 것을 모두 고른 것은? 7급승진 23

㉠ 보호의자는 그 사용을 일시 중지하거나 완화하는 경우를 제외하고 8시간을 초과하여 사용할 수 없으며, 사용중지 후 4시간이 경과하지 아니하면 다시 사용할 수 없다.
㉡ 소장은 보호장비를 착용 중인 수용자에 대하여 보호장비 사용 심사부 및 보호장비 착용자 관찰부 등의 기록과 관계직원의 의견 등을 토대로 보호장비의 계속사용 여부를 매주 심사하여야 한다.
㉢ 이송·출정, 그 밖에 교정시설 밖의 장소로 수용자를 호송하는 때에는 발목보호장비를 사용할 수 있다.
㉣ 보호침대는 다른 보호장비로는 자살·자해를 방지하기 어려운 특별한 사정이 있는 경우에만 사용하여야 하며, 보호침대를 사용하는 경우에는 다른 보호장비와 같이 사용할 수 없다.
㉤ 보호장비를 착용 중인 수용자는 특별한 사정이 없으면 계호상 독거수용한다.

① ㉠, ㉡, ㉢
② ㉠, ㉤
③ ㉡, ㉢, ㉣
④ ㉣, ㉤

해설 옳지 않은 것은 ㉠, ㉡, ㉢이다.

㉠ 보호의자는 그 사용을 일시 중지하거나 완화하는 경우를 포함하여 8시간을 초과하여 사용할 수 없으며, 사용중지 후 4시간이 경과하지 아니하면 다시 사용할 수 없다(형집행법 시행규칙 제176조 제2항).
㉡ 소장은 보호장비를 착용 중인 수용자에 대하여 보호장비 사용 심사부 및 보호장비 착용자 관찰부 등의 기록과 관계직원의 의견 등을 토대로 보호장비의 계속사용 여부를 매일 심사하여야 한다(동법 시행규칙 제183조 제1항).
㉢ 발목보호장비는 ⓐ 도주·자살·자해 또는 다른 사람에 대한 위해의 우려가 큰 때, ⓑ 위력으로 교도관의 정당한 직무집행을 방해하는 때, ⓒ 교정시설의 설비·기구 등을 손괴하거나 그 밖에 시설의 안전 또는 질서를 해칠 우려가 큰 때에 사용할 수 있다(동법 제98조 제2항 제3호).
㉣ 동법 시행규칙 제177조 제1항, 제180조
㉤ 동법 시행령 제123조

정답 | ①

43

형집행법령상 무기에 대한 설명으로 가장 옳지 않은 것은? 6급승진 22

① 소장은 소속 교도관에 대하여 연 1회 이상 총기의 조작·정비·사용에 관한 교육을 한다.

② 교도관은 소장 또는 그 직무를 대행하는 사람의 명령을 받아 무기를 사용한다. 다만, 그 명령을 받을 시간적 여유가 없으면 그러하지 아니하다.

③ 사용할 수 있는 무기의 종류, 무기의 종류별 사용요건 및 사용절차 등에 관하여 필요한 사항은 대통령령으로 정한다.

④ 교도관이 총기를 사용하는 경우에는 구두경고, 공포탄 발사, 위협사격, 조준사격의 순서에 따라야 한다. 다만, 상황이 긴급하여 시간적 여유가 없을 때에는 예외로 한다.

해설 ③ 사용할 수 있는 무기의 종류, 무기의 종류별 사용요건 및 사용절차 등에 관하여 필요한 사항은 법무부령으로 정한다(형집행법 제101조 제6항).

① 동법 시행규칙 제193조 제1항

② 동법 제101조 제3항

④ 동법 시행규칙 제192조

정답 | ③

44

형의 집행 및 수용자의 처우에 관한 법률」상 강제력의 행사에 대한 설명으로 가장 옳지 않은 것은? 7급승진 23

① 수용자가 자해를 하려고 하는 때에도 교도관은 수용자에게 강제력을 행사할 수 있다.

② 수용자 외의 사람이 교도관이 아닌 수용자에게 위해를 끼치거나 끼치려고 하는 때에도 교도관은 수용자 외의 사람에게 강제력을 행사할 수 있다.

③ 강제력을 행사하려면 사전에 상대방에게 이를 경고하여야 하는데, 상황이 급박하여 경고할 시간적인 여유가 없는 때에는 그러하지 아니하다.

④ 수용자 외의 사람이 위력으로 교도관의 정당한 직무집행을 방해하는 때뿐만 아니라 방해하려고 하는 때에도 교도관은 수용자 외의 사람에게 강제력을 행사할 수 있다.

해설 ④ 교도관은 수용자 외의 사람이 위력으로 교도관의 정당한 직무집행을 방해하는 때에는 강제력을 행사할 수 있다(형집행법 제100조 제2항 제3호).

① 동조 제1항 제3호

② 동조 제2항 제2호

③ 동조 제5항

정답 | ④

45

형의 집행 및 수용자의 처우에 관한 법률」상 교도관이 수용자 외의 사람에게 강제력을 행사할 수 있는 사유로 가장 옳지 않은 것은? 6급승진 22

① 수용자를 도주하게 하려고 하는 때

② 자해하거나 자해하려고 하는 때

③ 위력으로 교도관의 정당한 직무집행을 방해하는 때

④ 교정시설에 침입하거나 하려고 하는 때

해설

법 제100조(수용자 외의 사람에 대한 강제력의 행사)

② 교도관은 수용자 외의 사람이 다음 각 호의 어느 하나에 해당하면 강제력을 행사할 수 있다.

1. 수용자를 도주하게 하려고 하는 때
2. 교도관 또는 수용자에게 위해를 끼치거나 끼치려고 하는 때
3. 위력으로 교도관의 정당한 직무집행을 방해하는 때
4. 교정시설의 설비·기구 등을 손괴하거나 하려고 하는 때
5. 교정시설에 침입하거나 하려고 하는 때
6. 교정시설의 안(교도관이 교정시설의 밖에서 수용자를 계호하고 있는 경우 그 장소를 포함한다.)에서 교도관의 퇴거요구를 받고도 이에 따르지 아니하는 때

정답 | ②

CHAPTER 05 수용자에 대한 처우

01

현행법상 수용자의 외부교통에 대한 설명으로 옳지 않은 것은? 사법시험 14

① 미결수용자와 변호인 간의 접견은 시간과 횟수를 제한하지 아니한다.
② 미결수용자를 제외한 수용자와 변호인 간의 접견은 시간과 횟수를 제한하지 아니한다.
③ 수용자가 주고받는 편지의 내용도 형사소송법이나 그 밖의 법률에 따른 편지검열의 결정이 있는 때는 검열한다.
④ 교정시설의 장은 수용자가 주고받는 편지에 법령에 따라 금지된 물품이 들어 있는지 확인할 수 있다.
⑤ 교정시설의 장이 수용자에게 교정시설의 외부에 있는 사람과 전화통화를 허가한 경우에는 통화내용의 청취 또는 녹음을 조건으로 붙일 수 있다.

해설 ② 미결수용자와 변호인 간의 접견은 시간과 횟수를 제한하지 아니한다(법 제84조 제2항).
① 법 제84조 제2항
③ 법 제43조 제4항 제2호
④ 동조 제3항
⑤ 법 제44조 제2항

정답 | ②

02 ★

수용자의 접견에 관한 설명으로 옳지 않은 것은?

① 수용자와 접견하는 사람의 범위에는 특별한 제한이 없다.
② 형사피고인·형사피의자와 변호인과의 접견제한은 인정되지 않는다.
③ 수용자의 심리적 안정의 도모, 사회적응력의 향상을 위한 제도이다.
④ 시설의 질서를 해칠 우려가 있다는 이유만으로는 접견을 제한할 수 없다.

해설 ④ 접견은 수용자의 권리에 해당하지만, 일정한 사유에 해당하면 접견이 제한된다. 시설의 질서를 해칠 우려가 있는 때에는 접견이 제한될 수 있다(법 제41조 제1항 제4호 참조). 수용자의 접견을 제한할 수 있는 사유는 다음과 같다(법 제41조 제1항).
② 형사소송법 제34조, 제91조

> **수용자의 접견을 제한할 수 있는 사유**
> • 형사 법령에 저촉되는 행위를 할 우려가 있는 때
> • 「형사소송법」이나 그 밖의 법률에 따른 접견금지의 결정이 있는 때
> • 수형자의 교화 또는 건전한 사회복귀를 해칠 우려가 있는 때
> • 시설의 안전 또는 질서를 해칠 우려가 있는 때

정답 | ④

03

현행 법령상 접견 제한사유를 모두 고른 것은? 교정7급 10 | 9급특채 12

> ㉠ 형사 법령에 저촉되는 행위를 할 우려가 있는 때
> ㉡ 시설의 안전을 해칠 우려가 있는 때
> ㉢ 범죄의 증거를 인멸하려고 하는 때
> ㉣ 수형자의 건전한 사회복귀를 해칠 우려가 있는 때
> ㉤ 금지물품을 주고받으려고 하는 때

① ㉠, ㉡, ㉢, ㉣, ㉤ ② ㉠, ㉡, ㉢
③ ㉠, ㉡, ㉣ ④ ㉠, ㉡, ㉣, ㉤

해설 [○] ㉠ 법 제41조 제1항 제1호
　　　㉡ 동조 동항 제4호
　　　㉣ 동조 동항 제3호
　　[×] ㉢·㉤ 접견 중지사유에 해당한다(법 제42조 제1호·제2호).

정답 | ③

04 ★

현행 법령상 수용자의 접견에 관한 설명으로 옳지 않은 것은? 9급경채 13

① 범죄의 증거를 인멸할 우려가 있는 때에 소장은 외부에 있는 사람과 접견을 허용하지 않을 수 있다.

② 접견 중인 수용자가 현금, 수표를 주고받으려고 하는 때에 교도관은 접견을 중지할 수 있다.

③ 개방처우급 수형자에 대하여는 접촉차단시설이 설치된 장소 외의 적당한 곳에서 접견을 실시할 수 있다.

④ 소장은 수형자의 교화를 위하여 필요한 때에 교도관으로 하여금 접견 내용의 청취, 기록, 녹음 또는 녹화하게 할 수 있다.

해설 ① 범죄의 증거를 인멸할 우려가 있는 때는 접견 제한사유에 해당하지 않는다(법 제41조 제1항 참조).
② 법 제42조 제2호
③ 시행령 제59조 제3항
④ 법 제41조 제4항

정답 | ①

05

접견내용의 청취·기록·녹음·녹화에 관한 설명으로 옳지 않은 것은?

① 접견내용을 기록·녹음·녹화하는 경우에는 사전에 수용자 및 그 상대방에게 그 사실을 알려 주어야 한다.

② 소장은 접견내용의 청취·기록을 위하여 교도관에게 변호인과 접견하는 미결수용자를 제외한 수용자의 접견에 참여하게 할 수 있다.

③ 소장은 청취·녹음·녹화한 경우의 접견기록물에 대한 보호·관리를 위하여 접견정보취급자를 지정하여야 한다.

④ 소장은 범죄의 수사를 위하여 필요하다는 이유로 관계기관으로부터 접견기록물의 제출을 요청받은 경우 기록물을 제공할 수 있다.

해설 ① 접견내용을 녹음·녹화하는 경우에는 사전에 수용자 및 그 상대방에게 그 사실을 알려 주어야 한다(법 제41조 제5항). 따라서 기록하는 경우에는 알려 줄 의무가 없다.
② 시행령 제62조 제1항
③ 동조 제3항
④ 동조 제4항

정답 | ①

06

교도관이 접견내용을 청취·기록·녹음 또는 녹화할 수 있는 경우에 해당되지 않는 것은?

① 범죄의 증거를 인멸할 우려가 있는 때
② 규율에 저촉되는 행위를 할 우려가 있는 때
③ 시설의 안전과 질서유지를 위하여 필요한 때
④ 수형자의 건전한 사회복귀를 위하여 필요한 때

해설 ② 규율에 저촉되는 행위를 할 우려가 있는 때가 아니라 형사 법령에 저촉되는 행위를 할 우려가 있는 때이다(법 제41조 제1항 제1호). 접견내용을 청취·기록·녹음·녹화할 수 있는 사유는 다음과 같다(법 제41조 제4항).

접견내용을 청취·기록·녹음 또는 녹화할 수 있는 사유
- 범죄의 증거를 인멸하거나 형사 법령에 저촉되는 행위를 할 우려가 있는 때
- 수형자의 교화 또는 건전한 사회복귀를 위하여 필요한 때
- 시설의 안전과 질서유지를 위하여 필요한 때

정답 | ②

07 ★

「형의 집행 및 수용자의 처우에 관한 법률」상 접견내용을 청취·기록할 수 있는 사유에 해당하는 것은?
9급경채 15

① 수형자의 교화 또는 건전한 사회복귀를 해칠 우려가 있는 때
② 시설의 안전과 질서를 해칠 우려가 있는 때
③ 형사 법령에 저촉되는 행위를 할 우려가 있는 때
④ 금지물품을 주고 받으려고 하는 때

해설 ③만이 접견내용을 청취·기록할 수 있는 사유에 해당한다. ①·③은 "해칠 우려가 있는 때" → "위하여 필요한 때"이고, ④는 그 사유에 해당하지 않는다.

정답 | ③

08

현행법상 소장이 교도관으로 하여금 수용자의 접견내용을 청취·기록·녹음 또는 녹화하게 할 수 있는 경우가 아닌 것은? 교정9급 11

① 범죄의 증거를 인멸하거나 형사 법령에 저촉되는 행위를 할 우려가 있는 때
② 시설의 안전과 질서유지를 위하여 필요한 때
③ 음란물, 사행행위에 사용되는 물품을 주고받으려고 하는 때
④ 수형자의 교화 또는 건전한 사회복귀를 위하여 필요한 때

해설 소장이 교도관으로 하여금 수용자의 접견내용을 청취·기록·녹음 또는 녹화하게 할 수 있는 경우는 ①·②·④이다(법 제41조 제4항 참조).

정답 | ③

09

다음 중 접견의 중지사유로 옳지 않은 것은? 9급경채 15

① 형사 법령에 저촉되는 행위를 하거나 하려고 하는 때
② 시설의 안전 또는 질서를 해하는 행위를 하거나 하려고 하는 때
③ 범죄의 증거를 인멸하거나 인멸하려고 하는 때
④ 수용자의 처우 또는 교정시설의 운영에 관하여 사실을 유포하는 때

해설 ④ 수용자의 처우 또는 교정시설의 운영에 관하여 거짓사실을 유포하는 때(법 제42조 제4호).
①·②·③ 모두 접견의 중지사유에 해당한다(법 제42조 참조).

정답 | ④

10

수용자의 접견은 접촉차단시설이 설치된 장소에서 하는 것이 원칙이나, 일정한 경우에는 이러한 시설이 없는 장소에서 접견할 수 있는데, 이 경우에 포함되지 않는 것은?

① 교화 또는 건전한 사회복귀를 위하여 특히 필요한 때
② 수형자의 교정성적이 우수한 때
③ 수용자가 미성년자인 자녀와 접견하는 때
④ 가족과의 유대강화를 위해 필요한 때

해설 ④ 일반귀휴사유이다(시행규칙 제129조 제3항).
①·② 시행령 제59조 제3항

정답 | ④

11

다음은 수용자가 접견할 때 반드시 접촉차단시설이 설치되지 아니한 장소에서 접견하도록 하여야 하는 것을 나열한 것이다. 옳지 않은 것은?

① 미결수용자가 변호인과 접견하는 경우
② 형사사건으로 수사 또는 재판을 받고 있는 수형자 또는 사형확정자가 변호인과 접견하는 경우
③ 수용자가 소송사건의 대리인인 변호사와 접견하는 경우로서 교화 또는 건전한 사회복귀를 해칠 우려가 없는 경우
④ 수용자가 「형사소송법」에 따른 상소권회복 또는 재심청구사건의 대리인이 되려는 변호사와 접견하는 경우로서 교정시설의 안전 또는 질서를 해칠 우려가 없는 경우

해설 ③ 수용자가 소송사건의 대리인인 변호사와 접견하는 경우 등 수용자의 재판청구권 등을 실질적으로 보장하기 위하여 대통령령으로 정하는 경우로서 교정시설의 안전 또는 질서를 해칠 우려가 없는 경우에는 접촉차단시설이 설치되지 아니한 장소에서 접견하게 한다(형집행법 제41조 제2항 제2호).
①·② 동조 동항 제1호
④ 동법 시행령 제59조의2 제5항

접촉차단시설이 설치되지 아니한 장소에서 접견하게 하는 경우

- 수용자의 접견은 접촉차단시설이 설치된 장소에서 하게 한다. 다만, 다음 각 호의 어느 하나에 해당하는 경우에는 접촉차단시설이 설치되지 아니한 장소에서 접견하게 한다(동법 제41조 제2항).
  1. 미결수용자(형사사건으로 수사 또는 재판을 받고 있는 수형자와 사형확정자를 포함한다)가 변호인(변호인이 되려는 사람을 포함한다. 이하 같다)과 접견하는 경우
  2. 수용자가 소송사건의 대리인인 변호사와 접견하는 경우 등 수용자의 재판청구권 등을 실질적으로 보장하기 위하여 대통령령으로 정하는 경우로서 교정시설의 안전 또는 질서를 해칠 우려가 없는 경우
- 수용자가 「형사소송법」에 따른 상소권회복 또는 재심청구사건의 대리인이 되려는 변호사와 접견하는 경우에는 교정시설의 안전 또는 질서를 해칠 우려가 없는 한 접촉차단시설이 설치되지 않은 장소에서 접견하게 한다(동법 시행령 제59조의2 제5항).

정답 | ③

12

다음 중 형의 집행 및 수용자의 처우에 관한 법령상 접촉차단시설이 설치되지 아니한 장소에서 접견하게 할 수 있는 경우가 아닌 것은?

① 수용자가 미성년자인 자녀와 접견하는 경우

② 수형자가 19세 미만인 때

③ 수형자가 교정성적이 우수한 때

④ 미결수용자의 처우를 위하여 특히 필요하다고 인정되는 때

해설 ② 수형자가 19세 미만인 때는 접촉차단시설이 설치되지 아니한 장소에서 접견하게 할 수 있는 경우가 아니다.

① 동법 제41조 제3항 제1호

③ 동법 시행령 제59조 제3항 제1호

④ 동조 동항 제2호

접촉차단시설이 설치되지 아니한 장소에서 접견하게 할 수 있는 경우

- 제2항에도 불구하고 다음 각 호의 어느 하나에 해당하는 경우에는 접촉차단시설이 설치되지 아니한 장소에서 접견하게 할 수 있다(형집행법 제41조 제3항).
  1. 수용자가 미성년자인 자녀와 접견하는 경우
  2. 그 밖에 대통령령으로 정하는 경우
- 법 제41조 제3항 제2호에서 "대통령령으로 정하는 경우"란 다음 각 호의 어느 하나에 해당하는 경우를 말한다(동법 시행령 제59조 제3항).
  1. 수형자가 제2항 제2호 또는 제3호에 해당하는 경우
  2. 미결수용자의 처우를 위하여 소장이 특별히 필요하다고 인정하는 경우
  3. 사형확정자의 교화나 심리적 안정을 위하여 소장이 특별히 필요하다고 인정하는 경우

정답 | ②

13

「형의 집행 및 수용자 처우에 관한 법률」 및 「동법 시행령」상 접견에 대한 설명으로 옳지 않은 것은?

교정9급 15

① 사형확정자에 대한 변호인의 접견은 접촉차단시설이 설치된 장소에서 하여야 한다.
② 미결수용자와 변호인과의 접견에는 교도관이 참여하지 못하며 그 내용을 청취 또는 녹취하지 못하나, 보이는 거리에서 미결수용자를 관찰할 수 있다.
③ 소장은 미결수용자가 징벌대상자로서 조사받고 있거나 징벌집행 중인 경우에도 변호인과의 접견을 보장하여야 한다.
④ 소장은 수형자가 19세 미만인 때에는 접견횟수를 늘릴 수 있다.

해설 ② 법 제84조 제1항
③ 법 제85조
④ 시행령 제59조 제2항

정답 | ①

14 ★

수용자의 접견에 관한 설명으로 옳지 않은 것은 모두 몇 개인가?

㉠ 접견은 원칙적으로 국가공무원복무규정에 의한 근무시간 내에 실시한다.
㉡ 완화경비급 수형자의 접견허용횟수는 월 6회이다.
㉢ 수용자와 교정시설 외부의 사람이 접견하는 경우에 접견내용이 청취·녹음·녹화될 때에는 원칙적으로 외국어를 사용할 수 없다.
㉣ 교도관이 수용자의 접견을 중지한 경우에는 그 사유를 즉시 알려주어야 한다.
㉤ 소장은 수형자의 교화를 위하여 특히 필요하다고 인정하면 접견시간을 연장할 수 있으나, 접견시간대 외에는 접견을 하게 할 수 없다.

① 1개　② 2개　③ 3개　④ 4개

해설 [×] ㉤ 소장은 수형자의 교화 또는 건전한 사회복귀를 위하여 특히 필요하다고 인정하면 접견시간대 외에도 접견을 하게 할 수 있고 접견시간을 연장할 수 있다(시행령 제59조 제1항).
[○] ㉠ 시행령 제58조 제1항
㉡ 시행규칙 제87조
㉢ 시행령 제60조 제1항
㉣ 시행령 제63조

정답 | ①

15

접견에 관한 설명으로 옳은 것은?

① 19세 미만의 자는 접촉차단시설이 없는 장소에서 접견하게 할 수 있다.
② 가족만남의 날 행사와 관련한 접견은 접견횟수에 포함되지 아니한다.
③ 변호인과 접견하는 미결수용자를 포함한 수용자의 접견시간은 회당 30분 이내로 한다.
④ 수용자와 교정시설 외부의 사람이 접견하는 경우에는 어떠한 경우라도 외국어를 사용해서는 아니 된다.

해설 ② 시행규칙 제89조 제1항

① 수형자가 19세 미만인 때에는 접견횟수를 늘릴 수 있다는 규정은 있으나(시행령 제59조 제2항 제1호 참조), 접촉차단시설이 없는 장소에서 접견하게 할 수 있다는 규정은 없다.

③ 변호인(변호인이 되려고 하는 사람을 포함한다)과 접견하는 미결수용자를 제외한 수용자의 접견시간은 회당 30분 이내로 한다(시행령 제58조 제2항).

④ 수용자와 교정시절 외부의 사람이 접견하는 경우에 접견내용이 청취·녹음 또는 녹화될 때에는 외국어를 사용해서는 아니 된다. 다만, 국어로 의사소통하기 곤란한 사정이 있는 경우에는 외국어를 사용할 수 있다(시행령 제60조 제1항).

정답 | ②

16

형집행법령상 접견에 대한 설명으로 가장 옳지 않은 것은? 5급승진 22

① 수용자가 미성년자인 자녀와 접견하는 경우에는 접촉차단시설이 설치되지 아니한 장소에서 접견하게 할 수 있다.
② 수용자가 소송사건의 대리인인 변호사와 접견하는 경우로서 교정시설의 안전 또는 질서를 해칠 우려가 없는 경우에는 접촉차단시설이 설치되지 아니한 장소에서 접견하게 한다.
③ 미결수용자의 처우를 위하여 소장이 특별히 필요하다고 인정하는 경우에는 접촉차단시설이 설치되지 아니한 장소에서 접견하게 할 수 있다.
④ 수용자가 19세 미만인 때, 교정성적이 우수한 때, 교화 또는 건전한 사회복귀를 위하여 특히 필요하다고 인정되는 때에는 접촉차단시설이 설치되지 아니한 장소에서 접견하게 할 수 있다.

해설 ④ 소장은 수형자가 ㉠ 19세 미만인 때, ㉡ 교정성적이 우수한 때, ㉢ 교화 또는 건전한 사회복귀를 위하여 특히 필요하다고 인정되는 때에는 접견횟수를 늘릴 수 있다(형집행법 시행령 제59조 제2항).

① 동법 제41조 제3항 제1호

② 수용자의 접견은 접촉차단시설이 설치된 장소에서 하게 한다. 다만, ㉠ 미결수용자(형사사건으로 수사 또는 재판을 받고 있는 수형자와 사형확정자를 포함한다)가 변호인(변호인이 되려는 사람을 포함한다)과 접견하는 경우, ㉡ 수용자가 소송사건의 대리인인 변호사와 접견하는 경우 등 수용자의 재판청구권 등을 실질적으로 보장하기 위하여 대통령령으로 정하는 경우로서 교정시설의 안전 또는 질서를 해칠 우려가 없는 경우에는 접촉차단시설이 설치되지 아니한 장소에서 접견하게 한다(동법 제41조 제2항).

③ ㉠ 수형자의 교정성적이 우수한 경우, ㉡ 수형자의 교화 또는 건전한 사회복귀를 위하여 특히 필요하다고 인정되는 경우, ㉢ 미결수용자의 처우를 위하여 소장이 특별히 필요하다고 인정하는 경우, ㉣ 사형확정자의 교화나 심리적 안정을 위하여 소장이 특별히 필요하다고 인정하는 경우에는 접촉차단시설이 설치되지 아니한 장소에서 접견하게 할 수 있다(동법 시행령 제59조 제3항).

정답 | ④

17

법령 및 판례상 접견에 대한 설명으로 옳지 않은 것은 모두 몇 개인가? (다툼이 있는 경우 판례에 의함)

5급승진 23

> ㉠ 특정한 시점을 전후한 변호인 접견의 상황이나 수사 또는 재판의 진행과정에 비추어 미결수용자가 방어권을 행사하기 위해 변호인의 조력을 받을 기회가 충분히 보장되었다고 인정될 수 있는 경우에는 비록 미결수용자 또는 그 변호인이 원하는 특정 시점에 접견이 이루어지지 못하였다 하더라도 변호인의 조력을 받을 권리가 침해되었다고 할 수 없다.
>
> ㉡ 원칙적으로 미결수용자와 변호인 아닌 자와의 접견내용을 녹음·녹화할 수 없으나, 범죄의 증거를 인멸하거나 형사 법령에 저촉되는 행위를 할 우려가 있는 때 등의 사유가 있을 때에 한하여 예외적으로 녹음 또는 녹화하게 할 수 있다는 규정은 미결수용자의 사생활의 비밀과 자유 및 통신의 비밀을 침해하지 아니한다.
>
> ㉢ 소장은 수용자가 소송사건의 대리인인 변호사와 접견하는 경우에는 접견내용의 청취 및 기록을 위하여 그 접견에 교도관을 참여시켜야 한다.
>
> ㉣ 헌법재판소는 수형자가 어머니와 화상접견을 하면서 재소자용 평상복 상의를 탈의하고 그 안에 착용 중인 자비구매 의류만 입고 화상접견을 할 수 있도록 허가할 것을 요구하였으나 소장이 이를 받아들이지 않은 사안에서 수형자에게 화상접견 시 평상복 탈의 허가를 신청할 권리가 있다고 보아 접견 시 수형자의 사복착용을 제한하는 것은 일반적 행동자유권을 침해한다고 보았다.

① 0개
② 1개
③ 2개
④ 3개

해설 옳지 않은 것은 ㉢, ㉣이다.

㉠ 변호인의 조력을 받을 권리를 보장하는 목적은 피의자 또는 피고인의 방어권 행사를 보장하기 위한 것이므로, 미결수용자 또는 변호인이 원하는 특정한 시점에 접견이 이루어지지 못하였다 하더라도 그것만으로 곧바로 변호인의 조력을 받을 권리가 침해되었다고 단정할 수는 없는 것이고, 변호인의 조력을 받을 권리가 침해되었다고 하기 위해서는 접견이 불허된 특정한 시점을 전후한 수사 또는 재판의 진행경과에 비추어 보아, 그 시점에 접견이 불허됨으로써 피의자 또는 피고인의 방어권 행사에 어느 정도는 불이익이 초래되었다고 인정할 수 있어야만 하며, 그 시점을 전후한 변호인 접견의 상황이나 수사 또는 재판의 진행과정에 비추어 미결수용자가 방어권을 행사하기 위해 변호인의 조력을 받을 기회가 충분히 보장되었다고 인정될 수 있는 경우에는, 비록 미결수용자 또는 그 상대방인 변호인이 원하는 특정 시점에는 접견이 이루어지지 못하였다 하더라도 변호인의 조력을 받을 권리가 침해되었다고 할 수 없다(헌재 2011.5.26. 2009헌마341).

㉡ 헌재 2016.11.24. 2014헌바401

㉢ 소장은 접견내용의 청취·기록을 위하여 ⓐ 변호인과 접견하는 미결수용자, ⓑ 소송사건의 대리인인 변호사와 접견하는 수용자를 제외한 수용자의 접견에 교도관을 참여하게 할 수 있다(형집행법 시행령 제62조 제1항).

㉣ 수형자가 어머니와 화상접견을 하면서 재소자용 평상복 상의를 탈의하고 그 안에 착용 중인 자비구매 의류만 입고 화상접견을 할 수 있도록 허가할 것을 요구하였으나 소장이 이를 받아들이지 않은 사안에서 형집행법 및 관계법령 어디에서도 접견 또는 화상접견 시 수형자에게 사복을 착용할 수 있는 권리나 평상복 탈의를 신청할 수 있는 권리를 명시적으로 규정하고 있지 아니하고, 법령의 해석상으로도 수형자에게 그러한 권리가 인정된다고 보기 어렵다(헌재 2016.5.24. 2016헌마349).

정답 | ③

18

형집행법령상 수용자의 접견에 대한 설명으로 가장 옳지 않은 것은? 6급승진 23

① 수용자가 미성년자인 자녀와 접견하는 경우에는 접촉차단시설이 설치되지 아니한 장소에서 접견하게 할 수 있다.

② 미결수용자(형사사건으로 수사 또는 재판을 받고 있는 수형자와 사형확정자를 포함한다)가 변호인(변호인이 되려는 사람을 포함한다)과 접견하는 경우에는 접촉차단시설이 설치되지 아니한 장소에서 접견하게 한다.

③ 소장은 범죄의 증거를 인멸하거나 형사 법령에 저촉되는 행위를 할 우려가 있을 때에는 교도관으로 하여금 수용자의 접견내용을 청취·기록·녹음 또는 녹화하게 하여야 한다.

④ 수용자가 「형사소송법」에 따른 상소권회복 또는 재심청구사건의 대리인이 되려는 변호사와 접견하는 경우에는 교정시설의 안전 또는 질서를 해칠 우려가 없는 한 접촉차단시설이 설치되지 않은 장소에서 접견하게 한다.

해설 ③ 소장은 ㉠ 범죄의 증거를 인멸하거나 형사 법령에 저촉되는 행위를 할 우려가 있는 때, ㉡ 수형자의 교화 또는 건전한 사회복귀를 위하여 필요한 때, ㉢ 시설의 안전과 질서유지를 위하여 필요한 때에는 교도관으로 하여금 수용자의 접견내용을 청취·기록·녹음 또는 녹화하게 할 수 있다(형집행법 제41조 제4항).

① ㉠ 수용자가 미성년자인 자녀와 접견하는 경우, ㉡ 그 밖에 대통령령으로 정하는 경우에는 접촉차단시설이 설치되지 아니한 장소에서 접견하게 할 수 있다(동조 제3항).

② 수용자의 접견은 접촉차단시설이 설치된 장소에서 하게 한다. 다만, ㉠ 미결수용자(형사사건으로 수사 또는 재판을 받고 있는 수형자와 사형확정자를 포함한다)가 변호인(변호인이 되려는 사람을 포함한다)과 접견하는 경우, ㉡ 수용자가 소송사건의 대리인인 변호사와 접견하는 경우 등 수용자의 재판청구권 등을 실질적으로 보장하기 위하여 대통령령으로 정하는 경우로서 교정시설의 안전 또는 질서를 해칠 우려가 없는 경우에는 접촉차단시설이 설치되지 아니한 장소에서 접견하게 한다(동조 제2항).

④ 동법 시행령 제59조의2 제5항

정답 | ③

19

「형의 집행 및 수용자의 처우에 관한 법률」과 동법 시행규칙상 수용자의 교정시설 외부에 있는 사람(변호인 제외)과의 접견에 대한 설명으로 옳지 않은 것은? 교정7급 16

① 시설의 안전 또는 질서를 해칠 우려가 있는 때에는 수용자는 교정시설의 외부에 있는 사람과 접견할 수 없다.
② 일반경비처우급 수형자의 접견허용횟수는 월 6회로 하되, 1일 1회만 허용한다.
③ 접견 중인 수용자가 수용자의 처우 또는 교정시설의 운영에 관한 거짓사실을 유포하는 때에는 교도관은 접견을 중지할 수 있다.
④ 소장은 교화 및 처우상 특히 필요한 경우에는 수용자가 다른 교정시설의 수용자와 통신망을 이용하여 화상으로 접견하는 것을 허가할 수 있다.

해설 ② 일반경비처우급 수형자의 접견허용횟수는 월 5회로 한다(시행규칙 제87조 제1항). 접견은 1일 1회만 허용한다. 다만, 처우상 특히 필요한 경우에는 그러하지 아니하다(동조 제2항).
① 법 제41조 제1항
③ 법 제42조
④ 시행규칙 제87조 제3항

정답 | ②

20

수용자의 편지수수에 관한 설명으로 옳지 않은 것은?

① 종전 행형법에서는 소장의 허가사항이었으나, 현행 형집행법은 수용자의 권리로 규정하고 있다.
② 수형자의 건전한 사회복귀를 해칠 우려가 있다는 이유로 편지수수를 제한할 수 없다.
③ 같은 교정시설의 수용자 간에 편지를 주고받으려면 소장의 허가를 받아야 한다.
④ 수용자가 보내거나 받는 편지은 법령에 어긋나지 아니하면 횟수를 제한하지 아니한다.

해설 ② 수용자는 다른 사람과 편지를 주고받을 수 있으나 일정한 사유가 있으면 제한되는데, 그 사유는 다음과 같다(법 제43조 제1항).
③ 동조 제2항
④ 시행령 제64조

편지수수 제한사유
- 「형사소송법」이나 그 밖의 법률에 따른 편지의 수수금지 및 압수의 결정이 있는 때
- 수형자의 교화 또는 건전한 사회복귀를 해칠 우려가 있는 때
- 시설의 안전 또는 질서를 해칠 우려가 있는 때

정답 | ②

21

수용자의 편지수수에 관한 설명으로 옳은 것은?

① 소장은 수용자가 주고받는 편지에 법령에 따라 금지된 물품이 들어 있는지 확인하여야 한다.

② 소장은 수용자에게 온 편지에 금지물품이 들어 있는지를 개봉하여 확인할 수 있다.

③ 소장은 수용자의 편지에 법령으로 금지된 물품이 들어 있으면 편지의 발송 또는 수신을 금지하여야 한다.

④ 소장은 어떠한 경우에도 수용자의 편지를 검열할 수 없다.

해설 ① 확인하여야 한다. → 확인할 수 있다(법 제43조 제3항).

③ 금지하여야 한다. → 금지할 수 있다(동조 제5항).

④ 수용자의 편지는 원칙적으로 검열 받지 아니하나, 일정한 사유에 해당되면 검열할 수 있다(동조 제4항).

② 시행령 제65조 제2항

정답 | ②

22

「형의 집행 및 수용자의 처우에 관한 법률 시행령」상 편지수수에 관한 설명으로 옳지 않은 것은?

① 소장은 수용자가 같은 교정시설에 수용 중인 다른 수용자에게 편지를 보내려는 경우에 금지물품 확인을 위하여 필요한 경우에는 편지를 봉함하지 않은 상태로 제출하게 할 수 있다.

② 소장은 범죄의 증거를 인멸할 우려가 있는 수용자가 다른 수용자와 편지를 주고받는 때에는 그 내용을 검열할 수 있다.

③ 수용자 간에 오기는 편지에 대한 검열은 편지를 보내는 교정시설에서 한다. 다만, 특히 필요하다고 인정되는 경우에는 편지를 받는 교정시설에서도 할 수 있다.

④ 소장은 수용자가 편지, 소송서류, 그 밖의 문서를 스스로 작성할 수 없어 대신 써 달라고 요청하는 경우에는 다른 수용자로 하여금 대신 쓰게 할 수 있다.

해설 ④ 소장은 수용자가 편지, 소송서류, 그 밖의 문서를 스스로 작성할 수 없어 대신 써달라고 요청하는 경우에는 교도관이 대신 쓰게 할 수 있다(형집행법 시행령 제68조).

① 동법 시행령 제65조 제1항 제2호

② 소장은 법 제43조 제4항 제4호에 따라 다음 각 호의 어느 하나에 해당하는 수용자가 다른 수용자와 편지를 주고받는 데에는 그 내용을 검열할 수 있다(형집행법 시행령 제66조 제1항).

1. 법 제104조 제1항에 따른 마약류사범·조직사범 등 법무부령으로 정하는 수용자인 때
2. 편지를 주고받으려는 수용자와 같은 교정시설에 수용 중인 때
3. 규율위반으로 조사 중이거나 징벌집행 중인 때
4. 범죄의 증거를 인멸할 우려가 있는 때

③ 동법 시행령 제60조 제2항

정답 | ④

23

형의 집행 및 수용자의 처우에 관한 법령상 수용자의 편지수수 등에 대한 설명으로 옳지 않은 것은?

교정9급 24

① 수용자는 시설의 안전 또는 질서를 해칠 우려가 있는 때에는 다른 사람과 편지를 주고받을 수 없다.

② 수용자가 보내거나 받는 편지는 법령에 어긋나지 않으면 횟수를 제한하지 않는다.

③ 소장은 규율위반으로 징벌집행 중인 수용자가 다른 수용자와 편지를 주고받는 때에는 그 내용을 검열하여야 한다.

④ 소장은 법원·경찰관서, 그 밖의 관계기관에서 수용자에게 보내온 문서는 다른 법령에 특별한 규정이 없으면 열람한 후 본인에게 전달하여야 한다.

해설

법 제43조(편지수수)

④ 수용자가 주고받는 편지의 내용은 검열받지 아니한다. 다만, 다음 각 호의 어느 하나에 해당하는 사유가 있으면 그러하지 아니하다.

1. 편지의 상대방이 누구인지 확인할 수 없는 때
2. 「형사소송법」이나 그 밖의 법률에 따른 편지검열의 결정이 있는 때
3. 제1항 제2호 또는 제3호에 해당하는 내용이나 형사 법령에 저촉되는 내용이 기재되어 있다고 의심할 만한 상당한 이유가 있는 때
4. 대통령령으로 정하는 수용자 간의 편지인 때

시행령 제66조(편지내용의 검열)

① 소장은 법 제43조 제4항 제4호에 따라 다음 각 호의 어느 하나에 해당하는 수용자가 다른 수용자와 편지를 주고받는 때에는 그 내용을 검열할 수 있다.

1. 법 제104조제1항에 따른 마약류사범 · 조직폭력사범 등 법무부령으로 정하는 수용자인 때
2. 편지를 주고받으려는 수용자와 같은 교정시설에 수용 중인 때
3. 규율위반으로 조사 중이거나 징벌집행 중인 때
4. 범죄의 증거를 인멸할 우려가 있는 때

정답 | ③

24 ★

수용자의 편지내용을 검열할 수 있는 경우로 볼 수 없는 것은?

① 편지의 상대방이 누구인지 확인할 수 없는 때
② 규율위반으로 조사 중이거나 징벌집행 중인 때
③ 대통령령으로 정하는 수용자 간의 편지일 때
④ 「형사소송법」이나 그 밖의 법률에 따른 편지검열의 결정이 있는 때

해설 ② 규율위반으로 조사 중이거나 징벌집행 중인 수용자가 다른 수용자와 편지를 주고받는 때에는 그 내용을 검열할 수 있다(시행령 제66조 제1항 제3호). 이때 해당 수용자의 모든 편지를 검열할 수 있다는 의미가 아니라, 다른 수용자와 편지를 주고받는 때에만 그 내용을 검열할 수 있음에 주의해야 한다.

법 제43조(편지수수)
④ 수용자가 주고받는 편지의 내용은 검열받지 아니한다. 다만, 다음 각 호의 어느 하나에 해당하는 사유가 있으면 그러하지 아니하다.
1. 편지의 상대방이 누구인지 **확인**할 수 없는 때
2. 「형사소송법」이나 그 밖의 법률에 따른 편지검열의 **결정**이 있는 때
3. 제1항 제2호 또는 제3호에 해당하는 내용이나 형사 법령에 **저촉**되는 내용이 기재되어 있다고 의심할 만한 상당한 이유가 있는 때
4. 대통령령으로 정하는 수용자 간의 편지인 때

정답 | ②

25

형의 집행 및 수용자의 처우에 관한 법률 시행령상 수용자 간의 편지내용을 검열할 수 있는 경우가 아닌 것은 모두 몇 개인가?

㉠ 어느 일방이 마약류사범인 때	㉡ 어느 일방이 조직폭력사범인 때
㉢ 어느 일방이 사형확정자인 때	㉣ 양자 모두 같은 교정시설에 수용 중인 때
㉤ 범죄의 증거를 인멸할 우려가 있는 때	

① 1개 ② 2개 ③ 3개 ④ 4개

해설 ㉢은 수용자 간 편지의 검열사유에 해당하지 않는다. 소장은 일정한 사유에 해당하면 수용자 간 편지를 검열할 수 있는데 그 사유는 다음과 같다(시행령 제66조 제1항).

수용자 간 편지의 검열사유

- 법 제104조 제1항에 따른 마약류사범·조직폭력사범 등 법무부령으로 정하는 수용자인 때
- 편지를 주고받으려는 수용자와 같은 교정시설에 수용 중인 때
- 규율위반으로 조사 중이거나 징벌집행 중인 때
- 범죄의 증거를 인멸할 우려가 있는 때

정답 | ①

26

수용자의 편지에 관한 설명으로 옳은 것은?

① 수용자 간에 오가는 편지에 대한 검열은 원칙적으로 편지를 받는 교정시설에서 한다.
② 소장은 발신 또는 수신이 금지된 편지는 해당 수용자에게 알린 후 폐기한다.
③ 소장은 법원·경찰관서, 그 밖에 관계기관에서 수용자에게 보내온 문서는 다른 법령에 특별한 규정이 없으면 열람한 후 본인에게 전달하여야 한다.
④ 교도관은 수용자의 편지를 대신 쓸 수 없다.

해설 ③ 시행령 제67조

① 수용자 간에 오가는 편지에 대한 검열은 편지를 보내는 교정시설에서 하는 것이 원칙이나, 특히 필요하다고 인정하는 경우에는 편지를 받는 교정시설에서도 할 수 있다(시행령 제66조 제2항 참조).
② 소장은 발신 또는 수신이 금지된 편지는 그 구체적인 사유를 서면으로 작성해 관리하고, 수용자에게 그 사유를 알린 후 교정시설에 보관한다. 다만, 수용자가 동의하면 폐기할 수 있다(법 제43조 제7항).
④ 소장은 수용자가 편지, 소송서류, 그 밖의 문서를 스스로 작성할 수 없어 대신 써 달라고 요청하는 경우에는 교도관이 대신 쓰게 할 수 있다(시행령 제68조).

정답 | ③

27

수용자의 편지내용이 일정한 사유에 해당되면 수·발신이 금지되는데 그 사유에 포함되지 않는 것은?

① 암호·기호 등 이해할 수 없는 특수문자로 작성되어 있는 때

② 교정시설의 운영에 관하여 명백한 거짓사실을 포함하고 있는 때

③ 사생활의 비밀 또는 자유를 침해할 우려가 있는 때

④ 규율을 위반하는 내용이 기재되어 있는 때

해설 ④는 편지의 수·발신 금지사유에 해당하지 않는다. 수용자의 편지내용이 일정한 사유에 해당하면 발신 또는 수신이 금지되는데 그 사유는 다음과 같다.

법 제43조(편지수수)

⑤ 소장은 확인 또는 검열한 결과 수용자의 편지에 법령으로 금지된 물품이 들어 있거나 편지의 내용이 다음 각 호의 어느 하나에 해당하면 발신 또는 수신을 금지할 수 있다.

1. **암호**·기호 등 이해할 수 없는 특수문자로 작성되어 있는 때
2. 범죄의 증거를 인멸할 우려가 있는 때
3. 형사 법령에 저촉되는 내용이 기재되어 있는 때
4. 수용자의 처우 또는 교정시설의 운영에 관하여 **명백한 거짓사실**을 포함하고 있는 때
5. 사생활의 비밀 또는 자유를 침해할 우려가 있는 때
6. 수형자의 교화 또는 건전한 사회복귀를 해칠 우려가 있는 때
7. 시설의 안전 또는 질서를 해칠 우려가 있는 때

정답 | ④

28

다음 중 편지검열에 관한 설명으로 옳지 않은 것은?

① 소장이 발신 또는 수신을 금지한 편지는 보관하는 것이 원칙이다.

② 소장은 수용자가 주고받는 편지에 법령에 따라 금지된 물품이 들어 있는지 확인할 수 있다.

③ 편지를 폐기하는 경우 당해 수용자의 동의를 얻어야 한다.

④ 관계기관에서 수용자에게 보내온 문서는 미개봉인 상태로 본인에게 전달하여야 한다.

해설 ④ 소장은 법원·경찰관서, 그 밖의 관계기관에서 수용자에게 보내온 문서는 다른 법령에 특별한 규정이 없으면 열람한 후 본인에게 전달하여야 한다(시행령 제67조).

①·③ 법 제43조 제7항

② 동조 제3항

정답 | ④

29

형의 집행 및 수용자의 처우에 관한 법령이 규율하는 수용자의 편지수수에 대한 설명으로 옳은 것은?

5급승진 15

① 수용자는 다른 사람과 편지을 주고받을 때에는 소장의 허가를 받아야 하지만, 같은 교정시설의 수용자 간에는 그러하지 아니하다.
② 소장은 시설의 안전을 해칠 우려가 있는 내용이 기재되어 있다고 의심할 만한 상당한 이유가 있는 때에는 수용자가 주고받는 편지의 내용을 검열할 수 있다.
③ 소장은 수용자가 규율을 위반하여 조사 중이란 이유로 그의 편지수수를 제한하거나 편지내용을 검열하여서는 아니 된다.
④ 소장은 범죄의 증거를 인멸할 우려가 있다고 판단하는 때에는 변호인에게 발송하는 서신(편지)의 경우에도 봉함하지 아니하고 제출하게 할 수 있다.
⑤ 소장은 법원이나 경찰관서에서 수용자에게 보내온 문서의 경우에는 이를 열람할 수 없다.

해설 ② 법 제43조 제4항
① 원칙적으로 수용자는 소장의 허가 없이 다른 사람과 편지를 주고받을 수 있으나, 같은 교정시설의 수용자 간에 편지를 주고받으려면 소장의 허가를 받아야 한다(법 제43조 제1항·제2항 참조).
③ 수용자가 규율위반으로 조사 중인 때에는 다른 수용자와 주고받는 편지내용을 검열할 수 있다(시행령 제66조 제1항 제3호 참조).
④ 소장은 범죄의 증거를 인멸할 우려가 있다고 판단하는 때에도 변호인에게 발송하는 편지를 봉함하지 않은 상태로 제출하게 할 수 없다(시행령 제65조 제1항 참조).
⑤ 소장은 법원·경찰관서, 그 밖의 관계기관에서 수용자에게 보내온 문서는 다른 법령에 특별한 규정이 없으면 열람한 후 본인에게 전달하여야 한다(시행령 제67조).

정답 | ②

30

편지검열에 관한 설명으로 옳지 않은 것은?

① 수용자는 편지를 보내려는 경우 해당 편지를 봉함하지 않은 채로 교정시설에 제출한다.
② 소장은 수용자가 주고받는 편지가 일정한 요건에 해당하면 이를 개봉한 후 검열할 수 있다.
③ 소장이 편지를 검열한 결과 서신(편지)의 내용이 발신 또는 수신 금지사유에 해당하지 아니하면 발신편지는 봉함한 후 발송하고, 수신편지는 수용자에게 건네준다.
④ 소장은 편지의 내용을 검열하였을 때에는 그 사실을 해당 수용자에게 지체 없이 알려주어야 한다.

해설 ① 수용자는 편지를 보내려는 경우 해당 편지를 봉함하여 교정시설에 제출한다(시행령 제65조 제1항).
② 시행령 제66조 제3항
③ 동조 제4항
④ 동조 제5항

정답 | ①

31

현행 법령상 수용자의 편지검열에 관하여 옳지 않은 것은? 9급경채 13

① 상대방이 누구인지 확인할 수 없는 때에는 그 내용을 검열할 수 있다.

② 같은 교정시설의 수용자에 한해 편지를 주고받으려면 소장의 허가를 받아야 하고, 소장은 그 내용을 검열할 수 있다.

③ 규율위반으로 징벌집행 중인 수용자가 외부의 다른 사람과 편지를 주고받는 때에는 그 내용을 검열할 수 있다.

④ 헌법재판소는 수용자가 보내려는 모든 편지에 대해 무봉함 상태로 제출을 강제함으로써 사실상 검열가능한 상태에 놓이도록 하는 것은 통신비밀의 자유를 침해하는 것이라고 본다.

해설 ③ 규율위반으로 조사 중이거나 징벌집행 중인 수용자가 다른 수용자와 편지를 주고받는 때에는 그 내용을 검열할 수 있다(시행령 제66조 제1항 제3호). 따라서 규율위반으로 징벌집행 중인 수용자가 외부의 다른 사람과 편지를 주고받는 때에는 그 내용을 검열할 수 있다는 표현은 옳지 않다.

① 법 제43조 제4항 제1호

② 시행령 제66조 제1항 제2호

④ 헌재 2012.2.23, 2009헌마333

정답 | ③

32

수용자가 편지를 보내려는 경우 원칙적으로 해당 편지를 봉함하여야 하는데 일정한 사유에 해당하면 소장은 편지를 봉함하지 않은 상태로 제출하게 할 수 있다. 이 사유에 해당하지 않는 것은?

① 마약류사범, 조직폭력사범 등 대통령령으로 정하는 수용자가 편지를 보내려는 경우

② 수용자가 같은 교정시설에 수용 중인 다른 수용자에게 편지를 보내려는 경우

③ 규율위반으로 조사 중인 수용자가 다른 수용자에게 편지를 보내려는 경우

④ 징벌집행 중인 수용자가 다른 수용자에게 편지를 보내려는 경우

해설 ① 마약류사범, 조직폭력사범 등 법무부령으로 정하는 수용자가 변호인 외의 자에게 편지를 보내려는 경우이다(시행령 제65조 제1항 제1호 가목).

편지를 봉함하지 않은 상태로 제출하게 할 수 있는 사유

- 다음 각 목의 어느 하나에 해당하는 수용자가 변호인 외의 자에게 편지를 보내려는 경우
  - 법 제104조 제1항에 따른 마약류사범·조직폭력사범 등 법무부령으로 정하는 수용자
  - 제84조 제2항에 따른 처우등급이 법 제57조 제2항 제4호의 **중(重)경비시설** 수용대상인 수형자
- 수용자가 **같은** 교정시설에 수용 중인 다른 수용자에게 편지를 보내려는 경우
- **규율위반**으로 조사 중이거나 **징벌집행** 중인 수용자가 다른 수용자에게 편지를 보내려는 경우

정답 | ①

33

「형의 집행 및 수용자의 처우에 관한 법령」상 소장이 수용자 간의 편지를 검열할 수 있는 경우에 해당하지 않는 것은? 교정9급 16

① 범죄의 증거를 인멸할 우려가 있는 때
② 규율위반으로 조사 중이거나 징벌집행 중인 때
③ 편지를 주고받으려는 수용자와 같은 교정시설에 수용 중인 때
④ 민·형사법령에 저촉되는 내용이 기재되어 있다고 의심할 만한 상당한 이유가 있는 때

해설 편지검열사유(법 제43조 제4항 단서, 시행령 제66조 제1항)

1. 편지의 상대방이 누구인지 **확인**할 수 없는 때
2. 「형사소송법」이나 그 밖의 법률에 따른 편지검열의 **결정이** 있는 때
3. 제1항 제2호 또는 제3호에 해당하는 내용이나 형사 법령에 **저촉**되는 내용이 기재되어 있다고 의심할 만한 상당한 이유가 있는 때
4. 대통령령으로 정하는 수용자 간의 편지인 때

시행령 제66조(편지내용의 검열)

① 소장은 다음 각 호의 어느 하나에 해당하는 수용자가 다른 수용자와 편지를 주고받는 때에는 그 내용을 검열할 수 있다(임의규정).
1. 법 제104조 제1항에 따른 **마약**류사범·조직폭력사범 등 법무부령으로 정하는 수용자인 때
2. 편지를 주고받으려는 수용자와 같은 교정시설에 수용 중인 때
3. 규율위반으로 조사 중이거나 징벌집행 중인 때
4. 범죄의 증거를 인멸할 우려가 있는 때

정답 | ④

34

「형의 집행 및 수용자의 처우에 관한 법률 시행령」상 수용자의 편지수수에 대한 설명으로 옳은 것은?

교정7급 13

① 수용자는 편지를 보내려는 경우 해당 서신(편지)을 봉함하지 않은 상태로 제출한다.
② 수용자가 보내는 편지의 발송한도는 매주 7회이다.
③ 소장은 수용자에게 온 편지에 금지물품이 들어 있는지를 개봉하여 확인할 수 있다.
④ 수용자의 편지·소송서류 등의 문서를 보내는데 드는 비용은 국가의 부담으로 하는 것을 원칙으로 한다.

해설 ③ 시행령 제65조 제2항
① 수용자는 편지를 보내려는 경우 원칙적으로 해당 편지를 봉함하여 교정시설에 제출한다(시행령 제65조 제1항).
② 수용자가 보내거나 받는 편지는 법령에 어긋나지 않으면 횟수를 제한하지 않는다(시행령 제64조).
④ 수용자의 편지·소송서류, 그 밖의 문서를 보내는 경우에 드는 비용은 수용자가 부담한다. 다만 소장은 수용자가 그 비용을 부담할 수 없는 경우에는 예산의 범위에서 해당 비용을 부담할 수 있다(시행령 제69조).

정답 | ③

35 ★

편지수수에 관한 설명으로 옳지 않은 것을 모두 고른 것은?

> ㉠ 비교적 제한 없이 인정되고 있는 수용자처우 중 하나로 행형법 제정 당시부터 수용자의 권리로 규정되었다.
> ㉡ 소장은 수용자에게 온 편지에 금지물품이 들어 있는지를 개봉하여 확인하여야 한다.
> ㉢ 수용자의 편지, 소송서류, 그 밖의 문서를 보내는 경우에 드는 비용은 원칙적으로 수용자가 부담한다.
> ㉣ 같은 교정시설의 수용자 간에 편지를 주고받으려면 소장의 허가를 받아야 한다.

① ㉠, ㉡
② ㉠, ㉢
③ ㉡, ㉢
④ ㉢, ㉣

해설 [×] ㉠ 수용자의 편지수수는 종래 행형법하에서는 소장의 허가사항으로 규정하고 있었으나, 형집행법 제10차 개정(2007.12.21.) 때 수용자의 권리로 전환되었다.
㉡ 확인하여야 한다. → 확인할 수 있다(시행령 제65조 제2항).
[○] ㉢ 시행령 제69조
㉣ 법 제43조 제2항

정답 | ①

36

형의 집행 및 수용자의 처우에 관한 법령상 편지수수와 전화통화에 대한 설명으로 옳은 것은?

교정9급 19

① 소장은 처우등급이 중(重)경비시설 수용대상인 수형자가 변호인 외의 자에게 편지를 보내려는 경우 법령에 따라 금지된 물품이 들어 있는지 확인을 위하여 필요한 경우에는 편지를 봉함하지 않은 상태로 제출하게 할 수 있다.

② 소장은 「형의 집행 및 수용자의 처우에 관한 법률」에 의하여 발신 또는 수신이 금지된 편지는 수용자에게 그 사유를 알린 후 즉시 폐기하여야 한다.

③ 수용자가 허가를 받아 교정시설의 외부에 있는 사람과 전화통화를 하는 경우 소장은 통화내용을 청취 또는 녹음을 하여야 한다.

④ 수용자가 외부에 있는 사람과 전화통화를 하는 경우 전화통화요금은 소장이 예산의 범위에서 부담하되, 국제통화요금은 수용자가 부담한다.

해설 ① 수용자는 편지를 보내려는 경우 해당 편지를 봉함하여 교정시설에 제출한다. 다만, 소장은 다음 각 호의 어느 하나에 해당하는 경우로서 금지물품의 확인을 위하여 필요한 경우에는 편지를 봉함하지 않은 상태로 제출하게 할 수 있다(시행령 제65조 제1항).

1. 마약류사범·조직폭력사범 등 법무부령으로 정하는 수용자나, 처우등급이 중(重)경비시설 수용대상인 수형자가 변호인 외의 자에게 편지를 보내려는 경우
2. 수용자가 같은 교정시설에 수용 중인 다른 수용자에게 편지를 보내려는 경우
3. 규율위반으로 조사 중이거나 징벌집행 중인 수용자가 다른 수용자에게 편지를 보내려는 경우

② 소장은 발신 또는 수신이 금지된 편지는 그 구체적인 사유를 서면으로 작성해 관리하고, 수용자에게 그 사유를 알린 후 교정시설에 보관한다. 다만, 수용자가 동의하면 폐기할 수 있다(법 제43조 제7항).

③ 소장은 전화통화 불허사유에 해당하지 아니한다고 명백히 인정되는 경우가 아니면 통화내용을 청취하거나 녹음한다(시행규칙 제28조 제1항).

④ 수용자의 전화통화요금은 수용자가 부담한다. 소장은 교정성적이 양호한 수형자 또는 보관금이 없는 수용자 등에 대하여는 예산의 범위에서 요금을 부담할 수 있다(시행규칙 제29조).

정답 | ①

37

다음 중 현행 수용자의 전화통화에 관한 설명으로 가장 적절하지 않은 것은?

① 전화통화란 수형자가 미리 구입한 전화카드를 이용하여 구내에 설치된 공중전화로 외부의 사람과 통화하는 것을 말한다.

② 전화통화의 허가에는 통화내용의 청취 또는 녹음을 조건으로 붙일 수 있다.

③ 형집행법에서 수용자의 권리로 규정하고 있다.

④ 경비처우급별로 허용횟수를 달리하고 있다.

해설 ③ 형집행법은 전화통화를 소장의 허가사항으로 규정하고 있다(법 제44조 제1항 참조). 외부교통수단(접견, 편지수수 및 전화통화) 중 유일하게 소장의 허가사항으로 규정하고 있으므로 학습에 주의를 요한다.

② 법 제44조 제2항

정답 | ③

38

다음 중 전화통화에 관한 설명으로 틀린 것은?

① 통화내용을 청취 또는 녹음하려면 사전에 수용자 및 상대방에게 그 사실을 알려주어야 한다.

② 소장은 전화통화의 허가 전에 전화번호와 수신자를 확인하여야 한다.

③ 전화통화시간은 3분 이내로 하는 것이 원칙이다.

④ 수용자의 전화통화는 원칙적으로 국가공무원 복무규정에 따른 근무시간 내에서 실시한다.

해설 ③ 전화통화의 통화시간은 특별한 사정이 없으면 5분 이내로 한다(시행규칙 제25조 제3항).

① 법 제44조 제4항

② 시행규칙 제25조 제2항

④ 시행규칙 제26조 제1항

정답 | ③

39

수용자의 전화통화를 허가할 수 없는 경우에 해당하지 않는 것은?

① 범죄의 증거를 인멸할 우려가 있는 때

② 형사 법령에 저촉되는 행위를 할 우려가 있는 때

③ 형사소송법 제91조·제209조에 따라 접견·편지수수 금지결정을 하였을 때

④ 징벌집행 중인 때

해설 ④ 전화통화를 허가할 수 없는 경우에 해당하지 않는다.

① 시행규칙 제25조 제1항 제1호

② 동조 동항 제2호

③ 동조 동항 제3호

정답 | ④

40 ★

현행법상 수용자의 전화통화에 대한 설명으로 옳은 것은? 5급승진 15

① 수용자는 소장의 허가를 받아 외부사람과 전화통화를 할 수 있으며, 통화시간은 특별한 사이 없으면 3분 이내로 한다.

② 소장은 수용자 또는 수신자가 전화통화 내용의 청취·녹음에 동의하지 아니하더라도 전화 통화의 허가를 취소할 수 없다.

③ 수용자의 전화통화 요금은 국가가 부담한다.

④ 일반경비처우급 수형자의 전화통화는 처우상 특히 필요한 경우에 월 2회 이내로 허용할 수 있다.

⑤ 전화통화는 1일 2회까지 허용한다. 다만, 처우상 특히 필요한 경우에는 그러하지 아니한다.

해설 ④ 시행규칙 제90조 제1항

① 전화통화의 통화시간은 특별한 사정이 없으면 <u>5분</u> 이내로 한다(시행규칙 제25조 제3항).

② 소장은 수용자 또는 수신자가 전화통화 내용의 청취·녹음에 동의하지 아니할 때에는 전화통화의 허가를 취소할 수 있다(시행규칙 제27조 제1호).

③ 수용자의 전화통화요금은 수용자가 부담한다(시행규칙 제29조 제1항).

⑤ 전화통화는 1일 1회만 허용한다. 다만, 처우상 특히 필요한 경우에는 그러하지 아니하다(시행규칙 제90조 제3항).

정답 | ④

41

다음 중 전화통화에 관한 설명으로 틀린 것은?

① 전화통화의 중지사유는 접견의 중지사유와 동일하다.
② 전화통화 녹음기록물은 공소의 유지에 필요한 때에는 관계기관에 제공할 수 있다.
③ 교도관은 수용자의 접견, 편지수수, 전화통화 등의 과정에서 수용자의 처우에 특히 참고할 사항을 알게 된 경우에는 그 요지를 수용기록부에 기록하여야 한다.
④ 수용자의 전화통화요금은 수용자의 부담으로 하는 것이 원칙이나, 보관금이 없는 수용자인 경우에 한하여 예산으로 지급할 수 있다.

해설 ④ 수용자의 전화통화요금은 수용자가 부담하는 것이 원칙이나, 소장은 교정성적이 양호한 수형자 또는 보관금이 없는 수용자 등에 대하여는 예산의 범위에서 요금을 부담할 수 있다(시행규칙 제29조 참조).
① 법 제44조 제3항
② 시행규칙 제28조 제4항 제2호
③ 시행령 제71조

정답 | ④

42

형의 집행 및 수용자의 처우에 관한 법령상 소장이 교도관으로 하여금 수용자의 접견내용을 청취·기록·녹음 또는 녹화하게 할 수 있는 경우가 아닌 것은? 교정9급 20

① 수용자의 처우 또는 교정시설의 운영에 관하여 거짓사실을 유포하는 때
② 시설의 안전과 질서유지를 위하여 필요한 때
③ 범죄의 증거를 인멸하거나 형사 법령에 저촉되는 행위를 할 우려가 있는 때
④ 수형자의 교화 또는 건전한 사회복귀를 위하여 필요한 때

해설 ①은 접견 중지사유에 해당한다(법 제42조 제4호).

법 제41조(접견)
④ 소장은 다음 각 호의 어느 하나에 해당하는 사유가 있으면 교도관으로 하여금 수용자의 접견내용을 청취·기록·녹음 또는 녹화하게 할 수 있다.
1. 범죄의 증거를 인멸하거나 형사 법령에 저촉되는 행위를 할 우려가 있는 때
2. 수형자의 교화 또는 건전한 사회복귀를 위하여 필요한 때
3. 시설의 안전과 질서유지를 위하여 필요한 때

정답 | ①

43

수용자에 대한 접견, 편지수수 및 전화통화에 대한 설명으로 옳지 않은 것은? 교정9급 10

① 수용자가 교정시설의 운영에 관하여 거짓사실을 유포하는 때에는 교도관은 접견 중인 수용자의 접견을 중지할 수 있다.

② 미결수용자와 변호인의 접견에 교도관이 참여한 경우에는 수용자의 접견교통권을 침해한 것이다.

③ 수용자가 전화통화를 하는 동안에는 교도관은 그 통화내용을 청취할 수 없다.

④ 같은 교정시설의 수용자 간에 편지를 주고받으려면 소장의 허가를 받아야 한다.

해설 ③ 전화통화의 허가에는 통화내용의 청취 또는 녹음을 조건으로 붙일 수 있다(법 제44조 제2항).

① 법 제42조 제4호

② 미결수용자와 변호인과의 접견에는 교도관이 참여하지 못하며 그 내용을 청취 또는 녹취하지 못한다. 다만, 보이는 거리에서 미결수용자를 관찰할 수 있다(법 제84조 제1항). 따라서 ②는 맞는 표현이다.

④ 법 제43조 제2항

정답 | ③

44

형의 집행 및 수용자의 처우에 관한 법령상 접견에 대한 설명으로 옳지 않은 것은? 교정9급 21

① 수용자가 소송사건의 대리인인 변호사와 접견하는 경우 등 수용자의 재판청구권 등을 실질적으로 보장하기 위하여 대통령령으로 정하는 경우로서 교정시설의 안전 또는 질서를 해칠 우려가 없는 경우에는 접촉차단시설이 설치되지 아니한 장소에서 접견하게 한다.

② 수용자가 「형사소송법」에 따른 상소권 회복 또는 재심청구사건의 대리인이 되려는 변호사와 접견할 수 있는 횟수는 월 4회이다.

③ 소장은 범죄의 증거를 인멸하거나 형사법령에 저촉되는 행위를 할 우려가 있는 때에는 교도관으로 하여금 수용자의 접견내용을 청취·기록·녹음 또는 녹화하게 할 수 있다.

④ 수용자가 미성년자인 자녀와 접견하는 경우에는 접촉차단시설이 설치되지 아니한 장소에서 접견하게 할 수 있다.

해설 ② 수용자가 「형사소송법」에 따른 상소권 회복 또는 재심청구사건의 대리인이 되려는 변호사와 접견할 수 있는 횟수는 사건당 2회이다(시행령 제59조의2 제2항).

① 법 제41조 제2항

③ 동조 제4항

④ 동조 제3항

정답 | ②

45

수용자의 외부교통에 관한 설명으로 옳지 않은 것은? 9급특채 11

① 수용자의 전화통화 및 편지발송비용은 수용자가 부담한다.
② 라디오나 텔레비전의 수신료는 교정시설 내에서 부담한다.
③ 전화통화내용의 청취·녹음에 관하여 필요한 사항은 대통령령으로 정한다.
④ 수용자가 교정시설의 외부에 있는 사람과 전화통화를 하려면 소장의 허가를 받아야 한다.

해설 ③ 전화통화의 허가범위, 통화내용의 청취·녹음 등에 관하여 필요한 사항은 법무부령으로 정한다(법 제44조 제5항).
① 시행령 제69조, 시행규칙 제29조 제1항
② 시행규칙 제37조 제1항
④ 법 제44조 제1항

정답 | ③

46

형의 집행 및 수용자의 처우에 관한 법령상 금품관리에 대한 설명으로 옳은 것은? 교정9급 24

① 소장은 수용자가 석방될 때 보관하고 있던 수용자의 휴대금품을 본인에게 돌려주어야 한다. 다만, 보관품을 한꺼번에 가져가기 어려운 경우 등 특별한 사정이 있어 수용자가 석방 시 소장에게 일정 기간 동안 (3개월 이내의 범위로 한정한다) 보관품을 보관하여 줄 것을 신청하는 경우에는 그러하지 아니하다.
② 소장은 사망자 또는 도주자가 남겨두고 간 금품이 있으면 사망자의 경우에는 그 상속인에게, 도주자의 경우에는 그 가족에게 그 내용 및 청구절차 등을 알려주어야 한다. 다만, 썩거나 없어질 우려가 있는 것은 폐기할 수 있다.
③ 소장은 수용자 외의 사람이 신청한 수용자에 대한 금품의 전달을 허가한 경우 그 금품을 지체 없이 수용자에게 전달하여 사용하게 하여야 한다.
④ 소장은 사망자의 유류품을 건네받을 사람이 원거리에 있는 등 특별한 사정이 있는 경우에는 유류품을 팔아 그 대금을 보내야 한다.

해설 ② 형집행법 제28조 제1항
① 소장은 수용자가 석방될 때 보관하고 있던 수용자의 휴대금품을 본인에게 돌려주어야 한다. 다만, 보관품을 한꺼번에 가져가기 어려운 경우 등 특별한 사정이 있어 수용자가 석방 시 소장에게 일정 기간 동안(1개월 이내의 범위로 한정한다) 보관품을 보관하여 줄 것을 신청하는 경우에는 그러하지 아니하다(동법 제29조 제1항).
③ 소장은 수용자에 대한 금품의 전달을 허가한 경우에는 그 금품을 보관한 후 해당 수용자가 사용하게 할 수 있다(동법 시행령 제42조 제1항).
④ 소장은 사망자의 유류품을 건네받을 사람이 원거리에 있는 등 특별한 사정이 있는 경우에는 유류품을 받을 사람의 청구에 따라 유류품을 팔아 그 대금을 보낼 수 있다(동법 시행령 제45조 제1항).

정답 | ②

47

형집행법령상 금품관리에 대한 설명으로 가장 옳지 않은 것은? 7급승진 22

① 휴대금품이란 신입자가 교정시설에 수용될 때에 지니고 있는 현금(자기앞수표를 포함한다)과 휴대품을 말한다.

② 소장은 사망자 또는 도주자가 남겨두고 간 금품이 있으면 사망자의 경우에는 그 상속인에게, 도주자의 경우에는 그 가족에게 그 내용 및 청구절차 등을 알려주어야 한다. 다만, 썩거나 없어질 우려가 있는 것은 폐기할 수 있다.

③ 수용자 외의 사람이 수용자에게 금품을 건네줄 것을 신청하는 때에는 소장은 수형자의 교화 또는 건전한 사회복귀를 해칠 우려가 있거나 시설의 안전 또는 질서를 해칠 우려가 있는 때가 아니면 허가할 수 있다.

④ 소장은 수용자의 신청에 따라 보관품을 팔 경우에는 그 비용을 제외한 나머지 대금을 보관할 수 있다.

해설 ③ 수용자 외의 사람이 수용자에게 금품을 건네줄 것을 신청하는 때에는 소장은 ㉠ 수형자의 교화 또는 건전한 사회복귀를 해칠 우려가 있는 때, ㉡ 시설의 안전 또는 질서를 해칠 우려가 있는 때가 아니면 허가하여야 한다(형집행법 제27조 제1항).

① 동법 시행령 제34조 제1항

② 동법 제28조 제1항

④ 동법 시행령 제37조

정답 | ③

48

형의 집행 및 수용자의 처우에 관한 법령상 수용자의 금품관리에 대한 설명으로 옳지 않은 것은? 교정9급 17

① 소장은 수용자의 휴대금품을 교정시설에 보관한다. 다만, 휴대품이 부패할 우려가 있는 것이면 수용자로 하여금 자신이 지정하는 사람에게 보내게 하거나 그 밖에 적당한 방법으로 처분하게 할 수 있다.

② 소장은 신입자의 휴대품을 팔 경우에는 그 비용을 제외한 나머지 대금을 보관할 수 있다.

③ 소장은 수용자의 보관품이 인장인 경우에는 잠금장치가 되어 있는 견고한 용기에 넣어 보관하여야 한다.

④ 소장은 수용자 이외의 사람의 신청에 따라 수용자에게 교부를 허가한 물품은 교도관으로 하여금 검사하게 할 필요가 없으나, 그 물품이 의약품인 경우에는 의무관으로 하여금 검사하게 해야 한다.

해설 ④ 소장은 건네줄 것을 허가한 물품은 검사할 필요가 없다고 인정되는 경우가 아니면 교도관으로 하여금 검사하게 해야 한다. 이 경우 그 물품이 의약품인 경우에는 의무관으로 하여금 검사하게 해야 한다(시행령 제43조).

① 법 제25조 제1항

② 시행령 제34조 제3항

③ 소장은 보관품이 금·은·보석·유가증권·인장, 그 밖에 특별히 보관할 필요가 있는 귀중품인 경우에는 잠금장치가 되어 있는 견고한 용기에 넣어 보관해야 한다(시행령 제36조).

정답 | ④

49

전달금품에 관한 설명으로 옳지 않은 것은?

① 전달금품이란 수용자 외의 사람이 소장의 허가를 받아 수용자에게 건넬 수 있는 물품을 말한다.

② 수용자 외의 사람이 수용자에게 금품교부를 신청하면 소장은 수형자의 교화 또는 건전한 사회복귀를 해칠 우려가 있거나 시설의 안전 또는 질서를 해칠 우려가 있는 때를 제외하고는 허가하여야 한다.

③ 소장은 교부를 허가할 수 없는 금품을 보낸 사람을 알 수 없거나 보낸 사람의 주소가 불분명한 경우에는 그 뜻을 공고하여야 하며, 공고한 후 6개월이 지나도 교부를 청구하는 사람이 없으면 그 금품은 폐기한다.

④ 소장은 수용자가 아닌 사람이 수용자에게 금품을 교부하려고 신청하는 경우에는 그의 성명·주소 및 수용자와의 관계를 확인하여야 한다.

해설 ③ 소장은 교부를 허가할 수 없는 금품을 보낸 사람을 알 수 없거나 보낸 사람의 주소가 불분명한 경우에는 금품을 다시 가지고 갈 것을 공고하여야 하며, 공고한 후 6개월이 지나도 금품을 돌려달라고 청구하는 사람이 없으면 그 금품은 국고에 귀속된다(법 제27조 제3항).

① 시행규칙 제2조 제4호

② 법 제27조 제1항

④ 시행령 제41조

정답 | ③

50

전달금품에 관한 설명으로 옳지 않은 것은?

① 소장은 금품의 교부를 허가한 경우에는 그 금품을 보관한 후 사용하게 할 수 있다.

② 소장은 교부를 허가한 물품은 검사할 필요가 없다고 인정되는 경우가 아니면 교도관으로 하여금 검사하게 하여야 한다.

③ ②의 경우 그 물품이 의약품인 경우에는 의무관으로 하여금 검사하게 하여야 한다.

④ 소장은 수용자 외의 사람이 온라인으로 수용자의 예금계좌에 입금한 경우에는 이를 해당 수용자에게 교부하여서는 아니 된다.

해설 ④ 수용자 외의 사람이 온라인으로 수용자의 예금계좌에 입금한 경우에는 금원을 건네줄 것을 허가한 것으로 본다(시행규칙 제22조 제1항).

① 시행령 제42조 제1항

②·③ 시행령 제43조

정답 | ④

51

「형의 집행 및 수용자의 처우에 관한 법률」상 수용자에 대한 금품전달에 관한 설명으로 옳지 않은 것은?

① 금품전달 불허가사유는 수형자의 교화 또는 건전한 사회복귀를 해칠 우려가 있는 때와 시설의 안전 또는 질서를 해칠 우려가 있는 때이다.

② 소장은 수용자 외의 사람이 수용자에게 주려는 금품이 금품전달 불허가사유에 해당하거나 수용자가 금품을 받지 아니하려는 경우에는 해당 금품을 보낸 사람에게 되돌려 보내야 한다.

③ 소장은 ②의 경우에 금품을 보낸 사람을 알 수 없거나 보낸 사람의 주소가 불분명한 경우에는 금품을 다시 가지고 갈 것을 공고하여야 하며, 공고한 후 6개월이 지나도 금품을 돌려달라고 청구하는 사람이 없으면 그 금품은 폐기한다.

④ 소장은 보낸 사람에게 되돌려 보내는 등의 조치를 하였으면 그 사실을 수용자에게 알려야 한다.

해설 ③ 소장은 금품전달 불허가사유에 해당하거나 수용자가 금품을 받지 아니하여 금품을 보낸 사람에게 되돌려 보내야 하는 경우에 금품을 보낸 사람을 알 수 없거나 보낸 사람의 주소가 불분명한 경우에는 금품을 다시 가지고 갈 것을 공고하여야 하며, 공고한 후 6개월이 지나도 금품을 돌려달라고 청구하는 사람이 없으면 그 금품은 국고에 귀속된다(형집행법 제27조 제2항).

① 동조 제1항 각 호

② 동조 제2항

④ 동조 제4항

정답 | ③

52

「형의 집행 및 수용자의 처우에 관한 법률 시행규칙」상 전달금품의 허가에 관한 설명으로 옳지 않은 것은?

① 소장은 수용자 외의 사람이 수용자에게 금원(金員)을 건네줄 것을 신청하는 경우에는 현금·수표 및 우편환의 범위에서 허가한다.

② 수용자 외의 사람이 온라인으로 수용자의 예금계좌에 입금한 경우에는 금원을 건네줄 것을 허가한 것으로 본다.

③ 소장은 수용자 외의 사람이 수용자에게 음식물을 건네줄 것을 신청하는 경우에는 법무부장관이 정하는 바에 따라 교정시설 안에서 판매되는 음식물에 한하여 허가할 수 있으며 교정시설 안에서 판매되는 음식물이 아닌 경우에는 허가해서는 아니 된다.

④ 소장은 수용자 외의 사람이 수용자에게 음식물 외의 물품을 건네줄 것을 신청하는 경우에 그 물품이 위화감을 조성할 우려가 있는 높은 가격의 물품인 경우에는 허가해서는 아니 된다.

해설 ③ 소장은 수용자 외의 사람이 수용자에게 음식물을 건네줄 것을 신청하는 경우에는 법무부장관이 정하는 바에 따라 교정시설 안에서 판매되는 음식물 중에서 허가한다. 다만, 제30조 각 호에 해당하는 종교행사 및 제114조 각 호에 해당하는 교화프로그램의 시행을 위하여 특히 필요하다고 인정하는 경우에는 교정시설 안에서 판매되는 음식물이 아니더라도 건네줄 것을 허가할 수 있다(형집행법 시행규칙 제22조 제2항).

①·② 동조 제1항

④ 동조 제3항 제5호

시행규칙 제22조(교부금품의 허가)

③ 소장은 수용자 외의 사람이 수용자에게 음식물 외의 물품을 건네줄 것을 신청하는 경우에는 다음 각호의 어느 하나에 해당하지 아니하면 법무부장관이 정하는 교정시설의 보관범위 및 수용자가 지닐 수 있는 범위에서 허가한다.

1. 오감 또는 통상적인 검사장비로는 내부검색이 어려운 물품
2. 음란하거나 현란한 그림. 무늬가 포함된 물품
3. 사행심을 조장하거나 심리적인 안정을 해칠 우려가 있는 물품
4. 도주·자살·자해 등에 이용될 수 있는 금속류, 끈 또는 가죽 등이 포함된 물품
5. 위화감을 조성할 우려가 있는 높은 가격의 물품
6. 그 밖에 수형자의 교화 또는 건전한 사회복귀를 해칠 우려가 있거나 교정시설의 안전 또는 질서를 해칠 우려가 있는 물품

정답 | ③

53

유류금품의 교부 및 환부에 관한 설명으로 옳지 않은 것은?

① 소장은 사망자 또는 도주자가 남겨두고 간 금품이 있으면 사망자의 경우에는 그 상속인에게, 도주자의 경우에는 그 가족에게 그 금품의 내용 및 청구절차를 알려주어야 한다.

② 소장은 상속인이 사망자의 금품을 청구하면 지체 없이 교부하여야 한다.

③ 사망자의 유류품을 교부받을 사람이 원거리에 있는 경우 소장은 직권으로 유류품을 팔아 그 대금을 보낼 수 있다.

④ 사망자의 유류금품을 보내거나 유류품을 팔아 대금을 보내는 경우에 드는 비용은 유류금품의 청구인이 부담한다.

해설 ③ 소장은 사망자의 유류품을 건네받을 사람이 원거리에 있는 등 특별한 사정이 있는 경우에는 유류품을 받을 사람의 청구에 따라 유류품을 팔아 그 대금을 보낼 수 있다(시행령 제45조 제1항).

① 법 제28조 제1항

② 동조 제2항

④ 시행령 제45조 제2항

정답 | ③

54

수용자의 물품지급에 관한 설명으로 옳지 않은 것은?

① 헌법상 행복추구권, 인간다운 생활을 할 권리 등과 관련 있는 처우이다.

② 이른바 '유사성의 원칙'이 적용되는 처우이다.

③ 의류·침구 그 밖에 생활용품의 지급기준에 관하여 필요한 사항은 대통령령으로 정한다.

④ 소장은 다른 사람이 사용한 의류 등을 수용자에게 지급하는 경우에는 세탁하거나 소독하여 지급하여야 한다.

해설 ③ 대통령령 → 법무부령(법 제22조 제2항)

④ 시행령 제25조 제2항

정답 | ③

55

「형의 집행 및 수용자의 처우에 관한 법률」상 물품지급 등에 대한 설명으로 옳은 것은 모두 몇 개인가?

7급승진 23

> ㉠ 수용자에게 지급하는 의류 및 침구는 1명당 2매로 하되, 작업 여부 또는 난방 여건을 고려하여 3매를 지급할 수 있다.
> ㉡ 수용자에게 지급하는 주식은 1명당 1일 350그램을 기준으로 하며, 수용자의 나이, 건강, 작업 여부 및 작업의 종류 등을 고려하여 필요한 경우에는 지급 기준량을 변경할 수 있다.
> ㉢ 소장은 수용자에 대한 원활한 급식을 위하여 해당 교정시설의 직전 분기 평균 급식인원을 기준으로 2개월분의 주식을 항상 확보하고 있어야 한다.
> ㉣ 수용자에게 지급하는 음식물의 총열량은 1명당 1일 2천 500킬로칼로리를 기준으로 한다.

① 1개
② 2개
③ 3개
④ 4개

해설 옳은 것은 ㉣이다.

㉠ 수용자에게 지급하는 의류 및 침구는 1명당 1매로 하되, 작업 여부 또는 난방 여건을 고려하여 2매를 지급할 수 있다(형집행법 시행규칙 제8조 제1항).

㉡ 수용자에게 지급하는 주식은 1명당 1일 390그램을 기준으로 하며(동법 시행규칙 제11조 제1항), 소장은 수용자의 나이, 건강, 작업 여부 및 작업의 종류 등을 고려하여 필요한 경우에는 지급 기준량을 변경할 수 있다(동조 제2항).

㉢ 소장은 수용자에 대한 원활한 급식을 위하여 해당 교정시설의 직전 분기 평균 급식인원을 기준으로 1개월분의 주식을 항상 확보하고 있어야 한다(동법 시행규칙 제12조).

㉣ 동법 시행규칙 제14조 제2항

정답 | ①

56

「형의 집행 및 수용자의 처우에 관한 법률 시행규칙」상 음식물 지급에 대한 설명으로 가장 옳은 것은?

5급승진 23

① 수용자에게 지급하는 주식은 1명당 1일 490그램을 기준으로 한다.
② 소장은 수용자에 대한 원활한 급식을 위하여 해당 교정시설의 직전 분기 평균 급식인원을 기준으로 1개월분의 주식을 항상 확보하고 있어야 한다.
③ 수용자에게 지급하는 음식물의 총열량은 1명당 1일 3천 500킬로칼로리를 기준으로 한다.
④ 소장은 작업시간을 2시간 이상 연장하는 경우에는 수용자에게 주·부식 또는 대용식 1회분을 간식으로 지급할 수 있다.

해설 ② 형집행법 시행규칙 제12조
① 수용자에게 지급하는 주식은 1명당 1일 390그램을 기준으로 한다(동법 시행규칙 제11조 제1항).
③ 수용자에게 지급하는 음식물의 총열량은 1명당 1일 2천 500킬로칼로리를 기준으로 한다(동법 시행규칙 제14조 제2항).
④ 소장은 작업시간을 3시간 이상 연장하는 경우에는 수용자에게 주·부식 또는 대용식 1회분을 간식으로 지급할 수 있다(동법 시행규칙 제15조 제2항).

정답 | ②

57

형집행법령상 수용자 음식물의 지급에 대한 설명으로 가장 옳은 것은? 5급승진 22

① 수용자에게 지급하는 주식은 원칙적으로 쌀과 보리 등 잡곡의 혼합곡으로 한다.
② 수용자에게 지급하는 주식은 1명당 1식 390그램을 기준으로 하며, 지급횟수는 1일 3회로 한다.
③ 소장은 작업시간을 3시간 이상 연장하는 경우에는 수용자에게 주·부식 또는 대용식 1회분을 간식으로 지급할 수 있다.
④ 소장은 수용자에 대한 원활한 급식을 위하여 해당 교정시설의 직전 반기 평균 급식인원을 기준으로 1개월분의 주식을 항상 확보하고 있어야 한다.

해설 ③ 형집행법 시행규칙 제15조 제2항
① 수용자에게 지급하는 주식은 쌀로 하며(동법 시행령 제28조 제1항), 소장은 쌀 수급이 곤란하거나 그 밖에 필요하다고 인정하면 주식을 쌀과 보리 등 잡곡의 혼합곡으로 하거나 대용식을 지급할 수 있다(동법 시행령 제28조 제2항).
② 수용자에게 지급하는 주식은 1명당 1일 390그램을 기준으로 하며(동법 시행규칙 제11조 제1항), 주·부식의 지급횟수는 1일 3회로 한다(동법 시행규칙 제14조 제1항).
④ 소장은 수용자에 대한 원활한 급식을 위하여 해당 교정시설의 직전 분기 평균 급식인원을 기준으로 1개월분의 주식을 항상 확보하고 있어야 한다(동법 시행규칙 제12조).

정답 | ③

58

형의 집행 및 수용자의 처우에 관한 법률상 수용자의 음식물 지급기준에 관한 내용으로 옳지 않은 것은?

① 수용자에게 지급하는 주식은 1명당 1일 390그램을 기준으로 한다.
② 소장은 주식으로 빵이나 국수 등을 지급할 수 있다.
③ 소장은 해당 교정시설의 직전 분기 평균 급식인원을 기준으로 3개월분의 주식을 항상 확보하고 있어야 한다.
④ 수용자에게 지급하는 음식물의 총열량은 1명당 1일 2,500킬로칼로리를 기준으로 한다.

해설 ③ 3개월분 → 1개월분(시행규칙 제12조)
① 시행규칙 제11조 제1항
② 동조 제3항
④ 시행규칙 제14조 제2항

정답 | ③

59

다음 내용 중 옳지 않은 것은?

① 소장은 수용자의 기호 등을 고려하여 주식으로 빵이나 국수 등을 주 1회의 범위에서 지급할 수 있다.
② 개방처우급 수형자의 전화통화 허용횟수는 월 5회이다.
③ 수용자는 문서 또는 도화를 작성하거나 문예·학술, 그 밖의 사항에 관하여 원칙적으로 소장의 허가 없이 집필할 수 있다.
④ 수용자의 전화통화는 소장의 허가사항이다.

해설 ① 소장은 수용자의 기호 등을 고려하여 주식으로 빵이나 국수 등을 지급할 수 있다(시행규칙 제11조 제3항).
② 시행규칙 제90조 제1항 제1호
③ 수용자는 문서 또는 도화를 작성하거나 문예·학술, 그 밖의 사항에 관하여 집필할 수 있다. 다만, 소장이 시설의 안전 또는 질서를 해칠 명백한 위험이 있다고 인정하는 경우는 예외로 한다(법 제49조 제1항). 따라서 소장이 시설의 안전 또는 질서를 해칠 명백한 위험이 있다고 인정하여 집필을 금지시킨 경우가 아니라면, 수용자는 소장의 허가 없이 집필할 수 있다.
④ 수용자는 소장의 허가를 받아 교정시설의 외부에 있는 사람과 전화통화를 할 수 있다(법 제44조 제1항). 통상의 외부교통은 수용자의 권리로 규정되어 있어 일정한 제한사유에 해당하지 않는 한 소장이 재량으로 금지할 수 없지만, 수용자의 전화통화는 소장의 허가사항으로 규정되어 있으므로 학습에 주의를 요한다.

정답 | ①

60

현행 법령상 음식물 지급에 관한 설명 중 틀린 것은? 9급특채 12

① 소장은 수용자의 기호 등을 고려하여 주식으로 빵이나 국수 등을 지급할 수 있다.

② 소장은 주식을 쌀과 보리의 혼합곡으로 하거나 대용식을 지급하는 경우에는 법무부장관이 정하는 바에 따른다.

③ 소장은 해당 교정시설의 직전 분기 평균 급식인원을 기준으로 2개월분의 주식을 항상 확보하고 있어야 한다.

④ 소장은 작업시간을 3시간 이상 연장하는 경우에는 수용자에게 주·부식 또는 대용식 1회분을 간식으로 지급할 수 있다.

해설 ③ 소장은 수용자에 대한 원활한 급식을 위하여 해당 교정시설의 직전 분기 평균 급식인원을 기준으로 1개월분의 주식을 항상 확보하고 있어야 한다(시행규칙 제12조).

① 시행규칙 제11조 제3항

② 시행규칙 제10조

④ 시행규칙 제15조 제2항

정답 | ③

61 ★

수용자 물품의 자비구매에 관한 설명으로 옳지 않은 것은?

① 자비구매란 수용자가 소장의 허가를 받아 자신의 비용으로 음식물, 의류, 침구, 그 밖에 수용 생활에 필요한 물품을 구매하는 것을 말한다.

② 소장은 수용자가 자비로 구매한 의류 등을 보관한 후 그 수용자가 사용하게 할 수 있다.

③ 자비로 구매한 의류 등을 세탁·수선하는 비용은 수용자가 부담하나, 교체하는 비용은 예산에서 지급한다.

④ 소장은 감염병이 유행한다는 것을 이유로 구매신청을 제한할 수 있다.

해설 ③ 자비로 구매한 의류 등을 세탁·수선 또는 교체하는 경우 드는 비용은 수용자가 부담한다(시행령 제33조 제2항).

② 시행령 제32조

④ 시행규칙 제17조 제2항

정답 | ③

62

수용자 물품의 자비구매에 관한 설명으로 옳지 않은 것은?

① 소장은 교도작업제품으로서 자비구매물품으로 적합한 것은 직접 우선하여 공급할 수 있다.
② 소장은 자비구매물품 공급자로부터 납품받은 제품의 수량, 상태 및 유통기한 등을 검수관으로 하여금 검사하도록 하여야 한다.
③ 소장은 수용자에게 자비구매물품의 품목·가격, 그 밖에 구매에 관한 주요사항을 미리 알려주어야 한다.
④ 법무부장관은 자비구매물품의 공급업무를 담당하는 법인 또는 개인을 지정할 수 있다.

해설 ① 소장은 교도작업제품으로서 자비구매물품으로 적합한 것은 자비구매물품 공급자를 거쳐 우선하여 공급할 수 있다(시행규칙 제18조).
② 시행규칙 제19조 제1항
③ 시행규칙 제20조 제1항
④ 시행규칙 제21조 제1항

정답 | ①

63

형의 집행 및 수용자의 처우에 관한 법률 시행규칙」상 자비구매물품의 공급업무의 담당자 지정에 관한 내용으로 ( ) 안에 들어갈 말은?

> (㉠)은 자비구매물품의 품목·규격·가격 등의 교정시설 간 균형을 유지하고 공급과정의 효율성·공정성을 높이기 위하여 그 공급업무를 담당하는 법인 또는 개인을 지정할 수 있다. 지정받은 법인 또는 개인은 그 업무를 처리하는 경우 교정시설의 안전과 질서유지를 위하여 (㉡)로서의 의무를 다하여야 한다. 자비구매물품 공급업무의 담당자 지정 등에 관한 세부사항은 (㉢) 정한다.

	㉠	㉡	㉢
①	법무부장관	선량한 관리자	법무부장관이
②	법무부장관	고유재산관리자	법무부령으로
③	교정시설의 장	고유재산관리자	법무부장관이
④	교정시설의 장	선량한 관리자	법무부령으로

해설 ① 법무부장관은 자비구매물품의 품목·규격·가격 등의 교정시설 간 균형을 유지하고 공급과정의 효율성·공정성을 높이기 위하여 그 공급업무를 담당하는 법인 또는 개인을 지정할 수 있다(형집행법 시행규칙 제21조 제1항). 제1항에 따라 지정받은 법인 또는 개인은 그 업무를 처리하는 경우 교정시설의 안전과 질서유지를 위하여 선량한 관리자로서의 의무를 다하여야 한다(동조 제2항). 자비구매물품 공급업무의 담당자 지정 등에 관한 세부사항은 법무부장관이 정한다(동조 제3항).

정답 | ①

64

형집행법령상 물품의 자비구매에 관한 다음 내용 중 옳지 않은 것은?

① 소장은 수용자가 자비구매물품의 구매를 신청하는 경우에는 법무부장관이 교정성적 또는 경비처우급을 고려하여 정하는 보관금의 사용한도, 교정시설의 보관범위 및 수용자가 지닐 수 있는 범위에서 허가한다.

② 소장은 감염병(「감염병의 예방 및 관리에 관한 법률」에 따른 감염병을 말한다)의 유행 또는 수용자의 징벌집행 등으로 자비구매물품의 사용이 중지된 경우에는 구매신청을 허가하여서는 아니 된다.

③ 소장은 교도작업제품(교정시설 안에서 수용자에게 부과된 작업에 의하여 생산된 물품을 말한다)으로서 자비구매물품으로 적합한 것은 공급업무의 담당자 지정규정에 따라 지정받은 자비구매물품 공급자를 거쳐 우선하여 공급할 수 있다.

④ 자비로 구매한 의류 등을 세탁 등을 하는 경우 드는 비용은 수용자가 부담한다.

해설 ② 소장은 감염병(「감염병의 예방 및 관리에 관한 법률」에 따른 감염병을 말한다)의 유행 또는 수용자의 징벌집행 등으로 자비구매물품의 사용이 중지된 경우에는 구매신청을 제한할 수 있다(형집행법 시행규칙 제17조 제2항).

① 동조 제1항

③ 동법 시행규칙 제18조

④ 동법 시행령 제33조 제2항

정답 | ②

65

형집행법령상 수용자의 자비구매물품에 대한 설명으로 가장 옳지 않은 것은? 7급승진 22

① 자비구매물품의 종류에는 의약품 및 의료용품도 포함된다.

② 수용자가 자비로 구매하는 물품은 교화 또는 건전한 사회복귀에 적합하고 교정시설의 안전과 질서를 해칠 우려가 없는 것이어야 한다.

③ 소장은 수용자가 자비로 구매한 의류·침구, 그 밖의 생활용품을 보관한 후 그 수용자가 사용하게 할 수 있다.

④ 소장은 감염병(「감염병의 예방 및 관리에 관한 법률」에 따른 감염병을 말한다)의 유행 또는 수용자의 징벌집행 등으로 자비구매물품의 사용이 중지된 경우에는 구매신청을 제한하여야 한다.

해설 ④ 구매신청을 제한할 수 있다(형집행법 시행규칙 제17조 제2항).

① 자비구매물품의 종류에는 ㉠ 음식물, ㉡ 의약품 및 의료용품, ㉢ 의류·침구류 및 신발류, ㉣ 신문·잡지·도서 및 문구류, ㉤ 수형자 교육 등 교정교화에 필요한 물품, ㉥ 그 밖에 수용생활에 필요하다고 인정되는 물품이 있다(동법 시행규칙 제16조 제1항).

② 동법 시행령 제31조

③ 동법 시행령 제32조

정답 | ④

66

보관의 법적 성격에 관한 설명으로 보기 어려운 것은?

① 보관으로 인해 제한되는 수용자의 물품에 관한 권리는 사용권·수익권 처분권이다.
② 점유를 박탈하는 점에서 소유권을 박탈하는 몰수와 구별된다.
③ 보관금은 이자부 소비대차와 유사한 성격을 지닌다.
④ 교정당국은 선량한 관리자의 주의의무를 가진다.

해설 ③ 보관금은 무이자 소비대차와 유사한 성격을 가진다. 다만, 금융기관에 예치된 보관금에 이자가 발생한 경우에는 그 이자도 환부의 대상이 되므로, 이 경우에는 이자부 소비대차의 성격을 지닌다고 보아야 한다.

정답 | ③

67

다음 중 보관의 대상이 될 수 있는 것은?

① 무체재산권 ② 음식물
③ 부동산 ④ 유가증권

해설 ④ 유가증권은 특별보관의 대상이다. 보관의 대상은 그 성질상 동산에 한하고, 부동산이나 무체재산권은 인정되지 아니한다. 그러나 동산인 경우라도 음식물은 보관의 대상이 되지 아니한다(시행령 제44조).

정답 | ④

68

현행 법령상 보관에 관한 설명으로 옳지 않은 것은?

① 보관에 적당하지 않은 물품은 수용자로 하여금 자신이 지정하는 사람에게 보내게 하거나 그 밖에 적당한 방법으로 처분하게 할 수 있다.

② 수용자가 보관 불가한 물품을 상당한 기간 내에 처분하지 아니하면 수용자의 동의를 얻어 폐기할 수 있다.

③ 보관 불가한 물품을 팔 경우에는 그 비용을 제외한 나머지 대금을 보관할 수 있다.

④ 소장은 보관품이 유가증권이나 인장인 경우에는 잠금장치가 되어 있는 견고한 용기에 넣어 보관하여야 한다.

해설 ② 소장은 수용자가 보관 불가한 물품을 상당한 기간 내에 처분하지 아니하면 수용자의 동의 없이 폐기할 수 있다(법 제25조 제2항).
① 동조 제1항
③ 시행령 제34조 제3항
④ 시행령 제36조

정답 | ②

69

보관에 관한 설명으로 옳지 않은 것은 모두 몇 개인가?

㉠ 보관은 강제적 행정처분의 성격을 가진다. ㉡ 교도관의 고의 또는 과실로 보관물에 손해가 발생한 경우에는 국가는 그 손해를 배상하여야 한다. ㉢ 검찰청으로부터 송부된 수용자의 물품도 보관의 대상이 된다. ㉣ 소장은 수용자의 신청에 따라 보관품을 팔 경우에는 그 비용을 포함한 대금을 보관하여야 한다.

① 1개 ② 2개
③ 3개 ④ 4개

해설 [×] ㉣ 소장은 수용자의 신청에 따라 보관품을 팔 경우에는 그 비용을 제외한 나머지 대금을 보관할 수 있다(시행령 제37조).
[○] ㉠·㉡·㉢

정답 | ①

70

다음 판례의 내용 중 틀린 것은? 9급특채 10

① 독거실 사동에만 TV 설치를 하지 않음으로써 독거수용자로 하여금 텔레비전시청을 할 수 없도록 한 것은 합리적인 이유가 없는 자의적 차별이라고는 할 수 없어 헌법상 평등원칙에 위배되지 않는다.

② 교도소 등의 장이 수용자의 보관금품 사용을 허가한 이후에 이를 지출하는 행위 자체는 공법상의 행정처분으로서 헌법소원의 대상이 되는 공권력의 행사에 해당한다.

③ 무죄 등 판결을 선고 받은 피고인의 동의를 얻지 않고 그의 의사에 반하여 교도소로 다시 연행하는 것은 헌법상 정당성을 갖는다고 볼 수 없다.

④ 금치기간 중의 접견허가 여부는 교도소장의 재량사항에 반한다고 하더라도 피징벌자가 금치처분 자체를 다툴 목적으로 소제기 등을 대리할 권한이 있는 변호사와의 접견을 희망하는 경우라면 교도소장이 금치기간 중에 있는 피징벌자와 변호사의 접견을 불허한 조치는 피징벌자의 접견권과 재판청구권을 침해하여 위법하다.

해설 ② 행형법상 교도소 등의 장이 수용자의 보관금품 사용을 허용한 이후에 이를 지출하는 행위 자체는 공법상의 행정처분이 아니라 사경제의 주체로서 행하는 사법상의 법률행위 또는 사실행위에 불과하므로 헌법소원의 대상이 되는 공권력의 행사로 볼 수 없다. 따라서 피청구인이 청구인의 보관금품 사용신청을 받고 동 신청에 따라 이를 지출한 이 사건 등기우편발송료 과다지출행위는 헌법재판소법 제68조 제1항에서 헌법소원심판의 청구대상으로서의 '공권력'에는 해당된다고 볼 수 없다(헌재 2004.8.31, 2004헌마674).

① 헌재 2005.5.26, 2004헌마571

③ 헌재 1997.12.24, 95헌마247

④ 대판 2004.12.9, 2003다50184

정답 | ②

71

현행법상 보관품의 몰취와 폐기에 관한 설명으로 옳지 않은 것은?

① 몰취란 보관물품을 일정한 사유에 의하여 국고에 귀속시키는 소유권 박탈처분을 말한다.

② 소지가 금지된 물품을 가지고 있다는 이유로 해당 물품을 폐기하는 것은 객체의 결함에 의한 폐기에 해당한다.

③ 폐기는 주로 유가물을 대상으로 한다는 점에서 무가물을 대상으로 하는 수거와 구별된다.

④ 소장은 법무부장관이 정하는 소지범위를 벗어난 수용자의 물품을 폐기하는 경우에는 본인에게 그 사실을 고지한 후 폐기한다.

해설 ③ 폐기는 주로 무가물을 대상으로 한다는 점에서 유가물을 대상으로 하는 수거와 구별된다.

④ 시행령 제39조

정답 | ③

72

수용자 A는 현행범으로 긴급체포되어 미결수용자로 입소하였는데 입소 당시 자전거를 소지하고 있었다. 이 사례와 관련하여 가장 옳지 않은 것은?

① 교도관 甲은 자전거의 크기를 고려할 때 보관에 적당하지 않다고 판단하여 보관하지 않았다.

② 교도관 乙은 수용자 A가 지정하는 지인에게 자전거를 전달하였다.

③ 교도관 丙은 수용자 A에게 일정한 기간을 주고 처분할 것을 종용하였음에도 해당 기간이 지나도록 답변을 주지 않아 본인에게 사전 통보 없이 자전거를 폐기하였다.

④ 교도관 丁은 수용자 A의 의견에 따라 자전거를 매각한 후 그 대금 7만원 중 매각에 소요된 금액 5만원을 제외한 나머지 2만원을 보관하였다.

해설 ③ 소장은 수용자가 처분하여야 할 휴대품을 상당한 기간 내에 처분하지 아니하면 폐기할 수 있다(법 제25조 제2항). 소장은 신입자가 휴대품을 법무부장관이 정한 기간에 처분하지 않은 경우에는 본인에게 그 사실을 고지한 후 폐기한다(시행령 제34조 제4항).

①·② 소장은 수용자의 휴대금품을 교정시설에 보관한다. 다만, 휴대품이 (ⅰ) 부패하거나 없어질 우려가 있는 것, (ⅱ) 물품의 종류·크기 등을 고려할 때 보관하기에 적당하지 아니한 것, (ⅲ) 사람의 생명 또는 신체에 위험을 초래할 우려가 있는 것, (ⅳ) 시설의 안전 또는 질서를 해칠 우려가 있는 것, (ⅴ) 그 밖에 보관할 가치가 없는 것 중 어느 하나에 해당하는 것이면 수용자로 하여금 자신이 지정하는 사람에게 보내게 하거나 그 밖의 적당한 방법으로 처분하게 할 수 있다(법 제25조 제1항).

④ 소장은 신입자의 휴대품을 팔 경우에는 그 비용을 제외한 나머지 대금을 보관할 수 있다(시행령 제34조 제3항).

정답 | ③

73

「유엔 피구금자처우 최저기준규칙」상 수용자의 위생 및 의료에 관한 사항이 아닌 것은?

① 온대기후의 경우 목욕의 횟수는 매주 1회 이상이어야 한다.

② 실외작업을 하지 않는 모든 피구금자는 1시간의 적당한 실외운동을 하도록 하여야 한다.

③ 모든 시설에서는 상당한 정신의학 지식을 가진 1명 이상의 자격 있는 의사의 진료를 받을 수 있도록 하여야 한다.

④ 의사는 피구금자의 신체적 및 정신적인 건강을 돌보아야 하며, 병자와 질병을 호소하는지 특히 주의를 끄는 자 전원을 매주 진찰하여야 한다.

해설 ④ 의사는 피구금자의 신체적 및 정신적인 건강을 돌보아야 하며, 병자와 질병을 호소하는 자 및 특히 주의를 끄는 자 전원을 매일 진찰하여야 한다(UN 피구금자처우 최저기준규칙 제25조 제1항).

① 동 규칙 제13조 제1항

② 동 규칙 제21조

③ 동 규칙 제22조

정답 | ④

74

수용자의 위생에 관한 설명으로 옳지 않은 것은?

① 소장은 수용자가 사용하는 모든 설비와 기구가 항상 청결하게 유지되도록 하여야 한다.
② 의무관은 수용자의 건강, 계절 및 시설여건 등을 고려하여 보건·위생관리계획을 정기적으로 수립하여야 한다.
③ 소장은 저수조 등 급수시설을 6개월에 1회 이상 청소·소독하여야 한다.
④ 수용자는 자신의 신체 및 의류를 청결히 할 의무가 있다.

해설 ② 소장은 수용자의 건강, 계절 및 시설여건 등을 고려하여 보건·위생관리계획을 정기적으로 수립하여 시행하여야 한다(시행령 제46조).
① 법 제31조
③ 시행령 제47조 제2항
④ 법 제32조 제1항

정답 | ②

75 ★

「형의 집행 및 수용자의 처우에 관한 법령」상 수용자의 의료에 대한 설명으로 옳지 않은 것은?

교정7급 19

① 소장은 수용자가 감염병에 걸렸다고 인정되는 경우에는 1주 이상 격리수용하고 그 수용자의 휴대품을 소독하여야 한다.
② 소장은 19세 미만의 수용자, 계호상 독거수용자 및 노인수용자에 대하여는 6개월에 1회 이상 건강검진을 하여야 한다.
③ 장애인수형자 전담교정시설의 장은 장애인의 재활에 관한 전문적인 지식을 가진 의료진과 장비를 갖추도록 노력하여야 한다.
④ 소장은 수용자를 외부 의료시설에 입원시키거나 입원 중인 수용자를 교정시설로 데려온 경우에는 그 사실을 법무부장관에게 지체 없이 보고하여야 한다.

해설 ① 소장은 수용자가 감염병에 걸린 경우에는 즉시 격리수용하고 그 수용자가 사용한 물품과 설비를 철저히 소독하여야 한다(시행령 제53조 제3항).

정답 | ①

76

「형의 집행 및 수용자의 처우에 관한 법률 시행령」에서 수용자에게 실외운동을 실시하지 않아도 되는 경우로 규정하고 있지 않은 것은?

① 작업의 특성상 실외운동이 필요 없다고 인정되는 때
② 질병 등으로 실외운동이 수용자의 건강에 해롭다고 인정되는 때
③ 수용자 본인이 원하지 않는 때
④ 수사, 재판으로 실외운동을 하기 어려운 때

해설 ①·②·④ 소장은 수용자가 매일(공휴일 및 법무부장관이 정하는 날은 제외) 근무시간 내에서 1시간 이내의 실외운동을 할 수 있도록 하여야 한다. 다만, 다음의 어느 하나에 해당하면 실외운동을 실시하지 아니할 수 있다(시행령 제49조).

실외운동 예외사유
- 작업의 특성상 실외운동이 필요 없다고 인정되는 때
- 질병 등으로 실외운동이 수용자의 건강에 해롭다고 인정되는 때
- 우천, 수사, 재판, 그 밖의 부득이한 사정으로 실외운동을 하기 어려운 때

정답 | ③

77 ★

다음 중 실외운동을 할 수 없는 사유로 옳지 않은 것은? 9급특채 11

① 우천으로 인해 실외운동을 하기 어려운 때
② 겨울 온수목욕으로 인해 실외운동을 할 시간이나 계호인원이 부족할 때
③ 작업의 특성상 실외운동이 필요 없다고 인정되는 때
④ 폐렴, 천식 등의 질병으로 실외운동이 수용자의 건강에 해롭다고 인정되는 때

해설 ② 실외운동 예외사유에 해당하지 않는다.
① 시행령 제49조 제3호
③ 동조 제1호
④ 동조 제2호

정답 | ②

78

「형의 집행 및 수용자의 처우에 관한 법률 시행령」상 소장이 실외운동을 실시하지 않을 수 있는 경우에 해당하지 않는 것은? 9급경채 15

① 교육의 특성상 실외운동이 필요 없다고 인정되는 때
② 수용자의 건강에 해롭다고 인정되는 때
③ 우천으로 실외운동을 하기 어려운 때
④ 수사로 실외운동을 하기 어려운 때

해설 ① 작업의 특성상 실외운동이 필요 없다고 인정되는 때(시행령 제49조 제1호), 즉 교육의 특성상이 아닌 작업의 특성상이다.
②·③·④ 실외운동 예외사유에 해당한다(시행령 제49조).

정답 | ①

79

다음 중 수용자의 건강검진에 관한 설명으로 옳지 않은 것은?

① 소장은 처우상 독거수용자에게는 6개월에 1회 이상 건강검진을 하여야 한다.
② 소장은 19세 미만의 수용자에게는 6개월에 1회 이상 건강검진을 하여야 한다.
③ 소장은 일반수용자에게는 1년에 1회 이상 건강검진을 하여야 한다.
④ 소장은 노인수용자에 대하여 6개월에 1회 이상 건강검진을 하여야 한다.

해설 ①·②·③ 소장은 수용자에 대하여 1년에 1회 이상 건강검진을 하여야 한다. 다만, 19세 미만의 수용자와 계호상 독거수용자에 대하여는 6개월에 1회 이상 하여야 한다(시행령 제51조 제1항). 따라서 처우상 독거수용자에게는 1년에 1회 이상 건강검진을 하여야 한다.
④ 시행규칙 제47조 제2항

정답 | ①

80

현행법령상 수용자의 건강검진 횟수에 관한 내용 중 (   ) 안에 들어갈 말은?

> • 소장은 수용자에 대하여 (㉠) 이상 건강검진을 하여야 한다. 다만, 19세 미만의 수용자와 계호상 독거수용자에 대하여는 (㉡) 이상 하여야 한다.
> • 소장은 노인수용자에 대하여 (㉢) 이상 건강검진을 하여야 한다.

	㉠	㉡	㉢
①	1년에 1회	6개월에 1회	3개월에 1회
②	1년에 1회	6개월에 1회	6개월에 1회
③	6개월에 1회	1년에 1회	3개월에 1회
④	6개월에 1회	1년에 1회	3개월에 1회

해설 ② 소장은 수용자에 대하여 1년에 1회 이상 건강검진을 하여야 한다. 다만, 19세 미만의 수용자와 계호상 독거수용자에 대하여는 6개월에 1회 이상 하여야 한다(형집행법 시행령 제51조 제1항). 소장은 노인수용자에 대하여 6개월에 1회 이상 건강검진을 하여야 한다(동법 시행규칙 제47조 제2항).

정답 | ②

81

현행 법령상 수용자의 위생과 의료에 관한 설명으로 옳지 않은 것은? 교정9급 10

① 소장은 수용자가 특별한 경우와 공휴일과 법무부장관이 정하는 날을 제외하고는 매일 근무시간 내에서 1시간 이내의 실외운동을 할 수 있도록 하여야 한다.

② 소장은 작업의 특성, 계절, 그 밖의 사정을 고려하여 수용자의 목욕횟수를 정하되, 부득이한 사정이 없으면 매주 1회 이상이 되도록 한다.

③ 소장은 19세 미만의 수용자와 계호상 독거수용자에 대하여는 1년에 1회 이상 건강검진을 하여야 한다.

④ 소장은 수용자가 자신의 비용으로 외부의료시설에서 근무하는 의사에게 치료받기를 원하는 때에는 이를 허가할 수 있다.

해설 ③ 소장은 수용자에 대하여 1년에 1회 이상 건강검진을 하여야 한다. 다만, 19세 미만의 수용자와 계호상 독거수용자에 대하여는 6개월에 1회 이상 하여야 한다(시행령 제51조 제1항).
① 시행령 제49조
② 시행령 제50조
④ 법 제38조

정답 | ③

82

수용자의 위생 및 의료에 관한 설명으로 옳지 않은 것은? 행정고시 03

① 소장은 수용자가 건강유지에 필요한 운동 및 목욕을 정기적으로 할 수 있도록 하여야 한다.
② 소장은 수용자가 근무시간 내에서 매일 1시간 이내의 실외운동을 할 수 있도록 하여야 한다.
③ 수용자가 자비로 치료를 원할 때에는 당해 소장은 이를 허가하여야 한다.
④ 교정시설에 갖추어야 할 의료설비의 기준에 관하여 필요한 사항은 법무부령으로 정한다.
⑤ 소장은 수용자가 자신의 고의 또는 중대한 과실로 부상 등이 발생하여 외부의료시설에서 진료를 받은 경우에는 그 진료비의 전부 또는 일부를 그 수용자에게 부담하게 할 수 있다.

해설 ③ 소장은 수용자가 자신의 비용으로 외부의료시설에서 근무하는 의사에게 치료받기를 원하면 교정시설에 근무하는 의사(공중보건의사를 포함하며, 이하 "의무관"이라 한다)의 의견을 고려하여 이를 허가할 수 있다(법 제38조).
① 법 제33조 제1항
② 시행령 제49조
④ 법 제39조 제4항
⑤ 법 제37조 제5항

정답 | ③

83

「형의 집행 및 수용자의 처우에 관한 법률」상 수용자의 위생과 의료에 대한 내용으로 옳지 않은 것은? 교정7급 21

① 수용자는 자신의 신체 및 의류를 청결히 하여야 하며, 자신이 사용하는 거실·작업장, 그 밖의 수용시설의 청결유지에 협력하여야 하며, 위생을 위하여 머리카락과 수염을 단정하게 유지하여야 한다.
② 소장은 수용자가 외부의료시설에서 진료받거나 치료감호시설로 이송되면 그 사실을 그 가족(가족이 없는 경우에는 수용자가 지정하는 사람)에게 지체 없이 알려야 한다. 다만, 수용자가 알리는 것을 원하지 아니하면 그러하지 아니하다.
③ 소장은 감염병이나 그 밖에 감염의 우려가 있는 질병의 발생과 확산을 방지하기 위하여 필요한 경우 수용자에 대하여 예방접종·격리수용·이송, 그 밖에 필요한 조치를 하여야 한다.
④ 소장은 수용자의 정신질환 치료를 위하여 필요하다고 인정하면 직권으로 치료감호시설로 이송할 수 있다.

해설 ④ 소장은 수용자의 정신질환 치료를 위하여 필요하다고 인정하면 법무부장관의 승인을 받아 치료감호시설로 이송할 수 있다(법 제37조 제2항).

정답 | ④

84

감염병에 대한 설명으로 옳지 않은 것은? 9급특채 11

① 소장은 감염병에 걸린 사람의 수용을 거절할 수 있다.
② 교정시설에 감염병이 유행할 경우에는 유아양육의 신청이 불허된다.
③ 소장은 수용자가 감염병에 걸렸다고 의심되는 경우에는 2주 이상 격리하고, 그 수용자의 휴대품을 소독하여야 한다.
④ 소장은 감염병이 유행하는 경우에는 수용자가 자비로 구매하는 음식물의 공급을 중지할 수 있다.

해설 ③ 소장은 수용자가 감염병에 걸렸다고 의심되는 경우에는 1주 이상 격리수용하고 그 수용자의 휴대품를 소독하여야 한다(시행령 제53조 제1항).
① 법 제18조 제1항
② 시행령 제80조 제2항
④ 시행령 제53조 제2항

정답 | ③

85 ★

「형의 집행 및 수용자의 처우에 관한 법령」상 감염성 질병에 관한 조치에 대한 내용으로 옳지 않은 것은? 교정9급 20

① 소장은 수용자가 감염병에 걸렸다고 의심되는 경우에는 2주 이상 격리수용하고 그 수용자의 휴대품을 소독하여야 한다.
② 소장은 감염병이 유행하는 경우에는 수용자가 자비로 구매하는 음식물의 공급을 중지할 수 있다.
③ 소장은 수용자가 감염병에 걸린 경우 지체 없이 법무부장관에게 보고하고 관할 보건기관의 장에게 알려야 한다.
④ 소장은 감염병의 유행으로 자비구매 물품의 사용이 중지된 경우에는 구매신청을 제한할 수 있다.

해설 ① 소장은 수용자가 감염병에 걸렸다고 의심되는 경우에는 1주 이상 격리수용하고 그 수용자의 휴대품을 소독하여야 한다(시행령 제53조 제1항).
② 동조 제2항
③ 동조 제4항
④ 시행규칙 제17조 제2항

정답 | ①

86

다음 중 현행 법령상 가장 옳지 않은 것은?

① 소장은 신입자에 대하여 지체 없이 건강진단을 하여야 한다.
② 수용자는 위생을 위하여 두발 또는 수염을 단정하게 유지하여야 한다.
③ 소장은 수용자에게 건강유지에 적합한 의류·침구, 그 밖의 생활용품을 지급한다.
④ 미결수용자의 두발 또는 수염은 본인의 의사에 반하여 짧게 깍지 못한다.

해설 ④ 미결수용자의 머리카락과 수염은 특히 필요한 경우가 아니면 본인의 의사에 반하여 짧게 깍지 못한다(법 제83조). 따라서 특히 필요한 경우에는 본인의 의사에 반하여 짧게 깎을 수 있다.
① 법 제16조 제2항
② 법 제32조 제2항
③ 법 제22조 제1항

정답 | ④

87

현행법상 수용자의 의료에 관한 내용으로 옳지 않은 것은?

① 처우상 독거자에 대해서는 1년에 1회 이상, 계호상 독거자에 대해서는 6개월에 1회 이상 건강검진을 하여야 한다.
② 소장은 수용자가 부상을 당하거나 질병에 걸린 경우에는 그 수용자를 의료거실에 수용하여야 한다.
③ 소장은 정신질환이 있다고 의심되는 수용자가 있으면 정신건강의학과 의사의 진료를 받을 수 있도록 하여야 한다.
④ 치료감호시설에 이송된 사람은 수용자에 준하여 처우한다.

해설 ② 소장은 수용자가 부상을 당하거나 질병에 걸린 경우에는 그 수용자를 의료거실에 수용하거나, 다른 수용자에게 그 수용자를 간병하게 할 수 있다(시행령 제54조). 즉, 의료거실 수용은 소장의 재량사항이다.
① 시행령 제51조 제1항
③ 법 제39조 제2항
④ 법 제37조 제3항

정답 | ②

88

현행 법령상 수용자의 위생과 의료에 관한 설명으로 옳지 않은 것은? 9급경채 13

① 노인수용자, 19세 미만의 수용자, 계호상 독거수용자에 대하여는 6개월에 1회 이상 건강검진을 하여야 한다.

② 소장은 수용자가 감염병에 걸렸다고 의심되는 경우에는 1주 이상 격리수용하여야 한다.

③ 교정시설에 근무하는 간호사는 야간 또는 공휴일에 외상 등 흔히 볼 수 있는 상처의 치료와 그에 따르는 의약품의 투여를 할 수 있다.

④ 소장은 정신질환이 있다고 의심되는 수용자가 있으면 정신건강의학과 의사의 진료를 받을 수 있도록 할 수 있다.

해설 ④ 소장은 정신질환이 있다고 의심되는 수용자가 있으면 정신건강의학과 의사의 진료를 받을 수 있도록 하여야 한다(법 제39조 제2항).

① 시행령 제51조 제1항, 시행규칙 제47조 제2항

② 시행령 제53조 제1항

③ 시행령 제54조의2

정답 | ④

89

현행 법령상 수용자의 의료처우에 관한 설명으로 옳지 않은 것은?

① 소장은 수용자가 치료감호시설로 이송된 경우에는 예외 없이 그 가족에게 이송 사실을 통지하여야 한다.

② 소장은 수용자가 중대한 과실로 부상 등이 발생하여 외부의료시설에서 진료를 받은 경우에는 그 진료비의 전부 또는 일부를 그 수용자에게 부담하게 할 수 있다.

③ 소장은 수용자가 진료 또는 음식물의 섭취를 거부하면 의무관으로 하여금 관찰·조언 또는 설득을 하도록 하여야 한다.

④ ③에도 불구하고 수용자가 진료 또는 음식물의 섭취를 계속 거부하여 그 생명에 위험을 가져올 급박한 우려가 있으면 의무관으로 하여금 적당한 진료 또는 영양보급 등의 조치를 하게 할 수 있다.

해설 ① 소장은 수용자가 외부의료시설에서 진료받거나 치료감호시설로 이송되면 그 사실을 그 가족(가족이 없는 경우에는 수용자가 지정하는 사람)에게 지체 없이 알려야 한다. 다만, 수용자가 알리는 것을 원하지 아니하면 그러하지 아니하다(법 제37조 제4항).

② 동조 제5항

③ 법 제40조 제1항

④ 동조 제2항

정답 | ①

90

수용자의 위생과 의료에 대한 설명으로 옳지 않은 것은? 교정7급 11

① 소장은 다른 사람의 건강에 위해를 끼칠 우려가 있는 감염병에 걸린 사람의 수용을 거절할 수 있다.
② 소장은 수용자에 대한 적절한 치료를 위하여 필요한 경우 법무부장관의 승인을 받아 외부의료시설에서 진료를 받게 할 수 있다.
③ 소장은 수용자의 정신질환 치료를 위하여 필요한 경우 법무부장관의 승인을 받아 치료감호시설에 이송할 수 있다.
④ 소장은 수용자에 대하여 건강검진을 정기적으로 하여야 하고, 횟수는 대통령령으로 정한다.

해설 ② 소장은 수용자에 대한 적절한 치료를 위하여 필요하다고 인정하면 교정시설 밖에 있는 의료시설(외부의료시설)에서 진료를 받게 할 수 있다(법 제37조 제1항). 즉, 소장의 재량으로 가능하며 법무부장관의 승인을 요하지 않는다.
① 법 제18조 제1항
③ 법 제37조 제2항
④ 법 제34조 제1항

정답 | ②

91

형의 집행 및 수용자의 처우에 관한 법령상 수용자의 의료처우에 대한 설명으로 옳지 않은 것은? 교정9급 17

① 소장은 수용자가 자신의 비용으로 외부의료시설에서 근무하는 의사에게 치료받기를 원하면 교정시설에 근무하는 의사의 의견을 고려하여 이를 허가할 수 있다.
② 소장은 진료를 거부하는 수용자가 교정시설에 근무하는 의사의 설득 등에도 불구하고 진료를 계속 거부하여 그 생명에 위험을 가져올 급박한 우려가 있으면 위 의사로 하여금 적당한 진료 등의 조치를 하게 할 수 있다.
③ 소장은 19세 미만의 수용자와 계호상 독거수용자에 대하여는 6개월에 1회 이상 건강검진을 하여야 한다.
④ 소장은 수용자가 자신의 고의 또는 과실로 부상 등이 발생하여 외부의료시설에서 진료를 받은 경우에는 그 진료비의 전부 또는 일부를 그 수용자에게 부담하게 하여야 한다.

해설 ④ 소장은 수용자가 자신의 고의 또는 중대한 과실로 부상 등이 발생하여 외부의료시설에서 진료를 받은 경우에는 그 진료비의 전부 또는 일부를 그 수용자에게 부담하게 할 수 있다(법 제37조 제5항).
① 법 제38조
② 법 제40조 제2항
③ 시행령 제51조 제1항

정답 | ④

92

수용자의 위생과 의료에 대한 설명으로 옳은 것은? 교정7급 13

① 19세 미만의 수용자와 계호상 독거수용자에 대하여는 건강검진을 1년에 1회 이상 하여야 한다.

② 소장은 감염병이 유행하는 경우에는 수용자에게 지급하는 음식물의 배급을 일시적으로 중지할 수 있다.

③ 교정시설에서 간호사가 할 수 있는 의료행위에는 응급을 요하는 수용자에 대한 응급처치가 포함된다.

④ 소장은 수용자를 외부의료시설에 입원시키는 경우에는 그 사실을 지방교정청장에게까지 지체 없이 보고하여야 한다.

해설 ③ 시행령 제54조의2

① 소장은 수용자에 대하여 1년에 1회 이상 건강검진을 하여야 한다. 다만, 19세 미만의 수용자와 계호상 독거수용자에 대하여는 6개월에 1회 이상 하여야 한다(시행령 제51조 제1항).

② 소장은 감염병이 유행하는 경우에는 수용자가 자비로 구매하는 음식물의 공급을 중지할 수 있다(시행령 제53조 제2항).

④ 소장은 수용자를 외부의료시설에 입원시키거나 입원 중인 수용자를 교정시설로 데려온 경우에는 그 사실을 법무부장관에게 지체 없이 보고하여야 한다(시행령 제57조).

정답 | ③

93 ★

수용자에 대한 의료처우에 관한 규정으로 옳은 것은? 9급경채 15

① 소장은 수용자가 고의 또는 과실로 부상이 발생하여 외부의료시설에서 진료를 받은 경우 진료비의 일부를 그 수용자에게 부담하게 할 수 있다.

② 소장은 정신질환이 있다고 의심되는 수용자가 있으면 정신건강의학과 의사의 진료를 받을 수 있도록 할 수 있다.

③ 소장은 수용자가 진료 또는 음식물의 섭취를 거부하면 교도관으로 하여금 관찰, 조언 또는 설득을 하도록 하여야 한다.

④ 소장은 수용자가 부상을 당하거나 질병에 걸린 경우 다른 수용자에게 그 수용자를 간병하게 할 수 있다.

해설 ④ 시행령 제54조

① 소장은 수용자가 자신의 고의 또는 중대한 과실로 부상 등이 발생하여 외부의료시설에서 진료를 받은 경우에는 그 진료비의 전부 또는 일부를 그 수용자에게 부담하게 할 수 있다(법 제37조 제5항).

② 소장은 정신질환이 있다고 의심되는 수용자가 있으면 정신건강의학과 의사의 진료를 받을 수 있도록 하여야 한다(법 제39조 제2항).

③ 소장은 수용자가 진료 또는 음식물의 섭취를 거부하면 의무관으로 하여금 관찰·조언 또는 설득을 하도록 하여야 한다(법 제40조 제1항).

정답 | ④

94

수용자의 위생과 의료에 관한 설명으로 옳지 않은 것은 모두 몇 개인가?

㉠ 운동시간, 목욕횟수 등에 관하여 필요한 사항은 대통령령으로 정한다. ㉡ 소장은 작업의 특성상 실외운동이 필요 없다고 인정하는 때에는 수용자에게 실외운동을 실시하지 않을 수 있다. ㉢ 소장은 원칙적으로 수용자의 목욕횟수가 매주 1회 이상이 되도록 하여야 한다. ㉣ 교정시설에 근무하는 간호사는 의무관의 지시 없이는 어떠한 의료행위도 할 수 없다. ㉤ 소장은 수용자를 외부의료시설에서 진료받게 한 경우에는 그 사실을 법무부장관에게 지체 없이 보고하여야 한다.

① 1개　　② 2개
③ 3개　　④ 4개

해설 [×] ㉣ 치료를 위하여 교정시설에 근무하는 간호사는 야간 또는 공휴일 등에 대통령령으로 정하는 경미한 의료행위를 할 수 있다(법 제36조 제2항).

㉤ 소장은 수용자를 외부의료시설에 입원시키거나 입원 중인 수용자를 교정시설로 데려온 경우에는 그 사실을 법무부장관에게 지체 없이 보고하여야 한다(시행령 제57조). 즉, 수용자의 외부의료시설 입·퇴원 시에 한하여 법무부장관에게 보고하여야 하므로, 단순히 진료만 받은 경우에는 보고할 필요가 없다.

[○] ㉠ 법 제33조 제2항

㉡ 시행령 제49조 제1호

㉢ 시행령 제50조

정답 | ②

95

「형의 집행 및 수용자의 처우에 관한 법률 시행령」상 수용자 의료처우에 대한 설명으로 가장 옳은 것은?

5급승진 22

① 소장은 수용자가 감염병에 걸렸다고 의심되는 경우에는 2주 이상 격리수용하고 그 수용자의 휴대품을 소독하여야 한다.

② 소장은 감염병이 유행하는 경우에는 수용자가 자비로 구매하는 음식물의 공급을 중지하여야 한다.

③ 소장은 수용자가 감염병에 걸린 경우에는 즉시 격리수용하고 그 수용자가 사용한 물품과 설비를 철저히 소독하여야 하며, 그 사실을 지체 없이 법무부장관에게 보고하고 관할 보건기관의 장에게 알려야 한다.

④ 소장은 수용자가 부상을 당하거나 질병에 걸린 경우에는 그 수용자를 의료거실에 수용하고 다른 수용자에게 그 수용자를 간병하게 하여야 한다.

해설 ③ 형집행법 시행령 제53조 제3항·제4항

① 소장은 수용자가 감염병에 걸렸다고 의심되는 경우에는 1주 이상 격리수용하고 그 수용자의 휴대품을 소독하여야 한다(동법 시행령 제53조 제1항).

② 소장은 감염병이 유행하는 경우에는 수용자가 자비로 구매하는 음식물의 공급을 중지할 수 있다(동조 제2항).

④ 소장은 수용자가 부상을 당하거나 질병에 걸린 경우에는 그 수용자를 의료거실에 수용하거나, 다른 수용자에게 그 수용자를 간병하게 할 수 있다(동법 시행령 제54조).

정답 | ③

96

형의 집행 및 수용자의 처우에 관한 법률 시행령」상 의료 등에 대한 설명으로 가장 옳지 않은 것은?

6급승진 22

① 소장은 19세 미만의 수용자에 대하여는 1년에 1회 이상 건강검진을 하여야 한다.

② 소장은 수용자가 감염병에 걸렸다고 의심되는 경우에는 1주 이상 격리수용하고 그 수용자의 휴대품을 소독하여야 한다.

③ 소장은 수용자가 위독한 경우에는 그 사실을 가족에게 지체 없이 알려야 한다.

④ 소장은 수용자가 부상을 당하거나 질병에 걸린 경우에는 그 수용자를 의료거실에 수용하거나, 다른 수용자에게 그 수용자를 간병하게 할 수 있다.

해설 ① 소장은 수용자에 대하여 1년에 1회 이상 건강검진을 하여야 한다. 다만, 19세 미만의 수용자와 계호상 독거수용자에 대하여는 6개월에 1회 이상 하여야 한다(형집행법 시행령 제51조 제1항).

② 동법 시행령 제53조 제1항

③ 동법 시행령 제56조

④ 동법 시행령 제54조

정답 | ①

97

「형의 집행 및 수용자의 처우에 관한 법률」상 진료 등에 대한 설명으로 가장 옳지 않은 것은?

7급승진 23

① 교정시설에는 수용자의 진료를 위하여 필요한 의료 인력과 설비를 갖추어야 한다.
② 소장은 정신질환이 있다고 의심되는 수용자가 있으면 정신건강의학과 의사의 진료를 받을 수 있도록 하여야 한다.
③ 교정시설에 갖추어야 할 의료설비의 기준에 관하여 필요한 사항은 법무부령으로 정한다.
④ 소장은 수용자가 진료 또는 음식물의 섭취를 거부하면 의무관으로 하여금 적당한 진료 또는 영양보급 등의 조치를 하게 하여야 한다.

해설 ④ 소장은 수용자가 진료 또는 음식물의 섭취를 거부하면 의무관으로 하여금 관찰·조언 또는 설득을 하도록 하여야 한다(동법 제40조 제1항). 소장은 제1항의 조치에도 불구하고 수용자가 진료 또는 음식물의 섭취를 계속 거부하여 그 생명에 위험을 가져올 급박한 우려가 있으면 의무관으로 하여금 적당한 진료 또는 영양보급 등의 조치를 하게 할 수 있다(형집행법 제40조 제2항).
① 동법 제39조 제1항
② 동조 제2항
③ 동조 제4항

정답 | ④

98

「형의 집행 및 수용자의 처우에 관한 법률」상 수용자 의료처우 등에 대한 설명으로 가장 옳지 않은 것은?

7급승진 23

① 소장은 수용자의 정신질환 치료를 위하여 필요하다고 인정하면 법무부장관의 승인을 받아 치료감호시설로 이송할 수 있다.
② 소장은 형집행법 제37조(외부의료시설 진료 등) 제1항 또는 제2항에 따라 수용자가 외부의료시설에서 진료받거나 치료감호시설로 이송되면 그 사실을 그 가족(가족이 없는 경우에는 수용자가 지정하는 사람)에게 지체 없이 알려야 한다. 다만, 수용자가 알리는 것을 원하지 아니하면 그러하지 아니하다.
③ 소장은 수용자가 자신의 고의 또는 중대한 과실로 부상 등이 발생하여 외부의료시설에서 진료를 받은 경우에는 그 진료비의 전부 또는 일부를 그 수용자에게 부담하게 하여야 한다.
④ 소장은 수용자가 부상을 당하거나 질병에 걸리면 적절한 치료를 받도록 하여야 한다.

해설 ③ 소장은 수용자가 자신의 고의 또는 중대한 과실로 부상 등이 발생하여 외부의료시설에서 진료를 받은 경우에는 그 진료비의 전부 또는 일부를 그 수용자에게 부담하게 할 수 있다(형집행법 제37조 제5항).
① 동조 제2항
② 동조 제4항
④ 동법 제36조 제1항

정답 | ③

99

「형의 집행 및 수용자의 처우에 관한 법률 시행령」상 수용자의 위생과 의료에 대한 설명으로 가장 옳지 않은 것은? 6급승진 24

① 소장은 원칙적으로 공휴일 및 법무부장관이 정하는 날은 제외하고 「국가공무원 복무규정」 제9조(근무시간 등)에 따른 근무시간 내에서 수용자가 매일 1시간 이내의 실외운동을 할 수 있도록 하여야 한다.

② 소장은 질병 등으로 실외운동이 수용자의 건강에 해롭다고 인정되는 때는 실외운동을 실시하지 않을 수 있다.

③ 소장은 작업의 특성, 계절, 그 밖의 사정을 고려하여 수용자의 목욕횟수를 정하되 부득이한 사정이 없으면 매주 1회 이상이 되도록 한다.

④ 소장은 수용자에 대하여 1년에 1회 이상 건강검진을 하여야 한다. 다만, 60세 이상의 수용자와 계호상 독거수용자에 대하여는 6개월에 1회 이상 하여야 한다.

해설 ④ 소장은 수용자에 대하여 1년에 1회 이상 건강검진을 하여야 한다. 다만, 19세 미만의 수용자와 계호상 독거수용자에 대하여는 6개월에 1회 이상 하여야 한다(형집행법 시행령 제51조 제1항).

※ 노인수용자란 65세 이상인 수용자를 말하며(동법 시행령 제81조 제1항), 소장은 노인수용자에 대하여 6개월에 1회 이상 건강검진을 하여야 한다(동법 시행규칙 제47조 제2항).

①·② 소장은 수용자가 매일(공휴일 및 법무부장관이 정하는 날은 제외한다) 「국가공무원 복무규정」 제9조에 따른 근무시간 내에서 1시간 이내의 실외운동을 할 수 있도록 하여야 한다. 다만, ㉠ 작업의 특성상 실외운동이 필요 없다고 인정되는 때, ㉡ 질병 등으로 실외운동이 수용자의 건강에 해롭다고 인정되는 때, ㉢ 우천, 수사, 재판, 그 밖의 부득이한 사정으로 실외운동을 하기 어려운 때에는 실외운동을 실시하지 아니할 수 있다(동법 시행령 제49조).

③ 동법 시행령 제50조

정답 | ④

100

형집행법령상 감염병 등에 대한 설명으로 가장 옳은 것은? 7급승진 23

① 소장은 감염병이나 그 밖에 감염의 우려가 있는 질병의 발생과 확산을 방지하기 위하여 필요한 경우 수용자에 대하여 예방접종·격리수용·이송, 그 밖에 필요한 조치를 하여야 한다.

② 소장은 수용자가 감염병에 걸렸다고 의심되는 경우에는 즉시 격리수용하고 그 수용자가 사용한 물품과 설비를 철저히 소독하여야 한다.

③ 소장은 수용자가 감염병에 걸린 경우에는 1주 이상 격리수용하고 그 수용자의 휴대품을 소독하여야 한다.

④ 소장은 감염병이 유행하는 경우에는 수용자가 자비로 구매하는 음식물의 공급을 중지하여야 한다.

해설 ① 형집행법 제35조

② 소장은 수용자가 감염병에 걸렸다고 의심되는 경우에는 1주 이상 격리수용하고 그 수용자의 휴대품을 소독하여야 한다(동법 시행령 제53조 제1항).

③ 소장은 수용자가 감염병에 걸린 경우에는 즉시 격리수용하고 그 수용자가 사용한 물품과 설비를 철저히 소독하여야 한다(동조 제3항).

④ 소장은 감염병이 유행하는 경우에는 수용자가 자비로 구매하는 음식물의 공급을 중지할 수 있다(동조 제2항).

정답 | ①

101

수용자 A가 감염병에 걸렸다고 의심되는 여러 가지 증상을 보여 교정시설 당국에서 다음과 같은 조치를 하였다고 가정할 때 가장 옳지 않는 것은?

① A를 5일 동안 격리수용하였다.
② A가 그동안 구매하던 음식물의 공급을 중지하였다.
③ 소장은 해당 사실을 지체 없이 법무부장관에게 보고하고, 관할 보건기관의 장에게 알렸다.
④ 격리수용하던 기간 중 야간에 간호사가 증상의 악화방지를 위한 처치를 하였다.

해설 ① 소장은 수용자가 감염병에 걸렸다고 의심되는 경우에는 1주 이상 격리수용하고 그 수용자의 휴대품을 소독하여야 한다(시행령 제53조 제1항).
② 소장은 감염병이 유행하는 경우에는 수용자가 자비로 구매하는 음식물의 공급을 중지할 수 있다(동조 제2항).
③ 시행령 제53조 제4항
④ 시행령 제54조의2 제3호

정답 | ①

102

스위스 국적인 여성 하이디는 죄를 범해 교도소로 들어왔다. 이에 대한 설명으로 옳은 것은?

9급특채 11

① 정신적인 충격으로 인해 유산을 한 경우 소장은 정기적인 검진을 하지 않아도 된다.
② 고의적인 음식물 섭취 거부로 인해 생명에 위험을 가져올 급박한 우려가 있으면 영양보급의 조치를 할 수 있다.
③ 하이디의 친구인 ○○○가 접견을 온 경우 접견 시 자국어로 의사소통을 할 수 없다.
④ 하이디의 14세된 미성년의 딸이 면회를 왔을 경우 외국인이므로 차단되지 않은 장소에서 접견을 해야 한다.

해설 ② 법 제40조 제2항
① 소장은 수용자가 임신 중이거나 출산(유산·사산을 포함한다)한 경우에는 모성보호 및 건강유지를 위하여 정기적인 검진 등 적절한 조치를 하여야 한다(법 제52조 제1항).
③ 수용자와 교정시설 외부의 사람이 접견하는 경우에 접견내용이 청취·녹음 또는 녹화될 때에는 외국어를 사용해서는 아니 된다. 다만 국어로 의사소통하기 곤란한 사정이 있는 경우에는 외국어를 사용할 수 있다(시행령 제60조 제1항). 따라서 외국어로 의사소통을 할 수 없다는 표현은 옳지 않다.
④ 수용자가 미성년의 자녀와 차단되지 않은 장소에서 접견하는 것은 임의규정이다. 따라서 차단되지 않은 장소에서 접견을 해야 한다는 표현은 옳지 않다. 또한 외국인의 접견에 대한 장소상 특례규정은 현행법상 존재하지 않는다.

정답 | ②

103

외국 국적의 여성 A가 죄를 범해 신입자로 교도소에 수용된 경우, 「형의 집행 및 수용자의 처우에 관한 법령」상 A에 대한 설명으로 옳지 않은 것은? 교정7급 23

① 소장은 A가 질병 등으로 위독하거나 사망한 경우에는 그의 국적이 속하는 나라의 외교공관 또는 영사관의 장이나 그 관원 또는 가족에게 이를 즉시 알려야 한다.

② A를 이송이나 출정으로 호송하는 경우, 남성수용자와 호송차량의 좌석을 분리하는 등의 방법으로 서로 접촉하지 못하게 하여야 한다.

③ A와 교정시설 외부의 사람이 접견하는 경우에 접견내용이 청취·녹음 또는 녹화될 때, A가 국어로 의사소통하기 곤란한 사정이 있는 경우에는 외국어를 사용할 수 있다.

④ 소장은 A가 환자이거나 부득이한 사정이 있는 경우가 아니면 수용된 날부터 3일 동안 신입자거실에 수용해야 하고, 신청에 따라 작업을 부과할 수 있다.

해설 ④ 소장은 신입자거실에 수용된 사람에게는 작업을 부과해서는 아니 된다(형집행법 시행령 제18조 제2항).
① 동법 시행규칙 제59조
② 동법 시행령 제24조
③ 수용자와 교정시설 외부의 사람이 접견하는 경우에 접견내용이 청취·녹음 또는 녹화될 때에는 외국어를 사용해서는 아니 된다. 다만, 국어로 의사소통하기 곤란한 사정이 있는 경우에는 외국어를 사용할 수 있다(동법 시행령 제60조 제1항).

정답 | ④

104 ★

현행 법령에서 규정하고 있는 '특별한 보호'에 관한 내용 중 틀린 것은? 9급특채 10

① 남성교도관 1인이 여성수용자에 대하여 실내에서 상담 등을 하려면 투명한 창문이 설치된 장소에서 여성교도관을 입회시킨 후 실시하여야 한다.

② 여성수용자는 자신이 출산한 유아를 교정시설에서 양육할 것을 신청할 수 있으며, 이 경우 소장은 형집행법 제35조 제1항 각호에서 규정하는 사유가 없으면 생후 18개월에 이르기까지 허가하여야 한다.

③ 장애인 수용자의 거실은 시설부족 또는 그 밖의 부득이한 사정이 없으면 건물의 1층에 설치하고, 특히 장애인이 이용할 수 있는 변기 등의 시설을 갖추도록 하여야 한다.

④ 소장은 외국인 수용자의 수용거실을 지정하는 경우에는 종교 또는 생활관습이 다르거나 민족감정 등으로 분쟁의 소지가 있는 외국인 수용자는 거실을 분리하여 수용하여야 한다.

해설 ① 남성교도관이 1인의 여성수용자에 대하여 실내에서 상담 등을 하려면 투명한 창문이 설치된 장소에서 다른 여성을 입회시킨 후 실시하여야 한다(법 제51조 제2항). 여기서 '다른 여성'의 범위에는 제한이 없으므로 여성교도관은 물론 여성수용자도 포함된다.
② 법 제53조 제1항
③ 시행규칙 제51조 제2항
④ 시행규칙 제57조 제1항

정답 | ①

105

「형의 집행 및 수용자의 처우에 관한 법률」상 교도소장 A가 취한 조치 중 타당한 것은? 교정7급 15

① 정치인 B가 신입자로 수용되면서 자신의 수감사실을 가족에게 알려줄 것을 원하였으나, 교도소장 A는 정치인 B에게 아첨하는 것처럼 비칠까봐 요청을 거부하고 가족에게 통지하지 않았다.

② 기독교 신자이며 교도소장 A의 동창인 수용자 C는 성경책을 소지하기를 원하였으나, 교도소장 A는 지인에 대한 특혜처럼 비칠까봐 별다른 교화나 질서유지상의 문제가 없음에도 성경책 소지를 제한하였다.

③ 수용자인 연예인 D가 교도소 외부 대형병원에서 자신의 비용으로 치료받기를 원하였으나, 교도소장 A는 교도소의 의무관으로부터 소내 치료가 충분히 가능한 단순 타박상이라 보고 받고 명백한 꾀병으로 보이기에 외부병원 치료 요청을 거부하였다.

④ 교도소장 A는 금고형을 선고받고 복역 중인 기업인 E가 교도작업을 하지 않는 것은 특혜라고 비칠까봐 기업인 E가 거부함에도 불구하고 교도작업을 부과하였다.

해설 ③ 소장은 수용자가 자신의 비용으로 외부의사에게 치료받기를 원하면 교정시설에 근무하는 의사의 의견을 고려하여 이를 허가할 수 있다(법 제38조). 즉, 수용자의 자비부담으로 외부의사에게 치료를 받는 것은 소장의 재량이므로, 의무관의 의견을 고려하여 이를 거부하였다 하여 곧 위법이라 단정하기 어렵다.

① 소장은 신입자 또는 다른 교정시설로부터 이송되어 온 사람이 있으면 그 사실을 수용자의 가족(배우자, 직계 존속·비속 또는 형제자매)에게 지체 없이 알려야 한다. 다만, 수용자가 알리는 것을 원하지 아니하면 그러하지 아니하다(법 제21조). 즉, 신입자의 수용사실 알림은 의무사항이므로 본인이 알려 줄 것을 원하였음에도 소장이 그 사실을 가족에게 통지하지 않은 것은 위법하다.

② 소장은 수형자의 교화 또는 건전한 사회복귀를 위하여 필요하거나, 시설의 안전과 질서유지를 위하여 필요한 때에는 종교의식 또는 행사 참석, 개별적인 종교상담 및 신앙생활에 필요한 책이나 물품의 소지를 제한할 수 있다(법 제45조 제3항). 따라서 별다른 교화나 질서유지상의 문제가 없음에도 성경책 소지를 제한한 것은 위법하다.

④ 소장은 금고형 또는 구류형의 집행 중에 있는 사람에 대하여는 신청에 따라 작업을 부과할 수 있다(법 제67조). 따라서 작업신청을 하지 않은 금고형 수형자에게 작업을 부과한 것은 위법하다.

정답 | ③

106

형의 집행 및 수용자의 처우에 관한 법령상 특별한 보호가 필요한 수용자의 처우에 대한 설명으로 옳지 않은 것은? 교정9급 20

① 소장은 수용자가 임신 중이거나 출산(유산·사산은 제외한다)한 경우에는 모성보호 및 건강유지를 위하여 정기적인 검진 등 적절한 조치를 하여야 한다.

② 장애인수용자의 거실은 시설부족 또는 그 밖의 부득이한 사정이 없으면 건물의 1층에 설치하고, 특히 장애인이 이용할 수 있는 변기 등의 시설을 갖추도록 하여야 한다.

③ 소장은 외국인수용자의 수용거실을 지정하는 경우에는 종교 또는 생활관습이 다르거나 민족감정 등으로 인하여 분쟁의 소지가 있는 외국인수용자는 거실을 분리하여 수용하여야 한다.

④ 노인수형자 전담교정시설에는 별도의 공동휴게실을 마련하고 노인이 선호하는 오락용품 등을 갖춰두어야 한다.

해설 ① 소장은 수용자가 임신 중이거나 출산(유산·사산을 포함한다)한 경우에는 모성보호 및 건강유지를 위하여 정기적인 검진 등 적절한 조치를 하여야 한다(법 제52조 제1항).
② 시행규칙 제51조 제2항
③ 시행규칙 제57조 제1항
④ 시행규칙 제43조 제2항

정답 | ①

107

형의 집행 및 수용자의 처우에 관한 법령상 여성수용자의 처우에 대한 설명으로 옳지 않은 것은? 교정7급 19

① 여성수용자가 자신이 출산한 유아를 교정시설에서 양육할 것을 신청한 경우, 법에서 규정한 특별한 사유에 해당하지 않으면 생후 18개월에 이르기까지 이를 허가하여야 한다.

② 소장은 유아의 양육을 허가하지 아니하는 경우에는 수용자의 의사를 고려하여 유아보호에 적당하다고 인정하는 법인 또는 개인에게 그 유아를 보낼 수 있다.

③ 소장은 수용자가 임신 중이거나 출산(유산·사산을 포함한다)한 경우에는 모성보호 및 건강유지를 위하여 정기적인 검진 등 적절한 조치를 하여야 한다.

④ 남성교도관이 1인의 여성수용자에 대하여 실내에서 상담 등을 하려면 투명한 창문이 설치된 장소에서 다른 교도관을 입회시킨 후 실시하여야 한다.

해설 ④ 남성교도관이 1인의 여성수용자에 대하여 실내에서 상담 등을 하려면 투명한 창문이 설치된 장소에서 다른 여성을 입회시킨 후 실시하여야 한다(법 제51조 제2항).

정답 | ④

108

현행 법령상 여성수용자의 처우에 관한 설명으로 옳지 않은 것은?

① 소장은 수용자가 출산한 경우에는 정기적인 검진 등 적절한 조치를 하여야 한다.

② ①에서의 "출산한 경우"란 출산 후 60일이 지나지 아니한 경우를 말한다.

③ ①에서의 "출산"에는 유산이 포함되지 않는다.

④ 소장은 수용자가 출산하려고 하는 경우에는 외부의료시설에서 진료를 받게 하는 등 적절한 조치를 하여야 한다.

해설 ①·③ 소장은 수용자가 임신 중이거나 출산(유산·사산을 포함한다)한 경우에는 모성보호 및 건강유지를 위하여 정기적인 검진 등 적절한 조치를 하여야 한다(법 제52조 제1항).

② 시행령 제78조

④ 법 제52조 제2항

정답 | ③

109

「형의 집행 및 수용자의 처우에 관한 법률」상 여성수용자의 특별한 보호에 대한 설명으로 옳지 않은 것은? 교정7급 13 변형

① 수용자가 미성년자인 자녀와 접견할 경우에 언제나 차단시설이 있는 장소에서 접견하여야 하되, 최소한의 수준의 차단시설이어야 한다.

② 여성수용자에 대하여 상담·교육·작업 등을 실시하는 때에는 여성교도관이 담당하는 것이 원칙이다.

③ 소장은 여성수용자에 대하여 건강검진을 실시하는 경우에는 나이·건강 등을 고려하여 부인과질환에 관한 검사를 포함시켜야 한다.

④ 여성수용자가 자신이 출산한 유아를 교정시설에서 양육할 것을 신청하더라도 소장은 교정시설에 감염병이 유행할 경우 허가하지 않을 수 있다.

해설 ① 수용자가 미성년자인 자녀와 접견하는 경우에는 접촉차단시설이 설치되지 아니한 장소에서 접견하게 할 수 있다(법 제41조 제3항 제1호).

② 법 제51조 제1항

③ 법 제50조 제2항

④ 법 제53조 제1항

정답 | ①

110

「형의 집행 및 수용자의 처우에 관한 법률」상 여성수용자의 처우에 대한 설명으로 옳은 것은?

교정9급 14

① 남성교도관 1인이 여성수용자에 대하여 실내에서 여성교도관 입회 없이 상담 등을 하려면 투명한 창문이 설치된 장소에서 다른 남성을 입회시킨 후 실시하여야 한다.

② 소장은 여성수용자가 자신이 출산한 유아를 교정시설에서 양육할 것을 신청한 때에는 유아가 질병이 있는 경우에만 허가하지 않을 수 있다.

③ 거실에 있는 여성수용자에 대해서는 자살 등의 우려가 큰 때에도 전자영상장비로 계호할 수 없다.

④ 소장은 여성수용자가 유산한 경우에 모성보호 및 건강유지를 위하여 정기적인 검진 등 적절한 조치를 하여야 한다.

해설 ④ 법 제52조 제1항

① 남성교도관이 1인의 여성수용자에 대하여 실내에서 상담 등을 하려면 투명한 창문이 설치된 장소에서 다른 여성을 입회시킨 후 실시하여야 한다(법 제51조 제2항).

② 여성수용자는 자신이 출산한 유아를 교정시설에서 양육할 것을 신청할 수 있다. 이 경우 소장은 다음 각 호의 어느 하나에 해당하는 사유가 없으면, 생후 18개월에 이르기까지 허가하여야 한다(법 제53조 제1항).

1. 유아가 질병·부상, 그 밖의 사유로 교정시설에서 생활하는 것이 특히 부적당하다고 인정되는 때
2. 수용자가 질병·부상, 그 밖의 사유로 유아를 양육할 능력이 없다고 인정되는 때
3. 교정시설에 감염병이 유행하거나 그 밖의 사정으로 유아양육이 특히 부적당한 때

즉, 유아양육 불허사유는 3가지임에도 불구하고 지문에서는 유아가 질병이 있는 사유로 한정하고 있으므로 틀린 표현이다.

③ 자살 등의 우려가 큰 때에는 전자영상장비로 거실에 있는 여성수용자를 계호할 수 있다. 이 경우 여성교도관이 계호하여야 한다(법 제94조 제1항·제2항).

정답 | ④

111

대동유아에 관한 설명으로 옳지 않은 것은?

① 여성수용자 본인과 그 남편이 함께 신청하여야 한다.

② 소장의 직권으로는 할 수 없다.

③ 생후 18개월 이내이어야 한다.

④ 여자수용자의 소생유아이어야 한다.

해설 ① 대동유아(교정시설에서의 유아양육)는 생모인 여자수용자의 단독신청에 의하며, 남편 등 가족에게는 신청권이 인정되지 아니한다(법 제53조 제1항 참조).

정답 | ①

112 ★

여성수용자의 처우에 대한 설명으로 옳지 않은 것은? 교정7급 14

① UN 피구금자처우 최저기준규칙에서는 여자피구금자는 여자직원에 의해서만 보호되고 감독되도록 하고 있으나, 남자직원 특히 의사 및 교사가 여자시설에서 직무를 행할 수 있도록 하고 있다.

② 남성교도관은 필요하다고 인정되는 경우에도 야간에는 수용자 거실에 있는 여성수용자를 시찰할 수 없다.

③ 여성수용자는 자신이 출산한 유아를 교정시설에서 양육할 것을 신청할 수 있으며, 특별한 사유가 없으면 생후 18개월에 이르기까지 허가하여야 한다.

④ 교정시설의 장은 수용자가 미성년자인 자녀와 접견하는 경우에는 차단시설이 없는 장소에서 접견하게 할 수 있다.

해설 ② 소장은 특히 필요하다고 인정하는 경우가 아니면 남성교도관이 야간에 수용자거실에 있는 여성수용자를 시찰하게 하여서는 아니 된다(시행령 제7조). 따라서 소장이 특히 필요하다고 인정하는 경우에는 남성교도관이 야간에 수용자거실에 있는 여성수용자를 시찰할 수 있다.

① UN 피구금자처우 최저기준규칙 제53조 제3항

③ 법 제53조 제1항

정답 | ②

113

「형의 집행 및 수용자의 처우에 관한 법률」상 여성수용자의 처우에 대한 설명으로 옳지 않은 것은? 교정9급 18

① 교정시설의 장은 여성수용자에 대하여 건강검진을 실시하는 경우에는 나이·건강 등을 고려하여 부인과 질환에 관한 검사를 포함시켜야 한다.

② 교정시설의 장은 수용자가 미성년자인 자녀와 접견하는 경우 차단시설이 없는 장소에서 접견하게 할 수 있다.

③ 교정시설의 장은 여성수용자에 대하여 상담·교육·작업 등을 실시하는 때에는 여성교도관이 담당하도록 하여야 한다. 다만, 여성교도관이 부족하거나 그 밖의 부득이한 사정이 있으면 그러하지 아니하다.

④ 교정시설의 장은 수용자가 임신 중이거나 출산(유산은 포함되지 않음)한 경우에는 모성보호 및 건강유지를 위하여 정기적인 검진 등 적절한 조치를 하여야 한다.

해설 ④ 소장은 수용자가 임신 중이거나 출산(유산·사산을 포함한다)한 경우에는 모성보호 및 건강유지를 위하여 정기적인 검진 등 적절한 조치를 하여야 한다(법 제52조 제1항).

① 법 제50조 제2항

② 법 제41조 제3항 제1호

③ 법 제51조 제1항

정답 | ④

114

유아양육에 관한 설명으로 옳지 않은 것은?

① 여성수용자가 자신이 출산한 유아를 교정시설에서 양육할 것을 신청한 경우 소장은 일정한 사유가 없으면 허가하여야 한다.

② 유아양육을 신청할 수 있는 수용자는 주민등록상 모친으로 등록된 경우에 한한다.

③ 수용 중에 출산한 유아라도 양육을 신청할 수 있다.

④ 유아양육은 생후 18개월까지만 할 수 있다.

해설 ② 법적 모(母)가 아니더라도 자신이 출산한 것만 증명되면 허가의 대상이 될 수 있다(법 제53조 제1항).
①·③·④ 동조 동항 참조

정답 | ②

115

형의 집행 및 수용자의 처우에 관한 법률상 여성수용자가 유아양육을 신청한 경우 소장은 일정한 사유가 없는 한 이를 허가하여야 하는데 그 사유에 해당되지 않는 것은?

① 유아가 질병·부상, 그 밖의 사유로 교정시설에서 생활하는 것이 부적당하다고 인정되는 때

② 수용자가 질병·부상, 그 밖의 사유로 유아를 양육할 능력이 없다고 인정되는 때

③ 시설의 안전 또는 질서를 해칠 우려가 있다고 인정되는 때

④ 교정시설에 감염병이 유행하는 때

해설 ③ 유아양육 불허사유에 해당하지 않는다. 여성수용자가 자신이 출산한 유아를 교정시설에서 양육할 것을 신청하는 경우, 소장은 일정한 사유가 없으면 생후 18개월에 이르기까지 허가하여야 하는데, 유아양육 불허사유는 다음과 같다(법 제53조 제1항 참조).

유아양육 불허사유
- 유아가 질병·부상, 그 밖의 사유로 교정시설에서 생활하는 것이 특히 부적당하다고 인정되는 때
- 수용자가 질병·부상, 그 밖의 사유로 유아를 양육할 능력이 없다고 인정되는 때
- 교정시설에 감염병이 유행하거나 그 밖의 사정으로 유아양육이 특히 부적당한 때

정답 | ③

116

여성수용자의 처우 및 유아의 양육에 관한 설명으로 옳지 않은 것은? 교정9급 10

① 소장은 여성수용자가 목욕을 하는 경우에 계호가 필요하다고 인정하면 여성교도관이 하도록 하여야 한다.
② 소장은 여성수용자의 목욕횟수를 정하는 경우에는 그 신체적 특성을 특히 고려하여야 한다.
③ 소장은 여성수용자가 자신이 출산한 유아를 교정시설에서 양육할 것을 신청한 때에는 특정한 사유가 없으면 생후 18개월에 이르기까지 교정시설 내에서 양육할 수 있도록 허가하여야 한다.
④ 소장은 여성수용자의 유아가 질병·부상 등이 심할 때에는 그 여성수용자로 하여금 생후 18개월에 이르기까지 교정시설 내에서 양육할 수 있도록 허가하여야 한다.

해설 ④ 여성수용자의 유아가 질병·부상 등이 심하다면 이는 유아양육 불허사유에 해당한다(법 제53조 제1항 제1호 참조).
① 시행령 제77조 제2항
② 동조 제1항
③ 법 제53조 제1항

정답 | ④

117

형의 집행 및 수용자의 처우에 관한 법률상 유아양육에 관한 설명으로 옳지 않은 것을 모두 고른 것은?

㉠ 여성수용자가 입소 전에 입양한 유아도 유아양육의 대상이 될 수 있다.
㉡ 유아양육의 대상은 친생자이면 족하므로 법적인 자(子)가 아니라도 무방하다.
㉢ 소장은 유아양육의 불허사유에 해당하지 않으면 반드시 허가하여야 한다.
㉣ 소장은 유아의 양육을 허가한 경우에는 교정시설 밖의 적당한 장소에 육아를 위한 별도의 시설을 설치하여야 한다.

① ㉠, ㉡ ② ㉠, ㉣
③ ㉡, ㉢ ④ ㉢, ㉣

해설 [×] ㉠ 형집행법상 유아양육의 대상은 여성수용자가 출산한 유아에 한정되므로, 입양한 유아는 유아양육의 대상이 될 수 없다.
㉣ 소장은 유아의 양육을 허가한 경우에는 교정시설에 육아거실을 지정·운영하여야 한다(시행령 제79조).
[○] ㉡·㉢

정답 | ②

118 ★

현행 법령상 노인수용자의 처우에 관한 설명으로 옳지 않은 것은?

① 노인수용자란 65세 이상인 수용자를 말한다.

② 노인수용자 전담교정시설에는 별도의 공동휴게실을 마련하고, 노인이 선호하는 오락용품 등을 갖춰두어야 한다.

③ 소장은 필요하다고 인정하면 노인수용자에게 일반수용자보다 운동시간을 연장하거나 목욕횟수를 늘릴 수 있다.

④ 소장은 노인수용자에 대하여 3개월에 1회 이상 건강검진을 하여야 한다.

해설 ④ 소장은 노인수용자에 대하여 6개월에 1회 이상 건강검진을 하여야 한다(시행규칙 제47조 제2항).

① 시행령 제81조 제1항

② 시행규칙 제43조 제2항

③ 시행규칙 제46조 제1항

정답 | ④

119

현행 법령상 장애인수용자의 처우에 관한 설명으로 옳지 않은 것은?

① 장애인수용자란 시각·청각·언어·지체 등의 장애로 통상적인 수용생활이 특히 곤란하다고 인정되는 수용자를 말한다.

② 장애인수형자 전담교정시설의 장은 장애종류별 특성에 알맞은 재활프로그램을 개발하여 시행할 수 있다.

③ 장애인수형자 전담교정시설이 아닌 교정시설에서는 장애인수용자를 수용하기 위하여 별도의 거실을 지정하여 운용할 수 있다.

④ 장애인수용자의 장애 정도, 건강 등을 고려하여 필요하다고 인정하는 경우 주·부식의 지급, 운동·목욕 및 교육·교화프로그램·작업에 관하여 노인수용자의 처우를 준용한다.

해설 ② 시행할 수 있다. → 시행하여야 한다(시행규칙 제50조 제1항).

① 시행규칙 제49조

③ 시행규칙 제51조 제1항

④ 시행규칙 제54조

정답 | ②

120

「형의 집행 및 수용자의 처우에 관한 법률 시행규칙」상 장애인수용자의 처우에 관한 설명으로 옳지 않은 것은?

① "장애인수용자"란 시각·청각·언어·지체(肢體) 등의 장애로 통상적인 수용생활이 특히 곤란하다고 인정되는 사람으로서 법무부령으로 정하는 수용자를 말한다.

② 장애인수형자는 법무부장관이 특히 그 처우를 전담하도록 정하는 시설("전담교정시설")에 수용되며 그 특성에 알맞은 처우를 받는다.

③ 장애인수용자의 거실은 시설부족 또는 그 밖의 부득이한 사정이 없으면 건물의 2층 이하에 설치하고 특히 장애인이 이용할 수 있는 변기 등의 시설을 갖추도록 하여야 한다.

④ 장애인수형자 전담교정시설의 장은 장애인수형자에 대한 직업훈련이 석방 후의 취업과 연계될 수 있도록 그 프로그램의 편성 및 운영에 특히 유의하여야 한다.

해설 ③ 장애인수용자의 거실은 시설부족 또는 그 밖의 부득이한 사정이 없으면 건물의 1층에 설치하고 특히 장애인이 이용할 수 있는 변기 등의 시설을 갖추도록 하여야 한다(형집행법 시행규칙 제51조 제2항).

① 동법 시행령 제81조 제2항

② 동법 시행규칙 제50조 제1항

④ 동법 시행규칙 제53조

정답 | ③

121

「형의 집행 및 수용자의 처우에 관한 법률 시행규칙」상 장애인수용자에 대한 설명으로 가장 옳지 않은 것은? 6급승진 24

① 법무부장관이 장애인수형자의 처우를 전담하도록 정하는 시설의 장은 장애종류별 특성에 알맞은 재활치료프로그램을 개발하여 시행하여야 한다.

② 장애인수형자 전담교정시설이 아닌 교정시설에서는 장애인수용자를 수용하기 위하여 별도의 거실을 지정하여 운용하여야 한다.

③ 장애인수용자의 거실은 시설부족 또는 그 밖의 부득이한 사정이 없으면 건물의 1층에 설치하고, 특히 장애인이 이용할 수 있는 변기 등의 시설을 갖추도록 하여야 한다.

④ 장애인수용자란 「장애인복지법 시행령」 별표 1의 제1호부터 제15호까지의 규정에 해당하는 사람으로서 시각·청각·언어·지체(肢體) 등의 장애로 통상적인 수용생활이 특히 곤란하다고 인정되는 수용자를 말한다.

해설 ② 장애인수형자 전담교정시설이 아닌 교정시설에서는 장애인수용자를 수용하기 위하여 별도의 거실을 지정하여 운용할 수 있다(형집행법 시행규칙 제51조 제1항).

① 동법 시행규칙 제50조 제1항

③ 동법 시행규칙 제51조 제2항

④ 동법 시행규칙 제49조

정답 | ②

122 ★

외국인수용자의 처우에 관한 설명으로 옳지 않은 것은?

① 외국인수용자를 수용하는 소장은 외국어에 능통한 소속 교도관을 전담요원으로 지정하여야 한다.

② 외국인수용자의 수용거실을 지정하는 경우에는 종교 또는 생활관습이 다르거나 민족감정 등으로 분쟁의 소지가 있는 외국인수용자는 거실을 분리하여 수용하여야 한다.

③ 외국인수용자에게 지급하는 음식물의 총열량은 일반수용자의 기준에도 불구하고 소속 국가의 음식문화, 체격 등을 고려하여 조정할 수 있다.

④ 외국인수용자에 대하여는 쌀과 보리의 혼합곡을 주식으로 지급하되, 소속 국가의 음식문화를 고려하여 빵 또는 그 밖의 식품을 추가로 지급할 수 있다.

해설 ④ 외국인수용자에 대하여는 쌀, 빵 또는 그 밖의 식품을 주식으로 지급하되, 소속 국가의 음식문화를 고려하여야 한다(시행규칙 제58조 제2항).

① 시행규칙 제56조 제1항

② 시행규칙 제57조 제1항

③ 시행규칙 제58조 제1항

정답 | ④

123

「형의 집행 및 수용자의 처우에 관한 법률 시행규칙」상 외국인수용자의 처우에 대한 설명으로 옳지 않은 것은? 교정9급 15

① 소장은 외국인수용자가 사망한 경우에는 그의 국적이나 시민권이 속하는 나라의 교정기관에 이를 즉시 통지하여야 한다.

② 소장은 외국인수용자의 수용거실을 지정하는 경우에는 종교 또는 생활관습이 다르거나 민족감정 등으로 인하여 분쟁의 소지가 있는 외국인은 거실을 분리하여 수용하여야 한다.

③ 외국인수용자를 수용하는 교정시설의 외국인수용자 전담요원은 외국인 미결수용자에게 소송 진행에 필요한 법률지식을 제공하는 등의 조력을 하여야 한다.

④ 외국인수용자에게 지급하는 음식물의 총열량은 소속 국가의 음식문화, 체격 등을 고려하여 조정할 수 있다.

해설 ① 소장은 외국인수용자가 질병 등으로 위독하거나 사망한 경우에는 그의 국적이나 시민권이 속하는 나라의 외교공관 또는 영사관의 장이나 그 관원 또는 가족에게 이를 즉시 알려야 한다(시행규칙 제59조).

② 시행규칙 제57조 제1항

④ 시행규칙 제56조 제2항

④ 시행규칙 제58조 제1항

정답 | ①

124

「형의 집행 및 수용자의 처우에 관한 법률 시행규칙」상 외국인수용자의 처우에 대한 설명으로 옳지 않은 것은? 5급승진 15

① 법무부장관이 외국인수형자의 처우를 전담하도록 정하는 시설의 장은 외국인의 특성에 알맞은 교화프로그램 등을 개발하여 시행하여야 한다.

② 외국인수용자를 수용하는 소장은 외국어에 능통한 소속 교도관을 전담요원으로 지정하여 일상적인 개별면담, 고충해소, 통역·번역 및 외교공관 또는 영사관 등 관계기관과의 연락 등의 업무를 수행하게 하여야 한다.

③ 소장은 외국인수용자의 수용거실을 지정하는 경우에는 종교 또는 생활관습이 다르거나 민족감정 등으로 인하여 분쟁의 소지가 있는 외국인수용자는 거실을 분리하여 수용할 수 있다.

④ 외국인수용자에게 지급하는 음식물의 총열량은 소속 국가의 음식문화, 체격 등을 고려하여 조정할 수 있다.

⑤ 소장은 외국인수용자가 질병 등으로 위독하거나 사망한 경우에는 그의 국적이나 시민권이 속하는 나라의 외교공관 또는 영사관의 장이나 그 관원 또는 가족에게 이를 즉시 통지하여야 한다.

해설 ③ 소장은 외국인수용자의 수용거실을 지정하는 경우에는 종교 또는 생활관습이 다르거나 민족감정 등으로 인하여 분쟁의 소지가 있는 외국인수용자는 거실을 분리하여 수용하여야 한다(시행규칙 제57조 제1항).

① 시행규칙 제55조

② 시행규칙 제56조 제1항

④ 시행규칙 제58조 제1항

⑤ 시행규칙 제59조

정답 | ③

125

외국인수용자에 대한 설명으로 옳은 것은? 교정7급 11

① 외국인수용자에게 그 생활양식을 고려하여 수용설비를 제공할 필요는 없다.

② 수용자에게 지급하는 부식의 지급기준은 교도소장이 정한다.

③ 전담요원은 외국인 미결수용자에게 소송진행에 필요한 법률지식을 제공하는 등의 조력을 하여야 한다.

④ 법무부장관은 외국인의 특성에 알맞은 교화프로그램 등을 개발하여 시행하여야 한다.

해설 ③ 시행규칙 제56조 제2항

① 소장은 외국인수용자에 대하여는 그 생활양식을 고려하여 필요한 수용설비를 제공하도록 노력하여야 한다(시행규칙 제57조 제2항).

② 외국인수용자에게 지급하는 부식의 지급기준은 법무부장관이 정한다(시행규칙 제58조 제3항).

④ 법무부장관이 외국인수형자의 처우를 전담하도록 정하는 시설의 장은 외국인의 특성에 알맞은 교화프로그램 등을 개발하여 시행하여야 한다(시행규칙 제55조).

정답 | ③

126

외국인수용자의 처우에 대한 설명으로 옳은 것은? 교정7급 20

① 외국인수용자 전담요원은 외국인 미결수용자에게 소송진행에 필요한 법률지식을 제공하는 조력을 하여야 한다.

② 외국인수용자를 수용하는 소장은 외국어 통역사 자격자를 전담요원으로 지정하여 외교공관 및 영사관 등 관계기관과의 연락업무를 수행하게 하여야 한다.

③ 소장은 외국인수용자의 수용거실을 지정하는 경우에는 반드시 분리수용하도록 하고, 그 생활양식을 고려하여 필요한 설비를 제공하여야 한다.

④ 외국인수용자에 대하여 소속국가의 음식문화를 고려할 필요는 없지만, 외국인수용자의 체격 등을 고려하여 지급하는 음식물의 총열량을 조정할 수 있다.

해설 ① 시행규칙 제56조 제2항

② 외국인수용자를 수용하는 소장은 외국어에 능통한 소속 교도관을 전담요원으로 지정하여 일상적인 개별면담, 고충해소, 통역·번역 및 외교공관 또는 영사관 등 관계기관과의 연락 등의 업무를 수행하게 하여야 한다(동조 제1항).

③ 소장은 외국인수용자의 수용거실을 지정하는 경우에는 종교 또는 생활관습이 다르거나 민족감정 등으로 인하여 분쟁의 소지가 있는 외국인수용자는 거실을 분리하여 수용하여야 하며, 외국인수용자에 대하여는 그 생활양식을 고려하여 필요한 수용설비를 제공하도록 노력하여야 한다(시행규칙 제57조).

④ 외국인수용자에 대하여는 쌀, 빵 또는 그 밖의 식품을 주식으로 지급하되, 소속 국가의 음식문화를 고려하여야 하며(시행규칙 제58조 제2항), 외국인수용자에게 지급하는 음식물의 총열량은 소속 국가의 음식문화, 체격 등을 고려하여 조정할 수 있다(동조 제1항).

정답 | ①

127

장애인수용자에 대한 내용 중 틀린 것은? 9급경채 13

① 시각, 청각, 언어 지체 등의 장애로 통상적 수용생활이 특히 곤란한 수용자가 포함된다.

② 일반 교정시설의 경우 장애인 수용자의 거실은 원칙적으로 1층에 설치하고, 장애인용 변기 등의 시설을 갖추어야한다.

③ 장애인수용자의 경우 주·부식 지급이나 운동, 목욕 등에서 일반적인 기준을 초과하여 제공할 수 있다.

④ 장애인수용자를 수용하고 있는 모든 교정시설에서는 장애인을 위한 재활치료 프로그램을 개발하여 시행하여야 한다.

해설 ④ 장애인수형자 전담교정시설의 장은 장애종류별 특성에 알맞은 재활프로그램을 개발하여 시행하여야 한다(시행규칙 제50조 제1항).

① 시행규칙 제49조

② 시행규칙 제51조 제2항

③ 시행규칙 제54조

정답 | ④

128

「형의 집행 및 수용자의 처우에 관한 법률 시행규칙」상 외국인수용자의 수용에 대한 설명으로 옳지 않은 것은?

교정7급 16

① 법무부장관이 외국인수형자의 처우를 전담하도록 정하는 시설의 장은 외국인의 특성에 알맞은 교화프로그램 등을 개발하여 시행하여야 한다.

② 외국인수용자를 수용하는 소장은 외국어에 능통한 소속 교도관을 전담요원으로 지정하여 일상적인 개별면담, 고충해소, 통역·번역 및 외교공관 또는 영사관 등 관계기관과의 연락 등의 업무를 수행하게 하여야 한다.

③ 소장은 외국인수용자의 수용거실을 지정하는 경우에는 종교 또는 생활관습이 다르거나 민족감정 등으로 인하여 분쟁의 소지가 있는 외국인수용자는 거실을 분리하여 수용하여야 한다.

④ 소장은 외국인수용자가 질병 등으로 사망한 경우에는 관할 출입국관리사무소, 그의 국적이나 시민권이 속하는 나라의 외교공관 또는 영사관의 장이나 그 관원 및 가족에게 즉시 통지하여야 한다.

해설 ④ 소장은 외국인수용자가 질병 등으로 위독하거나 사망한 경우에는 그의 국적이나 시민권이 속하는 나라의 외교공관 또는 영사관의 장이나 그 관원 또는 가족에게 이를 즉시 알려야 한다(시행규칙 제59조).

① 시행규칙 제55조

② 시행규칙 제56조 제1항

③ 시행규칙 제57조 제1항

정답 | ④

129

「형의 집행 및 수용자의 처우에 관한 법률 시행규칙」상 외국인수용자의 처우에 대한 설명으로 옳지 않은 것은 모두 몇 개인가? 6급승진 22

㉠ 소장은 외국인수용자의 수용거실을 지정하는 경우에는 종교 또는 생활습관이 다르거나 민족감정 등으로 인하여 분쟁의 소지가 있는 외국인수용자는 거실을 분리하여 수용하여야 한다. ㉡ 소장은 외국인수용자에 대하여는 그 생활양식을 고려하여 필요한 수용설비를 제공하도록 노력하여야 한다. ㉢ 외국인수용자를 수용하는 소장은 외국어에 능통한 소속 교도관을 전담요원으로 지정하여 일상적인 개별면담, 고충해소, 통역·번역 및 외교공관 또는 영사관 등 관계기관과의 연락 등의 업무를 수행하게 하여야 한다. ㉣ 외국인수용자에 대하여는 쌀, 빵 또는 그 밖의 식품을 주식으로 지급하되, 소속 국가의 음식문화를 고려하여야 한다. ㉤ 소장은 외국인수용자가 질병 등으로 위독하거나 사망한 경우에는 그의 국적이나 시민권이 속하는 나라의 외교공관 또는 영사관의 장이나 그 관원 또는 가족에게 이를 즉시 알려야 한다.

① 0개　② 1개
③ 2개　④ 3개

해설 전부 옳은 설명이다.
㉠ 형집행법 시행규칙 제57조 제1항
㉡ 동조 제2항
㉢ 동법 시행규칙 제56조 제1항
㉣ 동법 시행규칙 제58조 제2항
㉤ 동법 시행규칙 제59조

정답 | ①

130

형집행법령상 외국인수용자에 대한 설명으로 옳지 않은 것을 모두 고른 것은? 7급승진 23

> ㉠ 외국인수용자란 대한민국의 국적을 가지지 아니한 수용자를 말한다. 소장은 외국인수용자에 대하여 언어·생활문화 등을 고려하여 적정한 처우를 할 수 있다.
> ㉡ 외국인수용자에 대하여는 쌀, 빵 또는 그 밖의 식품을 주식으로 지급하되, 소속 국가의 음식문화를 고려하여야 한다. 외국인수용자에게 지급하는 부식의 지급기준은 법무부장관이 정한다.
> ㉢ 소장은 외국인수용자의 수용거실을 지정하는 경우에는 종교 또는 생활관습이 다르거나 민족감정 등으로 인하여 분쟁의 소지가 있는 외국인수용자는 거실을 분리하여 수용할 수 있다.
> ㉣ 소장은 외국인수용자에 대하여는 그 생활양식을 고려하여 필요한 수용설비를 제공하도록 노력하여야 한다.

① ㉠, ㉢
② ㉠, ㉡, ㉢
③ ㉡, ㉢
④ ㉡, ㉣

해설 옳지 않은 것은 ㉠, ㉢이다.

㉠ 외국인수용자란 대한민국의 국적을 가지지 아니한 수용자를 말한다(형집행법 시행령 제81조 제3항). 소장은 외국인수용자에 대하여 언어·생활문화 등을 고려하여 적정한 처우를 하여야 한다(동법 제54조 제3항).
㉡ 동법 시행규칙 제58조 제2항·제3항
㉢ 소장은 외국인수용자의 수용거실을 지정하는 경우에는 종교 또는 생활관습이 다르거나 민족감정 등으로 인하여 분쟁의 소지가 있는 외국인수용자는 거실을 분리하여 수용하여야 한다(동법 시행규칙 제57조 제1항).
㉣ 동조 제2항

정답 | ①

131 ★

「형의 집행 및 수용자의 처우에 관한 법률 시행규칙」에서 특별한 보호가 필요한 수용자 처우에 대한 설명으로 옳은 것은? 교정9급 13

① 65세 이상인 노인수용자는 1년에 1회 이상 정기 건강검진을 하여야 한다.
② 외국인수용자의 거실지정은 분쟁의 소지가 없도록 유색인종별로 분리 수용하여야 한다.
③ 장애인수용자의 거실은 전용승강기가 설치된 건물의 2층 이상에만 설치하도록 한다.
④ 임산부인 수용자에게는 필요한 양의 죽 등의 주식과 별도로 마련된 부식을 지급할 수 있다.

해설 ④ 시행규칙 제42조

① 소장은 노인수용자에 대하여 6개월에 1회 이상 건강검진을 하여야 한다(시행규칙 제47조 제2항).
② 소장은 외국인수용자의 수용거실을 지정하는 경우에는 종교 또는 생활관습이 다르거나 민족감정 등으로 인하여 분쟁의 소지가 있는 외국인수용자는 거실을 분리하여 수용하여야 한다(시행규칙 제57조 제1항).
③ 장애인수용자의 거실은 시설부족 또는 그 밖의 부득이한 사정이 없으면 건물의 1층에 설치하고, 특히 장애인이 이용할 수 있는 변기 등의 시설을 갖추도록 하여야 한다(시행규칙 제51조 제2항).

정답 | ④

132

「형의 집행 및 수용자의 처우에 관한 법률 시행규칙」상 노인수용자의 처우에 대한 설명으로 옳지 않은 것은? 교정9급 16

① 소장은 노인수용자에 대하여 6개월에 1회 이상 건강검진을 하여야 한다.

② 노인수형자 전담교정시설에는 별도의 공동휴게실을 마련하고 노인이 선호하는 오락용품 등을 갖춰두어야 한다.

③ 소장은 노인수용자의 나이·건강상태 등을 고려하여 필요하다고 인정하면 법률에서 정한 수용자의 지급기준을 초과하여 주·부식을 지급할 수 있다.

④ 노인수용자의 거실은 시설부족 또는 그 밖의 부득이한 사정이 없으면 건물의 1층에 설치하고, 특히 겨울철 난방을 위하여 필요한 시설을 갖출 수 있다.

해설 ④ 노인수용자의 거실은 시설부족 또는 그 밖의 부득이한 사정이 없으면 건물의 1층에 설치하고, 특히 겨울철 난방을 위하여 필요한 시설을 갖추어야 한다(시행규칙 제44조 제2항).

① 시행규칙 제47조 제2항

② 시행규칙 제43조 제2항

③ 시행규칙 제45조

정답 | ④

133 ★

「형의 집행 및 수용자의 처우에 관한 법률 시행규칙」상 노인수용자의 처우에 대한 설명으로 옳은 것은? 교정7급 20

① 노인수형자 전담교정시설에는 별도의 개별휴게실을 마련하고 노인이 선호하는 오락용품 등을 갖춰 두어야 한다.

② 노인수형자를 수용하고 있는 시설의 장은 노인문제에 관한 지식과 경험이 풍부한 외부전문가를 초빙하여 교육하게 하는 등 노인수형자의 교육받을 기회를 확대하고, 노인전문오락, 그 밖에 노인의 특성에 알맞은 교화프로그램을 개발·시행하여야 한다.

③ 소장은 노인수용자가 거동이 불편하여 혼자서 목욕하기 어려운 경우에는 교도관, 자원봉사자 또는 다른 수용자로 하여금 목욕을 보조하게 할 수 있다.

④ 소장은 노인수용자가 작업을 원하는 경우에는 나이·건강상태 등을 고려하여 해당 수용자가 감당할 수 있는 정도의 작업을 부과한다. 이 경우 담당교도관의 의견을 들어야 한다.

해설 ③ 시행규칙 제46조 제2항

① 노인수형자 전담교정시설에는 별도의 공동휴게실을 마련하고 노인이 선호하는 오락용품 등을 갖춰 두어야 한다(시행규칙 제43조 제2항).

② 노인수형자 전담교정시설의 장은 노인문제에 관한 지식과 경험이 풍부한 외부전문가를 초빙하여 교육하게 하는 등 노인수형자의 교육받을 기회를 확대하고, 노인전문오락, 그 밖에 노인의 특성에 알맞은 교화프로그램을 개발·시행하여야 한다(시행규칙 제48조 제1항).

④ 이 경우 의무관의 의견을 들어야 한다(동조 제2항).

정답 | ③

134

형집행법령상 노인수용자에 대한 설명으로 가장 옳지 않은 것은? 7급승진 23

① 노인수형자는 법무부장관이 특히 그 처우를 전담하도록 정하는 시설(이하 "전담교정시설"이라 한다)에 수용되며, 그 특성에 알맞은 처우를 받는다. 다만, 전담교정시설의 부족이나 그 밖의 부득이한 사정이 있는 경우에는 예외로 할 수 있다.

② 노인수형자 전담교정시설의 장은 노인성 질환에 관한 전문적인 지식을 가진 의료진과 장비를 갖추고, 외부의료시설과 협력체계를 강화하여 노인수형자가 신속하고 적절한 치료를 받을 수 있도록 노력하여야 한다.

③ 노인수형자 전담교정시설이 아닌 교정시설에서는 노인수용자를 수용하기 위하여 별도의 거실을 지정하여 운용할 수 있다. 노인수용자의 거실은 시설부족 또는 그 밖의 부득이한 사정이 없으면 건물의 1층에 설치하고, 특히 겨울철 난방을 위하여 필요한 시설을 갖추어야 한다.

④ 소장은 노인수용자에 대하여 6개월에 1회 이상 건강검진을 하여야 한다. 소장은 노인수용자의 나이·건강상태 등을 고려하여 필요하다고 인정하면 형집행법 시행규칙상의 의류의 품목, 의류의 품목별 착용시기 및 대상, 침구의 품목, 침구의 품목별 사용시기 및 대상, 의류·침구 등 생활용품의 지급기준, 주식의 혼합비 및 대용식 지급, 주식의 지급, 부식, 주·부식의 지급횟수 등에 따른 수용자의 지급기준을 초과하여 주·부식, 의류·침구, 그 밖의 생활용품을 지급하여야 한다.

해설 ④ 소장은 노인수용자에 대하여 6개월에 1회 이상 건강검진을 하여야 한다(형집행법 시행규칙 제47조 제2항). 소장은 노인수용자의 나이·건강상태 등을 고려하여 필요하다고 인정하면 의류의 품목(제4조), 의류의 품목별 착용시기 및 대상(제5조), 침구의 품목(제6조), 침구의 품목별 사용시기 및 대상(제7조), 의류·침구 등 생활용품의 지급기준(제8조), 주식의 지급(제10조), 주식의 지급(제11조), 부식(제13조), 주·부식의 지급횟수 등(제14조)에 따른 수용자의 지급기준을 초과하여 주·부식, 의류·침구, 그 밖의 생활용품을 지급할 수 있다(동법 시행규칙 제45조).

① 학과교육생·직업훈련생·외국인·여성·장애인·노인·환자·소년(19세 미만인 자를 말한다), 중간처우의 대상자, 그 밖에 별도의 처우가 필요한 수형자는 법무부장관이 특히 그 처우를 전담하도록 정하는 시설(전담교정시설)에 수용되며, 그 특성에 알맞은 처우를 받는다. 다만, 전담교정시설의 부족이나 그 밖의 부득이한 사정이 있는 경우에는 예외로 할 수 있다(동법 제57조 제6항).

② 동법 시행규칙 제47조 제1항

③ 동법 시행규칙 제44조

정답 | ④

135

다음은 법률상 특별한 보호가 필요한 수용자 처우에 관한 설명이다. 맞는 것을 고르면 모두 몇 개인가?

9급특채 12 변형

㉠ 생리 중인 여성수용자에게는 위생물품을 지급할 수 있다. ㉡ 노인수용자는 70세 이상이다. ㉢ 장애인 수용자란 시각, 청각, 언어, 지체 등의 장애를 가진 수용자이다. ㉣ 소장은 외국인수용자에 대하여 언어나 생활문화 등을 고려하여 처우를 하여야 한다. ㉤ 노인, 장애인, 외국인수용자에 대하여 필요한 사항은 대통령령으로 정한다. ㉥ 수용자가 미성년 자녀와 접견 시 차단시설이 없는 장소에서 접견하도록 하여야 한다.

① 1개 ② 2개
③ 3개 ④ 4개

해설 [O] ㉢ 시행규칙 제49조
㉣ 법 제54조 제3항

[×] ㉠ 소장은 생리 중인 여성수용자에 대하여는 위생에 필요한 물품을 지급하여야 한다(법 제50조 제3항).
㉡ 노인수용자란 65세 이상인 수용자를 말한다(시행령 제81조 제1항).
㉤ 노인수용자·장애인수용자·외국인수용자 및 소년수형자에 대한 적정한 배려 또는 처우에 관하여 필요한 사항은 법무부령으로 정한다(법 제54조 제5항).
㉥ 소장은 여성수용자가 미성년자인 자녀와 접견하는 경우에는 접촉차단시설이 없는 장소에서 접견하게 할 수 있다(법 제41조 제3항 제1호 참조).

정답 | ②

136

형의 집행 및 수용자의 처우에 관한 법령상 특별한 보호가 필요한 수용자에 대한 처우로 옳지 않은 것은?

교정7급 21

① 소장은 여성수용자의 유아양육을 허가한 경우에는 교정시설에 육아거실을 지정·운영하여야 한다.
② 소장은 신입자에게 아동복지법 제15조에 따른 미성년 자녀 보호조치를 의뢰할 수 있음을 알려주어야 한다.
③ 소년수형자 전담교정시설이 아닌 교정시설에서는 소년수용자를 수용하기 위하여 별도의 거실을 지정하여 운용하여야 한다.
④ 노인수용자의 거실은 시설부족 또는 그 밖의 부득이한 사정이 없으면 건물의 1층에 설치하고, 특히 겨울철 난방을 위하여 필요한 시설을 갖추어야 한다.

해설 ③ 소년수형자 전담교정시설이 아닌 교정시설에서는 소년수용자를 수용하기 위하여 별도의 거실을 지정하여 운용할 수 있다(시행규칙 제59조의3 제1항).

정답 | ③

137

「형의 집행 및 수용자의 처우에 관한 법령」상 특별한 보호가 필요한 수용자의 처우에 대한 설명으로 옳은 것만을 모두 고른 것은? 교정7급 15

> ㉠ 노인수형자 전담교정시설에는 별도의 공동휴게실을 마련하고 노인이 선호하는 오락용품 등을 갖춰 두어야 한다.
> ㉡ 교정시설의 장은 유아의 양육을 허가한 경우에는 교정시설에 육아거실을 지정·운영하여야 한다.
> ㉢ 여성수용자는 자신이 출산한 유아를 교정시설에서 양육할 것을 신청할 수 있고, 이 경우 교정시설의 장은 생후 24개월에 이르기까지 허가하여야 한다.
> ㉣ 교정시설의 장은 생리 중인 여성수용자에 대하여는 위생에 필요한 물품을 지급하여야 한다.
> ㉤ 교정시설의 장은 노인수용자에 대하여 1년에 1회 이상 건강검진을 하여야 한다.

① ㉠, ㉡, ㉣　② ㉠, ㉢, ㉤　③ ㉡, ㉢, ㉤　④ ㉡, ㉣, ㉤,

해설 [O] ㉠ 시행규칙 제43조 제2항
㉡ 시행령 제79조
㉣ 법 제50조 제3항
[×] ㉢ 여성수용자가 자신이 출산한 유아를 교정시설에서 양육할 것을 신청하는 경우, 소장은 일정한 사유가 없으면 생후 18개월에 이르기까지 허가하여야 한다(법 제53조 제1항 참조).
㉤ 소장은 노인수용자에 대하여 6개월에 1회 이상 건강검진을 하여야 한다(시행규칙 제47조 제2항).

정답 | ①

138

「형의 집행 및 수용자의 처우에 관한 법률」상 수용자의 미성년 자녀 보호에 대한 지원에 관한 설명으로 (　) 안에 들어갈 말이 올바르게 연결된 것은?

> • (㉠)은 신입자에게 「아동복지법」 제15조에 따른 보호조치를 의뢰할 수 있음을 알려주어야 하며, 수용자가 「아동복지법」 제15조에 따른 보호조치를 의뢰하려는 경우 보호조치 의뢰가 원활하게 이루어질 수 있도록 지원하여야 한다.
> • 보호조치의 안내 및 보호조치 의뢰 지원의 방법·절차, 그 밖에 필요한 사항은 (㉡)으로(이)정한다.

	㉠	㉡		㉠	㉡
①	법무부장관	대통령령	②	지방교정청장	법무부령
③	소장	법무부령	④	소장	법무부장관

해설 ④ 소장은 신입자에게 「아동복지법」 제15조에 따른 보호조치를 의뢰할 수 있음을 알려주어야 한다(형집행법 제53조의2 제1항). 소장은 수용자가 「아동복지법」 제15조에 따른 보호조치를 의뢰하려는 경우 보호조치 의뢰가 원활하게 이루어질 수 있도록 지원하여야 한다(동조 제2항). 보호조치의 안내 및 보호조치 의뢰 지원의 방법·절차, 그 밖에 필요한 사항은 법무부장관이 정한다(동조 제3항).

정답 | ④

139

「형의 집행 및 수용자의 처우에 관한 법률」과 동법 시행규칙상 수용자의 특별한 보호를 위하여 행하는 처우에 관한 규정의 내용과 일치하지 않는 것은? 교정7급 16

① 노인수용자의 거실은 시설부족 또는 그 밖의 부득이한 사정이 없으면 건물의 1층에 설치하고, 특히 겨울철 난방을 위하여 필요한 시설을 갖추어야 한다.

② 장애인수형자 전담교정시설의 장은 장애인의 재활에 관한 전문적인 지식을 가진 의료진과 장비를 갖추어야 한다.

③ 법무부장관이 19세 미만의 수형자의 처우를 전담하도록 정하는 시설에는 별도의 공동학습공간을 마련하고 학용품 및 소년의 정서함양에 필요한 도서, 잡지 등을 갖춰두어야 한다.

④ 남성교도관이 1인의 여성수용자에 대하여 실내에서 상담 등을 하려면 투명한 창문이 설치된 장소에서 다른 여성을 입회시킨 후 실시하여야 한다.

해설 ② 장애인수형자 전담교정시설의 장은 장애인의 재활에 관한 전문적인 지식을 가진 의료진과 장비를 갖추도록 노력하여야 한다(시행규칙 제52조).
① 시행규칙 제44조 제2항
③ 시행규칙 제59조의2 제2항
④ 법 제51조 제2항

정답 | ②

140

형집행법령상 특별한 보호를 요하는 수용자에 대한 설명으로 옳지 않은 것은 모두 몇 개인가?

5급승진 22

> ㉠ 소장은 노인수용자에 대하여 1년에 1회 이상 건강검진을 하여야 한다.
> ㉡ 외국인수용자를 수용하는 소장은 외국어에 능통한 소속 교도관을 전담요원으로 지정하여 일상적인 개별면담, 고충해소, 통역·번역 및 외교공관 또는 영사관 등 관계기관과의 연락 등의 업무를 수행하게 하여야 한다. 전담요원은 외국인 미결수용자에게 소송진행에 필요한 법률지식을 제공하는 등의 조력을 하여야 한다.
> ㉢ 소장은 유아의 양육을 허가받은 수용자에 대하여 필요하다고 인정하는 경우에는 교정시설에서 근무하는 의사(공중보건의사를 포함한다)의 의견을 들어 필요한 양의 죽 등의 주식과 별도로 마련된 부식을 지급할 수 있으며 양육유아에 대하여는 분유 등의 대체식품을 지급하여야 한다.
> ㉣ 장애인수용자란 「장애인복지법 시행령」 별표 1의 제1호부터 제15호까지의 규정에 해당하는 사람으로서 시각·청각·언어·지체 등의 장애로 통상적인 수용생활이 특히 곤란하다고 인정되는 수용자를 말한다. 소장은 장애인수용자에 대하여 장애의 정도를 고려하여 그 처우에 있어 적정한 배려를 하여야 하고, 장애인수용자에 대한 적정한 배려 또는 처우에 관하여 필요한 사항은 법무부령으로 정한다.
> ㉤ 수형자가 소년교도소에 수용 중에 19세가 된 경우에도 교육·교화프로그램, 작업, 직업훈련 등을 실시하기 위하여 특히 필요하다고 인정되면 23세가 되기 전까지는 계속하여 수용할 수 있다.

① 1개　　② 2개
③ 3개　　④ 4개

해설 옳지 않은 것은 ㉠, ㉢이다.

㉠ 소장은 노인수용자에 대하여 6개월에 1회 이상 건강검진을 하여야 한다(형집행법 시행규칙 제47조 제2항).
㉡ 동법 시행규칙 제56조
㉢ 소장은 임산부인 수용자 및 유아의 양육을 허가받은 수용자에 대하여 필요하다고 인정하는 경우에는 교정시설에 근무하는 의사(공중보건의사를 포함한다)의 의견을 들어 필요한 양의 죽 등의 주식과 별도로 마련된 부식을 지급할 수 있으며, 양육유아에 대하여는 분유 등의 대체식품을 지급할 수 있다(동법 시행규칙 제42조).
㉣ 동법 시행규칙 제49조, 동법 제54조 제2항·제5항
㉤ 동법 제12조 제3항

정답 | ②

141

형집행법령상 교정시설 안에서의 특별한 보호에 대한 설명으로 가장 옳지 않은 것은? 7급승진 22

① 소장은 임산부인 수용자에 대하여 필요하다고 인정하는 경우에는 교정시설에 근무하는 의사(공중보건의사를 포함한다)의 의견을 들어 필요한 양의 죽 등의 주식과 별도로 마련된 부식을 지급할 수 있다.
② 여성수용자는 자신이 출산한 유아를 교정시설에서 양육할 것을 신청할 수 있고, 소장은 유아의 양육을 허가한 경우에는 필요한 설비와 물품의 제공, 그 밖에 양육을 위하여 필요한 조치를 하여야 한다.
③ 소장은 노인수용자에 대하여 1년에 1회 이상 건강검진을 하여야 한다.
④ 노인수형자 전담교정시설에는 별도의 공동휴게실을 마련하고 노인이 선호하는 오락용품 등을 갖춰두어야 한다.

해설 ③ 소장은 노인수용자에 대하여 6개월에 1회 이상 건강검진을 하여야 한다(형집행법 시행규칙 제47조 제2항).
① 소장은 임산부인 수용자 및 유아의 양육을 허가받은 수용자에 대하여 필요하다고 인정하는 경우에는 교정시설에 근무하는 의사(공중보건의사를 포함한다)의 의견을 들어 필요한 양의 죽 등의 주식과 별도로 마련된 부식을 지급할 수 있으며, 양육유아에 대하여는 분유 등의 대체식품을 지급할 수 있다(동법 시행규칙 제42조).
② 동법 제53조
④ 동법 시행규칙 제43조 제2항

정답 | ③

142

형집행법령상 특별한 보호를 요하는 수용자에 대한 설명으로 가장 옳지 않은 것은? 6급승진 23

① 소장은 수용자가 임신 중이거나 출산(유산·사산을 포함한다)한 경우에는 모성보호 및 건강유지를 위하여 정기적인 검진 등 적절한 조치를 하여야 한다. 또한, 소장은 수용자가 출산하려고 하는 경우에는 외부의료시설에서 진료를 받게 하는 등 적절한 조치를 하여야 한다.
② 여성수용자가 자신이 출산한 유아를 교정시설에서 양육할 것을 신청한 경우 소장은 유아가 질병·부상, 그 밖의 사유로 교정시설에서 생활하는 것이 특히 부적당하다고 인정되는 때, 수용자가 질병·부상, 그 밖의 사유로 유아를 양육할 능력이 없다고 인정되는 때, 교정시설에 감염병이 유행하거나 그 밖의 사정으로 유아양육이 특히 부적당한 때에 해당하는 사유가 없으면, 생후 18개월에 이르기까지 유아의 양육을 허가할 수 있다.
③ 장애인수형자 전담교정시설이 아닌 교정시설에서는 장애인수용자를 수용하기 위하여 별도의 거실을 지정하여 운용할 수 있다. 장애인수용자의 거실은 시설부족 또는 그 밖의 부득이한 사정이 없으면 건물의 1층에 설치하고, 특히 장애인이 이용할 수 있는 변기 등의 시설을 갖추도록 하여야 한다.
④ 소장은 외국인수용자의 수용거실을 지정하는 경우에는 종교 또는 생활관습이 다르거나 민족감정 등으로 인하여 분쟁의 소지가 있는 외국인수용자는 거실을 분리하여 수용하여야 한다.

해설 ② 생후 18개월에 이르기까지 유아의 양육을 허가하여야 한다(형집행법 제53조 제1항).
① 동법 제52조
③ 동법 시행규칙 제51조
④ 동법 시행규칙 제57조 제1항

정답 | ②

143

「형의 집행 및 수용자의 처우에 관한 법률 시행규칙」상 수용자의 처우에 대한 설명으로 옳은 것은?

교정9급 21

① 소장은 임산부인 수용자에 대하여 필요하다고 인정하는 경우에는 교정시설에 근무하는 교도관의 의견을 들어 필요한 양의 죽 등의 주식과 별도로 마련된 부식을 지급할 수 있다.

② 소장은 소년수형자의 나이·적성 등을 고려하여 필요하다고 인정하면 전화통화횟수를 늘릴 수 있으나 접견횟수를 늘릴 수는 없다.

③ 소장은 외국인수용자가 질병 등으로 위독하거나 사망한 경우에는 그의 국적이나 시민권이 속하는 나라의 외교공관 또는 영사관의 장이나 그 관원 또는 가족에게 이를 10일 이내에 통지하여야 한다.

④ 소장은 노인수용자가 거동이 불편하여 혼자서 목욕하기 어려운 경우에는 교도관, 자원봉사자 또는 다른 수용자로 하여금 목욕을 보조하게 할 수 있다.

해설 ④ 시행규칙 제46조 제2항

① 소장은 임산부인 수용자 및 유아의 양육을 허가받은 수용자에 대하여 필요하다고 인정하는 경우에는 교정시설에 근무하는 의사(공중보건의사를 포함한다. 이하 "의무관"이라 한다)의 의견을 들어 필요한 양의 죽 등의 주식과 별도로 마련된 부식을 지급할 수 있으며, 양육유아에 대하여는 분유 등의 대체식품을 지급할 수 있다(시행규칙 제42조).

② 소장은 소년수형자 등의 나이·적성 등을 고려하여 필요하다고 인정하면 접견 및 전화통화횟수를 늘릴 수 있다(시행규칙 제59조의5).

③ 소장은 외국인수용자가 질병 등으로 위독하거나 사망한 경우에는 그의 국적이나 시민권이 속하는 나라의 외교공관 또는 영사관의 장이나 그 관원 또는 가족에게 이를 즉시 알려야 한다(시행규칙 제59조).

정답 | ④

144

어느 교정시설의 소장이 69세인 수형자 A에 대해 다음과 같은 처우를 행하였다. 현행 법령에 위배되지 않는 것은?

① A의 수용거실을 특별한 이유 없이 건물의 2층에 설치하였다.

② A의 건강상태가 악화되었다는 이유로 일반수용자보다 운동시간을 축소하였다.

③ A에 대하여 1년에 1회 건강검진을 실시하였다.

④ A가 작업을 원하여 의무관의 의견을 들어 적정한 작업을 부과하였다.

해설 ④ 시행규칙 제48조 제2항

① 노인수용자의 거실은 시설부족 또는 그 밖의 부득이한 사정이 없으면 건물의 1층에 설치하고, 특히 겨울철 난방을 위하여 필요한 시설을 갖추어야 한다(시행규칙 제44조 제2항).

② 소장은 노인수용자의 나이·건강상태 등을 고려하여 필요하다고 인정하면 일반수용자보다 운동시간을 연장하거나 목욕횟수를 늘릴 수 있다(시행규칙 제46조 제1항). 즉, 노인수용자의 운동시간이나 목욕횟수는 연장은 가능하나 축소는 불가능하다.

③ 소장은 노인수용자에 대하여 6개월에 1회 이상 건강검진을 하여야 한다(시행규칙 제47조 제2항).

정답 | ④

145

소년수용자의 처우에 대한 설명으로 옳은 것은? 교정7급 20

① 소년수형자 전담교정시설에는 별도의 개별학습공간을 마련하고 학용품 및 소년의 정서함양에 필요한 도서, 잡지 등을 갖춰두어야 한다.

② 소장은 소년수형자 등의 나이·적성 등을 고려하여 필요하다고 인정하면 접견 및 전화통화횟수를 늘릴 수 있다.

③ 소장은 소년수형자의 나이·적성 등을 고려하여 필요하다고 인정하면 발표회 및 공연 등 참가활동을 제외한 본인이 희망하는 활동을 허가할 수 있다.

④ 소년수형자 전담교정시설이 아닌 교정시설에서는 소년수용자를 수용할 수 없다.

해설 ② 시행규칙 제59조의5

① 소년수형자 전담교정시설에는 별도의 공동학습공간을 마련하고 학용품 및 소년의 정서함양에 필요한 도서, 잡지 등을 갖춰 두어야 한다(시행규칙 제59조의2 제2항).

③ 소장은 소년수형자 등의 나이·적성 등을 고려하여 필요하다고 인정하면 소년수형자 등에게 교정시설 밖에서 이루어지는 사회견학, 사회봉사, 자신이 신봉하는 종교행사 참석 및 연극, 영화, 그 밖의 문화공연 관람을 허가할 수 있다. 이 경우 소장이 허가할 수 있는 활동에는 발표회 및 공연 등 참가활동을 포함한다(시행규칙 제59조의5).

④ 소년수형자 전담교정시설이 아닌 교정시설에서는 소년수용자를 수용하기 위하여 별도의 거실을 지정하여 운용할 수 있다(시행규칙 제59조의3 제1항).

정답 | ②

146

「형의 집행 및 수용자의 처우에 관한 법률 시행규칙」상 소년수용자의 처우에 대한 설명으로 옳지 않은 것은? 교정9급 16

① 소장은 소년수용자의 나이·건강상태 등을 고려하여 필요하다고 인정하는 경우 6개월에 1회 이상 건강검진을 하여야 한다.

② 소장은 소년수형자의 나이·적성 등을 고려하여 필요하다고 인정하면 법률에서 정한 접견 및 전화통화 허용횟수를 늘릴 수 있다.

③ 소년수형자 전담교정시설이 아닌 교정시설에서는 소년수용자를 수용하기 위하여 별도의 거실을 지정하여 운용하여야 한다.

④ 소년수형자 전담교정시설에는 별도의 공동학습공간을 마련하고 학용품 및 소년의 정서함양에 필요한 도서, 잡지 등을 갖춰두어야 한다.

해설 ③ 소년수형자 전담교정시설이 아닌 교정시설에서는 소년수용자를 수용하기 위하여 별도의 거실을 지정하여 운용할 수 있다(시행규칙 제59조의3 제1항).

① 시행규칙 제59조의7(준용규정)

② 시행규칙 제59조의5

④ 시행규칙 제59조의2 제2항

정답 | ③

147

「형의 집행 및 수용자의 처우에 관한 법률 시행규칙」상 소년수용자에 대한 설명으로 가장 옳지 않은 것은? 6급승진 22

① 소년수형자 전담교정시설이 아닌 교정시설에서는 소년수용자를 수용하기 위하여 별도의 거실을 지정하여 운용하여야 한다.

② 소년수형자 전담교정시설에는 별도의 공동학습공간을 마련하고 학용품 및 소년의 정서함양에 필요한 도서, 잡지 등을 갖춰 두어야 한다.

③ 소년수형자 전담교정시설이 아닌 교정시설에서 소년수용자를 수용한 경우 소년의 나이·적성 등 특성에 알맞은 교육·교화프로그램을 개발하여 시행하여야 한다.

④ 소장은 소년수용자가 작업을 원하는 경우에는 나이·건강상태 등을 고려하여 해당 수용자가 감당할 수 있는 정도의 작업을 부과한다. 이 경우 의무관의 의견을 들어야 한다.

해설 ① 소년수형자 전담교정시설이 아닌 교정시설에서는 소년수용자를 수용하기 위하여 별도의 거실을 지정하여 운용할 수 있다(형집행법 시행규칙 제59조의3 제1항).

② 동법 시행규칙 제59조의2 제2항

③ 동법 시행규칙 제59조의3 제2항

④ 동법 시행규칙 제59조의7, 제48조 제2항

정답 | ①

148

다음은 여성수용자의 처우에 관한 사례이다. 현행법상 허용되는 것은?

① 남성교도관 甲은 여성수용자 A의 휴대품을 검사하였다.

② 소장은 여성교도관이 부족하다는 이유로 남성교도관 乙에게 여성수용자 3인이 작업하는 공장을 계호하도록 하였다.

③ 소장은 여성교도관이 부족하여 남성교도관 丙에게 야간에 수용자거실에 있는 여성수용자 B를 시찰하게 하였다.

④ 남성교도관 丁은 투명한 창문이 설치된 실내장소에서 여성수용자 C를 상대로 출소 후 취업에 관한 상담을 실시하였다.

해설 ② 소장은 여성수용자에 대하여 상담·교육·작업 등을 실시하는 때에는 여성교도관이 담당하도록 하여야 한다. 다만, 여성교도관이 부족하거나 그 밖의 부득이한 사정이 있으면 그러하지 아니하다(법 제51조 제1항). 따라서 소장은 乙로 하여금 여성수용자 3인이 작업하는 공간을 계호하도록 할 수 있다.

① 여성의 신체·의류 및 휴대품에 대한 검사는 여성교도관이 하여야 한다(법 제93조 제4항). 따라서 甲은 A의 휴대품을 검사할 수 없다.

③ 소장은 특히 필요하다고 인정되는 경우가 아니면 남성교도관이 야간에 수용자거실에 있는 여성수용자를 시찰하게 하여서는 아니 된다(시행령 제7조). 따라서 소장은 여성교도관의 부족을 이유로 丙에게 야간에 수용자거실에 있는 B를 시찰하게 할 수 없다.

④ 남성교도관이 1인의 여성수용자에 대하여 상담 등을 하려면 투명한 창문이 설치된 장소에서 다른 여성을 입회시킨 후 실시하여야 한다(법 제51조 제2항). 따라서 丁은 C를 상대로 상담을 할 수 없다.

정답 | ②

149

「형의 집행 및 수용자의 처우에 관한 법률 시행령」상 여성수용자의 처우와 관련하여 예외 없이 반드시 여성교도관이 하여야 하는 것을 모두 고르면?

㉠ 여성수용자에 대한 상담·교육·작업 ㉡ 거실에 있는 여성수용자에 대한 야간 시찰 ㉢ 여성수용자에 대한 목욕 계호 ㉣ 여성수용자에 대한 신체·의류·휴대품 검사 ㉤ 거실에 있는 여성수용자에 대한 전자영상장비 계호

① ㉠, ㉡, ㉢
② ㉠, ㉡, ㉣
③ ㉡, ㉢, ㉤
④ ㉢, ㉣, ㉤

해설 ④ 예외 없이 반드시 여성교도관이 하여야 하는 것은 ㉡. 4. 아이다.

㉠ 소장은 여성수용자에 대하여 상담·교육·작업 등을 실시하는 데에는 여성교도관이 담당하도록 하여야 한다. 다만, 여성교도관이 부족하거나 그 밖의 부득이한 사정이 있으면 그리하지 아니하다(형집행법 제51조).

㉡ 소장은 특히 필요하다고 인정하는 경우가 아니면 남성교도관이 야간에 수용자거실에 있는 여성수용자를 시찰하게 하여서는 아니 된다(동법 시행령 제7조).

㉢ 소장은 여성수용자가 목욕을 하는 경우에 계호가 필요하다고 인정하면 여성교도관이 하도록 하여야 한다(동법 시행령 제77조 제2항).

㉣ 여성의 신체·의류 및 휴대품에 대한 검사는 여성교도관이 하여야 한다(동법 제93조 제4항).

㉤ 전자영상장비로 거실에 있는 수용자를 계호하는 것은 자살 등의 우려가 큰 때에만 할 수 있고, 이 경우 수용자가 여성이면 여성교도관이 계호하여야 한다(동법 제94조 제2항).

정답 | ④

150

형집행법령상 여성수용자의 처우에 대한 설명으로 옳은 것은 모두 몇 개인가? 5급승진 22

㉠ 여성교도관이 부족하거나 그 밖의 부득이한 사정으로 남성교도관이 1인 이상의 여성수용자에 대하여 실내에서 상담 등을 하려면 투명한 창문이 설치된 장소에서 다른 여성교도관을 입회시킨 후 실시하여야 한다. ㉡ 소장은 여성수용자에 대하여 6개월에 1회 이상 건강검진을 하여야 한다. 이 경우 여성수용자의 나이·건강 등을 고려하여 부인과질환에 관한 검사를 포함시킬 수 있다. ㉢ 여성수용자는 자신이 출산한 유아를 교정시설에서 양육할 것을 신청할 수 있다. ㉣ 소장은 수용자가 출산하려고 하는 경우에는 외부의료시설에 진료를 받게 하는 등 적절한 조치를 하여야 한다. ㉤ 수용자가 출산(유산·사산을 제외한다)한 경우란 출산(유산·사산한 경우를 제외한다) 후 60일이 지나지 아니한 경우를 말한다.

① 1개 ② 2개
③ 3개 ④ 4개

해설 옳은 것은 ㉢, ㉣이다.

㉠ 소장은 여성수용자에 대하여 상담·교육·작업 등(상담 등)을 실시하는 때에는 여성교도관이 담당하도록 하여야 한다. 다만, 여성교도관이 부족하거나 그 밖의 부득이한 사정이 있으면 남성교도관이 1인의 여성수용자에 대하여 실내에서 상담 등을 하려면 투명한 창문이 설치된 장소에서 다른 여성을 입회시킨 후 실시하여야 한다(형집행법 제51조).

㉡ 소장은 수용자에 대하여 1년에 1회 이상 건강검진을 하여야 한다(동법 시행령 제51조 제1항 본문, 여성수용자도 수용자의 개념에 포함되므로 1년에 1회 이상). 다만, 19세 미만의 수용자, 계호상 독거수용자, 65세 이상의 노인수용자, 소년수용자에 대하여는 6개월에 1회 이상 하여야 한다(동법 시행령 제51조 제1항 단서, 동법 시행규칙 제47조 제2항, 제59조의7). 소장은 여성수용자에 대하여 건강검진을 실시하는 경우에는 나이·건강 등을 고려하여 부인과질환에 관한 검사를 포함시켜야 한다(동법 제50조 제2항).

㉢ 여성수용자는 자신이 출산한 유아를 교정시설에서 양육할 것을 신청할 수 있다. 이 경우 소장은 ⓐ 유아가 질병·부상, 그 밖의 사유로 교정시설에서 생활하는 것이 특히 부적당하다고 인정되는 때, ⓑ 수용자가 질병·부상, 그 밖의 사유로 유아를 양육할 능력이 없다고 인정되는 때, ⓒ 교정시설에 감염병이 유행하거나 그 밖의 사정으로 유아양육이 특히 부적당한 때에 해당하는 사유가 없으면, 생후 18개월에 이르기까지 허가하여야 한다(동법 제53조 제1항).

㉣ 동법 제52조 제2항

㉤ 출산(유산·사산을 포함한다)한 경우란 출산(유산·사산한 경우를 포함한다) 후 60일이 지나지 아니한 경우를 말한다(동법 시행령 제78조).

정답 | ②

151

형집행법령상 여성수용자에 대한 설명으로 가장 옳지 않은 것은? 6급승진 22

① 소장은 수용자가 임신 중이거나 출산(유산·사산은 제외한다)한 경우에는 모성보호 및 건강유지를 위하여 정기적인 검진 등 적절한 조치를 하여야 한다.

② 여성수용자는 자신이 출산한 유아를 교정시설에서 양육할 것을 신청할 수 있다.

③ 소장은 여성수용자에 대하여 상담·교육·작업 등을 실시하는 때에는 여성교도관이 담당하도록 하여야 한다. 다만, 여성교도관이 부족하거나 그 밖의 부득이한 사정이 있으면 그러하지 아니하다.

④ 소장은 교정시설에서 유아의 양육을 신청한 여성수용자에게 그 양육을 허가한 경우에는 교정시설에 육아거실을 지정·운영하여야 한다.

해설 ① 소장은 수용자가 임신 중이거나 출산(유산·사산을 포함한다)한 경우에는 모성보호 및 건강유지를 위하여 정기적인 검진 등 적절한 조치를 하여야 한다(형집행법 제52조 제1항).

② 동법 제53조 제1항 전단

③ 동법 제51조 제1항

④ 동법 시행령 제79조

정답 | ①

152

형집행법령상 여성수용자의 처우에 대한 설명으로 옳지 않은 것은 모두 몇 개인가? 7급승진 23

> ㉠ 남성교도관이 1인의 여성수용자에 대하여 실내에서 상담·교육·작업 등을 하려면 투명한 창문이 설치된 장소에서 다른 교도관을 입회시킨 후 실시하여야 한다.
> ㉡ 소장은 형집행법 제53조(유아의 양육) 제1항에 따라 유아의 양육을 허가한 경우에는 교정시설에 육아거실을 지정·운영하여야 한다.
> ㉢ 소장은 유아의 양육을 허가하지 아니하는 경우에는 수용자의 의사를 고려하여 유아보호에 적당하다고 인정하는 법인 또는 개인에게 그 유아를 보낼 수 있다. 다만, 적당한 법인 또는 개인이 없는 경우에는 그 유아를 해당 교정시설의 소재지 관할 이외의 시장·군수 또는 구청장에게 보내서 보호하게 하여야 한다.
> ㉣ 소장은 여성수용자에 대하여 건강검진을 실시하는 경우에는 나이·건강 등을 고려하여 부인과질환에 관한 검사를 포함시킬 수 있다.

① 1개　② 2개
③ 3개　④ 4개

해설 옳지 않은 것은 ㉠, ㉢, ㉣이다.

㉠ 남성교도관이 1인의 여성수용자에 대하여 실내에서 상담·교육·작업 등(상담 등)을 하려면 투명한 창문이 설치된 장소에서 다른 여성을 입회시킨 후 실시하여야 한다(형집행법 제51조 제2항).

㉡ 동법 시행령 제79조

㉢ 소장은 유아의 양육을 허가하지 아니하는 경우에는 수용자의 의사를 고려하여 유아보호에 적당하다고 인정하는 법인 또는 개인에게 그 유아를 보낼 수 있다. 다만, 적당한 법인 또는 개인이 없는 경우에는 그 유아를 해당 교정시설의 소재지를 관할하는 시장·군수 또는 구청장에게 보내서 보호하게 하여야 한다(동법 시행령 제80조 제1항).

㉣ 소장은 여성수용자에 대하여 건강검진을 실시하는 경우에는 나이·건강 등을 고려하여 부인과질환에 관한 검사를 포함시켜야 한다(동법 제50조 제2항).

정답 | ③

PART

05

시설 내 처우 Ⅱ

CHAPTER 01 수용자 상벌제도

01

징벌과 형벌의 차이에 관한 설명으로 옳지 않은 것은 모두 몇 개인가?

㉠ 형벌은 제재를 내용으로 하는 반면, 징벌은 교정을 내용으로 한다.
㉡ 형벌은 일반사회의 공공질서를 침해한 것에 대한 제재인 반면, 징벌은 교정시설이라는 한정된 공간의 안전과 질서유지를 위해 부과되는 제재이다.
㉢ 형벌은 범죄에 대한 처벌인 반면, 징벌은 수용자가 국가에 대하여 그 지위상 부담하는 특별의무를 위반한 것에 대한 제재이다.
㉣ 형벌은 수용자가 석방한 후에도 수용 중에 범한 행위에 대하여 처벌하는 반면, 징벌은 석방 후에는 처벌할 수 없다.

① 1개 ② 2개 ③ 3개 ④ 4개

해설 [×] ㉠ 형벌과 징벌 모두 제재와 교정을 내용으로 한다는 점에서는 차이가 없다.
[○] ㉡·㉢·㉣

정답 | ①

02

징벌에 대한 설명으로 옳지 않은 것은? 교정9급 10

① 징벌은 일정한 규율을 위반한 수용자에게 부과하는 불이익처분으로 일종의 형사처분의 성격을 띠고 있다.
② 자신의 요구를 관철할 목적으로 자해하는 행위에 대해 징벌을 부과할 수 있다.
③ 징벌위원회의 위원이 제척사유에 해당할 때에는 그 위원회에 참석할 수 없다.
④ 소장은 징벌집행 중인 사람에 대해서 일정한 사유가 인정되면 남은 기간의 징벌집행을 면제할 수 있다.

해설 ① 징벌은 비록 형벌적 성격을 가지기는 하나, 행정처분에 해당한다.
② 법 제107조 제2호
③ 위원이 징벌대상자의 친족이거나 그 밖에 공정한 심의·의결을 기대할 수 없는 특별한 사유가 있는 경우에는 위원회에 참석할 수 없다(법 제111조 제4항).
④ 소장은 징벌집행 중인 사람이 뉘우치는 빛이 뚜렷한 경우에는 그 징벌을 감경하거나 남은 기간의 징벌집행을 면제할 수 있다(법 제113조 제2항).

정답 | ①

03 ★

「형의 집행 및 수용자의 처우에 관한 법률」상 징벌에 대한 설명으로 옳지 않은 것은? 교정9급 22

① 징벌은 동일한 행위에 관하여 거듭하여 부과할 수 없다.
② 징벌사유가 발생한 날부터 2년이 지나면 이를 이유로 징벌을 부과하지 못한다.
③ 징벌의 집행유예는 허용되지 아니한다.
④ 징벌집행의 면제와 일시정지는 허용된다.

해설 ③ 징벌위원회는 징벌을 의결하는 때에 행위의 동기 및 정황, 교정성적, 뉘우치는 정도 등 그 사정을 고려할 만한 사유가 있는 수용자에 대하여 2개월 이상 6개월 이하의 기간 내에서 징벌의 집행을 유예할 것을 의결할 수 있다(법 제114조 제1항).
① 법 제109조 제3항
② 동조 제4항
④ 법 제113조

정답 | ③

04

「형의 집행 및 수용자의 처우에 관한 법률」상 징벌에 대한 설명으로 옳지 않은 것은? 교정9급 21

① 수용자가 징벌이 집행 중에 있거나 징벌의 집행이 끝난 후 또는 집행이 면제된 후 6개월 내에 다시 징벌사유에 해당하는 행위를 한 때에는 징벌(경고는 제외)의 장기의 2분의 1까지 가중할 수 있다.
② 소장은 징벌사유에 해당하는 행위를 하였다고 의심할 만한 이유가 있는 수용자가 증거를 인멸할 우려가 있는 때에 한하여 조사기간 중 분리하여 수용할 수 있다.
③ 징벌위원회는 징벌을 의결하는 때에 행위의 동기 및 정황, 교정성적, 뉘우치는 정도 등 그 사정을 고려할 만한 사유가 있는 수용자에 대하여 2개월 이상 6개월 이하의 기간 내에서 징벌의 집행을 유예할 것을 의결할 수 있다.
④ 징벌위원회는 위원장을 포함한 5명 이상 7명 이하의 위원으로 구성하고, 위원장은 소장의 바로 다음 순위자가 된다.

해설 ② 소장은 징벌사유에 해당하는 행위를 하였다고 의심할 만한 상당한 이유가 있는 수용자(징벌대상자)가 증거를 인멸할 우려가 있는 때 또는 다른 사람에게 위해를 끼칠 우려가 있거나 다른 수용자의 위해로부터 보호할 필요가 있는 때에는 조사기간 중 분리하여 수용할 수 있다(법 제110조 제1항).
① 법 제109조 제2항
③ 법 제114조 제1항
④ 법 제111조 제2항

정답 | ②

05 ★

다음 중 형의 집행 및 수용자의 처우에 관한 법률에서 징벌사유로 규정하고 있는 것이 아닌 것은?

① 수용생활의 편의 등 자신의 요구를 관철할 목적으로 자해하는 행위
② 다른 사람에게 부당한 금품을 요구하는 행위
③ 정당한 사유 없이 작업·교육 등을 거부하거나 태만히 하는 행위
④ 금지물품을 반입·제작·소지·사용·수수·교환 또는 은닉하는 행위

해설 ①·③·④는 법 제107조에서 규정하고 있는 징벌부과사유인 데 반하여, ②는 시행규칙 제214조에서 규정하고 있는 징벌부과사유이다.

법 제107조(징벌)의 징벌부과사유

1. 「형법」, 「폭력행위 등 처벌에 관한 법률」, 그 밖의 형사법률에 저촉되는 행위
2. 수용생활의 편의 등 자신의 요구를 관철할 목적으로 자해하는 행위
3. 정당한 사유 없이 작업·교육 등을 거부하거나 태만히 하는 행위
4. 제92조의 금지물품을 지니거나 반입·제작·사용·수수·교환·은닉하는 행위
5. 다른 사람을 처벌받게 하거나 교도관의 직무집행을 방해할 목적으로 거짓사실을 신고하는 행위
6. 그 밖에 시설의 안전과 질서유지를 위하여 법무부령으로 정하는 규율을 위반하는 행위

시행규칙 제214조(규율)의 징벌부과사유

1. 교정시설의 안전 또는 질서를 해칠 목적으로 다중을 선동하는 행위
2. 허가되지 아니한 단체를 조직하거나 그에 가입하는 행위
3. 교정장비, 도주방지시설, 그 밖의 보안시설의 기능을 훼손하는 행위
4. 음란한 행위를 하거나 다른 사람에게 성적 언동 등으로 성적 수치심 또는 혐오감을 느끼게 하는 행위
5. 다른 사람에게 부당한 금품을 요구하는 행위

5의2. 허가 없이 다른 수용자에게 금품을 교부하거나 수용자 외의 사람을 통하여 다른 수용자에게 금품을 교부하는 행위

6. 작업·교육·접견·집필·전화통화·운동, 그 밖에 교도관의 직무 또는 다른 수용자의 정상적인 일과 진행을 방해하는 행위
7. 문신을 하거나 이물질을 신체에 삽입하는 등 의료 외의 목적으로 신체를 변형시키는 행위
8. 허가 없이 지정된 장소를 벗어나거나 금지구역에 출입하는 행위
9. 허가 없이 다른 사람과 만나거나 연락하는 행위
10. 수용생활의 편의 등 자신의 요구를 관철할 목적으로 이물질을 삼키는 행위
11. 인원점검을 회피하거나 방해하는 행위
12. 교정시설의 설비나 물품을 고의로 훼손하거나 낭비하는 행위
13. 고의로 수용자의 번호표, 거실표 등을 지정된 위치에 붙이지 아니하거나 그 밖의 방법으로 현황파악을 방해하는 행위
14. 큰 소리를 내거나 시끄럽게 하여 다른 수용자의 평온한 수용생활을 현저히 방해하는 행위
15. 허가 없이 물품을 지니거나 반입·제작·변조·교환 또는 주고받는 행위
16. 도박이나 그 밖에 사행심을 조장하는 놀이나 내기를 하는 행위
17. 지정된 거실에 입실하기를 거부하는 등 정당한 사유 없이 교도관의 직무상 지시나 명령을 따르지 아니하는 행위
18. 공연히 다른 사람을 해할 의사를 표시하는 행위

정답 | ②

06

징벌의 종류에 관한 설명으로 옳지 않은 것은?

① 경고는 가장 경미한 징벌로서 훈계적 성격을 가진다.
② 작업장려금 삭감에 대해서는 행정처분으로 재산권을 박탈한다는 점에서 징벌의 범위를 넘어서는 것이라는 비판이 있다.
③ 징벌의 종류는 총 14종이다.
④ 50시간 이내의 근로봉사는 주로 징역형수형자가 부과대상이 된다.

해설 ④ 징역형수형자는 정역복무의무가 있으므로 근로봉사 부과대상은 주로 정역복무의무가 없는 금고형수형자, 구류형수형자, 미결수용자 등이다.

정답 | ④

07

형의 집행 및 수용자의 처우에 관한 법령상 징벌집행에 대한 설명으로 옳지 않은 것은?

교정9급 24

① 소장은 30일 이내의 금치(禁置)처분을 받은 수용자에게 실외운동을 제한하는 경우라도 매주 1회 이상 실외운동을 할 수 있도록 하여야 한다.
② 수용자의 징벌대상행위에 대한 조사기간(조사를 시작한 날부터 징벌위원회의 의결이 있는 날까지를 말한다)은 10일 이내로 한다. 다만, 특히 필요하다고 인정하는 경우에는 1회에 한하여 7일을 초과하지 아니하는 범위에서 그 기간을 연장할 수 있다.
③ 소장은 징벌대상자의 질병이나 그 밖의 특별한 사정으로 인하여 조사를 계속하기 어려운 경우에는 조사를 일시 정지할 수 있다. 이 경우 조사가 정지된 다음 날부터 정지사유가 소멸한 날까지의 기간은 조사기간에 포함되지 아니한다.
④ 소장은 수용자가 교정사고 방지에 뚜렷한 공로가 있다고 인정되면 분류처우위원회의 의결을 거친 후 법무부장관의 승인을 받아 징벌을 실효시킬 수 있다.

해설 ③ 소장은 징벌대상자의 질병이나 그 밖의 특별한 사정으로 인하여 조사를 계속하기 어려운 경우에는 조사를 일시 정지할 수 있다. 정지된 조사기간은 그 사유가 해소된 때부터 다시 진행한다. 이 경우 조사가 정지된 다음 날부터 정지사유가 소멸한 전날까지의 기간은 조사기간에 포함되지 아니한다(형집행법 시행규칙 제221조).
① 동법 제112조 제5항
② 동법 시행규칙 제220조 제1항
④ 동법 제115조 제2항

정답 | ③

08

「형의 집행 및 수용자의 처우에 관한 법률」에서 규정하고 있는 수용자에 대한 징벌의 종류가 아닌 것은? 사법시험 13

① 50시간 이내의 교육 수강
② 30일 이내의 신문열람 제한
③ 50시간 이내의 근로봉사
④ 30일 이내의 전화통화 제한
⑤ 30일 이내의 금치

해설 ① 형집행법에서 규정하고 있는 징벌의 종류에 해당하지 않는다.
② 법 제108조 5호
③ 동조 제2호
④ 동조 제9호
⑤ 동조 제14호

정답 | ①

09

징벌대상자의 분리수용사유가 아닌 것은?

① 증거를 인멸할 우려가 있는 때
② 다른 사람에게 위해를 끼칠 우려가 있는 때
③ 다른 수용자의 위해로부터 보호할 필요가 있는 때
④ 징벌조사의 신속과 공정성 확보를 위해 특히 필요하다고 인정하는 때

해설 징벌대상자가 ①·②·③의 어느 하나에 해당하면 조사기간 중 분리하여 수용할 수 있다(법 제110조 제1항).

정답 | ④

10

형집행법상 수용자 포상사유에 해당하지 않는 것은?

① 사람의 생명을 구조하거나 도주를 방지한 때
② 응급용무에 공로가 있는 때
③ 시설의 안전과 질서유지에 뚜렷한 공이 인정되는 때
④ 다른 수형자의 교화와 건전한 사회복귀에 뚜렷한 공이 인정되는 때

해설 ④ 형집행법상 수용자 포상사유에 해당하지 않는다(법 제106조 참조).

법 제106조(포상)
소장은 수용자가 다음 각 호의 어느 하나에 해당하면 법무부령으로 정하는 바에 따라 포상할 수 있다.
1. 사람의 생명을 구조하거나 도주를 방지한 때
2. 제102조 제1항에 따른 응급용무에 공로가 있는 때
3. 시설의 안전과 질서유지에 뚜렷한 공이 인정되는 때
4. 수용생활에 모범을 보이거나 건설적이고 창의적인 제안을 하는 등 특히 포상할 필요가 있다고 인정되는 때

정답 | ④

11

현행 「형의 집행 및 수용자의 처우에 관한 법률」상 수용자의 상벌에 관한 설명 중 옳은 것은?

사법시험 15

① 징벌사유가 발생한 날부터 1년이 지나면 이를 이유로 징벌을 부과하지 못한다.
② 징벌대상자는 징벌위원회의 위원에 대하여 기피신청을 할 수 있으며, 기피 여부는 소장이 결정한다.
③ 징벌위원회의 위원장은 소장이 되며 외부위원은 3인 이하로 한다.
④ 수용자에 대한 징벌로 30일 이내의 전화통화 제한과 30일 이내의 편지수수 제한을 함께 부과할 수는 없다.
⑤ 소장은 시설의 안전과 질서유지에 뚜렷한 공이 인정되는 수용자에 대해 법무부령으로 정하는 바에 따라 포상할 수 있다.

해설 ⑤ 법 제106조
① 징벌사유가 발생한 날부터 2년이 지나면 이를 이유로 징벌을 부과하지 못한다(법 제109조 제4항).
② 징벌대상자는 위원에 대하여 기피신청을 할 수 있다. 이 경우 징벌위원회의 의결로 기피 여부를 결정하여야 한다(법 제111조 제5항).
③ 징벌위원회는 위원장을 포함한 5명 이상 7명 이하의 위원으로 구성하고, 위원장은 소장의 바로 다음 순위자가 되며, 위원은 소장이 소속 기관의 과장(지소의 경우에는 7급 이상의 교도관) 및 교정에 관한 학식과 경험이 풍부한 외부인사 중에서 임명 또는 위촉한다. 이 경우 외부위원은 3명 이상으로 한다(법 제111조 제2항).
④ 수용자에 대한 징벌로 30일 이내의 전화통화 제한과 30일 이내의 편지수수 제한을 함께 부과할 수 있다(법 제109조 제1항).

정답 | ⑤

12

「형의 집행 및 수용자의 처우에 관한 법률」상 수용자의 규율과 포상에 대한 설명으로 가장 옳지 않은 것은?

7급승진 22

① 수용자는 소장이 정하는 일과시간표를 지켜야 한다.

② 수용자는 교도관의 직무상 지시에 따라야 한다.

③ 수용자는 교정시설의 안전과 질서유지를 위하여 법무부장관이 정하는 규율을 지켜야 한다.

④ 소장은 수용자가 사람의 생명을 구조하거나 도주를 방지한 때에는 그 수용자에 대하여 법무부령이 정하는 바에 따라 포상하여야 한다.

해설 ④ 소장은 수용자가 사람의 생명을 구조하거나 도주를 방지한 때에는 법무부령으로 정하는 바에 따라 포상할 수 있다(형집행법 제106조 제1호).

① 동법 제105조 제2항

② 동조 제3항

③ 동조 제1항

정답 | ④

13 ★

징벌위원회의 구성에 관한 설명으로 옳지 않은 것은?

① 징벌대상자의 징벌을 결정하기 위하여 교정시설에 징벌위원회를 둔다.

② 위원장은 소장의 바로 다음 순위자이다.

③ 위원장을 포함한 5인 이상 7인 이하의 위원으로 구성한다.

④ 위원장이 불가피한 사정으로 그 직무를 수행하기 어려운 경우에는 소장이 미리 지정한 위원이 그 직무를 대행한다.

해설 ④ 징벌위원회의 위원장이 불가피한 사정으로 그 직무를 수행하기 어려운 경우에는 위원장이 미리 지정한 위원이 그 직무를 대행한다(시행령 제130조).

① 법 제111조 제1항

②·③ 동조 제2항

정답 | ④

14

「형의 집행 및 수용자의 처우에 관한 법률」상 징벌위원회에 대한 설명으로 옳지 않은 것은?

교정9급 15

① 징벌대상자는 위원에 대하여 기피신청을 할 수 있다.
② 위원장을 포함한 5인 이상 7인 이하의 위원으로 구성한다.
③ 위원장은 소장이 된다.
④ 징벌대상자는 징벌위원회에 서면 또는 말로써 자기에게 유리한 사실을 진술하거나 증거를 제출할 수 있다.

해설 ③ 징벌위원회는 위원장을 포함한 5명 이상 7명 이하의 위원으로 구성하고, 위원장은 소장의 바로 다음 순위자가 된다(법 제111조 제2항).
① 법 제111조 제5항
② 동조 제2항
④ 동조 제6항

정답 | ③

15

징벌위원의 제척 및 기피에 관한 설명으로 옳지 않은 것은?

① 위원회의 위원이 소장의 친족인 경우에는 위원회에 참석할 수 없다.
② 위원에게 공정한 심의·의결을 기대할 수 없는 특별한 사유가 있는 경우 해당 위원은 위원회에 참석할 수 없다.
③ 징벌대상자는 위원에 대하여 기피신청을 할 수 있으며, 이 경우 위원회의 의결로 기피 여부를 결정하여야 한다.
④ 위원이 해당 징벌대상행위의 조사를 담당한 경우에는 해당 위원회에 참석할 수 없다.

해설 ① 징벌위원회의 위원이 징벌대상자의 친족인 경우에는 위원회에 참석할 수 없다(법 제111조 제4항 참조).
② 동조 제4항
③ 동조 제5항
④ 시행령 제131조

정답 | ①

16

징벌위원에 대한 기피신청의 심의·의결사항이 아닌 것은?

① 징벌대상행위의 사실 조사
② 징벌위원에 대한 기피신청의 심의·의결
③ 징벌집행의 유예 여부와 그 기간
④ 징벌의 종류와 내용

해설 ①은 징벌대상행위의 조사담당 교도관의 역할이고, 징벌위원회는 징벌대상행위의 사실 여부를 확인하는 역할을 수행한다. 징벌위원회의 심의·의결사항은 시행규칙 제225조 참조

정답 | ①

17 ★

「형의 집행 및 수용자의 처우에 관한 법률」에 있어서 수용자의 징벌에 대한 설명으로 옳지 않은 것은?

교정9급 13 변형

① 교도소장은 수용자가 수용생활의 편의 등 자신의 요구를 관철할 목적으로 자해하는 경우에 징벌위원회의 의결에 따라 수용자에게 징벌을 부과할 수 있다.
② 수용자에게 부과되는 징벌의 종류에는 30일 이내의 실외운동 정지와 30일 이내의 금치가 포함된다.
③ 징벌위원회에서 수용자에 대하여 징벌이 의결되더라도 행위의 동기 및 정황, 교정성적, 뉘우치는 정도 등 그 사정을 고려할 만한 사유가 있는 수용자에 대하여 교도소장은 2개월 이상 6개월 이하의 기간 내에서 징벌의 집행을 유예할 수 있다.
④ 교도소장은 징벌의 집행이 종료되거나 집행이 면제된 수용자가 교정성적이 양호하고 법무부령으로 정하는 기간 동안 징벌을 받지 아니하면 법무부장관의 승인을 받아 징벌을 실효시킬 수 있다.

해설 ③ 징벌위원회는 징벌을 의결하는 때에 행위의 동기 및 정황, 교정성적, 뉘우치는 정도 등 그 사정을 고려할 만한 사유가 있는 수용자에 대하여 2개월 이상 6개월 이하의 기간 내에서 징벌의 집행을 유예할 것을 의결할 수 있다(법 제114조 제1항). 즉, 징벌집행의 유예는 교도소장의 권한이 아니라, 징벌위원회의 권한이다.

① 법 제107조 제2호
② 법 제108조 제13호·제14호
④ 법 제115조 제1항

정답 | ③

18

징벌의 조사기간에 관한 설명으로 옳은 것은?

① 조사기간은 원칙적으로 7일 이내이다.

② 필요하다고 인정하는 경우에는 1회에 한하여 10일을 초과하지 않는 범위에서 그 기간을 연장할 수 있다.

③ 조사기간 중 징벌대상자의 처우를 제한한 경우에는 징벌위원회의 의결을 거쳐 처우를 제한한 기간의 전부 또는 일부를 징벌기간에 포함하여야 한다.

④ 소장은 징벌대상행위가 징벌대상자의 정신병적 원인에 따른 것이라고 인정하는 경우에는 그 행위를 이유로 징벌위원회에 징벌을 요구할 수 없다.

해설 ①·② 조사기간은 원칙적으로 10일 이내이나, 필요하다고 인정하는 경우에는 1회에 한하여 7일을 초과하지 않는 범위에서 그 기간을 연장할 수 있다(시행규칙 제220조 제1항 참조).

③ 조사기간 중 징벌대상자에 대하여 처우를 제한하는 경우에는 징벌위원회의 의결을 거쳐 처우를 제한한 기간의 전부 또는 일부를 징벌기간에 포함할 수 있다(동조 제3항).

④ 동조 제5항

정답 | ④

19

소장이 규율위반행위에 대한 조사를 종료한 이후 취할 수 있는 조치에 해당하지 않는 것은?

① 징벌대상자에 대한 무혐의 통고

② 징벌위원회 회부 보류

③ 징벌대상자에 대한 훈계

④ 징벌위원회 회부 정지

해설 ①·②·③ 시행규칙 제220조 제2항

시행규칙 제220조(조사기간)

② 소장은 조사기간 중 조사결과에 따라 다음 각 호의 어느 하나에 해당하는 조치를 할 수 있다.

1. 징벌위원회로의 회부
2. 징벌대상자에 대한 무혐의 통고
3. 징벌대상자에 대한 훈계
4. 징벌위원회 회부 보류
5. 조사종결

정답 | ④

20

징벌의결절차에 관한 설명으로 옳지 않은 것은?

① 위원회의 위원장은 소장의 징벌요구에 따라 위원회를 소집하고 개회한다.

② 소장이 징벌대상자에 대하여 징벌의결을 요구하는 경우에는 징벌의결요구서를 작성하여 징벌위원회에 제출하여야 한다.

③ 징벌의결요구서 일본주의에 따라 징벌의결요구서에는 징벌대상행위만을 기재하고, 관계서류를 첨부할 수 없다.

④ 징벌대상자가 출석하기를 원하지 아니하는 경우에는 출석포기서를 징벌위원회에 제출하여야 한다.

해설 ③ 징벌의결요구서에는 징벌대상행위의 입증에 필요한 관계서류를 첨부할 수 있다(시행규칙 제226조 제2항).
① 시행령 제129조
② 시행규칙 제226조 제1항
④ 시행규칙 제227조 제3항

정답 | ③

21

징벌위원회의 회의 및 의결에 관한 설명으로 옳지 않은 것은?

① 징벌대상자는 서면 또는 말로써 자기에게 유리한 사실을 진술하거나 증거를 제출할 수 있다.

② 위원회는 필요하다고 인정하는 경우에는 교도관이나 다른 수용자 등을 참고인으로 출석하게 하여 심문할 수 있다.

③ 징벌대상자가 출석포기서를 제출한 경우에만 서면심리만으로 징벌을 의결할 수 있다.

④ 징벌위원회가 작업장려금 삭감을 의결하려면 사전에 수용자의 작업장려금을 확인하여야 한다.

해설 ③ 징벌위원회는 징벌대상자에게 출석통지서를 전달하였음에도 불구하고 징벌대상자가 출석포기서를 제출하거나 정당한 사유 없이 출석하지 아니한 경우에는 그 사실을 징벌위원회 회의록에 기록하고 서면심리만으로 징벌을 의결할 수 있다(시행규칙 제228조 제3항). 즉, 출석포기서를 제출한 경우뿐만 아니라, 정당한 사유 없이 출석하지 아니한 경우에도 서면심리만으로 징벌을 의결할 수 있다.
① 법 제111조 제6항
② 시행규칙 제228조 제1항
④ 동조 제6항

정답 | ③

22

징벌부과의 기준에 해당하지 않는 것은?

① 21일 이상 30일 이하의 금치
② 6개월의 작업장려금 삭감
③ 30일 이내의 공동행사참가 정지
④ 9일 이하의 금치

해설 ② 작업장려금 삭감의 최고기간은 3개월이다(시행규칙 제215조 참조).
①·③·④ 시행규칙 제215조

정답 | ②

23

징벌부과 시 고려사항이 아닌 것은?

① 징벌대상자의 나이·성격·지능·성장환경 및 건강
② 징벌대상행위의 동기·수단 및 결과
③ 교정성적 또는 그 밖의 수용생활태도
④ 죄명 및 남은 형기

해설 ④ 징벌부과 시 고려사항에 해당하지 않는다. 징벌부과 시 고려사항은 다음과 같다(시행규칙 제216조).

징벌부과 시 고려사항

- 징벌대상행위를 하였다고 의심할 만한 상당한 이유가 있는 수용자(징벌대상자)의 나이·성격·지능·성장환경·심리상태 및 건강
- 징벌대상행위의 동기·수단 및 결과
- 자수 등 징벌대상행위 후의 정황
- 교정성적 또는 그 밖의 수용생활태도

정답 | ④

24

징벌부과에 관한 설명으로 옳지 않은 것은?

① 다른 수용자를 교사하여 징벌대상행위를 한 수용자에게는 그 징벌대상행위를 한 수용자에게 부과하는 징벌과 같은 징벌을 부과한다.

② 다른 수용자의 징벌대상행위를 방조한 수용자에게는 그 징벌대상행위를 한 수용자에게 부과되는 징벌과 같은 징벌을 부과하되, 2분의 1까지 감경할 수 있다.

③ 둘 이상의 징벌대상행위가 경합하는 경우에는 각각의 행위에 해당하는 징벌 중 가장 중한 징벌의 2분의 1까지 가중할 수 있다.

④ 징벌의 집행이 면제된 후 1년 내에 다시 징벌사유에 해당하는 행위를 한 때에는 징벌의 장기의 2분의 1까지 가중할 수 있다.

해설 ④ 징벌이 집행 중에 있거나 징벌의 집행이 끝난 후 또는 집행이 면제된 후 6개월 내에 다시 징벌사유에 해당하는 행위를 한 때에는 징벌의 장기의 2분의 1까지 가중할 수 있다(법 제109조 제2항 제2호).

① 시행규칙 제217조 제1항

② 동조 제2항

③ 시행규칙 제218조 제1항

정답 | ④

25

형의 집행 및 수용자의 처우에 관한 법령상 수용자의 징벌에 대한 설명으로 옳은 것은? 교정7급 19

① 다른 수용자의 징벌대상행위를 방조한 수용자에게는 그 징벌대상행위를 한 수용자에게 부과되는 징벌과 같은 징벌을 부과하되, 2분의 1로 감경한다.

② 소장은 10일의 금치처분을 받은 수용자가 징벌의 집행이 종료된 후 교정성적이 양호하고 1년 6개월 동안 징벌을 받지 아니하면 법무부장관의 승인을 받아 징벌을 실효시킬 수 있다.

③ 소장은 특별한 사유가 없으면 의사로 하여금 징벌대상자에 대한 심리상담을 하도록 해야 한다.

④ 소장은 징벌집행의 유예기간 중에 있는 수용자가 다시 징벌대상행위를 하면 그 유예한 징벌을 집행한다.

해설 ② 소장은 10일의 금치처분을 받은 수용자(시행규칙 제215조 제3호 가목)가 징벌의 집행이 종료된 후 교정성적이 양호하고 1년 6개월(시행규칙 제234조 제1항 제1호 다목) 동안 징벌을 받지 아니하면 법무부장관의 승인을 받아 징벌을 실효시킬 수 있다(법 제115조 제1항 참조).

① 다른 수용자의 징벌대상행위를 방조한 수용자에게는 그 징벌대상행위를 한 수용자에게 부과되는 징벌과 같은 징벌을 부과하되, 그 정황을 고려하여 2분의 1까지 감경할 수 있다(시행규칙 제217조 제2항).

③ 소장은 특별한 사유가 없으면 교도관으로 하여금 징벌대상자에 대한 심리상담을 하도록 해야 한다(시행규칙 제219조의2).

④ 소장은 징벌집행의 유예기간 중에 있는 수용자가 다시 징벌대상행위를 하여 징벌이 결정되면 그 유예한 징벌을 집행한다(법 제114조 제2항).

정답 | ②

26 ★

현행 법령상 징벌에 관한 설명 중 틀린 것은? 9급특채 12

① 다른 수용자의 징벌대상행위를 방조한 수용자에게는 그 징벌대상행위를 한 수용자에게 부과되는 징벌의 2분의 1을 부과한다.

② 둘 이상의 징벌대상행위가 경합하는 경우 각각의 행위에 해당하는 징벌 중 가장 중한 징벌의 2분의 1까지 가중할 수 있다.

③ 징벌사유가 발생한 날부터 2년이 지나면 이를 이유로 징벌을 부과하지 못한다.

④ 징벌은 동일한 행위에 관하여 거듭하여 부과할 수 없다.

해설 ① 다른 수용자의 징벌대상행위를 방조한 수용자에게는 그 징벌대상행위를 한 수용자에게 부과되는 징벌과 같은 징벌을 부과하되, 그 정황을 고려하여 2분의 1까지 감경할 수 있다(시행규칙 제217조 제2항).
② 시행규칙 제218조 제1항
③ 법 제109조 제4항
④ 법 제109조 제3항

➤ 징벌부과 관련 주요사항 정리

교사와 방조	• 다른 수용자를 교사하여 징벌대상행위를 한 수용자는 징벌대상행위를 한 수용자와 같은 징벌 부과 • 징벌대상행위를 방조한 수용자는 징벌대상행위를 한 수용자와 같은 징벌 부과(2분의 1까지 감경 가능)
징벌대상행위의 경합	• 둘 이상의 징벌대상행위가 경합하는 경우 가장 중한 징벌의 2분의 1까지 가중 가능
장기의 2분의 1까지 가중 가능한 경우	• 2 이상의 징벌사유가 경합하는 때 • 징벌의 집행 중에 있거나 징벌의 집행이 끝난 후 또는 집행이 면제된 후 6개월 내에 다시 징벌사유에 해당하는 행위를 한 때

정답 | ①

27

징벌집행의 순서에 관한 설명으로 옳지 않은 것은?

① 금치와 근로봉사가 함께 부과된 경우에는 근로봉사를 우선하여 집행한다.

② 금치와 작업장려금이 함께 부과된 경우에는 동시에 집행할 수 있다.

③ 금치와 경고가 함께 부과된 경우에는 동시에 집행할 수 있다.

④ 같은 종류의 징벌은 그 기간이 긴 것부터 집행한다.

해설 ①·②·③ 금치와 그 밖의 징벌을 집행할 경우에는 금치를 우선하여 집행한다(시행규칙 제230조 제1항). 따라서 근로봉사보다 금치를 우선하여 집행하여야 한다.
④ 동조 제2항

정답 | ①

28 ★

「형의 집행 및 수용자의 처우에 관한 법률」상 징벌에 대한 내용으로 옳지 않은 것은? 교정7급 21

① 징벌은 징벌사유가 발생한 날부터 1년이 지나면 이를 이유로 징벌을 부과하지 못한다.

② 수용자가 30일 이내의 금치처분을 받은 경우 실외운동을 제한하는 경우에도 매주 1회 이상은 실외운동을 할 수 있도록 하여야 한다.

③ 징벌위원회는 징벌을 의결하는 때에 행위의 동기 및 정황, 교정성적, 뉘우치는 정도 등 그 사정을 고려할 만한 사유가 있는 수용자에 대하여 2개월 이상 6개월 이하의 기간 내에서 징벌의 집행을 유예할 것을 의결할 수 있다.

④ 동일한 행위에 관하여 거듭하여 징벌을 부과할 수 없다.

해설 ① 징벌사유가 발생한 날부터 2년이 지나면 이를 이유로 징벌을 부과하지 못한다(법 제109조 제4항).
② 법 제112조 제5항
③ 법 제114조 제1항
④ 법 제109조 제3항

정답 | ①

29

「형의 집행 및 수용자의 처우에 관한 법률」 및 「동법 시행규칙」상 수용자의 상벌에 대한 설명으로 옳지 않은 것은? 교정9급 15

① 징벌사유가 발생한 날부터 1년이 지나면 이를 이유로 징벌을 부과하지 못한다.

② 사람의 생명을 구조한 수용자는 소장표창 및 가족만남의 집 이용대상자 선정기준에 해당된다.

③ 소장은 금치 외의 징벌을 집행하는 경우 그 징벌의 목적을 달성하기 위하여 필요하다고 인정하면 해당 수용자를 징벌거실에 수용할 수 있다.

④ 수용자의 징벌대상행위에 대한 조사기간은 조사를 시작한 날부터 징벌위원회의 의결이 있는 날까지를 말하며 10일 이내로 하나, 특히 필요하다고 인정하는 경우에는 1회에 한하여 7일을 초과하지 아니하는 범위에서 그 기간을 연장할 수 있다.

해설 ① 징벌사유가 발생한 날부터 2년이 지나면 이를 이유로 징벌을 부과하지 못한다(법 제109조 제4항).
② 시행규칙 제214조의2
③ 시행규칙 제231조 제3항
④ 시행규칙 제220조 제1항

정답 | ①

30

징벌집행절차에 관한 다음 설명 중 옳지 않은 것은?

① 소장은 실외운동 정지나 금치의 처분을 집행하는 경우에는 의무관으로 하여금 사전에 수용자의 건강을 확인하도록 하여야 하며, 집행 중인 경우에도 수시로 건강상태를 확인하여야 한다.

② 소장은 징벌의결의 통고를 받은 경우에는 3일 이내에 집행하여야 한다.

③ 소장은 수용자가 징벌처분을 받아 접견, 편지수수 또는 전화통화가 제한된 경우에는 원칙적으로 그의 가족에게 그 사실을 알려야 한다.

④ 소장은 수용자에 대하여 30일 이내의 실외운동정지나 30일 이내의 금치집행을 마친 경우에는 의무관에게 해당 수용자의 건강을 지체 없이 확인하게 하여야 한다.

해설 ② 소장은 징벌의결의 통고를 받은 경우에는 징벌을 지체 없이 집행하여야 한다(시행령 제133조 제1항).
① 법 제112조 제6항
③ 시행령 제133조 제2항
④ 동조 제4항

➤ **징벌절차 흐름도**

징벌혐의자 조사	• 조사착수 후 10일 이내(1회에 한하여 7일까지 연장 가능) • 조사종결 후 다음 중 어느 하나의 조치를 함 – 징벌위원회로의 회부 – 징벌대상자에 대한 무혐의 통고 – 징벌대상자에 대한 훈계 – 징벌위원회 회부 보류
⇓	
징벌의 요구	• 소장이 징벌요구서를 작성하여 징벌위원회에 징벌요구
⇓	
징벌의 의결	• 소장의 요구에 따라 징벌위원회 위원장이 징벌위원회 소집 • 재적위원 과반수 출석과 출석위원 과반수 찬성으로 의결
⇓	
징벌의 집행	• 소장은 징벌의결의 통고를 받은 경우 지체 없이 징벌집행

정답 | ②

31

형의 집행 및 수용자의 처우에 관한 법령상 금치처분에 대한 설명으로 옳지 않은 것은? 교정7급 18

① 금치처분을 받은 자에게는 그 기간 중 전화통화 제한이 함께 부과된다.

② 소장은 금치처분을 받은 자에게 자해의 우려가 있고 필요성을 인정하는 경우 실외운동을 전면 금지할 수 있다.

③ 소장은 금치를 집행하는 경우 의무관으로 하여금 사전에 수용자의 건강을 확인하도록 하여야 한다.

④ 소장은 금치를 집행하는 경우 징벌집행을 위하여 별도로 지정한 거실에 해당 수용자를 수용하여야 한다.

해설 ② 소장은 30일 이내의 금치의 처분을 받은 사람에게 도주나 자해의 우려가 있어 필요하다고 인정하는 경우에는 건강유지에 지장을 초래하지 아니하는 범위에서 실외운동을 제한할 수 있다(법 제112조 제4항).

① 동조 제3항

③ 소장은 실외운동 정지를 부과하는 경우 또는 실외운동을 제한하는 경우라도 수용자가 매주 1회 이상 실외운동을 할 수 있도록 하여야 한다(동조 제5항).

④ 시행규칙 제231조 제2항

정답 | ②

32

징벌의 집행방법에 관한 설명으로 옳은 것은?

① 작업장려금의 삭감은 징벌위원회가 해당 징벌을 의결한 날이 속하는 달의 작업장려금부터 장래에 대하여 집행한다.

② 소장은 금치를 집행하는 경우에는 징벌거실에 해당 수용자를 수용할 수 있다.

③ 소장은 금치 외의 징벌을 집행하는 경우 그 징벌의 목적을 달성하기 위하여 필요하다고 인정하면 해당 수용자를 징벌거실에 수용할 수 있다.

④ 소장은 징벌집행을 앞둔 수용자가 같은 행위로 형사 법률에 따른 처벌이 확정되어 징벌을 집행할 필요가 없다고 인정하면 징벌집행을 감경하거나 면제하여야 한다.

해설 ① 작업장려금의 삭감은 징벌위원회가 해당 징벌을 의결한 날이 속하는 달의 작업장려금부터 이미 지급된 작업장려금에 대하여 역순으로 집행한다(시행규칙 제231조 제1항).

② 수용할 수 있다. → 수용하여야 한다(동조 제2항).

④ 소장은 징벌집행을 받고 있거나 집행을 앞둔 수용자가 같은 행위로 형사 법률에 따른 처벌이 확정되어 징벌을 집행할 필요가 없다고 인정하면 징벌집행을 감경하거나 면제할 수 있다(동조 제4항).

③ 동조 제3항

정답 | ③

33

징벌집행 중인 수용자의 처우에 관한 설명으로 옳은 것은?

① 소장은 수용자가 징벌처분을 받아 접견, 편지수수 또는 전화통화가 제한된 경우에는 수용자가 원하지 않더라도 그의 가족에게 그 사실을 알려야 한다.

② 소장은 금치 중인 수용자가 생활용품으로 자살·자해할 우려가 있거나 교정시설의 안전과 질서를 해칠 우려가 있는 경우에는 그 물품을 따로 보관하고, 필요한 경우에만 이를 사용하게 할 수 있다.

③ 수용자가 징벌집행 중인 경우에는 상담이 중지된다.

④ 금치 집행 중인 수용자가 다른 교정시설로 이송되는 경우에는 징벌집행이 중지되나, 법원 또는 검찰청 등에 출석하는 경우에는 징벌집행이 계속되는 것으로 본다.

해설 ② 시행규칙 제232조

① 소장은 수용자가 징벌처분을 받아 접견, 편지수수 또는 전화통화가 제한된 경우에는 그의 가족에게 그 사실을 알려야 한다. 다만, 수용자가 알리는 것을 원하지 않으면 알리지 않는다(시행령 제133조 제2항).

③ 소장은 징벌대상행위의 재발방지에 도움이 된다고 인정하는 경우에는 징벌집행 중인 수용자가 교정위원, 자원봉사자 등 전문가의 상담을 받게 할 수 있다(시행규칙 제233조 제2항).

④ 징벌집행 중인 수용자가 다른 교정시설로 이송되거나 법원 또는 검찰청 등에 출석하는 경우에는 징벌집행이 계속되는 것으로 본다(시행령 제134조). 즉, 양자 모두 징벌집행이 계속되는 것으로 본다.

정답 | ②

34

징벌에 대한 설명으로 옳지 않은 것은? 교정7급 10 변형

① 징벌대상행위에 대한 조사결과에 따라 교정시설의 장은 징벌위원회로의 회부, 징벌대상자에 대한 무혐의 통고, 징벌대상자에 대한 훈계, 징벌위원회 회부 보류, 조사종결 중 어느 하나에 해당하는 조치를 할 수 있다.

② 금치 중인 수용자가 다른 교정시설로 이송되거나 법원 또는 검찰청 등에 출석하는 경우에는 이송기간 또는 출석기간 동안 징벌집행이 중단되는 것으로 본다.

③ 징벌대상행위에 대하여 조사할 수 있는 최대기간은 17일이다.

④ 징벌사유가 발생한 날로부터 2년이 지나면 이를 이유로 징벌을 부과하지 못한다.

해설 ② 징벌집행 중인 수용자가 다른 교정시설로 이송되거나 법원 또는 검찰청 등에 출석하는 경우에는 징벌집행이 계속되는 것으로 본다(시행령 제134조).

① 시행규칙 제220조 제2항

③ 수용자의 징벌대상행위에 대한 조사기간은 10일 이내로 한다. 다만, 필요하다고 인정하는 경우에는 1회에 한하여 7일을 초과하지 아니하는 범위에서 그 기간을 연장할 수 있다(시행규칙 제220조 제1항). 따라서 조사 최대기간은 17일이므로 맞는 표현이다.

④ 법 제109조 제4항

정답 | ②

35

징벌에 대한 설명으로 옳지 않은 것은? 교정9급 14

① 50시간 이내의 근로봉사와 30일 이내의 작업정지는 함께 부과할 수 있다.
② 징벌위원회는 위원장을 포함한 5인 이상 7인 이하의 위원으로 구성한다.
③ 증거를 인멸할 우려가 있는 때 징벌대상자를 조사기간 중 분리하여 수용할 수 있다.
④ 30일 이내의 접견제한과 30일 이내의 실외운동 정지는 함께 부과할 수 있다.

해설 ① 제108조 제4호부터 제13호까지의 처분은 함께 부과할 수 있다(법 제109조 제1항). 따라서 제1호(경고), 제2호(50시간 이내의 근로봉사), 제3호(3개월 이내의 작업장려금 삭감), 제14호(30일 이내의 금치)의 처분은 함께 부과할 수 없으며, 이들 처분과 제4호부터 제13호의 처분도 함께 부과할 수 없다고 보아야 한다.
② 법 제111조 제2항
③ 법 제110조 제1항 제1호
④ 법 제109조 제1항

정답 | ①

36

현행법상 징벌에 대한 설명으로 틀린 것은? 8급승진 03 변형

① 금치의 집행 중인 자를 다른 교정시설에 이송하는 경우에는 이송하는 당일에 징벌의 집행을 정지하여야 한다.
② 소장은 수용자가 징벌처분을 받아 접견, 편지수수 또는 전화통화가 제한된 경우에는 그의 가족에게 그 사실을 알려야 한다. 다만, 수용자가 알리는 것을 원하지 않으면 알리지 않는다.
③ 징벌위원회의 위촉위원의 임기는 2년으로 하며, 연임할 수 있다.
④ 징벌은 징벌위원회의 의결로써 정한다.

해설 ① 징벌집행 중인 수용자가 다른 교정시설로 이송되거나 법원 또는 검찰청 등에 출석하는 경우에는 징벌집행이 계속되는 것으로 본다(시행령 제134조).
② 시행령 제133조 제2항
③ 시행규칙 제223조 제2항
④ 징벌위원회는 소장의 징벌요구에 따라 개회하며, 징벌은 그 의결로써 정한다(법 제111조 제3항).

정답 | ①

37

징벌집행의 유예에 관한 설명으로 옳은 것은?

① 징벌집행의 유예는 징벌위원회가 징벌을 의결한 후 집행을 하기 전에 소장이 해당 수용자의 개전의 정을 참작하여 결정한다.

② 징벌집행의 유예기간은 2개월 이상 6개월 이하이다.

③ 소장은 징벌집행의 유예기간 중에 있는 수용자가 규율위반행위를 하면 그 유예한 징벌을 집행한다.

④ 수용자가 징벌집행을 유예 받은 후 징벌을 받음이 없이 유예기간이 지나면 그 징벌의 결정이 없었던 것으로 본다.

해설 ② 법 제114조 제1항

① 징벌집행의 유예결정은 소장의 권한이 아니라 징벌위원회의 의결사항이다(동조 제1항 참조).

③ 소장은 징벌집행의 유예기간 중에 있는 수용자가 다시 징벌대상행위를 하여 징벌이 결정되면 그 유예한 징벌을 집행한다(동조 제2항). 따라서 규율위반행위만으로는 부족하고, 그 행위에 대한 징벌이 결정되어야만 유예한 징벌을 집행할 수 있다.

④ 수용자가 징벌집행을 유예받은 후 징벌을 받음이 없이 유예기간이 지나면 그 징벌의 집행은 종료된 것으로 본다(동조 제3항).

정답 | ②

38

징벌의 시효 및 실효에 관한 설명으로 옳지 않은 것은?

① 징벌의 시효란 형법상 공소시효제도와 유사한 제도이다.

② 형집행법에서는 징벌사유의 경중을 묻지 않고, 일률적으로 징벌시효를 2년으로 규정하고 있다.

③ 징벌의 집행이 종료되거나 집행이 면제된 수용자가 교정성적이 양호하고 일정한 기간 동안 징벌을 받지 아니하면 징벌의 실효대상이 될 수 있다.

④ 징벌실효의 주체는 법무부장관이다.

해설 ④ 징벌실효는 법무부장관의 승인을 받아 소장이 행한다(법 제115조 제1항 참조).

② 법 제109조 제4항

③ 법 제115조 제1항

정답 | ④

39 ★

징벌의 실효기간이 바르게 연결되지 않은 것은?

① 21일 이상 30일 이하의 금치 : 2년 6개월

② 3개월의 작업장려금 삭감 : 2년

③ 10일 이상 15일 이상의 금치 : 1년

④ 30일 이내의 접견 제한 : 6개월

해설 ③ 10일 이상 15일 이하 금치의 실효기간은 1년 6개월이다(시행규칙 제234조 제1항 제1호 다목). 징벌의 실효기간은 다음과 같다(시행규칙 제234조 제1항).

➤ 징벌의 실효기간

징벌의 종류	실효기간
• 21일 이상 30일 이하의 금치	2년 6개월
• 16일 이상 20일 이하의 금치 • 3개월의 작업장려금 삭감	2년
• 10일 이상 15일 이하의 금치 • 2개월의 작업장려금 삭감	1년 6개월
• 9일 이하의 금치 • 1개월의 작업장려금 삭감 • 30일 이내의 실외운동 및 공동행사 참가 정지 • 30일 이내의 접견·편지수수·집필 및 전화통화 제한 • 30일 이내의 텔레비전 시청 및 신문열람 제한	1년
• 30일 이내의 접견 제한 • 30일 이내의 편지수수 제한 • 30일 이내의 집필 제한 • 30일 이내의 전화통화 제한 • 30일 이내의 작업정지 • 30일 이내의 자비구매물품 사용 제한 • 30일 이내의 텔레비전 시청 제한 • 30일 이내의 신문열람 제한 • 30일 이내의 공동행사 참가 정지 • 50시간 이내의 근로봉사 • 경고	6개월

정답 | ③

40

징벌의 실효에 관한 내용으로 틀린 것은? 9급특채 10 변형

① 소장은 수용자가 교정사고 방지에 뚜렷한 공로가 있다고 인정되면 징벌의 실효기간에 관계없이 분류처우위원회의 의결을 거친 후 법무부장관의 승인을 받아 징벌을 실효시킬 수 있다.

② 징벌의 내용이 16일 이상 20일 이하의 금치인 경우에는 징벌의 실효기간이 2년이다.

③ 징벌의 내용이 9일 이하의 금치인 경우에는 징벌의 실효기간이 6개월이다.

④ 소장은 징벌을 실효시킬 필요가 있으면 징벌의 실효기간이 지나거나 분류처우위원회의 의결을 거친 후에 지체 없이 법무부장관에게 그 승인을 신청하여야 한다.

해설 ③ 9일 이하 금치의 실효기간은 1년이다(시행규칙 제234조 제1항 제1호 라목).
① 법 제115조 제2항
② 시행규칙 제234조 제1항 제2호
④ 시행규칙 제234조 제2항

정답 | ③

41

｢형의 집행 및 수용자의 처우에 관한 법률｣상 벌칙에 관한 설명으로 옳지 않은 것은?

① 수용자가 소장의 허가 없이 무인비행장치, 전자·통신기기를 지닌 경우 2년 이하의 징역 또는 2천만원 이하의 벌금에 처한다.

② 수용자가 주류·담배·화기·현금·수표를 지닌 경우 1년 이하의 징역 또는 1천만원 이하의 벌금에 처한다.

③ 소장의 허가 없이 교정시설 내부를 녹화 촬영한 사람은 1년 이하의 징역 또는 1천만원 이하의 벌금에 처한다.

④ 금지물품의 반입행위의 미수범은 벌하지 아니하나, 금지물품은 몰수할 수 있다.

해설 ④ 제133조(금지물품의 반입) 및 제135조(녹화 등의 금지)의 미수범은 처벌한다(형집행법 제136조). 제132조(금지물품의 소지) 및 제133조에 해당하는 금지물품은 몰수한다(동법 제137조).
① 동법 제132조 제1항
② 동조 제2항
③ 동법 제135조

정답 | ④

42

「형의 집행 및 수용자의 처우에 관한 법률」상 벌칙에 대한 설명으로 가장 옳지 않은 것은?

5급승진 23

① 소장의 허가 없이 무인비행장치, 전자·통신기기를 교정시설에 반입한 사람은 3년 이하의 징역 또는 3천만원 이하의 벌금에 처한다.

② 주류·담배·화기·현금·수표·음란물·사행행위에 사용되는 물품을 수용자에게 전달할 목적으로 교정시설에 반입한 사람은 1년 이하의 징역 또는 1천만원 이하의 벌금에 처한다.

③ 귀휴·외부통근, 그 밖의 사유로 소장의 허가를 받아 교도관의 계호 없이 교정시설 밖으로 나간 후에 정당한 사유 없이 기한까지 돌아오지 아니하는 행위를 한 수용자는 1년 이하의 징역 또는 1천만원 이하의 벌금에 처한다.

④ 소장의 허가 없이 교정시설 내부를 녹화·촬영한 사람은 1년 이하의 징역 또는 1천만원 이하의 벌금에 처한다.

해설 ③ 귀휴·외부통근, 그 밖의 사유로 소장의 허가를 받아 교도관의 계호 없이 교정시설 밖으로 나간 후에 정당한 사유 없이 기한까지 돌아오지 아니하는 행위를 한 수용자는 1년 이하의 징역에 처한다(형집행법 제134조 제2호).

① 동법 제133조 제1항

② 동조 제2항

④ 동법 제135조

정답 | ③

43

「형의 집행 및 수용자의 처우에 관한 법률」상 벌칙규정에 대한 설명으로 가장 옳지 않은 것은?

6급승진 22

① 귀휴·외부통근, 그 밖의 사유로 소장의 허가를 받아 교도관의 계호 없이 교정시설 밖으로 나간 후에 정당한 사유 없이 기한까지 돌아오지 아니하는 행위를 한 수용자는 1년 이하의 징역 또는 1천만원 이하의 벌금에 처한다.

② 소장의 허가 없이 무인비행장치, 전자·통신기기를 교정시설에 반입한 사람은 3년 이하의 징역 또는 3천만원 이하의 벌금에 처한다.

③ 주류·담배·화기·현금·수표·음란물·사행행위에 사용되는 물품을 수용자에게 전달할 목적으로 교정시설에 반입한 사람은 1년 이하의 징역 또는 1천만원 이하의 벌금에 처한다.

④ 소장의 허가 없이 교정시설 내부를 녹화·촬영한 사람은 1년 이하의 징역 또는 1천만원 이하의 벌금에 처한다.

해설 ① 1년 이하의 징역에 처한다(형집행법 제134조 제2호).

② 동법 제133조 제1항

③ 동조 제2항

④ 동법 제135조

정답 | ①

44

형의 집행 및 수용자의 처우에 관한 법률상 벌칙규정에 관한 설명으로 옳지 않은 것은?

① 주류·담배·현금·수표를 교정시설에 반입하는 행위를 한 사람은 1년 이하의 징역 또는 1천만원 이하의 벌금에 처한다.

② 일시 석방된 후 정당한 사유 없이 24시간 이내에 교정시설 또는 경찰관서에 출석하지 않은 행위를 한 수용자는 1년 이하의 징역 또는 300만원 이하의 벌금에 처한다.

③ 교도관의 계호 없이 외부통근을 나간 수용자가 정당한 사유 없이 기한 내에 돌아오지 아니하는 행위를 한 경우에는 1년 이하의 징역에 처한다.

④ ①의 미수범은 처벌한다.

해설 ② 1년 이하의 징역 또는 300만원 이하의 벌금 → 1년 이하의 징역(법 제134조 제1호).
① 법 제133조 제2항
③ 법 제134조 제2호
④ 법 제133조 제3항

정답 | ②

45

「형의 집행 및 수용자의 처우에 관한 법률」상 출석의무 위반 등에 대한 벌칙으로 (　　) 안에 들어갈 말은?

- 정당한 사유 없이 천재지변이나 그 밖의 재해로 일시석방 후 (㉠) 이내에 교정시설 또는 경찰관서에 출석하지 아니하는 행위를 한 수용자는 (㉡) 이하의 징역에 처한다.
- 귀휴·외부통근, 그 밖의 사유로 소장의 허가를 받아 교도관의 계호 없이 교정시설 밖으로 나간 후에 정당한 사유 없이 기한까지 돌아오지 아니하는 행위를 한 수용자는 (㉢) 이하의 징역에 처한다.

	㉠	㉡	㉢
①	24시간	1년	1년
②	24시간	2년	6개월
③	72시간	1년	1년
④	72시간	2년	6개월

해설 ① ㉠ 24시간 ㉡ 1년 ㉢ 1년이다(형집행법 제134조).

법 제134조(출석의무 위반 등)
다음 각 호의 어느 하나에 해당하는 행위를 한 수용자는 1년 이하의 징역에 처한다.
1. 정당한 사유 없이 제102조 제4항(천재지변이나 그 밖의 재해로 일시석방된 자가 석방 후 24시간 이내에 교정시설 또한 경찰관서에 출석하여야 할 의무)을 위반하여 일시석방 후 24시간 이내에 교정시설 또는 경찰관서에 출석하지 아니하는 행위
2. 귀휴·외부통근, 그 밖의 사유로 소장의 허가를 받아 교도관의 계호 없이 교정시설 밖으로 나간 후에 정당한 사유 없이 기한까지 돌아오지 아니하는 행위

정답 | ①

46

「형의 집행 및 수용자의 처우에 관한 법률」상 벌칙규정으로 가장 옳은 것은? 7급승진 22

① 소장의 허가 없이 교정시설 내부를 녹화·촬영한 사람은 3년 이하의 징역 또는 3천만원 이하의 벌금에 처한다.

② 소장의 허가 없이 무인비행장치, 전자·통신기기를 교정시설에 반입한 사람은 1년 이하의 징역 또는 1천만원 이하의 벌금에 처한다.

③ 주류·담배·화기·현금·수표·음란물·사행행위에 사용되는 물품을 수용자에게 전달할 목적으로 교정시설에 반입한 사람은 1년 이하의 징역 또는 1천만원 이하의 벌금에 처한다.

④ 귀휴·외부통근, 그 밖의 사유로 소장의 허가를 받아 교도관의 계호 없이 교정시설 밖으로 나간 후에 정당한 사유 없이 기한까지 돌아오지 않은 수용자는 2년 이하의 징역에 처한다.

해설 ③ 형집행법 제133조 제2항

① 소장의 허가 없이 교정시설 내부를 녹화·촬영한 사람은 1년 이하의 징역 또는 1천만원 이하의 벌금에 처한다(동법 제135조).

② 소장의 허가 없이 무인비행장치, 전자·통신기기를 교정시설에 반입한 사람은 3년 이하의 징역 또는 3천만원 이하의 벌금에 처한다(동법 제133조 제1항).

④ 귀휴·외부통근, 그 밖의 사유로 소장의 허가를 받아 교도관의 계호 없이 교정시설 밖으로 나간 후에 정당한 사유 없이 기한까지 돌아오지 않은 수용자는 1년 이하의 징역에 처한다(동법 제134조 제2호).

정답 | ③

47

수용자 처우와 관련하여 헌법재판소가 헌법에 위반된다고 판단한 것은? 9급경채 13

① 화상접견시간을 10분 내외로 부여한 행위

② 자발적으로 제출한 소변을 통한 마약류 반응검사

③ 독거실 수용자에 대한 TV시청 제한

④ 금치처분을 받은 수형자에 대한 절대적 운동의 금지

해설 ④ 실외운동은 구금되어 있는 수형자의 신체적·정신적 건강유지를 위한 최소한의 기본적 요청이므로 금치처분을 받은 수형자에 대한 절대적인 운동의 금지는 징벌의 목적을 고려하더라도 그 수단과 방법에 있어서 최소한도의 범위를 벗어난 것으로 헌법 제10조의 인간의 존엄과 가치 및 신체의 안정성이 훼손당하지 아니할 자유를 포함하는 제12조의 신체의 자유를 침해하는 정도에 이르렀다고 판단된다(헌재 2004.12.16, 2002헌마478).

① 피청구인 대전교도소장이 7회에 걸쳐 청구인에게 화상접견시간을 각 10분 내외로 부여한 것은 당시 대전교도소의 인적, 물적 접견 설비의 범위 내에서 다른 수형자와 미결수용자의 접견교통권도 골고루 적절하게 보장하기 위한 행정목적에 따른 합리적인 필요최소한의 제한이었다 할 것이고, 청구인의 접견교통권을 과도하게 제한한 것으로는 보이지 아니한다. 따라서 피청구인의 이 사건 각 화상접견시간 부여행위가 행정재량을 벗어나 과잉금지원칙에 위반하여 청구인의 헌법상 기본권을 침해한 것이라고는 볼 수 없다(헌재 2009.9.24, 2007헌마738).

② 마약류는 중독성 등으로 교정시설에 반입되어 수용자가 복용할 위험성이 상존하고, 수용자가 마약류를 복용할 경우 그 수용자의 수용목적이 근본적으로 훼멸될 뿐만 아니라, 다른 수용자들에 대한 위해로 사고로 이어질 수 있으므로 소변채취를 통한 마약류반응검사가 월 1회씩 행하여진다 하여도 이는 마약류의 반입 및 복용사실을 조기에 발견하고, 마약류의 반입시도를 사전에 차단함으로써 교정시설 내의 안전과 질서유지를 위하여 필요하고, 마약의 복용 여부는 외부관찰 등에 의해서는 발견될 수 없으며, 시약을 떨어뜨리는 간단한 방법으로 실시되므로 자신의 신체의 배출물에 대한 자기결정권이 다소 제한된다고 하여도 그것만으로는 소변채취의 목적 및 검사방법 등에 비추어 과잉금지의 원칙에 반한다고 할 수 없다(헌재 2006.7.27, 2005헌마277).

③ 독거거실 수용자들에 대해서는 행정적 제재 및 교정의 필요상 TV시청을 규제할 필요성이 있으므로 독거수용 중인 청구인이 TV시청을 제한 받게 되었다고 하더라도 이러한 행위가 곧 합리적인 이유가 없는 자의적 차별이라고 할 수 없어 평등원칙에 위반된다고 볼 수 없다(헌재 2005.5.26, 2004헌마571).

정답 | ④

48

어느 교정시설의 징벌위원회에서 다음과 같은 징벌을 의결하였다고 가정할 때 현행 법령에 위반되는 것은?

① 100시간의 근로봉사

② 2개월의 작업장려금 삭감

③ 20일의 텔레비전 시청 제한

④ 30일의 작업정지

해설 ① 근로봉사는 50시간 이내에 한하여 부과할 수 있다(법 제108조 제2호 참조).

정답 | ①

49

징벌집행절차에 관한 다음 사례 중 현행 법령에 가장 부합하지 않는 것은?

① 징벌의결요구서에 징벌대상행위의 입증에 필요한 관계서류를 첨부하였다.

② 금치 10일과 금치 15일의 징벌을 함께 집행하면서 금치 10일을 먼저 집행하였다.

③ 소장이 30일 이내의 금치처분을 집행하면서 실외운동을 허가하였다.

④ 30일의 전화통화 제한, 30일의 집필금지, 30일의 작업정지를 함께 집행하였다.

해설 ② 같은 종류의 징벌은 그 기간이 긴 것부터 집행한다(시행규칙 제230조 제2항).

① 시행규칙 제226조 제2항

④ 시행규칙 제230조 제3항

정답 | ②

50

수용자 A의 징벌종료 날짜는? 9급경채 15

- 2015.2.2. 11:00－징벌위원회에서 금치 21일 의결
- 2015.2.2. 11:30－징별위원회가 소장에게 징벌의결을 통고
- 2015.2.2. 12:00－금치 집행
- 2015.2.5. 06:00－A의 질병을 이유로 징벌집행 일시정지
- 2015.2.9. 17:00－징벌집행 재개

① 2015년 2월 23일
② 2015년 2월 24일
③ 2015년 2월 25일
④ 2015년 2월 26일

해설 ③ 소장은 징벌집행을 일시정지한 경우 그 정지사유가 해소되었을 때에는 지체 없이 징벌집행을 재개하여야 한다. 이 경우 집행을 정지한 다음 날부터 집행을 재개한 전날까지의 일수는 징벌기간으로 계산하지 아니한다(시행령 135조). 즉, 징벌집행이 시작되면 시간과 관계없이 1일로 환산하므로 징벌종료일은 원칙적으로 2015.2.22. 24:00이나, 징벌집행 일시정지가 있었으므로(2.6.부터 2.8.까지 3일간) 해당 일수만큼 기간이 연장되어 징벌종료일은 2015.2.25. 24:00이 된다.

정답 | ③

51

형집행법령상 징벌의 실효에 대한 설명으로 가장 옳은 것은? 6급승진 24

① 징벌의 내용이 16일 이상 20일 이하의 금치의 경우에는 징벌의 실효기간은 2년 6개월이다.
② 징벌의 내용이 21일 이상 30일 이하의 금치의 경우에는 징벌의 실효기간은 3년이다.
③ 징벌의 내용이 10일 이상 15일 이하의 금치의 경우에는 징벌의 실효기간은 2년이다.
④ 징벌의 내용이 9일 이하의 금치의 경우에는 징벌의 실효기간은 1년이다.

해설 ④ 형집행법 시행규칙 제234조 제1항 라목
① 16일 이상 20일 이하의 금치 : 2년(동조 동항 나목)
② 21일 이상 30일 이하의 금치 : 2년 6개월(동조 동항 가목)
③ 10일 이상 15일 이하의 금치 : 1년 6개월(동조 동항 다목)

정답 | ④

52

형집행법령상 징벌에 대한 설명으로 옳은 것은 모두 몇 개인가? 7급승진 23

㉠ 수용자가 징벌이 집행 중에 있거나 징벌의 집행이 끝난 후 또는 집행이 면제된 후 6개월 내에 다시 징벌사유에 해당하는 행위를 한 때에는 형집행법 제108조(징벌의 종류) 제2호부터 제14호까지의 규정에서 정한 징벌의 장기의 2분의 1까지 가중하여야 한다. ㉡ 소장은 징벌집행을 받고 있거나 집행을 앞둔 수용자가 같은 행위로 형사 법률에 따른 처벌이 확정되어 징벌을 집행할 필요가 없다고 인정하면 징벌집행을 감경하거나 면제하여야 한다. ㉢ 소장은 금치 외의 징벌을 집행하는 경우 그 징벌의 목적을 달성하기 위하여 필요하다고 인정하면 해당 수용자를 징벌거실(징벌집행을 위하여 별도로 지정한 거실)에 수용하여야 한다.

① 0개 ② 1개
③ 2개 ④ 3개

해설 모두 옳지 않은 설명이다.

㉠ 수용자가 ⓐ 2 이상의 징벌사유가 경합하는 때, ⓑ 징벌집행 중에 있는 자가 다시 징벌사유에 해당하는 행위를 한 때, ⓒ 징벌의 집행이 끝난 후 또는 집행이 면제된 후 6개월 내에 다시 징벌사유에 해당하는 행위를 한 때에는 50시간 이내의 근로봉사(형집행법 제108조 제2호)부터 30일 이내의 금치(동법 제108조 제14호)까지의 규정에서 정한 징벌의 장기의 2분의 1까지 가중할 수 있다(동법 제109조 제2항).

㉡ 소장은 징벌집행을 받고 있거나 집행을 앞둔 수용자가 같은 행위로 형사 법률에 따른 처벌이 확정되어 징벌을 집행할 필요가 없다고 인정하면 징벌집행을 감경하거나 면제할 수 있다(동법 시행규칙 제231조 제4항).

㉢ 소장은 금치를 집행하는 경우에는 징벌집행을 위하여 별도로 지정한 거실(징벌거실)에 해당 수용자를 수용하여야 한다(동법 시행규칙 제231조 제2항). 금치 외의 징벌을 집행하는 경우 그 징벌의 목적을 달성하기 위하여 필요하다고 인정하면 해당 수용자를 징벌거실에 수용할 수 있다(동조 제3항).

정답 | ①

53

「형의 집행 및 수용자의 처우에 관한 법률」상 징벌의 집행에 대한 설명으로 가장 옳지 않은 것은?

6급승진 22

① 소장은 징벌집행 중인 사람이 뉘우치는 빛이 뚜렷한 경우에는 그 징벌을 감경하거나 남은 기간의 징벌집행을 면제할 수 있다.

② 징벌위원회는 징벌을 의결하는 때에 행위의 동기 및 정황, 교정성적, 뉘우치는 정도 등 그 사정을 고려할 만한 사유가 있는 수용자에 대하여 3개월 이상 6개월 이하의 기간 내에서 징벌의 집행을 유예할 것을 의결할 수 있다.

③ 수용자가 징벌집행을 유예받은 후 징벌을 받음이 없이 유예기간이 지나면 그 징벌의 집행은 종료된 것으로 본다.

④ 소장은 징벌의 집행이 종료되거나 집행이 면제된 수용자가 교정성적이 양호하고 법무부령으로 정하는 기간 동안 징벌을 받지 아니하면 법무부장관의 승인을 받아 징벌을 실효시킬 수 있다.

해설 ② 징벌위원회는 징벌을 의결하는 때에 행위의 동기 및 정황, 교정성적, 뉘우치는 정도 등 그 사정을 고려할 만한 사유가 있는 수용자에 대하여 2개월 이상 6개월 이하의 기간 내에서 징벌의 집행을 유예할 것을 의결할 수 있다(형집행법 제114조 제1항).

① 동법 제113조 제2항

③ 동법 제114조 제3항

④ 동법 제115조 제1항

정답 | ②

54

형집행법령상 징벌에 대한 설명으로 가장 옳지 않은 것은? 6급승진 22

① 작업장려금의 삭감은 징벌위원회가 해당 징벌을 의결한 날이 속하는 달의 작업장려금부터 이미 지급된 작업장려금에 대하여 역순으로 집행한다.

② 소장은 금치를 집행하는 경우에는 징벌집행을 위하여 별도로 지정한 거실에 해당 수용자를 수용하여야 한다.

③ 징벌위원회는 위원장을 포함한 5명 이상 7명 이하의 위원으로 구성하고, 위원장은 소장의 바로 다음 순위자가 되며, 위원은 소장이 소속 기관의 과장(지소의 경우에는 7급 이상의 교도관) 및 교정에 관한 학식과 경험이 풍부한 외부인사 중에서 임명 또는 위촉한다. 이 경우 외부위원은 2명 이상으로 한다.

④ 소장은 징벌집행을 받고 있거나 집행을 앞둔 수용자가 같은 행위로 형사 법률에 따른 처벌이 확정되어 징벌을 집행할 필요가 없다고 인정하면 징벌집행을 감경하거나 면제할 수 있다.

해설 ③ 위원회는 위원장을 포함한 5명 이상 7명 이하의 위원으로 구성하고, 위원장은 소장의 바로 다음 순위자가 되며, 위원은 소장이 소속 기관의 과장(지소의 경우에는 7급 이상의 교도관) 및 교정에 관한 학식과 경험이 풍부한 외부인사 중에서 임명 또는 위촉한다. 이 경우 외부위원은 3명 이상으로 한다(형집행법 제111조 제2항).

① 동법 시행규칙 제231조 제1항

② 동조 제2항

④ 동조 제4항

정답 | ③

55

「형의 집행 및 수용자의 처우에 관한 법률」상 징벌에 대한 설명으로 가장 옳지 않은 것은?

7급승진 22

① 징벌사유가 발생한 날부터 2년이 지나면 이를 이유로 징벌을 부과하지 못한다.
② 징벌위원회는 징벌을 의결하는 때에 행위의 동기 및 정황, 교정성적, 뉘우치는 정도 등 그 사정을 고려할 만한 사유가 있는 수용자에 대하여 3개월 이상 9개월 이하의 기간 내에서 징벌의 집행을 유예할 것을 의결할 수 있다.
③ 징벌위원회의 외부위원은 3명 이상으로 한다.
④ 소장은 미결수용자에게 징벌을 부과한 경우에는 그 징벌대상행위를 양형 참고자료로 작성하여 관할 검찰청 검사 또는 관할 법원에 통보할 수 있다.

해설 ② 징벌위원회는 징벌을 의결하는 때에 행위의 동기 및 정황, 교정성적, 뉘우치는 정도 등 그 사정을 고려할 만한 사유가 있는 수용자에 대하여 2개월 이상 6개월 이하의 기간 내에서 징벌의 집행을 유예할 것을 의결할 수 있다(형집행법 제114조 제1항).
① 동법 제109조 제4항
③ 동법 제111조 제2항
④ 동법 제111조의2

정답 | ②

56

형집행법령상 징벌에 대한 설명으로 옳은 것은 모두 몇 개인가? 7급승진 22

㉠ 다른 수용자를 교사하여 징벌대상행위를 하게 한 수용자에게는 그 징벌대상행위를 한 수용자에게 부과되는 징벌과 같은 징벌을 부과한다.
㉡ 다른 수용자의 징벌대상행위를 방조한 수용자에게는 그 징벌대상행위를 한 수용자에게 부과되는 징벌과 같은 징벌을 부과하되, 그 정황을 고려하여 2분의 1까지 감경할 수 있다.
㉢ 징벌은 동일한 행위에 관하여 거듭하여 부과할 수 없으며, 행위의 동기 및 경중, 행위 후의 정황, 그 밖의 사정을 고려하여 수용목적을 달성하는 데에 필요한 최소한도에 그쳐야 한다.
㉣ 둘 이상의 징벌대상행위가 경합하는 경우에는 각각의 행위에 해당하는 징벌 중 가장 중한 징벌의 2분의 1까지 가중할 수 있다.

① 1개 ② 2개 ③ 3개 ④ 4개

해설 모두 옳은 설명이다.
㉠ 형집행법 시행규칙 제217조 제1항
㉡ 동조 제2항
㉢ 동법 제109조 제3항
㉣ 동법 시행규칙 제218조 제1항

정답 | ④

57

형집행법령상 징벌에 대한 설명으로 가장 옳은 것은? 5급승진 23

① 징벌위원회는 재적위원 과반수의 찬성으로 의결한다. 이 경우 외부위원 1명 이상이 출석한 경우에만 개의할 수 있다.

② 징벌위원회는 소장에게 징벌의결내용을 통고하는 경우에는 징벌의결서 사본을 첨부하여야 한다.

③ 소장은 징벌집행 중인 수용자의 심리적 안정과 징벌대상행위의 재발방지를 위해서 교도관으로 하여금 징벌집행 중인 수용자에 대한 심리상담을 하게 해야 한다.

④ 소장은 징벌집행을 일시 정지한 경우 그 정지사유가 해소되었을 때에는 지체 없이 징벌집행을 재개하여야 한다. 이 경우 집행을 정지한 날부터 집행을 재개한 전날까지의 일수는 징벌기간으로 계산하지 아니한다.

해설 ③ 형집행법 시행규칙 제233조 제1항

① 징벌위원회는 재적위원 과반수의 출석으로 개의하고, 출석위원 과반수의 찬성으로 의결한다. 이 경우 외부위원 1명 이상이 출석한 경우에만 개의할 수 있다(동법 시행규칙 제228조 제4항).

② 징벌위원회는 소장에게 징벌의결내용을 통고하는 경우에는 징벌의결서 정본을 첨부하여야 한다(동법 시행규칙 제229조 제1항).

④ 소장은 징벌집행을 일시 정지한 경우 그 정지사유가 해소되었을 때에는 지체 없이 징벌집행을 재개하여야 한다. 이 경우 집행을 정지한 다음 날부터 집행을 재개한 전날까지의 일수는 징벌기간으로 계산하지 아니한다(동법 시행령 제135조).

정답 | ③

58

형집행법령상 징벌에 대한 설명으로 옳은 것은 모두 몇 개인가? 6급승진 23

㉠ 징벌은 동일한 행위에 관하여 거듭하여 부과할 수 없으며, 행위의 동기 및 경중, 행위 후의 정황, 그 밖의 사정을 고려하여 수용목적을 달성하는 데에 필요한 최소한도에 그쳐야 한다.

㉡ 징벌이 집행 중에 있거나 징벌의 집행이 끝난 후 또는 집행이 면제된 후 6개월 내에 다시 징벌사유에 해당하는 행위를 한 때 징벌을 부과하게 되면 장기의 2분의 1까지 가중하여야 한다.

㉢ 징벌대상자의 징벌을 결정하기 위하여 교정시설에 징벌위원회를 둔다.

㉣ 징벌위원회는 위원장을 포함한 5명 이상 7명 이하의 위원으로 구성하고, 위원장은 소장의 바로 다음 순위자가 되며, 위원은 소장이 소속 기관의 과장(지소의 경우에는 7급 이상의 교도관) 및 교정에 관한 학식과 경험이 풍부한 외부인사 중에서 임명 또는 위촉한다. 이 경우 외부위원은 2명 이상으로 한다.

㉤ 징벌위원회는 재적위원 과반수의 출석으로 개의하고, 출석위원 과반수의 찬성으로 의결한다. 이 경우 외부위원 1명 이상이 출석한 경우에만 개의할 수 있다.

① 2개 ② 3개
③ 4개 ④ 5개

해설 옳은 것은 ㉠, ㉢, ㉤이다.

㉠ 형집행법 제109조 제3항

㉡ 수용자가 ⓐ 2 이상의 징벌사유가 경합하는 때, ⓑ 징벌이 집행 중에 있거나 징벌의 집행이 끝난 후 또는 집행이 면제된 후 6개월 내에 다시 징벌사유에 해당하는 행위를 한 때에는 징벌(경고는 제외)의 장기의 2분의 1까지 가중할 수 있다(동조 제2항).

㉢ 동법 제111조 제1항

㉣ 외부위원은 3명 이상으로 한다(동조 제2항).

㉤ 동법 시행규칙 제228조 제4항

정답 | ②

CHAPTER 02 교정교화

01

형의 집행 및 수용자의 처우에 관한 법률 시행규칙상 교화프로그램의 종류가 아닌 것은?

① 문화프로그램
② 문제행동프로그램
③ 가족관계회복프로그램
④ 가해자-피해자 화해프로그램

해설 ①·②·③ 교화프로그램의 종류는 문화프로그램, 문제행동예방프로그램, 가족관계회복프로그램, 교화상담, 그 밖에 법무부장관이 정하는 교화프로그램이다(시행규칙 제114조).

정답 | ④

02

현행 법령상 교화프로그램에 관한 사항으로 옳지 않은 것은?

① 가족관계회복프로그램은 교정시설 밖의 적당한 장소에서 실시하고, 참여인원은 5명 이내로 한다.
② 소장은 교화상담을 위하여 교도관을 교화상담자로 지정할 수 있다.
③ 심리 측정·평가·진단·치료는 문제행동프로그램의 실시 방법에 해당한다.
④ 문화프로그램은 수형자의 인성함양, 자아존중감 회복 등을 목적으로 한다.

해설 ① 가족관계회복프로그램은 교정시설 안에서 실시하며, 참여인원은 5명 이내의 가족으로 한다(시행규칙 제117조 제2항 참조).
② 시행규칙 제118조 제2항
③ 시행규칙 제116조
④ 시행규칙 제115조

정답 | ①

03

교육 및 교화프로그램에 대한 설명 중 옳은 것은? 8급승진 18

① 소장은 교화프로그램을 운영하는 경우 약물중독·정신질환·신체장애·건강·성별·나이 등 수형자의 개별 특성을 고려하여야 하며, 프로그램의 성격 및 시설 규모와 인원을 고려하여 이송 등의 적절한 조치를 할 수 있다.

② 소장은 외국어 교육대상자가 교육실 외에서의 어학학습장비를 이용한 외국어학습을 원하는 경우에는 계호 수준, 독거 여부, 교육 정도 등에 대한 분류처우위원회의 심의를 거쳐 허가할 수 있다.

③ 「교도관 직무규칙」상 사회복귀업무 교도관은 다른 교정시설로부터 이송되어 온 수형자를 포함하여 신입수형자와 교화상담을 할 수 있다.

④ 소장은 「교육기본법」 제8조의 의무교육을 받지 못한 수형자에 대하여는 본인의 의사·나이·지식정도, 그 밖의 사정을 고려하여 그에 알맞게 교육할 수 있다.

해설 ① 시행규칙 제119조 제1항
② 교도관회의의 심의를 거쳐 허가할 수 있다(시행규칙 제113조 제3항).
③ 사회복귀업무 교도관은 신입수형자와 교화상담을 하여야 한다. 다만, 다른 교정시설로부터 이송되어 온 수형자는 필요하다고 인정되는 경우에 할 수 있다(교도관직무규칙 제63조 제2항).
④ 그에 알맞게 교육하여야 한다(법 제63조 제2항).

정답 | ①

04

「형의 집행 및 수용자의 처우에 관한 법령」상 교화프로그램에 대한 설명으로 옳지 않은 것은?

교정7급 23

① 소장은 수형자의 교정교화를 위하여 상담·심리치료, 그 밖의 교화프로그램을 실시하여야 한다.

② 소장은 수형자의 인성함양 등을 위하여 문화예술과 관련된 다양한 프로그램을 개발하여 운영할 수 있다.

③ 소장은 교화프로그램의 효과를 높이기 위하여 범죄유형별로 적절한 교화프로그램의 내용, 교육장소 및 전문인력의 확보 등 적합한 환경을 갖추도록 노력하여야 한다.

④ 가족관계회복프로그램 대상 수형자는 교도관회의의 심의를 거쳐 선발하고, 참여인원은 5명 이내의 가족으로 하며, 특히 필요하다고 인정하면 참여인원을 늘릴 수 있다.

해설 ③ 소장은 교화프로그램의 효과를 높이기 위하여 범죄원인별로 적절한 교화프로그램의 내용, 교육장소 및 전문인력의 확보 등 적합한 환경을 갖추도록 노력하여야 한다(형집행법 제64조 제2항).
① 동조 제1항
② 동법 시행규칙 제115조
④ 동법 시행규칙 제117조 제2항

정답 | ③

05

「형의 집행 및 수용자의 처우에 관한 법률 시행규칙」상 교화프로그램에 관한 설명으로 옳지 않은 것은?

① 소장은 수형자의 인성함양, 자아존중감 회복 등을 위하여 음악, 미술, 독서 등 문화예술과 관련된 다양한 프로그램을 도입하거나 개발하여 운영할 수 있다.

② 소장은 수형자의 죄명, 죄질 등을 구분하여 그에 따른 심리측정·평가·진단·치료 등의 문제행동예방프로그램을 도입하거나 개발하여 실시할 수 있다.

③ 소장은 수형자와 그 가족의 관계를 유지·회복하기 위하여 수형자의 가족이 참여하는 각종 프로그램을 운영할 수 있다. 다만, 가족이 없는 수형자의 경우 교회를 위하여 필요하면 결연을 맺었거나 그 밖에 가족에 준하는 사람의 참여를 허가할 수 있다.

④ 가족관계회복프로그램의 대상 수형자는 교도관회의의 심의를 거쳐 선발하고, 참여인원은 10명 이내의 가족으로 한다.

해설 ④ 제1항(가족관계회복프로그램)의 경우 대상 수형자는 교도관회의의 심의를 거쳐 선발하고, 참여인원은 5명 이내의 가족으로 한다. 다만, 특히 필요하다고 인정하는 경우에는 참여인원을 늘릴 수 있다(형집행법 시행규칙 제117조 제2항).

① 동법 시행규칙 제115조

② 농법 시행규칙 제116조

③ 동법 시행규칙 제117조 제1항

정답 | ④

06

형집행법령상 교육과 교화프로그램에 대한 설명으로 가장 옳지 않은 것은? 6급승진 23

① 소장은 수형자가 건전한 사회복귀에 필요한 지식과 소양을 습득하도록 교육할 수 있다.

② 소장은 수형자의 교정교화를 위하여 상담·심리치료, 그 밖의 교화프로그램을 실시하여야 한다.

③ 교육대상자에게는 작업·직업훈련 등을 면제한다.

④ 작업·직업훈련 수형자 등도 독학으로 검정고시·학사고시 등에 응시하게 할 수 있다. 독학으로 응시하는 것이므로 자체 평가시험 성적 등을 고려할 필요는 없다.

해설 ④ 작업·직업훈련 수형자 등도 독학으로 검정고시·학사고시 등에 응시하게 할 수 있다. 이 경우 자체 평가시험 성적 등을 고려해야 한다(형집행법 시행규칙 제107조 제2항).

① 동법 제63조 제1항

② 동법 제64조 제1항

③ 동법 시행규칙 제107조 제1항

정답 | ④

07

형의 집행 및 수용자의 처우에 관한 법률 시행규칙에서 규정하고 있는 종교집회의 종류에 해당되지 않는 것은?

① 예배 ② 법회

③ 미사 ④ 세례

해설 ④ 세례는 종교의식의 종류에 해당한다(시행규칙 제30조 제2호).
①·②·③ 동조 제1호

정답 | ④

08

현행 법령상 수용자의 종교행사에 관한 사항으로 옳지 않은 것은?

① 소장은 교정시설의 안전과 질서를 해치지 아니하는 범위에서 종교단체 또는 종교인이 주재하는 종교행사를 실시한다.

② 소장은 특정 종교행사를 위하여 임시행사장을 설치할 수 있으나, 종교성상은 설치할 수 없다.

③ 소장은 외부에서 제작된 휴대용 종교성물을 수용자가 소지하게 할 수 있다.

④ 소장은 수용자의 교화를 위하여 필요한 때에는 종교 서적이나 물품의 소지를 제한할 수 있다.

해설 ② 소장은 특정 종교행사를 위하여 임시행사장을 설치하는 경우에는 성상 등을 임시로 둘 수 있다(시행규칙 제31조 제2항).
① 동조 제1항
③ 시행규칙 제34조 제1항
④ 법 제45조 제3항

정답 | ②

09 ★

형의 집행 및 수용자의 처우에 관한 법령상 수용자의 종교 및 문화활동에 대한 설명으로 옳은 것은?

교정7급 20

① 수용자가 자신의 비용으로 구독을 신청할 수 있는 신문·잡지 또는 도서는 교정시설의 보관범위 및 수용자의 소지범위를 벗어나지 아니하는 범위에서 원칙적으로 신문은 월 3종 이내로, 도서(잡지를 포함한다)는 월 5권 이내로 한다.

② 소장은 수용자의 건강과 일과시간 등을 고려하여 1일 4시간 이내에서 방송편성시간을 정한다. 다만, 토요일·공휴일, 작업·교육실태 및 수용자의 특성을 고려하여 방송편성시간을 조정할 수 있다.

③ 수용자는 휴업일 및 휴게시간 내에 시간의 제한 없이 집필할 수 있다. 다만, 부득이한 사정이 있는 경우에는 그러하지 아니하다.

④ 소장은 수용자의 신앙생활에 필요한 서적이나 물품을 신청할 경우 외부에서 제작된 휴대용 종교서적 및 성물을 제공하여야 한다.

해설 ③ 시행령 제75조 제1항

① 수용자가 구독을 신청할 수 있는 신문 등은 교정시설의 보관범위 및 수용자가 지닐 수 있는 범위를 벗어나지 않는 범위에서 신문은 월 3종 이내로, 도서(잡지를 포함한다)는 월 10권 이내로 한다. 다만, 소장은 수용자의 지식함양 및 교양습득에 특히 필요하다고 인정하는 경우에는 신문 등의 신청수량을 늘릴 수 있다(시행규칙 제35조).

② 1일 6시간 이내에서 방송편성시간을 정한다(시행규칙 제39조).

④ 소장은 수용자의 신앙생활에 필요하다고 인정하는 경우에는 외부에서 제작된 휴대용 종교도서 및 성물을 수용자가 지니게 할 수 있다(시행규칙 제34조 제1항).

정답 | ③

10

소장이 수용자의 종교행사 참석을 제한할 수 있는 사유로 형의 집행 및 수용자의 처우에 관한 법률 시행규칙에서 규정하고 있지 않은 것은?

① 허가되지 아니한 휴대용 종교성물을 소지하고 종교행사에 참석하려고 할 때

② 종교행사용 시설의 부족 등 여건이 충분하지 아니할 때

③ 수용자가 종교행사 장소를 허가 없이 벗어나거나 다른 사람과 연락을 할 때

④ 수용자가 전도를 핑계삼아 다른 수용자의 평온한 신앙생활을 방해할 때

해설 ① 수용자의 종교행사 참석을 제한할 수 있는 사유에 해당하지 않는다.

② 시행규칙 제32조 제1호

③ 동조 제2호

④ 동조 제4호

정답 | ①

11

현행 법령상 수용자의 종교와 문화에 관한 설명으로 옳지 않은 것은? 9급경채 13

① 소장은 종교행사용 시설의 부족 등 여건이 충분하지 아니한 때에는 수용자의 종교행사 참석을 제한할 수 있다.

② 소장은 수형자의 교화 또는 건전한 사회복귀를 위하여 필요한 때에는 신앙생활에 필요한 서적의 소지를 제한할 수 있다.

③ 소장은 시설의 안전 또는 질서를 해칠 우려가 있는 때에는 수용자의 집필을 제한할 수 있다.

④ 소장은 수형자의 교화 또는 건전한 사회복귀를 해칠 우려가 있는 때에는 그 수형자에 대하여 텔레비전 시청을 금지할 수 있다.

해설 ③ 수용자는 문서 또는 도화를 작성하거나 문예·학술, 그 밖의 사항에 관하여 집필할 수 있다. 다만, 소장이 시설의 안전 또는 질서를 해칠 명백한 위험이 있다고 인정하는 경우는 예외로 한다(법 제49조 제1항).

① 시행규칙 제32조 제1호

② 법 제45조 제3항 제1호

④ 법 제48조 제2항 제1호

정답 | ③

12

수용자의 종교 및 문화활동에 대한 설명으로 옳지 않은 것은? 5급승진 15

① 수용자는 교정시설 안에서 실시하는 종교행사에 참석할 수 있으며, 개별적인 종교상담을 받을 수 있다.

② 소장은 수용자의 지식함양 및 교양습득에 필요한 도서를 비치하고 수용자가 이용할 수 있도록 하여야 한다.

③ 소장은 수용자가 읽을 수 있도록 신문 등을 비치하여 수용자가 이용할 수 있도록 하여야 한다.

④ 수용자는 정서안정 및 교양습득을 위하여 라디오 청취와 텔레비전 시청을 할 수 있다.

⑤ 수용자는 문서 또는 도화를 작성하거나 문예·학술, 그 밖의 사항에 관하여 집필할 수 있다.

해설 ③ 수용자는 자신의 비용으로 신문·잡지 또는 도서(신문 등)의 구독을 신청할 수 있다(법 제47조 제1항). 즉, 신문 등은 수용자의 비용으로 신청하여야 구독할 수 있다.

① 법 제45조 제1항

② 법 제46조

④ 법 제48조 제1항

⑤ 법 제49조 제1항

정답 | ③

13

형집행법령상 종교와 문화에 대한 설명으로 가장 옳은 것은? 5급승진 22

① 소장은 수용자의 건강과 일과시간 등을 고려하여 1일 8시간 이내에서 방송편성시간을 정한다.

② 집필용구의 관리, 집필의 시간·장소, 집필과 문서 또는 도화의 외부반출 등에 관하여 필요한 사항은 대통령령으로 정한다.

③ 소장은 시설의 안전과 질서유지를 위하여 필요한 경우에도 교정시설의 안에서 실시하는 수용자의 종교의식 또는 행사참석을 제한할 수 없다.

④ 소장은 수용자가 자신의 비용으로 구독을 신청한 신문·잡지 또는 도서가 시설의 안전을 해하거나 건전한 사회복귀를 저해하는 경우를 제외하고는 구독을 허가하여야 한다.

해설 ② 형집행법 제49조 제4항

① 소장은 수용자의 건강과 일과시간 등을 고려하여 1일 6시간 이내에서 방송편성시간을 정한다. 다만, 토요일·공휴일, 작업·교육실태 및 수용자의 특성을 고려하여 방송편성시간을 조정할 수 있다(동법 시행규칙 제39조).

③ 소장은 ㉠ 수형자의 교화 또는 건전한 사회복귀를 위하여 필요한 때, ㉡ 시설의 안전과 질서유지를 위하여 필요한 때에는 ⓐ 교정시설의 안에서 실시하는 수용자의 종교의식 또는 행사 참석, ⓑ 수용자의 개별적인 종교상담, ⓒ 수용자 자신의 신앙생활에 필요한 책이나 물품을 지니는 것을 제한할 수 있다(동법 제45조 제3항).

④ 소장은 수용자가 자신의 비용으로 구독을 신청한 신문·잡지 또는 도서(신문 등)가 「출판문화산업 진흥법」에 따른 유해간행물인 경우를 제외하고는 구독을 허가하여야 한다(동법 제47조 제2항).

정답 | ②

14

형집행법령 및 판례상 수용자의 종교활동에 대한 설명으로 가장 옳지 않은 것은? 6급승진 22

① 수용자는 교정시설의 안에서 실시하는 종교의식 또는 행사에 참석할 수 있으며, 개별적인 종교상담을 받을 수 있다. 또한 자신의 신앙생활에 필요한 책이나 물품을 지닐 수 있다.

② 헌법재판소는 수용자 중 미결수용자에 대하여만 일률적으로 종교행사 참석을 불허한 것은 미결수용자의 종교의 자유를 오히려 더 엄격하게 제한한 것이므로, 과잉금지원칙을 위반하여 청구인의 종교의 자유를 침해한 것이라고 판시하였다.

③ 소장은 수용자가 종교상담을 신청하거나 수용자에게 종교상담이 필요한 경우에는 해당 종교를 신봉하는 교도관 또는 교정참여인사(형집행법 제130조의 교정위원, 그 밖에 교정행정에 참여하는 사회 각 분야의 사람 중 학식과 경험이 풍부한 사람을 말한다)로 하여금 상담하게 할 수 있다.

④ 소장은 종교행사를 위하여 각 종교별 성상·성물·성화·성구가 구비된 종교상담실·교리교육실 등을 설치하여야 하며, 특정 종교행사를 위하여 임시행사장을 설치하는 경우에는 성상 등을 임시로 둘 수 있다.

해설 ④ 소장은 종교행사를 위하여 각 종교별 성상·성물·성화·성구가 구비된 종교상담실·교리교육실 등을 설치할 수 있으며, 특정 종교행사를 위하여 임시행사장을 설치하는 경우에는 성상 등을 임시로 둘 수 있다(형집행법 시행규칙 제31조 제2항).

① 동법 제45조 제1항·제2항

② 헌재 2011.12.29. 2009헌마527

③ 형집행법 시행규칙 제33조

정답 | ④

15

형의 집행 및 수용자의 처우에 관한 법률 시행규칙」상 수용자의 종교행사 참석을 제한할 수 있는 사유로 옳은 것은 모두 몇 개인가? 6급승진 22

> ㉠ 종교행사용 시설의 부족 등 여건이 충분하지 아니할 때
> ㉡ 수용자가 종교행사 장소를 허가 없이 벗어나거나 다른 사람과 연락을 할 때
> ㉢ 수용자가 계속 큰 소리를 내거나 시끄럽게 하여 종교행사를 방해할 때
> ㉣ 수용자가 전도를 핑계삼아 다른 수용자의 평온한 신앙생활을 방해할 때
> ㉤ 그 밖에 다른 법령에 따라 공동행사의 참석이 제한될 때

① 2개 ② 3개
③ 4개 ④ 5개

해설 모두 옳은 설명이다(형집행법 시행규칙 제32조 단서).

정답 | ④

16

종교와 문화에 대한 헌법재판소 결정으로 옳은 것은 모두 몇 개인가? 5급승진 23

㉠ 헌법재판소는 수용자 중 미결수용자에 대하여만 일률적으로 종교행사 참석을 불허한 사안에서 미결수용자의 종교의 자유를 나머지 수용자의 종교의 자유보다 엄격하게 제한하는 것이 타당하므로 종교의 자유를 침해하지 않는다고 보았다. ㉡ 헌법재판소는 미결수용자를 대상으로 한 개신교 종교행사를 일요일이 아닌 요일에 실시한 사안에서 일요일에 교정시설 내에서 종교행사를 실시하지 않은 것은 다른 종교와의 형평성 및 종교행사를 할 행정적 여건 등을 고려하더라도 미결수용자의 종교의 자유를 침해한다고 보았다. ㉢ 헌법재판소는 형집행법 제46조는 "소장은 수용자의 지식함양 및 교양습득에 필요한 도서를 비치하고 수용자가 이용할 수 있도록 하여야 한다."고 규정하고 있고, 같은 법 시행령 제72조 제1항은 "소장은 수용자가 쉽게 이용할 수 있도록 비치도서의 목록을 정기적으로 공개하여야 한다."고 규정하고 있을 뿐 도서관 이용에 관한 규정을 두고 있지 않으므로 소장에게 수용자들이 도서관을 정기적으로 이용할 수 있도록 일과를 편성하여야 할 의무가 없다고 보았다. ㉣ 헌법재판소는 지상파의 모든 프로그램을 생방송으로 여과 없이 송출할 경우 수용질서를 문란케 하는 내용 등이 그대로 수형자에게 노출될 수 있어, 교정시설의 안전과 질서유지를 위하여 지정된 채널을 통하여만 텔레비전 시청을 하도록 하는 것은 그 목적의 정당성이 인정되고 수단 또한 적정하다고 보았다.

① 1개 ② 2개
③ 3개 ④ 4개

해설 옳은 것은 ㉢, ㉣이다.

㉠ 형집행법 제45조는 종교행사 등에의 참석 대상을 수용자로 규정하고 있어 수형자와 미결수용자를 구분하고 있지도 아니하고, 무죄추정의 원칙이 적용되는 미결수용자들에 대한 기본권 제한은 징역형 등의 선고를 받아 그 형이 확정된 수형자의 경우보다는 더 완화되어야 할 것임에도, 구치소장이 수용자 중 미결수용자에 대하여만 일률적으로 종교행사 등에의 참석을 불허한 것은 미결수용자의 종교의 자유를 나머지 수용자의 종교의 자유보다 더욱 엄격하게 제한한 것이다. 나아가 공범 등이 없는 경우 내지 공범 등이 있는 경우라도 공범이나 동일사건 관련자를 분리하여 종교행사 등에의 참석을 허용하는 등의 방법으로 미결수용자의 기본권을 덜 침해하는 수단이 존재함에도 불구하고 이를 전혀 고려하지 아니하였으므로 이 사건 종교행사 등 참석불허 처우는 침해의 최소성요건 및 과잉금지원칙을 위반하여 청구인의 종교의 자유를 침해하였다(헌재 2011.12.29. 2009헌마527).

㉡ 구치소에 종교행사 공간이 1개뿐이고, 종교행사는 종교, 수형자와 미결수용자, 성별, 수용동 별로 진행되며, 미결수용자는 공범이나 동일사건 관련자가 있는 경우 이를 분리하여 참석하게 해야 하는 점을 고려하면 구치소장이 미결수용자 대상 종교행사를 4주에 1회 실시했더라도 종교의 자유를 과도하게 제한하였다고 보기 어렵고, 구치소의 인적·물적 여건상 하루에 여러 종교행사를 동시에 하기 어려우며, 개신교의 경우에만 그 교리에 따라 일요일에 종교행사를 허용할 경우 다른 종교와의 형평에 맞지 않고, 공휴일인 일요일에 종교행사를 할 행정적 여건도 마련되어 있지 않다는 점을 고려하면, 이 사건 종교행사 처우는 청구인의 종교의 자유를 침해하지 않는다(헌재 2015.4.30. 2013헌마190).

㉢ 형집행법 제46조는 "소장은 수용자의 지식함양 및 교양습득에 필요한 도서를 비치하고 수용자가 이용할 수 있도록 하여야 한다."고 규정하고 있고, 형집행법 시행령 제72조 제1항은 "소장은 수용자가 쉽게 이용할 수 있도록 비치도서의 목록을 정기적으로 공개하여야 한다."고 규정하고 있을 뿐 도서관 이용에 관한 규정을 두고 있지 않으므로, 수용자의 지식함양 및 교양습득에 필요한 도서를 비치하고 이를 이용할 수 있도록 비치도서의 목록을 정기적으로 공개하는 것 이외에 피청구인에게 수용자들이 도서관을 정기적으로 이용할 수 있도록 일과를 편성하여야 할 의무가 있다고 볼 수 없다. 또한 형집행법 시행규칙 제36조 제2항은 "소장은 소유자가 분명하지 아니한 도서를 회수하여 비치도서로 전환하거나 폐기할 수 있다."고 규정하고 있으므로, 출소자가 남기고 간 개인도서를 비치도서로 전환할 것인지 여부에 대해서는 피청구인에게 재량이 부여되어 있다. 그밖에 피청구인에게 수용자들로 하여금 정기적으로 도서관을 방문할 수 있게 하거나 출소자의 개인도서를 비치도서로 전환할 의무를 부과하는 다른 헌법상 또는 법률상 근거도 존재하지 아니한다(헌재 2017.5.23. 2017헌마493).

㉣ 지상파 방송의 일부 프로그램의 경우 범법자들의 행위를 영웅시하고 미화하여 수용자들을 현혹시키거나, 폭력적이거나 선정적 장면, 범죄행위를 범하는 장면 등 수형자의 교정교화에 부적당한 내용이 포함될 수 있다. 즉, 지상파의 모든 프로그램을 생방송으로 여과 없이 송출할 경우 수용질서를 문란케 하는 내용 등이 그대로 수형자에게 노출될 수 있는 것이다. 따라서 채널지정조항이 교정시설의 안전과 질서유지를 위하여 지정된 채널을 통하여만 텔레비전 시청을 하도록 하는 것은 그 목적의 정당성이 인정되고 수단 또한 적정하다(헌재 2019.4.11. 2017헌마736).

정답 | ②

17

수용자가 구독을 신청할 수 있는 신문의 종류와 도서(잡지를 포함)의 범위를 순서대로 바르게 묶어놓은 것은?

① 월 2종 이내, 월 5권 이내
② 월 3종 이내, 월 10권 이내
③ 월 4종 이내, 월 15권 이내
④ 월 5종 이내, 월 20권 이내

해설 ② 수용자가 구독을 신청할 수 있는 신문 등은 교정시설의 보관범위 및 수용자가 지닐 수 있는 범위를 벗어나지 않는 범위에서 신문은 월 3종 이내로, 도서(잡지를 포함한다)는 월 10권 이내로 한다. 다만, 소장은 수용자의 지식함양 및 교양습득에 특히 필요하다고 인정하는 경우에는 신문 등의 신청수량을 늘릴 수 있다(시행규칙 제35조).

정답 | ②

18

다음 중 옳지 않은 것은 모두 몇 개인가? (다툼이 있으면 판례에 의함)

> ㉠ 수용자가 평소 신봉하지 않는 종교의 집회행사에 참석하는 것을 교도소장이 제한하였다면 이는 수용자의 기본권을 본질적으로 침해하는 것이다.
> ㉡ 소장은 수용자의 지식함양 및 교양습득에 필요한 도서를 비치하고, 이를 이용할 수 있도록 하여야 한다.
> ㉢ 소장은 수용자가 구독을 신청한 신문이 유해간행물인 경우를 제외하고는 구독을 허가할 수 있다.
> ㉣ 소장은 소유자가 분명하지 아니한 도서를 회수하여 비치도서로 전환하거나 폐기할 수 있다.
> ㉤ 삭제된 신문기사가 교정시설 내의 질서유지와 보안을 어렵게 할 범위에 그치고 있다면 수용자의 알권리를 과도하게 침해한 것은 아니다.

① 1개 ② 2개 ③ 3개 ④ 4개

해설 [×] ㉠ 청구인은 천주교를 신봉하는 자로서 피청구인은 청구인의 천주교 집회에는 참석을 모두 허용하였으나, 청구인이 평소 신봉하지 않던 불교집회에 참석하겠다고 신청을 하여 이를 거부하였는바 이는 수형자가 그가 신봉하는 종파의 교의에 의한 특별교회를 청할 때에는 당해 소장은 그 종파에 위촉하여 교회할 수 있다고 규정하고 있는 행형법 제31조 제2항 및 관련 규정에 따른 것이다. 뿐만 아니라 수형자가 원한다고 하여 종교집회 참석을 무제한 허용한다면 효율적인 수형관리와 계호상의 어려움이 발생하고, 진정으로 그 종파를 신봉하는 다른 수형자가 종교집회에 참석하지 못하게 되는 결과를 초래하므로 피청구인의 위와 같은 조치는 청구인의 기본권을 본질적으로 침해하는 것이 아니다(헌재 2003.4.26, 2001헌마386).

㉢ 허가할 수 있다. → 허가하여야 한다(법 제47조 제2항).

[○] ㉡ 법 제46조

㉣ 시행규칙 제36조 제2항

㉤ 헌재 1998.10.29, 98헌마4

정답 | ②

19

라디오 청취 및 텔레비전 시청에 관한 설명으로 옳지 않은 것은?

① 수용자는 정서안정 및 교양습득을 위하여 라디오 청취와 텔레비전 시청을 할 수 있다.
② 수용자를 대상으로 하는 방송은 무상으로 한다.
③ 소장은 수용자의 건강과 일과시간 등을 고려하여 원칙적으로 1일 8시간 이내에서 방송편성 시간을 정한다.
④ 수용자는 원칙적으로 소장이 지정한 장소에서 지정된 채널을 통하여 텔레비전을 시청하거나 라디오를 청취하여야 한다.

해설 ③ 8시간 → 6시간(시행규칙 제39조)

① 법 제48조 제1항

② 시행규칙 제37조 제1항

④ 시행규칙 제41조 제1항 본문

정답 | ③

20

형의 집행 및 수용자의 처우에 관한 법령상 문화에 대한 설명으로 옳은 것은? 교정9급 17

① 수용자는 문서 또는 도화를 작성하거나 문예·학술, 그 밖의 사항에 관하여 집필할 수 있다. 이때 집필용구의 구입비용은 원칙적으로 소장이 부담한다.

② 소장은 수용자의 지식함양 및 교양습득에 필요한 도서와 영상녹화물을 비치하여 수용자가 이용하게 하여야 한다.

③ 소장은 수용자가 자신의 비용으로 구독을 신청한 신문이 「출판문화산업 진흥법」에 따른 유해간행물인 경우를 제외하고는 구독을 허가하여야 한다.

④ 소장은 수용자의 건강과 일과시간 등을 고려하여 1일 8시간 이내에서 방송편성시간을 정한다. 다만, 토요일·공휴일, 작업·교육실태 및 수용자의 특성을 고려하여 방송편성시간을 조정할 수 있다.

해설 ③ 수용자는 자신의 비용으로 신문·잡지 또는 도서(신문 등)의 구독을 신청할 수 있으며(법 제47조 제1항), 구독을 신청한 신문 등이 「출판문화산업 진흥법」에 따른 유해간행물인 경우를 제외하고는 구독을 허가하여야 한다(동조 제2항).

① 수용자는 문서 또는 도화를 작성하거나 문예·학술, 그 밖의 사항에 관하여 집필할 수 있다. 다만, 소장이 시설의 안전 또는 질서를 해칠 명백한 위험이 있다고 인정하는 경우는 예외로 한다(법 제49조 제1항). 집필용구의 구입비용은 수용자가 부담한다. 다만, 소장은 수용자가 그 비용을 부담할 수 없는 경우에는 필요한 집필용구를 지급할 수 있다(시행령 제74조).

② 소장은 수용자의 지식함양 및 교양습득에 필요한 도서를 비치하고 수용자가 이용할 수 있도록 하여야 한다(법 제46조).

④ 소장은 수용자의 건강과 일과시간 등을 고려하여 1일 6시간 이내에서 방송편성시간을 정한다. 다만, 토요일·공휴일, 작업·교육실태 및 수용자의 특성을 고려하여 방송편성시간을 조정할 수 있다(시행규칙 제39조).

정답 | ③

21

수용자의 집필에 관한 설명으로 옳지 않은 것은?

① 집필은 종전 행형법에서는 소장의 사전 허가를 받아야 가능했으나, 현행 형집행법은 이를 권리로 규정하고 있다.

② 평일인 경우에도 휴게시간 내에는 제한 없이 집필할 수 있는 것이 원칙이다.

③ 집필장소는 거실, 작업장에 한한다.

④ 소장은 시설의 안전 또는 질서를 해칠 명백한 위험이 있다고 인정하는 경우에는 수용자의 집필을 금지할 수 있다.

해설 ③ 수용자는 거실·작업장, 그 밖에 지정된 장소에서 집필할 수 있다(시행령 제75조 제2항).

② 동조 제1항

④ 법 제49조 제1항

정답 | ③

22

라디오 청취 및 텔레비전 시청에 관한 설명으로 옳지 않은 것을 모두 고른 것은?

> ㉠ 수용자의 라디오 청취와 텔레비전 시청은 교정시설에 설치된 방송설비를 통하여 할 수 있다.
> ㉡ 소장은 방송에 대한 의견수렴을 위하여 설문조사 등의 방법으로 수용자의 반응 및 만족도를 측정하여야 한다.
> ㉢ 방송프로그램은 그 내용에 따라 교육콘텐츠, 교화콘텐츠, 교양콘텐츠, 오락콘텐츠, 그 밖에 수용자의 정서안정에 필요한 콘텐츠로 구분한다.
> ㉣ 수용자는 2종의 범위 안에서 수신장비를 소지할 수 있다.

① ㉠, ㉡ ② ㉠, ㉢ ③ ㉡, ㉢ ④ ㉡, ㉣

해설 [×] ㉡ 측정하여야 한다. → 측정할 수 있다(시행규칙 제37조 제3항).
㉣ 수용자는 방송설비 또는 채널을 임의조작·변경하거나 임의수신 장비를 지녀서는 안 된다(시행규칙 제41조 제2항).
[○] ㉠ 시행령 제73조
㉢ 시행규칙 제40조 제2항

정답 | ④

23

수용자의 집필에 관한 설명으로 옳지 않은 것은?

① 소장은 수용자가 작성한 문서가 암호·기호 등 이해할 수 없는 특수문자로 작성되었다는 것을 이유로 해당 문서의 외부반출을 허가하지 않을 수 있다.
② 수용자가 작성한 문서나 도화를 외부로 보내거나 내갈 때 드는 비용은 수용자의 부담으로 하는 것이 원칙이나, 수용자가 부담할 수 없는 경우에는 예산의 범위에서 지급할 수 있다.
③ 집필용구의 구입비용은 수용자가 부담하는 것이 원칙이나, 소장은 수용자가 그 비용을 부담할 수 없는 경우에는 필요한 집필용구를 지급할 수 있다.
④ 소장은 수용자가 작성 또는 집필한 문서나 도화의 내용이 편지의 수·발신 금지사유에 해당하면 보관 또는 폐기할 수 있다.

해설 ② 수용자가 작성 또는 집필한 문서나 도화를 외부로 보내거나 내갈 때 드는 비용은 수용자가 부담한다(시행령 제76조 제2항). 이 경우에는 예외적인 관급이 허용되지 않는다.
③ 시행령 제74조
④ 법 제49조 제3항

정답 | ②

24

「형의 집행 및 수용자의 처우에 관한 법률」상 집필에 관한 설명으로 옳지 않은 것은?

① 수용자는 문서 또는 도화를 작성하거나 문예·학술, 그 밖의 사항에 관하여 집필할 수 있다. 다만, 소장이 수용자의 교화 또는 사회복귀를 해칠 명백한 위험이 있다고 인정하는 경우는 예외로 한다.

② 수용자가 작성 또는 집필한 문서나 도화가 법무부장관이 정하는 지닐 수 있는 범위를 벗어난 것으로서 교정시설에 특히 보관할 필요가 있다고 인정하지 아니하는 물품은 수용자로 하여금 자신이 지정하는 사람에게 보내게 하거나 그 밖에 적당한 방법으로 처분하게 할 수 있다.

③ 수용자가 작성 또는 집필한 문서나 도화가 암호·기호 등 이해할 수 없는 특수문자로 작성되어 있거나 범죄의 증거를 인멸할 우려가 있는 때에는 수용자에게 그 사유를 알린 후 교정시설에 보관한다. 다만, 수용자가 동의하면 폐기할 수 있다.

④ 집필용구의 관리, 집필의 시간·장소, 집필한 문서 또는 도화의 외부반출 등에 관하여 필요한 사항은 대통령령으로 정한다.

해설 ① 수용자는 문서 또는 도화를 작성하거나 문예·학술, 그 밖의 사항에 관하여 집필할 수 있다. 다만, 소장이 시설의 안전 또는 질서를 해칠 명백한 위험이 있다고 인정하는 경우는 예외로 한다(형집행법 제49조 제1항).

② 동조 제2항, 제26조 제2항

③ 동조 제3항, 제43조 제7항

④ 동조 제4항

정답 | ①

CHAPTER

03 교정상담 및 교정처우기법

01

교정교육의 기본원리와 가장 거리가 먼 것은?

① 자기인식의 원리
② 개인차 불인정의 원리
③ 사회화의 원리
④ 직관의 원리

해설 ② 개인차 존중의 원리이다.

➤ 교정교육의 기본원리

인간존중의 원리	교육자는 범죄인을 독립된 인격체로 인정하고, 그들의 갱생능력을 신뢰하여야 한다.
자기인식의 원리	교육자는 범죄인에 대한 편견이나 선입관을 배제하는 자기인식을 가져야 한다.
자조(自助)의 원리	교육자는 범죄인이 자조능력을 배양할 수 있도록 하여야 한다.
신뢰의 원리	교육자와 범죄인 상호 간에 신뢰하는 인간관계가 형성될 때 그 효과를 거둘 수 있다.
개인차 존중의 원리	교육자는 범죄인의 개인적 능력 차이를 인정하고, 그에 적합한 교육을 실시하여야 한다.
사회화의 원리	교육자는 사회적 처우를 확대하는 차원의 교정교육을 실시하여야 한다.
직관의 원리	직접 느끼며 체험하는 실습적 방법이나 체험교육이 가장 효과적이다.

정답 | ②

02

교육지도자는 범죄인에 대한 편견이나 선입관을 배제하여야 한다는 교정교육의 기본원리는?

① 인간존중의 원리
② 자기인식의 원리
③ 자조의 원리
④ 직관의 원리

해설 ①은 범죄인을 독립된 인격체로 인정해야 한다는 원리이고, ③은 범죄인 스스로 자신의 문제를 해결해 나갈 수 있는 능력을 배양해 주어야 한다는 원리이며, ④는 범죄인의 교육은 직접 느끼고 체험하는 것이 가장 효과적이라는 원리이다.

정답 | ②

03

교정교육에 관한 설명으로 옳지 않은 것은?

① 소장은 교육기본법상 의무교육을 받지 못한 수형자에 대하여 본인의 의사, 나이, 지식 정도, 그 밖의 사정을 고려하여 그에 알맞게 교육하여야 한다.

② 법무부장관은 전국 교정시설 수형자의 체계적인 교육을 위하여 매년 수형자교육계획을 수립하여야 한다.

③ 소장은 수형자의 교육을 위하여 필요하면 수형자를 외부의 교육기관에 통학하게 하거나 위탁하여 교육받게 할 수 있다.

④ 소장은 이미 교육을 받은 수형자라 할지라도 교육의 효과를 거두지 못하였다고 인정되면 재교육할 수 있다.

해설 ② 소장은 교육대상자, 시설여건 등을 고려하여 교육계획을 수립하여 시행하여야 한다(시행령 제87조 제2항). 즉, 수형자교육계획 수립의 주체는 소장이다.

① 법 제63조 제2항

③ 동조 제3항

④ 시행규칙 제101조 제4항

정답 | ②

04

수형자의 교육 및 교화에 대한 설명으로 가장 적절하지 않은 것은? 교정7급 10

① 차별적 기회구조이론(differential opportunity theory)에 따르면 수형자에 대한 교육은 일반인에 대한 교육과는 달리 범죄방지에 도움이 되지 않는다.

② 수용을 전제로 한 교육은 사회로부터 격리에 따른 자기존중과 자율성을 상실시켜 범죄학습의 우려가 있다는 부정적 측면을 가지고 있다.

③ 현행 법령상 교정시설의 장은 수형자의 가족이 참여하는 가족관계프로그램을 운영할 수 있고, 가족이 없는 수형자의 경우 결연을 맺었거나 그 밖에 가족에 준하는 사람의 참여를 허가할 수 있다.

④ 현행 법령상 교정시설의 장은 수형자의 정서교육을 위해 필요하다고 인정하면 개방처우급·완화경비처우급 수형자에 대하여 교정시설 밖에서 연극·영화 관람을 허가할 수 있다.

해설 ① 차별적 기회구조이론이란 갱(Gang) 비행의 전문화 경향이 지역사회의 특성과 관련이 있다는 것을 설명하기 위하여 주장된 것으로, 문화적 목표를 달성하기 위한 수단은 합법적인 것과 비합법적인 두 가지의 사회구조가 있다는 전제하에 사회에는 제도화된 합법적 수단뿐만 아니라 범죄를 저지르는 비합법적 수단도 차등적으로 분배되어 있다는 이론이다. 차별적 기회구조이론에 의하면, 문화적 목표를 달성하는 데 있어서 합법적 수단과 비합법적 수단, 어느 것을 택하느냐는 범죄수단의 학습 및 범죄수행에 관한 기회구조의 차이에 달려 있다고 주장하여 단순히 사회구조의 문제뿐만 아니라 학습의 측면까지 강조한 것이 특징이다. 이러한 점을 고려할 때 수형자에 대한 교육은 일반인에 대한 교육과는 달리 범죄방지에 도움이 되지 않는다는 표현은 차별적 기회구조이론과 부합되는 서술이라고 보기 어렵다.

③ 시행규칙 제117조 제1항

④ 시행규칙 제92조 제1항

정답 | ①

05

교정교육의 방법에 관한 설명으로 옳지 않은 것은?

① 소장은 특별한 사유가 없으면 교육기간 동안에 교육대상자를 다른 기관으로 이송할 수 없다.
② 교육대상자의 선발이 취소되거나 교육대상자가 교육을 수료한 때에는 원칙적으로 선발 당시 소속 기관을 제외한 다른 교정시설로 이송한다.
③ 교육대상자에게는 작업·직업훈련을 면제한다.
④ 작업·직업훈련 수형자 등도 독학으로 검정고시·학사고시 등에 응시하게 할 수 있다.

해설 ② 교육대상자의 선발이 취소되거나 교육대상자가 교육을 수료하였을 때에는 선발 당시 소속기관으로 이송한다. 다만 집행할 형기가 이송사유가 발생한 날부터 3개월 이내인 때, 징벌을 받고 교육부적격자로 판단되어 교육대상자 선발이 취소된 때, 소속 기관으로의 이송이 부적당하다고 인정되는 특별한 사유가 있는 때에는 소속 기관으로 이송하지 아니하거나 다른 기관으로 이송할 수 있다(시행규칙 제106조 제2항).
① 동조 제1항
③ 시행규칙 제107조 제1항
④ 동조 제2항

정답 | ②

06

현행 법령상 학과교육에 관한 사항으로 옳은 것은?

① 소장은 교육기간 중에 검정고시에 합격한 교육대상자에 대하여는 해당 교육과정을 조기에 수료시키거나 상위 교육과정에 임시 편성시킬 수 있다.
② 소장은 방송통신대학교 교육과정의 입학금, 수업료, 교과용 도서구입비 등 교육에 필요한 비용을 예산의 범위에서 지원할 수 있다.
③ 법무부장관은 개방처우급, 완화경비처우급 수형자에게 다문화시대에 대처할 수 있는 교육 기회를 부여하기 위하여 외국어교육과정을 특정 교정시설에 설치·운영할 수 있다.
④ 전문대학 위탁교육과정의 교과과정, 시험응시 및 학위취득에 관한 세부사항은 법무부장관이 정한다.

해설 ① 시행규칙 제108조 제2항
② 소장은 방송통신고등학교 교육과정의 입학금, 수업료, 교과용 도서구입비 등 교육에 필요한 비용을 예산의 범위에서 지원할 수 있다(시행규칙 제109조 제3항).
③ 소장은 개방처우급·완화경비처우급·일반경비처우급 수형자에게 다문화시대에 대처할 수 있는 교육기회를 부여하기 위하여 외국어 교육과정을 설치·운영할 수 있다(시행규칙 제113조 제2항).
④ 전문대학 위탁교육과정의 교과과정, 시험응시 및 학위취득에 관한 세부사항은 위탁자와 수탁자 간의 협약에 따른다(시행규칙 제112조 제3항).

정답 | ①

07

수형자 교육과정에 대한 설명으로 옳지 않은 것은? 교정9급 13

① 의무교육을 받지 못한 수형자에 대하여는 본인의 의사·나이·지식정도 등을 고려하여 그에 알맞게 교육하여야 하며, 필요하면 외부교육기관에 통학하게 할 수 있다.

② 교도소장은 교육대상자 교육을 위하여 재생전용기기의 사용을 허용할 수 있다.

③ 교정시설에 독학에 의한 학사학위 취득과정을 설치·운영하는 경우 집행할 형기가 2년 이상인 수형자를 대상으로 선발한다.

④ 방송통신대학과정과 전문대학 위탁교육과정의 교육대상자는 고등학교 졸업 이상 학력을 갖춘 개방처우급 수형자에 한하여 선발할 수 있다.

해설 ④ 방송통신대학 교육과정과 전문대학 위탁교육과정의 교육대상자로 선발할 수 있는 경비처우급은 개방처우급·완화경비처우급·일반경비처우급 수형자이다(시행규칙 제111조 제2항, 제112조 제2항 참조).

① 법 제63조 제2항·제3항

② 시행규칙 제104조 제2항

③ 시행규칙 제110조 제2항

정답 | ④

08 ★

현행 법령상 수형자의 교육에 관한 설명으로 옳지 않은 것은 모두 몇 개인가?

㉠ 소장은 교육대상자를 원칙적으로 소속기관에서 선발하여 교육한다.

㉡ 소장은 교육을 위하여 필요한 경우에는 외부강사를 초빙할 수 있으며, 카세트 또는 재생전용기기의 사용을 허용할 수 있다.

㉢ 소장은 교육기간중에 검정고시에 합격한 교육대상자에 대하여는 해당 교육과정을 조기 수료시키거나 상위 교육과정에 임시 편성시킬 수 있다.

㉣ 방송통신대학과정을 지원할 수 있는 수형자는 개방처우급, 완화경비처우급 수형자에 한정된다.

㉤ 소장은 외국어 교육대상자가 교육실 외에서 어학학습장비를 이용한 외국어학습을 원하는 경우에는 분류처우위원회의 심의를 거쳐 허가할 수 있다.

① 1개 ② 2개 ③ 3개 ④ 4개

해설 [×] ㉣ 방송통신대학 교육과정을 지원할 수 있는 수형자는 개방처우급, 완화경비처우급, 일반경비처우급 수형자이다(시행규칙 제111조 제2항 참조).

㉤ 분류처우위원회 → 교도관회의(시행규칙 제113조 제3항)

[○] ㉠ 시행규칙 제101조 제1항

㉡ 시행규칙 제104조 제2항

㉢ 시행규칙 제108조 제2항

정답 | ②

09

다음 설명에서 괄호 안에 들어갈 내용을 순서대로 바르게 적은 것은?

> 독학에 의한 학사학위 취득과정의 교육대상자는 교육개시일을 기준으로 형기의 ( )이 지나고, 집행할 형기가 ( ) 이상이어야 한다.

① 2분의 1, 1년
② 2분의 1, 2년
③ 3분의 1, 1년
④ 3분의 1, 2년

해설 ④ 시행규칙 제110조 제2항

정답 | ④

10

현행법상 수용자 교육에 대한 설명으로 옳은 것을 모두 고른 것은? 교정7급 12

> ㉠ 소장은 외국어 교육대상자가 교육실 외에서 어학학습장비를 이용한 외국어 학습을 원하는 경우에는 교도관회의의 심의를 거쳐 허가할 수 있다.
> ㉡ 방송통신대학과정을 지원할 수 있는 수형자는 개방처우급, 완화경비처우급, 일반경비처우급 수형자이다.
> ㉢ 미결수용자에 대한 교육은 교정시설 밖에서 실시하는 프로그램도 포함한다.
> ㉣ 현행법상 독학에 의한 학위취득과정은 공식적인 수형자 교육과정에 포함되지 않는다.
> ㉤ 소장은 수형자를 외부교육기관에 위탁하여 교육받게 할 수 있다.

① ㉠, ㉡, ㉤
② ㉠, ㉢, ㉣
③ ㉡, ㉢, ㉣
④ ㉡, ㉣, ㉤

해설 [O] ㉠ 시행규칙 제113조 제3항
㉡ 시행규칙 제111조 제2항
㉤ 법 제63조 제3항
[×] ㉢ 미결수용자에 대한 교육·교화프로그램 또는 작업은 교정시설 밖에서 행하는 것은 포함하지 아니한다(시행령 제103조 제1항).
㉣ 소장은 수형자에게 학위취득 기회를 부여하기 위하여 독학에 의한 학사학위 취득과정(학사고시반 교육)을 설치·운영할 수 있다(시행규칙 제110조 제1항).

정답 | ①

11

형집행법령상 교육에 대한 설명으로 옳지 않은 것은 모두 몇 개인가? 7급승진 23

> ㉠ 작업·직업훈련 수형자 등도 독학으로 검정고시·학사고시 등에 응시하게 할 수 있다. 이 경우 자체 평가시험 성적 등을 고려해야 한다.
>
> ㉡ 소장은 교육대상자가 징벌을 받고 교육 부적격자로 판단되어 교육대상자 선발이 취소된 때에도 선발 당시 소속기관으로 이송해야 하며, 다른 기관으로 이송할 수 없다.
>
> ㉢ 소장은 「교육기본법」 제8조(의무교육)의 의무교육을 받지 못한 수형자에 대하여는 본인의 의사·나이·지식 정도, 그 밖의 사정을 고려하여 그에 알맞게 교육하여야 한다.
>
> ㉣ 소장은 24년의 징역형이 확정되어 수용 중인 수형자(고등학교 졸업자)가 독학에 의한 학사학위 취득과정을 신청하는 경우에 집행할 형기가 2년 이상이더라도 교육 개시일을 기준으로 형기의 3분의 1인 8년이 지나지 않았다면 교육대상자로 선발할 수 없다.

① 1개 ② 2개
③ 3개 ④ 4개

해설 옳지 않은 것은 ㉡, ㉣이다.

㉠ 형집행법 시행규칙 제107조 제2항

㉡ 교육대상자의 선발이 취소되거나 교육대상자가 교육을 수료하였을 때에는 선발 당시 소속기관으로 이송한다. 다만, ⓐ 집행할 형기가 이송사유가 발생한 날부터 3개월 이내인 때, ⓑ 징벌을 받고 교육 부적격자로 판단되어 교육대상자 선발이 취소된 때, ⓒ 소속기관으로의 이송이 부적당하다고 인정되는 특별한 사유가 있는 때에는 소속기관으로 이송하지 아니하거나 다른 기관으로 이송할 수 있다(동법 시행규칙 제106조 제2항).

㉢ 동법 제63조 제2항

㉣ 소장은 ⓐ 고등학교 졸업 또는 이와 동등한 수준 이상의 학력이 인정될 것, ⓑ 교육개시일을 기준으로 형기의 3분의 1(21년 이상의 유기형 또는 무기형의 경우에는 7년)이 지났을 것, ⓒ 집행할 형기가 2년 이상인 수형자가 독학에 의한 학사학위 취득과정(학사고시반 교육)을 신청하는 경우에는 교육대상자로 선발할 수 있다(동법 시행규칙 제110조 제2항). 24년의 징역형은 21년 이상의 유기형에 해당하므로 7년이 지나면 교육대상자로 선발할 수 있다.

정답 | ②

12

「형의 집행 및 수용자의 처우에 관한 법률 시행규칙」상 방송통신대학 교육과정 교육대상자 선발에 대한 설명으로 ( ) 안에 들어갈 숫자의 합으로 옳은 것은? 5급승진 22

> 제110조(독학에 의한 학위 취득과정 설치 및 운영)
> ① 소장은 수형자에게 학위취득 기회를 부여하기 위하여 독학에 의한 학사학위 취득과정(이하 "학사고시반 교육"이라 한다)을 설치·운영할 수 있다.
> ② 소장은 다음 각 호의 요건을 갖춘 수형자가 제1항의 학사고시반 교육을 신청하는 경우에는 교육대상자로 선발할 수 있다.
> 1. 고등학교 졸업 또는 이와 동등한 수준 이상의 학력이 인정될 것
> 2. 교육개시일을 기준으로 형기의 ( )분의 1[( )년 이상의 유기형 또는 무기형의 경우에는 ( )년]이 지났을 것
> 3. 집행할 형기가 ( )년 이상일 것

① 32
② 33
③ 34
④ 36

해설 3+21+7+2=33

법 제111조(방송통신대학과정 설치 및 운영)
② 소장은 제110조 제2항 각 호의 요건을 갖춘 개방처우급·완화경비처우급·일반경비처우급 수형자가 제1항의 방송통신대학 교육과정에 지원하여 합격한 경우에는 교육대상자로 선발할 수 있다.
법 제110조(독학에 의한 학위 취득과정 설치 및 운영)
② 소장은 다음 각 호의 요건을 갖춘 수형자가 제1항의 학사고시반 교육을 신청하는 경우에는 교육대상자로 선발할 수 있다.
1. 고등학교 졸업 또는 이와 동등한 수준 이상의 학력이 인정될 것
2. 교육개시일을 기준으로 형기의 3분의 1(21년 이상의 유기형 또는 무기형의 경우에는 7년)이 지났을 것

정답 | ②

13

형의 집행 및 수용자의 처우에 관한 법령상 수용자의 교육에 대한 설명으로 옳지 않은 것은?

교정7급 18

① 소장은 특별한 사유가 없으면 교육기간 동안에 교육대상자를 다른 기관으로 이송할 수 없다.

② 소장은 교육대상자에게 질병, 부상, 그 밖의 부득이한 사정이 있는 경우에는 교육과정을 일시 중지할 수 있다.

③ 소장은 교육기본법 제8조의 의무교육을 받지 못한 수형자에 대하여는 본인의 의사, 나이, 지식정도, 그 밖의 사정을 고려하여 그에 알맞게 교육하여야 한다.

④ 소장이 고등교육법 제2조에 따른 방송통신대학 교육과정을 설치·운영하는 경우 교육실시에 소요되는 비용은 특별한 사정이 없으면 교육대상자 소속 기관이 부담한다.

해설 ④ 독학에 의한 학위 취득과정, 방송통신대학과정, 전문대학 위탁교육과정, 정보화 및 외국어 교육과정을 실시하는 경우 소요되는 비용은 특별한 사정이 없으면 교육대상자의 부담으로 한다(시행규칙 제102조 제2항).

① 시행규칙 제106조 제1항

② 시행규칙 제105조 제3항

③ 법 제63조 제2항

정답 | ④

14

교정교육에 대한 설명으로 옳지 않은 것은?

교정7급 14

① 독학에 의한 학위 취득과정과 방송통신대학과정의 실시에 소요되는 비용은 특별한 사정이 없으면 교육대상자의 부담으로 한다.

② 교정시설의 장은 교육을 위하여 필요한 경우에는 외부강사를 초빙할 수 있으며, 카세트 또는 재생전용기기의 사용을 허용할 수 있다.

③ 교정시설의 장은 의무교육을 받은 고령의 수형자에 대하여는 본인의 의사, 나이, 지식정도, 그 밖의 사정을 고려하여 그에 알맞게 교육하여야 한다.

④ 본인의 신청에 따른 미결수용자에 대한 교육·교화프로그램은 교정시설 내에서만 실시하여야 한다.

해설 ③ 소장은 「교육기본법」 제8조의 의무교육을 받지 못한 수형자에 대해서는 본인의 의사·나이·지식정도, 그 밖의 사정을 고려하여 그에 알맞게 교육하여야 한다(법 제63조 제2항).

① 시행규칙 제102조 제2항

② 시행규칙 제104조 제2항

④ 시행령 제103조 제1항

정답 | ③

15

현행 법령상 수용자의 교육에 대한 설명으로 옳은 것은? 교정7급 11

① 소장은 교육을 위해 필요하면 수형자를 외부의 교육기관에 통학하게 하거나 위탁하여 교육받게 할 수 있으나, 교육대상자의 작업 및 직업훈련 등은 면제할 수 없다.

② 수형자가 소년교도소 수용 중에 19세가 된 경우에도 교육이 특히 필요하다고 인정되면 23세가 되기 전까지는 계속하여 수용할 수 있다.

③ 소장은 심리적 안정 및 원만한 수용생활을 위하여 사형확정자의 신청에 의해서만 교육을 실시할 수 있다.

④ 소장은 여성수용자에 대하여 교육을 실시할 때에는 반드시 여성교도관이 담당하도록 하여야 한다.

해설 ② 법 제12조 제3항

① 교육대상자에게는 작업·직업훈련 등을 면제한다(시행규칙 제107조 제1항).

③ 소장은 사형확정자의 심리적 안정 및 원만한 수용생활을 위하여 교육 또는 교화프로그램을 실시하거나 신청에 따라 작업을 부과할 수 있다(법 제90조 제1항). 즉, 사형확정자에 대한 교육실시는 사형확정자의 신청을 요하지 않는다.

④ 소장은 여성수용자에 대하여 상담·교육·작업 등(상담 등)을 실시하는 때에는 여성교도관이 담당하도록 하여야 한다. 다만, 여성교도관이 부족하거나 그 밖의 부득이한 사정이 있으면 그러하지 아니하다(법 제51조 제1항).

정답 | ②

16

형의 집행 및 수용자의 처우에 관한 법령상 수형자 교육과 교화프로그램에 대한 설명으로 옳지 않은 것은? 교정9급 20

① 소장은 「교육기본법」 제8조의 의무교육을 받지 못한 수형자의 교육을 위하여 필요하면 수형자를 중간처우를 위한 전담교정시설에 수용하여 외부 교육기관에의 통학, 외부 교육기관에서의 위탁교육을 받도록 할 수 있다.

② 소장은 수형자의 교정교화를 위하여 상담·심리치료, 그 밖의 교화프로그램을 실시하여야 하며, 수형자의 정서함양을 위하여 필요하다고 인정하면 연극·영화관람, 체육행사, 그 밖의 문화예술활동을 하게 할 수 있다.

③ 소장은 특별한 사유가 없으면 교육기간 동안에는 교육대상자를 다른 기관으로 이송할 수 없다.

④ 소장은 수형자에게 학위취득 기회를 부여하기 위하여 독학에 의한 학사학위 취득과정을 설치·운영할 수 있다. 이 교육을 실시하는 경우 소요되는 비용은 특별한 사정이 없으면 국가의 부담으로 한다.

해설 ④ 독학에 의한 학위 취득과정, 방송통신대학과정, 전문대학 위탁교육과정 및 정보화, 외국어 교육과정을 실시하는 경우 소요되는 비용은 특별한 사정이 없으면 교육대상자의 부담으로 한다(시행규칙 제102조 제2항).

① 법 제63조 제2항·제3항

② 법 제64조 제1항, 시행령 제88조

③ 시행규칙 제106조 제1항

정답 | ④

17

현행법령상 수형자의 교육에 관한 설명으로 옳지 않은 것은?

① 소장은 교육대상자를 소속기관(소장이 관할하고 있는 교정시설)에서 선발하여 교육한다. 다만, 소속기관에서 교육대상자를 선발하기 어려운 경우에는 다른 기관에서 추천한 사람을 모집하여 교육할 수 있다.

② 소장은 교육대상자의 성적불량, 학업태반 등으로 인하여 교육의 목적을 달성하기 어려운 경우에는 그 선발을 취소할 수 있다.

③ 교육대상자는 교육의 시행에 관한 관계법령, 학칙 및 교육관리지침을 성실히 지켜야 한다.

④ 교육을 실시하는 경우 소요되는 비용은 특별한 사정이 없는 한, 교육대상자의 부담으로 하여서는 아니 된다.

해설 ④ 제110조부터 제113조까지의 규정(독학에 의한 학위 취득과정, 방송통신대학과정, 전문대학 위탁교육과정, 정보화 및 외국어 교육과정)에 따른 교육을 실시하는 경우 소요되는 비용은 특별한 사정이 없으면 교육대상자의 부담으로 한다(형집행법 시행규칙 제102조 제2항).

① 동법 시행규칙 제101조 제1항

② 동조 제2항

③ 동법 시행규칙 제102조 제1항

정답 | ④

18

「형의 집행 및 수용자의 처우에 관한 법률 시행규칙」상 정보화 및 외국어 교육과정에 관한 설명으로 옳지 않은 것은?

① 소장은 개방처우급·완화경비처우급·일반경비처우급 수형자에 한하여 지식정보사회에 적응할 수 있는 교육기회를 부여하기 위하여 정보화 교육과정을 설치·운영할 수 있다.

② 소장은 개방처우급·완화경비처우급·일반경비처우급 수형자에게 다문화 시대에 대처할 수 있는 교육기회를 부여하기 위하여 외국어 교육과정을 설치·운영할 수 있다.

③ 소장은 외국어 교육대상자가 교육실 외에서의 어학학습장비를 이용한 외국어학습을 원하는 경우에는 계호 수준, 독거 여부, 교육 정도 등에 대한 교도관회의의 심의를 거쳐 허가할 수 있다.

④ 소장은 이 규칙에서 정한 교육과정 외에도 법무부장관이 수형자로 하여금 건전한 사회복귀에 필요한 지식과 소양을 습득하게 하기 위하여 정하는 교육과정을 설치·운영할 수 있다.

해설 ① 소장은 수형자에게 지식정보사회에 적응할 수 있는 교육기회를 부여하기 위하여 정보화 교육과정을 설치·운영할 수 있다(형집행법 시행규칙 제113조 제1항). 정보화 교육과정의 대상자의 경우, 경비처우급별 제한은 없다.

② 동조 제2항

① 동조 제3항

④ 동조 제4항

정답 | ①

19

「형의 집행 및 수용자의 처우에 관한 법률 시행규칙」상 독학에 의한 학사학위 취득과정을 신청하기 위하여 수형자가 갖추어야 할 요건으로 옳지 않은 것은? 교정7급 19

① 개방처우급·완화경비처우급·일반경비처우급 수형자에 해당할 것

② 고등학교 졸업 또는 이와 동등한 수준 이상의 학력이 인정될 것

③ 집행할 형기가 2년 이상일 것

④ 교육개시일을 기준으로 형기의 3분의 1(21년 이상의 유기형 또는 무기형의 경우에는 7년)이 지났을 것

해설 ① 독학에 의한 학사학위 취득과정은 경비처우급과 관련이 없다(시행규칙 제110조 제2항 참조). 일반경비처우급 이상의 수형자를 대상으로 하는 교육과정은 방송통신대학과정, 전문대학 위탁교육과정 및 외국어 교육과정이다(시행규칙 제110조 제2항).

정답 | ①

20

교정교육에 관한 다음 사례 중 현행 법령에 가장 부합하지 않는 것은?

① 소장이 학업태만을 이유로 교육대상자 A의 선발을 취소하였다.

② 소장이 교육대상자 B가 교육 효과를 거두지 못하였다고 판단하여 다시 교육을 실시하였다.

③ 소장이 교육대상자 C의 직업훈련을 면제하였다.

④ 소장이 중경비처우급 수형자 D를 방송통신대학과정의 교육대상자로 선발하였다.

해설 ④ 소장은 개방처우급·완화경비처우급·일반경비처우급 수형자가 방송통신대학 교육과정에 지원하여 합격한 경우에는 교육대상자로 선발할 수 있다(시행규칙 제111조 제2항).

① 시행규칙 제101조 제2항

② 동조 제4항

③ 시행규칙 제107조 제1항

정답 | ④

21

교정현장상담과 사회 내 상담에 관한 설명으로 옳지 않은 것은?

① 교정현장상담에서는 내담자 개인의 문제에 초점을 맞추어 진행되는 상담뿐만 아니라 관리자의 필요에 의한 호출상담도 빈번하게 이루어진다.

② 일반상담과는 달리 교정현장상담에서는 내담자의 복지를 최우선으로 고려해야 되는 것이 아니라 수용질서를 먼저 생각해야 하는 차이점이 있다.

③ 교정현장상담은 이미 내담자에 대한 정보를 가지고 상담이 이루어진다는 점에서 내담자에 대한 편견이나 선입견을 배제하기 어렵다.

④ 일반상담은 교정현장상담과는 달리 상담자의 지도력을 중심으로 하는 단회 또는 단기간의 상담형태가 주류를 이루고 있다.

해설 ④ 교정현장상담은 일반상담과는 달리 상담자의 지도력을 중심으로 하는 단회 또는 단기간의 상담형태가 많다.

정답 | ④

22

교정상담기법 중 교류분석기법에 관한 설명으로 옳지 않은 것은?

① 수용자들이 과거 부정적인 장면들을 지워버리고, 인생의 목표를 성취할 수 있다는 확신을 가지도록 유도하는 처우기법이다.

② 프로이드학파의 이론을 그 바탕으로 하고 있다.

③ 전문가만이 이해할 수 있고, 장기적이라는 것이 단점으로 지적되고 있다.

④ 스스로 변화를 추구할 의욕이 없는 사람에게는 그 효과를 기대하기 어렵다.

해설 교류분석기법은 미국의 정신과 의사인 에릭 번(Eric Berne)에 의해 주장된 것으로, 수용자에게 과거경험이 현재 행위에 미친 영향을 되돌아보게 함으로써 과거의 부정적인 장면을 지워버리고, 인생의 목표를 성취할 수 있다는 확신을 가지도록 유도하는 처우기법을 말한다.

③ 교류분석기법은 직접적이고 간단한 용어를 사용하므로 모든 사람들이 쉽게 이해할 수 있고, 단기적이라는 것이 장점이다.

정답 | ③

23

교정상담의 방법에 관한 설명 중 옳지 않은 것은?

① 교류분석은 미국의 정신과 의사인 에릭 번(Eric Bern)에 의하여 창시되었다.
② 정신분석기법은 프로이드의 정신분석학 개념을 활용하는 방법이다.
③ 지시적 상담이란 피상담자가 스스로 문제를 해결하도록 유도하는 것이다.
④ 현실요법은 수형자가 현실적인 행동에 책임성을 갖도록 교육시키는 방법이다.

해설 ③ 피상담자가 스스로 문제를 해결하도록 유도하는 것은 비지시적 상담이다.

정답 | ③

24

교정상담기법 중 현실요법에 관한 설명으로 옳지 않은 것은?

① 미국의 정신과 의사인 글레이저(W. Glaser)에 의해 시작되었다.
② 인간의 행위를 지나치게 단순화하고 있다는 단점이 있다.
③ 보호관찰과 연계되어 지속될 수 있다는 장점이 있다.
④ 의식적인 면보다는 무의식적인 면을 더 강조한다.

해설 현실요법이란 미국의 정신과 의사인 글레이저(W. Glaser)에 의해 창안된 심리치료법으로, 피상담자가 현실적인 행동에 책임성을 갖도록 교육시키는 방법을 말한다.
④ 현실요법에서는 무의식적인 면보다는 의식적인 면을 더 강조한다.

정답 | ④

25

교정상담기법 중 소크라테스의 문답법, 아리스토텔레스의 카타르시스와 가장 밀접한 관계를 가지는 것은?

① 심리극 ② 교류분석 ③ 내담자 상담 ④ 행동수정요법

해설 ① 심리극은 정신과 의사 모레노(J.L Moreno)에 의해 개발된 것으로, 수용자를 역할연기 상황에 놓이게 하여 타인과의 상호작용과 이해를 가르치는 교정상담기법을 말하는데, 이 기법은 소크라테스의 문답법과 아리스토텔레스의 카타르시스에서 힌트를 얻은 것으로 알려져 있다.

정답 | ①

26 ★

다음의 설명과 관련 있는 교정상담기법은? 교정7급 16

- 1950년대 에릭 번(Eric Berne)에 의하여 주장된 것으로 계약과 결정이라는 치료방식을 취한다.
- 상담자는 대체로 선생님의 역할을 하게 된다.
- 재소자로 하여금 자신의 과거 경험이 현재 행위에 미친 영향을 보도록 녹화테이프를 재생하듯이 되돌려 보게 한다. 이 과정을 통해 재소자가 과거에 대한 부정적인 장면들은 지워버리고 올바른 인생의 목표를 성취할 수 있다는 것을 확신하도록 도와준다.
- 자신의 문제를 검토할 의사가 전혀 없는 사람이나 사회병리적 문제가 있는 사람에게는 도움이 되지 않는다.

① 교류분석(transactional analysis)
② 현실요법(reality therapy)
③ 환경요법(milieu therapy)
④ 사회적 요법(social therapy)

해설 ① 교류분석 : 에릭 번(Eric Bern)에 의해 창안된 것으로, 보다 성숙한 자아발달을 유도하는 상담기법으로서 과거의 경험을 회상하게 하고, 반성하게 하며, 스스로 과거의 부정적인 장면을 삭제하게 하여 새로운 삶에 대한 확신을 주는 처우기법이다.

② 현실요법 : 글래저(Glasser)에 의해 주장된 것으로, 선택이론 또는 통제이론이라고도 하며, 갈등이나 문제상황의 내담자가 성공적인 정체성을 가지고, 자기 삶을 바람직한 방향으로 통제하며, 건강한 행동을 하도록 유도하는 상담기법이다. 인간의 존엄성과 잠재가능성의 믿음을 전제로 과거보다는 현재, 무의식적 경험보다는 의식적 경험을 중시한다.

③ 환경요법 : 모든 교정환경을 이용하여 수형자들 간의 상호작용 수정과 환경통제를 통해 개별수형자의 행동에 영향을 미치고자 하는 것으로, 1956년 맥스웰 존스(Maxwell Jones)의 요법처우공동체라는 개념에서 출발한 것이다. 환경요법에는 사회적 요법, 요법처우공동체, 긍정적 동료부분화 및 남녀공동교도소가 있다.

④ 사회적 요법 : 범죄를 범죄자 개인적 인격과 주변환경의 복합적 상호작용의 산물로 인식하고, 교도소 내의 친사회적 환경개발을 시도하는 처우기법이다. 심리 또는 행동 수정요법의 약점을 보완하기 위해 시도된 것으로, 건전한 사회적 지원유형의 개발에 노력한다.

정답 | ①

27

무의식적 동기를 의식화시켜 수형자를 치료하는 처우기법은?

① 정신분석(Psychoanalysis)
② 집중상담(Client-centered counseling)
③ 지시적 상담(Counseling)
④ 교류분석(Transactional Analysis)

해설 ① 정신분석기법은 무의식을 설명함으로써 범죄인의 행동에 미친 영향을 규명하는 교정상담기법으로, 특히 상담대상자가 유아기에 부모로부터 받은 영향을 분석하여 상담대상자의 행동원인을 파악할 수 있다는 장점이 있다.

정답 | ①

CHAPTER

04 교도작업과 직업훈련

01

교도작업에 대한 설명으로 옳지 않은 것은? 교정7급 21

① 교도작업은 일에 의한 훈련(training by work)과 일을 위한 훈련(training for work)으로 구분할 수 있는데 일에 의한 훈련은 직업기술을 터득하는 것이고 일을 위한 훈련은 근로습관을 들이는 것이다.

② 교도작업에 있어서 최소자격의 원칙(principle of less eligibility)은 일반사회의 최저임금 수준의 비범죄자에 비해서 훈련과 취업상 조건이 더 나빠야 한다는 것이다.

③ 계약노동제도(contract labor system)는 교도작업을 위한 장비와 재료를 제공하는 민간사업자에게 재소자의 노동력을 제공하는 것으로 열악한 작업환경과 노동력의 착취라는 비판이 있다.

④ 관사직영제도(public account system)는 교도소 자체가 기계장비를 갖추고 작업재료를 구입하여 재소자들의 노동력으로 제품을 생산하고 판매하는 것으로 민간분야로부터 공정경쟁에 어긋난다는 비판이 있다.

해설 ① 일에 의한 훈련이란, 수용자들이 일을 통해 근로습관을 들이도록 훈련하는 것으로, 규칙적인 작업으로써 계발된 근로습관은 지속될 수 있다고 보는 것이다. 반면, 일을 위한 훈련이란, 교도작업을 통해 수용자가 직업활동을 위한 일이나 기술을 익혀나가는 것을 말한다.

정답 | ①

02

다음 중 작업의 목적에 따른 분류로 볼 수 없는 것은?

① 생산작업
② 기능작업
③ 직업훈련
④ 관용작업

해설 ①·③·④ 작업의 목적에 따른 분류로는 생산작업, 직업훈련, 관용작업이 있고, 작업의 내용에 따른 분류로는 기능작업, 중노동작업, 경노동작업이 있다.

정답 | ②

03

교도작업에 대한 설명으로 옳지 않은 것으로만 묶인 것은? 교정7급 11

> ㉠ 교도작업은 교정시설의 수용자에게 부과하는 노역으로 징역형의 징역, 금고형의 청원작업, 개인작업이 이에 해당한다.
> ㉡ 외부통근작업 대상자의 선정기준 등에 관하여 필요한 사항은 법무부령으로 정한다.
> ㉢ 교도작업의 민간기업의 참여절차, 작업종류, 작업운영에 필요한 사항은 지방교정청장이 정한다.
> ㉣ 교도작업으로 인한 작업수익금은 교도작업의 운영경비로 지출할 수 있다.

① ㉠, ㉢ ② ㉠, ㉣ ③ ㉡, ㉢ ④ ㉡, ㉣

해설 [×] ㉠ 교도작업은 본래 징역복무의무가 있는 징역형 수형자만을 대상으로 실시하는 강제작업이나, 현행법상 금고형 수형자, 구류형 수형자 및 미결수용자도 신청이 있는 경우에는 작업을 부과할 수 있다. 개인작업은 강제적 성격을 지니지 않으므로 교도작업에 해당하지 않는다.

㉢ 교도작업의 민간기업의 참여절차가, 민간참여작업의 종류, 그 밖에 민간참여작업의 운영에 필요한 사항은 「형의 집행 및 수용자의 처우에 관한 법률」 제68조 제1항의 사항을 고려하여 법무부장관이 정한다(교도작업의 운영 및 특별회계에 관한 법률 제6조 제3항).

[○] ㉡ 법 제68조 제2항

㉣ 교도작업은 작업수익으로 운영경비를 충당함으로써 국민의 부담을 경감시킨다는 경제적 의미를 가지는데, 이와 같이 교도작업을 통해 교정시설의 운영경비를 충당하는 것을 자급자족의 원칙이라 한다.

정답 | ①

04

교도작업에 대한 설명으로 옳지 않은 것은? 교정9급 11

① 수형자에게 부과되는 작업은 건전한 사회복귀를 위해 기술을 습득하고 근로의욕을 고취하는데 적합해야 한다.
② 소장은 금고형 또는 구류형의 집행 중에 있는 사람이 작업을 신청한 경우 작업을 부과할 수 있다.
③ 소장은 수형자가 개방처우급 또는 완화경비처우급으로서 작업기술이 탁월하고 우수한 경우 수형자 자신의 작업을 하게 할 수 있다.
④ 소장은 수형자의 신청에 따라 집중적인 근로가 필요한 작업을 부과하는 경우에도 접견·전화통화·교육·공동행사 참가 등의 처우는 제한할 수 없다.

해설 ④ 시장은 수형자의 신청에 따라 작업, 직업능력개발훈련, 그 밖에 집중적인 근로가 필요한 작업을 부과하는 경우에는 접견·전화통화·교육·공동행사참가 등의 처우를 제한할 수 있다(법 제70조 제1항).
① 법 제65조 제1항
② 법 제67조
③ 시행규칙 제95조 제1항

정답 | ④

05 ★

교도작업에 관한 다음 설명 중 옳지 않은 것을 모두 고르면? 교정9급 13

> ㉠ 작업장려금은 석방할 때에 본인에게 지급한다. 다만 본인의 가족생활 부조, 교화 또는 건전한 사회복귀를 위하여 특히 필요하면 석방 전이라도 그 전부 또는 일부를 지급할 수 있다.
> ㉡ 수형자 중 부모, 배우자, 자녀 또는 형제자매의 사망통지를 받은 자는 2일간 작업을 면제한다. 수형자가 작업을 계속하기를 원하는 경우에도 허용하지 아니한다.
> ㉢ 개방처우급 수형자로서 작업기술이 탁월하고 작업성적이 우수한 자에 대해 작업시간 외에 1일 3시간 이내의 범위에서 허가되는 개인작업도 교도작업의 하나이다.
> ㉣ 교도작업의 부정적 측면으로는 교정에서의 재정적·경제적 부담을 증가시킨다는 점을 들 수 있다.
> ㉤ 공휴일·토요일과 대통령령으로 정하는 휴일에는 작업을 부과하지 아니하는 것이 원칙이다.

① ㉠, ㉡, ㉣ ② ㉠, ㉢, ㉤ ③ ㉡, ㉢, ㉣ ④ ㉡, ㉢, ㉤

해설 [×] ㉡ 소장은 수형자의 가족 또는 배우자의 직계존속이 사망하면 2일간, 부모 또는 배우자의 제삿날에는 1일간 해당 수형자의 작업을 면제한다. 다만 수형자가 작업을 계속하기를 원하는 경우는 예외로 한다(법 제72조 제1항).

㉢ 소장은 수형자가 개방처우급 또는 완화처우급으로서 작업기술이 탁월하고 작업성적이 우수한 경우에는 수형자 자신을 위한 개인작업을 하게 할 수 있다. 이 경우 개인작업시간은 교도작업에 지장을 주지 아니하는 범위에서 1일 2시간 이내로 한다(시행규칙 제95조 제1항). 개인작업에 관한 지문의 내용도 옳지 않지만 개인작업은 교도작업으로 보지 않는다.

㉣ 교도작업은 작업으로 생성된 수익을 국고에 귀속시켜 행형의 재정적·경제적 비용으로 충당할 수 있다는 점에서 긍정적 측면으로 평가할 수 있다.

[○] ㉠ 법 제73조 제3항

법 제71조(작업시간 등)

① 1일의 작업시간(휴식·운동·식사·접견 등 실제 작업을 실시하지 않는 시간을 제외한다)은 8시간을 초과할 수 없다.
② 취사·청소·간병 등 교정시설의 운영과 관리에 필요한 작업의 1일 작업시간은 12시간 이내로 한다.
③ 1주의 작업시간은 52시간을 초과할 수 없다. 다만, 수형자가 신청하는 경우에는 1주의 작업시간을 8시간 이내의 범위에서 연장할 수 있다.
④ 19세 미만 수형자의 작업시간은 1일에 8시간을, 1주에 40시간을 초과할 수 없다.
⑤ 공휴일·토요일과 대통령령으로 정하는 휴일에는 작업을 부과하지 아니한다. 다만, 다음 각 호의 어느 하나에 해당하는 경우에는 작업을 부과할 수 있다.
1. 교정시설의 운영과 관리에 필요한 작업을 하는 경우
2. 작업장의 운영을 위하여 불가피한 경우
3. 공공의 안전이나 공공의 이익을 위하여 긴급히 필요한 경우
4. 수형자가 신청하는 경우

정답 | ③

06

「형의 집행 및 수용자의 처우에 관한 법률」상 수형자에 대한 휴일의 작업부과 사유로 옳지 않은 것은?

교정7급 23

① 취사·청소·간병 등 교정시설의 운영과 관리에 필요한 작업을 하는 경우
② 작업장의 운영을 위하여 불가피한 경우
③ 공공의 안전이나 공공의 이익을 위하여 긴급히 필요한 경우
④ 교도관이 신청하는 경우

해설 교도관이 아닌 수형자가 신청하는 경우이다(형집행법 제71조 제5항).

법 제71조(작업시간 등)

① 1일의 작업시간(휴식·운동·식사·접견 등 실제 작업을 실시하지 않는 시간을 제외한다)은 8시간을 초과할 수 없다.
② 제1항에도 불구하고 취사·청소·간병 등 교정시설의 운영과 관리에 필요한 작업의 1일 작업시간은 12시간 이내로 한다.
③ 1주의 작업시간은 52시간을 초과할 수 없다. 다만, 수형자가 신청하는 경우에는 1주의 작업시간을 8시간 이내의 범위에서 연장할 수 있다.
④ 제2항 및 제3항에도 불구하고 19세 미만 수형자의 작업시간은 1일에 8시간을, 1주에 40시간을 초과할 수 없다.
⑤ 공휴일·토요일과 대통령령으로 정하는 휴일에는 작업을 부과하지 아니한다. 다만, 다음 각 호의 어느 하나에 해당하는 경우에는 작업을 부과할 수 있다.
1. 제2항에 따른 교정시설의 운영과 관리에 필요한 작업을 하는 경우
2. 작업장의 운영을 위하여 불가피한 경우
3. 공공의 안전이나 공공의 이익을 위하여 긴급히 필요한 경우
4. 수형자가 신청하는 경우

정답 | ④

07

교도작업에 대한 설명으로 옳은 것은? 5급승진 15

① 수형자는 자신에게 부과된 교도작업을 수행할 의무가 있지만, 그 밖의 노역 여부는 선택할 수 있다.
② 금고형 수형자에게도 신청에 따라 교도작업을 부과할 수 있으나, 단기 자유형에 해당하는 구류형 수형자에게는 교도작업을 부과할 수 없다.
③ 미결수용자의 경우에도 그의 신청에 따라 집중적인 근로가 필요한 작업을 부과하는 경우에는 접견이나 전화통화 등의 처우를 제한할 수 있다.
④ 19세 미만 수형자의 작업시간은 1일에 6시간을, 1주에 40시간을 초과할 수 없다.
⑤ 소장은 수형자 및 그 배우자의 부모 또는 배우자의 제삿날에는 1일간 해당 수형자의 작업을 면제한다.

해설 ③ 법 제70조 제1항
① 교도작업은 형법 제67조(징역은 교정시설에 수용하여 집행하며, 정해진 노역에 복무하게 한다)와 형집행법 제66조(수형자는 자신에게 부과된 작업과 그 밖의 노역을 수행하여야 할 의무가 있다)에 따른 의무적 작업이므로 해당 지문의 앞부분은 옳은 표현이나, "그 밖의 노역 여부는 선택할 수 있다"는 표현은 관계규정 어디에도 근거가 없으므로 옳은 표현이라 볼 수 없다. 한편, 이를 개인작업으로 해석하더라도 개인작업은 수형자가 선택할 수 있는 사항이 아니라 소장의 허가사항이므로, 역시 옳은 표현이라 볼 수 없다.
② 소장은 금고형 또는 구류형의 집행 중에 있는 사람에 대하여는 신청에 따라 작업을 부과할 수 있다(법 제67조).
④ 19세 미만 수형자의 작업시간은 1일에 8시간을, 1주에 40시간을 초과할 수 없다(법 제71조 제4항).
⑤ 소장은 수형자의 가족 또는 배우자의 직계존속이 사망하면 2일간, 부모 또는 배우자의 제삿날에는 1일간 해당 수형자의 작업을 면제한다. 다만, 수형자가 작업을 계속하기를 원하는 경우는 예외로 한다(법 제72조 제1항).

정답 | ③

08

현행법상 경영방식에 따른 교도작업의 종류가 아닌 것은?

① 직영작업 ② 기능작업 ③ 노무작업 ④ 위탁작업

해설 ② 기능작업은 작업내용에 따른 분류 중 하나이다. 교도작업의 종류를 요약정리하면 다음과 같다.

구분	교도작업의 종류
작업의 성질에 따른 분류	일반작업, 신청에 의한 작업
경영방식에 따른 분류	직영작업(관사작업), 위탁작업(단가작업), 노무작업(임대작업), 도급작업
작업내용에 따른 분류	기능작업, 중노동작업, 경노동작업
작업의 목적에 따른 분류	생산작업, 직업훈련, 관용작업

정답 | ②

09 ★

직영작업에 대한 설명이다. 맞지 않는 것은?

① 직업훈련에 용이하다.
② 형벌의 통일에 용이하다.
③ 제품생산에 많은 비용이 소요된다.
④ 사인의 관여를 차단하기 어렵다.

해설 ④ 직영작업은 교정시설에서 일체의 시설, 장비, 재료, 노무 및 경비 등을 부담하여 직접 물건의 생산 및 판매하는 작업방식이므로, 사인의 관여를 차단할 수 있다.

➤ 직영작업의 장단점

장점	단점
• 형벌집행의 통일과 작업통제에 용이 • 적성에 맞는 작업부과 가능 • 사인의 관여를 차단할 수 있고, 규율유지에 용이 • 경제변동에 영향받지 않고, 이윤독점 가능 • 작업종목 선택이 자유롭고, 직업훈련에 용이 • 국가세입의 증대와 자급자족이 가능	• 제품생산에 많은 비용이 소요 • 생산에서 판매까지 사무가 번잡 • 시장개척이나 판로의 어려움으로 일반기업과의 경쟁에서 불리 • 교도관의 전문지식 결여로 최적의 경영성과를 거두기 곤란 • 각종 법규나 복무규정 등으로 적시에 재료수급이나 제품판매 곤란 • 저렴한 가격으로 대량공급될 경우 민간기업을 압박할 수 있음

정답 | ④

10

노무작업과 도급작업에 대한 설명으로 옳은 것은? 교정9급 22

① 노무작업은 경기변동에 큰 영향을 받지 않으며 제품판로에 대한 부담이 없다.
② 노무작업은 설비투자 없이 시행이 가능하며 행형상 통일성을 기하기에 유리하다.
③ 도급작업은 불취업자 해소에 유리하고 작업수준에 맞는 기술자 확보가 용이하다.
④ 도급작업은 구외작업으로 인한 계호부담이 크지만 민간기업을 압박할 가능성이 없다.

해설 ① 노무작업은 인력만 제공하고 그 노동의 대가로서 임금을 지급받는 방식이므로, 경기변동에 큰 영향을 받지 않으며, 제품판로에 대한 부담이 없다.
② 노무작업은 노무를 제공받는 당사자가 직접 인력을 통제(공사현장)하므로, 교정기관에서와 같은 통제력을 행사할 수 없어 행형상 통일성을 기하기 어렵다.
③ 도급작업은 일반적으로 대형공사(도로나 다리축조)를 기업체가 교도소에 의뢰하여 실시하는 작업이므로, 다수의 불취업자 해소에 유리하다. 다만, 교도소는 해당 작업의 전문기관이 아니므로, 작업수준에 맞는 전문기술자를 확보하기가 어렵다.
④ 공사를 민간기업에 맡기지 않고 교도소에 맡기는 도급계약이 많아지면, 공사업체인 민간기업의 경영을 압박할 수 있다.

정답 | ①

11

다음은 위탁작업에 대한 설명이다. 위탁작업의 장점을 모두 고른 것은? 9급특채 10

> ㉠ 설비와 자재를 업자가 제공하므로 이를 구입할 필요가 없고, 사무가 단순하다
> ㉡ 적은 비용으로 할 수 있고, 경기변동에 직접적인 영향을 받지 않으므로 위험이 적다.
> ㉢ 수형자의 적성에 맞는 작업을 부여할 수 있다.
> ㉣ 국고수입 증대 및 자급자족효과가 있다.
> ㉤ 다수의 취업이 가능하고, 교정의 통일성을 유지할 수 있다.
> ㉥ 판매와 관계없이 납품만 하면 되므로 제품처리에 문제가 없다.
> ㉦ 수형자와 교도관 간에 인간적인 신뢰로 인한 반사회성 교정 및 갱생의욕을 고취할 수 있다.

① ㉠, ㉡, ㉢, ㉥ ② ㉠, ㉡, ㉤, ㉥ ③ ㉡, ㉢, ㉤, ㉦ ④ ㉠, ㉣, ㉥, ㉦

해설 ㉢·㉣은 직영작업의 장점에 해당하고, ㉦은 도급작업의 장점에 해당한다.

➤ 위탁작업의 장단점

장점	단점
• 설비자금, 원자재의 구입자금 등이 불필요 • 경기에 좌우되지 않고, 사무가 간편 • 직영작업이나 노무작업에 비해 민간기업 압박이 덜함 • 적은 비용으로 다수의 인원 취업 가능 • 제품의 판로에 대한 부담이 없음 • 작업의 통일성 유지 가능	• 수형자의 기술습득에 적합한 작업을 선택하기 곤란 • 위탁자의 사정에 따라 작업의 종류가 좌우 • 업종이 다양하지 못하여 직업훈련에 부적합 • 경제적 이윤이 적음 • 위탁업자의 빈번한 교정시설 출입에 따라 금지물품 반입이나 작업수용자와의 부정한 거래 등 보안상 문제가 발생될 소지 있음

정답 | ②

12

다음은 어떤 교도작업의 특성에 대한 설명인가? 9급경채 13

> ㉠ 기계의 설비자금과 원자재의 구입자금 등이 필요하지 않다.
> ㉡ 적은 비용으로 다수의 인원을 취업시킬 수 있다.
> ㉢ 판매와 관계없이 생산하여 납품만 하면 되기 때문에 제품처리에 문제가 없다.

① 직영작업 ② 도급작업
③ 노무작업 ④ 위탁작업

해설 ④ 위탁작업이란 외부의 개인 또는 기업체 등 위탁자로부터 작업에 사용할 각종 설비 및 재료의 전부 또는 일부를 제공받아 물건을 생산·가공 또는 수선하여 위탁자에게 교부하고, 그 대가를 받는 작업방식을 말하는데, 주어진 설문은 위탁작업의 특성에 해당한다.

정답 | ④

13 ★

다음 교도작업의 특징을 유형별로 바르게 묶은 것은? 교정7급 12

> ㉠ 작업에 대한 통제가 용이하다.
> ㉡ 취업비가 필요 없고 자본이 없이도 가능하다.
> ㉢ 판매와 관계없이 납품만 하면 되기 때문에 제품처리에 문제가 없다.
> ㉣ 작업의 대형성으로 높은 수익을 가능하게 한다.
> ㉤ 업종이 다양하지 못하여 직업훈련에 부적합하다.
> ㉥ 경기변동에 큰 영향을 받지 않는다.
> ㉦ 관계법규의 제약으로 적절한 시기에 기계, 기구, 원자재 구입이 곤란하다.
> ㉧ 엄격한 규율을 유지하며 작업이 가능하다.
> ㉨ 전문지식과 경험부족으로 큰 손실을 입을 수 있다.
> ㉩ 다수의 인원을 취업시킬 수 있어 미취업자를 해소할 수 있고 작업의 통일성을 유지할 수 있다.

① 직영작업 – ㉠, ㉣, ㉧
② 노무작업 – ㉡, ㉥, ㉨
③ 위탁작업 – ㉢, ㉤, ㉩
④ 위탁작업 – ㉣, ㉦, ㉨

해설 ㉢·㉤·㉩은 위탁작업의 특징을 나열한 것이다.

정답 | ③

14

노무작업에 관한 설명으로 옳지 않은 것은?

① 초기투자비용이 없이도 수익을 거둘 수 있다.
② 외부의 작업관여가 다른 작업에 비해 적은 편이다.
③ 작업의 통일성을 기하기 어렵다.
④ 물적 자본이 없이도 가능하다.

해설 ② 노무작업은 재료·기술·경비를 외부의 개인 또는 단체 등이 부담하는 대신 수형자에 대한 통제권을 행사할 수 있어 다른 경영방식에 비해 외부의 작업관여가 많은 편이다.

➤ 노무작업의 장단점

장점	단점
• 초기 투자비용 없이도 일정한 수익을 거둘 수 있음 • 경기변동에 영향이 없어 손실에 대한 부담이 없음 • 노무만을 제공하면 되므로 물적 자본 없이도 가능 • 제품의 판로에 대한 부담이 없음	• 작업의 통일성을 기하기 어려움 • 단순노동인 경우 기술습득 및 직업훈련에 부적합 • 작업운영에 외부의 관여가 심함

정답 | ②

15

교도작업 중 도급작업에 대한 설명으로 옳은 것은? 교정7급 17

① 교도소 운영에 필요한 취사, 청소, 간호 등 대가 없이 행하는 작업이다.
② 일정한 공사의 완성을 약정하고 그 결과에 따라 약정금액을 지급받는 작업이다.
③ 사회 내의 사업주인 위탁자로부터 작업에 사용할 시설, 기계, 재료의 전부 또는 일부를 제공받아 물건 및 자재를 생산, 가공, 수선하여 위탁자에게 제공하고 그 대가를 받는 작업이다.
④ 교도소에서 일체의 시설, 기계, 재료, 노무 및 경비 등을 부담하여 물건 및 자재를 생산·판매하는 작업으로서 수형자의 기술습득 면에서는 유리하지만 제품의 판매가 부진할 경우 문제가 된다.

해설 ② 도급작업에 대한 설명이다.
① 교도작업의 목적에 따른 분류 중 운영지원작업(이발·취사·간병, 그 밖에 교정시설의 시설운영과 관리에 필요한 작업)에 대한 설명이다(시행규칙 제5조 제10호).
③ 위탁(단가)작업에 대한 설명이다.
④ 직영(관사)작업에 대한 설명이다.

정답 | ②

16

도급작업에 관한 설명으로 옳지 않은 것은?

① 우리나라에서는 1980년대를 기점으로 다른 경영방식에 비해 많이 시행하고 있다.
② 수형자의 전문기술 습득에 유리하다.
③ 계호상 많은 부담이 따른다.
④ 불취업자 해소에 유리하다.

해설 ① 도급작업은 외부의 사인이나 단체와 계약을 통해 교정당국이 재료·비용·노동력 등을 일체 관장하고, 일정한 공사를 완성한 후 약정금액을 지급받는 작업방식으로, 과거 1950년대와 1960년대에 다소 시행한 바 있으나, 최근에는 거의 시행하지 않고 있다.

➤ **도급작업의 장단점**

장점	단점
• 대형작업인 경우가 많으므로 높은 수익이 보장 • 대규모 작업으로 불취업자 해소에 유리 • 전문기술 습득이 용이 • 수형자와 교도관 간의 인간적인 신뢰로 반사회성 교정 및 갱생의욕 고취	• 구외작업인 경우가 많아 계호상 부담이 큼 • 사업이 대규모인 경우가 많아 실패하면 손실이 막대 • 작업의 전 공정에 적합한 전문기술자 확보 곤란

정답 | ①

17

교도작업에 대한 설명으로 옳은 것을 모두 고른 것은? 교정9급 12

> ㉠ 직영작업은 수형자의 적성에 적합하도록 작업을 부과할 수 있다.
> ㉡ 위탁작업은 업종이 다양하여 직업훈련에 적합하다.
> ㉢ 노무작업은 사인의 간섭과 외부 부정의 개입가능성이 없다.
> ㉣ 도급작업은 대부분 구외방식이므로 계호상의 어려움이 있다.

① ㉠, ㉢ ② ㉡, ㉢ ③ ㉠, ㉣ ④ ㉢, ㉣

해설 [O] ㉠ 직영작업은 교정시설에서 일체의 시설, 장비, 재료, 노무 및 경비 등을 부담하여 직접 물건을 생산 및 판매하는 작업방식이므로, 수형자의 적성에 적합한 작업을 취사선택할 수 있다.
㉣ 도급작업은 성격상 대형인 경우가 많고(예 : 도로건설) 대부분 구외작업이므로, 계호상의 어려움이 있다는 표현은 옳다.
[×] ㉡ 위탁작업은 위탁자의 사정에 따라 작업의 종류가 좌우될 수 있고, 업종이 다양하지 못하여 직업훈련에 부적합하다.
㉢ 노무작업은 교도작업에 필요한 모든 재료·기술·경비를 외부 민간단체가 부담하므로 사인이 수형자에 대한 통제권을 행사할 수 있고, 사인의 작업관여가 많으며, 외부 부정의 개입가능성이 있다는 단점이 있다.

정답 | ③

18

교도작업의 경영방법 중 직영작업의 장점만을 모두 고른 것은? 교정9급 16

> ㉠ 교도소가 이윤을 독점할 수 있다.
> ㉡ 교도소가 작업에 대한 통제를 용이하게 할 수 있다.
> ㉢ 교도소가 자유로이 작업종목을 선택할 수 있으므로 직업훈련이 용이하다.
> ㉣ 민간시장의 가격경쟁원리를 해치지 않는다.
> ㉤ 제품의 판매와 상관없이 생산만 하면 되므로 불경기가 문제되지 않는다.

① ㉠, ㉡, ㉢ ② ㉠, ㉡, ㉤
③ ㉡, ㉢, ㉣ ④ ㉢, ㉣, ㉤

해설 ㉣ 민간시장의 가격경쟁원리를 해친다.
㉤ 위탁작업의 장점에 해당한다.

정답 | ①

19

수형자에 대한 교도작업 부과의 목적이 될 수 없는 것은?

① 정치적 효과의 사회방위 및 질서유지
② 행정적 효과의 수용질서 유지
③ 윤리적 효과의 근로정신 함양
④ 경제적 효과의 민간경제 활성화

해설 ④ 교도작업으로 생산한 제품은 생산원가가 낮아 그 가격이 민간생산제품에 비해 저렴하므로, 대량으로 시장에 공급될 경우에는 유사제품을 생산하는 민간기업을 압박하여 민간경제 활성화에 역행할 수 있다.

➤ 교도작업의 목적 요약정리

윤리적 목적	노동혐오감을 극복하고, 건전한 노동습관을 가지도록 하며, 근로정신을 함양
경제적 목적	수익을 국고로 귀속시켜 교정행정의 재정적·경제적 비용으로 충당
행정적 목적	교정시설의 질서를 유지하게 하여 수형자의 부패·타락을 방지
사회교육적 목적	수형자의 생활지도 및 직업지도에 유용
행형적(처벌적) 목적	교도작업은 강제로 부과되고, 이행의무를 부여한다는 점에서 처벌적 성격을 가지며, 잠재적 범죄인을 위하하는 일반예방 목적에 기여

정답 | ④

20

구외작업에 관한 설명으로 옳지 않은 것은?

① 영국이 식민지 개발을 위한 공공작업 촉진사업의 일환으로 시작하였다.
② 미결수용자에게는 구외작업을 실시할 수 없다.
③ 행형비용 면에서 구내작업보다 경제적이다.
④ 혼거제의 폐해를 최소화할 수 있다.

해설 ④ 구외작업은 성격상 다수의 수형자가 공동으로 하는 작업이 대부분이므로 혼거제의 폐해가 초래될 수 있다.
② 시행령 제103조 제1항

➤ 구외작업의 장단점

장점	단점
• 취업자의 교정과 재활에 유리하며, 사회교육적 차원에서 효과적 • 단기수형자에게는 사회복귀를 촉진, 장기수형자에게는 정신적·신체적 장애를 제거 • 경제적인 면에서 수형자에게 유리 • 중간처우의 방법으로 활용될 수 있으며, 비용 면에서 구내작업보다 경제적	• 다수의 수형자가 함께하는 작업이 대부분이므로 혼거제의 폐해가 초래될 수 있음 • 계호부담의 가중 • 경비인력의 낭비 • 작업자와 계호자 사이에 정실이 개입되면 교화개선의 효과를 거두기 곤란

정답 | ④

21 ★

「형의 집행 및 수용자의 처우에 관한 법률 시행규칙」상 수형자의 외부통근작업에 대한 설명으로 옳은 것은?

교정7급 19

① 외부통근자는 개방처우급·완화경비처우급에 해당하고, 연령은 18세 이상 60세 미만이어야 한다.

② 소장은 외부통근자가 법령에 위반되는 행위를 하거나 법무부장관 또는 소장이 정하는 준수사항(지켜야 할 사항)을 위반한 경우에는 외부통근자 선정을 취소하여야 한다.

③ 소장은 외부통근자로 선정된 수형자에 대하여는 자치활동·행동수칙·안전수칙·작업기술 및 현장적응훈련에 대한 교육을 하여야 한다.

④ 소장은 외부통근자의 사회적응능력을 기르고 원활한 사회복귀를 촉진하기 위하여 필요하다고 인정하는 경우에는 수형자 자치에 의한 활동을 허가하여야 한다.

해설 ① 외부통근자는 개방처우급·완화경비처우급에 해당하고, 연령은 18세 이상 65세 미만이어야 한다(시행규칙 제120조 제1항 참조).

② 소장은 외부통근자가 법령에 위반되는 행위를 하거나 법무부장관 또는 소장이 정하는 지켜야 할 사항을 위반한 경우에는 외부통근자 선정을 취소할 수 있다(시행규칙 제121조).

④ 소장은 외부통근자의 사회적응능력을 기르고 원활한 사회복귀를 촉진하기 위하여 필요하다고 인정하는 경우에는 수형자자치에 의한 활동을 허가할 수 있다(시행규칙 제123조).

정답 | ③

22

형의 집행 및 수용자의 처우에 관한 법령상 수형자 외부통근작업에 대한 설명으로 옳지 않은 것은?

교정9급 22

① 소장은 외부통근자에게 수형자 자치에 의한 활동을 허가할 수 있다.

② 소장은 수형자의 건전한 사회복귀와 기술습득을 촉진하기 위하여 필요하면 수형자에게 외부통근작업을 하게 할 수 있다.

③ 소장은 외부통근자가 법령에 위반되는 행위를 하거나 법무부장관 또는 소장이 정하는 지켜야 할 사항을 위반한 경우에는 외부통근자 선정을 취소할 수 있다.

④ 소장은 일반경비처우급에 해당하는 수형자를 외부기업체에 통근하며 작업하는 대상자로 선정할 수 없다.

해설 ④ 소장은 작업부과 또는 교화를 위하여 특히 필요하다고 인정하는 경우에는 제1항(외부통근작업 대상자 선정기준) 및 제2항(개방지역작업 대상자 선정기준)의 수형자 외의 수형자에 대하여도 외부통근자로 선정할 수 있다(시행규칙 제120조 제3항).

① 시행규칙 제123조

② 법 제68조 제1항

③ 시행규칙 제121조

정답 | ④

23

「형의 집행 및 수용자의 처우에 관한 법률 시행규칙」상 교정시설 안에 설치된 외부기업체의 작업장에 통근하며 작업하는 수형자가 갖추어야 할 요건들에 해당하지 않는 것은? 교정9급 17

① 18세 이상 65세 미만일 것
② 해당 작업수행에 건강상 장애가 없을 것
③ 개방처우급·완화경비처우급·일반경비처우급에 해당할 것
④ 집행할 형기가 7년 미만이거나 형기기산일로부터 7년 이상 지났을 것

해설 ④ 교정시설 안에 설치된 외부기업체의 작업장에 통근하며 작업하는 수형자는 제1항 제1호부터 제4호까지의 요건(같은 항 제3호의 요건의 경우에는 일반경비처우급에 해당하는 수형자도 포함한다)을 갖춘 수형자로서 집행할 형기가 10년 미만이거나 형기기산일부터 10년 이상이 지난 수형자 중에서 선정한다(시행규칙 제120조 제2항).

정답 | ④

24

현행 법령상 위로금 및 조위금에 관한 설명으로 옳은 것은?

① 위로금 또는 조위금을 지급받을 사람이 국가로부터 동일한 사유로 민법이나 그 밖의 법령에 따라 위로금 또는 조위금에 상당하는 금액을 지급받은 경우에는 그 금액을 위로금 또는 조위금으로 지급하지 않을 수 있다.
② 위로금 또는 조위금을 지급받을 권리는 다른 사람 또는 법인에게 양도하거나 담보로 제공할 수 있으나, 다른 사람 또는 법인은 이를 압류할 수 없다.
③ 위로금은 본인에게 지급하고(지급 사유가 발생하면 언제든지 지급 가능), 조위금은 상속인에게 지급한다.
④ 조위금 또는 위로금을 지급한 때에는 법무부장관에게 이를 지체 없이 보고하여야 한다.

해설 ③ 법 제76조 제2항
① 지급하지 않을 수 있다. → 지급하지 아니한다(법 제75조).
② 위로금 또는 조위금을 지급받을 권리는 다른 사람 또는 법인에게 양도하거나 담보로 제공할 수 없으며, 다른 사람 또는 법인은 이를 압류할 수 없다(법 제76조 제1항).
④ 소장은 위로금 또는 조위금을 지급할 사실이 발생하였을 때에는 20일 이내에 각 지급신청서를 법무부장관에게 제출하여야 한다.

정답 | ③

25

수형자의 작업에 관한 설명 중 옳지 않은 것은?

① 휴일이라도 취사·청소·간병 등 교정시설의 운영과 관리에 필요한 작업은 부과할 수 있다.
② 작업장려금은 원칙적으로 본인에게 지급한다.
③ 형집행법 제76조에서 "그 밖의 휴일"이란 12월 31일, 「각종 기념일 등에 관한 규정」에 따른 교정의 날 및 소장이 특히 지정하는 날을 말한다.
④ 소장은 교도관에게 매월 수형자의 작업실적을 확인하게 하여야 한다.

해설 ④ 소장은 교도관에게 매일 수형자의 작업실적을 확인하게 하여야 한다(시행령 제92조).
① 법 제71조
② 법 제73 제3항
③ 시행령 제96조

정답 | ④

26

형의 집행 및 수용자의 처우에 관한 법령상 작업장려금에 대한 설명으로 옳지 않은 것은?

교정7급 18

① 작업수입은 국고수입으로 한다.
② 작업장려금은 매월 현금으로 본인에게 직접 지급한다.
③ 징벌로 3개월 이내의 작업장려금 삭감을 할 수 있다.
④ 소장은 수형자의 가석방 적격심사 신청을 위하여 작업장려금 및 작업상태를 사전에 조사하여야 한다.

해설 ② 작업장려금은 석방할 때에 본인에게 지급한다. 다만, 본인의 가족생활 부조, 교화 또는 건전한 사회복귀를 위하여 특히 필요하면 석방 전이라도 그 전부 또는 일부를 지급할 수 있다(법 제73조 제3항).
① 동조 제1항
③ 법 제108조 제3호
④ 시행규칙 제246조 제1호 사목

정답 | ②

27

작업장려금에 관한 설명으로 가장 거리가 먼 것은?

① 수형자의 근로의욕을 고취하고, 건전한 사회복귀를 지원하기 위하여 수형자에게 지급하는 금전을 말한다.

② 작업장려금은 수용자가 석방될 때 현금으로 본인에게 지급하는 것이 원칙이다.

③ 소장은 수형자가 자기작업용구를 구입하고자 할 때 석방 전이라도 본인의 신청에 의하여 작업장려금을 지급할 수 있다.

④ 작업장려금은 석방할 때에 본인에게 지급함이 원칙이나, 본인의 가족생활 부조, 교화 또는 건전한 사회복귀를 위하여 특히 필요하면 석방 전이라도 1/2 이내의 범위에서 지급할 수 있다.

해설 ④ 작업장려금은 석방할 때에 본인에게 지급함을 원칙으로 하나, 본인의 가족생활 부조, 교화 또는 건전한 사회복귀를 위하여 특히 필요하면 석방 전이라도 그 전부 또는 일부를 지급할 수 있다(법 제73조 제3항 참조).

② 교도작업특별회계 운영지침 제94조 제1항

③ 동조 제3항 제2호

정답 | ④

28

다음 중 작업장려금의 성격이 아닌 것은?

① 미결수용자도 작업장려금을 지급할 수 있다.

② 작업장려금은 석방할 때에 본인에게 지급한다.

③ 석방 전이라도 작업장려금을 지급할 수 있다.

④ 노동에 대한 사법적 대가로 볼 수 있다.

해설 ④ 작업장려금은 작업에 대한 사법적 대가가 아닌 작업장려를 위한 공법적·정책적 급부라는 점, 징역형수형자는 형법상 정역복무의무를 가지고, 수형자는 형집행법상 작업의무를 가지므로 청구권이 인정되지 않는다는 점, 형집행법상 작업수입은 국고수입으로 한다는 점 등을 고려할 때 임금적 성격이 아니라, 은혜적 급부의 성격을 가진다.

정답 | ④

29

작업임금제에 관한 설명으로 옳지 않은 것은 모두 몇 개인가?

> ㉠ 1884년 독일의 발베르크(Wahlberg)가 최초 주장하였다.
> ㉡ 「UN 피구금자처우 최저기준규칙」은 작업임금제를 부인하고 있다.
> ㉢ 현행 법령상 개인작업으로 인한 수익금은 작업임금과 유사한 기능을 가진다.
> ㉣ 우리나라 학설의 일반적인 견해는 작업임금제의 도입에 긍정적이다.

① 1개　　② 2개
③ 3개　　④ 4개

해설 [×] ㉡ 「UN 피구금자처우 최저기준규칙」 제76조 제1항은 "수형자의 작업에 대해서는 그에 적절한 보수제도가 있어야 한다"고 규정하여 작업임금제를 긍정하고 있다.
[○] ㉠·㉢·㉣

정답 | ①

30

교도작업임금제에 대하여 일반적으로 제기되는 반대론의 근거로 옳지 않은 것은? 교정7급 13

① 수용자의 자긍심을 낮춰 교화개선에 장애를 초래할 우려가 있다.
② 사회정의나 일반시민의 법감정에 위배될 소지가 있다.
③ 임금지급을 위한 추가적 예산배정은 교정경비의 과다한 증가를 초래할 수 있다.
④ 형벌집행과정에서 임금이 지급된다면 형벌의 억제효과를 감퇴시킬 우려가 있다.

해설 ① 교도작업임금제는 근로의욕 및 자긍심을 고취시켜 제품의 질을 향상시키고, 교화개선에 긍정적인 효과를 거둘 수 있다. 따라서 수용자의 자긍심을 낮춰 교화개선에 장애를 초래할 우려가 있다는 표현은 반대론의 근거로서 적절하지 않다.

➤ 교도작업임금제의 찬성론과 반대론 요약비교

찬성론	반대론
• 근로의욕 고취로 작업수입 증대에 유리 • 근로를 국민의 권리이자 의무로 파악하는 헌법의 태도와 일치 • 교도작업에 임금을 지급하지 않는 것은 작업을 형벌로 보기 때문이며, 비자발적인 봉사와 속죄를 강요하는 것과 같음 • 석방 후 경제적 자립기반을 제공 • 행형의 재사회화에 실질적으로 기여 • 피해자에 대한 손해배상의 기회 제공	• 교도작업은 근로계약에 의한 것이 아니므로 국가는 임금지급의무가 없음 • 임금지급은 사회정의나 국민의 법감정에 위배 • 범죄인이 사회의 실직자보다 우대받는 것은 형평의 원리에 위배 • 임금지급을 위한 예산배정은 교정경비 증가를 초래 • 형벌의 범죄억제효과 감퇴

정답 | ①

31

작업장려금에 대한 설명으로 옳은 것은? 교정9급 11

① 작업장려금은 본인이 신청하면 석방 전이라도 그 전부 또는 일부를 지급하여야 한다.
② 수형자에 대한 작업장려금은 대통령령으로 정한다.
③ 작업장려금은 귀휴비용으로 사용할 수 없다.
④ 작업장려금은 징벌로서 삭감할 수 있다.

해설 ① 작업장려금은 석방할 때에 본인에게 지급한다. 다만 본인의 가족생활 부조, 교화 또는 건전한 사회복귀를 위하여 특히 필요하면 석방 전이라도 그 전부 또는 일부를 지급할 수 있다(법 제73조 제3항). 즉, 본인의 신청을 요건으로 하지 않으며, 석방 전 지급은 재량사항이다.
② 대통령령 → 법무부장관(동조 제2항)
③ 소장은 귀휴자가 신청할 경우 작업장려금의 전부 또는 일부를 귀휴비용으로 사용하게 할 수 있다(시행규칙 제142조 제2항).
④ 법 제108조 제3호

정답 | ④

32

「교도작업의 운영 및 특별회계에 관한 법률」상 교도작업 및 특별회계에 대한 설명으로 옳지 않은 것은? 5급승진 15

① 법무부장관은 교도작업으로 생산되는 제품의 종류와 수량을 회계연도 개시 1개월 전까지 공고하여야 한다.
② 교도작업으로 생산된 제품은 민간기업 등에 직접 판매하거나 위탁하여 판매할 수 있다.
③ 교도작업의 효율적인 운영을 위하여 교도작업특별회계를 설치한다.
④ 교도작업의 특별회계는 소장이 운영·관리한다.
⑤ 법무부장관은 수형자가 외부기업체 등에 통근 작업하거나 교정시설의 안에 설치된 외부기업체의 작업장에서 작업할 수 있도록 민간기업을 참여하게 하여 교도작업을 운영할 수 있다.

해설 ④ 특별회계는 법무부장관이 운용·관리한다(교도작업의 운영 및 특별회계에 관한 법률 제8조 제2항).
① 동법 제4조
② 동법 제7조
③ 동법 제8조 제1항
⑤ 동법 제6조 제1항

정답 | ④

33

「교도작업의 운영 및 특별회계에 관한 법률」상 교도작업에 대한 내용으로 옳지 않은 것은?

교정7급 17

① 교도작업으로 생산된 제품은 민간기업 등에 직접 판매하거나 위탁하여 판매할 수 있다.

② 법무부장관은 교도작업으로 생산되는 제품의 종류와 수량을 회계연도 개시 3개월 전까지 공고하여야 한다.

③ 국가, 지방자치단체 또는 공공기관은 그가 필요로 하는 물품이 「교도작업의 운영 및 특별회계에 관한 법률」 제4조에 따라 공고된 것인 경우에는 공고된 제품 중에서 우선적으로 구매하여야 한다.

④ 법무부장관은 「형의 집행 및 수용자의 처우에 관한 법률」 제68조에 따라 수형자가 외부기업체 등에 통근작업하거나 교정시설의 안에 설치된 외부기업체의 작업장에서 작업할 수 있도록 민간기업을 참여하게 하여 교도작업을 운영할 수 있다.

해설 ② 법무부장관은 교도작업으로 생산되는 제품의 종류와 수량을 회계연도 개시 1개월 전까지 공고하여야 한다(교도작업의 운영 및 특별회계에 관한 법률 제4조).

① 동법 제7조

③ 동법 제5조

④ 동법 제6조 제1항

정답 | ②

34 ★

「교도작업의 운영 및 특별회계에 관한 법률」상 옳지 않은 것만을 모두 고르면?

교정9급 20

㉠ 특별회계는 지출할 자금이 부족할 경우에는 특별회계의 부담으로 국회의 의결을 받은 금액의 범위에서 일시적으로 차입하거나 세출예산의 범위에서 수입금 출납공무원 등이 수납한 현금을 우선 사용할 수 있다.

㉡ 특별회계는 세출총액이 세입총액에 미달된 경우 또는 교도작업 관련 시설의 신축·마련·유지·보수에 필요한 경우에는 예산의 범위에서 일반회계로부터 전입을 받을 수 있다.

㉢ 특별회계의 결산상 잉여금은 일시적으로 차입한 차입금의 상환, 작업장려금의 지급, 검정고시반·학사고시반 교육비의 지급 목적으로 사용하거나 다음 연도 일반회계의 세출예산에 예비비로 계상한다.

㉣ 교도작업으로 생산된 제품은 민간기업 등에 직접 판매하거나 위탁하여 판매할 수 있으며, 교도작업의 효율적인 운영을 위하여 교도작업특별회계를 설치한다.

① ㉠, ㉡　　② ㉡, ㉢　　③ ㉠, ㉢　　④ ㉡, ㉣

해설 [×] ㉡ 특별회계는 세입총액이 세출총액에 미달된 경우 또는 시설개량이나 확장에 필요한 경우에는 예산의 범위에서 일반회계로부터 전입을 받을 수 있다(교도작업의 운영 및 특별회계에 관한 법률 제10조).

㉢ 특별회계의 결산상 잉여금은 다음 연도의 세입에 이입한다(동법 제11조의2).

[○] ㉠ 동법 제11조 제1항

㉣ 동법 제7조, 제8조 제1항

정답 | ②

35

「교도작업의 운영 및 특별회계에 관한 법률 시행규칙」상 교도작업의 종류 등에 관한 설명으로 옳지 않은 것은?

① 직영작업이란 민간기업의 참여 없이 교도작업제품을 생산하는 작업을 말한다.
② 위탁작업이란 교도작업에 참여한 민간기업을 통하여 교도작업제품을 생산하는 작업을 말한다.
③ 도급작업이란 국가와 제3자 간의 공사 도급계약에 따라 수용자에게 부과하는 작업을 말한다.
④ 소장은 교도작업을 중지하려면 법무부장관의 승인을 받아야 한다.

해설 ④ 소장은 제1항에 따른 작업(교도작업)을 중지하려면 지방교정청장의 승인을 받아야 한다(교도작업의 운영 및 특별회계에 관한 법률 시행규칙 제6조 제2항).
① 동조 제1항 제1호
② 동조 동항 제2호
③ 동조 동항 제3호

교도작업의 운영 및 특별회계에 관한 법률 시행규칙 제6조(교도작업의 종류)
① 교도작업의 종류는 다음 각 호와 같다.
1. 직영작업 : 법 제6조에 따른 민간기업의 참여 없이 교도작업제품을 생산하는 작업
2. 위탁작업 : 법 제6조에 따라 교도작업에 참여한 민간기업을 통하여 교도작업제품을 생산하는 작업
3. 노무작업 : 수용자의 노무를 제공하여 교도작업제품을 생산하는 작업
4. 도급작업 : 국가와 제3자 간의 공사 도급계약에 따라 수용자에게 부과하는 작업

정답 | ④

36

교도작업의 운영 및 특별회계에 관한 법령상 교도작업 및 특별회계에 대한 설명으로 옳지 않은 것은?

교정9급 19

① 소장은 민간기업과 처음 교도작업에 대한 계약을 할 때에는 지방교정청장의 승인을 받아야 한다. 다만, 계약기간이 3개월 이하인 경우에는 승인을 요하지 아니하다.
② 교도작업의 종류는 직영작업·위탁작업·노무작업·도급작업으로 구분한다.
③ 소장은 교도작업을 중지하려면 지방교정청장의 승인을 받아야 한다.
④ 특별회계의 세입·세출의 원인이 되는 계약을 담당하는 계약담당자는 계약을 수의계약으로 하려면 「교도관직무규칙」 제21조에 따른 교도관회의의 심의를 거쳐야 한다.

해설 교정시설의 장은 민간기업이 참여할 교도작업의 내용을 해당 기업체와의 계약으로 정하고 이에 대하여 법무부장관의 승인(재계약의 경우에는 지방교정청장의 승인)을 받아야 한다. 다만, 법무부장관이 정하는 단기의 계약(계약기간이 2개월 이하인 계약)에 대하여는 그러하지 아니하다(교도작업의 운영 및 특별회계에 관한 법률 제6조 제2항).

정답 | ①

37

「교도작업의 운영 및 특별회계에 관한 법률」상 다음 설명에서 옳지 않은 것만을 모두 고른 것은?

교정9급 13

> ㉠ 교도작업제품의 전시 및 판매를 위하여 필요한 시설을 설치·운영하거나 전자상거래로 교도작업제품을 판매할 수 있다.
> ㉡ 법무부장관은 교도작업으로 생산되는 제품의 종류와 수량을 회계연도 개시 2개월 전까지 공고하여야 한다.
> ㉢ 법무부장관은 민간기업이 참여할 교도작업의 내용을 해당기업체와 계약으로 정한다.
> ㉣ 특별회계는 교도소장이 운영 관리하며, 법무부장관의 감독을 받는다.
> ㉤ 특별회계의 결산상 잉여금은 다음 연도의 세입에 이입한다.

① ㉠, ㉡, ㉢　　② ㉡, ㉢, ㉣　　③ ㉠, ㉢, ㉤　　④ ㉡, ㉣, ㉤

해설 [×] ㉡ 법무부장관은 교도작업으로 생산되는 제품의 종류와 수량을 회계연도 개시 1개월 전까지 공고하여야 한다(교도작업의 운영 및 특별회계에 관한 법률 제4조).

㉢ 교정시설의 장은 민간기업이 참여할 교도작업의 내용을 해당 기업체와의 계약으로 정하고 이에 대하여 법무부장관의 승인(재계약의 경우에는 지방교정청장의 승인)을 받아야 한다. 다만, 법무부장관이 정하는 단기의 계약에 대하여는 그러하지 아니하다(동법 제6조 제2항).

㉣ 특별회계는 법무부장관이 운용·관리한다(동법 제8조 제2항).

[○] ㉠ 동법 시행령 제7조

㉤ 동법 제11조의2

정답 | ②

38

「교도작업의 운영 및 특별회계에 관한 법률」상 교도작업의 회계에 관한 설명으로 옳지 않은 것은?

① 교도작업의 효율적인 운영을 위하여 교도작업특별회계를 설치하며, 특별회계는 교정시설의 장이 운용·관리하고 법무부장관의 감독을 받는다.

② 특별회계의 세입에는 교도작업으로 생산된 제품 및 서비스의 판매, 그 밖에 교도작업에 부수되는 수입금이 포함되며, 세입총액이 세출총액에 미달된 경우 또는 시설 개량이나 확장에 필요한 경우에는 예산의 범위에서 일반회계로부터 전입을 받을 수 있다.

③ 특별회계는 지출할 자금이 부족할 경우에는 특별회계의 부담으로 국회의 의결을 받은 금액의 범위에서 일시적으로 차입하거나 세출예산의 범위에서 수입금 출납공무원 등이 수납한 현금을 우선 사용할 수 있다.

④ 특별회계의 결산상 잉여금은 다음 연도의 세입에 이입한다.

해설 ① 특별회계는 법무부장관이 운용·관리한다(교도작업의 운영 및 특별회계에 관한 법률 제8조).
② 동법 제9조 제1항 제1호, 제10조
③ 동법 제11조 제1항
④ 동법 제11조의2

교도작업의 운영 및 특별회계에 관한 법률 제9조(특별회계의 세입·세출)

① 특별회계의 세입은 다음 각호와 같다.
1. 교도작업으로 생산된 제품 및 서비스의 판매, 그 밖에 교도작업에 부수되는 수입금
2. 제10조에 따른 일반회계로부터의 전입금
3. 제11조에 따른 차입금

② 특별회계의 세출(歲出)은 다음 각호와 같다.
1. 교도작업의 관리, 교도작업 관련 시설의 마련 및 유지·보수, 그 밖에 교도작업의 운영을 위하여 필요한 경비
2. 「형의 집행 및 수용자의 처우에 관한 법률」 제73조 제2항의 작업장려금
3. 「형의 집행 및 수용자의 처우에 관한 법률」 제74조의 위로금 및 조위금
4. 수용자의 교도작업 관련 직업훈련을 위한 경비

정답 | ①

39

교도작업 관용(官用)주의에 관한 설명으로 옳지 않은 것은?

① 민업압박의 정도를 최소화하기 위한 것이 이 제도의 도입취지이다.

② 경기에 좌우되지 않고 경영에 안정을 기할 수 있다는 것이 장점이다.

③ 법무부장관은 교도작업으로 생산되는 제품의 종류와 수량을 회계연도 개시 1개월 전까지 공고하여야 한다.

④ 우선 공급의 대상은 국가, 지방공공단체, 법무부장관이 정하는 대기업이다.

해설 ④ 국가, 지방자치단체 또는 공공기관은 그가 필요로 하는 물품이 교도작업제품으로 공고된 것인 경우에는 공고된 제품 중에서 우선적으로 구매하여야 한다(교도작업의 운영 및 특별회계에 관한 법률 제5조).

③ 동법 제4조

정답 | ④

40

다음 설명 중 틀린 것은?

① 교도작업관용주의는 교도작업으로 생산되는 물건 및 자재를 국가나 지방자치단체 또는 공공기관 등에 우선적으로 공급하여 효율적이고 합리적인 교도작업의 운영을 목적으로 한다.

② 교도작업으로 생산된 제품은 민간기업 등에 직접 판매하거나 위탁하여 판매할 수 있다.

③ 국가, 지방자치단체 또는 공공기관은 필요로 하는 물품이 교도작업제품에 해당하는 경우에는 법무부장관이 교도작업제품으로 공고한 제품 중에서 우선적으로 구매하여야 한다.

④ 고용노동부장관은 교도작업으로 생산되는 제품의 종류와 수량을 회계연도 개시 1개월 전까지 공고하여야 한다.

해설 ④ 고용노동부장관 → 법무부장관(교도작업의 운영 및 특별회계에 관한 법률 제4조)

② 동법 제7조

③ 동법 제5조

정답 | ④

41

「형의 집행 및 수용자의 처우에 관한 법률」 및 동법 시행령상 교도작업에 대한 설명으로 옳지 않은 것은?

교정9급 14

① 소장은 수형자에게 작업을 부과하려면 죄명, 형기, 죄질, 성격, 범죄전력, 나이, 경력 및 수용 생활태도, 그 밖의 수형자의 개인적 특성을 고려하여야 한다.

② 소장은 법무부장관이 정하는 바에 따라 작업의 종류, 작업성적, 교정성적, 그 밖의 사정을 고려하여 수형자에게 작업장려금을 지급할 수 있다.

③ 소장은 신청에 따라 작업이 부과된 수형자가 작업의 취소를 요청하는 경우에는 그 수형자의 의사, 건강 및 교도관의 의견 등을 고려하여 작업을 취소할 수 있다.

④ 소장은 19세 미만의 수형자에게 작업을 부과할 경우 추가적으로 정신적·신체적 성숙 정도, 교육적 효과 등을 고려하여야 한다.

해설 ① 소장은 수형자에게 작업을 부과하려면 나이·형기·건강상태·기술·성격·취미·경력·장래생계, 그 밖의 수형자의 사정을 고려하여야 한다(법 제65조 제2항). 주어진 지문은 거실을 지정하는 경우에 고려하여야 할 사항에 해당한다(법 제15조).

② 법 제73조 제2항

③ 시행령 제93조

④ 시행령 제90조

정답 | ①

42

「형의 집행 및 수용자의 처우에 관한 법률」상 교도작업에 대한 설명으로 옳은 것으로만 묶은 것은?

교정9급 14

> ㉠ 취사·청소·간병 등 교정시설의 운영과 관리에 필요한 작업의 1일 작업시간은 12시간 이내로 한다.
> ㉡ 수형자가 작업을 계속하기를 원하는 경우가 아니라면 소장은 수형자의 가족 또는 배우자의 직계존속이 사망하면 2일간, 부모 또는 배우자의 제삿날에는 1일간 해당 수형자의 작업을 면제한다.
> ㉢ 작업수입은 국고수입으로 한다.
> ㉣ 소장은 금고형 또는 구류형의 집행 중에 있는 사람에 대하여는 교도작업을 신청하여도 작업을 부과할 수 없다.
> ㉤ 작업장려금은 특별한 사유가 없는 한 석방 전에 지급하여야 한다.

① ㉠, ㉡, ㉢ ② ㉡, ㉣, ㉤ ③ ㉡, ㉢, ㉣ ④ ㉡, ㉢, ㉤

해설 [O] ㉠·㉡·㉢

[×] ㉣ 소장은 금고형 또는 구류형의 집행 중에 있는 사람에 대하여는 신청에 따라 작업을 부과할 수 있다(법 제67조).

㉤ 작업장려금은 석방할 때에 본인에게 지급한다. 다만, 본인의 가족생활 부조, 교화 또는 건전한 사회복귀를 위하여 특히 필요하면 석방 전이라도 그 전부 또는 일부를 지급할 수 있다(법 제73조 제3항).

정답 | ①

43

「형의 집행 및 수용자의 처우에 관한 법률」상 교도작업에 대한 설명으로 옳은 것은? 교정9급 15

① 소장은 수형자의 근로의욕을 고취하고 건전한 사회복귀를 지원하기 위하여 법무부장관이 정하는 바에 따라 수형자에게 작업장려금을 지급하여야 한다.

② 외부통근작업 대상자의 선정기준 등에 관하여 필요한 사항은 대통령령으로 정한다.

③ 소장은 금고형 또는 구류형의 집행 중에 있는 사람에 대하여는 신청에 따라 작업을 부과할 수 있다.

④ 소장은 수형자의 신청에 따라 집중적인 근로가 필요한 작업을 부과하는 경우라도 접견, 전화 통화, 교육, 공동행사참가 등의 처우는 제한할 수 없다.

해설 ③ 법 제67조

① 소장은 수형자의 근로의욕을 고취하고 건전한 사회복귀를 지원하기 위하여 법무부장관이 정하는 바에 따라 작업의 종류, 작업성적, 교정성적, 그 밖의 사정을 고려하여 수형자에게 작업장려금을 지급할 수 있다(법 제73조 제2항).

② 외부통근작업 대상자의 선정기준 등에 관하여 필요한 사항은 법무부령으로 정한다(법 제68조 제2항).

④ 소장은 수형자의 신청에 따라 작업, 직업능력개발훈련, 그 밖에 집중적인 근로가 필요한 작업을 부과하는 경우에는 접견·전화통화·교육·공동행사 참가 등의 처우를 제한할 수 있다. 다만, 접견 또는 전화통화를 제한한 때에는 휴일이나 그 밖에 해당 수용자의 작업이 없는 날에 접견 또는 전화통화를 할 수 있게 하여야 한다(법 제70조 제1항).

정답 | ③

44

「형의 집행 및 수용자의 처우에 관한 법률」 및 동법 시행령상 교도작업에 대한 설명으로 옳지 않은 것은? 교정7급 16

① 소장은 미결수용자에 대하여는 신청에 따라 작업을 부과할 수 있지만, 교정시설 밖에서 행하는 작업은 부과할 수 없다.

② 소장은 금고형 또는 구류형의 집행 중에 있는 사람에 대하여는 신청에 따라 작업을 부과할 수 있다.

③ 소장은 교도관에게 매주 1회 수형자의 작업실적을 확인하게 하여야 한다.

④ 소장은 수형자의 가족 또는 배우자의 직계존속이 사망하면 2일간, 부모 또는 배우자의 제삿날에는 1일간 해당 수형자의 작업을 면제한다. 다만, 수형자가 작업을 계속하기를 원하는 경우는 예외로 한다.

해설 ③ 소장은 교도관에게 매일 수형자의 작업실적을 확인하게 하여야 한다(시행령 제92조).

① 법 제86조 제1항, 시행령 제103조 제1항

② 법 제67조

④ 법 제72조 제1항

정답 | ③

45

형의 집행 및 수용자의 처우에 관한 법령상 교도작업에 대한 설명으로 옳은 것은? 교정9급 20

① 소장은 교도관에게 매일 수형자의 작업실적을 확인하게 하여야 한다.

② 소장은 수형자에게 작업을 부과하는 경우 작업의 종류 및 작업과정을 정하여 수형자에게 고지할 필요가 없다.

③ 작업장의 운영을 위하여 불가피한 경우에도 휴일에 작업을 실시할 수 없다.

④ 작업과정은 작업성적, 작업시간, 작업의 난이도 및 숙련도를 고려하여 정하며, 작업과정을 정하기 어려운 경우에는 작업의 난이도를 작업과정으로 본다.

해설 ② 소장은 수형자에게 작업을 부과하는 경우에는 작업의 종류 및 작업과정을 정하여 고지하여야 한다(형집행법 시행령 제91조 제1항).

③ 공휴일·토요일과 대통령령으로 정하는 휴일에는 작업을 부과하지 아니한다. 다만, 다음 각 호의 어느 하나에 해당하는 경우에는 작업을 부과할 수 있다(동법 제71조 제5항).

1. 교정시설의 운영과 관리에 필요한 작업을 하는 경우
2. 작업장의 운영을 위하여 불가피한 경우
3. 공공의 안전이나 공공의 이익을 위하여 긴급히 필요한 경우
4. 수형자가 신청하는 경우

④ 작업과정은 작업성적, 작업시간, 작업의 난이도 및 숙련도를 고려하여 정한다. 작업과정을 정하기 어려운 경우에는 작업시간을 작업과정으로 본다(동법 시행령 제91조 제2항).

정답 | ①

46

형의 집행 및 수용자의 처우에 관한 법령상 교도작업에 대한 설명으로 옳지 않은 것은? 교정7급 19

① 공휴일·토요일과 대통령령으로 정하는 휴일에는 원칙적으로 작업을 부과하지 아니한다.

② 작업장려금은 석방할 때에 본인에게 지급한다. 다만, 본인의 가족생활 부조, 교화 또는 건전한 사회복귀를 위하여 특히 필요하면 석방 전이라도 그 전부를 지급할 수 있다.

③ 소장은 금고형 또는 구류형의 집행 중에 있는 사람에 대하여는 신청에 따라 작업을 부과할 수 있다.

④ 소장은 수형자의 부모 또는 배우자의 직계존속의 제삿날에는 1일간 해당 수형자의 작업을 면제한다.

해설 ④ 소장은 수형자의 가족 또는 배우자의 직계존속이 사망하면 2일간, 부모 또는 배우자의 제삿날에는 1일간 해당 수형자의 작업을 면제한다. 다만, 수형자가 작업을 계속하기를 원하는 경우는 예외로 한다(법 제72조 제1항).

정답 | ④

47

「형의 집행 및 수용자의 처우에 관한 법령」상 교도작업에 대한 설명으로 옳은 것은? 교정7급 21

① 소장은 교정시설 안에 설치된 외부기업체의 작업장에 통근하며 작업하는 수형자를 선정하는 데 있어서 일반경비처우급에 해당하는 수형자를 선정하여서는 아니 된다.

② 소장은 교도작업 도중 부상으로 신체에 장해를 입은 수형자에게 그 장해발생 후 1개월 이내에 위로금을 지급하여야 한다.

③ 소장은 작업부과 또는 교화를 위하여 특히 필요하다고 인정하는 경우에는 만 65세의 수형자를 외부통근자로 선정할 수 있다.

④ 소장은 수형자에게 작업장려금을 지급하는 데 있어서 교정성적은 고려하여서는 아니 된다.

해설 ③ 소장은 작업부과 또는 교화를 위하여 특히 필요하다고 인정하는 경우에는 제1항(외부통근작업 대상자 선정기준) 및 제2항(개방지역작업 대상자 선정기준)의 수형자 외의 수형자에 대하여도 외부통근자로 선정할 수 있다(시행규칙 제120조 제3항).

① 교정시설 안에 설치된 외부기업체의 작업장에 통근하며 작업하는 수형자(개장지역작업 대상자)의 경비처우급은 개방처우급·완화경비처우급 그리고 일반경비처우급이다(동조 제2항).

② 위로금은 본인에게 지급(즉시)하고, 조위금은 그 상속인에게 지급한다(법 제74조 제2항).

④ 소장은 수형자의 근로의욕을 고취하고 건전한 사회복귀를 지원하기 위하여 법무부장관이 정하는 바에 따라 작업의 종류, 작업성적, 교정성적, 그 밖의 사정을 고려하여 수형자에게 작업장려금을 지급할 수 있다(법 제73조 제2항).

정답 | ③

48

교도작업 운영에 관한 설명으로 옳지 않은 것은? 교정7급 10

① 19세 미만의 수형자에게 작업을 부과하는 경우에는 정신적·신체적 성숙 정도, 교육적 효과 등을 고려하여야 한다.

② 수형자의 작업에 의한 수입은 국고수입으로 하는 것이 원칙이다.

③ 금고형의 집행 중에 있는 사람에게는 신청에 따라 작업을 부과할 수 있다.

④ 수형자의 개인작업에 필요한 작업재료 등의 구입비용은 교정시설에서 부담하는 것이 원칙이다.

해설 ④ 개인작업에 필요한 작업재료 등의 구입비용은 수형자가 부담한다. 다만, 처우상 필요한 경우에는 예산의 범위에서 그 비용을 지원할 수 있다(시행규칙 제95조 제3항).

① 시행령 제90조

② 법 제73조 제1항

③ 법 제67조

정답 | ④

49

「형의 집행 및 수용자의 처우에 관한 법률 시행규칙」상 수형자의 개인작업에 대한 설명으로 옳지 않은 것은? 교정9급 24

① 소장은 수형자가 개방처우급 또는 완화경비처우급으로서 작업기술이 탁월하거나 작업성적이 우수한 경우에는 수형자 자신을 위한 개인작업을 하게 할 수 있다.

② 개인작업시간은 교도작업에 지장을 주지 아니하는 범위에서 1일 2시간 이내로 한다.

③ 소장은 개인작업을 하는 수형자에게 개인작업용구를 사용하게 할 수 있다. 이 경우 작업용구는 특정한 용기에 보관하도록 하여야 한다.

④ 개인작업에 필요한 작업재료 등의 구입비용은 수형자가 부담한다. 다만, 처우상 필요한 경우에는 예산의 범위에서 그 비용을 지원할 수 있다.

해설 ① 소장은 수형자가 개방처우급 또는 완화경비처우급으로서 작업기술이 탁월하고 작업성적이 우수한 경우에는 수형자 자신을 위한 개인작업을 하게 할 수 있다(형집행법 시행규칙 제95조 제1항 본문).

② 동조 동항 단서

③ 동조 제2항

④ 동조 제3항

정답 | ①

50

「형의 집행 및 수용자의 처우에 관한 법령」상 교도작업 등에 대한 설명으로 옳은 것만을 모두 고른 것은? 교정9급 18

> ㉠ 교정시설의 장은 수형자에게 부상·질병, 그 밖에 작업을 계속하기 어려운 특별한 사정이 있으면 그 사유가 해소될 때까지 작업을 면제할 수 있다.
> ㉡ 교정시설의 장은 수형자가 개방처우급 또는 완화경비처우급으로서 작업기술이 탁월하고 작업성적이 우수한 경우에는 수형자 자신을 위한 개인작업을 하게 할 수 있다.
> ㉢ 교정시설의 장은 관할 지방교정청장의 승인을 받아 수형자에게 부과하는 작업의 종류를 정한다.
> ㉣ 작업장려금은 본인의 가족생활 부조, 교화 또는 건전한 사회복귀를 위하여 특히 필요하면 석방 전이라도 그 전부 또는 일부를 지급할 수 있다.
> ㉤ 교정시설의 장은 수형자의 가족이 사망하면 3일간 해당 수형자의 작업을 면제한다.

① ㉠, ㉡, ㉢　② ㉠, ㉡, ㉣
③ ㉠, ㉢, ㉤　④ ㉢, ㉣, ㉤

해설 [O] ㉠ 법 제72조 제2항
㉡ 시행규칙 제95조 제1항
㉣ 법 제73조 제3항
[×] ㉢ 소장은 법무부장관의 승인을 받아 수형자에게 부과하는 작업의 종류를 정한다(시행령 제89조).
㉤ 소장은 수형자의 가족 또는 배우자의 직계존속이 사망하면 2일간, 부모 또는 배우자의 제삿날에는 1일간 해당 수형자의 작업을 면제한다. 다만, 수형자가 작업을 계속하기를 원하는 경우는 예외로 한다(법 제72조 제1항).

정답 | ②

51

다음 중 현행법령상 집중근로대상자에 대해 처우상 제한할 수 없는 것은? 9급경채 15

① 접견　② 편지수수
③ 전화통화　④ 공동행사참가

해설 ①·③·④ 소장은 수형자의 신청에 따라 작업, 직업능력개발훈련, 그 밖에 집중적인 근로가 필요한 작업을 부과하는 경우에는 접견·전화통화·교육·공동행사 참가 등의 처우를 제한할 수 있다. 다만, 접견 또는 전화통화를 제한한 때에는 휴일이나 그 밖에 해당 수용자의 작업이 없는 날에 접견 또는 전화통화를 할 수 있게 하여야 한다(법 제70조 제1항). 따라서 집중근로대상자의 편지수수는 제한할 수 없다.

정답 | ②

52

「형의 집행 및 수용자의 처우에 관한 법령」상 교도작업에 대한 설명으로 옳지 않은 것은?

교정9급 16

① 소장은 법무부장관의 승인을 받아 수형자에게 부과하는 작업의 종류를 정한다.
② 소장은 수형자가 작업 또는 직업훈련 중에 사망하거나 그로 인하여 사망한 때 상속인에게 조위금을 지급한다.
③ 집중근로작업이 부과된 수형자에게 접견 또는 전화통화를 제한한 때에는 휴일이나 그 밖에 해당 수용자의 작업이 없는 날에 접견 또는 전화통화를 할 수 있게 하여야 한다.
④ '집중적인 근로가 필요한 작업'이란 수형자의 신청에 따라 1일 작업시간 중 접견·전화통화·교육 및 공동행사 참가 등을 하지 아니하고 휴게시간을 포함한 작업시간 내내 하는 작업을 말한다.

해설 ④ "집중적인 근로가 필요한 작업"이란 수형자의 신청에 따라 1일 작업시간 중 접견·전화통화·교육 및 공동행사 참가 등을 하지 아니하고 휴게시간을 제외한 작업시간 내내 하는 작업을 말한다(시행령 제95조).
① 시행령 제89조
② 법 제74조 제1항·제2항
③ 법 제70조 제1항 단서

정답 | ④

53

「형의 집행 및 수용자의 처우에 관한 법령」상 작업과 직업훈련에 대한 설명으로 옳은 것은?

교정7급 20

① 장애인수형자 전담교정시설의 장은 장애인수형자에 대한 직업훈련이 석방 후의 취업과 연계될 수 있도록 그 프로그램의 편성 및 운영에 특히 유의하여야 한다.
② 소장은 사형확정자가 작업을 신청하면 분류처우회의의 심의를 거쳐 교정시설 안에서 실시하는 작업을 부과할 수 있다.
③ 소장은 교도관에게 매월 수형자의 작업실적을 확인하게 하여야 한다.
④ "집중적인 근로가 필요한 작업"이란 수형자의 신청에 따라 1일 작업시간 중 접견·전화통화·교육 및 공동행사 참가 등을 하지 아니하고 휴게시간을 포함한 작업시간 내내 하는 작업을 말한다.

해설 ① 시행규칙 제53조
② 소장은 사형확정자가 작업을 신청하면 교도관회의의 심의를 거쳐 교정시설 안에서 실시하는 작업을 부과할 수 있다(시행규칙 제153조 제1항).
③ 소장은 교도관에게 매일 수형자의 작업실적을 확인하게 하여야 한다(시행령 제92조).
④ "집중적인 근로가 필요한 작업"이란 수형자의 신청에 따라 1일 작업시간 중 접견·전화통화·교육 및 공동행사 참가 등을 하지 아니하고 휴게시간을 제외한 작업시간 내내 하는 작업을 말한다(시행령 제95조).

정답 | ①

54

「형의 집행 및 수용자의 처우에 관한 법률」상 작업과 직업훈련에 대한 설명으로 옳지 않은 것은?

교정7급 15

① 작업수입은 수형자가 석방될 때에 본인에게 지급하여야 한다.

② 청소작업은 공휴일·토요일과 그 밖의 휴일에도 작업을 부과할 수 있다.

③ 교정시설의 장은 수형자의 직업훈련을 위하여 필요하면 외부의 기관 또는 단체에서 훈련을 받게 할 수 있고, 직업훈련 대상자의 선정기준 등에 관하여 필요한 사항은 법무부령으로 정한다.

④ 교정시설의 장은 부모의 제삿날에 수형자가 작업을 계속하기를 원하는 경우를 제외하고는 1일간 해당 수형자의 작업을 면제한다.

해설 ① 작업수입은 국고수입으로 한다(법 제73조 제1항).
② 법 제71조 제5항
③ 법 제69조 제2항·제3항
④ 법 제72조 제1항

정답 | ①

55

현행 「형의 집행 및 수용자의 처우에 관한 법률」상 작업과 직업훈련에 관한 설명 중 옳은 것을 모두 고른 것은?

사법시험 15

㉠ 소장은 구류형의 집행 중에 있는 사람에 대하여는 그의 신청이 있더라도 작업을 부과할 수 없다. ㉡ 소장은 수형자의 건전한 사회복귀와 기술습득을 촉진하기 위하여 필요하면 외부기업체 등에 통근작업하게 할 수 있다. ㉢ 소장은 수형자에게 집중적인 근로가 필요한 작업을 부과하는 경우 교육·공동행사참가 등의 처우를 제한할 수 있다. ㉣ 수형자의 직계존속이 사망한 경우 수형자가 작업을 계속하기를 원하는 경우에도 적어도 2일간은 작업을 면제하여야 한다.

① ㉠, ㉡　② ㉡, ㉢　③ ㉢, ㉣　④ ㉠, ㉡, ㉢
⑤ ㉡, ㉢, ㉣

해설 [O] ㉡ 법 제68조 제1항
㉢ 법 제70조 제항
[×] ㉠ 소장은 금고형 또는 구류형의 집행 중에 있는 사람에 대하여는 신청에 따라 작업을 부과할 수 있다(법 제67조).
㉣ 소장은 수형자의 가족 또는 배우자의 직계존속이 사망하면 2일간, 부모 또는 배우자의 제삿날에는 1일간 해당 수형자의 작업을 면제한다. 다만, 수형자가 작업을 계속하기를 원하는 경우는 예외로 한다(법 제72조 제1항).

정답 | ②

56

「형의 집행 및 수용자의 처우에 관한 법률 시행규칙」상 교도작업 및 직업훈련에 대한 설명으로 옳은 것은?

교정7급 16

① 수형자가 외부 직업훈련을 한 경우 그 비용은 국가가 부담하여야 한다.

② 소장에 의해 선발된 교육대상자는 작업·직업훈련을 면제한다.

③ 소장은 수형자가 개방처우급 또는 완화경비처우급으로서 작업기술이 탁월하고 작업성적이 우수한 경우에는 수형자 자신을 위한 개인작업을 하게 할 수 있다. 이 경우 개인작업시간은 교도작업에 지장을 주지 아니하는 범위에서 1일 4시간 이내로 한다.

④ 소장은 개방처우급 또는 완화경비처우급 수형자에 대하여 작업·교육 등의 성적이 우수하고 관련 기술이 있는 경우에는 교도관의 작업지도를 보조하게 할 수 있다. 다만, 처우상 특히 필요한 경우에는 일반경비처우급 수형자에게도 교도관의 작업지도를 보조하게 할 수 있다.

해설 ② 시행규칙 제107조 제1항

① 외부 직업훈련의 비용은 수형자가 부담한다. 다만, 처우상 특히 필요한 경우에는 예산의 범위에서 그 비용을 지원할 수 있다(시행규칙 제96조 제2항).

③ 개인작업시간은 교도작업에 지장을 주지 아니하는 범위에서 1일 2시간 이내로 한다(시행규칙 제95조 제1항).

④ 교도관의 작업지도를 보조할 수 있는 경비처우급은 개방처우급 또는 완화경비처우급뿐이다(시행규칙 제94조 참조).

정답 | ②

57

수형자 직업훈련대상자 선정에 관한 설명으로 옳지 않은 것은?

① 직업훈련 직종선정 및 훈련과정별 인원은 법무부장관의 승인을 받아 소장이 정한다.

② 직업훈련대상자 선정은 소속 기관의 수형자 중에서 소장이 선정한다.

③ 집체직업훈련 대상자는 법무부장관의 승인을 받아 선정한다.

④ 교육과정을 수행할 문자해독능력 및 강의 이해능력이 부족한 경우에는 직업훈련 대상자로 선정해서는 아니 된다.

해설 ②·③ 직업훈련대상자는 소속기관의 수형자 중에서 소장이 선정한다. 다만 집체직업훈련 대상자는 집체직업훈련을 실시하는 교정시설의 관할 지방교정청장이 선정한다(시행규칙 제124조 제2항).

① 동조 제1항

④ 시행규칙 제126조 제2호

정답 | ③

58

형집행법령상 수용자의 작업과 직업훈련에 대한 설명 중 옳지 않은 것은? 8급승진 18

① 소장은 금고형 또는 구류형의 집행 중에 있는 사람에 대하여는 신청에 따라 작업을 부과할 수 있다. 소장은 교도관에게 매일 수형자의 작업실적을 확인하게 하여야 한다.

② 소장은 외부통근자의 사회적응능력을 기르고 원활한 사회복귀를 촉진하기 위하여 필요하다고 인정하는 경우에는 수형자 자치에 의한 활동을 허가할 수 있다.

③ 직업훈련 직종선정 및 훈련과정별 인원은 지방교정청장의 승인을 받아 소장이 정한다.

④ 수형자가 15세 미만인 경우에는 직업훈련 대상자로 선정해서는 아니 된다.

해설 ③ 직업훈련 직종선정 및 훈련과정별 인원은 법무부장관의 승인을 받아 소장이 정한다(시행규칙 제124조 제1항).

① 법 제67조, 시행령 제92조

② 시행규칙 제123조

④ 시행규칙 제126조 제1호

정답 | ③

59

직업훈련대상자 선정기준으로 옳지 않은 것은?

① 집행할 형기 중에 해당 훈련과정을 이수할 수 있을 것

② 직업훈련에 필요한 기본소양을 갖추었다고 인정될 것

③ 해당 과정의 기술이 있을 것

④ 해당 과정의 재훈련을 희망할 것

해설 ③ 해당 과정의 기술이 없을 것이 선정기준이다. 직업훈련대상자 선정기준은 다음과 같다(시행규칙 제125조 제1항).

시행규칙 제125조(직업훈련대상자 선정기준)

① 소장은 수형자가 다음 각 호의 요건을 갖춘 경우에는 수형자의 의사, 적성, 나이, 학력 등을 고려하여 직업훈련대상자로 선정할 수 있다.

1. 집행할 형기 중에 해당 훈련과정을 이수할 수 있을 것(기술숙련과정 집체직업훈련 대상자는 제외한다)
2. 직업훈련에 필요한 기본소양을 갖추었다고 인정될 것
3. 해당 과정의 기술이 없거나 재훈련을 희망할 것
4. 석방 후 관련 직종에 취업할 의사가 있을 것

정답 | ③

60

직업훈련대상자로 선정할 수 있는 사람은?

① 징벌집행 중인 자

② 15세인 자

③ 교육과정을 수행할 문자해독능력 및 강의 이해능력이 부족한 경우

④ 징벌대상행위로 조사 중인 자

해설 ② 직업훈련대상자로 선정할 수 없는 자는 15세 미만인 경우이므로 15세인 자는 선정할 수 있다(시행규칙 제126조). 직업훈련대상자로 선정할 수 없는 자는 다음과 같다(시행규칙 제126조).

> **시행규칙 제126조(직업훈련대상자 선정의 제한)**
> 소장은 제125조에도 불구하고 수형자가 다음 각 호의 어느 하나에 해당하는 경우에는 직업훈련대상자로 선정해서는 아니 된다.
> 1. 15세 미만인 경우
> 2. 교육과정을 수행할 문자해독능력 및 강의이해능력이 부족한 경우
> 3. 징벌대상행위의 혐의가 있어 조사 중이거나 징벌집행 중인 경우
> 4. 작업, 교육·교화프로그램 시행으로 인하여 직업훈련의 실시가 곤란하다고 인정되는 경우
> 5. 질병·신체조건 등으로 인하여 직업훈련을 감당할 수 없다고 인정되는 경우

정답 | ②

61 ★

직업훈련대상자 선정의 제한사유를 모두 고른 것은? 9급특채 12 변형

㉠ 15세 미만인 경우 ㉡ 교육과정을 수행할 문자해독능력 및 강의이해능력이 부족한 경우 ㉢ 징벌대상행위의 혐의가 있어 조사 중인 경우 ㉣ 징벌집행 중인 경우

① ㉠, ㉡

② ㉠, ㉡, ㉢

③ ㉡, ㉣

④ ㉠, ㉡, ㉢, ㉣

해설 ㉠·㉡·㉢·㉣ 모두 직업훈련대상자 선정의 제한사유에 해당한다(시행규칙 제126조).

정답 | ④

62

수형자의 직업능력개발훈련에 관한 설명으로 옳지 않은 것은? 교정7급 10

① 교정시설의 장은 16세 미만의 수형자를 직업훈련대상자로 선정해서는 아니 된다.

② 교정시설의 장은 수형자가 개방처우급 또는 완화경비처우급으로서 직업능력 향상을 위하여 특히 필요한 경우에는 교정시설 외부의 공공기관이나 기업체 등에서 운영하는 직업훈련을 받게 할 수 있다.

③ 수형자가 직업훈련으로 인한 부상으로 신체에 장해가 발생한 경우에는 본인에게 위로금을 지급하고, 수형자가 직업훈련 중에 사망한 경우에는 그 상속인에게 조위금을 지급 한다.

④ 교정시설 외부의 공공기관이나 기업체 등에서 운영하는 직업훈련의 비용은 수형자가 부담하는 것이 원칙이다.

해설 ① 16세 미만 → 15세 미만(시행규칙 제126조 제1호)
② 시행규칙 제96조 제1항
③ 법 제74조 제1항
④ 시행규칙 제96조 제2항

정답 | ①

63

「형의 집행 및 수용자의 처우에 관한 법률 시행규칙」상 직업훈련에 대한 설명으로 옳지 않은 것은? 교정7급 17

① 소장은 직업훈련을 위하여 필요한 경우에는 수형자를 다른 교정시설로 이송할 수 있다.

② 직업훈련 직종선정 및 훈련과정별 인원은 법무부장관의 승인을 받아 소장이 정한다.

③ 징벌대상행위의 혐의가 있어 조사 중이거나 징벌집행 중인 수형자는 직업훈련 대상자로 선정하여서는 아니 된다.

④ 수형자 취업지원협의회 회의는 재적위원 과반수 출석으로 개의하고, 출석위원 과반수 찬성으로 의결한다.

해설 ① 법무부장관은 직업훈련을 위하여 필요한 경우에는 수형자를 다른 교정시설로 이송할 수 있다(시행규칙 제127조 제1항).
② 시행규칙 제124조 제1항
③ 시행규칙 제126조 제3호
④ 시행규칙 제148조 제3항

정답 | ①

64

직업훈련에 관한 설명으로 옳지 않은 것을 모두 고른 것은?

> ㉠ 소장은 직업훈련을 위하여 필요한 경우에는 직업훈련 중인 수형자를 다른 교정시설로 이송해서는 아니 된다.
> ㉡ 소장은 직업훈련을 위하여 필요한 경우에는 법무부장관의 승인을 얻어 수형자를 다른 교정시설로 이송할 수 있다.
> ㉢ 직업훈련대상자가 징벌대상행위의 혐의가 있어 조사를 받게 된 경우에는 직업훈련을 취소할 수 있다.
> ㉣ 직업훈련대상자가 심신이 허약하거나 질병 등으로 훈련을 감당할 수 없는 경우에는 직업훈련을 보류할 수 있다.

① ㉠, ㉡　　② ㉠, ㉢
③ ㉡, ㉢　　④ ㉢, ㉣

해설 [×] ㉡ 법무부장관은 직업훈련을 위하여 필요한 경우에는 수형자를 다른 교정시설로 이송할 수 있다(시행규칙 제127조 제1항).
㉢ 소장은 직업훈련대상자가 징벌대상행위의 혐의가 있어 조사를 받게 된 경우에는 직업훈련을 보류할 수 있다(시행규칙 제128조 제1항). 소장이 직업훈련을 보류시킬 수 있는 자는 아래와 같다(시행규칙 제128조 제1항).
[○] ㉠ 시행규칙 제127조 제2항
㉣ 시행규칙 제128조 제1항

직업훈련 보류대상자
- 징벌대상행위의 혐의가 있어 조사를 받게 된 경우
- 심신이 허약하거나 질병 등으로 훈련을 감당할 수 없는 경우
- 소질·적성·훈련성적 등을 종합적으로 고려한 결과 직업훈련을 계속할 수 없다고 인정되는 경우
- 그 밖에 직업훈련을 계속할 수 없다고 인정되는 경우

정답 | ③

65

형의 집행 및 수용자의 처우에 관한 법령상 작업과 직업훈련에 대한 설명으로 옳지 않은 것은?

교정9급 17

① 소장은 사형확정자가 작업을 신청하면 교도관회의의 심의를 거쳐 교정시설 안에서 실시하는 작업을 부과할 수 있다.

② 소장은 수형자의 가족 또는 배우자의 직계존속이 사망하면 2일간, 부모 또는 배우자의 제삿날에는 1일간 해당 수형자의 작업을 면제한다. 다만, 수형자가 작업을 계속하기를 원하는 경우는 예외로 한다.

③ 집체직업훈련 대상자는 소속 기관의 수형자 중에서 소장이 선정한다.

④ 수형자가 작업으로 인한 부상으로 신체에 장해가 발생하여 위로금을 받게 된 경우 그 위로금을 지급받을 권리는 다른 사람 또는 법인에게 양도하거나 담보로 제공할 수 없으며, 다른 사람 또는 법인은 이를 압류할 수 없다.

해설 ③ 직업훈련대상자는 소속기관의 수형자 중에서 소장이 선정한다. 다만, 집체직업훈련(직업훈련 전담 교정시설이나 그 밖에 직업훈련을 실시하기에 적합한 교정시설에 수용하여 실시하는 훈련) 대상자는 집체직업훈련을 실시하는 교정시설의 관할 지방교정청장이 선정한다(시행규칙 제124조 제2항).

① 시행규칙 제153조 제1항

② 법 제72조 제1항

④ 법 제76조 제1항

정답 | ③

66

형의 집행 및 수용자의 처우에 관한 법령상 작업 및 직업훈련과 관련하여 교정시설의 장이 취할 수 없는 조치는?

교정9급 22

① 일반경비처우급의 수형자에 대하여 직업능력의 향상을 위하여 특히 필요하다고 인정되어 교정시설 외부의 기업체에서 운영하는 직업훈련을 받게 하였다.

② 장인(丈人)이 사망하였다는 소식을 접한 수형자에 대하여, 본인이 작업을 계속하기를 원하지 않는 것을 확인하고 2일간 작업을 면제하였다.

③ 수형자에 대하여 교화목적상 특별히 필요하다고 판단되어, 작업장려금을 석방 전에 전액 지급하였다.

④ 법무부장관의 승인을 받아 직업훈련의 직종과 훈련과정별 인원을 정하였다.

해설 ① 소장은 수형자가 개방처우급 또는 완화경비처우급으로서 직업능력 향상을 위하여 특히 필요한 경우에는 교정시설 외부의 공공기관 또는 기업체 등에서 운영하는 직업훈련을 받게 할 수 있다(시행규칙 제96조 제1항). 즉, 일반경비처우급 수형자는 외부직업훈련을 받을 수 없다.

② 소장은 수형자의 가족 또는 배우자의 직계존속이 사망하면 2일간, 부모 또는 배우자의 제삿날에는 1일간 해당 수형자의 작업을 면제한다. 다만, 수형자가 작업을 계속하기를 원하는 경우는 예외로 한다(법 제72조 제1항).

③ 작업장려금은 석방할 때에 본인에게 지급한다. 다만, 본인의 가족생활 부조, 교화 또는 건전한 사회복귀를 위하여 특히 필요하면 석방 전이라도 그 전부 또는 일부를 지급할 수 있다(법 제73조 제3항).

④ 시행규칙 제124조 제1항

정답 | ①

67

형의 집행 및 수용자의 처우에 관한 법령상 작업과 직업훈련에 대한 설명으로 옳지 않은 것은?

교정9급 22

① 소장은 금고형 또는 구류형의 집행 중에 있는 사람에 대하여 신청 여부와 관계없이 작업을 부과할 수 있다.
② 소장은 수형자가 15세 미만인 경우에는 직업훈련 대상자로 선정해서는 아니 된다.
③ 소장은 직업훈련 대상자가 심신이 허약하거나 질병 등으로 훈련을 감당할 수 없는 경우에는 직업훈련을 보류할 수 있다.
④ 법무부장관은 직업훈련을 위하여 필요한 경우에는 수형자를 다른 교정시설로 이송할 수 있다.

해설 ① 소장은 금고형 또는 구류형의 집행 중에 있는 사람에 대하여는 신청에 따라 작업을 부과할 수 있다(법 제67조).
② 시행규칙 제126조 제1호
③ 시행규칙 제128조 제1항 제2호
④ 시행규칙 제127조 제1항

시행규칙 제126조(직업훈련대상자 선정의 제한)
소장은 제125조에도 불구하고 수형자가 다음 각 호의 어느 하나에 해당하는 경우에는 직업훈련대상자로 선정해서는 아니 된다.
1. 15세 미만인 경우
2. 교육과정을 수행할 문자해독능력 및 강의이해능력이 부족한 경우
3. 징벌대상행위의 혐의가 있어 조사 중이거나 징벌집행 중인 경우
4. 작업, 교육·교화프로그램 시행으로 인하여 직업훈련의 실시가 곤란하다고 인정되는 경우
5. 질병·신체조건 등으로 인하여 직업훈련을 감당할 수 없다고 인정되는 경우

정답 | ①

68

수형자 취업지원협의회의 구성에 관한 설명으로 옳지 않은 것은?

① 교정시설별로 설치한다.
② 회장 1명을 포함하여 3명 이상 5명 이하의 내부위원과 10명 이상의 외부위원으로 구성한다.
③ 회장은 소장이 되고, 부회장 2명은 외부위원 중에서 호선한다.
④ 외부위원은 소장의 추천을 받아 법무부장관이 위촉하며, 임기는 3년이다.

해설 ③ 협의회의 회장은 소장이 되고, 부회장은 2명을 두되 1명은 소장이 내부위원 중에서 지명하고 1명은 외부위원 중에서 호선한다(시행규칙 제145조 제2항).
① 시행령 제85조
② 시행규칙 제145조 제1항
④ 시행규칙 제146조 제1항·제2항

정답 | ③

69

「형의 집행 및 수용자의 처우에 관한 법률 시행규칙」상 직업훈련에 대한 설명으로 옳지 않은 것은?

교정9급 18

① 직업훈련의 직종선정 및 훈련과정별 인원은 지방교정청장의 승인을 받아 교정시설의 장이 정한다.
② 교정시설의 장은 소년수형자의 선도를 위하여 필요한 경우에는 직업훈련에 필요한 기본소양을 갖추었다고 인정할 수 없더라도 직업훈련대상자로 선정하여 교육할 수 있다.
③ 교정시설의 장은 15세 미만의 수형자를 직업훈련 대상자로 선정해서는 아니 된다.
④ 교정시설의 장은 직업훈련대상자가 징벌대상행위의 혐의가 있어 조사를 받게 된 경우 직업훈련을 보류할 수 있다.

해설 ① 직업훈련 직종선정 및 훈련과정별 인원은 법무부장관의 승인을 받아 소장이 정한다(시행규칙 제124조 제1항).
② 소장은 소년수형자의 선도를 위하여 필요한 경우에는 직업훈련대상자 선정기준(시행규칙 제125조 제1항)의 요건을 갖추지 못한 경우에도 직업훈련대상자로 선정하여 교육할 수 있다(시행규칙 제125조 제2항).
③ 시행규칙 제126조 제1호
④ 시행규칙 제128조 제1항 제1호

시행규칙 제125조(직업훈련대상자 선정기준)
① 소장은 수형자가 다음 각 호의 요건을 갖춘 경우에는 수형자의 의사, 적성, 나이, 학력 등을 고려하여 직업훈련대상자로 선정할 수 있다.
1. 집행할 형기 중에 해당 훈련과정을 이수할 수 있을 것(기술숙련과정 집체직업훈련 대상자는 제외한다)
2. 직업훈련에 필요한 기본소양을 갖추었다고 인정될 것
3. 해당 과정의 기술이 없거나 재훈련을 희망할 것
4. 석방 후 관련 직종에 취업할 의사가 있을 것

시행규칙 제126조(직업훈련대상자 선정의 제한)
소장은 제125조에도 불구하고 수형자가 다음 각 호의 어느 하나에 해당하는 경우에는 직업훈련대상자로 선정해서는 아니 된다.
1. 15세 미만인 경우
2. 교육과정을 수행할 문자해독능력 및 강의이해능력이 부족한 경우
3. 징벌대상행위의 혐의가 있어 조사 중이거나 징벌집행 중인 경우
4. 작업, 교육·교화프로그램 시행으로 인하여 직업훈련의 실시가 곤란하다고 인정되는 경우
5. 질병·신체조건 등으로 인하여 직업훈련을 감당할 수 없다고 인정되는 경우

시행규칙 제128조(직업훈련의 보류사유)
① 소장은 직업훈련대상자가 다음 각 호의 어느 하나에 해당하는 경우에는 직업훈련을 보류할 수 있다.
1. 징벌대상행위의 혐의가 있어 조사를 받게 된 경우
2. 심신이 허약하거나 질병 등으로 훈련을 감당할 수 없는 경우
3. 소질·적성·훈련성적 등을 종합적으로 고려한 결과 직업훈련을 계속할 수 없다고 인정되는 경우
4. 그 밖에 직업훈련을 계속할 수 없다고 인정되는 경우

정답 | ①

70

수형자 취업지원협의회의 운영에 관한 설명으로 옳지 않은 것은?

① 협의회의 회의는 반기마다 개최한다.

② 위원 4분의 1 이상의 요구가 있는 때에는 임시회의를 개최할 수 있다.

③ 회의는 재적위원 과반수의 출석으로 개의하고, 출석위원 과반수의 찬성으로 의결한다.

④ 회장이 부득이한 사유로 직무를 수행할 수 없을 때에는 소장이 지정한 부회장이 그 직무를 대행한다.

해설 ② 위원 3분의 1 이상의 요구가 있는 때에는 임시회의를 개최할 수 있다(시행규칙 제148조 제1항 제3호).
① 동조 제1항
③ 동조 제3항
④ 시행규칙 제147조 제2항

정답 | ②

71

「형의 집행 및 수용자의 처우에 관한 법률 시행규칙」상 수형자 취업지원협의회에 대한 설명으로 가장 옳지 않은 것은? 5급승진 23

① 취업지원협의회는 회장 1명을 포함하여 3명 이상 5명 이하의 내부위원과 10명 이상의 외부위원으로 구성한다.

② 취업지원협의회의 회장은 소장이 되고, 부회장은 2명을 두되 1명은 소장이 내부위원 중에서 지명하고 1명은 외부위원 중에서 호선(互選)한다.

③ 법무부장관은 소장의 추천을 받아 외부위원을 위촉하고, 외부위원의 임기는 3년으로 하며, 연임할 수 있다.

④ 회의는 분기마다 개최하되, 수형자의 사회복귀 지원을 위하여 협의가 필요하거나 회장이 필요하다고 인정하는 때에는 임시회의를 개최할 수 있다.

해설 ④ 취업지원협의회의 회의는 반기마다 개최한다. 다만, ㉠ 수형자의 사회복귀 지원을 위하여 협의가 필요할 때, ㉡ 회장이 필요하다고 인정하는 때, ㉢ 위원 3분의 1 이상의 요구가 있는 때에는 임시회의를 개최할 수 있다(형집행법 시행규칙 제148조 제1항).
① 동법 시행규칙 제145조 제1항
② 동조 제2항
③ 동법 시행규칙 제146조 제1항·제2항

정답 | ④

72

「형의 집행 및 수용자의 처우에 관한 법률 시행규칙」상 수형자 취업지원협의회(이하 "협의회"라 한다)에 대한 설명으로 가장 옳지 않은 것은? 7급승진 23

① 협의회의 임시회의는 위원 3분의 1 이상의 요구가 있는 때가 아니더라도 회장이 필요하다고 인정하는 때에는 개최할 수 있다.
② 회장은 협의회를 소집하고 협의회 업무를 총괄한다.
③ 소장은 외부위원이 직무태만, 품위손상, 그 밖의 사유로 인하여 위원으로 적합하지 아니하다고 인정되는 경우에는 해당 위원을 해촉할 수 있다.
④ 회장이 부득이한 사유로 직무를 수행할 수 없을 때에는 소장이 지정한 부회장이 그 직무를 대행한다.

해설 ③ 법무부장관은 외부위원이 ㉠ 심신장애로 직무수행이 불가능하거나 현저히 곤란하다고 인정되는 경우, ㉡ 직무와 관련된 비위사실이 있는 경우, ㉢ 직무태만, 품위손상, 그 밖의 사유로 인하여 위원으로 적합하지 아니하다고 인정되는 경우, ㉣ 위원 스스로 직무를 수행하는 것이 곤란하다고 의사를 밝히는 경우에는 소장의 건의를 받아 해당 위원을 해촉할 수 있다(형집행법 시행규칙 제146조 제3항).
① 협의회의 회의는 반기마다 개최한다. 다만, ㉠ 수형자의 사회복귀 지원을 위하여 협의가 필요할 때, ㉡ 회장이 필요하다고 인정하는 때, ㉢ 위원 3분의 1 이상의 요구가 있는 때에는 임시회의를 개최할 수 있다(동법 시행규칙 제148조 제1항).
② 동법 시행규칙 제147조 제1항
④ 동조 제2항

정답 | ③

73

「형의 집행 및 수용자의 처우에 관한 법률 시행규칙」상 수형자 취업지원협의회에 대한 설명으로 가장 옳지 않은 것은? 7급승진 22

① 취업지원협의회의 기능에는 직업적성 및 성격검사 등 각종 검사 및 상담도 포함된다.
② 취업지원협의회는 회장 1명을 포함하여 5명 이상 8명 이하의 내부위원과 10명 이상의 외부위원으로 구성한다.
③ 취업지원협의회의 회장은 소장이 되고, 부회장은 2명을 두되 1명은 소장이 내부위원 중에서 지명하고 1명은 외부위원 중에서 호선한다.
④ 취업지원협의회 외부위원의 임기는 3년으로 하며, 연임할 수 있다.

해설 ② 취업지원협의회는 회장 1명을 포함하여 3명 이상 5명 이하의 내부위원과 10명 이상의 외부위원으로 구성한다(형집행법 시행규칙 제145조 제1항).
① 동법 시행규칙 제144조 제5호
③ 동법 시행규칙 제145조 제2항
④ 동법 시행규칙 제146조 제2항

정답 | ②

74

소장이 직업훈련대상자로 다음과 같은 수형자를 선정하였다고 가정할 때 현행 법령에 위배되는 경우는 모두 몇 개인가?

> ㉠ 15세인 A수형자
> ㉡ 교육과정을 수행할 문자해독능력이 부족한 B수형자
> ㉢ 징벌대상행위의 혐의가 있어 조사 중인 C수형자
> ㉣ 징벌집행 중인 D수형자
> ㉤ 3개월 후 형기가 종료되는 E수형자

① 없음
② 1개
③ 2개
④ 3개

해설 [O] ㉠ 직업훈련대상자 선정 제한사유에 해당하는 경우는 15세 미만이다(시행규칙 제126조 제1호).
㉤ 직업훈련대상자 선정 제한사유에 해당하지 않는다.
[×] ㉡ 시행규칙 제126조 제2호
㉢·㉣ 동조 제3호

정답 | ④

75

「형의 집행 및 수용자의 처우에 관한 법령」상 수형자 교육과 작업시간에 대한 설명으로 옳은 것은?

교정7급 23

① 수형자의 1일 작업시간은 휴식시간을 포함하여 8시간을 초과할 수 없다.

② 소장은 교육을 위하여 필요하면 수형자를 중간처우를 위한 전담교정시설에 수용하여 외부 교육기관에 통학하게 할 수 있다.

③ 소장은 집행할 형기가 1년 남은 수형자도 독학에 의한 학사학위 취득과정 대상자로 선발할 수 있다.

④ 19세 미만 수형자의 1주의 작업시간은 40시간을 초과할 수 없지만, 그 수형자가 신청하는 경우에는 주 8시간 이내의 범위에서 연장할 수 있다.

해설 ② 형집행법 제63조 제3항

① 1일의 작업시간(휴식·운동·식사·접견 등 실제 작업을 실시하지 않는 시간을 제외한다)은 8시간을 초과할 수 없다(동법 제71조 제1항).

③ 소장은 다음 각 호의 요건을 갖춘 수형자가 학사고시반 교육을 신청하는 경우에는 교육대상자로 선발할 수 있다(동법 시행규칙 제110조 제2항).

1. 고등학교 졸업 또는 이와 동등한 수준 이상의 학력이 인정될 것
2. 교육개시일을 기준으로 형기의 3분의 1(21년 이상의 유기형 또는 무기형의 경우에는 7년)이 지났을 것
3. 집행할 형기가 2년 이상일 것

④ 19세 미만 수형자의 작업시간은 1일에 8시간을, 1주에 40시간을 초과할 수 없다(동법 제71조 제4항). 즉, 연장은 불가하다.

법 제71조(작업시간 등)

① 1일의 작업시간(휴식·운동·식사·접견 등 실제 작업을 실시하지 않는 시간을 제외한다)은 8시간을 초과할 수 없다.

② 제1항에도 불구하고 취사·청소·간병 등 교정시설의 운영과 관리에 필요한 작업의 1일 작업시간은 12시간 이내로 한다.

③ 1주의 작업시간은 52시간을 초과할 수 없다. 다만, 수형자가 신청하는 경우에는 1주의 작업시간을 8시간 이내의 범위에서 연장할 수 있다.

④ 제2항 및 제3항에도 불구하고 19세 미만 수형자의 작업시간은 1일에 8시간을, 1주에 40시간을 초과할 수 없다.

⑤ 공휴일·토요일과 대통령령으로 정하는 휴일에는 작업을 부과하지 아니한다. 다만, 다음 각 호의 어느 하나에 해당하는 경우에는 작업을 부과할 수 있다.

1. 제2항에 따른 교정시설의 운영과 관리에 필요한 작업을 하는 경우
2. 작업장의 운영을 위하여 불가피한 경우
3. 공공의 안전이나 공공의 이익을 위하여 긴급히 필요한 경우
4. 수형자가 신청하는 경우

정답 | ②

CHAPTER 05 미결수용자의 처우

01 ★

미결수용자에 관한 설명으로 옳지 않은 것은?

① 미결수용자는 수형자와 다른 법적 지위를 가지므로 수형자처우와는 다른 지도원리가 적용된다.
② 미결수용자에 대해서는 미결구금의 목적에 필요한 최소한의 불이익을 주는 데 그쳐야 하며, 비례성의 원칙이 적용된다.
③ 미결수용자는 무죄의 추정을 받으며, 그에 합당한 처우를 받는다.
④ 미결수용자를 수용하는 시설의 설비 및 계호의 정도는 완화경비시설에 준한다.

해설 ④ 미결수용자를 수용하는 시설의 설비 및 계호의 정도는 일반경비시설에 준한다(시행령 제98조).
③ 법 제79조

정답 | ④

02

현행법상 미결수용자와 관련된 사항으로 옳은 것은?

① 소장은 미결수용자를 상호 분리하고, 서로 간의 접촉을 금지하여야 한다.
② 미결수용자는 수사·재판·국정감사 또는 법률로 정하는 조사에 참석할 때에는 사복을 착용할 수 있다.
③ ②의 경우 소장은 도주의 우려가 크다는 이유로 교정시설에서 지급하는 의류를 입게할 수 없다.
④ 미결수용자의 두발 또는 수염은 어떠한 경우라도 본인의 의사에 반하여 짧게 깎지 못한다.

해설 ② 법 제82조
① 소장은 미결수용자로서 사건에 서로 관련이 있는 사람은 분리수용하고 서로 간의 접촉을 금지하여야 한다(법 제81조). 따라서 미결수용자라도 사건에 서로 관련이 없는 경우에는 분리수용이나 서로 간의 접촉을 금지하지 않아도 된다.
③ 소장은 미결수용자가 수사 ·재판·국정감사 또는 법률로 정하는 조사에 참석할 때에는 사복을 착용할 수 있다. 다만, 소장은 도주우려가 크거나 특히 부적당한 사유가 있다고 인정하면 교정시설에서 지급하는 의류를 입게 할 수 있다(법 제82조).
④ 미결수용자의 머리카락과 수염은 특히 필요한 경우가 아니면 본인의 의사에 반하여 짧게 깎지 못한다(법 제83조). 따라서 특히 필요한 경우에는 본인의 의사에 반하여 짧게 깎을 수 있다.

정답 | ②

03

현행 법령상 미결수용자의 접견에 관한 설명으로 옳지 않은 것은?

① 미결수용자와 변호인과의 접견에는 교도관이 참여하지 못한다.

② 미결수용자와 변호인 간의 편지는 교정시설에서 상대방이 변호인임을 확인할 수 없는 경우에도 검열할 수 없다.

③ 미결수용자와 변호인과의 접견에는 그 내용을 청취 또는 녹취하지 못한다.

④ 변호인과의 접견에는 시간과 횟수에 제한이 없다.

해설 ② 미결수용자와 변호인 간의 편지는 교정시설에서 상대방이 변호인임을 확인할 수 없는 경우를 제외하고는 검열할 수 없다(법 제84조 제3항).

①·③ 동조 제1항

④ 동조 제2항

정답 | ②

04

「형의 집행 및 수용자의 처우에 관한 법률」 및 동법 시행규칙상 미결수용자의 처우에 대한 설명으로 옳은 것은? 교정9급 14

① 미결수용자가 재판·국정감사에 참석할 때에는 사복을 착용할 수 있으나, 교정시설에서 지급하는 의류는 수용자가 희망하거나 동의하는 경우에만 입게 할 수 있다.

② 미결수용자와 변호인 간의 접견은 시간과 횟수를 제한한다.

③ 소장은 미결수용자에 대하여 신청에 따라 교육 또는 교화프로그램을 실시하거나 작업을 부과할 수 있다.

④ 미결수용자에게 징벌을 부과한 경우에는 그것에 관한 양형 참고자료를 작성하여 관할 검찰청 검사 또는 관할 법원에 통보하여야 한다.

해설 ③ 법 제86조 제1항

① 미결수용자는 수사·재판·국정감사 또는 법률로 정하는 조사에 참석할 때에는 사복을 착용할 수 있다. 다만, 소장은 도주우려가 크거나 특히 부적당한 사유가 있다고 인정하면 교정시설에서 지급하는 의류를 입게 할 수 있다(법 제82조). 즉, 미결수용자가 재판·국정감사에 참석할 때에 도주우려가 크거나 특히 부적당한 사유가 있다고 인정하면, 소장은 수용자의 희망이나 동의 없이도 교정시설에서 지급하는 의류를 착용하게 할 수 있다.

② 미결수용자와 변호인 간의 접견은 시간과 횟수를 제한하지 아니한다(법 제84조 제2항).

④ 소장은 미결수용자에게 징벌을 부과한 경우에는 그 징벌대상행위를 양형 참고자료로 작성하여 관할 검찰청 검사 또는 관할 법원에 통보할 수 있다(법 제111조의2).

정답 | ③

05

현행 법령상 미결수용자의 처우에 관한 설명으로 옳지 않은 것은?

① 미결수용자의 접견횟수는 매일 1회가 원칙이나, 변호인과의 접견은 그 횟수에 포함시키지 않는다.

② 소장은 미결수용자의 처우를 위하여 특히 필요하다고 인정하면 접견시간대 외에도 접견하게 할 수 있고, 변호인이 아닌 사람과 접견하는 경우에도 접견시간을 연장하거나 접견횟수를 늘릴 수 있으며, 접촉차단 시설이 없는 장소에서 접견하게 할 수 있다.

③ 소장은 미결수용자에 대하여는 신청에 따라 작업을 부과할 수는 있으나 교육·교화프로그램을 실시할 수는 없다.

④ 미결수용자는 교정시설 밖에서 행하는 작업을 할 수 없다.

해설 ③ 소장은 미결수용자에 대하여는 신청에 따라 교육 또는 교화프로그램을 실시하거나 작업을 부과할 수 있다(법 제86조 제1항).

① 시행령 제101조

② 시행령 제102조

④ 시행령 제103조 제1항

정답 | ③

06 ★

「형의 집행 및 수용자의 처우에 관한 법령」상 다음 중 옳은 것만을 모두 고른 것은? 교정7급 15

> ㉠ 미결수용자의 접견 횟수는 매일 1회로 하되, 변호인과의 접견은 그 횟수에 포함시키지 않는다.
> ㉡ 교정시설의 장은 미결수용자가 도주하거나 미결수용자를 체포한 경우에는 그 사실을 경찰관서에 통보하고, 기소된 상태인 경우에는 검사에게 지체 없이 통보하여야 한다.
> ㉢ 경찰관서에 설치된 유치장에는 수형자를 7일 이상 수용할 수 없다.
> ㉣ 미결수용자는 무죄의 추정을 받으므로 교정시설의 장은 미결수용자가 신청하더라도 작업을 부과할 수 없다.
> ㉤ 미결수용자와 변호인 간의 편지는 교정시설에서 상대방이 변호인임을 확인할 수 없는 경우를 제외하고는 검열할 수 없다.

① ㉠, ㉡ ② ㉠, ㉤ ③ ㉠, ㉢, ㉣ ④ ㉢, ㉣, ㉤

해설 [O] ㉠ 시행령 제101조

㉤ 법 제84조 제3항

[×] ㉡ 소장은 미결수용자가 도주하거나 도주한 미결수용자를 체포한 경우에는 그 사실을 검사에게 통보하고, 기소된 상태인 경우에는 법원에도 지체 없이 통보하여야 한다(시행령 제104조).

㉢ 경찰관서에 설치된 유치장에는 수형자를 30일 이상 수용할 수 없다(시행령 제107조).

㉣ 소장은 미결수용자에 대하여는 신청에 따라 교육 또는 교화프로그램을 실시하거나 작업을 부과할 수 있다(법 제86조 제1항).

정답 | ②

07

미결구금에 대한 설명으로 옳지 않은 것은? 교정7급 12

① 미결수용자가 수형자와 달리 취급받는 가장 중요한 논거는 무죄추정의 원칙이다.
② 미결수용자를 수용하는 시설의 설비 및 계호의 정도는 완화경비시설에 준한다.
③ 징벌대상자로서 조사를 받고 있는 미결수용자라도 변호인과의 접견을 제한할 수 없다.
④ 수형자에게는 교정시설 밖에서의 작업을 허용할 수 있지만 미결수용자에게는 허용되지 않는다.

해설 ② 미결수용자를 수용하는 시설의 설비 및 계호의 정도는 일반경비시설에 준한다(시행령 제98조).
① 법 제79조
③ 법 제84조 제2항
④ 시행령 제103조 제1항

정답 | ②

08

현행법상 미결구금(수용)제도에 대한 설명으로 옳은 것은? (다툼이 있는 경우 판례에 의함) 교정9급 17

① 소장은 미결수용자에 대하여는 직권 또는 신청에 따라 교육 또는 교화프로그램을 실시하거나 작업을 부과할 수 있다.
② 판결선고 전 미결구금일수는 그 전부가 법률상 당연히 본형에 산입하게 되므로 판결에서 별도로 미결구금일수 산입에 관한 사항을 판단할 필요는 없다.
③ 미결수용자의 변호인과의 접견교통권은 질서유지 또는 공공복리를 위한 이유가 있는 때에도 법률로써 제한할 수 없다.
④ 미결수용자가 징벌대상자로서 조사받고 있거나 징벌집행 중인 경우에는 소송서류의 작성 등 수사과정에서의 권리행사가 제한된다.

해설 ② 형법 제57조 제1항 중 "또는 일부" 부분은 헌법재판소 2009.6.25, 2007헌바25 사건의 위헌결정으로 효력이 상실되었다. 그리하여 판결선고 전 미결구금일수는 그 전부가 법률상 당연히 본형에 산입하게 되었으므로, 판결에서 별도로 미결구금일수 산입에 관한 사항을 판단할 필요가 없다고 할 것이다(대판 2009.12.10, 2009도11448).
① 소장은 미결수용자에 대하여는 신청에 따라 교육 또는 교화프로그램을 실시하거나 작업을 부과할 수 있다(법 제86조 제1항).
③ 헌법재판소가 91헌마111 결정에서 미결수용자와 변호인과의 접견에 대해 어떠한 명분으로도 제한할 수 없다고 한 것은 구속된 자와 변호인 간의 접견이 실제로 이루어지는 경우에 있어서의 자유로운 접견, 즉 대화내용에 대하여 비밀이 완전히 보장되고 어떠한 제한, 영향, 압력 또는 부당한 간섭 없이 자유롭게 대화할 수 있는 접견을 제한할 수 없다는 것이지, 변호인과의 접견 자체에 대해 아무런 제한도 가할 수 없다는 것을 의미하는 것이 아니므로 미결수용자의 변호인 접견권 역시 국가안전보장·질서유지 또는 공공복리를 위해 필요한 경우에는 법률로써 제한될 수 있음은 당연하다(헌재결 2011.5.26, 2009 헌마341 전원재판부).
④ 소장은 미결수용자가 징벌대상자로서 조사받고 있거나 징벌집행 중인 경우에도 소송서류의 작성, 변호인과의 접견·편지수수, 그 밖의 수사 및 재판과정에서의 권리행사를 보장하여야 한다(법 제85조).

정답 | ②

09

「형의 집행 및 수용자의 처우에 관한 법률」상 미결수용자에 관한 설명으로 옳지 않은 것은?

사법시험 13

① 소장은 미결수용자의 신청에 따라 작업을 부과할 수 있다.
② 미결수용자가 수용된 거실은 참관할 수 없다.
③ 미결수용자의 두발은 특히 필요한 경우가 아니면 본인의 의사에 반하여 짧게 깎지 못한다.
④ 미결수용자와 변호인의 접견시 교도관은 보이는 거리에서 관찰할 수 있다.
⑤ 소장은 미결수용자가 수사·재판에 참석할 때에는 교정시설에서 지급하는 의류를 입게 하여야 한다.

해설 ⑤ 미결수용자는 수사·재판·국정감사 또는 법률로 정하는 조사에 참석할 때에는 사복을 착용할 수 있다. 다만, 소장은 도주우려가 크거나 특히 부적당한 사유가 있다고 인정하면 교정시설에서 지급하는 의류를 입게 할 수 있다(법 제82조).
① 법 제86조 제1항
② 법 제80조
③ 법 제83조
④ 법 제82조

정답 | ⑤

10

미결수용자의 처우에 관한 내용 중 맞는 것은 모두 몇 개인가?

9급경채 13

㉠ 미결수용자가 수용된 거실은 시찰할 수 없다.
㉡ 미결수용자로서 자유형이 확정되 사람에 대하여는 검사의 집행지휘서가 도달된 때부터 수형자로 처우할 수 있다.
㉢ 특히 필요한 경우에는 본인의 의사에 반하여 미결수용자의 두발을 짧게 깎을 수 있다.
㉣ 미결수용자를 수용하는 시설의 설비 및 계호의 정도는 완화경비시설에 준한다.
㉤ 범죄의 증거인멸을 방지하기 위하여 필요한 경우에는 미결수용자를 교도소에 수용할 수 있다.

① 1개 ② 2개 ③ 3개 ④ 4개

해설 [O] ㉡ 시행령 제82조 제1항
㉢ 법 제83조
㉤ 법 제12조 제1항 제3호
[×] ㉠ 미결수용자가 수용된 거실은 참관할 수 없다(법 제80조).
㉣ 미결수용자를 수용하는 시설의 설비 및 계호의 정도는 일반경비시설에 준한다(시행령 제98조).

정답 | ③

11

현행법상 미결수용자의 처우에 관한 설명 중 옳지 않은 것은? 사법시험 11

① 미결수용자가 수용된 거실은 참관할 수 없다.

② 소장은 미결수용자로서 사건에 서로 관련이 있는 사람은 분리수용하고, 서로 간의 접촉을 금지하여야 한다.

③ 미결수용자가 수사·재판·국정감사 또는 법률로 정하는 조사에 참석할 때에는 사복을 착용할 수 있다.

④ 미결수용자와 변호인접견 시 교도관이 참여하지 못하고, 그 내용을 청취 또는 녹취하지 못하지만, 보이는 거리에서 미결수용자를 관찰할 수 있다.

⑤ 미결수용자가 징벌대상자로서 조사받고 있거나 징벌집행 중인 경우 변호인과의 접견이나 편지수수를 제한할 수 있다.

해설 ⑤ 소장은 미결수용자가 징벌대상자로서 조사받고 있거나 징벌집행 중인 경우에도 소송서류의 작성, 변호인과의 접견·편지수수, 그 밖의 수사 및 재판과정에서의 권리행사를 보장하여야 한다(법 제85조).

① 법 제80조

② 법 제81조

③ 법 제82조

④ 법 제84조 제1항

정답 | ⑤

12

미결수용자의 처우에 관한 설명으로 옳지 않은 것은? 9급경채 15

① 소장은 미결수용자가 징벌집행 중인 경우에도 소송서류의 작성, 변호인과의 접견 및 편지수수 그 밖의 수사 및 재판과정에서의 권리행사를 보장하여야 한다.

② 소장은 미결수용자가 빈곤하거나 무지하여 수사 및 재판과정에서 권리를 충분히 행사하지 못한다고 인정하는 경우에는 법률구조에 필요한 지원을 할 수 있다.

③ 미결수용자는 수사, 재판, 국정감사 또는 법률로 정하는 조사에 참석할 때에는 사복을 착용할 수 있다.

④ 미결수용자의 두발 또는 수염은 어떠한 경우에도 본인의 의사에 반하여 짧게 깎지 못한다.

해설 ④ 미결수용자의 머리카락과 수염은 특히 필요한 경우가 아니면 본인의 의사에 반하여 짧게 깎지 못한다(법 제83조). 따라서 특히 필요한 경우에는 본인의 의사에 반하여 짧게 깎을 수 있다.

① 법 제85조

② 시행령 제99조

③ 법 제83조

정답 | ④

13 ★

형의 집행 및 수용자의 처우에 관한 법령상 미결수용자의 처우에 대한 설명으로 옳지 않은 것은?

교정9급 20

① 미결수용자는 무죄의 추정을 받으며, 미결수용자가 수용된 거실은 참관할 수 없다.

② 소장은 미결수용자의 신청에 따라 작업을 부과할 수 있으며, 이에 따라 작업이 부과된 미결수용자가 작업의 취소를 요청하는 경우에는 그 미결수용자의 의사, 건강 및 교도관의 의견 등을 고려하여 작업을 취소할 수 있다.

③ 소장은 미결수용자가 도주하거나 도주한 미결수용자를 체포한 경우 및 미결수용자가 위독하거나 사망한 경우에는 그 사실을 검사에게 통보하고, 기소된 상태인 경우에는 법원에도 지체 없이 통보하여야 한다.

④ 소장은 미결수용자로서 사건에 서로 관련이 있는 사람은 분리수용하고 서로 간의 접촉을 금지하여야 하며, 만약 미결수용자를 이송, 출정 또는 그 밖의 사유로 교정시설 밖으로 호송하는 경우에는 반드시 해당 사건에 관련된 사람이 탑승한 호송차량이 아닌 별도의 호송차량에 탑승시켜야 한다.

해설 ④ 소장은 미결수용자로서 사건에 서로 관련이 있는 사람은 분리수용하고 서로 간의 접촉을 금지하여야 하며(법 제81조), 이송이나 출정, 그 밖의 사유로 미결수용자를 교정시설 밖으로 호송하는 경우에는 해당 사건에 관련된 사람과 호송차량의 좌석을 분리하는 등의 방법으로 서로 접촉하지 못하게 하여야 한다(시행령 제100조).

① 법 제79조, 제80조

② 법 제86조 제1항, 시행령 제103조 제2항

③ 시행령 제104조, 제105조

정답 | ④

14

현행 법령상 미결수용자의 처우에 관한 설명 중 틀린 것은? 9급특채 12

① 미결수용자와 변호인 간의 접견은 시간과 횟수를 제한하지 않는다.

② 미결수용자의 신청에 의한 교화프로그램 실시는 교정시설 내에서 행하는 것에 한정한다. 그러나 처우상 특히 필요한 경우에는 교정시설 밖에서 행하는 것도 포함된다.

③ 미결수용자를 수용하는 시설의 설비 및 계호의 정도는 일반경비시설에 준한다.

④ 소장은 미결수용자가 사망한 경우 그 사실을 검사에게 통보한다. 기소된 경우에는 법원에도 지체 없이 통보한다.

해설 ② 미결수용에 대한 교육·교화프로그램 또는 작업은 교정시설 밖에서 행하는 것은 포함하지 아니한다(시행령 제103조 제1항).

① 법 제84조 제2항

③ 시행령 제98조

④ 시행령 제105조

정답 | ②

15

다음 소장의 조치 중 위법하다고 보기 어려운 것은?

① 교도관에게 매주 1회씩 수형자의 작업실적을 확인하도록 하였다.

② 귀휴자에게 3일의 귀휴를 허가하면서 귀휴지를 관할하는 경찰관서의 장에게 그 사실을 통보하지 않았다.

③ 미결수용자가 빈곤하여 수사 및 재판과정에서 권리를 충분히 행사하지 못한다고 인정하면서도 법률구조에 필요한 지원을 하지 않았다.

④ 기소된 상태의 미결수용자를 체포한 후 그 사실을 검사에게만 통보하고, 법원에는 통보하지 않았다.

해설 ③ 소장은 미결수용자가 빈곤하거나 무지하여 수사 및 재판과정에서 권리를 충분히 행사하지 못한다고 인정하는 경우에는 법률구조에 필요한 지원을 할 수 있다(시행령 제99조). 즉, 이 경우 소장의 조치는 의무가 아니라 재량이므로, 법률구조에 필요한 지원을 하지 않았다고 해서 위법하다고 할 수 없다.

① 소장은 교도관에게 매일 수형자의 작업실적을 확인하게 하여야 한다(시행령 제92조).

② 소장은 2일 이상의 귀휴를 허가한 경우에는 귀휴를 허가받은 사람(귀휴자)의 귀휴지를 관할하는 경찰관서의 장에게 그 사실을 통보하여야 한다(시행령 제97조 제1항).

④ 소장은 미결수용자가 도주하거나 도주한 미결수용자를 체포한 경우에는 그 사실을 검사에게 통보하고, 기소된 상태인 경우에는 법원에도 지체 없이 통보하여야 한다(시행령 제104조).

정답 | ③

16

다음의 미결수용자의 처우에 관한 설명으로 옳지 않은 것을 모두 고른 것은? 교정7급 10

㉠ 미결수용자가 수용된 거실은 참관할 수 없다. ㉡ 미결수용자가 30일 이내의 접견제한의 징벌을 받아 그 집행 중인 경우에는 그 집행기간 동안 변호인과의 접견이 제한된다. ㉢ 교정시설의 장은 미결수용자의 신청이 있더라도 작업을 부과할 수 없다. ㉣ 미결수용자가 범죄의 증거를 인멸할 우려가 있는 때에는 변호인과의 접견에 교도관이 참여하여 대화 내용을 기록할 수 있다.

① ㉠, ㉣ ② ㉡, ㉣ ③ ㉠, ㉡, ㉢ ④ ㉡, ㉢, ㉣

해설 [×] ㉡ 소장은 미결수용자가 징벌대상자로서 조사받고 있거나 징벌집행 중인 경우에도 소송서류의 작성, 변호인과의 접견·편지수수, 그 밖의 수사 및 재판과정에서의 권리행사를 보장하여야 한다(법 제85조).

㉢ 소장은 미결수용자에 대하여는 신청에 따라 교육 또는 교화프로그램을 실시하거나 작업을 부과할 수 있다(법 제86조 제1항).

㉣ 미결수용자와 변호인과의 접견에는 교도관이 참여하지 못하며 그 내용을 청취 또는 녹취하지 못한다. 다만, 보이는 거리에서 미결수용자를 관찰할 수 있다(법 제84조 제1항)

[○] ㉠ 법 제80조

정답 | ④

17

「형의 집행 및 수용자의 처우에 관한 법률」상 미결수용자의 처우에 대한 설명으로 가장 옳은 것은?

5급승진 22

① 미결수용자가 수용된 거실과 교정시설은 참관할 수 없다.

② 미결수용자는 수사·재판·국정감사 또는 법률로 정하는 조사에 참석할 때에는 사복을 착용할 수 있다. 다만, 소장은 도주우려가 크거나 특히 부적당한 사유가 있다고 인정하면 출석을 요청한 기관에서 지급하는 의류를 입게 할 수 있다.

③ 소장은 미결수용자에 대하여는 신청에 따라 교육 또는 교화프로그램을 실시하거나 작업을 부과할 수 있다.

④ 소장은 미결수용자가 징벌대상자로서 조사받고 있거나 징벌집행 중인 경우에도 소송서류의 작성, 교정시설의 외부에 있는 가족과의 접견·편지수수, 그 밖의 수사 및 재판과정에서의 권리행사를 보장하여야 한다.

해설 ③ 형집행법 제86조 제1항

① 미결수용자가 수용된 거실은 참관할 수 없다(동법 제80조).

② 미결수용자는 수사·재판·국정감사 또는 법률로 정하는 조사에 참석할 때에는 사복을 착용할 수 있다. 다만, 소장은 도주우려가 크거나 특히 부적당한 사유가 있다고 인정하면 교정시설에서 지급하는 의류를 입게 할 수 있다(동법 제82조).

④ 소장은 미결수용자가 징벌대상자로서 조사받고 있거나 징벌집행 중인 경우에도 소송서류의 작성, 변호인과의 접견·편지수수, 그 밖의 수사 및 재판과정에서의 권리행사를 보장하여야 한다(동법 제85조).

정답 | ③

18

「형의 집행 및 수용자의 처우에 관한 법률 시행령」상 미결수용자의 처우에 대한 설명으로 가장 옳지 않은 것은?

6급승진 22

① 미결수용자를 수용하는 시설의 설비 및 계호의 정도는 완화경비시설에 준한다.

② 미결수용자의 접견횟수는 매일 1회로 하되, 변호인과의 접견은 그 횟수에 포함시키지 않는다.

③ 소장은 이송이나 출정, 그 밖의 사유로 미결수용자를 교정시설 밖으로 호송하는 경우에는 해당 사건에 관련된 사람과 호송차량의 좌석을 분리하는 등의 방법으로 서로 접촉하지 못하게 하여야 한다.

④ 소장은 미결수용자가 빈곤하거나 무지하여 수사 및 재판과정에서 권리를 충분히 행사하지 못한다고 인정하는 경우에는 법률구조에 필요한 지원을 할 수 있다.

해설 ① 미결수용자를 수용하는 시설의 설비 및 계호의 정도는 일반경비시설에 준한다(형집행법 시행령 제98조).

② 동법 시행령 제101조

③ 동법 시행령 제100조

④ 동법 시행령 제99조

정답 | ①

19

형의 집행 및 수용자의 처우에 관한 법률」상 미결수용자의 처우에 대한 설명으로 옳지 않은 것은 모두 몇 개인가? 7급승진 23

㉠ 소장은 미결수용자 甲이 징벌집행 중인 경우에는 변호인과의 접견을 보장하지 않아도 된다. ㉡ 소장은 미결수용자 乙에 대하여 직권으로 교육 또는 교화프로그램을 실시하거나 작업을 부과할 수 있다. ㉢ 미결수용자 丙이 변호인과 접견할 때에는 교도관은 참여하지 못하며, 보이는 거리에서 丙을 관찰할 수도 없다.

① 0개　② 1개
③ 2개　④ 3개

해설 모두 옳지 않은 설명이다.

㉠ 소장은 미결수용자가 징벌대상자로서 조사받고 있거나 징벌집행 중인 경우에도 소송서류의 작성, 변호인과의 접견·편지수수, 그 밖의 수사 및 재판과정에서의 권리행사를 보장하여야 한다(형집행법 제85조).

㉡ 소장은 미결수용자에 대하여는 신청에 따라 교육 또는 교화프로그램을 실시하거나 작업을 부과할 수 있다(동법 제86조 제1항).

㉢ 미결수용자와 변호인과의 접견에는 교도관이 참여하지 못하며 그 내용을 청취 또는 녹취하지 못한다. 다만, 보이는 거리에서 미결수용자를 관찰할 수 있다(동법 제84조 제1항).

정답 | ④

박상민

JUSTICE 교정학
단원별 핵심천제
[교정학편]

PART

06

사회적 처우

CHAPTER

01 사회적 처우와 개방처우

01

사회적 처우에 대한 설명으로 옳지 않은 것은? 교정7급 14

① 사회견학, 사회봉사, 종교행사 참석, 연극, 영화, 그 밖의 문화공연 관람은 사회적 처우에 속한다.
② 교정시설의 장은 원칙적으로 개방처우급, 완화경비처우급 및 일반경비처우급 수형자에 한하여 교정시설 밖에서 이루어지는 활동을 허가할 수 있다.
③ 연극이나 영화, 그 밖의 문화공연 관람에 필요한 비용은 수형자 부담이 원칙이며, 처우상 필요한 경우에는 예산의 범위에서 그 비용을 지원할 수 있다.
④ 교정시설의 장은 사회적 처우시에 별도의 수형자 의류를 지정하여 입게 하지만 처우상 필요한 경우 자비구매의류를 입게 할 수 있다.

해설 ② 소장은 개방처우급·완화경비처우급 수형자에 대하여 교정시설 밖에서 이루어지는 사회견학, 사회봉사, 자신이 신봉하는 종교행사 참석 및 연극, 영화, 그 밖의 문화공연 관람을 허가할 수 있다. 다만, 처우상 특히 필요한 경우에는 일반경비처우급 수형자에게도 이를 허가할 수 있다(시행규칙 제92조 제1항). 즉 교정시설 밖에서 이루어지는 활동의 허가대상은 원칙적으로 개방처우급·완화경비처우급 수형자이다.
③ 시행규칙 제92조 제3항
④ 동조 제2항

정답 | ②

02

「형의 집행 및 수용자의 처우에 관한 법령」상 수형자의 사회적 처우와 위로금에 대한 설명으로 옳은 것은? 교정7급 23

① 화상접견은 접견 허용횟수에 포함되지만, 가족만남의 날 참여는 접견 허용횟수에 포함되지 않는다.
② 사회적 처우 활동 중 사회견학이나 사회봉사에 필요한 비용은 수형자가 부담한다.
③ 가족만남의 집 이용은 완화경비처우급과 개방처우급 수형자에 한하여 그 대상이 될 수 있다.
④ 작업으로 인한 부상으로 신체에 장해가 발생한 때 지급하는 위로금은 소장이 수형자를 석방할 때 수형자 본인에게 지급하여야 한다.

해설 ① 형집행법 시행규칙 제87조 제3항 후단, 제89조 제1항 후단
② 연극, 영화, 그 밖의 문화공연 관람의 활동에 필요한 비용은 수형자가 부담한다. 다만, 처우상 필요한 경우에는 예산의 범위에서 그 비용을 지원할 수 있다(동법 시행규칙 제92조 제3항)
③ 소장은 교화를 위하여 특히 필요한 경우에는 일반경비처우급 수형자에 대하여도 가족만남의 날 행사 참여 또는 가족만남의 집 이용을 허가할 수 있다(동법 시행규칙 제89조 제3항).
④ 위로금은 본인에게 지급하고, 조위금은 그 상속인에게 지급한다(동법 제74조 제2항). 이때 석방시기와 관계없이 즉시 지급한다.

정답 | ①

03

사회 내 처우로만 바르게 짝지은 것은? 교정7급 15

① 귀휴 – 사회봉사명령 – 병영훈련
② 주말구금 – 단기보호관찰 – 외부통근
③ 가택구금 – 사회견학 – 집중보호관찰
④ 수강명령 – 전자발찌 – 외출제한명령

해설 ④ 모두 사회 내 처우에 해당한다.
① 귀휴 ② 주말구금과 외부통근, ③ 사회견학은 사회적 처우, 가택구금은 사회 내 처우에 해당한다.

정답 | ④

04

사회 내 처우에 관한 설명으로 옳지 않은 것은?

① 시설 내 처우에 대응하는 개념으로 범죄인의 사회 내 생활을 보장하면서 보호관찰 등의 지도·감독·원조를 통해 재범을 방지하고 개선을 도모하는 제도를 말한다.
② 대상자를 교정시설에 수용하면서 범죄인의 사회적응을 용이하게 한다는 점에서 사회적 처우와 유사하다.
③ 보호적 처우, 비시설적 처우 등은 사회 내 처우의 다른 표현이다.
④ 시설 내 처우에 소요되는 비용이 사회 내 처우의 비용보다 월등하게 많다는 것이 사회 내 처우의 등장배경 중 하나가 되었다.

해설 ② 사회 내 처우(Community－Based Treatment)는 대상자를 교정시설에 수용하지 않는다는 점에서 교정시설의 수용을 전제로 범죄인의 사회적응을 돕는 사회적 처우와 구별된다.

정답 | ②

05 ★

사회 내 처우에 해당하지 않는 것을 모두 고른 것은? 교정9급 12

㉠ 보호관찰	㉡ 외부통근
㉢ 귀휴	㉣ 사회봉사명령·수강명령
㉤ 주말구금	㉥ 갱생보호
㉦ 부부 및 가족접견	㉧ 가석방
㉨ 개방교도소	㉩ 전자감시부 가택구금

① ㉠, ㉣, ㉥, ㉦, ㉧　　② ㉠, ㉢, ㉤, ㉧, ㉩
③ ㉡, ㉣, ㉥, ㉨, ㉩　　④ ㉡, ㉢, ㉤, ㉦, ㉨

해설 [해당 ×] ㉡ 외부통근, ㉢ 귀휴, ㉤ 주말구금, ㉦ 부부 및 가족접견, ㉨ 개방교도소
[해당 ○] ㉠ 보호관찰, ㉣ 사회봉사명령·수강명령, ㉥ 갱생보호, ㉧ 가석방, ㉩ 전자감시부 가택구금

정답 | ④

06

사회 내 처우에 대한 설명 중 잘못된 것은?

① 구금으로 인한 범죄배양효과 내지 낙인효과를 피할 수 있다.
② 형사사법기관의 부담을 경감시킨다.
③ 소년원 송치처분이 대표적인 사회 내 처우라 할 수 있다.
④ 구금에 따른 교정시설 운용비용을 절약하여 국가재정을 덜어 준다.

해설 ③ 소년원 송치처분은 시설 내 처우이다.

정답 | ③

07

사회 내 처우에 대한 설명으로 옳지 않은 것은? 교정9급 17

① 배상제도는 범죄자로 하여금 범죄로 인한 피해자의 경제적 손실을 금전적으로 배상하게 하는 것으로, 범죄자의 사회복귀를 도울 수 있으며 범죄자에게 범죄에 대한 속죄의 기회를 제공한다.
② 사회봉사명령은 유죄가 인정된 범죄인이나 비행소년을 교화·개선하기 위해 이들로부터 일정한 여가를 박탈함으로써 처벌의 효과도 얻을 수 있고, 동시에 교육훈련을 통하여 자기개선적 효과를 기대할 수 있다.
③ 집중감시(감독)보호관찰은 감독의 강도가 일반보호관찰보다는 높고 구금에 비해서는 낮은 것으로, 집중적인 접촉관찰을 실시함으로써 대상자의 욕구와 문제점을 보다 정확히 파악하고, 이에 알맞은 지도·감독 및 원호를 실시하여 재범방지의 효과를 높일 수 있다.
④ 전자감시(감독)제도는 처벌프로그램의 종류라기보다는 대상자의 위치를 파악할 수 있는 감시(감독)기술로서, 구금으로 인한 폐해를 줄일 수 있고 대상자가 교화·개선에 도움이 되는 각종 교육훈련과 상담을 받을 수 있다.

해설 ② 수강명령에 대한 설명이다. 수강명령은 유죄가 인정된 범죄인이나 보호소년을 교화·개선하기 위해 일정한 강의나 교육을 받도록 명하는 것을 말한다.
참고로, 사회봉사명령은 유죄가 인정된 범죄인이나 보호소년을 교도소나 소년원에 구금하는 대신, 정상적인 사회생활을 영위하면서 일정한 기간 내에 지정된 시간 동안 무보수로 근로에 종사토록 명하는 것을 말한다.

정답 | ②

08

사회 내 처우의 긍정적 효과로 주장되는 내용이 아닌 것은?

① 단기자유형의 폐해 제거
② 과밀수용의 해소
③ 사회방위의 강화
④ 범죄적 악풍감염의 방지

해설 ③ 사회 내 처우는 범죄인을 격리하여 구금하지 않고 사회에서 생활을 영위하게 하므로, 사회방위적 측면에서는 불리하다고 볼 수 있다.

정답 | ③

09

다음 중 사회 내 처우에 관한 설명으로 가장 적절하지 않은 것은?

① 단기자유형의 폐해에 대한 반성에서 비롯되었다.
② 비판범죄학이 사상적 토대가 되었다.
③ 시설 내 처우에 비해 재사회화 및 경제성 면에서 유리하다는 장점이 있다.
④ 그린버그(Greenberg)는 사회 내 처우가 시설 내 처우보다 더 경제적이라는 주장은 잘못된 것이라고 비판하였다. 범죄인처우의 국가개입이 실효를 거두지 못하고 있음을 비판하고, 비형법적 방법으로 범죄인을 처우할 것을 주장하며, 비범죄화(Decriminalization), 비형벌화(Depenalization), 비시설수용화(Deinstitutionalization), 전환(Diversion) 등 이른바 4D 정책을 주장하여 사회 내 처우의 확대 필요성에 대한 이론적 토양을 제공하였다.

해설 ② 사회 내 처우는 시설 내 처우의 폐단에 대한 반성에서 주장된 것으로, 어떠한 이념적 결과물이 아닌 역사적·경험적 산물로 보는 것이 일반적이다. 굳이 사상적 토대를 말한다면 낙인이론이 비형법적 방법으로 범죄인을 처우할 것을 주장하면서 사회 내 처우의 확대필요성을 주장하였으므로, 낙인이론이 사회 내 처우와 가장 관련성이 있다고 보아야 한다.

정답 | ②

10

사회 내 처우에 대한 설명으로 옳지 않은 것은? 교정7급 13

① 시설 내 처우의 범죄학습효과와 낙인효과를 피할 수 있다.
② 형법, 치료감호 등에 관한 법률, 청소년 보호법, 성폭력범죄의 처벌 등에 관한 특례법은 보호관찰규정을 두고 있다.
③ 사회 내 처우에는 전자감시, 가택구금, 사회봉사명령 그리고 외출제한명령 등이 포함된다.
④ 사회 내 처우의 주대상자는 원칙적으로 비행청소년이나 경미범죄자 또는 과실범이다.

해설 ② 형법, 치료 감호 등에 관한 법률, 성폭력범죄의 처벌 등에 관한 특례법은 보호관찰규정을 두고 있으나, 청소년 보호법은 보호관찰규정을 두고 있지 않다.

정답 | ②

11

갱생보호에 관한 설명으로 옳은 것은?

① 일반예방주의를 사상적 기초로 한다.
② 대륙법계에서는 주로 민간인 차원에서, 영미법계에서는 주로 국가적 차원에서 전개되었다.
③ 미국의 갱생보호활동은 1862년 갱생보호법의 제정을 계기로 본격화되었다.
④ 1872년 개최된 국제형무회의에서는 갱생보호사업에 대한 국제적 협력의 중요성과 갱생보호를 위한 민간단체의 필요성을 강조하였다.

해설 ① 갱생보호제도는 형법이론 중 신파의 특별예방주의를 사상적 기초로 한다.
② 갱생보호는 대륙법계에서는 주로 국가적 차원, 영미법계에서는 주로 민간인 차원에서 전개되었다.
③ 1862년 갱생보호법을 제정한 나라는 영국이다.

정답 | ④

12

갱생보호제도의 선구자로 평가받고 있는 사람은?

① 위스터(Wister)

② 어거스터스(Augustus)

③ 그린우드(Greenwood)

④ 윌슨(Wilson)

해설 ① 리차드 위스터(R. Wister)는 1776년 「고통 받는 수형자를 돕기 위한 필라델피아협회」를 조직하여 갱생보호활동을 전개한 사람으로, 갱생보호제도의 개척자로 평가받고 있다.

② 보호관찰제도의 선구자로 평가받고 있는 사람이다.

③·④ 무능력화전략을 주장한 사람들이다.

정답 | ①

13 ★

「보호관찰 등에 관한 법률」상 갱생보호제도에 대한 설명으로 옳지 않은 것은? 교정9급 14

① 갱생보호의 방법에는 주거지원, 출소예정자 사전상담, 갱생보호대상자의 가족에 대한 지원이 포함된다.

② 갱생보호사업을 하려는 자는 대통령령으로 정하는 바에 따라 법무부장관의 허가를 받아야 한다.

③ 법무부장관은 갱생보호사업자의 허가를 취소하려면 청문을 하여야 한다.

④ 갱생보호사업을 효율적으로 추진하기 위하여 한국법무보호복지공단을 설립한다.

해설 ② 갱생보호사업을 하려는 자는 법무부령으로 정하는 바에 따라 법무부장관의 허가를 받아야 한다. 허가받은 사항을 변경하려는 경우에도 또한 같다(보호관찰 등에 관한 법률 제67조 제1항).

① 동법 제3조 제3항

③ 동법 제70조의2

④ 동법 제71조

정답 | ②

14

「보호관찰 등에 관한 법률」상 갱생보호제도에 대한 설명으로 옳은 것은? 교정7급 15

① 형사처분 또는 보호처분을 받은 자, 형집행정지 중인 자 등이 갱생보호의 대상자이다.
② 갱생보호대상자는 보호관찰소의 장에게만 갱생보호신청을 할 수 있다.
③ 갱생보호사업을 하려는 자는 대통령령으로 정하는 바에 따라 지방교정청장의 허가를 받아야 한다.
④ 갱생보호의 방법에는 주거 지원, 출소예정자 사전상담, 갱생보호대상자의 가족에 대한 지원이 포함된다.

해설 ④ 보호관찰 등에 관한 법률 제65조
① 갱생보호대상자는 형사처분 또는 보호처분을 받은 사람으로서 자립갱생을 위한 숙식제공, 주거지원, 창업지원, 직업훈련 및 취업지원 등 보호의 필요성이 인정되는 사람으로 한다(동법 제3조 제3항). 따라서 형집행정지 중인 자는 갱생보호대상자에 해당하지 않는다.
② 갱생보호대상자와 관계기관은 보호관찰소의 장, 갱생보호사업 허가를 받은 자 또는 한국법무보호복지공단에 갱생보호 신청을 할 수 있다(동법 제66조 제1항).
③ 갱생보호사업을 하려는 자는 법무부령으로 정하는 바에 따라 법무부장관의 허가를 받아야 한다. 허가받은 사항을 변경하려는 경우에도 또한 같다(동법 제67조 제1항).

정답 | ④

15

갱생보호에 관한 설명으로 옳지 않은 것은? 행정고시 03

① 미국의 갱생보호제도는 석방자에 대한 민간단체의 자선활동에서 비롯되었다.
② 독일에서는 국가를 중심으로 한 보호활동에서 출발하였다.
③ 우리나라에서는 원칙적으로 임의적 갱생보호만을 인정하고 있다.
④ 현행 「보호관찰 등에 관한 법률」상 갱생보호대상자는 형사처분 또는 보호처분을 받은 사람이다.
⑤ 우리나라에서 갱생보호사업은 갱생보호회에서 담당·집행하고 있다.

해설 [O] ③ 보호관찰 등에 관한 법률 제66조 제1항 참조
④ 동법 제3조 제3항
[×] ⑤ 갱생보호사업을 효율적으로 추진하기 위하여 한국법무보호복지공단을 설립한다(동법 제71조).

정답 | ⑤

16

갱생보호사업의 허가기준이 아닌 것은?

① 갱생보호사업에 필요한 경제적 능력을 가질 것
② 갱생보호사업의 허가신청자가 사회적 신망이 있을 것
③ 갱생보호사업의 조직 및 회계처리 기준이 공개적일 것
④ 갱생보호에 적합한 자격이 있다고 인정할 만한 사업실적이 있을 것

해설 갱생보호사업의 허가기준은 ①·②·③이다(보호관찰 등에 관한 법률 제68조 참조).

정답 | ④

17

우리나라 갱생보호제도에 대한 설명으로 옳지 않은 것은? 교정7급 11

① 갱생보호 대상자는 형사처분 또는 보호처분을 받은 사람이다.
② 갱생보호사업을 하려는 자는 법무부장관의 허가를 받아야 한다.
③ 우리나라는 석방자에 대한 필요적 갱생보호를 인정하고 있다.
④ 갱생보호사업을 효율적으로 추진하기 위하여 한국법무보호복지공단이 설립되어 있다.

해설 ③ 보호관찰 등에 관한 법률상 석방자의 갱생보호는 대상자의 신청에 의하도록 함으로써 임의적 갱생보호를 원칙으로 하고 있다(보호관찰 등에 관한 법률 제66조 제1항).
① 동법 제3조 제3항
② 동법 제67조 제1항
④ 우리나라의 갱생보호사업은 보호관찰 등에 관한 법률에 의해 설립되어 법무부의 지휘·감독을 받는 공법인인 한국법무보호복지공단에서 담당하고 있다.

정답 | ③

18

「보호관찰 등에 관한 법률 시행규칙」상 원호협의회에 대한 설명으로 옳은 것은? 교정9급 14

① 위원의 임기는 3년으로 한다.

② 원호협의회는 3명 이상 5명 이하의 위원으로 구성한다.

③ 위원장은 보호관찰 대상자에 대한 특정분야의 원호활동을 각 위원에게 개별적으로 의뢰할 수 있다.

④ 검사는 원호활동을 종합적이고 체계적으로 전개하기 위하여 원호협의회를 설치할 수 있다.

해설 ③ 보호관찰 등에 관한 법률 시행규칙 제25조의2 제6항

① 위원의 임기는 2년으로 한다(동조 제25조의2 제3항).

② 원호협의회는 5명 이상의 위원으로 구성하되, 보호관찰소의 장은 당연직 위원으로서 위원장이 된다(동조 제2항 참조).

④ 보호관찰소의 장은 법 제34조의 원호활동을 종합적이고 체계적으로 전개하기 위하여 원호협의회를 설치할 수 있다(동조 제1항).

정답 | ③

19

현행법상 한국법무보호복지공단에 관한 내용으로 옳지 않은 것은 모두 몇 개인가?

㉠ 공단은 법인으로 한다.
㉡ 공단은 정관으로 정하는 바에 따라 지부 및 지소를 둘 수 있다.
㉢ 공단이 정관을 변경한 경우에는 지체 없이 법무부장관에게 보고하여야 한다.
㉣ 이사장은 법무부장관이 임명하고, 그 임기는 3년으로 하되 연임할 수 있다.
㉤ 공단에 이사장 1명을 포함한 10명 이내의 이사와 감사 1명을 둔다.
㉥ 감사는 이사장의 제청에 의하여 법무부장관이 임명한다.

① 1개 ② 2개 ③ 3개 ④ 4개

해설 [×] ㉢ 공단은 정관을 변경하려면 법무부장관의 인가를 받아야 한다(보호관찰 등에 관한 법률 제74조 제2항).
㉤ 공단에 이사장 1명을 포함한 15명 이내의 이사와 감사 2명을 둔다(동법 제76조 제1항).

[○] ㉠ 동법 제72조
㉡ 동법 제73조 제2항
㉣ 동법 제76조 제2항
㉥ 동조 제4항

정답 | ②

20

개방처우에 관한 설명으로 옳은 것은?

① 이론적으로 그 의의와 내용이 정립된 개념이다.

② 사회 내 처우의 일종이다.

③ 사회일상생활을 영위하게 하면서 처우하는 것을 근간으로 한다.

④ 협의의 개방처우에는 귀휴·주말구금제 등이 포함되지 않는다.

해설 ① 개방처우는 이론적으로 정립된 개념이 아니라, 각국에서 연혁적으로 정립된 역사적·경험적 개념이다.
② 개방처우는 사회적 처우의 일종이다.
③ 시설 내 처우에 기반을 둔 상태에서 가급적 일반사회인의 생활에 근접한 처우를 행한다.
④ 협의의 개방처우란 시설적 측면에 중점을 둔 개념으로서 보다 완화된 시설에서 수형자의 자율을 보장하는 처우를 의미하므로, 귀휴나 주말구금제 등은 협의의 개방처우에 포함되지 않는다.

정답 | ④

21

시설 내의 엄격한 처우를 완화하기 위한 개방처우에 속하지 않는 것은?

① 외부통근제

② 수용자자치제

③ 부부만남의 집

④ 주말구금제

⑤ 개방교도소

해설 ② 수용자자치제는 시설 내 처우의 일종이다.

정답 | ②

22

개방처우에 대한 설명으로 옳지 않은 것은? 교정7급 13

① 개방처우의 유형으로는 외부통근제도, 주말구금제도, 부부접견제도 그리고 민영교도소제도 등을 들 수 있다.

② 개방시설에서의 처우는 유형적·물리적 도주방지장치가 전부 또는 일부가 없고 수용자의 자율 및 책임감에 기반을 둔 처우제도이다.

③ 외부통근제도는 수형자를 주간에 외부의 교육기관에서 교육을 받게 하거나, 작업장에서 생산작업에 종사하게 하는 것으로 사법형, 행정형 그리고 혼합형으로 구분된다.

④ 우리나라는 가족만남의 집 운영을 통해 부부접견제도를 두고 있다고 해석할 수 있고, 외부통근제도도 시행하고 있으나 주말구금제도는 시행하고 있지 않다.

해설 ① 외부통근제도, 주말구금제도, 부부접견제도 등은 개방처우의 유형에 해당하나, 민영교도소제도는 개방처우의 유형에 해당하지 않는다. 민영교도소제도는 운영의 주체가 민간이라는 것 외에 처우의 측면에 있어서는 국영교도소와 다를 바 없기 때문이다.

정답 | ①

23

개방처우의 형사정책적 평가로 가장 적절하지 않은 것은?

① 자발적 개선의욕을 촉진시킨다.

② 수형자의 사회적응력 향상에 적합하다.

③ 외부인과의 부정한 거래를 쉽게 차단할 수 있다.

④ 정서적 안정을 도모할 수 있다.

해설 ③ 개방처우는 통상적인 계호 및 감시를 완화하므로 수형자와 외부인의 부정한 거래를 차단하기 어렵다는 단점이 있다.

➤ 개방처우의 장단점

장점	단점
• 수형자의 신체적 정신적 건강에 유리 • 수형자의 자발적 개선의욕 증진 및 사회복귀 촉진 • 가족이나 친지 등과의 유대감 지속으로 정서적 안정 도모 • 통제 및 감시에 소요되는 비용의 절감 • 형벌의 인도화에 기여	• 국민의 법감정에 배치 • 도주위험의 증가 • 완화된 계호와 감시를 이용하여 외부인과의 부정한 거래 가능 • 형사사법망의 확대를 초래할 수 있음

정답 | ③

24 ★

「형의 집행 및 수용자의 처우에 관한 법률 시행규칙」상 지역사회에 설치된 개방시설에 수용하여 중간처우를 할 수 있는 자만을 모두 고르면? 교정7급 19

> ㉠ 완화경비처우급 수형자이고, 형기는 2년이며, 범죄횟수는 1회, 중간처우를 받는 날부터 가석방 예정일까지의 기간이 3개월인 자
> ㉡ 개방처우급 수형자이고, 형기는 3년이며, 범죄횟수는 1회, 중간처우를 받는 날부터 형기종료 예정일까지의 기간이 6개월인 자
> ㉢ 완화경비처우급 수형자이고, 형기는 4년이며, 범죄횟수는 1회, 중간처우를 받는 날부터 가석방 예정일까지의 기간이 6개월인 자
> ㉣ 개방처우급 수형자이고, 형기는 3년이며, 범죄횟수는 1회, 중간처우를 받는 날부터 형기종료 예정일까지의 기간이 9개월인 자

① ㉠, ㉡ ② ㉡, ㉢ ③ ㉠, ㉡, ㉢ ④ ㉡, ㉢, ㉣

해설 ㉠ 형기가 2년이므로 중간처우 대상이 맞다.
㉡·㉢ 지역사회에 설치된 개방시설에 수용하여 중간처우를 할 수 있는 대상자이다(형집행법 시행규칙 제93조 제2항).
㉣ 9개월 미만에서 1년 6개월로 바뀌었으므로 맞다.

교정시설의 개방시설 수용 중간처우 대상자
- 개방처우급 혹은 완화경비처우급 수형자
- 형기가 2년 이상인 사람
- 범죄횟수가 3회 이하인 사람
- 중간처우를 받는 날부터 가석방 또는 형기종료 예정일까지 기간이 3개월 이상 2년 6개월 이하인 사람

지역사회의 개방시설 수용 중간처우 대상자
- 개방처우급 혹은 완화경비처우급 수형자
- 형기가 2년 이상인 사람
- 범죄횟수가 1회 이하인 사람
- 중간처우를 받는 날부터 가석방 또는 형기종료 예정일까지의 기간이 1년 6개월 미만인 수형자

정답 | ④

25

현행 형집행법상 중간처우에 관한 설명으로 옳지 않은 것은?

① 소장은 가석방 또는 형기종료를 앞둔 수형자 중에서 법무부령으로 정하는 일정한 요건을 갖춘 사람에 대해서는 가석방 또는 형기종료 전 일정 기간 동안 지역사회 또는 교정시설에 설치된 개방시설에 수용하여 사회적응에 필요한 교육, 취업지원 등의 적정한 처우를 할 수 있다.

② 중간처우 대상자는 법무부장관이 특히 그 처우를 전담하도록 정하는 시설("전담교정시설")에 수용되며, 그 특성에 알맞은 처우를 받는다. 다만, 전담교정시설의 부족이나 그 밖의 부득이한 사정이 있는 경우에는 예외로 할 수 있다.

③ 소장은 수형자의 교육을 위하여 필요하면 수형자를 중간처우를 위한 전담교정시설에 수용하여 외부 교육기관에의 통학 또는 외부 교육기관에서의 위탁교육 등의 조치를 할 수 있다.

④ 소장은 징벌대상자가 증거를 인멸할 우려가 있는 때 또는 다른 사람에게 위해를 끼칠 우려가 있거나 다른 수용자의 위해로부터 보호할 필요가 있는 때에는 접견·편지수수·전화통화 등을 제한할 수 있다. 다만 이 경우에도 중간처우는 제한할 수 없다.

해설 ④ 소장은 징벌대상자가 ㉠ 증거를 인멸할 우려가 있는 때, ㉡ 다른 사람에게 위해를 끼칠 우려가 있거나 다른 수용자의 위해로부터 보호할 필요가 있는 때에는 접견·편지수수·전화통화·실외운동·작업·교육훈련, 공동행사 참가, 중간처우 등 다른 사람과의 접촉이 가능한 처우의 전부 또는 일부를 제한할 수 있다(형집행법 제110조 제2항).

① 동법 제57조 제4항

② 학과교육생·직업훈련생·외국인·여성·장애인·노인·환자·소년(19세 미만인 자를 말한다), 제4항에 따른 처우(이하 "중간처우"라 한다)의 대상자, 그 밖에 별도의 처우가 필요한 수형자는 법무부장관이 특히 그 처우를 전담하도록 정하는 시설("전담교정시설")에 수용되며, 그 특성에 알맞은 처우를 받는다. 다만, 전담교정시설의 부족이나 그 밖의 부득이한 사정이 있는 경우에는 예외로 할 수 있다(동조 제6항).

③ 동법 제63조 제3항

정답 | ④

26

「형의 집행 및 수용자의 처우에 관한 법률 시행규칙」상 중간처우에 대한 설명 중 (   )에 들어갈 내용으로 가장 올바르게 연결된 것은? 7급승진 23

> 제93조(중간처우)
> ① 소장은 개방처우급 혹은 완화경비처우급 수형자가 다음 각 호의 사유에 모두 해당하는 경우에는 교정시설에 설치된 개방시설에 수용하여 사회적응에 필요한 교육, 취업지원 등 적정한 처우를 할 수 있다.
> 1. 형기가 (㉠)년 이상인 사람
> 2. 범죄횟수가 (㉡)회 이하인 사람
> 3. 중간처우를 받는 날부터 가석방 또는 형기종료 예정일까지 기간이 (㉢)인 사람

	㉠	㉡	㉢
①	2	3	3개월 이상 2년 6개월 미만
②	2	3	1년 6개월 미만
③	3	2	3개월 이상 2년 6개월 이하
④	3	2	1년 6개월 이하

해설 ㉠ 2, ㉡ 3, ㉢ 3개월 이상 2년 6개월 미만

정답 | ①

27

「형의 집행 및 수용자의 처우에 관한 법률 시행규칙」상 교정시설에 설치된 개방시설에 수용하여 중간처우를 할 수 있는 대상자로 가장 옳은 것은? (단, 가석방은 고려하지 않음) 7급승진 22

① 개방처우급 수형자의 형기가 2년 6월이며 범죄횟수는 4회, 중간처우를 받는 날부터 형기종료 예정일까지 기간이 3개월인 사람

② 개방처우급 수형자의 형기가 4년이며, 범죄횟수는 2회, 중간처우를 받는 날부터 형기종료 예정일까지 기간이 1년인 사람

③ 완화경비처우급 수형자의 형기가 1년 6월이며, 범죄횟수는 3회, 중간처우를 받는 날부터 형기종료 예정일까지 기간이 9개월인 사람

④ 완화경비처우급 수형자의 형기가 2년이며, 범죄횟수는 1회, 중간처우를 받는 날부터 형기종료 예정일까지 기간이 2년 6개월인 사람

해설 소장은 개방처우급 혹은 완화경비처우급 수형자가 ⓐ 형기가 2년 이상인 사람, ⓑ 범죄횟수가 3회 이하인 사람, ⓒ 중간처우를 받는 날부터 가석방 또는 형기종료 예정일까지 기간이 3개월 이상 2년 6개월 미만인 사람에 모두 해당하는 경우에는 교정시설에 설치된 개방시설에 수용하여 사회적응에 필요한 교육, 취업지원 등 적정한 처우(중간처우)를 할 수 있다(형집행법 시행규칙 제93조 제1항).

교정시설 중간처우 대상자	개방·완화	형기 2년 이상	횟수 3회 이하	3개월 이상 2년 6개월 미만
①	○	○	×	○
②	○	○	○	○
③	○	×	○	○
④	○	○	○	×

정답 | ②

28

「형의 집행 및 수용자의 처우에 관한 법률 시행규칙」상 중간처우(교정시설에 설치된 개방시설에 수용하여 사회적응에 필요한 교육, 취업지원 등 적정한 처우) 대상자가 될 수 있는 경우를 모두 고른 것은? (단, 모두 개방처우급 혹은 완화경비처우급 수형자이다) 6급승진 23

㉠ 형기 1년, 범죄횟수 4회, 중간처우를 받는 날부터 가석방 또는 형기종료 예정일까지의 기간이 9개월
㉡ 형기 5년, 범죄횟수 3회, 중간처우를 받는 날부터 가석방 또는 형기종료 예정일까지의 기간이 3년
㉢ 형기 3년, 범죄횟수 2회, 중간처우를 받는 날부터 가석방 또는 형기종료 예정일까지의 기간이 1년 6개월
㉣ 형기 2년 6월, 범죄횟수 2회, 중간처우를 받는 날부터 가석방 또는 형기종료 예정일까지의 기간이 2년 6개월

① ㉠, ㉡, ㉢, ㉣
② ㉡, ㉢, ㉣
③ ㉢, ㉣
④ ㉢

해설 옳은 것은 ㉢이다.
소장은 개방처우급 혹은 완화경비처우급 수형자가 ⓐ 형기가 2년 이상인 사람, ⓑ 범죄횟수가 3회 이하인 사람, ⓒ 중간처우를 받는 날부터 가석방 또는 형기종료 예정일까지 기간이 3개월 이상 2년 6개월 미만인 사람에 모두 해당하는 경우에는 교정시설에 설치된 개방시설에 수용하여 사회적응에 필요한 교육, 취업지원 등 적정한 처우(중간처우)를 할 수 있다(형집행법 시행규칙 제93조 제1항).

교정시설 중간 처우 대상자	개방·완화	형기 2년 이상	횟수 3회 이하	3개월 이상 2년 6개월 미만
㉠	○	×	×	○
㉡	○	○	○	×
㉢	○	○	○	○
㉣	○	○	○	×

정답 | ④

29

사회적 처우에 대한 설명으로 옳지 않은 것은? 교정9급 11

① 개방처우는 가족과의 유대가 지속될 수 있는 장점이 있다.

② 현행법상 귀휴기간은 형집행기간에 포함된다.

③ 우리나라의 외부통근작업은 행정형 외부통근제도이다.

④ 갱생보호는 정신적·물질적 원조를 제공하여 건전한 사회인으로 복귀할 수 있는 기반을 조성할 수 있다.

해설 ④ 갱생보호는 사회적 처우가 아닌 사회 내 처우에 해당한다.
② 법 제77조 제4항

정답 | ④

CHAPTER

02 사회적(개방) 처우의 종류

01

현행 법령상 귀휴요건 중 형기에 관한 설명으로 옳지 않은 것은?

① 6개월 이상 복역한 수형자이어야 한다.

② 형기의 3분의 1이 지나고 교정성적이 우수하여야 한다.

③ 21년 이상의 유기형은 7년이 지나면 귀휴대상이 될 수 있다.

④ 형기를 계산할 때 부정기형은 장기를 기준으로 한다.

해설 ④ 형기를 계산할 때 부정기형은 단기를 기준으로 하고, 2개 이상의 징역 또는 금고의 형을 선고받은 수형자의 경우에는 그 형기를 합산한다(시행규칙 제130조 제1항).

①·②·③ 법 제77조 제1항

정답 | ④

02

「형의 집행 및 수용자의 처우에 관한 법률」의 내용으로 옳지 않은 것은? 교정9급 18

① 교정시설의 장은 법률이 정한 사유가 있는 수형자에게 5일 이내의 특별귀휴를 허가할 수 있다.

② 수형자가 소년교도소에 수용 중에 19세가 된 경우에도 교육·교화프로그램, 작업, 직업훈련 등을 실시하기 위하여 특히 필요하다고 인정되면 23세가 되기 전까지는 계속하여 수용할 수 있다.

③ 법무부장관은 교정시설의 운영, 교도관의 복무, 수용자의 처우 및 인권실태 등을 파악하기 위하여 매월 1회 이상 교정시설을 순회점검하거나 소속 공무원으로 하여금 순회점거하게 하여야 한다.

④ 법무부장관은 교정시설의 설치 및 운영에 관한 업무의 일부를 법인 또는 개인에게 위탁할 수 있다.

해설 ③ 법무부장관은 교정시설의 운영, 교도관의 복무, 수용자의 처우 및 인권실태 등을 파악하기 위하여 매년 1회 이상 교정시설을 순회점검하거나 소속 공무원으로 하여금 순회점검하게 하여야 한다(법 제8조).

① 소장은 다음 각 호의 어느 하나에 해당하는 사유가 있는 수형자에 대하여는 5일 이내의 특별귀휴를 허가할 수 있다(법 제77조 제2항).

1. 가족 또는 배우자의 직계존속이 사망한 때
2. 직계비속의 혼례가 있는 때

② 법 제12조 제3항

④ 법 제7조 제1항

정답 | ③

03 ★

귀휴에 대한 설명으로 옳은 것은? 교정7급 12

① 21년 이상의 유기형 또는 무기형의 경우에는 10년이 지나야 귀휴를 허가할 수 있다.

② 질병이나 사고로 외부의료시설에의 입원이 필요한 때에는 특별귀휴를 허가할 수 있다.

③ 교화를 위해 특히 필요한 경우에는 일반경비처우급수형자에게도 귀휴를 허가할 수 있다.

④ 귀휴기간은 형 집행기간에 포함되지 않으므로 귀휴는 형집행정지의 일종이다.

해설 ③ 소장은 개방처우급·완화경비처우급 수형자에게 귀휴를 허가할 수 있다. 다만, 교화 또는 사회복귀 준비 등을 위하여 특히 필요한 경우에는 일반경비처우급 수형자에게도 이를 허가할 수 있다(시행규칙 제129조 제2항). 따라서 맞는 표현이다.

① 소장은 6개월 이상 복역한 수형자로서 그 형기의 3분의 1(21년 이상의 유기형 또는 무기형의 경우에는 7년)이 지나고 교정성적이 우수한 사람이 일정한 요건에 해당하면 1년 중 20일 이내의 귀휴를 허가할 수 있다(법 제77조 제1항).

② 특별귀휴의 요건은 (ⅰ) 가족 또는 배우자의 직계존속이 사망한 때, (ⅱ) 직계비속의 혼례가 있는 때 두 가지이다(법 제77조 제2항 참조). 따라서 질병이나 사고로 외부의료시설에의 입원이 필요한 때에는 특별귀휴를 허가할 수 없다.

④ 귀휴기간은 형집행기간에 포함한다(법 제77조 제4항).

정답 | ③

04

현행 법령상 귀휴에 대한 설명 중 가장 타당한 것은? 9급경채 13

① 귀휴허가에 관한 형기의 계산은 부정기형의 경우 장기를 기준으로 한다.

② 귀휴는 특별귀휴의 기간을 포함하여 1년 중 20일 이내의 범위에서 허가할 수 있다.

③ 특별귀휴사유가 발생한 경우 귀휴심사위원회의 소집이 매우 곤란한 경우 소장은 귀휴심사위원회의 심사를 생략하고 교도관회의로 대체할 수 있다.

④ 중경비처우급 수형자의 직계비속의 혼례가 있는 때에는 5일 이내의 특별귀휴를 허가할 수 있다.

해설 ① 일반귀휴의 경우, 형기를 계산할 때 부정기형은 단기를 기준으로 하고, 2개 이상의 징역 또는 금고의 형을 선고받은 수형자의 경우에는 그 형기를 합산한다(시행규칙 제130조 제1항).

② 소장은 특별귀휴사유가 있는 수형자에 대하여는 일반귀휴기간과 상관없이 5일 이내의 특별귀휴를 허가할 수 있다(법 제77조 제2항 참조). 즉, 특별귀휴기간은 일반귀휴기간에 포함하지 않는다.

③ 소장은 토요일, 공휴일, 그 밖에 위원회의 소집이 매우 곤란한 때에 수형자의 가족 또는 배우자의 직계존속이 사망한 경우에는 위원회의 심사를 거치지 아니하고 귀휴를 허가할 수 있다. 다만, 이 경우 수용관리 및 귀휴업무를 담당하고 있는 부서의 장의 의견을 들어야 한다(시행규칙 제134조 제1항).

④ 특별귀휴는 경비처우급의 제한을 받지 않는다(법 제77조 제2항 참조). 따라서 중경비처우급 수형자라 할지라도 특별귀휴사유에 해당하면 허가의 대상이 될 수 있다.

정답 | ④

05

「형의 집행 및 수용자의 처우에 관한 법률」상 귀휴에 대한 설명으로 옳지 않은 것은? 교정7급 14

① 교정시설의 장은 6개월 이상 복역한 수형자로서 그 형기의 3분의 1이 지나고 교정성적이 우수한 사람의 가족 또는 배우자의 직계존속이 질병이나 사고로 위독한 때에는 형기 중 20일 이내의 귀휴를 허가할 수 있다.

② 교정시설의 장은 직계비속의 혼례가 있는 때에 수형자에게 5일 이내의 특별귀휴를 허가할 수 있다.

③ 특별귀휴는 교정성적이 우수하지 않아도 그 요건에 해당하면 허가할 수 있다.

④ 교정시설의 장은 귀휴 중인 수형자가 거소의 제한이나 그 밖에 귀휴허가에 붙인 조건을 위반한 때에는 그 귀휴를 취소할 수 있다.

해설 ① 형기 중 → 1년 중(법 77조 제1항)
②·③ 동조 제2항
④ 법 제78조

정답 | ①

06 ★

형의 집행 및 수용자의 처우에 관한 법률상 소장은 6개월 이상 복역한 수형자로서 그 형기의 3분의 1(21년 이상의 유기형 또는 무기형의 경우에는 7년)이 지나고 교정성적이 우수한 사람에 대하여 1년 중 20일 이 내의 귀휴를 허가할 수 있다. 귀휴사유로서 옳지 않은 것은? 교정9급 12

① 질병이나 사고로 외부의료시설에의 입원이 필요한 때

② 가족 또는 배우자의 직계존속이 위독한 때

③ 천재지변이나 그 밖의 재해로 가족, 배우자의 직계존속 또는 수형자 본인에게 회복할 수 없는 중대한 재산상의 손해가 발생하였거나 발생할 우려가 있는 때

④ 그 밖에 교화 또는 건전한 사회복귀를 위하여 대통령령으로 정하는 사유가 있는 때

해설 ④ 대통령령 → 법무부령(법 제77조 제1항 제4호)
①·②·③ 모두 일반귀휴사유에 해당한다(법 제77조 제1항).

일반귀휴사유	• 가족 또는 배우자의 직계존속이 위독한 때 • 질병이나 사고로 외부의료시설에의 입원이 필요한 때 • 천재지변이나 그 밖의 재해로 가족, 배우자의 직계존속 또는 수형자 본인에게 회복할 수 없는 중대한 재산상의 손해가 발생하였거나 발생할 우려가 있는 때 • 그 밖에 교화 또는 건전한 사회복귀를 위하여 법무부령으로 정하는 사유가 있는 때
특별귀휴사유	• 가족 또는 배우자의 직계존속이 사망한 때 • 직계비속의 혼례가 있는 때

정답 | ④

07

교정성적이 우수한 다음 수형자 중 귀휴허가요건을 충족하지 못한 사람은? 9급특채 12

	형기	집행기간	경비처우급	사유
①	징역 7년	3년	완화경비처우급	아들 입대
②	징역 7년	2년	완화경비처우급	장인 사망
③	징역 10년	3년	완화경비처우급	배우자 위독
④	징역 10년	4년	일반경비처우급	딸 혼례

해설 ③ 배우자의 위독은 특별귀휴허가요건에 해당하지 않으므로 일반귀휴허가요건의 해당 여부만을 검토하면 족하다. 일반귀휴허가요건을 충족하려면 형기의 1/3을 경과하여야 한다(법 제77조 제1항). 따라서 징역 10년인 경우 그 형기의 1/3인 3년 4월이 경과하여야 하는데, 3년밖에 복역하지 않았으므로 일반귀휴허가요건을 충족하지 못한다.

① 일반귀휴허가요건을 충족한다.

②·④ 일반귀휴허가요건을 충족하지 않으나, 특별귀휴허가요건을 충족한다.

정답 | ③

08

「형의 집행 및 수용자의 처우에 관한 법률」상 특별귀휴의 사유에 해당하지 않는 것은? 교정7급 11

① 가족의 사망

② 직계비속의 혼례

③ 배우자 직계존속의 사망

④ 본인의 혼례

해설 ①·②·③ 특별귀휴사유에 해당한다(법 제77조 제2항).

④ 특별귀휴사유에 해당하지 않는다.

정답 | ④

09

「형의 집행 및 수용자의 처우에 관한 법률」상 5일 이내의 특별귀휴를 허가할 수 있는 경우로만 묶은 것은? 교정9급 14

> ㉠ 출석수업을 위하여 필요한 때
> ㉡ 가족 또는 배우자의 직계존속이 사망한 때
> ㉢ 본인 또는 형제자매의 혼례가 있는 때
> ㉣ 직계비속의 혼례가 있는 때
> ㉤ 직업훈련을 위하여 필요한 때

① ㉠, ㉡　　② ㉡, ㉣
③ ㉢, ㉤　　④ ㉣, ㉤

해설 ② 소장은 수형자의 (ⅰ) 가족 또는 배우자의 직계존속이 사망한 때, (ⅱ) 직계비속의 혼례가 있는 때에는 5일 이내의 특별귀휴를 허가할 수 있다(법 제77조 제2항 참조). 주어진 설문의 내용 중 특별귀휴사유에 해당하는 것은 ㉡·㉣이다.

정답 | ②

10

특별귀휴에 관한 설명 중 옳은 것은? 9급경채 15

① 6개월 이상 복역한 수형자만 특별귀휴가 가능하다.
② 최장 7일까지 특별귀휴가 가능하다.
③ 개방처우급 수형자와 완화경비처우급 수형자에게만 특별귀휴를 허가할 수 있다.
④ 특별귀휴 허가 시에도 귀휴심사위원회의 심사를 거쳐야 한다.

해설 ④ 소장은 귀휴를 허가하는 경우에는 귀휴심사위원회의 심사를 거쳐야 한다(시행규칙 제129조 제1항). 동 규칙에서는 예외규정을 두고 있지 않으므로, 일반귀휴와 특별귀휴의 구별 없이 모든 귀휴는 귀휴심사위원회의 심사를 거쳐야 한다.
① 일반귀휴는 6개월 이상 복역한 수형자를 대상으로 하나, 특별귀휴는 복역기간의 제한이 없다(법 제77조 제2항 참조).
② 특별귀휴의 최장기간은 5일이다(법 제77조 제2항 참조).
③ 일반귀휴는 원칙적으로 개방처우급과 완화경비처우급 수형자를 대상으로 하나, 특별귀휴는 경비처우급의 제한이 없다(법 제77조 제2항 참조).

정답 | ④

11

「형의 집행 및 수용자의 처우에 관한 법률」상 교도소장이 1년 중 20일 이내의 범위에서 귀휴를 허가할 수 있는 수형자의 조건으로 옳지 않은 것은? 교정7급 13

① 최소한 1년 이상 복역한 수형자

② 형기의 3분의 1이 지나고 교정성적이 우수한 수형자

③ 21년 이상의 유기형을 선고받고 7년 이상 복역한 수형자

④ 무기형을 선고받고 7년 이상 복역한 수형자

해설 ① 소장은 6개월 이상 복역한 수형자로서 그 형기의 3분의 1(21년 이상의 유기형 또는 무기형의 경우에는 7년)이 지나고 교정성적이 우수한 사람이 일정한 요건에 해당하면 1년 중 20일 이내의 귀휴를 허가할 수 있다(법 제77조 제1항).

정답 | ①

12

귀휴심사사항이 아닌 것은?

① 수용관계 ② 범죄관계 ③ 환경관계 ④ 재산관계

해설 ①·②·③ 귀휴심사위원회는 귀휴심사대상자에 대하여 수용관계·범죄관계·환경관계를 심사하여야 한다(시행규칙 제135조).

➤ 귀휴심사사항

수용관계	• 건강상태 • 징벌 유무 등 수용생활태도 • 작업·교육의 근면·성실 정도 • 작업장려금 및 보관금 • 사회적 처우의 시행 현황 • 공범·동종범죄자 또는 심사대상자가 속한 범죄단체 구성원과의 교류 정도
범죄관계	• 범행 시의 나이 • 범죄의 성질 및 동기 • 공범관계 • 피해의 회복 여부 및 피해자의 감정 • 피해자에 대한 보복범죄의 가능성 • 범죄에 대한 사회의 감정
환경관계	• 가족 또는 보호자 • 가족과의 결속 정도 • 보호자의 생활상태 • 접견·전화통화의 내용 및 횟수 • 귀휴예정지 및 교통·통신관계 • 공범·동종범죄자 또는 심사대상자가 속한 범죄단체의 활동상태 및 이와 연계한 재범가능성

정답 | ④

13

형집행법상의 귀휴제도에 관한 설명으로 옳은 것은?

① 소장의 귀휴허가는 귀휴심사위원회의 결정에 기속된다.
② 일반귀휴는 1년에 20일 이내에서 허가될 수 있다.
③ 무기형의 경우 10년이 지나야 한다.
④ 귀휴기간은 형집행기간에 산입하지 않는다.

해설 ② 법 제77조 제1항
① 소장이 귀휴를 허가하기 위해서는 귀휴심사위원회의 심의를 거쳐야 하지만, 귀휴심사위원회는 심의기구이므로 소장은 그 결정에 기속되지 않는다(시행규칙 제131조 제1항 참조).
③ 무기형의 경우에는 7년이 지나야 한다(법 제77조 제1항 참조).
④ 귀휴기간은 형집행기간에 포함한다(동조 제4항).

정답 | ②

14

「형의 집행 및 수용자의 처우에 관한 법률」상 귀휴제도에 대한 설명으로 옳은 것은? 교정7급 23

① 소장은 6개월 이상 형을 집행받은 수형자로서 그 형기의 3분의 1이 지나고 교정성적이 우수한 사람이 가족 또는 배우자의 직계존속이 위독한 때에는 형기 중 20일 이내의 귀휴를 허가할 수 있다.
② 귀휴자는 귀휴 중 천재지변이나 그 밖의 사유로 자신의 신상에 중대한 사고가 발생한 경우에는 가까운 교정시설이나 경찰관서에 신고하여야 한다.
③ 귀휴기간은 형 집행기간에 포함되나 특별귀휴기간은 형 집행기간에 포함되지 않는다.
④ 귀휴자의 여비는 본인이 부담하지만, 귀휴자가 신청할 경우 소장은 예산의 범위 내에서 지원할 수 있다.

해설 ② 형집행법 시행령 제97조 제2항
① 소장은 6개월 이상 형을 집행받은 수형자로서 그 형기의 3분의 1(21년 이상의 유기형 또는 무기형의 경우에는 7년)이 지나고 교정성적이 우수한 사람이 다음 각 호의 어느 하나에 해당하면 1년 중 20일 이내의 귀휴를 허가할 수 있다(동법 제77조 제1항 제1호).
1. 가족 또는 배우자의 직계존속이 위독한 때
2. 질병이나 사고로 외부의료시설에의 입원이 필요한 때
3. 천재지변이나 그 밖의 재해로 가족, 배우자의 직계존속 또는 수형자 본인에게 회복할 수 없는 중대한 재산상의 손해가 발생하였거나 발생할 우려가 있는 때
4. 그 밖에 교화 또는 건전한 사회복귀를 위하여 법무부령으로 정하는 사유가 있는 때
③ 일반귀휴와 특별귀휴의 귀휴기간은 형 집행기간에 포함한다(동법 제77조 제4항).
④ 귀휴자의 여비와 귀휴 중 착용할 복장은 본인이 부담한다(동법 시행규칙 제142조 제1항). 여비지원 규정은 명시되어 있지 않다.

정답 | ②

15

귀휴심사위원회에 관한 설명 중 옳지 않은 것은?

① 위원회는 위원장을 포함한 5명 이상 7명 이하로 구성한다.
② 외부위원은 2명 이상으로 한다.
③ 외부위원의 임기는 2년이며, 연임할 수 있다.
④ 회의는 과반수의 출석과 출석위원 과반수의 찬성으로 의결한다.

해설 ① 위원회는 위원장을 포함한 6명 이상 8명 이하의 위원으로 구성한다(시행규칙 제131조 제2항).
② 동조 제3항
③ 시행규칙 제136조 제1항
④ 시행규칙 제133조 제2항

정답 | ①

16 ★

귀휴심사위원회에 관한 설명으로 옳지 않은 것은? 9급경채 15

① 위원회는 위원장을 포함한 6명 이상 8명 이하의 위원으로 구성한다.
② 위원장은 소장이 되고, 위원장이 부득이한 사유로 직무를 수행할 수 없을 때에는 부소장인 위원이 그 직무를 대행한다.
③ 회의는 재적위원 과반수의 출석으로 개의하고, 출석위원 과반수의 찬성으로 의결한다.
④ 외부인사는 2명 이상으로 임기는 3년이고, 연임이 가능하다.

해설 ④ (귀휴심사위원회) 외부위원의 임기는 2년으로 하며, 연임할 수 있다(시행규칙 제136조 제1항).
① 시행규칙 제131조 제2항
② 시행규칙 제131조 제3항, 제132조 제2항
③ 시행규칙 제133조 제2항

정답 | ④

17

귀휴에 관한 설명으로 옳지 않은 것은 모두 몇 개인가?

㉠ 일반귀휴의 기간은 1년 중 20일 이내이며, 여기에서 1년이란 매년 1월 1일부터 12월 31일까지를 말한다.
㉡ 귀휴심사위원회의 위원장이 직무를 수행할 수 없을 때에는 위원장이 미리 지정한 위원이 그 직무를 대행한다.
㉢ 소장이 귀휴를 허가할 때에는 반드시 사전에 귀휴심사위원회의 심사를 거쳐야 한다.
㉣ 소장은 귀휴 중인 수형자가 귀휴허가에 붙인 조건을 위반한 때에는 그 귀휴를 취소하여야 한다.

① 1개 ② 2개 ③ 3개 ④ 4개

해설 [×] ㉡ 위원장이 부득이한 사유로 직무를 수행할 수 없을 때에는 부소장인 위원이 그 직무를 대행하고, 부소장이 없거나 부소장인 위원이 사고가 있는 경우에는 위원장이 미리 지정한 위원이 그 직무를 대행한다(시행규칙 제132조 제2항).

㉢ 소장은 토요일, 공휴일 그 밖에 위원회의 소집이 매우 곤란한 때에 수형자의 가족 또는 배우자의 직계존속이 사망한 경우에는 위원회의 심사를 거치지 아니하고 귀휴를 허가할 수 있다(시행규칙 제134조 제1항).

㉣ 취소하여야 한다. → 취소할 수 있다(법 제78조 제2호).

[○] ㉠ 법 제77조 제1항, 시행규칙 제130조 제2항

정답 | ③

18

귀휴에 관한 설명으로 옳은 것은?

① 소장은 귀휴를 허가하는 경우에는 거소의 제한이나 그 밖에 필요한 조건을 붙여야 한다.
② 일반귀휴기간은 형집행기간에 포함하여야 하나, 특별귀휴기간은 형집행기간에 포함하지 아니한다.
③ 소장은 귀휴를 허가한 경우에는 귀휴자의 귀휴지를 관할하는 보호관찰소의 장에게 그 사실을 통보하여야 한다.
④ 귀휴를 허가하는 경우 귀휴조건을 붙일 수 있는데 귀휴조건을 붙이는 경우라도 교도관이 동행하는 귀휴인 경우에는 귀휴지에서 매일 소장에게 전화보고하도록 하는 귀휴조건을 붙일 수 없다.

해설 ④ 시행규칙 제140조 제4호. 소장이 귀휴를 허가하는 경우 붙일 수 있는 조건은 시행규칙 제140조 참조

① 소장은 귀휴를 허가하는 경우에 법무부령으로 정하는 바에 따라 거소의 제한이나 그 밖에 필요한 조건을 붙일 수 있다(법 제77조 제3항).
② 일반귀휴기간 및 특별귀휴기간 모두 형집행기간에 포함한다(동조 제4항).
③ 보호관찰소의 장 → 경찰관서의 장(시행령 제97조 제1항)

정답 | ④

19

다음은 귀휴제도에 관한 설명이다. 바른 것은? 9급특채 10

① 귀휴심사위원회는 위원장을 포함한 6명 이상 8명 이하의 위원으로 구성되며, 이 경우 외부위원은 2명 이상으로 하여야 한다.

② 소장은 6개월 이상 복역한 수형자로서 그 형기의 3분의 1이 경과한 자에 대하여 1년 중 30일 이내의 귀휴를 허가할 수 있다.

③ 소장은 수형자의 가족 또는 배우자의 직계존속이 사망한 때에는 5일 이내의 특별귀휴를 허가할 수 있으며, 이때에는 귀휴심사위원회의 심사를 거칠 필요가 없다.

④ 귀휴제도는 가족관계나 사회관계를 유지하게 하여 사회복귀를 촉진시키는 제도이며, 형의 집행이 일시정지된다는 점에서 형집행정지와 비슷하다.

해설 ① 시행규칙 제131조 제2항·제3항

② 1년 중 30일 이내 → 1년 중 20일 이내(법 제77조 제1항)

③ 소장은 토요일, 공휴일, 그 밖에 위원회의 소집이 매우 곤란한 때에 수형자의 가족 또는 배우자의 직계존속이 사망한 경우에는 위원회의 심사를 거치지 아니하고 귀휴를 허가할 수 있다(시행규칙 제134조 제1항). 따라서 이와 같은 경우가 아니면 귀휴심사위원회의 심사를 거쳐야 한다.

④ 귀휴기간은 형집행기간에 포함한다(법 제77조 제4항). 따라서 형의 집행이 일시정지된다는 표현은 옳지 않다.

정답 | ①

20

형의 집행 및 수용자의 처우에 관한 법령상 귀휴에 대한 설명으로 옳지 않은 것은? 교정9급 16

① 동행귀휴의 경우에는 귀휴조건 중 '귀휴지에서 매일 1회 이상 소장에게 전화보고' 조건은 붙일 수 없다.

② 귀휴자의 여비와 귀휴 중 착용할 복장은 본인이 부담한다.

③ 소장은 귀휴자가 신청할 경우 작업장려금의 전부를 귀휴비용으로 사용하게 할 수 있다.

④ 소장은 귀휴자가 귀휴조건을 위반한 경우에는 귀휴심사위원회의 의결을 거쳐 귀휴를 취소하여야 한다.

해설 ④ 소장은 귀휴를 허가하는 경우에는 귀휴심사위원회의 심사를 거쳐야 하지만(시행규칙 제129조 제1항), 귀휴 중인 수형자가 귀휴취소사유에 해당하면 그 귀휴를 취소할 수 있다(법 제78조). 즉, 귀휴취소는 소장의 재량에 속한다.

① 시행규칙 제140조 제4호

② 시행규칙 제142조 제1항

③ 소장은 귀휴자가 신청할 경우 작업장려금의 전부 또는 일부를 귀휴비용으로 사용하게 할 수 있다(시행규칙 제142조 제2항).

정답 | ④

21

귀휴허가 후의 조치에 관한 설명으로 옳지 않은 것은?

① 소장은 귀휴를 허가한 경우에는 반드시 귀휴지를 관할하는 경찰관서의 장에게 그 사실을 통보하여야 한다.

② 귀휴자는 귀휴 중 자신의 신상에 중대한 사고가 발생한 경우에는 가까운 교정시설이나 경찰관서에 신고하여야 하고, 필요한 보호를 요청할 수 있다.

③ 소장은 귀휴자의 가족 또는 보호관계에 있는 사람으로부터 보호서약서를 제출받아야 한다.

④ 소장은 귀휴자가 신청할 경우 작업장려금의 전부 또는 일부를 귀휴비용으로 사용하게 할 수 있다.

해설 ① 소장은 2일 이상의 귀휴를 허가한 경우에는 귀휴를 허가받은 사람(귀휴자)의 귀휴지를 관할하는 경찰관서의 장에게 그 사실을 통보하여야 한다(시행령 제97조 제1항). 따라서 1일의 귀휴를 허가한 경우에는 통보할 필요가 없다.

② 동조 제2항

③ 시행규칙 제141조 제2항

④ 시행규칙 제142조 제2항

정답 | ①

22

형의 집행 및 수용자의 처우에 관한 법령상 귀휴허가 후 조치에 대한 설명으로 옳지 않은 것은?

교정7급 18

① 소장은 필요하다고 인정하면 귀휴 시 교도관을 동행시킬 수 있다.

② 소장은 귀휴자가 신청할 경우 작업장려금의 전부 또는 일부를 귀휴비용으로 사용하게 할 수 있다.

③ 소장은 귀휴자가 귀휴조건을 위반한 경우 귀휴를 취소하거나 이의 시정을 위하여 필요한 조치를 하여야 한다.

④ 소장은 2일 이상의 귀휴를 허가한 경우 귀휴자의 귀휴지를 관할하는 보호관찰소의 장에게 그 사실을 통보하여야 한다.

해설 ④ 소장은 2일 이상의 귀휴를 허가한 경우에는 귀휴를 허가받은 사람(귀휴자)의 귀휴지를 관할하는 경찰관서의 장에게 그 사실을 통보하여야 한다(시행령 제97조 제1항).

① 시행규칙 제141조 제1항

② 시행규칙 제142조 제2항

③ 시행규칙 제143조

정답 | ④

23

형의 집행 및 수용자의 처우에 관한 법령상 귀휴를 허가할 수 있는 대상이 아닌 것은? 교정7급 20

① 10년의 징역형을 받고 4개월 복역한 일반경비처우급 수형자 A가 장모님의 사망을 이유로 5일간의 귀휴를 신청하였다.

② 3년 징역형을 받고 13개월을 복역한 완화경비처우급 수형자 B가 출소 전 취업준비를 이유로 귀휴를 신청하였다.

③ 20년 징역형을 받고 6년을 복역한 완화경비처우급 수형자 C가 장인의 위독함을 이유로 귀휴를 신청하였다.

④ 무기형을 받고 10년을 복역한 완화경비처우급 수형자 D가 아들의 군입대를 이유로 귀휴를 신청하였다.

해설 ③ 일반귀휴사유(배우자의 직계존속이 위독한 때)에 해당하나, 형기의 3분의 1이 지나지 않았으므로 귀휴를 허가할 수 없다(법 제77조 제1항).

① 배우자의 직계존속이 사망한 때에는 5일 이내의 특별귀휴를 허가할 수 있다(법 제77조 제2항). 특별귀휴는 경비처우급에 따른 제한이 없다.

② 6개월 이상 형을 집행받은 수형자로서 그 형기의 3분의 1이 지나고 교정성적이 우수한 완화경비처우급 수형자가 출소 전 취업 또는 창업 등 사회복귀 준비를 위하여 필요한 때에는 1년 중 20일 이내의 귀휴를 허가할 수 있다(법 제77조 제1항, 시행규칙 제129조 제2항·제3항 제6호).

④ 무기형의 경우, 7년이 지나고 직계비속이 입대하게 된 때에는 1년 중 20일 이내의 귀휴를 허가할 수 있다(법 제77조 제1항, 시행규칙 제129조 제2항·제3항 제3호).

정답 | ③

24

형의 집행 및 수용자의 처우에 관한 법령상 귀휴제도에 대한 설명으로 옳지 않은 것은? 교정9급 19

① 귀휴기간은 형집행기간에 포함되며, 귀휴자의 여비와 귀휴 중 착용할 복장은 본인이 부담한다.

② 소장은 수형자의 가족 또는 수형자 배우자의 직계존속이 사망하거나 위독한 때에는 수형자에게 5일 이내의 특별귀휴를 허가할 수 있다.

③ 소장은 교화 또는 사회복귀 준비 등을 위하여 특히 필요한 경우에는 일반경비처우급 수형자에게도 귀휴를 허가할 수 있다.

④ 소장은 6개월 이상 복역한 수형자로서 그 형기의 3분의 1(21년 이상의 유기형 또는 무기형의 경우에는 7년)이 지나고 교정성적이 우수한 사람이 질병이나 사고로 외부 의료시설에의 입원이 필요한 때에는 1년 중 20일 이내의 귀휴를 허가할 수 있다.

해설 ② 소장은 가족 또는 배우자의 직계존속이 사망하거나, 직계비속의 혼례가 있는 때에는 수형자에게 5일 이내의 특별귀휴를 허가할 수 있다(법 제77조 제2항). 수형자의 가족 또는 배우자의 직계존속이 위독한 때는 일반귀휴사유이다.

① 법 제77조 제4항, 시행규칙 제142조 제1항

③ 시행규칙 제129조 제2항

④ 법 제77조 제1항

정답 | ②

25

형집행법상 귀휴에 대한 설명 중 옳은 것은? 8급승진 18

① 소장은 6개월 이상 형을 집행받은 수형자로서 그 형기의 3분의 1(21년 이상의 유기형 또 는 무기형의 경우에는 7년)이 지나고 교정성적이 우수한 경우, 가족 또는 배우자의 직계존속이 위독한 때에는 귀휴를 허가할 수 있다.

② 소장은 직계비속의 혼례가 있는 때에는 수형자에 대하여 7일 이내의 특별귀휴를 허가할 수 있다.

③ 귀휴기간은 형 집행기간에 포함하지 아니한다.

④ 소장은 귀휴 중인 수형자가 귀휴의 허가사유가 존재하지 아니함이 밝혀진 때에는 그 귀휴를 취소하여야 한다.

해설 ① 법 제77조 제1항 제1호 <개정 2020.2.4>
② 5일 이내의 특별귀휴를 허가할 수 있다(동조 제2항 제2호).
③ 귀휴기간은 형집행기간에 포함한다(동조 제4항).
④ 그 귀휴를 취소할 수 있다(법 제78조 제1호).

정답 | ①

26

형집행법령상 귀휴에 대한 설명으로 가장 옳은 것은? 7급승진 22

① 소장은 6개월 이상 형을 집행받은 수형자로서 그 형기의 3분의 1(21년 이상의 유기형 또는 무기형의 경우에는 7년)이 지나고 교정성적이 우수한 사람이 가족 또는 배우자의 직계존속이 위독한 때에는 1년 중 20일 이내의 귀휴를 허가할 수 있다.

② 소장은 귀휴를 허가하는 경우에 대통령령으로 정하는 바에 따라 거소의 제한이나 그 밖에 필요한 조건을 붙일 수 있다.

③ 소장은 귀휴 중인 수형자가 귀휴의 허가사유가 존재하지 아니함이 밝혀진 때에는 그 귀휴를 취소하여야 한다.

④ 소장은 2일 이상의 귀휴를 허가한 경우에는 귀휴를 허가받은 사람의 귀휴지를 관할하는 경찰관서의 장에게 그 사실을 통보할 수 있다.

해설 ① 형집행법 제77조 제1항 제1호
② 소장은 귀휴를 허가하는 경우에 법무부령으로 정하는 바에 따라 거소의 제한이나 그 밖에 필요한 조건을 붙일 수 있다(동조 제3항).
③ 소장은 귀휴 중인 수형자가 ㉠ 귀휴의 허가사유가 존재하지 아니함이 밝혀진 때, ㉡ 거소의 제한이나 그 밖에 귀휴허가에 붙인 조건을 위반한 때에는 그 귀휴를 취소할 수 있다(동법 제78조).
④ 소장은 2일 이상의 귀휴를 허가한 경우에는 귀휴를 허가받은 사람의 귀휴지를 관할하는 경찰관서의 장에게 그 사실을 통보하여야 한다(동법 시행령 제97조 제1항).

정답 | ①

27

형집행법령상 귀휴 허가에 대한 설명으로 가장 옳지 않은 것은? 5급승진 23

① 소장은 8년의 징역형이 확정되어 3개월의 형을 집행받은 일반경비처우급 수형자 A에 대하여 아버지의 사망을 사유로 특별귀휴를 허가할 수 있다.

② 소장은 18년의 징역형이 확정되어 5년의 형을 집행받은 교정성적이 우수한 완화경비처우급 수형자 B에 대하여 배우자가 위독하다는 사유로 일반귀휴를 허가할 수 없다.

③ 소장은 2년의 징역형이 확정되어 7개월의 형을 집행받은 교정성적이 우수한 완화경비처우급 수형자 C에 대하여 본인의 입학식 참석을 사유로 일반귀휴를 허가할 수 있다.

④ 소장은 서로 다른 두 개의 범죄로 3년의 징역형과 10년의 징역형이 확정되어 4년의 형을 집행받은 완화경비처우급 수형자 D에 대하여 국내기능경기대회 참가를 사유로 일반귀휴를 허가할 수 없다.

해설 ③ 완화경비처우급 수형자(형집행법 시행규칙 제129조 제2항)에게 일반귀휴사유(본인의 입학식 참석)가 있으면 허가할 수 있으나(동조 제3항 제7호), 형기의 3분의 1(8개월)이 지나지 않았으므로 일반귀휴를 허가할 수 있는 대상이 아니다(동법 제77조 제1항).

① 가족이 사망한 때에는 5일 이내의 특별귀휴를 허가할 수 있다(동법 제77조 제2항). 특별귀휴는 그 허가사유만 있으면 허가할 수 있고, 일반귀휴의 요건이나 경비처우급에 따른 제한은 없다.

② 완화경비처우급 수형자(동법 시행규칙 제129조 제2항)에게 일반귀휴사유(가족이 위독한 때)가 있으면 허가할 수 있으나(동법 제77조 제1항 제1호), 형기의 3분의 1(6년)이 지나지 않았으므로 일반귀휴를 허가할 수 있는 대상이 아니다(동조 동항).

④ 완화경비처우급 수형자(동법 시행규칙 제129조 제2항)에게 일반귀휴사유(국내기능경기대회의 참가)가 있으면 허가할 수 있으나(동조 제3항 제4호), 2개 이상의 징역 또는 금고의 형을 선고받은 수형자의 경우에는 그 형기를 합산(13년)하므로(동법 시행규칙 제130조 제1항), 형기의 3분의 1(4년 4개월)이 지나지 않아 일반귀휴를 허가할 수 있는 대상이 아니다(동법 제77조 제1항).

정답 | ③

28

형집행법령상 귀휴에 대한 설명으로 옳은 것은 모두 몇 개인가? 6급승진 23

> ㉠ 귀휴심사위원회는 위원장을 포함한 5명 이상 7명 이하의 위원으로 구성한다.
> ㉡ 귀휴심사위원회의 회의는 재적위원 과반수의 출석으로 개의하고, 출석위원 과반수의 찬성으로 의결한다.
> ㉢ 소장은 6개월 이상 형을 집행받은 수형자로서 그 형기의 3분의 1(21년 이상의 유기형 또는 무기형의 경우에는 7년)이 지나고 교정성적이 우수한 사람이 가족 또는 배우자의 직계존속이 위독한 때에는 1년 중 20일 이내의 귀휴를 허가할 수 있다.
> ㉣ 소장은 귀휴 중인 수형자가 귀휴의 허가사유가 존재하지 아니함이 밝혀진 때, 거소의 제한이나 그 밖에 귀휴허가에 붙인 조건을 위반한 때에 해당하면 귀휴를 취소하여야 한다.

① 1개 ② 2개 ③ 3개 ④ 4개

해설 옳은 것은 ㉡, ㉢이다.

㉠ 귀휴심사위원회는 위원장을 포함한 6명 이상 8명 이하의 위원으로 구성한다(형집행법 시행규칙 제131조 제2항).

㉡ 동법 시행규칙 제133조 제2항

㉢ 동법 제77조 제1항

㉣ 소장은 귀휴 중인 수형자가 ㉠ 귀휴의 허가사유가 존재하지 아니함이 밝혀진 때, ㉡ 거소의 제한이나 그 밖에 귀휴허가에 붙인 조건을 위반한 때에는 그 귀휴를 취소할 수 있다(동법 제78조).

정답 | ②

29

형집행법령상 귀휴에 대한 설명으로 가장 옳지 않은 것은? 7급승진 23

① 소장은 18년의 징역형이 확정되어 그중 7년을 집행받은 완화경비처우급 수형자 甲에 대해 교정성적이 우수하다면 질병으로 외부의료시설에의 입원이 필요한 때에는 1년 중 20일 이내의 귀휴를 허가할 수 있다.
② 소장은 수형자 乙에게 귀휴를 허가한 경우 필요하다고 인정하면 교도관을 동행시킬 수 있으며, 이러한 동행귀휴의 경우에도 乙에게 귀휴지에서 매일 1회 이상 소장에게 전화보고할 것을 귀휴조건으로 붙일 수 있다.
③ 소장은 딸의 혼례가 있는 수형자 丙에게 5일 이내의 특별귀휴를 허가할 수 있다.
④ 소장은 수형자 丁에게 3일의 특별귀휴를 허가하였는데, 이때 3일은 형 집행기간에 포함된다.

해설 ② 소장은 수형자에게 귀휴를 허가한 경우 필요하다고 인정하면 교도관을 동행시킬 수 있으며(형집행법 시행규칙 제141조 제1항), 이러한 동행귀휴의 경우에는 수용자에게 귀휴지에서 매일 1회 이상 소장에게 전화보고할 것을 귀휴조건으로 붙일 수 없다(동법 시행규칙 제140조 제4호).

① 6개월 이상 형을 집행받은 수형자로서 그 형기의 3분의 1(6년)이 지나고 교정성적이 우수한 완화경비처우급 수형자에게 질병이나 사고로 외부의료시설에의 입원이 필요한 때에는 일반귀휴를 허가할 수 있다(동법 제77조 제1항).

③ 소장은 직계비속의 혼례가 있는 수형자에게 5일 이내의 특별귀휴를 허가할 수 있다(동법 제77조 제2항).

④ 일반귀휴 및 특별귀휴의 귀휴기간은 형 집행기간에 포함한다(동법 제77조 제4항).

정답 | ②

30

「형의 집행 및 수용자의 처우에 관한 법률 시행규칙」상 귀휴심사위원회에 대한 설명으로 가장 옳지 않은 것은? 6급승진 24

① 위원장이 부득이한 사유로 직무를 수행할 수 없을 때에는 부소장인 위원이 그 직무를 대행하고, 부소장이 없거나 부소장인 위원이 사고가 있는 경우에는 위원장이 외부위원 중에서 미리 지정한 위원이 그 직무를 대행한다.

② 귀휴심사위원회는 위원장을 포함한 6명 이상 8명 이하의 위원으로 구성한다.

③ 귀휴심사위원회의 회의는 재적위원 과반수의 출석으로 개의하고, 출석위원 과반수의 찬성으로 의결한다.

④ 위원장은 소장이 되며, 위원은 소장이 소속기관의 부소장·과장(지소의 경우에는 7급 이상의 교도관) 및 교정에 관한 학식과 경험이 풍부한 외부인사 중에서 임명 또는 위촉한다. 이 경우 외부위원은 2명 이상으로 한다.

해설 ① 위원장이 부득이한 사유로 직무를 수행할 수 없을 때에는 부소장인 위원이 그 직무를 대행하고, 부소장이 없거나 부소장인 위원이 사고가 있는 경우에는 위원장이 미리 지정한 위원이 그 직무를 대행한다(형집행법 시행규칙 제132조 제2항).

② 동법 시행규칙 제131조 제2항

③ 동법 시행규칙 제133조 제2항

④ 동법 시행규칙 제131조 제3항

정답 | ①

31

외부통근제에 관한 설명으로 옳지 않은 것은?

① 1880년 미국 매사추세츠주의 플라밍감 교도소에서 여자수형자를 연말봉사의 형태로 사회에 내보낸 것을 그 기원으로 한다.

② 벌금미납으로 노역장 유치명령을 받은 자들이 우선적으로 선발된다.

③ 구금을 전제로 한다는 점에서 자유노역제와 구별된다.

④ 주간에는 외부기업체에서 사회일반근로자와 동일한 조건에서 작업하고, 야간과 휴일에는 교정시설에서 생활하는 것을 말한다.

해설 ② 노역장 유치명령을 받은 자란 벌금미납으로 인한 환형처분을 받기 위해 교정시설에 수용된 자를 말하는데, 통상 외부통근작업의 선발기준은 교정성적이 우수한 수형자를 대상으로 하므로, 노역장 유치명령을 받은 자는 그 대상에서 제외된다.

정답 | ②

32

수형자에게 부과되는 작업에 관한 설명 중 옳지 않은 것은? 사법시험 14

① 구류의 경우 작업이 없다는 점에서 징역과 다르다.

② 금고형의 집행 중에 있는 사람에 대하여는 신청에 따라 작업을 부과할 수 있다.

③ 수형자에게 필요한 경우 교정시설의 안에 설치된 외부기업체의 작업장에서 작업하게 할 수는 있지만, 외부기업체로 통근작업하게 하여서는 아니 된다.

④ 작업수입은 국고수입으로 하나, 다만 수형자에게 작업장려금을 지급할 수는 있다.

⑤ 징역은 수형자를 교도소 내에 구치하여 정역에 복무케 하는 형벌로서, 수형자는 자신에게 부과된 작업과 그 밖의 노역을 수행하여야 할 의무가 있다.

해설 ③ 소장은 수형자의 건전한 사회복귀와 기술습득을 촉진하기 위하여 필요하면 외부기업체 등에 통근 작업하게 하거나 교정시설의 안에 설치된 외부기업체의 작업장에서 작업하게 할 수 있다(법 제68조 제1항).

①·② 법 제67조

④ 법 제73조 제2항

⑤ 형법 제67조, 법 제66조

정답 | ③

33

외부통근제 중 사법형에 대한 설명이 아닌 것은?

① 미국에서 발달했다.

② 형(刑)의 일종이다.

③ 법원에서 선고한다.

④ 주로 장기수형자를 대상으로 한다.

해설 ④ 사법형 외부통근제는 법원이 형벌의 일종으로서 유죄확정자에게 외부통근형을 선고하는 것을 말하며, 주로 경범죄자와 단기수형자가 그 대상이 된다.

➤ 사법형 외부통근제의 장단점

장점	단점
• 판결 전의 직업유지로 가족부양 가능 • 개인존엄 유지 • 단기구금의 폐해 방지 • 반구금제도와 함께 활용 가능	• 국민의 법감정에 배치

정답 | ④

34

외부통근제에 관한 설명으로 옳지 않은 것은?

① 우리나라의 외부통근제는 행정형 외부통근의 형태를 취하고 있다.
② 행정형 외부통근제는 통상 교정성적이 우수한 수형자를 대상으로 실시된다.
③ 혼합형 외부통근제는 현재 미국에서 모범적으로 시행 중에 있다.
④ 사법형 외부통근제의 경우 본인의 동의와 무관하게 이루어지는 경우가 일반적이다.

해설 ④ 일반적으로 사법형 외부통근제는 법원이 본인의 동의를 얻어 외부통근을 선고하는 형식을 취하고 있다.

정답 | ④

35 ★

행정형 외부통근제에 관한 설명으로 옳은 것은?

① 사회 내 처우의 일종이다.
② 단기수형자에게만 적용된다.
③ 주로 미국에서 시행되는 개방처우제도의 일종이다.
④ 석방 전에 교육·사회복귀의 일환으로 시행한다.

해설 ④ 행정형 외부통근제는 일명 '호스텔제도'라고 불리며, 행정기관에 의해 석방 전에 교육 및 사회복귀능력 향상의 일환으로 시행되는 제도를 말한다.

①·②·③ 행정형 외부통근제는 형이 확정된 수형자를 대상으로 실시되는 사회적 처우이고, 장기수형자도 그 대상이 되며, 주로 유럽국가에서 시행되는 외부통근제 유형이다.

➤ 행정형 외부통근제의 장단점

장점	단점
• 장기수형자의 자율성 배양에 유리 • 재범방지 및 사회적응 촉진에 기여 • 출소 후 환경변화에서 오는 부작용 최소화 • 기술습득 기회 제공 • 주간의 수용경비 절감에 기여	• 도주발생 가능성 • 국민의 법감정에 배치 • 사회일반 근로자와의 마찰 • 외부통근에 적합한 수용자 선발 곤란 • 취업직장의 경영상태에 따라 고용이 좌우

정답 | ④

36

행정형 외부통근제도에 관한 설명으로 옳지 않은 것은?

① 가석방위원회에서 시행하는 경우도 여기에 해당한다.
② 형의 종류로서 시행되는 것이 보통이다.
③ 통상 사법형 외부통근제보다 장기형인 수형자를 그 대상으로 한다.
④ 유럽 대부분의 국가에서 시행하고 있는 외부통근의 형태이다.

해설 ② 행정형 외부통근제도는 형의 종류로서가 아니라, 형이 확정된 수형자를 대상으로 석방 전 교육 및 사회복귀 능력 향상을 위해 시행된다.

정답 | ②

37

외부통근제에 관한 설명으로 옳지 않은 것을 모두 고른 것은?

> ㉠ 주간가석방제도(Day Parole), 반구금제, 반자유처우제도라고도 한다.
> ㉡ 1955년 제1회 「UN 범죄방지 및 범죄인 처우회의」에서는 석방 전 1~2주간 개인회사에 통근과 함께 직업보도가 권고된 바 있다.
> ㉢ 사법형 외부통근제는 사회인으로서의 자율성 배양을 가능하게 한다는 장점이 있다.
> ㉣ 행정형 외부통근제는 단기구금형의 폐해를 방지할 수 있다는 장점이 있다.

① ㉠, ㉡
② ㉠, ㉢
③ ㉡, ㉢
④ ㉢, ㉣

해설 [×] ㉢은 행정형 외부통근제의 장점에 해당하고, ㉣은 사법형 외부통근제의 장점에 해당한다.
[○] ㉠·㉡

정답 | ④

38

외부통근제의 형사정책적 평가에 관한 설명으로 옳지 않은 것은?

① 장기수형자의 사회적응능력 향상에 유리하다.
② 석방 후 재활에 도움을 준다.
③ 수용경비를 증가시키는 단점이 있다.
④ 국민의 법감정에 배치된다.

해설 ③ 외부통근은 주간에는 시설에서 생활하지 않으므로 주간의 수용경비를 절감하는 효과가 있다.

정답 | ③

39

외부통근제도에 대한 설명으로 옳지 않은 것은? 교정7급 10

① 영국은 호스텔(Hostel)이라는 개방시설을 설치하여 행정형 외부통근제를 실시한다.
② 사법형 외부통근제는 수용으로 인한 실업의 위험을 해소할 수 있다는 장점이 있다.
③ 우리나라는 사법형 외부통근제를 원칙으로 하면서 행정형 외부통근제를 예외로 인정하고 있다.
④ 행정형 외부통근제의 경우 장기수형자의 사회적 접촉기회를 제공하여 성공적인 사회복귀를 도모할 수 있다.

해설 ③ 우리나라는 행정형 외부통근제의 형태를 취하고 있다.

정답 | ③

40

우리나라의 교정시설 밖에 설치된 외부기업체의 작업장에서 하는 외부통근제에 관한 설명으로 옳은 것은?

① 주로 교도관의 계호 없이 자율출퇴근의 형식으로 행해지고 있다.
② 선정대상은 개방처우급·완화경비처우급·일반경비처우급 수형자이다.
③ 집행할 형기가 장기인 경우가 주로 대상이 된다.
④ 선정대상에 연령 제한을 두고 있다.

해설 ④ 18세 이상 65세 미만일 것을 요한다(시행규칙 제120조 제1항 제1호 참조). 우리나라의 외부통근자 선정기준은 동조 참조

① 현재 우리나라에서 시행 중인 외부통근작업의 대부분은 교정시설 인근에 설치한 구외공장에서 교도관의 계호를 전제로 실시되고 있다.
② 개방처우급·완화경비처우급이 그 대상이다(동조 제1항 제3호 참조).
③ 외부기업체에 통근하는 경우에는 집행할 형기가 7년 미만이어야 하고, 교정시설 안에 설치된 외부기업체의 작업장에 통근하는 경우에는 집행할 형기가 10년 미만이어야 한다(동조 제1항 제5호·제2항 참조).

정답 | ④

41

개방형 처우의 한 형태로 미국에서 주로 실시하고 있는 '사법형 외부통근제'의 장점이 아닌 것은?

교정7급 16

① 수형자의 수형생활 적응에 도움이 되고, 국민의 응보적 법감정에 부합한다.
② 수형자가 판결 전의 직업을 그대로 유지할 수 있으므로 직업이 중단되지 않고 가족의 생계를 유지시킬 수 있다.
③ 수형자에게 자율능력을 가진 노동을 허용하여 개인의 존엄을 유지하게 하는 심리적 효과가 있다.
④ 주말구금이나 야간구금과 같은 반구금제도와 함께 활용할 수 있다.

해설 ① 행정형 외부통근제보다는 국민의 응보적 법감정에 부합하지 않는다.
참고로, ②·③·④는 사법형 외부통근제의 장점에 해당한다.

사법형 외부통근제

- '통근형'이라고도 하며, 법원이 형벌의 일종으로서 유죄확정자에게 외부통근형을 선고하는 것으로, 미국의 많은 주에서 시행하고 있다.
- 수형자가 수형 초기부터 시설 외의 취업장으로 통근하는 방식이므로, 석방 전 누진처우의 일환으로 행해지는 행정형 외부통근제와는 차이가 있다.
- 주로 경범죄자나 단기수형자가 그 대상이다.
- 본인이 원하고 판사가 대상자로서 적합하다고 판단되면 보호관찰관에게 조사를 명하는데, 통상 시설에서 통근이 가능한 거리에 직장이 있고, 고용주의 협력을 전제로 선고하는 것이 일반적이다.

정답 | ①

42

「형의 집행 및 수용자의 처우에 관한 법률 시행규칙」상 교정시설 밖의 외부기업체에 통근하며 작업하는 수용자로 선정될 수 있는 일반적 자격요건으로 옳지 않은 것은? 교정7급 15

① 18세 이상 65세 미만일 것

② 집행할 형기가 7년 미만이고 가석방이 제한되지 아니할 것

③ 개방처우급·완화경비처우급·일반경비처우급에 해당할 것

④ 가족·친지 또는 교정위원 등과 접견·편지수수·전화통화 등으로 연락하고 있을 것

해설 ③ 외부기업체에 통근하며 작업할 수 있는 수형자는 개방처우급·완화경비처우급 수형자이다(시행규칙 제120조 제1항 참조).

정답 | ③

43

형의 집행 및 수용자의 처우에 관한 법령상 소장이 개방처우급 혹은 완화경비처우급 수형자를 교정시설에 설치된 개방시설에 수용하기 위한 요건들에 해당하지 않는 것은? 교정7급 17

① 형기가 2년 이상인 사람

② 범죄횟수가 3회 이하인 사람

③ 최근 1년 이내 징벌이 없는 사람

④ 중간처우를 받는 날부터 가석방 또는 형기종료 예정일까지 기간이 3개월 이상 2년 6개월 이하인 사람

해설 소장은 개방처우급 혹은 완화경비처우급 수형자가 다음 각 호의 사유에 모두 해당하는 경우에는 교정시설에 설치된 개방시설에 수용하여 사회적응에 필요한 교육, 취업지원 등 적정한 처우를 할 수 있다(형집행법 시행규칙 제93조 제1항).

1. 형기가 2년 이상인 사람
2. 범죄횟수가 3회 이하인 사람
3. 중간처우를 받는 날부터 가석방 또는 형기종료 예정일까지 기간이 3개월 이상 2년 6개월 이하인 사람

정답 | ③

44

「형의 집행 및 수용자의 처우에 관한 법률 시행규칙」상 외부기업체에 통근하며 작업하는 수형자로 선정되기 위한 요건으로 옳은 것은? 5급승진 15

① 18세 이상 65세 미만일 것
② 집행할 형기가 10년 미만이고 가석방이 제한되지 아니할 것
③ 해당 과정의 기술이 없거나 재훈련을 희망할 것
④ 직업훈련에 필요한 기본소양을 갖추었다고 인정될 것
⑤ 석방 후 관련 직종에 취업할 의사가 있을 것

해설 ①만 대상요건에 해당한다(시행규칙 제120조 제1항 제1호).

정답 | ①

45

외부통근자의 선정기준으로 옳지 않은 것은?

① 18세 이상 65세 미만
② 개방처우급 · 완화경비처우급 · 개별처우급에 해당할 것
③ 외부기업체에 통근하는 수형자는 집행할 형기가 7년 미만이고, 가석방이 제한되지 아니할 것
④ 교정시설 안에 설치된 외부기업체의 작업장에 통근하며 작업하는 수형자는 집행할 형기가 10년 미만이거나 형기기산일부터 10년 이상이 지났을 것

해설 ② 개방처우급 · 완화경비처우급에 해당할 것(시행규칙 제120조 제1항 제3호)
① 동조 동항 제1호
③ 동조 동항 제5호
④ 동조 제2항
우리나라의 외부통근자 선정기준은 다음과 같다(시행규칙 제120조 제1항 · 제2항).

법 제120조(선정기준)
① 외부기업체에 통근하며 작업하는 수형자는 다음 각 호의 요건을 갖춘 수형자 중에서 선정한다.
1. 18세 이상 65세 미만일 것
2. 해당 작업수행에 건강상 장애가 없을 것
3. 개방처우급 · 완화경비처우급에 해당할 것
4. 가족 · 친지 또는 교정위원 등과 접견 · 편지수수 · 전화통화 등으로 연락하고 있을 것
5. 집행할 형기가 7년 미만이고 가석방이 제한되지 아니할 것
6. 삭제 <2013.4.16.>
② 교정시설 안에 설치된 외부기업체의 작업장에 통근하며 작업하는 수형자는 제1항 제1호부터 제4호까지의 요건(같은 항 제3호의 요건의 경우에는 일반경비처우급에 해당하는 수형자도 포함한다)을 갖춘 수형자로서 집행할 형기가 10년 미만이거나 형기기산일부터 10년 이상이 지난 수형자 중에서 선정한다.

정답 | ②

46

주말구금제에 관한 설명으로 옳지 않은 것은?

① 1943년 독일의 소년재판소법에 의하여 소년구금의 형태로 시작되었다.

② 가정이나 직장생활에 지장이 없도록 주말에 형을 집행하는 것을 말하며, 주로 장기자유형의 분할집행방법으로 활용되고 있다.

③ 주말에는 시설수용을 한다는 점에서 가택구금과 구별된다.

④ 주말을 이용한다는 점에서 주말 이외의 휴가를 이용하여 집행을 계속하는 계속구금과 구별된다.

해설 ② 주로 단기자유형의 분할집행방법으로 활용되고 있다.

정답 | ②

47

주말구금제도에 관한 설명으로 가장 옳지 않은 것은?

① 단기자유형의 악성감염 등의 폐해를 제거한다.

② 단기수형자에게 적합하지 않다.

③ 국민의 법감정에 배치된다.

④ 경미한 범죄자의 명예감정을 자각시켜 범죄적 책임반성을 촉구한다.

해설 ② 주말구금제는 단기자유형의 폐해를 방지하기 위해 경범죄수형자를 대상으로 시행되는 사회적 처우이므로, 단기수형자에게 적합하다.

➤ 주말구금제의 장단점

장점	단점
• 수형자의 명예감정을 자극하여 반성을 촉구 • 단기자유형의 폐해 제거 • 생활안정 유지 • 피해자에 대한 손해배상 유리	• 국민의 법감정에 배치 • 피해자와의 접촉이 가능하여 법집행의 실효성 약화 • 오랜 기간 집행으로 계속집행보다 가혹할 수 있음 • 도주우려 상존

정답 | ②

48 ★

개방처우 중 우리나라에서 실시하는 '가족만남의 날' 행사에 대한 설명으로 옳지 않은 것은?

교정7급 11

① 개방처우급 완화경비처우급 수형자에 대하여 가족만남의 날 행사에 참여하거나 가족만남의 집을 이용하게 할 수 있다.

② 개방처우급·완화경비처우급 수형자는 접견허용횟수 내에서 가족만남의 날 행사에 참여하거나 가족만남의 집을 이용할 수 있다.

③ 교화를 위하여 특히 필요한 경우 일반경비처우급 수형자에 대하여도 가족만남의 날 행사에 참여하거나 가족만남의 집을 이용하게 할 수 있다.

④ 가족이 없는 수형자의 경우 결연을 맺었거나 가족에 준하는 사람으로 하여금 그 가족을 대신하여 행사에 참여하게 할 수 있다.

해설 ①·② 소장은 개방처우급·완화경비처우급 수형자에 대하여 가족만남의 날 행사에 참여하게 하거나 가족만남의 집을 이용하게 할 수 있다. 이 경우 접견허용횟수에는 포함되지 아니한다(시행규칙 제89조 제1항). 즉, 가족만남의 날 행사에 참여하는 것과 가족만남의 집을 이용하는 것은 접견허용횟수와 무관하다.

③ 동조 제3항

④ 동조 제2항

정답 | ②

49

「형의 집행 및 수용자의 처우에 관한 법률 시행규칙」상 가족만남의 날 행사 등에 대한 설명으로 옳은 것은?

교정7급 20

① 수형자와 그 가족이 원칙적으로 교정시설 밖의 일정한 장소에서 다과와 음식을 함께 나누면서 대화의 시간을 갖는 행사를 말한다.

② 소장은 중경비처우급 수형자에 대하여 가족만남의 날 행사에 참여하게 하거나 가족만남의 집을 이용하게 할 수 있다.

③ 가족만남의 날 행사에 참여하는 횟수만큼 수형자의 접견 허용횟수는 줄어든다.

④ 소장은 가족이 없는 수형자에 대하여는 결연을 맺었거나 그 밖에 가족에 준하는 사람으로 하여금 그 가족을 대신하게 할 수 있다.

해설 ④ 시행규칙 제89조 제2항

① "가족만남의 날 행사"란 수형자와 그 가족이 교정시설의 일정한 장소에서 다과와 음식을 함께 나누면서 대화의 시간을 갖는 행사를 말하며, "가족만남의 집"이란 수형자와 그 가족이 숙식을 함께 할 수 있도록 교정시설에 수용동과 별도로 설치된 일반주택 형태의 건축물을 말한다(동조 제4항).

②·③ 소장은 개방처우급·완화경비처우급 수형자에 대하여 가족만남의 날 행사에 참여하게 하거나 가족만남의 집을 이용하게 할 수 있다. 이 경우 접견허용횟수에는 포함되지 아니하며(동조 제1항), 교화를 위하여 특히 필요한 경우에는 일반경비처우급 수형자에 대하여도 가족만남의 날 행사 참여 또는 가족만남의 집 이용을 허가할 수 있다(동조 제3항).

정답 | ④

50

「형의 집행 및 수용자의 처우에 관한 법률 시행규칙」상 수형자의 가족만남의 날 행사 등에 대한 설명으로 옳지 않은 것은? 교정7급 16

① 소장은 개방처우급·완화경비처우급 수형자에 대하여 가족만남의 날 행사에 참여하게 하거나 가족만남의 집을 이용하게 할 수 있다.

② 소장은 가족이 없는 수형자에 대하여는 결연을 맺었거나 그 밖에 가족에 준하는 사람으로 하여금 그 가족을 대신하게 할 수 있다.

③ 수형자가 가족만남의 날 행사에 참여하거나 가족만남의 집을 이용하는 경우 「형의 집행 및 수용자의 처우에 관한 법률 시행규칙」 제87조에서 정한 접견허용횟수에 포함된다.

④ 소장은 교화를 위하여 특히 필요한 경우에는 일반경비처우급 수형자에 대하여도 가족만남의 날 행사 참여 또는 가족만남의 집 이용을 허가할 수 있다.

해설 ①·③ 이 경우 접견허용횟수에는 포함되지 아니한다(시행규칙 제89조 제1항).
② 동조 제2항
④ 동조 제3항

정답 | ③

51

우리나라의 교정시설 운영에 대한 설명으로 옳지 않은 것은? 교정9급 13

① 신설하는 교정시설은 수용인원이 500명 이내의 규모로 하는 것을 원칙으로 한다.

② 수용자의 관리·교정교화 등 사무에 관한 교도소장의 자문에 응하기 위하여 교정시설에 교정자문위원회를 둔다.

③ 교정시설의 설치와 운영에 관한 업무의 일부를 법인 또는 개인에게 위탁할 수 있다.

④ 법무부장관은 매년 1회 이상 교정시설의 운영실태를 순회점검하거나 소속 공무원으로 하여금 순회점검하게 하여야 한다.

해설 ② 수용자의 관리·교정교화 등 사무에 관한 지방교정청장의 자문에 응하기 위하여 지방교정청에 교정자문위원회를 둔다(법 제129조 제1항).
① 법 제6조 제1항
③ 법 제7조 제1항
④ 법 제8조

정답 | ②

52

교정자문위원회의 구성에 관한 설명으로 옳지 않은 것은

① 위원은 위원장 포함 10명이상 15명 이하이다.
② 위원장과 부위원장은 위원 중에서 호선한다.
③ 위원은 교정에 관한 학식과 경험이 풍부한 외부인사 중에서 소장의 추천을 받아 지방교정청장이 위촉한다.
④ 위원의 임기는 2년이며, 연임할 수 있다.

해설 ③ 지방교정청장의 추천을 받아 법무부장관이 위촉한다(법 제129조 제2항 참조).

정답 | ③

53

형의 집행 및 수용자의 처우에 관한 법령상 교정자문위원회에 대한 설명으로 옳은 것은? 교정9급 21

① 수용자의 관리·교정교화 등 사무에 관한 소장의 자문에 응하기 위하여 교도소에 교정자문위원회를 둔다.
② 교정자문위원회는 5명 이상 7명 이하의 위원으로 성별을 고려하여 구성하고, 위원장은 위원 중에서 호선하며, 위원은 교정에 관한 학식과 경험이 풍부한 외부인사 중에서 소장의 추천을 받아 법무부장관이 위촉한다.
③ 교정자문위원회 위원장이 부득이한 사유로 직무를 수행할 수 없을 때에는 부위원장이 그 직무를 대행하고, 부위원장도 부득이한 사유로 직무를 수행할 수 없을 때에는 위원 중 연장자인 위원이 그 직무를 대행한다.
④ 교정자문위원회 위원 중 4명 이상은 여성으로 한다.

해설 ④ 시행규칙 제265조 제2항

① 수용자의 관리·교정교화 등 사무에 관한 지방교정청장의 자문에 응하기 위하여 지방교정청에 교정자문위원회를 둔다(법 제129조 제1항).
② 위원회는 10명 이상 15명 이하의 위원으로 성별을 고려하여 구성하고, 위원장은 위원 중에서 호선하며, 위원은 교정에 관한 학식과 경험이 풍부한 외부인사 중에서 지방교정청장의 추천을 받아 법무부장관이 위촉한다(동조 제2항).
③ 위원장이 부득이한 사유로 직무를 수행할 수 없을 때에는 부위원장이 그 직무를 대행하고, 부위원장도 부득이한 사유로 직무를 수행할 수 없을 때에는 위원장이 미리 지명한 위원이 그 직무를 대행한다(시행규칙 제267조 제2항).

정답 | ④

54

수형자 甲은 2020년 11월 배우자가 위독하여 일반귀휴 5일을 다녀왔고, 2021년 1월 동 배우자의 사망으로 5일간의 특별귀휴를 다녀왔으며, 2021년 3월 동생의 결혼식 참석차 3일의 일반귀휴를 다녀왔다. 甲이 2021년 남은 기간 동안 일반귀휴를 다녀올 수 있는 기간은?

① 5일　　② 7일

③ 12일　　④ 17일

해설 ④ 일반귀휴기간은 1년 중 20일 이내이고(법 제77조 제1항), 특별귀휴기간은 일반귀휴기간에 포함되지 않으며(동조 제2항), 여기에서 1년이란 매년 1월 1일부터 12월 31일까지를 말하므로(시행규칙 제130조 제2항), 甲이 2021년 남은 기간 동안 다녀올 수 있는 귀휴기간은 총 20일 중 이미 다녀온 3일을 뺀 17일이다.

정답 | ④

55

수형자 A는 징역 단기 1년 장기 1년 8월을 선고받고 5개월을 복역하던 중 모친이 사망하였다는 소식을 접하고 소장에게 귀휴를 요청하였다. 이 경우 소장이 선택할 수 있는 것은?

① 일반귀휴나 특별귀휴 모두 허가할 수 없다.

② 5일간의 일반귀휴를 허가하였다.

③ 6일간의 특별귀휴를 허가하였다.

④ 5일간의 특별귀휴를 허가하였다.

해설 ④ 위 사례는 특별귀휴요건에 해당하고, 특별귀휴는 5일 이내로 허가할 수 있다.
② 일반귀휴는 6개월 이상을 복역해야 하므로(법 제77조 제1항 참조) 5개월을 복역한 A에게 일반귀휴를 허가할 수 없다.
③ 특별귀휴는 5일 이내에서만 허가할 수 있으므로(동조 제2항 참조) 6일간의 특별귀휴를 허가할 수 없다.

정답 | ④

56

귀휴에 관해 다음과 같은 조치들이 있었다고 가정할 때 가장 옳지 않은 것은?

① 소장이 귀휴를 허가하면서 귀휴지에서 매일 3회 소장에게 전화보고를 하도록 하였다.

② 소장이 귀휴를 허가하면서 교도관을 동행시켰다.

③ 귀휴자의 여비와 귀휴 중 착용할 복장을 예산의 범위에서 지급하였다.

④ 귀휴기간을 형집행기간에 포함시켰다.

해설 ③ 귀휴자의 여비와 귀휴 중 착용할 복장은 본인이 부담한다(시행규칙 제142조 제1항).

① 시행규칙 제140조 제4호

② 시행규칙 제141조 제1항

④ 법 제77조 제4항

정답 | ③

PART

07

지역사회교정

CHAPTER

01 지역사회교정

01

지역사회교정에 관한 설명으로 가장 옳지 않은 것은?

① 지역사회교정이란 지역사회 내에서 행해지는 범죄인에 대한 여러 제재와 비시설적 교정처우프로그램을 말한다.

② 교정비용의 급격한 증가는 지역사회교정의 촉진요인이 되었다.

③ 보다 적은 비용으로 교정의 효과를 거둘 수 있는 범죄통제기법의 모색은 지역사회교정의 필요성을 증대시켰다.

④ 범죄자에 대한 온정적 조치가 지역사회를 범죄의 온상으로 만든다는 논리가 지역사회교정의 이론적 기초를 이루고 있다.

해설 ④ 지역사회교정은 범죄인을 구금시설에 수용하는 대신, 통상적인 사회활동을 하게 하면서 일정한 감시와 통제프로그램을 통해 범죄를 유발하지 않을 생활조건을 조성하는 것을 그 목표로 하므로, 범죄에 대한 강경한 조치가 필요하다는 논리가 지역사회교정의 이론적 기초라는 표현은 옳지 않다.

정답 | ④

02

지역사회교정에 관한 설명으로 옳지 않은 것은?

① 비시설 내 교정처우가 중심을 이룬다.

② 사회적 처우를 강조하지만 교정의 적합한 장소는 교정시설이라고 본다.

③ 20세기 중반 이후 미국을 중심으로 전개되었다.

④ 전통적 범죄처벌방식에 대한 새로운 패러다임의 일환으로 제기되었다.

해설 ② 지역사회교정은 교정의 적합한 장소가 교정시설이 아닌 지역사회라는 믿음을 전제로 하고 있다.

정답 | ②

03

지역사회교정에 대한 설명으로 옳지 않은 것은? 교정9급 24

① 교정시설의 과밀수용 문제를 해소하기 위한 방안 중 하나이다.
② 범죄자의 처벌·처우에 대한 인도주의적 관점이 반영된 것이다.
③ 형사제재의 단절을 통해 범죄자의 빠른 사회복귀와 재통합을 실현하고자 한다.
④ 실제로는 범죄자에 대한 통제를 증대시켰다는 비판이 있다.

해설 ③ 교정시설 내에서의 처벌을 지역사회에서의 교정으로 전환하여 처벌의 연속성이 유지되므로, 형사제재의 단절이라는 표현은 옳지 않다.

정답 | ③

04

지역사회교정의 필요성이라고 보기 어려운 것은?

① 범죄인에 대한 인도적 처우
② 범죄로부터의 사회방위
③ 범죄인과 사회와의 유대강화
④ 중간처벌기능의 제공

해설 ② 지역사회교정은 범죄인을 사회로부터 격리하지 않고 사회 내에서 처우한다는 점에서 사회방위에 적합하지 않다는 지적이 있다.

정답 | ②

05

지역사회교정에 관한 설명 중 틀린 것은? 9급특채 12

① 지역사회교정의 출현은 교정시설의 과밀수용, 재범률 증가가 큰 영향을 미쳤다.
② 다이버전은 범죄자에 대한 부정적 낙인을 최소화 함으로써 2차적 범죄를 막으려는 목적이 있다.
③ 지역사회교정에서 민간의 개입은 최소화된다.
④ 지역사회의 보호, 처벌의 연속성, 사회복귀, 재통합 등이 목표이다.

해설 ③ 지역사회교정은 사회 내 처우를 통해 범죄인과 사회의 기존 유대관계를 유지시키고, 나아가 보다 긍정적인 사회관계를 개발하도록 원조하는 데 그 목표가 있다. 따라서 지역사회교정에서 민간의 개입은 필수적인 요소인 동시에 제도의 핵심적 본질에 해당한다고 보아야 한다.

정답 | ③

06

지역사회교정의 성공조건으로 가장 적합하지 않은 것은?

① 형사사법기관이 보수성을 극복하고 의사결정과정에서 개인의 의사가 최대한 반영되도록 하여야 한다.
② 지역사회의 참여도를 높이고 협조를 이끌어 낼 수 있어야 한다.
③ 지역사회교정의 목표를 명확하게 하여 구체적인 실천방안을 강구할 수 있도록 하여야 한다.
④ 지역사회를 형성하는 주민들의 인구이동을 원활히 하여 획일적 가치관이 자리할 수 없도록 하여야 한다.

해설 ④ 지역사회교정이 성공하려면 지역사회 내 인구의 이동성이 많지 않을 것이 요구된다. 주민들의 이동이 빈번하면 지속적인 참여와 협조를 이끌어 내기 어렵기 때문이다.

정답 | ④

07

지역사회교정에 대한 설명으로 가장 적절하지 않은 것은?

① 사회 내 처우를 전제로 하므로 범죄로부터의 사회방위에 부적합하다.
② 사회적 위험성이 없는 범죄인만을 대상으로 할 경우 교정자원의 낭비가 초래된다.
③ 대상자에게 엄격한 처우를 할 경우 시설 내 처우와 다를 바 없다는 지적이 있다.
④ 지역사회교정의 지나친 확대는 형사사법망의 축소를 가져올 수 있다는 비판이 있다.

해설 ④ 지역사회교정의 지나친 확대는 범죄통제의 대상이 아니었던 경미한 범죄인까지도 그 대상에 포함시킴으로써 형사사법망의 확대를 초래할 수 있다는 비판을 받는다.

정답 | ④

08

지역사회교정(community-based corections)에 대한 설명으로 옳지 않은 것은? 교정9급 19

① 범죄자에 대한 인도주의적 처우, 사회복귀의 긍정적 효과 그리고 교정경비의 절감과 재소자 관리상 이익의 필요성 등의 요청에 의해 대두되었다.
② 통상의 형사재판절차에 처해질 알코올중독자, 마약사용자, 경범죄자 등의 범죄인에 대한 전환(diversion) 방안으로 활용할 수 있다.
③ 범죄자에게 가족, 지역사회, 집단 등과의 유대관계를 유지하게 하여 지역사회 재통합 가능성을 높여줄 수 있다.
④ 사회 내 재범가능자들을 감시하고 지도함으로써 지역사회의 안전과 보호에 기여하고, 사법통제망을 축소시키는 효과를 기대할 수 있다.

해설 ④ 사법통제망을 확대시키는 결과를 야기한다.

형사사법망의 확대

지역사회교정의 지나친 확대는 범죄통제의 대상이 아니었던 경미한 범죄인까지도 그 대상에 포함시킴으로써 형사사법망의 확대를 초래할 수 있는데, 형사사법망의 확대에 관하여 다음의 세 가지가 주장되고 있다.

- 망의 확대 : 국가에 의해 통제·규제되는 시민의 비율이 증가되는 현상, 즉 더 많은 사람을 잡을 수 있도록 그물망을 키워 왔다는 것이다.
- 망의 강화 : 범죄인에 대한 개입의 강도를 높임으로써 그들에 대한 통제를 강화시켰다는 것이다.
- 상이한 망의 설치 : 범죄인을 사법기관이 아닌 다른 기관으로 위탁하여 더 많은 사람을 범죄통제의 대상으로 만들었다는 것이다.

정답 | ④

09

다이버전에 대한 설명으로 옳지 않은 것은? 교정9급 22

① 형벌 이외의 사회통제망의 축소를 가져온다.
② 공식적인 절차에 비해서 형사사법비용을 절감할 수 있다.
③ 업무경감으로 인하여 형사사법제도의 능률성과 신축성을 가져온다.
④ 범죄로 인한 낙인의 부정적 영향을 최소화하여 2차적 일탈의 예방에 긍정적이다.

해설 ① 기존의 형사사법절차에서는 형사사법의 대상이 아니었던 행위가 다이버전으로써 그 대상이 되어 또 다른 형사사법절차가 만들어지고, 이로써 형사사법망의 확대를 초래한다는 비판을 받는다.

정답 | ①

10

지역사회교정에 대한 설명으로 옳지 않은 것은? 교정7급 20

① 교정의 목표는 사회가 범죄자에게 교육과 취업기회를 제공해주고 사회적 유대를 구축 또는 재구축하는 것이다.
② 구금이 필요하지 않은 범죄자들에게는 구금 이외의 처벌이 필요하다.
③ 전통적 교정에 대한 새로운 대안의 모색으로 지역사회의 책임이 요구되었다.
④ 교정개혁에 초점을 둔 인간적 처우를 증진하며 범죄자의 책임을 경감시키는 시도이다.

해설 ④ 지역사회교정은 범죄자에 대한 인도주의적 처우, 사회복귀의 긍정적 효과, 교정경비 절감, 지역사회의 보호 및 재통합 등을 목표로 한다. 즉, 범죄자의 책임경감과는 관련이 없다.

정답 | ④

11

다음에 제시된 다양한 교정처우 중 지역사회교정(community-based corrections) 프로그램으로 옳지 않은 것은? 행정고시 01

① 가택구금(house arrest)
② 충격구금(shock incarceration)
③ 거주센터(residential center)
④ 사회봉사(community service)
⑤ 개방교도소(open institution)

해설 ⑤ 개방교도소는 시설 내 처우의 일종이라는 점에서 지역사회교정의 프로그램으로 보기는 어렵다.

정답 | ⑤

12

다양한 형태로 출현하여 시행되고 있는 지역사회교정(사회 내 처우)의 형태로 옳지 않은 것은? 교정9급 21

① 출소자들에 대한 원조(advocacy)
② 지역사회 융합을 위한 재통합(reintegration)
③ 사회적 낙인문제 해소를 위한 전환제도(diversion)
④ 범죄자의 선별적 무력화(selective incapaci- tation)

해설 ④ 범죄자의 선별적 무능력화는 재범가능성에 대한 개인별 예측을 통해 범죄성이 강한 개별 범죄자를 선별적으로 구금하거나 그 형량을 강화하는 것으로, 시설 내 처우에 해당한다.

정답 | ④

13

지역사회교정의 장점을 기술한 것으로 옳지 않은 것은? 교정9급 16

① 새로운 사회통제전략으로서 형사사법망의 확대효과를 가져온다.

② 교정시설 수용에 비해 일반적으로 비용과 재정부담이 감소되고 교도소 과밀수용 문제를 해소할 수 있다.

③ 대상자에게 사회적 관계의 단절을 막고 낙인효과를 최소화하며 보다 인도주의적인 처우가 가능하다.

④ 대상자에게 가족, 지역사회, 집단 등과 유대관계를 유지하게 하여 범죄자의 지역사회 재통합 가능성을 높여 줄 수 있다.

해설 ① 형사사법망의 확대는 지역사회교정의 단점에 해당한다. 즉, 지역사회교정이 확대되면, 과거에는 범죄통제의 대상이 아니었던 자가 범죄통제의 대상이 됨으로써 형사사법망의 확대를 초래한다는 점에서 비판을 받고 있다.

정답 | ①

CHAPTER 02 중간처우제도

01

중간처우소(halfway house)에 대한 설명으로 옳지 않은 것은? 교정7급 21

① 석방 전 중간처우소는 교도소에서 지역사회로 전환하는 데 필요한 도움과 지도를 제공한다.
② 석방 전 중간처우소는 정신질환범죄자나 마약중독자에 유용하며 석방의 충격을 완화해주는 역할을 한다.
③ 우리나라의 중간처우소 사례인 밀양희망센터는 외부업체에서 일하고 지역사회 내의 기숙사에서 생활하는 형태로 운영된다.
④ 미국에서 가장 일반적인 중간처우소 유형은 수형자가 가석방 등 조건부 석방이 결정된 후 초기에 중간처우소에 거주하는 것이다.

해설 ② 정신질환범죄자나 마약중독자에게는 별도의 치료시설이나 프로그램이 필요하다.

정답 | ②

02

중간처우의 집에 관한 설명으로 옳은 것은?

① 교정시설의 구내에 설치하는 것이 일반적이다.
② 우리나라에서는 시행되지 않고 있다.
③ 단기자유형의 폐해를 제거하기 위한 수단으로 활용된다.
④ 교정시설의 적응을 위한 halfway in과 출소 전 사회적응을 위한 halfway out이 있다.

해설 ① 교정시설의 구외에 소규모 독립생활공간으로 설치되는 것이 일반적이다.
② 우리나라에서도 시행되고 있다.
③·④ halfway in인 경우에는 시설수용을 앞둔 형확정자가 그 대상이고, halfway out인 경우에는 석방을 앞둔 수형자가 그 대상이므로 단기자유형의 폐해를 제거하기 위한 수단이라고 볼 수는 없다.

정답 | ③

CHAPTER

03 중간처벌제도

01

중간처벌에 관한 설명으로 가장 옳지 않은 것은?

① 긴장·기회이론의 대두는 중간처벌이 등장하는 배경의 하나가 되었다.
② 배상명령에 대해서는 사회적 갈등을 완화시킨다는 긍정적 평가가 있는 반면, 차별적 형사정책이라는 비판도 있다.
③ 보호관찰의 무용론과 구금형의 유용론이 결합된 제도이다.
④ 집중보호관찰은 경미한 범죄자만을 그 대상으로 한다.

해설 ④ 집중보호관찰은 어느 정도 강력범죄자도 그 대상으로 한다.
① 긴장·기회이론이란 범죄인이 준법적인 사회인으로 생활하기 위해서는 합법적인 목표를 달성할 수 있는 기회와 기술이 필요한데, 이러한 기회와 기술은 교정시설에 구금된 상태로는 충분하지 못하다는 주장을 말한다.

정답 | ④

02

중간처벌제도에 대한 설명으로 옳은 것은? 교정7급 19

① 중간처벌은 중간처우에 비해 사회복귀에 더욱 중점을 둔 제도이다.
② 충격구금은 보호관찰의 집행 중에 실시하는 것으로, 일시적인 구금을 통한 고통의 경험이 미래 범죄행위에 대한 억지력을 발휘할 것이라는 가정을 전제로 한다.
③ 배상명령은 시민이나 교정당국에 비용을 부담시키지 않고, 범죄자로 하여금 지역사회에서 가족과 인간관계를 유지하며 직업활동에 전념할 수 있게 한다.
④ 집중감독보호관찰(intensive supervision probation)은 주로 경미범죄자나 초범자에게 실시하는 것으로, 일반 보호관찰에 비해 많은 수의 사람을 대상으로 한다.

해설 ① 중간처벌은 구금형과 일반 보호관찰 사이에 존재하는 대체처벌로, 중간처우가 사회복귀에 중점을 두는 반면 중간처벌은 제재에 보다 중점을 둔다.
② 충격구금은 보호관찰에 앞서 일시적으로 구금하면 그 구금의 고통이 미래 범죄행위에 대해 억제력을 발휘할 것이라고 가정하는 처벌형태로, 장기구금에 따른 폐해와 부정적 요소를 해소하거나 줄임으로써 구금의 긍정적 측면을 강조한다.
④ 집중감독(감시)보호관찰은 주 5회 정도 실시되는데, 주로 마약사범이나 조직폭력범에게 적용하는 제도이다.

정답 | ③

03

중간처벌에 관한 설명으로 옳지 않은 것은?

① 중간처우가 사회복귀에 중점을 두는 것이라면, 중간처벌은 제재에 중점을 두는 것이다.

② 재판단계 중간처벌로는 벌금형·판결 전 전환제도 등이 있다.

③ 보호관찰 관련 중간처벌로는 사회봉사명령제도·집중감시보호관찰 등이 있다.

④ 교정 관련 중간처벌로는 배상제도·충격구금 등이 있다.

해설 ④ 교정 관련 중간처벌로는 충격구금, 병영식 캠프 등이 있다. 배상제도는 보호관찰 관련 중간처벌에 해당한다.

➤ 중간처벌의 유형

재판단계 중간처벌	벌금형, 판결 전 전환제도 등
보호관찰 관련 중간처벌	집중감시보호관찰, 배상제도, 사회봉사명령, 수강명령, 전자감시 등
교정 관련 중간처벌	충격구금, 병영식 캠프 등

정답 | ④

04

배상명령의 형사정책적 의미에 관한 설명으로 옳지 않은 것은?

① 국민이나 교정당국에 아무런 비용을 부담시키지 않는다.

② 가족과 유대관계를 유지시키며 직업을 유지하게 한다.

③ 경제적 능력이 없는 자에게 가혹할 수 있다.

④ 배분적 정의에 적합하다.

해설 배상명령은 보호관찰 관련 중간처벌의 유형으로서 범죄인으로 하여금 피해자에게 금전적인 배상을 명령하는 제도이다.

④ 배상명령제도는 경제력이 강한 범죄인에게는 제재의 효과가 미약한 반면, 경제력이 약한 범죄인에게는 가혹한 제재가 될 수 있다는 점에서 배분적 정의에 부합하지 않는다는 비판이 있다.

정답 | ④

05

충격구금에 관한 설명으로 옳지 않은 것은?

① 구금의 부정적 요소를 제거하기 위한 제도이다.
② 충격구금은 구금, 형의 유예, 보호관찰의 일부 장점들을 결합한 것이다.
③ 충격구금의 유형으로는 충격 가석방(shock parole), 충격보호관찰(shock probation), 병영식 캠프(boot camp) 등이 있다.
④ 병영식 캠프(boot camp)는 군대식 극기훈련 및 준법교육을 실시한 후 보호관찰로 전환하는 형태를 취한다.

해설 ① 충격구금은 구금의 긍정적 요소를 살리기 위한 제도이다.

정답 | ①

06

충격보호관찰(shock probation)에 관한 설명으로 옳지 않은 것은 모두 몇 개인가?

㉠ 1965년 오하이오에서 시작되었다.
㉡ 주로 구금경력이 없는 청소년을 대상으로 한다.
㉢ 단기간의 교도소 구금 후 보호관찰조건부로 석방하는 형식을 취한다.
㉣ 수용밀도를 감소시키고, 교정비용절감효과가 있다.
㉤ 낙인효과를 제거할 수 있다.

① 1개 ② 2개
③ 3개 ④ 4개

해설 [×] ㉤ 비록 단기간이라도 구금을 거치게 되므로 구금이 되었다는 낙인효과를 남긴다는 것이 충격보호관찰의 단점으로 지적되고 있다.
[○] ㉠·㉡·㉢·㉣

정답 | ①

07

충격구금(shock incarceration)에 대한 설명으로 옳지 않은 것은? 교정7급 15

① 장기구금에 따른 폐해를 해소하거나 줄이는 대신 구금의 긍정적 측면을 강조하기 위한 것이다.
② 구금의 고통이 큰 기간을 구금하여 범죄억제효과를 극대화하는 데 제도적 의의가 있다.
③ 형의 유예 및 구금의 일부 장점들을 결합한 것으로 보호관찰과는 결합될 수 없다.
④ 짧은 기간 구금되지만 범죄자가 악풍에 감염될 우려가 있다.

해설 ③ 충격구금이란 보호관찰에 앞서 구금의 고통이 가장 큰 짧은 기간 동안만 범죄인을 구금하여 수감의 고통을 경험하게 함으로써 장래 범죄행위를 억제하려는 것으로, 구금, 형의 유예 및 보호관찰의 일부 장점들을 결합한 것이다.

정답 | ③

08

1983년 미국의 조지아(Georgia)주에서 시작된 것으로 엄격한 규율을 준수하게 하고 규칙적인 생활습관을 유지하게 하면서 마약이나 알코올과의 접촉을 차단시켜 건강을 회복하도록 고안된 교정프로그램은?

① 주간처우소(Day Reporting Center)
② 병영식 캠프(Boot Camp)
③ 임시석방(Temporary Release)
④ 전자감시(Electronic Monitoring)

해설 ② 병영식 캠프는 1983년 미국 조지아주에서 최초로 시작되었다. 3~6개월간 군대식 훈련을 중심으로 엄격한 규율과 규칙적인 생활습관 및 책임의식을 강조하며, 주로 청소년을 대상으로 단기훈련기간을 갖는 것을 특징으로 하는 시설이다.

정답 | ②

09

전자감시제도에 관한 설명으로 옳지 않은 것은?

① 보호관찰관의 감시업무 부담을 경감시키고, 시설수용보다 관리비용을 절감할 수 있다는 장점이 있다.

② 전자감시기구는 일반인들의 눈에 잘 띄지 않으므로 낙인효과도 작고, 시민의 자유침해를 최소화하여 형사사법망의 축소에도 도움이 된다.

③ 인간을 기계와 장비의 감시대상으로 전락시키며, 대상자의 사생활을 감시하여 과잉금지원칙에 위배된다는 비판이 있다.

④ 일반적으로 폭력범죄자나 약물남용자는 그 대상에서 제외하고 있다.

해설 ② 전자감시제도는 대상자의 신체에 송신기를 부착하여 행동의 세세한 부분까지 감시하므로, 범죄인에 대한 통제력을 약화시키기보다는 오히려 강화시키는 이른바 형사사법망의 확대 내지 강화를 초래할 수 있다는 비판을 받는다.

정답 | ②

10

전자감시를 조건으로 한 가택구금에 대한 설명으로 옳지 않은 것은?

① 범죄자를 자신의 집에 구금시키고, 전자장비를 이용하여 범죄자를 감시하는 일종의 중간처벌이다.

② 과잉구금 및 교도소 과밀수용의 문제점을 해결하기 위한 대안으로 시작되었다.

③ 범죄자에 대한 통제 강화라는 엄격한 처벌의 요구와 구금비용 절약이라는 경제성의 요구를 동시에 만족시킬 수 있다.

④ 범죄적 악풍감염의 폐해와 낙인화를 초래한다는 단점이 있다.

해설 ④ 전자감시 가택구금은 시설구금을 전제하지 않으므로 구금에 따르는 범죄적 악풍감염이나 낙인효과를 방지한다는 장점이 있다.

➤ 전자감시제도의 장단점

장점	단점
• 보호관찰관의 감시업무부담을 경감 • 구금에 필요한 경비의 절감과 과밀수용 방지 • 특별한 시설을 필요로 하지 않으며, 형사사법의 각 단계에서 폭넓게 이용 가능 • 가족관계 및 종전 직장을 유지할 수 있어 생계유지 및 피해배상에 유리 • 직장과 집 이외에는 외출이 통제되므로 자유형의 집행효과를 거둘 수 있음 • 단기자유형의 폐해와 낙인효과 방지	• 대상자의 장치조작 우려 및 기계장치 결함에 따른 오작동 • 대상자의 소재파악은 가능하나, 구체적 행동파악은 곤란 • 일정한 주거가 없거나 전화가 없는 대상자는 사용 곤란 • 공공의 안전을 위협받을 수 있음 • 국민의 법감정에 배치 • 대상자의 비율이 적어 과밀수용문제 해결에 미흡 • 인간의 존엄성에 배치되며, 지나친 사생활 침해라는 비판이 있음

정답 | ④

11

전자감시를 조건으로 한 가택구금에 대한 설명으로 옳지 않은 것은? 교정7급 10

① 시설구금의 대안으로 경비를 절감할 수 있다.
② 지역사회에서 가정생활, 직장생활을 영위함으로써 사회복귀에 도움이 된다.
③ 적절히 운영되면 교정시설의 과밀화 해소에 기여한다.
④ 대상자의 프라이버시를 보호하고 범죄로부터 지역사회를 더 안전하게 하는 데 기여한다.

해설 ④ 전자감시는 대상자의 일거수일투족을 감시하므로 사생활이 필요 이상으로 노출될 가능성이 크고, 범죄자를 시설구금이 아닌 사회 내에서 처우하므로 지역사회의 안전이 위협받을 수 있다는 것이 단점으로 지적되고 있다.

정답 | ④

12

전자감시제도에 관한 형사정책적 평가로 볼 수 없는 것은?

① 미결·기결에 상관없이 형사사법의 각 단계에서 폭넓게 이용할 수 있다.
② 보호관찰관의 감시업무 부담을 경감하여 대상자의 원조활동에 전념할 수 있게 한다.
③ 공공의 안전이 위협받으며, 국민의 법감정에 부합하지 않는다.
④ 과밀수용문제의 해결을 위한 근본적인 방안으로 평가받고 있다.

해설 ④ 일반적으로 전자감시의 대상에서 폭력범죄자, 누범자 또는 약물중독자는 제외되므로, 전체 범죄자의 일부분에만 적용할 수 있다. 따라서 과밀수용문제 해결을 위한 근본적인 방안이 될 수는 없다.

정답 | ④

13

전자감시제도의 형사정책적 역기능에 해당하는 것은?

① 사회 내 처우의 효과를 경감시킨다.
② 인간의 존엄성을 침해한다.
③ 행형비용을 증가시킨다.
④ 시설 내 처우의 단점을 증가시킨다.

해설 ② 전자감시제도는 대상자의 신체에 송신기를 부착하여 행동의 세세한 부분까지 감시하므로 인간의 존엄성을 침해할 소지가 있다는 비판을 받는다.
① 전자감시제도는 통상 보호관찰과 결부하여 실시되는데, 보호관찰의 기능적 한계를 보완해 주는 역할을 수행하므로 사회 내 처우의 효과를 경감시킨다는 표현은 옳지 않다.
③ 전자감시제도는 시설수용에 따르는 행형비용을 절감시키는 장점이 있다.
④ 전자감시제도는 시설 내 처우에 따르는 범죄적 악풍감염의 폐해를 제거할 수 있다는 장점이 있다.

정답 | ②

14

사회 내 처우제도에 대한 설명으로 옳지 않은 것은? 교정7급 14

① 지역사회의 자원이 동원됨으로써 교정에 대한 시민의 관심이 높아지고, 나아가 이들의 참여 의식을 더욱 강화할 수 있다.
② 수용시설의 제한된 자원과는 달리 지역사회에서는 다양한 자원을 쉽게 발굴 및 활용할 수 있다.
③ 범죄인이 경제활동을 포함하여 지역사회에서 일상생활을 하는 것이 가능하므로 범죄인 개인의 사회적 관계성을 유지할 수 있다.
④ 전자감시제도의 경우 처우대상자의 선정에 공정성을 기하기 용이하다.

해설 ④ 일반적으로 전자장치의 부착은 재범이나 상습범을 대상으로 '재범의 위험성'이 있는 경우에 한하여 적용한다는 것이 그 이유로 제시되고 있고, 우리나라는 대상자를 선정함에 있어 유사범죄를 다시 범할 위험성을 그 요건으로 하고 있는데, 재범의 위험성이라는 개념 자체가 모호하고 그에 대한 판단 또한 최종적으로 법관의 자유판단에 일임한다는 점에서, 대상자 선정에 공정성을 기하기 용이하다는 표현은 옳지 않다(전자장치 부착 등에 관한 법률 제5조 참조).

정답 | ④

PART

08

가석방과 시설 내 처우의 종료

CHAPTER

01 가석방

01

가석방의 법적 성격에 관한 설명으로 가장 거리가 먼 것은?

① 조건부 석방에 해당한다.
② 석방된 기간은 원칙적으로 보호관찰을 받는다는 점에서 선시제도와 구별된다.
③ 형집행방법의 변경에 불과하다.
④ 법정요건이 충족되면 반드시 석방해야 한다는 점에서 선시제도와 유사하다.

해설 ④ 선시제도는 법정요건이 충족되면 반드시 석방해야 하나, 가석방제도는 법정요건이 충족되었더라도 가석방심사위원회의 심의를 거쳐야 한다는 점에서 구별된다.

정답 | ④

02

가석방의 제도적 취지와 관계없는 것은?

① 정기형제도의 경직성을 완화하는 작용을 한다.
② 개전의 정을 요구한다는 점에서 응보형주의와 결합된다.
③ 과밀수용을 완화하는 효과가 있다.
④ 교정경비 절감에 효과적이다.

해설 ② 가석방은 그 요건으로서 뉘우침이 뚜렷할 것(개전의 정)을 요구한다는 점에서 교육형주의 내지 목적형주의와 부합된다.

정답 | ②

03

가석방의 법적 성격에 관한 기술 중 틀린 것은?

① 시설 내에서 선행을 유지한 것에 대한 은혜라는 포상설
② 자유형의 폐해를 피하기 위해 출소 후 사회적응 전망이 있으면 가석방을 해야 한다는 사법처분설
③ 임시로 보호관찰부 가석방을 하고, 문제가 있으면 다시 수용해야 한다는 사회방위설
④ 행형의 단계로서 모든 수형자에게 가석방이 필요하다고 보는 행형제도설

해설 ② 행정처분설에 대한 설명이다.

➤ 가석방의 법적 성격에 관한 학설정리

은사설	가석방은 국가가 모범수형자에게 내리는 은혜적 조치라는 견해(판례의 입장)
행정처분설	가석방은 수형자의 사회복귀를 촉진하기 위한 행정처분이라는 견해(현행법의 입장)
사회방위설	가석방을 보호관찰과 연계하여 사회적응력이 불충분한 것으로 인정되면 사회방위를 위하여 가석방을 취소하고 다시 수용해야 한다는 견해
교정제도설	가석방을 자유형의 탄력적 집행의 한 단계로 이해하고, 원만한 사회복귀를 위해 모든 수형자에게 적용해야 하는 교정제도의 한 형태라고 보는 견해
수형자권리설	가석방을 수형자가 신청할 수 있는 권리의 일종으로 보는 견해

정답 | ②

04

가석방제도의 형사정책적 의의가 아닌 것은?

① 수용경비의 절감
② 교도소 내 질서유지 및 교정교화의 효과 증진
③ 과밀수용의 해소
④ 부정기형제도의 단점 보완

해설 ④ 가석방은 이미 교화개선된 수형자를 조속히 사회에 복귀시키는 기능을 수행한다는 점에서 정기형의 제도적 결함인 경직성을 완화시킨다는 형사정책적 의의를 가진다.

가석방제도의 목적(기능)

- 자신의 노력에 따라 석방기일을 앞당길 수 있다는 희망을 부여(교화개선의 촉구)
- 구금에 따르는 소요경비의 절감(수용경비의 절감)
- 가석방의 혜택을 받기 위한 모범적인 수용생활을 유도(수용질서의 유지)
- 남은 형기를 사회 내에서 처우하므로 그 기간 동안 사회재적응의 기회를 제공(사회적응)
- 가석방된 자가 성공적으로 사회적응할 경우 결과적으로 재범방지에 효과(재범방지)
- 수용공간의 과밀을 해소하여 교정사고 위험을 감소(과밀수용에 따르는 부작용 제거)
- 교정성적 여부와 상관없이 형기를 단축(정기형제도의 보완)

정답 | ④

05 ★

가석방에 대한 설명으로 옳지 않은 것은? 교정9급 11

① 형기에 산입된 판결선고전 구금일수는 가석방에 있어서 집행을 경과한 기간에 산입한다.
② 가석방된 자는 가석방 기간 중 반드시 보호관찰을 받아야 하는 것은 아니다.
③ 징역 또는 금고의 집행 중에 있는 자에 대하여 행정처분으로 가석방을 하는 경우에 벌금 또는 과료의 병과가 있는 때에는 그 금액을 완납하여야 한다.
④ 가석방 기간은 무기형에 있어서는 15년으로 한다.

해설 ④ 가석방의 기간은 무기형에 있어서는 10년, 유기형에 있어서는 남은 형기로 하되, 그 기간은 10년을 초과할 수 없다(형법 제73조의2 제1항).
① 동법 제73조 제1항
② 동법 제73조의2 제2항
③ 동법 제72조 제2항

정답 | ④

06 ★

가석방에 대한 설명으로 옳지 않은 것으로만 묶인 것은? 교정7급 11

㉠ 가석방의 경우 보호관찰은 임의적 절차이다. ㉡ 노역장유치자는 가석방 대상이 될 수 없다. ㉢ 가석방기간으로 무기형은 10년, 유기형은 남은 형기로 하되, 그 기간은 15년을 초과할 수 없다. ㉣ 가석방은 행정처분이다. ㉤ 가석방심사위원회는 위원장을 포함한 5인 이상 9인 이하의 위원으로 구성한다. ㉥ 소장은 가석방이 허가되지 않은 수형자에 대하여는 다시 가석방 심사신청을 할 수 없다.

① ㉠, ㉡, ㉣ ② ㉠, ㉢, ㉥ ③ ㉡, ㉢, ㉣ ④ ㉡, ㉤, ㉥

해설 [×] ㉠ 가석방된 자는 가석방기간 중 보호관찰을 받는다. 다만, 가석방을 허가한 행정관청이 필요가 없다고 인정한 때에는 그러하지 아니하다(형법 제73조의2 제2항), 따라서 가석방의 경우 보호관찰은 필요적 절차이다.
㉢ 가석방의 기간은 무기형에 있어서는 10년, 유기형에 있어서는 남은 형기로 하되, 그 기간은 10년을 초과할 수 없다(동법 제73조의2 제1항).
㉥ 소장은 가석방이 허가되지 아니한 수형자에 대하여 그 후에 가석방을 허가하는 것이 적당하다고 인정하는 경우에는 다시 가석방 적격심사신청을 할 수 있다(시행규칙 제251조).
[○] ㉡ 징역이나 금고의 집행 중에 있는 사람이 행상이 양호하여 뉘우침이 뚜렷한 때에는 무기형은 20년, 유기형은 형기의 3분의 1이 지난 후 행정처분으로 가석방을 할 수 있다(형법 제72조 제1항). 즉, 가석방대상자는 징역이나 금고의 집행 중에 있는 사람에 한하므로 노역장유치자는 가석방 대상이 될 수 없다.
㉣ 형법 제72조 제1항은 "… 행정처분으로 가석방을 할 수 있다"고 규정하여 행정처분설의 입장을 취하고 있다.
㉤ 법 제120조 제1항

정답 | ②

07

현행법령상 가석방제도에 대한 설명으로 옳지 않은 것은? 교정9급 18

① 가석방취소자의 잔형(남은 형기)기간은 가석방을 실시한 다음 날부터 원래 형기의 종료일까지로 하고, 잔형(남은 형기)집행 기산일은 가석방을 실시한 다음 날로 한다.

② 가석방심사위원회는 가석방적격결정을 하였으면 5일 이내에 법무부장관에게 가석방허가를 신청하여야 한다.

③ 가석방심사위원회는 위원장을 포함한 5인 이상 9인 이하의 위원으로 구성한다.

④ 가석방은 행정처분의 일종이다.

해설 ① 가석방취소자 및 가석방실효자의 남은 형기 기간은 가석방을 실시한 다음 날부터 원래 형기의 종료일까지로 하고, 남은 형기집행 기산일은 가석방의 취소 또는 실효로 인하여 교정시설에 수용된 날부터 한다(시행규칙 제263조 제5항).

② 법 제122조 제1항

③ 법 제120조 제1항

④ 징역이나 금고의 집행 중에 있는 사람이 행상이 양호하여 뉘우침이 뚜렷한 때에는 무기형은 20년, 유기형은 형기의 3분의 1이 지난 후 행정처분으로 가석방을 할 수 있다(형법 제72조 제1항).

정답 | ①

08

가석방심사에 관한 설명으로 옳은 것은?

① 소장은 형법 제72조 제1항의 기간을 지난 수형자에 대하여는 법무부령이 정하는 바에 따라 가석방위원회에 가석방 적격심사를 신청할 수 있다.

② 소장은 수형자의 가석방 적격심사신청에 필요하다고 인정하면 분류처우위원회에 해당 수형자를 출석시켜 의견을 청취할 수 있다

③ 소장은 가석방 적격심사신청 대상자를 선정한 경우 선정된 날부터 5일 이내에 위원회에 가석방 적격심사신청을 하여야 한다.

④ 소장은 가석방이 허가되지 아니한 수형자에 대하여는 다시 가석방 적격심사신청을 할 수 없다.

해설 ③ 시행규칙 제250조 제2항

① 신청할 수 있다. → 신청하여야 한다(법 제121조 제1항).

② 소장은 가석방 적격심사신청에 필요하다고 인정하면 분류처우위원회에 수형자를 출석하게 하여 진술하도록 하거나 담당교도관을 출석하게 하여 의견을 들을 수 있다(시행규칙 제245조 제2항).

④ 소장은 가석방이 허가되지 아니한 수형자에 대하여 그 후에 가석방을 허가하는 것이 적당하다고 인정하는 경우에는 다시 가석방 적격심사신청을 할 수 있다(시행규칙 제251조).

정답 | ③

09

가석방제도에 관하여 옳지 않은 것은?

① 남은 형기의 집행유예제도이다.
② 행정처분적 성격을 갖는다.
③ 가석방 중 벌금 이상의 형이 확정된 때에는 실효된다.
④ 행장이 양호하여 개전의 정이 현저한 자에 대하여 행한다.
⑤ 유기형의 경우 잔여기간이 경과된 때에는 형의 집행을 종료한 것으로 간주한다.

해설 ③ 가석방기간 중 고의로 지은 죄로 금고 이상의 형을 선고받아 그 판결이 확정된 경우에 가석방처분은 효력을 잃는다(형법 제74조).
참고로, 2020.12.8. 전단의 개정과 함께 후단(단 과실로 인한 죄로 형의 선고를 받았을 때에는 예외로 한다)이 삭제되었다.

정답 | ③

10

가석방요건에 해당하지 않는 것은?

① 무기형에는 20년 경과
② 유기형에는 형기의 3분의 1 경과
③ 개전의 정이 현저함
④ 소년수형자의 경우 무기형은 3년 경과

해설 ④ 징역 또는 금고를 선고받은 소년에 대하여는 무기형은 5년, 15년의 유기형은 3년, 부정기형은 단기의 3분의 1이 지나면 가석방을 허가할 수 있다(소년법 제65조).

➤ 성년수형자와 소년수형자의 가석방 요건 및 기간 비교

구분	성년수형자	소년수형자
가석방 요건	무기형은 20년, 유기형은 형기의 3분의 1 경과	무기형은 5년, 유기형은 3년, 부정기형은 단기의 3분의 1 경과
가석방 심사기관	가석방심사위원회	보호관찰심사위원회
가석방 기간	무기형은 10년, 유기형은 남은 형기로 하되, 그 기간은 10년 초과 금지	가석방 전에 집행을 받은 기간과 같은 기간

정답 | ④

11

가석방에 대한 설명 중 옳지 않은 것은? (다툼이 있는 경우 판례에 의함) 8급승진 18

① 분류처우위원회는 가석방적격심사 신청 대상자 선정 등에 관한 사항을 심의·의결한다.

② 가석방은 형기만료 전에 조건부로 수형자를 석방하는 제도로서 수형자의 원활한 사회복귀를 주된 목적으로 하고 있으며, 수용질서를 유지하는 기능을 수행하는 것은 아니다.

③ 가석방심사위원회의 심의서는 해당 가석방 결정 등을 한 후부터 즉시 공개한다. 다만, 그 내용 중 개인의 신상을 특정할 수 있는 부분은 삭제하고 공개하되, 국민의 알권리를 충족할 필요가 있는 등의 사유가 있는 경우에는 위원회가 달리 의결할 수 있다.

④ 수형자의 가석방 적격심사신청을 위하여 사전조사하는 경우, 신원에 관한 사항에 대한 조사는 수형자를 수용한 날부터 1개월 이내에 하고, 그 후 변경할 필요가 있는 사항이 발견되거나 가석방 적격심사신청을 위하여 필요한 경우에 한다.

해설 ② 가석방은 형기만료 전에 조건부로 수형자를 석방하는 제도로서 수형자의 원활한 사회복귀를 주된 목적으로 하고 있으며, 간접적으로는 수용질서를 유지하는 기능도 수행한다(헌재 2017.4.4, 2017헌마260).

① 시행규칙 제97조 제4호

③ 법 제120조 제3항 제2호 <개정 2020.2.4.>

④ 시행규칙 제249조 제1항

정답 | ②

12

형법상 가석방에 대한 설명으로 옳지 않은 것은? 사법시험 10 변형

① 징역 또는 금고의 집행 중에 있는 자에 대하여는 무기형의 경우에는 20년, 유기형의 경우에는 형기의 3분의 1을 경과한 후 행정처분으로 가석방을 할 수 있다.

② 가석방의 기간은 무기형의 경우에는 10년으로 하고, 유기형의 경우에는 남은 형기로 하되, 그 기간은 10년을 초과할 수 없다.

③ 가석방심사위원회는 가석방과 그 취소에 관한 사항을 심사·결정한다.

④ 가석방된 자는 가석방을 허가한 행정관청이 필요가 없다고 인정한 경우를 제외하고 가석방 기간 중 보호관찰을 받는다.

⑤ 가석방을 할 경우에 벌금 또는 과료의 병과가 있는 때에는 그 금액을 완납하여야 한다.

해설 ③ 가석방심사위원회는 가석방과 그 취소에 관한 사항을 심사할 권한만을 가진다(시행규칙 제236조 참조). 가석방과 그 취소에 관한 결정은 법무부장관의 권한이다.

① 형법 제72조

② 형법 제73조의 2 제1항

④ 동조 제2항

⑤ 형법 제72조 제2항

정답 | ③

13

현행 「형법」상 가석방에 관한 설명 중 옳은 것은? 사법시험 15

① 가석방은 특별예방보다는 일반예방을 중시하는 제도이다.
② 가석방된 자가 보호관찰의 준수사항을 위반한 때에는 가석방처분을 취소하여야 한다.
③ 무기형의 집행 중에 있는 자는 가석방의 대상이 될 수 없다.
④ 가석방된 자는 가석방기간 중 보호관찰을 받는다. 다만, 가석방을 허가한 행정관청이 필요가 없다고 인정한 때에는 그러하지 아니하다.
⑤ 가석방처분이 취소된 경우 가석방 중의 일수는 형기에 산입할 수 있다.

해설 ④ 형법 제73조의2 제2항
① 가석방은 특별예방을 주된 목적으로 하는 제도이다.
② 가석방의 처분을 받은 자가 감시에 관한 규칙을 위배하거나, 보호관찰의 준수사항을 위반하고 그 정도가 무거운 때에는 가석방처분을 취소할 수 있다(동법 제75조).
③ 징역이나 금고의 집행 중에 있는 사람이 행상이 양호하여 뉘우침이 뚜렷한 때에는 무기형은 20년, 유기형은 형기의 3분의 1이 지난 후 행정처분으로 가석방을 할 수 있다(동법 제72조 제1항). 즉, 무기형의 집행 중에 있는 자도 가석방의 대상이 될 수 있다.
⑤ 가석방이 실효 또는 취소되었을 경우에는 가석방자를 재수용하여 잔여형기를 집행한다. 이때 가석방 중의 일수는 형기에 산입하지 아니한다(동법 제76조 제2항).

정답 | ④

14

가석방된 자의 사후관리에 관한 설명으로 옳지 않은 것은? 행정고시 03

① 가석방기간 중 과실로 인해 금고 이상의 형의 선고를 받더라도 가석방이 실효되지 않는다.
② 가석방된 자라 할지라도 가석방을 허가한 행정관청이 보호관찰의 필요성이 없다고 인정한 때에는 보호관찰을 하지 않을 수 있다.
③ 가석방의 처분을 받은 자가 감시에 관한 규칙을 위배하거나, 보호관찰의 준수사항을 위반하고 그 정도가 무거운 때에는 가석방처분을 취소할 수 있다.
④ 가석방이 취소되더라도 가석방 중의 일수는 형기에 산입된다.
⑤ 가석방의 처분을 받은 후 그 처분이 실효 또는 취소되지 아니하고 가석방기간이 경과한 때에는 형의 집행을 종료한 것으로 볼 뿐이므로 전과까지 없어지는 것은 아니다.

해설 ④ 가석방의 실효 또는 취소로 재수용할 경우에는 가석방 중의 일수는 형기에 산입하지 아니한다(형법 제76조 제2항).
① 가석방기간 중 고의로 지은 죄로 금고 이상의 형을 선고받아 그 판결이 확정된 경우에 가석방처분은 효력을 잃는다(동법 제74조).
② 동법 제73조의2 제2항
③ 동법 제75조
⑤ 가석방의 처분을 받은 후 그 처분이 실효 또는 취소되지 아니하고 가석방기간을 경과한 때에는 형의 집행을 종료한 것으로 본다(동법 제76조 제1항).

정답 | ④

15

가석방의 실효 및 취소에 관한 설명으로 옳은 것은?

① 가석방 처분을 받은 자가 감시에 관한 규칙을 위배하거나 보호관찰 준수사항을 위반한 경우에는 가석방이 취소된다.

② 수형자를 가석방한 소장 또는 가석방자를 수용하고 있는 소장은 가석방자가 가석방취소사유에 해당하는 사실이 있음을 알게 된 경우에는 지체 없이 법무부장관에게 가석방 취소를 건의하여야 한다.

③ 소장은 가석방 취소자 또는 가석방 실효자가 교정시설에 수용되지 아니한 사실을 알게 된 때에는 지체 없이 법무부장관에게 보고하여야 한다.

④ 가석방 중 과실로 인한 죄로 금고 이상의 형의 선고를 받았을 경우에는 가석방처분은 효력을 잃지 않는다.

해설 ④ 형법 제74조

① 가석방의 처분을 받은 자가 감시에 관한 규칙을 위배하거나, 보호관찰의 준수사항을 위반하고 그 정도가 무거운 때에는 가석방처분을 취소할 수 있다(동법 제75조).

② 법무부장관에게 가석방의 취소를 건의하는 것이 아니라 가석방심사위원회에 가석방 취소심사를 신청하여야 한다(시행규칙 제261조 제1항 참조).

③ 소장은 가석방취소자 또는 가석방실효자가 교정시설에 수용되지 아니한 사실을 알게 된 때에는 관할 지방검찰청 검사 또는 관할 경찰서장에게 구인하도록 의뢰하여야 한다(시행규칙 제263조 제3항).

정답 | ④

16

다음은 가석방 취소와 관련된 규정들이다. 틀린 것은? 9급경채 13

① 가석방자는 가석방기간 중 「가석방자관리규정」에 따른 지켜야 할 사항을 따르고, 관할 파출소장의 명령 또는 조치를 따라야 하며, 이를 위반하는 경우에는 가석방을 취소할 수 있다.

② 수형자를 가석방한 소장은 가석방 취소사유에 해당하는 사실이 있음을 알게 되면 가석방심사위원회에 가석방 취소심사를 신청하여야 한다.

③ 소장은 가석방 취소가 타당하다고 인정하는 경우 긴급한 사유가 있을 때에는 위원회의 심사를 거치지 않고 법무부장관에게 가석방 취소를 신청할 수 있다.

④ 가석방심사위원회는 취소심사를 위하여 필요하다고 인정되면 가석방자를 위원회에 출석시켜 진술을 들을 수 있다.

해설 ① 가석방자는 가석방기간 중 「가석방자관리규정」 제5조부터 제7조까지, 제10조, 제13조 제1항, 제15조 및 제16조에 따른 지켜야 할 사항 및 관할 경찰서장의 명령 또는 조치를 따라야 하며 이를 위반하는 경우에는 「형법」 제75조에 따라 가석방을 취소할 수 있다(시행규칙 제260조).

② 시행규칙 제261조 제1항

③ 동조 제3항

④ 시행규칙 제262조 제2항

정답 | ①

17

형의 집행 및 수용자의 처우에 관한 법률상 가석방제도에 대한 설명으로 옳지 않은 것은?

① 가석방의 적격 여부를 심사하기 위하여 법무부장관 소속으로 가석방심사위원회를 둔다.
② 가석방심사위원회는 위원장을 포함한 5인 이상 9인 이하의 위원으로 구성한다.
③ 가석방심사위원회의 위원장은 당해 소장이 된다.
④ 가석방심사위원회는 가석방 적격결정을 하였으면 5일 이내에 법무부장관에게 가석방허가를 신청하여야 한다.

해설 ③ 위원장은 법무부차관이 되고, 위원은 판사, 검사, 변호사, 법무부 소속 공무원, 교정에 관한 학식과 경험이 풍부한 자 중에서 법무부장관이 임명 또는 위촉한다(법 제120조 제2항).
① 법 제119조
② 법 제120조 제1항
④ 법 제122조 제1항

정답 | ③

18

「형의 집행 및 수용자의 처우에 관한 법령」상 가석방심사위원회에 대한 설명으로 옳지 않은 것은?

교정7급 23

① 가석방심사위원회는 위원장을 포함한 5명 이상 9명 이하의 위원으로 구성한다.
② 가석방심사위원회 위원은 판사, 검사, 변호사, 법무부 소속 공무원, 교정에 관한 학식과 경험이 풍부한 사람 중에서 법무부장관이 임명 또는 위촉한다.
③ 가석방심사위원회 위원장은 법무부장관이 된다.
④ 가석방심사위원회의 회의는 재적위원 과반수의 출석으로 개의하고, 출석위원 과반수의 찬성으로 의결한다.

해설 ②·③ 위원장은 법무부차관이 되고, 위원은 판사, 검사, 변호사, 법무부 소속 공무원, 교정에 관한 학식과 경험이 풍부한 사람 중에서 법무부장관이 임명 또는 위촉한다(형집행법 제120조 제2항).
① 동조 제1항
④ 동법 시행규칙 제242조 제1항

정답 | ③

19

가석방 사전조사에 관한 설명으로 옳지 않은 것은?

① 소장은 사전조사한 사항을 매월 분류처우위원회의 회의 개최일 전날까지 분류처우심사표에 기록하여야 한다.

② ①의 분류처우심사표는 소장이 정한다.

③ 사전조사사항 중 신원에 관한 사항에 대한 조사는 수형자를 수용한 날부터 1개월 이내에 하여야 한다.

④ 사전조사사항 중 보호에 관한 사항에 대한 조사는 형기의 3분의 1이 지나기 전에 하여야 한다.

해설 ② 분류처우심사표는 법무부장관이 정한다(시행규칙 제248조 제2항).
① 시행규칙 제248조 제1항
③ 시행규칙 제249조 제1항
④ 동조 제3항

➤ 가석방 사전조사기간

구분	사전조사기간
신원에 관한 사항	수형자를 수용한 날부터 1개월 이내
범죄에 관한 사항	수형자를 수용한 날부터 2개월 이내
보호에 관한 사항	형기의 3분의 1이 지나기 전

정답 | ②

20 ★

「형의 집행 및 수용자의 처우에 관한 법률 시행규칙」상 수형자의 가석방 적격심사신청을 위하여 교정시설의 장이 사전에 조사하여야 할 사항으로 옳은 항목의 개수는? 교정7급 14

㉠ 작업장려금 및 작업상태
㉡ 석방 후의 생활계획
㉢ 범죄 후의 정황
㉣ 책임감 및 협동심
㉤ 접견 및 전화통화 내역

① 2개
② 3개
③ 4개
④ 5개

해설 ④ 소장은 수형자의 가석방 적격심사신청을 위하여 신원에 관한 사항, 범죄에 관한 사항, 보호에 관한 사항을 사전에 조사해야 한다(시행규칙 제246조). ㉠·㉣은 신원에 관한 사항, ㉢은 범죄에 관한 사항, ㉡·㉤은 보호에 관한 사항에 각각 해당한다. 즉, 위 항목 모두 수형자의 가석방 적격심사신청을 위한 사전조사사항에 해당한다. 소장은 수형자의 가석방 적격심사신청을 위하여 일정한 사항을 사전에 조사해야 하는데, 사전조사사항은 시행규칙 제246조 참조

정답 | ④

21

「형의 집행 및 수용자의 처우에 관한 법률 시행규칙」상 가석방에 대한 설명으로 옳지 않은 것은?

교정9급 24

① 소장은 「형법」 제72조 제1항의 기간을 경과한 수형자로서 교정성적이 우수하고 뉘우치는 빛이 뚜렷하여 재범의 위험성이 없다고 인정하는 경우에는 분류처우위원회의 의결을 거쳐 가석방 적격심사신청 대상자를 선정한다.

② 소장은 가석방 적격심사신청을 위한 사전조사에서 신원에 관한 사항의 조사는 수형자를 수용한 날부터 2개월 이내에 하고, 그 후 변경된 사항이 있는 경우에는 지체 없이 그 내용을 변경하여야 한다.

③ 소장은 가석방 적격심사신청을 위하여 사전조사한 사항을 매월 분류처우위원회의 회의 개최일 전날까지 분류처우심사표에 기록하여야 하며, 이 분류처우심사표는 법무부장관이 정한다.

④ 소장은 가석방이 허가되지 아니한 수형자에 대하여 그 후에 가석방을 허가하는 것이 적당하다고 인정하는 경우에는 다시 가석방 적격심사신청을 할 수 있다.

해설 ② 신원에 관한 사항에 대한 조사는 수형자를 수용한 날부터 1개월 이내에 하고, 그 후 변경할 필요가 있는 사항이 발견되거나 가석방 적격심사신청을 위하여 필요한 경우에 한다(형집행법 시행규칙 제249조 제1항).

① 동법 시행규칙 제245조 제1항

③ 동법 시행규칙 제248조

④ 동법 시행규칙 제251조

정답 | ②

22

「가석방자관리규정」에 따른 가석방자 관리에 대한 설명으로 옳지 않은 것은? 교정7급 16

① 가석방자는 가석방 후 그의 주거지에 도착하였을 때에 지체 없이 종사할 직업 등 생활계획을 세우고, 이를 관할 경찰서의 장에게 서면으로 신고하여야 한다.

② 관할 경찰서의 장은 6개월마다 가석방자의 품행, 직업의 종류, 생활 정도, 가족과의 관계, 가족의 보호 여부 및 그 밖의 참고사항에 관하여 조사서를 작성하고 관할 지방검찰청의 장 및 가석방자를 수용하였다가 석방한 교정시설의 장에게 통보하여야 한다. 다만, 변동사항이 없는 경우에는 그러하지 아니하다.

③ 가석방자는 국내 주거지 이전(移轉) 또는 10일 이상 국내 여행을 하려는 경우 관할 경찰서의 장에게 신고하여야 한다.

④ 가석방자가 사망한 경우 관할 경찰서의 장은 그 사실을 관할 지방검찰청의 장 및 가석방자를 수용하였다가 석방한 교정시설의 장에게 통보하여야 하고, 통보를 받은 석방시설의 장은 그 사실을 법무부장관에게 보고하여야 한다.

해설 ③ 가석방자는 국내 주거지 이전 또는 1개월 이상 국내 여행을 하려는 경우 관할 경찰서의 장에게 신고하여야 한다(가석방자관리규정 제10조 제1항).

① 동 규정 제6조 제1항

② 동 규정 제8조

④ 동 규정 제20조

정답 | ③

23

현행 「가석방자관리규정」의 내용으로 옳지 않은 것은?

① "가석방자"란 징역 또는 금고 형의 집행 중에 있는 사람으로서 형법 제72조 및 형의 집행 및 수용자의 처우에 관한 법률 제122조에 따라 가석방된 사람 및 보호관찰 등에 관한 법률에 따른 보호관찰 대상자를 말한다.

② 가석방자는 그의 주거지를 관할하는 경찰서의 장의 보호와 감독을 받는다.

③ 교정시설의 장은 가석방이 허가된 사람을 석방할 때에는 그 사실을 가석방될 사람의 주거지를 관할하는 지방검찰청의 장과 형을 선고한 법원에 대응하는 검찰청 검사장 및 가석방될 사람을 보호·감독할 경찰서의 장에게 미리 통보하여야 한다.

④ 교정시설의 장은 가석방이 허가된 사람에게 가석방의 취소 및 실효사유와 가석방자로서 지켜야 할 사항 등을 알리고, 주거지에 도착할 기한 및 관할경찰서에 출석할 기한 등을 적은 가석방증을 발급하여야 한다.

해설 ① "가석방자"란 징역 또는 금고 형의 집행 중에 있는 사람으로서 「형법」 제72조 및 「형의 집행 및 수용자의 처우에 관한 법률」 제122조에 따라 가석방된 사람(「보호관찰 등에 관한 법률」에 따른 보호관찰 대상자는 제외한다)을 말한다(가석방자관리규정 제2조).

② 동 규정 제3조

③ 동 규정 제4조 제1항

④ 동 규정 제4조 제2항

정답 | ①

24

현행 「가석방자관리규정」상 가석방자 관리에 관한 설명으로 옳지 않은 것은?

① 관할경찰서의 장은 6개월마다 가석방자의 품행, 직업의 종류, 생활 정도, 가족과의 관계, 가족의 보호 여부 및 그 밖의 참고사항에 관하여 조사서를 작성하고 관계기관의 장에게 통보하여야 한다. 다만, 변동사항이 없는 경우에는 그러하지 아니하다.

② 관할경찰서의 장은 석방시설의 장의 의견을 들어 가석방자의 보호와 감독을 적당한 사람에게 위임할 수 있으며, 위임받은 사람은 매월 말일 조사사항을 관할경찰서의 장에게 보고하여야 한다.

③ 가석방자는 국내 주거지 이전이나 국외이주 또는 7일 이상 국내외 여행을 하려는 경우 관할경찰서의 장에게 신고하여야 한다.

④ 가석방자가 사망한 경우 관할경찰서의 장은 그 사실을 관계기관의 장에게 통보하여야 하고, 통보를 받은 석방시설의 장은 그 사실을 법무부장관에게 보고하여야 한다.

해설 ③ 가석방자는 국내 주거지 이전(移轉) 또는 1개월 이상 국내여행을 하려는 경우 관할경찰서의 장에게 신고하여야 한다(가석방자관리규정 제10조 제1항). 가석방자는 국외이주 또는 1개월 이상 국외여행을 하려는 경우 관할경찰서의 장에게 신고하여야 한다(동 규정 제13조 제1항).

① 동 규정 제8조

② 동 규정 제9조

④ 동 규정 제20조

정답 | ③

25

가석방심사위원회에 대한 설명이다. 틀린 것은?

① 심사위원은 7~9명으로 구성한다.

② 위원장은 법무부차관이다.

③ 위원은 법무부장관이 임명 또는 위촉한다.

④ 위원은 교정에 관한 학식과 경험이 풍부한 자로 임명한다.

⑤ 위원회는 법무부장관 소속하에 설치한다.

해설 ① 위원회는 위원장을 포함한 5명 이상 9명 이하의 위원으로 구성한다(법 제120조 제1항).

②·③ 동조 제2항

④ 법 제120조

정답 | ①

26

가석방제도에 관한 설명으로 옳지 않은 것은?

① 가석방은 징역 또는 금고의 집행을 받고 있는 자가 행장이 양호하여 개전의 정이 현저하다고 인정될 때 형기만료 전에 조건부로 수형자를 석방하는 제도이다.

② 형기에 산입된 판결선고 전 구금일수는 가석방에 있어서 집행을 경과한 기간에 산입한다.

③ 가석방자에게 사회봉사명령이나 수강명령을 부과할 수 있다.

④ 가석방의 처분을 받은 후 그 처분이 실효 또는 취소되지 않고 가석방기간을 경과한 때에는 형의 집행을 종료한 것으로 본다.

해설 ③ 가석방된 자에 대하여는 가석방기간 중 보호관찰을 실시할 수 있으나(형법 제73조의2 제2항 참조), 사회봉사명령이나 수강명령을 부과할 수 있다는 규정은 없다.

② 동법 제73조 제1항

④ 동법 제76조 제1항

정답 | ③

27

가석방에 대한 설명으로 옳은 것은? 교정9급 15

① 가석방 처분 후 처분이 실효 또는 취소되지 않고 가석방 기간을 경과한 때에는 가석방심사위원회를 통해 최종적으로 형 집행종료를 결정한다.

② 가석방심사위원회는 가석방 적격결정을 하였으면 7일 이내에 법무부장관에게 가석방 허가를 신청하여야 한다.

③ 징역 또는 금고의 집행 중에 있는 자가 그 행장이 양호하여 개전의 정이 현저한 때에는 무기에 있어서는 10년, 유기에 있어서는 형기의 3분의 1을 경과한 후 행정처분으로 가석방을 할 수 있다.

④ 가석방 적격심사 시 재산에 관한 죄를 지은 수형자에 대하여는 특히 그 범행으로 인하여 발생한 손해의 배상 여부 또는 손해를 경감하기 위한 노력 여부를 심사하여야 한다.

해설 ④ 시행규칙 제255조 제1항

① 가석방의 처분을 받은 후 그 처분이 실효 또는 취소되지 아니하고 가석방기간을 경과한 때에는 형의 집행을 종료한 것으로 본다(형법 제76조 제1항), 즉, 가석방심사위원회와 무관하다.

② 위원회는 가석방 적격결정을 하였으면 5일 이내에 법무부장관에게 가석방 허가를 신청하여야 한다(법 제122조 제1항).

③ 징역이나 금고의 집행 중에 있는 사람이 행상이 양호하여 뉘우침이 뚜렷한 때에는 무기형은 20년, 유기형은 형기의 3분의 1이 지난 후 행정처분으로 가석방을 할 수 있다(형법 제72조 제1항).

정답 | ④

28

가석방 이후의 절차에 관한 설명으로 옳지 않은 것은?

① 가석방자는 가석방증에 적힌 기한 내에 관할 경찰서에 출석하여 가석방증에 출석확인을 받아야 한다.

② 가석방자가 국내에서 주거지를 이전하거나 1개월 이상 여행하려는 경우에는 허가신청서를 관할 경찰서의 장에게 제출하여 신고를 하여야 한다.

③ 관할 경찰서의 장은 가석방자가 가석방 기간 중 정상적인 업무에 종사하고 비행을 저지르지 아니하도록 적절한 지도를 할 수 있다.

④ 관할 경찰서의 장은 3개월마다 가석방자의 품행, 직업의 종류, 생활 정도, 가족과의 관계, 가족의 보호 여부 및 그 밖의 참고사항에 관하여 조사서를 작성하고, 관계기관의 장에게 통보하여야 한다.

해설 ④ 3개월 → 6개월(가석방자관리규정 제8조)

① 동 규정 제5조

② 동 규정 제10조

③ 동 규정 제7조 제1항

정답 | ④

29 ★

가석방결정에 관한 사항으로 옳지 않은 것은?

① 가석방심사위원회가 가석방의 적격 여부에 대한 결정을 한 경우에는 결정서를 작성하여야 한다.

② 가석방심사위원회는 가석방되는 사람에 대하여 보호관찰의 필요성을 심사하여 결정한다.

③ 가석방은 그 서류도달 후 12시간 이내에 행하여야 하나, 그 서류에서 석방일시를 지정하고 있으면 그 일시에 행한다.

④ 소장은 수형자의 가석방이 허가된 경우에는 주거지, 관할 경찰서 또는 보호관찰소에 출석할 기한 등을 기록한 가석방증을 가석방자에게 발급하여야 한다.

해설 ② (보호관찰)심사위원회는 가석방되는 사람에 대하여 보호관찰의 필요성을 심사하여 결정한다(보호관찰 등에 관한 법률 제24조 제1항).

① 시행규칙 제258조

③ 법 제124조 제1항

④ 시행규칙 제259조

➤ 가석방절차 흐름도

교정시설	• 소장이 분류처우위원회의 의결을 거쳐 가석방 적격심사신청 대상자 선정 • 대상자 선정 후 5일 이내에 가석방심사위원회에 가석방 적격심사 신청
⇓	
가석방심사위원회	• 가석방 적격 결정 • 가석방 적격 결정 후 5일 이내에 법무부장관에게 가석방 허가 신청
⇓	
법무부장관	• 가석방 허가 결정
⇓	
교정시설	• 서류도달 후 12시간 이내에 석방 • 서류에서 석방일시를 지정하고 있으면 그 일시

정답 | ②

30

가석방제도에 관한 설명으로 틀린 것은? 9급특채 10

① 가석방처분을 받은 후 그 처분이 실효 또는 취소되지 아니하고 가석방기간을 경과한 때에는 형의 집행을 종료한 것으로 본다.

② 가석방 취소자 및 가석방 실효자의 잔형(남은 형기)기간은 가석방을 실시한 날부터 원래 형기의 종료일까지로 하고, 잔형(남은 형기)집행 기산일은 가석방의 취소 또는 실효로 인하여 교정시설에 수용된 날부터 한다.

③ 소장은 가석방 취소자 또는 가석방 실효자가 교정시설에 수용되지 아니한 사실을 알게 된 때에는 관할 지방검찰청 검사 또는 관할 경찰서장에게 구인하도록 의뢰하여야 한다.

④ 가석방기간 중 형사사건으로 구속되어 교정시설에 미결수용 중인 자의 가석방 취소결정으로 잔형(남은 형기)을 집행하게 된 경우에는 가석방된 형의 집행을 지휘하였던 검찰청 검사에게 잔형(남은 형기)집행 지휘를 받아 우선 집행하여야(해야) 한다.

해설 ② 가석방취소자 및 가석방실효자의 남은 형기 기간은 가석방을 실시한 다음 날부터 원래 형기의 종료일까지로 하고, 남은 형기집행 기산일은 가석방의 취소 또는 실효로 인하여 교정시설에 수용된 날부터 한다(시행규칙 제263조 제5항).

① 형법 제76조 제1항

③ 시행규칙 제263조 제3항

④ 동조 제6항

정답 | ②

31

수형자 A에 대한 가석방 서류가 12월 26일 9:00에 도달하였다면 소장은 A를 언제까지 가석방하여야 하는가?

① 12월 26일 14:00 ② 12월 26일 21:00

③ 12월 27일 9:00 ④ 12월 28일 9:00

해설 ② 가석방은 그 서류가 교정시설에 도달한 후 12시간 이내에 하여야 한다. 다만, 그 서류에서 석방일시를 지정하고 있으면 그 일시에 한다(법 제124조 제1항). 따라서 12월 26일 9:00에 가석방 서류가 도달하였다면 당일 21:00까지 가석방하여야 한다.

정답 | ②

32

가석방제도에 대한 설명으로 옳은 것은? 5급승진 15

① 징역 또는 금고 집행 중에 있는 자가 그 행장이 양호하여 개전의 정이 현저한 때에는 무기에 있어서는 10년, 유기에 있어서는 형기의 3분의 1을 경과한 후 행정처분으로 가석방을 할 수 있다.

② 소장이 가석방적격심사를 신청한 때에는 수형자가 동의하지 아니하더라도 신청 사실을 보호자 등에게 알려야 한다.

③ 형기에 산입된 판결선고전 구금일수는 가석방에 있어서 집행을 경과한 기간에 산입하지 아니한다.

④ 가석방 중 고의 또는 과실로 금고 이상의 형을 선고받아 그 판결이 확정된 경우에 가석방처분은 효력을 잃는다.

⑤ 가석방처분을 받은 자가 감시에 관한 규칙을 위배하거나 보호관찰의 준수사항을 위반하였다고 하여 반드시 가석방처분을 취소하여야 하는 것은 아니다.

해설 ⑤ 가석방의 처분을 받은 자가 감시에 관한 규칙을 위배하거나, 보호관찰의 준수사항을 위반하고 그 정도가 무거운 때에는 가석방처분을 취소할 수 있다(형법 제75조). 이는 임의규정이므로 해당 지문을 틀린 표현이라고 볼 수 없다.

① 징역이나 금고의 집행 중에 있는 사람이 행상이 양호하여 뉘우침이 뚜렷한 때에는 무기형은 20년, 유기형은 형기의 3분의 1이 지난 후 행정처분으로 가석방을 할 수 있다(동법 제72조 제1항).

② 소장은 위원회에 적격심사신청한 사실을 수형자의 동의를 받아 보호자 등에게 알릴 수 있다(시행규칙 제250조 제3항).

③ 형기에 산입된 판결선고 전 구금일수는 가석방을 하는 경우 집행한 기간에 산입한다(형법 제73조).

④ 가석방기간 중 고의로 지은 죄로 금고 이상의 형을 선고받아 그 판결이 확정된 경우에 가석방처분은 효력을 잃는다(동법 제74조).

정답 | ⑤

33 ★

甲, 乙, 丙, 丁 중 가석방의 대상이 될 수 있는 수형자는? 교정9급 12

> ㉠ 성년인 甲은 15년의 유기징역을 선고받고 6년을 경과하였고, 병과하여 받은 벌금의 3분의 2를 납입하였다.
> ㉡ 성년인 乙은 무기징역을 선고받고 16년을 경과하였다.
> ㉢ 현재 18세 소년인 丙은 15년의 유기징역을 선고받고 3년을 경과하였다.
> ㉣ 현재 18세 소년인 丁은 장기 9년, 단기 3년의 부정기형을 선고받고 2년을 경과하였다.

① 甲, 乙 ② 乙, 丙
③ 甲, 丁 ④ 丙, 丁

해설 성년의 가석방요건은 무기형은 20년, 유기형은 형기의 3분의 1이 지나고, 벌금이나 과료가 병과되어 있는 때에는 그 금액을 완납하여야 한다(형법 제72조 제1항·제2항). 소년의 가석방요건은 무기형은 5년, 15년의 유기형은 3년, 부정기형은 단기의 3분의 1이 지나야 한다(소년법 제65조).

[O] ㉢ 소년인 경우, 유기형은 3년이 경과하면 가석방요건이 충족되는데, 丙은 3년을 경과하였으므로 가석방 대상이 된다.
㉣ 소년인 경우, 부정기형은 단기의 3분의 1이 경과하면 가석방요건이 충족되는데, 丁은 3년의 3분의 1인 1년을 경과하였으므로 가석방 대상이 된다.

[×] ㉠ 성년인 경우, 유기형은 형기의 3분의 1이 경과하고 벌금이 있는 때에는 그 금액을 완납하여야 가석방요건이 충족되는데, 甲은 형기의 3분의 1인 5년은 경과하였으나 벌금을 완납하지 아니하였으므로 가석방 대상이 될 수 없다.
㉡ 성년인 경우, 무기형은 20년이 경과하면 가석방요건이 충족되는데, 乙은 16년을 경과하였으므로 가석방 대상이 될 수 없다.

정답 | ④

34

「형의 집행 및 수용자의 처우에 관한 법률 시행규칙」상 가석방의 취소 등에 대한 설명으로 가장 옳지 않은 것은? 5급승진 22

① 가석방 기간 중 형사사건으로 구속되어 교정시설에 미결수용 중인 자의 가석방 취소결정으로 남은 형기를 집행하게 된 경우에는 가석방된 형의 집행을 지휘하였던 검찰청 검사에게 남은 형기 집행지휘를 받아 우선 집행해야 한다.

② 소장은 가석방이 취소된 사람 또는 가석방이 실효된 사람이 교정시설에 수용되지 아니한 사실을 알게 된 때에는 관할 지방검찰청 검사 또는 관할 경찰서장에게 구인하도록 의뢰하여야 한다.

③ 가석방이 취소된 사람 및 가석방이 실효된 사람의 남은 형기집행 기산일은 가석방의 취소 또는 실효로 인하여 교정시설에 수용된 날의 다음 날부터 한다.

④ 가석방이 취소된 사람 및 가석방이 실효된 사람의 남은 형기기간은 가석방을 실시한 다음 날부터 원래 형기의 종료일까지로 한다.

해설 ③·④ 가석방이 취소된 사람(가석방취소자) 또는 가석방이 실효된 사람(가석방실효자)의 남은 형기기간은 가석방을 실시한 다음 날부터 원래 형기의 종료일까지로 하고, 남은 형기집행 기산일은 가석방의 취소 또는 실효로 인하여 교정시설에 수용된 날부터 한다(형집행법 시행규칙 제263조 제5항).

① 동조 제6항

② 동조 제3항

정답 | ③

35

「형의 집행 및 수용자의 처우에 관한 법률 시행규칙」상 가석방 적격심사에 대한 설명으로 가장 옳지 않은 것은? 6급승진 22

① 소장은 가석방 적격심사신청에 필요하다고 인정하면 분류처우위원회에 수형자를 출석하게 하여 진술하도록 하거나 담당교도관을 출석하게 하여 의견을 들을 수 있다.

② 소장은 수형자의 가석방 적격심사신청을 위하여 신원에 관한 사항, 범죄에 관한 사항, 보호에 관한 사항을 사전에 조사해야 한다.

③ 소장은 가석방이 허가되지 아니한 수형자에 대하여 그 후에 가석방을 허가하는 것이 적당하다고 인정하는 경우에는 다시 가석방 적격심사신청을 할 수 있다.

④ 가석방 적격심사신청을 위한 범죄에 관한 사항에 대한 조사는 수형자를 수용한 날부터 6개월 이내에 하고, 조사에 필요하다고 인정하는 경우에는 소송기록을 열람할 수 있다.

해설 ④ 가석방 적격심사신청을 위한 범죄에 관한 사항에 대한 조사는 수형자를 수용한 날부터 2개월 이내에 하고, 조사에 필요하다고 인정하는 경우에는 소송기록을 열람할 수 있다(형집행법 시행규칙 제249조 제2항).

① 동법 시행규칙 제245조 제2항

② 동법 시행규칙 제246조 전단

③ 동법 시행규칙 제251조

정답 | ④

36

형집행법령상 가석방에 대한 설명으로 가장 옳은 것은? 7급승진 22

① 가석방심사위원회는 위원장을 포함한 7명 이상 9명 이하의 위원으로 구성한다.

② 가석방심사위원회는 가석방 적격결정을 하였으면 5일 이내에 법무부장관에게 가석방 허가를 신청하여야 한다.

③ 가석방에 따른 석방은 그 서류가 교정시설에 도달한 후 24시간 이내에 하여야 한다. 다만, 그 서류에서 석방일시를 지정하고 있으면 그 일시에 한다.

④ 가석방실효자의 남은 형기집행 기산일은 가석방의 실효로 인하여 교정시설에 수용된 다음 날부터 한다.

해설 ② 형집행법 제122조 제1항

① 가석방심사위원회는 위원장을 포함한 5명 이상 9명 이하의 위원으로 구성한다(동법 제120조 제1항).

③ 가석방에 따른 석방은 그 서류가 교정시설에 도달한 후 12시간 이내에 하여야 한다. 다만, 그 서류에서 석방일시를 지정하고 있으면 그 일시에 한다(동법 제124조 제1항).

④ 가석방이 취소된 사람(가석방취소자) 또는 가석방이 실효된 사람(가석방실효자)의 남은 형기기간은 가석방을 실시한 다음 날부터 원래 형기의 종료일까지로 하고, 남은 형기집행 기산일은 가석방의 취소 또는 실효로 인하여 교정시설에 수용된 날부터 한다(동법 시행규칙 제263조 제5항).

정답 | ②

37

형집행법령상 가석방에 대한 설명으로 옳지 않은 것은 모두 몇 개인가? 5급승진 23

> ㉠ 가석방심사위원회의 위원장이 부득이한 사정으로 직무를 수행할 수 없을 때에는 법무부장관이 미리 지정한 위원이 그 직무를 대행한다.
>
> ㉡ 소장은 수형자의 가석방 적격심사신청을 위하여 신원에 관한 사항, 범죄에 관한 사항, 보호에 관한 사항을 사전에 조사해야 한다. 이 경우 수용기록 확인 및 수형자와의 상담, 검찰청·경찰서·그 밖의 관계기관에 대한 사실조회 등의 방법으로 조사할 수 있다.
>
> ㉢ 소장은 가석방 적격심사신청 대상자를 선정한 경우 선정된 날부터 5일 이내에 가석방심사위원회에 가석방 적격심사신청을 하여야 하며, 가석방심사위원회에 적격심사신청한 사실을 수형자의 동의를 받아 보호자 등에게 알릴 수 있다.
>
> ㉣ 범죄의 수단이 참혹 또는 교활하거나 극심한 위해(危害)를 발생시킨 경우, 해당 범죄로 무기형에 처해진 경우, 그 밖에 사회적 물의를 일으킨 죄를 지은 경우에 해당하는 수형자에 대하여 가석방 적격심사할 때에는 특히 피해자의 감정에 유의하여야 한다.
>
> ㉤ 가석방심사위원회는 가석방 적격결정을 하였으면 5일 이내에 법무부장관에게 가석방 허가를 신청하여야 한다.

① 0개 ② 1개
③ 2개 ④ 3개

해설 옳지 않은 것은 ㉠, ㉣이다.

㉠ 위원장이 부득이한 사정으로 직무를 수행할 수 없을 때에는 위원장이 미리 지정한 위원이 그 직무를 대행한다(형집행법 시행규칙 제238조 제2항).

㉡ 이 경우 조사의 방법에 관하여는 제70조(분류조사의 방법)를 준용한다(동법 시행규칙 제246조).

※ 분류조사의 방법 : 1. 수용기록 확인 및 수형자와의 상담, 2. 수형자의 가족 등과의 면담, 3. 검찰청, 경찰서, 그 밖의 관계기관에 대한 사실조회, 4. 외부전문가에 대한 의견조회, 5. 그 밖에 효율적인 분류심사를 위하여 필요하다고 인정되는 방법

㉢ 동법 시행규칙 제250조 제2항·제3항

㉣ ⓐ 범죄의 수단이 참혹 또는 교활하거나 극심한 위해(危害)를 발생시킨 경우, ⓑ 해당 범죄로 무기형에 처해진 경우, ⓒ 그 밖에 사회적 물의를 일으킨 죄를 지은 경우에 해당하는 수형자에 대하여 가석방 적격심사할 때에는 특히 그 범죄에 대한 사회의 감정에 유의하여야 한다(동법 시행규칙 제254조).

㉤ 동법 제122조 제1항

정답 | ③

38

「형의 집행 및 수용자의 처우에 관한 법률 시행규칙」상 가석방에 대한 설명으로 가장 옳지 않은 것은?

6급승진 23

① 가석방자는 가석방 기간 중 「가석방자관리규정」에 따른 지켜야 할 사항 및 관할 경찰서장의 명령 또는 조치를 따라야 하며 이를 위반하는 경우에는 「형법」 제75조에 따라 가석방을 취소할 수 있다.

② 소장은 가석방을 취소하는 것이 타당하다고 인정하는 경우 긴급한 사유가 있을 때에는 가석방심사위원회의 심사를 거치지 아니하고 전화, 전산망 또는 그 밖의 통신수단으로 법무부장관에게 가석방의 취소를 신청할 수 있다.

③ 소장은 가석방이 취소된 사람 또는 가석방이 실효된 사람이 교정시설에 수용되지 아니한 사실을 알게 된 때에는 관할 지방검찰청 검사 또는 관할 경찰서장에게 구인하도록 의뢰하여야 한다.

④ 가석방취소자 및 가석방실효자의 남은 형기기간은 가석방을 실시한 날부터 원래 형기의 종료일까지로 하고, 남은 형기집행 기산일은 가석방의 취소 또는 실효로 인하여 교정시설에 수용된 날부터 한다.

해설 ④ 가석방취소자 및 가석방실효자의 남은 형기기간은 가석방을 실시한 다음 날부터 원래 형기의 종료일까지로 하고, 남은 형기집행 기산일은 가석방의 취소 또는 실효로 인하여 교정시설에 수용된 날부터 한다(형집행법 시행규칙 제263조 제5항).

① 동법 시행규칙 제260조

② 동법 시행규칙 제261조 제3항 전단

③ 동법 시행규칙 제263조 제3항

정답 | ④

39

형집행법령상 가석방에 대한 설명으로 가장 옳지 않은 것은? 7급승진 23

① 소장은 가석방 적격심사신청 대상자를 선정한 경우 선정된 날부터 5일 이내에 가석방심사위원회에 가석방 적격심사신청을 하여야 한다.

② 소장은 수형자의 가석방 적격심사신청을 위하여 범행 시의 나이, 형기, 범죄횟수 등 범죄에 관한 사항에 대한 사전조사를 형기의 3분의 1이 지나기 전에 하여야 하고, 조사에 필요하다고 인정하는 경우에는 소송기록을 열람할 수 있다.

③ 가석방심사위원회는 가석방 적격결정을 하였으면 5일 이내에 법무부장관에게 가석방 허가를 신청하여야 한다.

④ 가석방 기간 중 형사사건으로 구속되어 교정시설에 미결수용 중인 자의 가석방 취소결정으로 남은 형기를 집행하게 된 경우에는 가석방된 형의 집행을 지휘하였던 검찰청 검사에게 남은 형기 집행지휘를 받아 우선 집행해야 한다.

해설 ② 소장은 수형자의 가석방 적격심사신청을 위하여 범행 시의 나이, 형기, 범죄횟수 등 범죄에 관한 사항에 대한 사전조사를 수형자를 수용한 날부터 2개월 이내에 하고, 조사에 필요하다고 인정하는 경우에는 소송기록을 열람할 수 있다(형집행법 시행규칙 제246조 제2호, 동법 시행규칙 제249조 제2항).

① 동법 시행규칙 제250조 제2항

③ 동법 제122조 제1항

④ 동법 시행규칙 제263조 제6항

정답 | ②

CHAPTER

02 시설 내 처우의 종료

01

현행법상 수용자의 석방에 관한 설명으로 옳지 않은 것을 모두 고른 것은?

㉠ 미결수용자의 석방사유로는 구속의 취소, 불기소, 보석, 구속의 집행정지 등이 있다.
㉡ 소장은 석방될 수형자의 재범방지, 자립지원 및 피해자 보호를 위하여 필요하다고 인정하면 해당 수형자의 수용이력 또는 사회복귀에 관한 의견을 그의 거주지를 관할하는 보호관찰소에 통보할 수 있다.
㉢ 소장은 수용자에 대하여 건강상의 사유로 형의 집행정지 또는 구속의 집행정지를 할 필요가 있다고 인정하는 경우에는 그 사실을 검사에게, 기소된 상태인 경우에는 법원에도 지체 없이 통보하여야 한다.
㉣ 소장은 피석방자에게 귀가에 필요한 여비 또는 의류가 없으면 법무부장관이 정하는 범위에서 이를 지급하여야 한다.

① ㉠, ㉡
② ㉠, ㉢
③ ㉡, ㉣
④ ㉢, ㉣

해설 [×] ㉡ 보호관찰소 → 경찰관서 또는 그를 인수하여 보호할 법인 또는 개인(시행령 제143조)
㉣ 지급하여야 한다. → 지급하거나 빌려줄 수 있다(법 제126조).
[○] ㉠·㉢ 시행령 제21조

정답 | ③

02

형의 집행 및 수용자의 처우에 관한 법률상 사형확정자의 혼거수용사유에 해당하지 않는 것은?

① 자살방지
② 자해방지
③ 교육·교화프로그램
④ 작업

해설 ①·③·④ 사형확정자는 독거수용한다. 다만, 자살방지, 교육·교화로그램, 작업, 그 밖의 적절한 처우를 위하여 필요한 경우에는 법무부령으로 정하는 바에 따라 혼거수용할 수 있다(법 제89조 제1항).

정답 | ②

03

형의 집행 및 수용자의 처우에 관한 법령상 수용자의 석방에 대한 설명으로 옳지 않은 것은?

교정7급 18

① 권한이 있는 자의 명령에 따른 석방은 서류도달 후 5시간 이내에 행하여야 한다.
② 소장은 형기종료로 석방될 수형자에 대하여는 석방 10일 전까지 석방 후의 보호에 관한 사항을 조사하여야 한다.
③ 소장은 피석방자가 질병이나 그 밖에 피할 수 없는 사정으로 귀가하기 곤란한 경우에 본인의 신청이 있으면 일시적으로 교정시설에 수용할 수 있다.
④ 소장은 수형자의 보호를 위하여 필요하다고 인정하면 석방 전 5일 이내의 범위에서 석방예정자를 별도의 거실에 수용하여 장래에 관한 상담과 지도를 할 수 있다.

해설 ④ 소장은 수형자의 건전한 사회복귀를 위하여 필요하다고 인정하면 석방 전 3일 이내의 범위에서 석방예정자를 별도의 거실에 수용하여 장래에 관한 상담과 지도를 할 수 있다(시행령 제141조).
① 법 제124조 제3항
② 시행령 제142조
③ 법 제125조

법 제124조(석방시기)
① 사면, 가석방, 형의 집행면제, 감형에 따른 석방은 그 서류가 교정시설에 도달한 후 12시간 이내에 하여야 한다. 다만, 그 서류에서 석방일시를 지정하고 있으면 그 일시에 한다.
② 형기종료에 따른 석방은 형기종료일에 하여야 한다.
③ 권한이 있는 사람의 명령에 따른 석방은 서류가 도달한 후 5시간 이내에 하여야 한다.

정답 | ④

04

미결수용자의 석방사유가 아닌 것은?

① 구속취소 ② 구속의 집행정지 ③ 형의 집행정지 ④ 보석

해설 ③은 수형자의 석방사유에 해당한다.

구분		석방사유
법정사유	수형자	형기종료에 의한 석방
	미결수용자	• 구속기간의 종료 • 무죄, 면소, 형의 면제, 형의 선고유예·집행유예, 공소기각, 벌금, 과료
권한 있는 자의 명령	수형자	사면, 감형, 가석방, 형의 집행면제, 형의 집행정지
	미결수용자	구속취소, 불기소처분, 보석, 구속의 집행정지

정답 | ③

05

형집행법령상 석방(예정)자 관련 사항에 대한 설명으로 옳은 것은 모두 몇 개인가? 5급승진 22

> ㉠ 소장은 수형자의 건전한 사회복귀를 위하여 필요하다고 인정하면 석방 전 3일 이내의 범위에서 석방예정자를 별도의 거실에 수용하여 장래에 관한 상담과 지도를 할 수 있다.
> ㉡ 소장은 형기종료로 석방될 수형자에 대하여는 석방 10일 전까지 석방 후의 보호에 관한 사항을 조사하여야 한다.
> ㉢ 소장은 피석방자가 질병이나 그 밖에 피할 수 없는 사정으로 귀가하기 곤란한 경우에 본인의 신청이 있으면 일시적으로 교정시설에 수용할 수 있다.
> ㉣ 소장은 피석방자에게 귀가에 필요한 여비 또는 의류가 없으면 법무부장관이 정하는 범위에서 이를 지급하거나 빌려줄 수 있다.
> ㉤ 소장은 수형자를 석방하는 경우 특히 필요하다고 인정하면 한국법무보호복지공단에 그에 대한 보호를 요청할 수 있다.
> ㉥ 소장은 석방될 수형자의 재범방지, 자립지원 및 피해자 보호를 위하여 필요하다고 인정하면 해당 수형자의 수용이력 또는 사회복귀에 관한 의견을 그의 거주지를 관할하는 경찰관서나 자립을 지원할 법인 또는 개인에게 통보할 수 있다. 다만, 법인 또는 개인에게 통보하는 경우에는 해당 수형자의 동의를 받아야 한다.

① 3개 ② 4개
③ 5개 ④ 6개

해설 모두 옳은 설명이다.
㉠ 형집행법 시행령 제141조
㉡ 동법 시행령 제142조
㉢ 동법 제125조
㉣ 동법 제126조
㉤ 동법 시행령 제144조
㉥ 동법 제126조의2 제1항

정답 | ④

06

「형의 집행 및 수용자의 처우에 관한 법률」상 수용자의 석방에 대한 설명으로 가장 옳지 않은 것은?

6급승진 22

① 소장은 사면·형기종료 또는 권한이 있는 사람의 명령에 따라 수용자를 석방한다.
② 사면, 가석방, 형의 집행면제, 감형에 따른 석방은 그 서류가 교정시설에 도달한 후 24시간 이내에 하여야 한다.
③ 형기종료에 따른 석방은 형기종료일에 하여야 한다.
④ 권한이 있는 사람의 명령에 따른 석방은 서류가 도달한 후 5시간 이내에 하여야 한다.

해설 ② 사면, 가석방, 형의 집행면제, 감형에 따른 석방은 그 서류가 교정시설에 도달한 후 12시간 이내에 하여야 한다. 다만, 그 서류에서 석방일시를 지정하고 있으면 그 일시에 한다(형집행법 제124조 제1항).
① 동법 제123조
③ 동법 제124조 제2항
④ 동조 제3항

정답 | ②

07

형집행법령상 석방예정자 등에 대한 설명으로 가장 옳지 않은 것은?

5급승진 23

① 소장은 피석방자가 질병이나 그 밖에 피할 수 없는 사정으로 귀가하기 곤란한 경우에 본인의 신청이 있으면 일시적으로 교정시설에 수용할 수 있다.
② 소장은 형기종료로 석방될 수형자에 대하여는 석방 10일 전까지 석방 후의 보호에 관한 사항을 조사하여야 하며, 수형자의 건전한 사회복귀를 위하여 석방 전 3일 이내의 범위에서 석방예정자를 별도의 거실에 수용하여 장래에 관한 상담과 지도를 하여야 한다.
③ 소장은 수형자를 석방하는 경우 특히 필요하다고 인정하면 한국법무보호복지공단에 그에 대한 보호를 요청할 수 있다.
④ 소장은 석방될 수형자의 재범방지, 자립지원 및 피해자 보호를 위하여 필요하다고 인정하면 해당 수형자의 수용이력 또는 사회복귀에 관한 의견을 그의 거주지를 관할하는 경찰관서나 자립을 지원할 법인 또는 개인에게 통보할 수 있다. 다만, 법인 또는 개인에게 통보하는 경우에는 해당 수형자의 동의를 받아야 한다.

해설 ② 소장은 형기종료로 석방될 수형자에 대하여는 석방 10일 전까지 석방 후의 보호에 관한 사항을 조사하여야 하며(형집행법 시행령 제142조), 수형자의 건전한 사회복귀를 위하여 필요하다고 인정하면 석방 전 3일 이내의 범위에서 석방예정자를 별도의 거실에 수용하여 장래에 관한 상담과 지도를 할 수 있다(동법 시행령 제141조).
① 동법 제125조
③ 동법 시행령 제144조
④ 동법 제126조의2 제1항

정답 | ②

08

현행법상 석방준비에 관한 설명으로 옳지 않은 것은?

① 소장은 수형자의 건전한 사회복귀를 위하여 필요하다고 인정하면 석방 전 3일 이내의 범위에서 석방예정자를 별도의 거실에 수용하여 장래에 관한 상담과 지도를 할 수 있다.
② 소장은 형기종료로 석방될 수형자에 대하여는 석방 10일 전까지 석방 후의 보호에 관한 사항을 조사하여야 한다.
③ 소장은 피석방자가 질병이나 그 밖에 피할 수 없는 사정으로 귀가하기 곤란한 경우에 본인의 신청이 있으면 일시적으로 교정시설에 수용할 수 있다.
④ 소장은 수형자를 석방하는 경우 특히 필요하다고 인정하면 해당 교정시설 소재 지방자치단체에 그에 대한 보호를 요청할 수 있다.

해설 ④ 소장은 수형자를 석방하는 경우 특히 필요하다고 인정하면 한국법무보호복지공단에 그에 대한 보호를 요청할 수 있다(시행령 제144조).
① 시행령 제141조
② 시행령 제142조
③ 법 제125조

정답 | ④

09 ★

석방시기에 대한 설명으로 옳지 않은 것은? 교정7급 11

① 형기종료에 따른 석방은 형기종료일에 행하여야 한다.
② 가석방, 감형에 따른 석방은 그 서류에 석방일시를 지정하고 있으면 그 일시에 행하여야 한다.
③ 사면, 형의 집행면제에 따른 석방은 그 서류 도달 후 12시간 이내에 행하여야 한다.
④ 권한이 있는 자의 명령에 따른 석방은 서류 도달 후 6시간 이내에 행하여야 한다.

해설 ④ 권한이 있는 사람의 명령에 따른 석방은 서류가 도달한 후 5시간 이내에 하여야 한다(법 제124조 제3항).
① 동조 제2항
② 동조 제1항 단서
③ 동조 제1항 본문

석방사유	석방시기
사면, 가석방, 형의 집행면제, 감형	서류도달 후 12시간 이내(석방일시 지정 시 그 일시)
형기종료	형기종료일
권한이 있는 자의 명령	서류도달 후 5시간 이내

정답 | ④

10

현행법상 사형확정자의 수용에 관한 설명으로 옳지 않은 것은?

① 사형확정자의 번호표 및 거실표의 색상은 붉은색으로 한다.
② 사형확정자를 수용하는 시설의 설비 및 계호의 정도는 중경비시설에 준한다.
③ 소장은 사형확정자의 자살·도주 등의 사고방지를 위하여 필요한 경우에는 사형확정자와 미결수용자를 혼거수용할 수 있다.
④ 소장은 사형확정자의 교육·교화프로그램, 작업 등의 적절한 처우를 위하여 필요한 경우에는 사형확정자와 수형자를 혼거수용할 수 있다.

해설 ② 사형확정자를 수용하는 시설의 설비 및 계호의 정도는 일반경비시설 또는 중경비시설에 준한다(시행령 제108조).
① 시행규칙 제150조 제4항
③·④ 동조 제3항

정답 | ②

11

현행법상 사형확정자의 처우에 관한 설명으로 옳지 않은 것은?

① 사형확정자에 대한 상담시기, 상담책임자 지정, 상담결과 처리절차 등에 관하여는 엄중관리 대상자의 상담에 준한다.
② 소장은 사형확정자가 작업을 신청하면 분류처우위원회의 심의를 거쳐 교정시설 안에서 실시하는 작업을 부과할 수 있다.
③ 사형확정자의 접견횟수는 매월 4회로 한다.
④ 소장은 월 3회 이내의 범위에서 사형확정자에게 전화통화를 허가할 수 있다.

해설 ② 소장은 사형확정자가 작업을 신청하면 교도관회의의 심의를 거쳐 교정시설 안에서 실시하는 작업을 부과할 수 있다(시행규칙 제153조 제1항).
① 시행규칙 제152조 제2항
③ 시행령 제109조
④ 시행규칙 제156조

정답 | ②

12

「형의 집행 및 수용자의 처우에 관한 법률」상 사형확정자의 처우에 대한 설명으로 옳은 것은?

교정7급 23

① 사형확정자의 접견횟수는 매월 5회로 하고, 필요하다고 인정하면 접견횟수를 늘릴 수 있다.
② 사형확정자는 교도소에서만 독거수용하고, 교육·교화프로그램을 위해 필요한 경우에는 혼거수용할 수 있다.
③ 사형확정자를 수용하는 시설의 설비 및 계호의 정도는 일반경비시설 또는 중경비시설에 준한다.
④ 사형확정자가 수용된 거실은 자살방지를 위해 필요한 경우 참관할 수 있다.

해설 ③ 형집행법 시행령 제108조
① 사형확정자의 접견횟수는 매월 4회로 한다(동법 시행령 제109조). 접견횟수 증가 규정은 명시되어 있지 않다.
② 사형확정자는 교도소 또는 구치소에 수용한다(동법 제11조 제1항 제4호).
④ 사형확정자가 수용된 거실은 참관할 수 없다(동법 제89조 제2항).

정답 | ③

13

형집행법령상 사형확정자에 대한 설명으로 옳은 것은 모두 몇 개인가? 7급승진 23

> ㉠ 소장은 사형확정자의 자살·도주 등의 사고를 방지하기 위하여 필요한 경우에는 사형확정자와 수형자를 혼거수용할 수 있다.
> ㉡ 사형확정자의 접견횟수는 매월 3회로 한다.
> ㉢ 소장은 사형확정자가 작업을 신청하면 교도관회의의 심의를 거쳐 교정시설 안에서 실시하는 작업을 부과할 수 있다. 이 경우 부과하는 작업은 심리적 안정과 원만한 수용생활을 도모하는 데 적합한 것이어야 한다.
> ㉣ 소장은 작업이 부과된 사형확정자가 작업의 취소를 요청하면 사형확정자의 의사(意思)·건강, 담당교도관의 의견 등을 고려하여 작업을 취소하여야 한다.

① 0개 ② 1개
③ 2개 ④ 3개

해설 옳은 것은 ㉢이다.
㉠ 소장은 사형확정자의 자살·도주 등의 사고를 방지하기 위하여 필요한 경우에는 사형확정자와 미결수용자를 혼거수용할 수 있고, 사형확정자의 교육·교화프로그램, 작업 등의 적절한 처우를 위하여 필요한 경우에는 사형확정자와 수형자를 혼거수용할 수 있다(형집행법 시행규칙 제150조 제4항).
㉡ 사형확정자의 접견횟수는 매월 4회로 한다(동법 시행령 제109조).
㉢ 동법 시행규칙 제153조 제1항
㉣ 소장은 작업이 부과된 사형확정자가 작업의 취소를 요청하면 사형확정자의 의사·건강, 담당교도관의 의견 등을 고려하여 작업을 취소할 수 있다(동법 시행규칙 제153조 제3항).

정답 | ②

14

형의 집행 및 수용자의 처우에 관한 법률의 규정에 의하여 참관이 금지된 곳으로 옳은 것은?

교정9급 10

① 여성수용자의 거실
② 전담교정시설 수용자의 거실
③ 개방시설 수용자의 거실
④ 사형확정자의 거실

해설 ④ 사형확정자 수용된 거실은 참관할 수 없다(법 제89조 제2항).

정답 | ④

15

현행법상 사형확정자의 처우에 관한 설명으로 옳지 않은 모두 몇 개인가?

> ㉠ 구치소 수용중에 사형이 확정된 사람은 원칙적으로 사형집행시설이 설치되어 있는 구치소에 수용한다.
> ㉡ 사형확정자의 심리적 안정도모 또는 교정시설의 안전과 질서유지를 위하여 특히 필요하다고 인정하는 경우에는 교도소에 수용할 사형확정자를 구치소에 수용할 수 있다.
> ㉢ 사형확정자에 대한 교육·교화프로그램, 작업 등의 처우를 위하여 법무부장관이 정하는 전담교정시설에 수용할 수 있다.
> ㉣ 소장은 사형확정자의 심리적 안정 및 원만한 수용생활을 위하여 교육 또는 교화프로그램을 실시하거나 신청에 따라 직업훈련을 실시할 수 있다.

① 1개　② 2개　③ 3개　④ 4개

해설 [×] ㉣ 소장은 사형확정자의 심리적 안정 및 원만한 수용생활을 위하여 교육 또는 교화프로그램을 실시하거나 신청에 따라 작업을 부과할 수 있다(법 제90조 제1항).
[○] ㉠ 시행규칙 제150조 제1항
㉡ 동조 제2항
㉢ 시행규칙 제155조

정답 | ①

16

사형확정자의 수용에 대한 설명으로 옳지 않은 것은? 교정9급 11

① 사형확정자는 독거수용하는 것이 원칙이지만 자살방지, 교육·교화프로그램, 작업 그 밖의 적절한 처우를 위하여 필요한 경우는 법무부령으로 정하는 바에 따라 혼거수용할 수 있다.

② 사형확정자가 수용된 거실은 참관할 수 없다.

③ 소장은 사형확정자의 심리적 안정 및 원만한 수용생활을 위하여 교육 또는 프로그램을 실시하거나 신청에 따라 작업을 부과할 수 있다.

④ 소장은 사형확정자의 심리적 안정과 원만한 수용생활을 위하여 필요하다고 인정하는 경우에는 월 4회 이내의 범위에서 전화통화를 허가할 수 있다.

해설 ④ 소장은 사형확정자의 심리적 안정과 원만한 수용생활을 위하여 필요하다고 인정하는 경우에는 월 3회 이내의 범위에서 전화통화를 허가할 수 있다(시행규칙 제156조).

① 법 제89조 제1항

② 동조 제2항

③ 법 제90조 제1항

정답 | ④

17 ★

사형확정자의 수용 및 처우에 대한 설명으로 옳지 않은 것은? 5급승진 15

① 사형확정자도 필요에 따라서는 혼거수용할 수 있지만, 사형확정자가 수용된 거실은 참관할 수 없다.

② 사형확정자의 자살·도주 등의 사고를 방지하기 위하여 필요한 경우에는 사형확정자와 미결수용자를 혼거수용할 수 있다.

③ 사형확정자를 수용하는 시설의 설비 및 계호의 정도는 일반경비시설 또는 중경비시설에 준한다.

④ 소장은 사형확정자의 심리적 안정 및 원만한 수용생활을 위하여 필요하다고 인정하는 경우에는 매월 4회의 전화통화와 접견을 허가할 수 있다.

⑤ 소장은 사형확정자가 작업을 신청하면 교도관회의의 심의를 거쳐 교정시설 안에서 실시하는 작업을 부과할 수 있다.

해설 ④ 소장은 사형확정자의 심리적 안정과 원만한 수용생활을 위하여 필요하다고 인정하는 경우에는 월 3회 이내의 범위에서 전화통화를 허가할 수 있다(시행규칙 제156조).

① 법 제89조 제1항·제2항

② 시행규칙 제150조 제3항

③ 시행령 제108조

⑤ 시행규칙 제153조 제1항

정답 | ④

18

사형확정자의 처우에 대한 설명 중 옳지 않은 것만을 모두 고른 것은? 교정7급 14

> ㉠ 사형확정자의 교육·교화프로그램, 작업 등의 적절한 처우를 위하여 필요한 경우에는 사형확정자와 수형자를 혼거수용할 수 있다.
> ㉡ 사형확정자의 번호표 및 거실표의 색상은 붉은색으로 한다.
> ㉢ 사형이 집행된 후 10분이 지나야 교수형에 사용한 줄을 풀 수 있다.
> ㉣ 사형확정자의 신청에 따라 작업을 부과할 수 있다.
> ㉤ 사형확정자를 수용하는 시설은 완화경비시설 또는 일반경비시설에 준한다.
> ㉥ 사형확정자의 교화나 심리적 안정을 위해 필요한 경우에 접견횟수를 늘릴 수 있으나 접견시간을 연장할 수는 없다.

① ㉠, ㉢, ㉤　② ㉡, ㉣, ㉤　③ ㉢, ㉣, ㉤　④ ㉢, ㉤, ㉥

해설 [×] ㉢ 소장은 사형을 집행하였을 경우에는 시신을 검사한 후 5분이 지나지 아니하면 교수형에 사용한 줄을 풀지 못한다(시행령 제111조).
㉤ 사형확정자를 수용하는 시설의 설비 및 계호의 정도는 일반경비시설 또는 중경비시설에 준한다(시행령 제108조).
㉥ 소장은 사형확정자의 교화나 심리적 안정을 도모하기 위하여 특히 필요하다고 인정하면 접견시간대 외에도 접견을 하게 할 수 있고 접견시간을 연장하거나 접견횟수를 늘릴 수 있다(시행령 제110조).
[○] ㉠ 시행규칙 제150조 제3항
㉡ 동조 제4항
㉣ 법 제90조 제1항

정답 | ④

19

우리나라의 사형집행에 관하여 옳은 것은?

① 국가경축일이 아닌 공휴일에 집행할 수 있다.
② 사형은 교도소 이외의 지정된 장소에서 집행하여야 한다.
③ 사형집행의 명령은 판결이 확정된 날로부터 1년 이내에 하여야 한다.
④ 사형을 집행하였을 때에는 소장은 그 시신을 검사하여야 한다.

해설 ④ 시행령 제111조
① 공휴일과 토요일에는 사형을 집행하지 아니한다(법 제91조 제2항). 따라서 공휴일에 해당하면 국가경축일 여부와 상관없이 사형을 집행할 수 없다.
② 사형은 교정시설의 사형장에서 집행한다(법 제91조 제1항).
③ 사형집행의 명령은 판결이 확정된 날로부터 6월 이내에 하여야 한다(형사소송법 제465조 제1항).

정답 | ④

20

형의 집행 및 수용자의 처우에 관한 법령상 미결수용자 및 사형확정자의 처우에 대한 설명으로 옳지 않은 것은? 교정9급 22

① 소장은 미결수용자로서 사건에 서로 관련이 있는 사람은 분리수용하고 서로 간의 접촉을 금지하여야 한다.

② 소장은 사형확정자와 수형자를 혼거수용할 수 있으나, 사형확정자와 미결수용자는 혼거수용할 수 없다.

③ 미결수용자의 접견횟수는 매일 1회로 하되, 미결수용자와 변호인과의 접견은 그 횟수에 포함시키지 않는다.

④ 사형확정자의 접견횟수는 매월 4회로 하되, 소장은 사형확정자의 교화나 심리적 안정을 도모하기 위하여 특히 필요하다고 인정하면 접견횟수를 늘릴 수 있다.

해설 ② 소장은 사형확정자의 자살·도주 등의 사고를 방지하기 위하여 필요한 경우에는 사형확정자와 미결수용자를 혼거수용할 수 있고, 사형확정자의 교육·교화프로그램, 작업 등의 적절한 처우를 위하여 필요한 경우에는 사형확정자와 수형자를 혼거수용할 수 있다(시행규칙 제150조 제3항).

정답 | ②

21

형의 집행 및 수용자의 처우에 관한 법령상 사형확정자의 처우에 대한 설명으로 옳지 않은 것은? 교정9급 16

① 사형확정자가 수용된 거실은 참관할 수 없다.

② 소장은 사형확정자의 자살·도주 등의 사고를 방지하기 위하여 필요한 경우에는 사형확정자와 수형자를 혼거수용할 수 있다.

③ 소장은 사형확정자의 심리적 안정 및 원만한 수용생활을 위하여 교육 또는 교화프로그램을 실시하거나 신청에 따라 작업을 부과할 수 있다.

④ 소장은 사형확정자의 심리적 안정과 원만한 수용생활을 위하여 필요하다고 인정하는 경우에는 월 3회 이내의 범위에서 전화통화를 허가할 수 있다.

해설 ② 소장은 사형확정자의 자살·도주 등의 사고를 방지하기 위하여 필요한 경우에는 사형확정자와 미결수용자를 혼거수용할 수 있고, 사형확정자의 교육·교화프로그램, 작업 등의 적절한 처우를 위하여 필요한 경우에는 사형확정자와 수형자를 혼거수용할 수 있다(시행규칙 제150조 제3항).

① 법 제89조 제2항

③ 법 제90조 제1항

④ 시행규칙 제156조

정답 | ②

22

사형의 집행에 관한 설명으로 옳지 않은 것은?

① 사형은 법무부장관의 명령에 의하여 집행한다.
② 사형집행의 명령은 판결이 확정된 날로부터 6월 이내에 하여야 한다.
③ 상소권회복의 청구, 재심의 청구 또는 비상상고의 신청이 있는 때에는 그 절차가 종료할 때까지의 기간은 ②의 기간에 산입하지 아니한다.
④ 법무부장관이 사형의 집행을 명한 때에는 7일 이내에 집행하여야 한다.

해설 ④ 법무부장관이 사형의 집행을 명한 때에는 5일 이내에 집행하여야 한다(형사소송법 제466조).
① 동법 제463조
② 동법 제465조 제1항
③ 동조 제2항

➤ 사형집행절차 흐름도

사형판결 확정	검사는 지체 없이 소송기록을 법무부장관에게 제출
	⇓
사형집행 명령	판결이 확정된 날로부터 6월 이내
	⇓
사형집행	• 사형집행 명령이 있은 날로부터 5일 이내 • 교정시설의 사형장에서 교수하여 집행 • 검사, 검찰청서기관, 교도소장(구치소장)이나 그 대리자 참여
	⇓
사형집행 이후	시신검사 → 5분 경과 → 교수형에 사용한 줄을 품

정답 | ④

23

우리나라의 사형집행에 관한 설명으로 옳지 않은 것은?

① 사형집행방법으로 교수형과 총살만을 인정하고 있다.
② 사형은 교정시설의 사형장에서 집행한다.
③ 사형선고를 받은 자가 심신장애로 의사능력이 없는 경우에는 심신장애의 회복 후 형을 집행한다.
④ 교도관은 사형을 집행하였을 경우에는 시신을 검사한 후 5분이 지나지 아니하면 교수형에 사용한 줄을 풀지 못한다.

해설 ④ 교도관 → 소장(시행령 제111조)
① 형법 제66조, 군형법 제3조
② 법 제91조
③ 형사소송법 제469조 제1항

정답 | ④

24

사형집행에 참여해야 할 사람으로 옳지 않은 것은?

① 검사
② 구치소장
③ 검찰청 서기관
④ 의무관

해설 ①·②·③ 사형의 집행에는 검사와 검찰청서기관과 교도소장 또는 구치소장이나 그 대리자가 참여하여야 한다(형사소송법 제467조 제1항).

정답 | ④

25

수용자의 사망 후 절차에 관한 설명으로 옳지 않은 것을 모두 고른 것은?

> ㉠ 소장은 수용자의 사망사실을 알리는 경우에는 사망 일시·장소 및 사유도 같이 알려야 한다.
> ㉡ 사망한 수용자의 친족 또는 특별한 연고가 있는 사람이 그 시신 또는 유골의 인도를 청구하는 경우라도 이미 자연장을 하거나 집단으로 매장을 한 후라면 인도할 의무가 없다.
> ㉢ 소장은 수용자가 사망하면 법무부장관이 정하는 범위에서 화장·시신인도 등에 필요한 비용을 인수자에게 지급하여야 한다.
> ㉣ 소장은 시신을 임시매장한 경우에는 그 장소에 묘비를 세워야 한다.

① ㉠, ㉡
② ㉠, ㉢
③ ㉡, ㉢
④ ㉢, ㉣

해설 [×] ㉢ 지급하여야 한다. → 지급할 수 있다(법 제128조 제5항).
㉣ 소장은 시신을 임시매장하거나 봉안한 경우에는 그 장소에 사망자의 성명을 적은 표지를 비치하고, 별도의 장부에 가족관계 등록기준지, 성명, 사망일시를 기록하여 관리하여야 한다(시행령 제150조 제1항). 즉, 묘비가 아니라 표지를 비치하여야 한다. 다만, 시신 또는 유골을 집단매장한 경우에는 그 장소에 묘비를 세워야 한다(동조 제2항 참조).
[○] ㉠ 시행령 제146조
㉡ 법 제128조 제1항

정답 | ④

26

수용자의 사망 후 절차에 관한 설명으로 옳지 않은 것은?

① 소장은 수용자가 사망한 경우에는 그 사실을 즉시 그 가족에게 통지하여야 한다.

② 검사는 수용자가 사망한 경우에는 그 시신을 검사하여야 한다.

③ 의무관은 수용자가 질병으로 사망한 경우에는 사망장에 그 병명·병력·사인 및 사망일시를 기록하고 서명하여야 한다.

④ 소장은 수용자가 자살이나 그 밖에 변사한 경우에는 그 사실을 검사에게 통보하고, 기소된 상태인 경우에는 법원에도 통보하여야 한다.

해설 ② 소장은 수용자가 사망한 경우에는 그 시신을 검사하여야 한다(시행령 제147조).
① 법 제127조
③ 시행령 제148조 제1항
④ 동조 제2항

정답 | ②

27

「형의 집행 및 수용자의 처우에 관한 법률」상 수용자 사망 시 조치에 대한 설명으로 옳지 않은 것은?

교정7급 16

① 소장은 수용자가 사망한 경우에는 그 사실을 즉시 그 가족(가족이 없는 경우에는 다른 친족)에게 통지하여야 한다.

② 소장은 병원이나 그 밖의 연구기관이 학술연구상의 필요에 따라 수용자의 시신인도를 신청하면 본인의 유언 또는 상속인의 승낙이 있는 경우에 한하여 인도할 수 있다.

③ 소장은 가족 등 수용자의 사망통지를 받은 사람이 통지를 받은 날부터 법률이 정하는 소정의 기간 내에 그 시신을 인수하지 아니하거나 시신을 인수할 사람이 없으면 임시로 매장하거나 화장(火葬) 후 봉안하여야 한다. 다만, 감염병 예방 등을 위하여 필요하면 즉시 화장하여야 하며, 그 밖에 필요한 조치를 할 수 있다.

④ 소장은 수용자가 사망하면 법무부장관이 정하는 범위에서 화장·시신인도 등에 필요한 비용을 인수자에게 지급하여야 한다.

해설 ④ 소장은 수용자가 사망하면 법무부장관이 정하는 범위에서 화장·시신인도 등에 필요한 비용을 인수자에게 지급할 수 있다(법 제128조 제5항).
① 법 제127조
② 법 제128조 제4항
③ 법 제128조 제2항

정답 | ④

28

형집행법령상 수용자의 사망에 대한 설명으로 옳은 것을 모두 고른 것은? 5급승진 22

> ㉠ 소장은 수용자가 사망한 경우에는 그 사실을 즉시 그 가족(가족이 없는 경우에는 다른 친족)에게 알려야 한다. 이 경우 사망일시·장소 및 사유도 같이 알려야 한다.
> ㉡ 소장은 수용자가 질병으로 사망한 경우에는 사망장에 그 병명·병력·사인 및 사망일시를 기록하고 서명하여야 한다.
> ㉢ 소장은 법 제128조에 따라 시신을 인도, 화장, 임시매장, 집단매장 또는 자연장을 한 경우에는 그 사실을 사망장에 기록하여야 한다.
> ㉣ 소장은 시신을 임시매장하거나 봉안한 경우에는 그 장소에 사망자의 성명을 적은 표지를 비치하고, 별도의 장부에 주민등록지, 성명, 사망일시를 기록하여 관리하여야 한다.

① ㉠, ㉡ ② ㉡, ㉢
③ ㉠, ㉢ ④ ㉢, ㉣

해설 옳은 것은 ㉠, ㉢이다.

㉠ 형집행법 제127조, 동법 시행령 제146조

㉡ 의무관은 수용자가 질병으로 사망한 경우에는 사망장에 그 병명·병력·사인 및 사망일시를 기록하고 서명하여야 한다(동법 시행령 제148조 제1항).

㉢ 동법 시행령 제148조 제3항

㉣ 소장은 시신을 임시매장하거나 봉안한 경우에는 그 장소에 사망자의 성명을 적은 표지를 비치하고, 별도의 장부에 가족관계 등록기준지, 성명, 사망일시를 기록하여 관리하여야 한다(동법 시행령 제150조 제1항).

정답 | ③

29

「형의 집행 및 수용자의 처우에 관한 법률」상 수용자의 사망에 대한 설명으로 가장 옳지 않은 것은?

6급승진 24

① 소장은 사망한 수용자를 임시로 매장하려는 경우, 수용자가 사망한 사실을 알게 된 사람이 그 사실을 알게 된 날부터 3일 이내에 시신을 인수하지 아니하거나 시신을 인수할 사람이 없으면 임시로 매장하여야 한다.

② 소장은 시신을 임시로 매장한 후 2년이 지나도록 시신의 인도를 청구하는 사람이 없을 때에는 일정한 장소에 집단으로 매장하여 처리할 수 있다.

③ 소장은 사망한 수용자를 화장하여 봉안하려는 경우, 수용자가 사망한 사실을 알게 된 사람이 그 사실을 알게 된 날부터 30일 이내에 시신을 인수하지 아니하거나 시신을 인수할 사람이 없으면 화장 후 봉안하여야 한다.

④ 소장은 시신을 화장하여 봉안한 후 2년이 지나도록 시신의 인도를 청구하는 사람이 없을 때에는 자연장으로 처리할 수 있다.

해설 ①·③ 소장은 수용자가 사망한 사실을 알게 된 사람이 ㉠ 임시로 매장하려는 경우에는 사망한 사실을 알게 된 날부터 3일 이내, ㉡ 화장하여 봉안하려는 경우에는 사망한 사실을 알게 된 날부터 60일 이내에 그 시신을 인수하지 아니하거나 시신을 인수할 사람이 없으면 임시로 매장하거나 화장 후 봉안하여야 한다. 다만, 감염병 예방 등을 위하여 필요하면 즉시 화장하여야 하며, 그 밖에 필요한 조치를 할 수 있다(형집행법 제128조 제2항).

②·④ 소장은 시신을 임시로 매장하거나 화장하여 봉안한 후 2년이 지나도록 시신의 인도를 청구하는 사람이 없을 때에는 ㉠ 임시로 매장한 경우에는 화장 후 자연장을 하거나 일정한 장소에 집단으로 매장할 수 있고, ㉡ 화장하여 봉안한 경우에는 자연장을 할 수 있다(동법 제128조 제3항).

정답 | ③

PART

09

교정의 민영화와 한국교정의 과제

PART 09 교정의 민영화와 한국교정의 과제

01

민영교도소에 대한 설명으로 옳지 않은 것은? 교정9급 10 | 5급승진 15

① 1989년 호주의 보랄린(Borallin)교도소는 민영교도소이다.
② 우리나라에서는 1999년 행형법에 교정시설의 민간위탁에 관한 법적 근거가 처음으로 마련되었다.
③ 법무부장관은 교정업무를 법인 또는 개인에게 위탁할 수 있다.
④ 민영교도소에 수용된 수용자가 작업하여 생긴 수입은 법인 또는 개인의 수입으로 한다.

해설 ④ 민영교도소 등에 수용된 수용자가 작업하여 생긴 수입은 국고수입으로 한다(민영교도소 등의 설치·운영에 관한 법률 제26조).
① 1989년 호주교정회사(CCA)가 보랄린(Borallin)교도소를 운영한 것이 교도소 민영화의 효시인데, 민영교도소의 건물과 부지는 정부의 소유이고, 관리와 운영만을 민간기업체가 담당하고 있다.
③ 동법 제3조 제1항

정답 | ④

02

행위와 그 주체를 연결한 것으로 옳지 않은 것은? 교정9급 10

① 교정시설의 시찰 – 판사와 검사
② 교정시설의 참관 – 판사와 검사 외의 사람
③ 교정시설의 순회점검 – 법무부장관과 소속공무원
④ 교정시설의 설치·운영의 민간위탁 – 교정시설의 장

해설 ④ 법무부장관은 필요하다고 인정하면 이 법에서 정하는 바에 따라 교정업무를 공공단체 외의 법인·단체 또는 그 기관이나 개인에게 위탁할 수 있다. 다만, 교정업무를 포괄적으로 위탁하여 한 개 또는 여러 개의 교도소 등을 설치·운영하도록 하는 경우에는 법인에만 위탁할 수 있다(민영교도소 등의 설치·운영에 관한 법률 제3조 제1항).

정답 | ④

03

교정시설의 민영화에 관한 찬성론으로 보기 어려운 것은?

① 정부의 재정부담을 경감할 수 있다.

② 생산성 향상에 기여할 수 있다.

③ 인권향상에 기여할 수 있다.

④ 출소자의 사회적응에 유리하다.

해설 ③ 민영교도소를 운영하는 주체가 영리를 목적으로 하면 이윤추구에 중점을 두게 되므로, 수형자의 복지나 인권적 측면에 대한 배려가 미흡해질 수 있다는 지적이 있다.

➤ 민영교도소에 대한 찬·반론

찬성론	• 국가의 재정부담을 경감하면서 양질의 서비스를 제공할 수 있다. • 민간의 다양한 교화프로그램을 활용하여 재범방지 효과를 거둘 수 있다. • 국가 교정정책의 영역과 방법을 확대시켜 준다. • 효율적 경영기법 도입으로 생산성을 향상시킬 수 있다. • 민간의 다양한 기술을 접할 기회를 제공하여 수형자의 사회적응에 유리하다.
반대론	• 민영화로 경비부담의 문제나 과밀수용을 근원적으로 해결할 수 없다. • 수형자를 대상으로 하는 영리추구는 바람직하지 않으며, 이윤추구는 필연적으로 노동력 착취를 가져온다. • 수형자 관리와 교화개선업무는 국가의 고유영역인데, 이를 민간에 위임하는 것은 국가형벌권의 포기이다. • 민간이 규율을 정하고 제재방법을 결정하는 것은 사인에 의한 제재를 합법화하는 결과를 초래한다. • 강제력 행사나 무기사용은 국가에 의해 철저히 통제되어야 할 분야이다. • 수형자의 처우가 국영 또는 민영에 따라 달라져선 안 되며, 통일적인 기준에 의해 행해져야 한다. • 수형자의 권리침해 시 이를 구제하는 것은 국가만이 가능하다. • 수형자의 값싼 노동력에 의한 저가 생산품은 민간기업을 압박하여 일반사회에도 바람직스럽지 않다. • 과거 교정시설 민영화 역사를 살펴보면, 수형자의 복지를 외면하고 수형자 인권에도 해로운 영향을 주었다.

정답 | ③

04

「민영교도소 등의 설치·운영에 관한 법률」상 위탁계약의 해지사유가 아닌 것은?

① 법무부장관의 보정명령을 받고 상당한 기간이 지난 후에도 이행하지 아니한 경우

② 재무구조의 악화로 위탁업무를 계속하는 것이 적합하지 아니하다고 인정되는 경우

③ 사업경영의 현저한 부실로 위탁업무를 계속하는 것이 적합하지 아니하다고 인정되는 경우

④ 「민영교도소 등의 설치·운영에 관한 법률」에 따른 명령이나 처분을 위반한 경우

해설 ④ 위탁계약의 정지사유에 해당한다(민영교도소 등의 설치·운영에 관한 법률 제6조 제1항 참조). 위탁계약의 해지사유는 동법 제7조 참조

정답 | ④

05

「민영교도소 등의 설치·운영에 관한 법률」상 교정업무의 민간위탁에 대한 설명으로 옳지 않은 것은?

교정7급 18

① 민영교도소 등에 수용된 수용자가 작업하여 생긴 수입은 국고수입으로 한다.
② 교정법인은 민영교도소 등에 수용되는 자에게 특별한 사유가 있다는 이유로 수용을 거절할 수 없다.
③ 법무부장관은 교정업무를 포괄위탁하여 교도소 등을 설치·운영하도록 하는 업무를 법인 또는 개인에게 위탁할 수 있다.
④ 교정법인은 위탁업무를 수행할 때 같은 유형의 수용자를 수용·관리하는 국가운영의 교도소 등과 동등한 수준 이상의 교정서비스를 제공하여야 한다.

해설 ③ 법무부장관은 필요하다고 인정하면 이 법에서 정하는 바에 따라 교정업무를 공공단체 외의 법인·단체 또는 그 기관이나 개인에게 위탁할 수 있다. 다만, 교정업무를 포괄적으로 위탁하여 한 개 또는 여러 개의 교도소 등을 설치·운영하도록 하는 경우에는 법인에만 위탁할 수 있다(민영교도소 등의 설치·운영에 관한 법률 제3조 제1항).
① 동법 제26조
② 동법 제25조 제2항
④ 동법 동조 제1항

정답 | ③

06 ★

현행법상 민영교도소에 대한 설명으로 옳지 않은 것은?

① 교도소 등의 운영의 효율성을 높이고, 수용자의 처우향상과 사회복귀를 촉진하기 위해 도입하였다.
② 법무부장관은 민영교도소 등의 직원이 위탁업무에 관하여 명령이나 처분을 위반하면 그 직원의 임면권자에게 해임이나 정직·감봉 등 징계처분을 하도록 명할 수 있다.
③ 법무부장관은 민영교도소 등의 업무 및 그와 관련된 교정법인의 업무를 지도·감독하며, 필요한 경우 지시나 명령을 할 수 있다.
④ 민영교도소 수용자의 작업수입은 교정법인의 수입으로 한다.

해설 ④ 민영교도소 등에 수용된 수용자가 작업하여 생긴 수익은 국고수입으로 한다(민영교도소 등의 설치·운영에 관한 법률 제26조).
① 동법 제1조
② 동법 제36조 제1항
③ 동법 제33조 제1항

정답 | ④

07 ★

「민영교도소 등의 설치·운영에 관한 법률」 중 교정법인의 임원에 관한 설명으로 옳지 않은 것은?

① 교정법인 이사의 과반수는 대한민국 국민이어야 하며, 그 중 5분의 1 이상은 교정업무에 종사한 경력이 5년 이상이어야 한다.

② 교정법인의 대표자는 그 교정법인이 운영하는 민영교도소의 장을 겸할 수 없다.

③ 교정법인의 이사는 감사 또는 해당 교정법인이 운영하는 민영교도소의 장이나 직원을 겸할 수 없다.

④ 교정법인의 감사는 교정법인의 대표자·이사 또는 직원을 겸할 수 없다.

해설 ③ 교정법인의 이사는 감사나 해당 교정법인이 운영하는 민영교도소 등의 직원을 겸할 수 없으나, 민영교도소의 장은 겸할 수 있다(민영교도소 등의 설치·운영에 관한 법률 제13조 제2항 참조).

① 동법 제11조 제3항

② 동법 제13조 제1항

④ 동법 동조 제3항

정답 | ③

08

민영교도소의 운영에 관한 설명으로 옳지 않은 것은? 9급특채 10

① 교정법인 이사의 과반수는 대한민국 국민이어야 하며, 그 중 5분의 1은 교정업무에 종사한 경력이 5년 이상이어야 한다.

② 교정업무를 포괄적으로 위탁하여 한 개 또는 여러 개의 교도소 등을 설치·운영하도록 하는 경우에는 법인 또는 개인에게 위탁할 수 있다.

③ 법무부장관은 교정업무의 수탁자를 선정하는 경우에는 수탁자의 인력·조직·시설·재정능력·공신력 등을 종합적으로 검토한 후 적절한 자로 선정하여야 한다.

④ 법무부장관은 수탁자가 이 법 또는 이 법에 따른 명령이나 처분을 위반하면 6개월 이내의 기간을 정하여 위탁업무의 전부 또는 일부의 정지를 명할 수 있다.

해설 ② 법무부장관은 필요하다고 인정하면 이 법에서 정하는 바에 따라 교정업무를 공공단체 외의 법인·단체 또는 그 기관이나 개인에게 위탁할 수 있다. 다만, 교정업무를 포괄적으로 위탁하여 한 개 또는 여러 개의 교도소 등을 설치·운영하도록 하는 경우에는 법인에만 위탁할 수 있다(민영교도소 등의 설치·운영에 관한 법률 제3조 제1항).

① 동법 제11조 제3항

③ 동법 제3조 제2항

④ 동법 제6조 제1항

정답 | ②

09

「민영교도소 등의 설치·운영에 관한 법률」에 대한 설명으로 옳은 것은? 교정9급 13

① 법무부장관은 필요하다고 인정하면 교정업무를 모든 법인·단체 또는 그 기관이나 개인에게 위탁할 수 있다.

② 법무부장관은 교정업무를 포괄적으로 위탁하여 한 개 또는 여러 개의 교도소 등을 설치·운영하도록 하는 경우에는 법인·단체 또는 그 기관에게 위탁할 수 있으나, 개인에게는 위탁할 수 없다.

③ 민영교도소에 수용된 수용자가 작업하여 생긴 수입은 국고수입으로 한다.

④ 교정법인 이사는 대한민국 국민이어야 하며, 이사의 5분의 1 이상은 교정업무에 종사한 경력이 3년 이상이어야 한다.

해설 ③ 민영교도소 등의 설치·운영에 관한 법률 제26조

①·② 법무부장관은 필요하다고 인정하면 이 법에서 정하는 바에 따라 교정업무를 공공단체 외의 법인·단체 또는 그 기관이나 개인에게 위탁할 수 있다. 다만 교정업무를 포괄적으로 위탁하여 한 개 또는 여러 개의 교도소 등을 설치·운영하도록 하는 경우에는 법인에만 위탁할 수 있다(동법 제3조 제1항).

④ 교정법인 이사의 과반수는 대한민국 국민이어야 하며, 이사의 5분의 1 이상은 교정업무에 종사한 경력이 5년 이상이어야 한다(동법 제11조 제3항).

정답 | ③

10

「민영교도소 등의 설치·운영에 관한 법률」상 민영교도소의 운영 등에 대한 설명으로 옳지 않은 것은?

교정7급 16

① 교정법인의 대표자는 민영교도소의 장 및 대통령령으로 정하는 직원을 임면할 때에는 미리 법무부장관의 승인을 받아야 한다.

② 대한민국 국민이 아닌 자는 민영교도소의 직원으로 임용될 수 없다.

③ 민영교도소의 운영에 필요한 무기는 국가의 부담으로 법무부장관이 구입하여 배정한다.

④ 민영교도소에 수용된 수용자가 작업하여 생긴 수입은 국고수입으로 한다.

해설 ③ 민영교도소 등의 운영에 필요한 무기는 해당 교정법인의 부담으로 법무부장관이 구입하여 배정한다(민영교도소 등의 설치·운영에 관한 법률 제31조 제2항).

① 동법 제29조 제1항

② 동법 제28조

④ 동법 제26조

정답 | ③

11

「민영교도소 등의 설치·운영에 관한 법령」상 옳지 않은 것은? 교정9급 20

① 민영교도소 등의 설치·운영에 관한 회계는 교도작업회계와 일반회계로 구분하며, 민영교도소에 수용된 수용자가 작업하여 발생한 수입은 국고수입으로 한다.

② 교정법인은 기본재산에 대하여 용도변경 또는 담보제공의 행위를 하려면 기획재정부장관의 허가를 받아야 한다.

③ 민영교도소 등의 직원은 근무 중 법무부장관이 정하는 제복을 입어야 한다.

④ 법무부장관은 민영교도소 등의 직원이 위탁업무에 관하여 「민영교도소 등의 설치·운영에 관한 법률」에 따른 명령이나 처분을 위반하면 그 직원의 임면권자에게 해임이나 정직·감봉 등 징계처분을 하도록 명할 수 있다.

해설 ② 교정법인은 기본재산에 대하여 매도·증여 또는 교환, 용도변경, 담보제공 및 의무의 부담이나 권리의 포기를 하려면 법무부장관의 허가를 받아야 한다. 다만, 대통령령으로 정하는 경미한 사항은 법무부장관에게 신고하여야 한다(민영교도소 등의 설치·운영에 관한 법률 제14조 제2항).

① 동법 제15조 제2항, 제26조

③ 동법 제31조 제1항

④ 동법 제36조 제1항

정답 | ②

12

민영교도소 등의 장이 처분을 함에 있어 법무부장관이 파견한 소속 공무원의 승인을 얻어야 하는 경우가 아닌 것은?

① 외부기업체 통근작업

② 외부종교행사 참석

③ 외부교육기관 통학

④ 귀휴

해설 ①·③·④ 민영교도소 등의 장은 외부의료시설 진료, 치료감호시설 이송, 외부교육기관 통학이나 위탁교육, 외부기업체 통근작업, 귀휴, 보호장비의 사용, 강제력의 행사, 무기의 사용, 재난 시의 조치, 징벌 등의 처분 등을 하려면 법무부장관이 민영교도소 등의 지도·감독을 위하여 파견한 소속 공무원(감독관)의 승인을 받아야 한다. 다만, 긴급한 상황으로 승인을 받을 만한 시간적 여유가 없을 때에는 그 처분 등을 한 후 즉시 감독관에게 알려서 승인을 받아야 한다(민영교도소 등의 설치·운영에 관한 법률 제27조 제1항).

정답 | ②

13

「민영교도소 등의 설치·운영에 관한 법률」에 관한 설명으로 옳지 않은 것은?

① 법무부장관은 사전에 기획재정부장관과 협의하여 민영교도소 등을 운영하는 교정법인에 대하여 매년 그 교도소 등의 운영에 필요한 경비를 지급한다.

② 민영교도소 등에 수용된 수용자는 형집행법에 따른 교도소 등에 수용된 것으로 본다.

③ 교정법인은 위탁업무를 수행할 때 같은 유형의 수용자를 수용·관리하는 국가운영의 교도소와 동등한 수준의 교정서비스를 제공하여야 한다.

④ 민영교도소의 장이 무기를 사용하고자 하는 때에는 법무부장관이 민영교도소 등의 감독을 위하여 파견한 소속 공무원의 승인을 받아야 한다.

해설 ③ 교정법인은 위탁업무를 수행할 때 같은 유형의 수용자를 수용·관리하는 국가운영의 교도소 등과 동등한 수준 이상의 교정서비스를 제공하여야 한다(민영교도소 등의 설치·운영에 관한 법률 제25조 제1항).

① 동법 제23조 제1항

② 동법 제24조

④ 동법 제27조 제1항

정답 | ③

14

「민영교도소 등의 설치·운영에 관한 법률」상 민영교도소의 직원에 관한 사항으로 옳지 않은 것은?

① 교정법인의 대표자는 민영교도소 등의 직원을 임면한다.

② 민영교도소 등의 직원은 형집행법상 교도관의 직무를 행한다.

③ 민영교도소 등의 직원은 근무 중 교정법인의 대표자가 정하는 제복을 입어야 한다.

④ 민영교도소 등의 운영에 필요한 무기는 해당 교정법인의 부담으로 법무부장관이 구입하여 배정한다.

해설 ③ 민영교도소 등의 직원은 근무 중 법무부장관이 정하는 제복을 입어야 한다(민영교도소 등의 설치·운영에 관한 법률 제31조 제1항).

① 동법 제29조

② 동법 제30조 제1항

④ 동법 제31조 제2항

정답 | ③

15

「민영교도소 등의 설치·운영에 관한 법률」에 관한 설명 중 틀린 것은 모두 몇 개인가? 9급특채 11

> ㉠ 법무부장관은 필요하다고 인정하면 교정업무의 일부를 개인에게 위탁할 수 있다.
> ㉡ 법무부장관은 사전에 기획재정부장관과 협의하여 민영교도소 등을 운영하는 교정법인에 대하여 매년 그 민영교도소 등의 운영에 필요한 경비를 지급한다.
> ㉢ 교정법인은 민영교도소 등의 장 및 대통령령으로 정하는 직원을 임면할 때에는 지방교정청장의 승인을 받아야 한다.
> ㉣ 교정법인 이사의 과반수는 대한민국 국민이어야 하며, 이사의 5분의 1 이상은 교정업무에 종사한 경력이 5년 이상이어야 한다.
> ㉤ 교정법인은 민영교도소 등에 수용되는 자에게 특별한 사유가 있으면 수용을 거절할 수 있다.
> ㉥ 교정법인의 정관변경은 법무부장관의 인가를 받아야 한다.

① 1개　　② 2개　　③ 3개　　④ 4개

해설 [×] ㉢ 교정법인의 대표자는 민영교도소 등의 직원을 임면한다. 다만, 민영교도소 등의 장 및 대통령령으로 정하는 직원을 임면할 때에는 미리 법무부장관의 승인을 받아야 한다(민영교도소 등의 설치·운영에 관한 법률 제29조 제1항).
㉤ 교정법인은 민영교도소 등에 수용되는 자에게 특별한 사유가 있다는 이유로 수용을 거절할 수 없다(동법 제25조 제2항).

[○] ㉠ 동법 제3조 제1항
㉡ 동법 제23조 제1항
㉣ 동법 제11조 제3항
㉥ 동법 제10조 제2항

정답 | ②

16

남녀공동교도소에 대한 제도적 평가로 옳은 것은?

① 동성애 문제가 발생될 수 있다.
② 정서적 불안으로 남성수용자의 교정사고가 증가된다.
③ 남녀 간 수용밀도의 불균형을 심화시킬 수 있다.
④ 사회적응에 유리하다.

해설 남녀공동교도소는 ① 제한적이나마 남녀 간의 접촉이 허용되므로 동성애 문제가 해소될 수 있고, ② 정서적인 안정으로 남성수용자의 교정사고가 감소되며, ③ 여성수용자에 비해 수용밀도가 상대적으로 높은 남성수용자의 수용밀도를 낮출 수 있어 남녀 간 수용밀도의 불균형을 완화할 수 있다.

정답 | ④

17

남녀공동교도소의 특징으로 보기 어려운 것은?

① 경구금시설을 필요로 한다.

② 남녀분리교도소에서의 근무경험이 있는 직원을 필요로 한다.

③ 남녀분리교도소보다 더 많은 직원을 필요로 한다.

④ 소규모시설을 필요로 한다.

해설 ② 남녀공동교도소에서 직원을 신규로 채용할 경우에는 통상 남녀분리교도소에서 근무한 경험이 없는 사람을 선발하는데, 이는 남녀분리교도소에서의 근무경험이 남녀공동교도소에 부정적 영향을 미칠 수 있기 때문이라고 한다.

정답 | ②

18 ★

「민영교도소 등의 설치·운영에 관한 법률」에 위반되는 경우는 모두 몇 개인가?

> ㉠ 법무부장관은 공공단체 외의 단체인 A에게 교정업무를 포괄적으로 위탁하였다.
> ㉡ 법무부장관은 민영교도소 설치비용을 부담하는 수탁자와 위탁계약을 체결하면서 그 기간을 5년으로 하였다.
> ㉢ 법무부장관은 민영교도소를 운영하는 교정법인에게 교도소의 운영에 필요한 경비를 지급한 후 6개월 후 기획재정부장관에게 그 내용을 통보하였다.
> ㉣ 법무부장관은 직권으로 민영교도소에 소속 공무원을 파견하여 업무를 지원하도록 하였다.
> ㉤ 법무부장관은 민영교도소의 장인 B에게 매월 수용현황을 보고하도록 하였다.
> ㉥ 법무부장관은 위탁업무의 처리에 대하여 매년 2회 민영교도소에 대한 감사를 실시하였다.

① 1개 ② 2개 ③ 3개 ④ 4개

해설 [×] ㉠ 법무부장관은 교정업무를 포괄적으로 위탁하여 한 개 또는 여러 개의 교도소 등을 설치·운영하도록 하는 경우에는 법인에게만 위탁할 수 있다(민영교도소 등의 설치·운영에 관한 법률 제3조 제1항 단서).

㉡ 위탁계약의 기간은 수탁자가 교도소 등의 설치비용을 부담하는 경우에는 10년 이상 20년 이하로 하고, 그 밖의 경우에는 1년 이상 5년 이하로 하되, 그 기간은 갱신할 수 있다(동법 제4조 제4항).

㉢ 법무부장관은 사전에 기획재정부장관과 협의하여 민영교도소 등을 운영하는 교정법인에 대하여 매년 그 교도소 등의 운영에 필요한 경비를 지급한다(동법 제23조 제1항).

[○] ㉣ 동법 제32조

㉤ 동법 제34조

㉥ 동법 제35조 제1항

정답 | ③

19

「민영교도소 등의 설치·운영에 관한 법률」상 가장 옳지 않은 것은?

① 교정법인 A는 정관변경을 하면서 그 사항이 경미하다고 판단하여 법무부장관의 인가를 받지 않고 법무부장관에게 신고하는 것으로 대신하였다.

② 교정법인 A의 감사인 甲은 법무부장관의 승인을 받아 취임하였다.

③ 교정법인 A의 대표자인 乙은 해당 법인이 운영하는 민영교도소의 장을 겸하고 있다.

④ 교정법인 A의 이사 10명 중 4명은 외국인으로 구성되어 있다.

해설 ③ 교정법인의 대표자는 그 교정법인이 운영하는 민영교도소 등의 장을 겸할 수 없다(민영교도소 등의 설치·운영에 관한 법률 제13조 제1항).

① 동법 제10조 제2항

② 동법 제11조 제2항

④ 동법 동조 제3항

정답 | ③

20

「민영교도소 등의 설치·운영에 관한 법률」상 민영교도소의 설치·운영 등에 대한 설명으로 옳지 않은 것은? 교정9급 24

① 교정법인은 이사 중에서 위탁업무를 전담하는 자를 선임(選任)하여야 하며, 위탁업무를 전담하는 이사는 법무부장관의 승인을 받아 취임한다.

② 법무부장관은 사전에 기획재정부장관과 협의하여 민영교도소를 운영하는 교정법인에 대하여 매년 그 교도소의 운영에 필요한 경비를 지급한다.

③ 교정법인의 대표자는 민영교도소의 장 외의 직원을 임면할 권한을 민영교도소의 장에게 위임할 수 있다.

④ 법무부장관은 「민영교도소 등의 설치·운영에 관한 법률」에 따른 권한의 일부를 교정본부장에게 위임할 수 있다.

해설 ④ 법무부장관은 이 법에 따른 권한의 일부를 관할 지방교정청장에게 위임할 수 있다(민영교도 등의 설치·운영에 관한 법률 제39조).

① 동법 제11조 제2항)

② 동법 제23조 제1항

③ 동법 제29조 제2항

정답 | ④

21

「민영교도소 등의 설치·운영에 관한 법률」상 교정업무의 민간위탁에 대한 설명으로 옳은 것은?

교정7급 23

① 법무부장관은 교정업무를 포괄적으로 위탁하여 교도소를 설치·운영하도록 하는 경우 개인에게 위탁할 수 있다.

② 수탁자가 교도소의 설치비용을 부담하는 경우가 아니라면 위탁계약의 기간은 6년 이상 10년 이하로 하며, 그 기간은 갱신이 가능하다.

③ 법무부장관은 위탁계약을 체결하기 전에 계약내용을 기획재정부장관과 미리 협의하여야 한다.

④ 법무부장관은 수탁자가 「민영교도소 등의 설치·운영에 관한 법률」에 따른 처분을 위반한 경우 1년 동안 위탁업무 전부의 정지를 명할 수 있다.

해설 ③ 민영교도소 등의 설치·운영에 관한 법률 제4조 제3항

① 교정업무를 포괄적으로 위탁하여 한 개 또는 여러 개의 교도소 등을 설치·운영하도록 하는 경우에는 법인에만 위탁할 수 있다(동법 제3조 제1항 단서).

② 위탁계약의 기간은 다음 각 호와 같이 하되, 그 기간은 갱신할 수 있다(동법 제4조 제4항).

1. 수탁자가 교도소등의 설치비용을 부담하는 경우 : 10년 이상 20년 이하
2. 그 밖의 경우: 1년 이상 5년 이하

④ 법무부장관은 수탁자가 이 법 또는 이 법에 따른 명령이나 처분을 위반하면 6개월 이내의 기간을 정하여 위탁업무의 전부 또는 일부의 정지를 명할 수 있다(동법 제6조 제1항).

정답 | ③

22

「민영교도소 등의 설치·운영에 관한 법률」상 교정업무의 민간 위탁에 관한 설명으로 옳지 않은 것은?

① 법무부장관은 필요하다고 인정하면 이 법에서 정하는 바에 따라 교정업무를 공공단체 외의 법인·단체 또는 그 기관이나 개인에게 위탁할 수 있다.

② 교정업무를 포괄적으로 위탁하여 한 개 또는 여러 개의 교도소 등을 설치·운영하도록 하는 경우에는 법인·단체 또는 그 기관에 위탁할 수 있으며 개인에게 위탁할 수 없다.

③ 법무부장관은 교정업무 수탁자를 선정하는 경우에는 수탁자의 인력·조직·시설·재정능력·공신력 등을 종합적으로 검토한 후 적절한 자를 선정하여야 한다.

④ 교정업무의 수탁자 선정방법, 선정절차, 그 밖에 수탁자의 선정에 관하여 필요한 사항은 법무부장관이 정한다.

해설 ② 교정업무를 포괄적으로 위탁하여 한 개 또는 여러 개의 교도소 등을 설치·운영하도록 하는 경우에는 법인에만 위탁할 수 있다(민영교도소 등의 설치·운영에 관한 법률 제3조 제1항 단서). 즉, 이 경우에는 법인에 한하며, 법인이 아닌 단체 또는 그 기관이나 개인에게 위탁할 수는 없다.

① 동조 동항 본문

③ 동조 제2항

② 동조 제3항

정답 | ②

23

「민영교도소 등의 설치·운영에 관한 법률 및 시행령」상 교정법인에 관한 설명으로 옳지 않은 것은?

① 교정법인은 이사 중에서 위탁업무를 전담하는 자를 선임(選)하여야 하며 교정법인의 대표자 및 감사와 위탁업무를 전담하는 이사(이하 "임원")는 법무부장관의 승인을 받아 취임한다.

② 교정법인 이사는 대한민국 국민이어야 하며 이사의 3분의 1 이상은 교정업무에 종사한 경력이 5년 이상이어야 한다.

③ 교정법인의 임원의 임기는 해당 법인의 정관에서 정하는 바에 따르고 정관에서 특별히 정하지 않은 경우에는 3년으로 하며 연임할 수 있다.

④ 해임명령으로 해임된 후 2년이 지나지 아니한 자는 교정법인의 임원이 될 수 없으며, 임원이 된 후 이에 해당하게 되면 임원의 직을 상실한다.

해설 ② 교정법인 이사의 과반수는 대한민국 국민이어야 하며 이사의 5분의 1 이상은 교정업무에 종사한 경력이 5년 이상이어야 한다(민영교도소 등의 설치·운영에 관한 법률 제11조 제3항).

① 동조 제1항·제2항

③ 동법 시행령 제6조 제1항

④ 동법 제11조 제4항 제3호

민영교도소 등의 설치·운영에 관한 법률 제11조(임원) 제4항

④ 다음 각 호의 어느 하나에 해당하는 자는 교정법인의 임원이 될 수 없으며 임원이 된 후 이에 해당하게 되면 임원의 직을 상실한다.

1. 「국가공무원법」 제33조 각 호의 어느 하나에 해당하는 자
2. 제12조에 따라 임원취임 승인이 취소된 후 2년이 지나지 아니한 자
3. 제36조에 따른 해임명령으로 해임된 후 2년이 지나지 아니한 자

정답 | ②

24

「민영교도소 등의 설치·운영에 관한 법률」상 민영교도소의 지원·감독 등에 관한 설명으로 옳지 않은 것은?

① 법무부장관은 필요하다고 인정하면 직권으로 또는 해당 교정법인이나 민영교도소 등의 장의 신청을 받아 민영교도소 등에 소속 공무원을 파견하여 업무를 지원하게 할 수 있다.

② 법무부장관은 민영교도소 등의 업무 및 그와 관련된 교정법인의 업무를 지도·감독하되 수용자에 대한 교육과 교화프로그램에 관하여는 그 교정법인의 의견을 최대한 존중하여야 하고 교정법인에 대하여 지시나 명령을 해서는 아니 된다.

③ 법무부장관은 위탁업무의 처리결과에 대하여 매년 1회 이상 감사를 하여야 하며 감사결과, 위탁업무의 처리가 위법 또는 부당하다고 인정되면 해당 교정법인이나 민영교도소 등에 대하여 적절한 시정조치를 명할 수 있으며 관계 임직원에 대한 인사조치를 요구할 수 있다.

④ 법무부장관은 민영교도소 등의 직원이 위탁업무에 관하여 이 법 또는 이 법에 따른 명령이나 처분을 위반하면 그 직원의 임면권자에게 해임이나 정직·감봉 등 징계처분을 하도록 명할 수 있다.

해설 ② 법무부장관은 민영교도소 등의 업무 및 그와 관련된 교정법인의 업무를 지도·감독하며 필요한 경우 지시나 명령을 할 수 있다. 다만, 수용자에 대한 교육과 교화프로그램에 관하여는 그 교정법인의 의견을 최대한 존중하여야 한다(민영교도소 등의 설치·운영에 관한 법률 제33조 제1항).

① 동법 제32조 제1항

③ 동법 제35조

④ 동법 제36조 제1항

정답 | ②

MEMO

MEMO

MEMO

MEMO

MEMO